GUERRES CONTRE L'EUROPE

Du même auteur

Islamisme et États-Unis : une alliance contre l'Europe, L'Âge d'Homme, 1997 ; nouvelle édition, 1999.

ALEXANDRE DEL VALLE

GUERRES CONTRE L'EUROPE

Bosnie-Kosovo-Tchétchénie...

Essai

ÉDITIONS DES SYRTES
74, rue de Sèvres, 75007 Paris

Introduction

> « L'enjeu dépasse infiniment, désormais, le simple sort du Kosovo. (...) Il n'est pas excessif d'affirmer que l'échec de l'OTAN signifierait tout à la fois la fin de la crédibilité de l'Alliance et l'amoindrissement du leadership mondial américain. »
>
> Zbigniew Brzezinski, conseiller à la sécurité du président des États-Unis entre 1977 et 1981, membre fondateur du *Council of Foreign Relations* (CFR), expert au *Center for Strategic Studies*.

Le titre du présent ouvrage peut paraître polémique, « victimiste », voire violent. Pourtant, loin d'être un essai partisan, animé par un « anti-américanisme » passionnel, typique de certains milieux intellectuels et politiques français, le constat que nous dressons d'une véritable *agression* de l'Europe par la superpuissance américaine, à propos, entre autres, de la récente guerre de l'OTAN contre la Serbie et l'ex-Yougoslavie, ne vise pas à exacerber les tensions entre l'Europe et les États-Unis, issus, au départ, d'une même civilisation et dont les destinées sont étroitement liées depuis la colonisation européenne des Amériques jusqu'à nos jours.

Loin d'incriminer ou de juger tout un peuple, d'ailleurs fort hétérogène, souvent isolationniste dans l'âme et peu intéressé par la politique internationale, notre propos est de montrer que les *classes dirigeantes* américaines — hauts responsables politiques, industriels, financiers, stratèges, professionnels du renseignement, voire du showbiz — sont animées, depuis la fin de la guerre froide surtout, par une extraordinaire « volonté de puissance », une forme de nationalisme impérial, probablement autant hérité du *struggle for life* ou de la sacralisation puritaine de la réussite matérielle que lié aux intérêts et aux récents succès économiques du Nouveau Monde. Cela amène les dirigeants des États-Unis à développer une réelle *stratégie*[1] hégémonique à l'échelle planétaire. Nous avons *de facto* affaire à une nation qui pense sa survie et sa pérennité mêmes en termes de *domination totale* — les stratèges américains disent pudiquement « *leadership* global » — du monde.

Serait-ce faire de l'« antigermanisme », de l'« antislavisme », voire de l'« antifrancisme » primaires que de constater qu'à un moment donné, certaines classes dirigeantes françaises, allemandes, slavo-russes, ont sciemment pensé et organisé, *via* le bonapartisme, le national-socialisme ou le communisme soviétique, leur *hégémonie globale*, au prix de terribles drames humains ? Décrire les stratégies classiques de *divide et impera*, le cynisme et le caractère impitoyable, inhumain, des différents régimes totalitaires ou dictatoriaux qui se sont succédé depuis la fin du XVIIIe siècle — procédés d'ailleurs inhérents à toute politique hégémonique — équivaudrait-il à un crime de lèse-majesté envers les peuples concernés ? Le conformisme intellectuel du « politiquement correct » empêcherait-il les analystes d'examiner objectivement, cette fois-ci, les contours de l'« impérialisme américain », totalitaire à sa façon, certes de manière moins brutale que le nazisme ou le communisme, mais extrêmement violent aussi, comme on l'observe depuis le début des années 90 ? Le fait que Washington masque, et c'est de bonne guerre, les manifestations coercitives de son hégémonisme *global* derrière la morale universelle des droits de l'homme, les « valeurs de l'Occident[2] », le « droit d'ingérence » humanitaire, voire le nouveau concept de « guerre humanitaire », dispenserait-il les observateurs de mettre en évidence le caractère unilatéral, violent, déstabilisant, pour le monde entier, et de plus en plus antidémocratique, de la politique étrangère américaine ? Ainsi qu'on peut le constater, les enseignements des Anciens sont loin d'être périmés, et *l'art de la rhétorique* comme outil de pouvoir et de guerre est plus actuel que jamais.

Comme nous le montrerons tout au long de cet essai, la politique étrangère des États-Unis vise essentiellement à pérenniser l'hégémonie américaine, sans rival depuis la fin de la guerre froide, et à empêcher l'apparition de *concurrents géoéconomiques*, principalement en Asie et en Europe occidentale. Elle est donc tournée en grande partie contre les intérêts des nations européennes. Toutefois, la politique consistant à *désigner l'ami et l'ennemi*, comme l'a montré le politologue Julien Freund, et la stratégie ayant pour tâche de mettre en œuvre les *buts fixés* par les politiques, il convient de hiérarchiser préalablement les inimitiés et les menaces, car en politique internationale comme en science militaire, il a toujours été périlleux, voire funeste, de lutter sur deux fronts en même temps.

Nous définirons donc l'Amérique, non pas comme l'ennemi existentiel des Européens, mais comme un *adversaire-concurrent* à l'intérieur de l'aire occidentalo-européenne. Un adversaire souvent dangereux, décidé à utiliser *tous les moyens* pour parvenir à ses fins et empêcher la vieille Europe de s'émanciper de son *leadership*, mais, qu'on le veuille ou non, un rameau de la civilisation européenne, sa « branche occidentale mutante ». L'*ennemi existentiel*, ou plutôt la menace « géo-civilisationnelle » principale, pour paraphraser Huntington — celle-ci n'étant pas encore incarnée par un *ennemi singulier* — est incontestablement représentée, quant à elle, par le *totalitarisme théocratique* que constitue l'islamisme, dont se réclament plusieurs régimes du monde musulman [3], indépendamment de leurs divisions : Arabie Saoudite, Pakistan, Soudan, Afghanistan, Iran, Tchétchénie (avant la dernière guerre russo-tchétchène), etc., certains d'entre eux étant d'ores et déjà détenteurs de l'arme atomique — ou sur le point de la posséder — et bénéficiant de surcroît de la manne financière du pétrole. Cette *menace fondamentale*, pour les valeurs, la sécurité collective, la souveraineté et la *survie même* des États d'Europe, à la fois dépendants du pétrole du Golfe et socialement ébranlés par l'immigration extra-européenne incontrôlée et le terrorisme islamique, est d'une certaine manière *totale*, c'est-à-dire *existentielle*, bien antérieure à l'époque moderne mais plus actuelle que jamais, la globalisation n'ayant fait que décupler ses moyens et champs d'action. On ne peut donc pas mettre cette *menace fondamentale* au même niveau que l'*adversité américaine*, en quelque sorte *interne*, quant à elle, à la civilisation européo-occidentale, donc *endogène*.

Comme le réclame un nombre croissant de responsables et intellectuels américains eux-mêmes, conscients de cette *menace fondamentale* pour l'Europe et l'Occident, les trois grandes composantes de la civilisation européenne — *Amériques* (dont le noyau est formé par les États-Unis) ; *Europe occidentale*, avec l'Union européenne ; et *Europe slavo-orthodoxe*, dont le cœur stratégique est la Russie — collectivement menacées, à des degrés différents, devraient *idéalement* être plus unies que jamais, face à la menace du Sud, galvanisé par l'étendard revanchard de l'islamisme, prêt à en découdre avec l'Europe, laquelle ne sera jamais pardonnée d'avoir colonisé le *Dar al-Islam*. Aux États-Unis, les quelques observateurs lucides vont jusqu'à affirmer que ce pays devrait prendre la tête d'une grande coalition occidentalo-européenne face à la menace du Sud islamique.

Mais en dépit du fait que les anciens alliés islamistes des Américains — comme Oussama Ben Laden, les fondamentalistes égyptiens ou les Talibans — ont déclaré la guerre au « Grand Satan », les Administrations américaines s'obstinent à poursuivre la dangereuse stratégie pro-islamique inaugurée par la CIA, le Pentagone et le département d'État pendant la guerre froide, dans le but d'affaiblir la Russie soviétique, ce que déplorent certains des plus grands spécialistes américains des problèmes stratégiques, tels Samuel Huntington, Henry Kissinger ou encore Yossef Bodansky. Malgré l'anti-américanisme croissant des islamistes et du monde arabo-musulman en général, les stratèges américains continuent d'instrumentaliser les « fanatiques d'Allah » un peu partout dans le monde, dans le but, cette fois-ci, de ceinturer la Russie, la Chine et même l'Inde, pour des raisons essentiellement économiques et géostratégiques que nous développerons tout au long de ce livre. En fait, le moins que l'on puisse dire, c'est que l'« allié » américain ne se comporte pas toujours comme un membre *solidaire* de la civilisation occidentale face à la menace globale représentée par l'islamisme. Bien au contraire, en choisissant le camp de la Turquie, de l'Arabie Saoudite ou des républiques musulmanes de l'ex-URSS contre la Russie et, plus indirectement l'Union européenne, en se portant systématiquement au secours d'entités islamiques antidémocratiques et chaotiques (Afghanistan, Koweït, Bosnie, Kosovo) au détriment de pôles anti-islamistes (Irak, Russie, ex-Yougoslavie), les dirigeants des États-Unis d'Amérique ont « rompu l'unité civilisationnelle occidentale », ainsi que l'a écrit le professeur Samuel Huntington.

Dès lors, et tant que la politique étrangère américaine n'aura pas infléchi son orientation *anti-orthodoxe* et *pro-islamiste*, gravement préjudiciable à l'ensemble des sociétés européennes et occidentales, les Européens pourront légitimement considérer l'OTAN comme un système de défense superficiellement multilatéral, au service des *seuls* intérêts géoéconomiques américains à court et moyen termes, donc *inapte* à défendre ceux, *bien compris*, des nations d'Europe. Comme on a pu en prendre conscience avec la guerre du Kosovo, qui fut l'occasion pour l'OTAN de révéler sa véritable nature *unilatérale* et de faire voler en éclats les principes du droit international en contournant ses institutions légales (ONU), l'Organisation de l'Alliance atlantique n'est autre que la pièce maîtresse d'une stratégie américaine d'« hégémonie globale » nécessitant la création de foyers d'instabilité et la multiplication des conflits de *moyenne intensité* partout dans le monde où se justifie son extension.

Conscients qu'une Europe forte et indépendante serait en mesure de dépasser l'Amérique dans *tous* les domaines de la puissance, notamment économique, les stratèges américains veulent *à tout prix* prévenir le moindre réveil, tuer dans l'œuf la moindre velléité d'autonomie européenne, au cas où des dirigeants lucides décideraient de mettre sur pied une Grande Europe continentale, réconciliant ses « deux poumons », orthodoxe et occidental. D'où la volonté américaine d'affaiblir et de diluer le continent européen en incluant — au nom de l'OTAN — la Turquie dans l'Union européenne et en éloignant consécutivement encore un peu plus celle-ci de la Russie, afin que la constitution d'une Grande Europe continentale indépendante et forte, susceptible de concurrencer les États-Unis — mais ainsi rendue impossible — ne voie jamais le jour.

Vis-à-vis de l'Est européen, les États-Unis mènent donc une double politique consistant : *primo*, à *étendre l'OTAN aux portes de la Russie*, en intégrant au « monde occidental » les nations anti-russes de l'ex-Bloc soviétique en voie d'industrialisation, de culture catholico-protestante (Hongrie, Pologne, ex-Tchécoslovaquie, etc.)

et islamique (Turquie, républiques musulmanes d'Asie centrale, Bosnie, Albanie-Kosovo, etc.) ; *secundo*, à *affaiblir la Russie,* la « refouler » vers l'Asie et *la couper de l'Europe occidentale.* Il s'agit ainsi de *scinder* le continent européen en deux, en réactivant une « nouvelle guerre froide » entre un Est post-byzantin ex-soviéto-communiste et un Ouest américanisé, un nouveau « choc géocivilisationnel » entre les « deux Europes », opposées l'une à l'autre autour des pierres d'achoppement stratégiques islamo-occidentale et socio-économique.

Au travers de cette grille de lecture, les raisons profondes de la « guerre du Kosovo [4] » paraissent plus claires : chaque bombe larguée sur Pristina ou Belgrade équivalait à réveiller les vieilles rancœurs entre les deux « poumons européens », à réintroduire les fractures douloureuses qui, du Grand Schisme au partage de Yalta, les ont divisées dans le passé — au détriment de l'indépendance et de l'unité géostratégique du Vieux Continent — et qui étaient justement sur le point de se refermer depuis la chute du mur de Berlin et la *perestroïka.* Bref, à instaurer entre l'« Occident » et l'« Orient » européen un nouveau « rideau de fer et de sang », à dresser l'« Occident » contre le « bloc orthodoxe ».

Particulièrement prégnants, les concepts-clés de « civilisation » et d'« Occident » feront l'objet de plusieurs développements au sein de différents chapitres, les événements survenus en Irak et en ex-Yougoslavie depuis plus de dix ans mettant en scène, d'une part, les « bons Occidentaux », d'autre part, les « mauvais Orientaux », ces derniers étant indifféremment asiatiques, slavo-orthodoxes ou arabo-musulmans. Comme nous le verrons, la représentation « Occident » — ou « occidentisme », pour reprendre l'expression du sociologue russe Alexandre Zinoviev — semble être devenue une *arme sémantique*, un « leurre civilisationnel », servant essentiellement à *duper l'Europe* et à l'associer aux périlleuses entreprises de l'« Occident » américain, donc à *diluer les responsabilités* et motivations stratégiques profondes des gouvernements d'outre-Atlantique autant qu'à les *légitimer* du point de vue idéologique et « civilisationnel ».

Stratégiquement, l'Europe, le Vieux Continent européen dans son ensemble, risque de *payer très cher* la facture de l'« occidentalité » et la taxe stratégique de l'« atlantisme », simples *cache-sexe* de son inféodation aux États-Unis : divisée de l'intérieur, coupée en deux par un nouveau « rideau de fer civilisationnel » et socio-économique, et prise en tenailles entre un Sud islamique revanchard et un « Occident » américain hégémonique destructeur d'identités (pseudo-culture commerciale « McWorld », analysée par le sociologue américain Benjamin Barber), l'Europe ne semble pas prête à relever les sérieux défis du XXIe siècle qui risquent tout bonnement de la faire *disparaître* en tant que *civilisation plurimillénaire* si elle ne réagit pas *très vite.*

Faute de se penser comme *puissance géocivilisationnelle* et d'inviter ses partenaires américain et russe à constituer, sur des bases nouvelles et équitables, un « front slavo-occidental » face au totalitarisme islamiste — indifféremment anti-occidental et anti-orthodoxe — et faute d'encourager les peuples du Sud, notamment arabo-musulmans — premières victimes du fanatisme islamique — à échapper à la spirale de l'explosion démographique, de la paupérisation et de la violence fondamentaliste, l'Europe s'américanise servilement, se coupe du poumon slavo-orthodoxe et demeure passive face au terrible défi démographique et stratégique que constitue l'« inéluctable montée du Sud vers le Nord », décrite par Alfred Sauvy et Pierre-Marie Gallois. De son côté, Washington, au lieu d'aider l'Europe à faire face à la menace globale de l'Islamisme anti-occidental, encourage l'édification de bases arrière stratégiques du fondamentalisme en Bosnie, en Albanie et au Kosovo. En somme, plusieurs « Afghanistan » en pleine Europe centrale, à une, deux ou trois heures d'avion de Rome et de Paris...

Les conséquences de la guerre occidentalo-américaine contre la Serbie, d'une gravité insoupçonnée, risquent de se faire sentir pendant de longues décennies encore, tant les plaies réveillées sont profondes et les précédents constitués propices aux pires dérives. Si elles apparaissent, à court terme, profitables aux États-Unis, elles sont en fin de compte préjudiciables aux *intérêts vitaux* de l'Europe continentale et de l'Occident dans son ensemble. Elles auront pour principal effet stratégique de renforcer, à moyen et long terme, les positions de l'« Internationale islamiste » sunnite, jadis cantonnée entre le Pakistan et l'Afghanistan et entretenue par Riyad, aujourd'hui présente dans *la totalité du monde musulman* — excepté l'Iran chiite — et même en Europe balkanique. Sans parler du réveil de l'ultra-nationalisme turc, dans sa version post-kémaliste, néo-ottomane et pantouranienne, dont l'irrédentisme ethno-religieux et la volonté de conquête se font sentir dans toute l'Eurasie et les Balkans, de la Chine à la Thrace grecque en passant par la « Grande Albanie », en voie de réalisation, et la Bosnie.

Parallèlement, la volonté des Américains d'exclure *jusqu'au dernier moment* les Russes des négociations de Rambouillet, ainsi que le bombardement « par erreur » de l'ambassade de Chine en Serbie, peuvent être interprétés comme des volontés délibérées, de la part des États-Unis, de déclencher une nouvelle guerre froide cette fois-ci entre, d'une part, l'« Occident » industrialisé incluant les NPI et le Japon, et, d'autre part, le « monde récalcitrant », non « occidental » (principalement : Russie-Biélorussie-Yougoslavie ; Chine et Corée du Nord ; Inde), au sens où l'entendent les membres du Forum économique de Davos et les chantres de l'économie libérale. D'après les stratèges et économistes américains, le camp des « récalcitrants » serait potentiellement susceptible de remettre en cause l'hégémonisme de Washington dans le monde, d'où l'ambitieux programme antimissiles américain destiné à neutraliser les puissances nucléaires russe et asiatiques. D'où, surtout, la *stratégie pro-islamique* des États-Unis visant à déstabiliser ses trois compétiteurs les plus « nuisibles » : Inde, aux prises, au Cachemire, avec les islamistes pakistano-afghans jadis soutenus par la CIA contre les Soviétiques ; Chine, également en conflit avec les mêmes séparatistes islamistes dans la région riche en pétrole et en gaz naturel du Xinjiang, peuplée de Turco-musulmans ; et Russie, contre laquelle d'anciens « afghans » tchétchéno-saoudiens comme Bessaïev ou Khattab menacent d'embraser tout le Caucase et l'Asie centrale afin de faire perdre à Moscou sa profondeur stratégique et les réserves et oléoducs d'hydrocarbures.

On le voit, les principaux théâtres d'affrontement stratégico-civilisationnels, les principales zones d'instabilité dans le monde, portent pour la plupart la marque de la très pragmatique et cynique stratégie américaine de *divide et impera*. Une stratégie pourtant suicidaire à long terme pour l'Occident dans ses différentes acceptions, donc *y compris* pour la société américaine, mais que les grandes compagnies anglo-saxonnes, prêtes à tout pour remporter de nouveaux marchés, et les Administrations américaines, aveuglées par leur volonté de puissance, défendent *coûte que coûte*, quel qu'en soit le prix à payer pour les autres composantes de l'« Occident ».

Efficiency first, for us, cette célèbre expression que les Américains se plaisent encore aujourd'hui à employer, résume en fait assez bien l'état d'esprit des classes dirigeantes d'outre-Atlantique, la volonté de puissance et l'efficacité « national-commerciale » étant profondément ancrées dans l'esprit d'un peuple issu, au départ, il est bon de le rappeler, de pasteurs puritains exaltés, persuadés de fonder la Nouvelle Sion, et surtout de *convicts*, ces parias et autres rebelles de l'époque que la vieille Europe avait chassés vers le *Nouveau Continent*, en même temps d'ailleurs que les adeptes des Églises protestantes fondamentalistes. De là découle sans aucun doute non seulement l'esprit combatif, à certains égards admirable, des Américains, dont les Européens semblent, pour l'heure, totalement dépourvus, mais, surtout, cette mentalité de *businessmen* conquérants et sans scrupules, capables de tout pour arriver à leurs fins, y compris de porter lourdement préjudice aux intérêts stratégiques à long terme de leurs pays et de leur civilisation.

Nation marchande intrinsèquement hégémonique, les États-Unis sont certains de représenter la seule vraie démocratie, une démocratie bénie par un Dieu « américain » qui n'hésite pas à s'annoncer sur les billets verts *(In God we trust)* et qui protège l'entreprise états-unienne de par le monde. Cette certitude permet au président Clinton d'affirmer que l'Amérique est devenue la « nation indispensable de la planète » et au stratège Zbigniew Brzezinski de parler d'« hégémonie bienveillante des États-Unis »... Puisqu'elle est la nation juste par excellence et qu'elle est « indispensable », elle a donc le devoir sacré d'exporter à tout prix — s'il le faut à coups d'embargos et de « frappes aériennes » — et partout, son « modèle démocratique » aux autres peuples de la planète, quant à eux insupportablement « passéistes » et obscurantistes. En vertu de cet état d'esprit, les civilisations traditionnelles apparaissent à la fois comme des anomalies et des reproches vivants, rappelant aux dirigeants américains que les valeurs non marchandes, comme l'identité ou l'histoire, priment parfois sur la seule recherche du gain.

Si cela est possible et nécessaire aux intérêts américains, il faut donc faire disparaître de la surface du globe ce que le linguiste américain Noam Chomsky nomme « la menace du bon exemple », c'est-à-dire en fait les peuples récalcitrants à l'*American Way of Life* et au nouvel ordre mondial. Ainsi s'explique finalement l'acharnement démesuré des États-Unis contre l'ex-Yougoslavie ou l'Irak, peut-être demain la Chine, puis l'Inde et la Russie, si la suprématie militaro-technologique *totale* de Washington était pleinement atteinte. En fait, Chomsky désigne par « bons exemples » les régimes relativement viables mais réfractaires à l'hégémonie américaine et à sa vision libérale-capitaliste du monde, donc susceptibles de faire des émules « non alignés » sur l'« ordre occidental », voire de susciter des coalitions « anti-hégémoniques ». Force est donc de constater, depuis la fin de la guerre froide, que l'Amérique n'est non seulement plus la garante de la paix mondiale et de la démocratie qu'elle a toujours prétendu être et qu'elle fut en partie dans le passé, à travers ses stratèges et hommes d'État, mais bel et bien *l'un des principaux facteurs de déstabilisation* et de guerre dans le monde.

Si les États-Unis parviennent à déclarer unilatéralement des guerres un peu partout sans essuyer plus qu'une ridicule abstention ou un veto chinois à l'ONU ou bien une gesticulation aussi symbolique que désespérée en provenance de Moscou, c'est certes parce qu'ils sont les plus forts dans tous les domaines de la puissance, mais également parce qu'ils utilisent *d'abord* les outils non militaires propres à la guerre moderne ou « guerre totale ». Celle-là englobe la *guerre médiatique* ou « informationnelle » — doublée d'une « guerre des représentations » — la *guerre économique et technologique*, et surtout la *guerre psychologique*. Après avoir essuyé quelques échecs militaires, politiques et économiques ici et là, au Vietnam, à Cuba, plus récemment en Somalie, et, dans une certaine mesure en Iran ou au Liban, puis face à l'« attaque économique » du Japon au cours des années 70-80, les États-Unis sont parvenus, ces dix dernières années, à opérer un formidable redressement économique, à bien des égards exemplaire pour la vieille Europe sociale-démocrate, et à opérer une formidable restructuration de tout leur appareil de défense et d'*intelligence économique*. Les stratèges et décideurs américains ont entièrement repensé la *stratégie globale* de leur pays, devenue essentiellement *géoéconomique*, opérant des fusions, regroupements d'industries complémentaires, réconciliant entre eux les secteurs politique, administratif, économique, industriel, médiatique et militaire, jusqu'à exceller, toutes choses restant égales par ailleurs, dans le domaine de la « guerre totale ». Le résultat est une Amérique économiquement florissante, plus compétitive, mais également plus conquérante, agressive et plus que jamais sûre d'elle-même — Samuel Huntington emploie l'expression « arrogante » —, en tout cas, beaucoup moins naïve et innocente que ne le croient les américanophiles invétérés d'Europe et d'ailleurs, pour qui « les Américains, qui nous ont sauvés deux fois » — certes — seraient de « grands enfants, incapables de nuire volontairement aux intérêts de leurs protégés et alliés européens »...

Après avoir montré dans une *première partie* que les États-Unis — pourtant tout aussi menacés, à terme, que les Européens par un même totalitarisme islamiste, nouvelle forme de *fascisme théocratique planétaire*, ambitionnant de lancer le tiers-monde à l'assaut de l'Occident — se comportent plus comme les adversaires, et même parfois les ennemis de l'Europe, que comme ses alliés, rompant ainsi le « front civilisationnel occidental » tout en s'appropriant le nom d'« Occident », nous présenterons les différents aspects de la « guerre totale » menée par les États-Unis contre le reste du monde et en particulier contre l'« allié européen », en analysant les faits sans passion, c'est-à-dire en relatant les déclarations et les décisions politiques des principaux dirigeants américains et en les confrontant aux analyses de ceux-là mêmes qui les conseillent.

Dans une *deuxième partie*, après avoir analysé les causes politiques, historiques, spirituelles et psychologiques qui ont conduit l'Europe à devenir le vassal volontaire des États-Unis et à participer à sa propre autodestruction stratégique et culturelle, nous tenterons de mettre au jour les véritables motivations géopolitiques et stratégiques qui poussèrent les États-Unis et l'OTAN à employer la force, de manière disproportionnée, tant dans le Golfe qu'en ex-Yougoslavie.

À partir de ces constats accablants pour les dirigeants européens, nous esquisserons, dans une *troisième partie* — non sans avoir fait justice de la *guerre des représentations* aux termes de laquelle la notion d'« Occident » est utilisée comme un véritable « leurre civilisationnel » servant de cache-sexe à l'hégémonisme américain et à entraîner l'Europe dans des entreprises néo-impérialistes et bellicistes dites « occidentales » mais contraires à ses intérêts vitaux — les contours de la *Grande Europe des nations* du XXIe siècle, la plus évidente et la plus plausible, parce que autant *géopolitique* que politique — alliant les données de la géographie humaine, les traditions civilisationnelles et la défense des intérêts géostratégiques communs, et donc la seule susceptible de relever les défis et menaces décrits précédemment. La colonne vertébrale stratégique idéale de cette Grande Europe *continentale* serait bien évidemment l'axe Paris-Berlin-Moscou, comme l'ont démontré les généraux et stratèges français Pierre-Marie Gallois et Henri Paris, si toutefois l'Allemagne renonçait une fois pour toutes à ses vieux démons pangermaniques et jouait sincèrement le jeu de l'unité européenne. Nous formulerons ainsi quelques propositions, essentielles à nos yeux, visant à promouvoir une *pensée géopolitique* ainsi qu'une *politique de défense* européennes réellement autonomes, c'est-à-dire au service d'une Europe ouverte vers le monde slavo-orthodoxe et résolument indépendante — ce qui ne signifie pas ennemie — des États-Unis.

Enfin, nous montrerons que, quand bien même les Administrations américaines persisteraient à voir dans l'Europe un *adversaire potentiel* et dans la Russie un *ennemi irréductible*, pourtant issus de la même matrice civilisationnelle originelle que le Nouveau Monde, mais sacrifiés par les intérêts islamo-pétroliers et atlantiques de Washington, il ne serait pas dans l'intérêt à long terme des États-Unis de relancer une *nouvelle guerre froide géocivilisationnelle* entre l'Occident et l'aire post-byzantine ex-communiste, guerre qui contribuerait essentiellement à diviser le front européo-occidental et dont les seuls véritables bénéficiaires seraient en fin de compte, à n'en point douter, les différents pôles néo-impérialistes et belliqueux du monde islamique (mouvements islamistes radicaux ; États fondamentalistes sunnites : Afghanistan-Pakistan, monarchies du Golfe, bloc irrédentiste turco-pantouranien, etc.), qui rêvent d'en découdre *définitivement* avec un Occident *ex* ou *néo-colonial* d'autant plus honni qu'il montre désormais des signes de faiblesse démographique et morale, véritable feu vert à une submersion vindicative face à laquelle les moyens militaires modernes ne peuvent pratiquement rien. Loin de contredire la thèse centrale de cet essai, selon laquelle l'« Occident », en tant que masque de l'hégémonisme cosmopolite anglo-saxon, est *tourné contre l'Europe*, entité géopolitique en devenir ayant des intérêts propres, nous rappellerons toutefois que les *représentations géopolitiques* ne sont jamais figées et que, pour survivre, la civilisation européo-occidentale *dans son ensemble*, définie par le géographe Yves Lacoste, et comme le préconise Samuel Huntington lui-même, a tout intérêt, qu'elle le veuille ou non, à composer avec le monde slavo-orthodoxe et à être *unie* face à une même inimitié fondamentale islamiste en provenance du Sud. Entendons-nous bien : l'Europe ne doit en aucun cas renoncer à devenir *forte* et *indépendante*, car loin de compromettre une éventuelle *unité stratégique pan-occidentale* souple — face à une même *menace géocivilisationnelle globale* — l'édification d'une Europe puissante incitera plus les États-Unis à *tenir compte de ses intérêts* qu'à leur porter préjudice. On le voit, la géopolitique est une discipline réaliste, pour laquelle les *rapports de force* sont, tout autant que les *interfaces représentatives*, essentiels, véritables *forces motrices de l'histoire*.

NOTES

1. Précisons ce que nous entendons par *politique*, *stratégie* et *tactique* chaque fois que nous employons ces termes. 1. *La politique* est une triade qui comporte, d'après le général Salvan : « le dessein que l'on veut réaliser, la définition des " amis " et des " ennemis ", et enfin la lutte pour parvenir au pouvoir (national ou mondial) et s'y maintenir » : ce sont donc les politiques qui définissent les stratégies et les buts de guerre. 2. *La stratégie* est l'« ensemble des méthodes et moyens permettant d'atteindre les fins exigées par le politique » (Salvan) ou encore l'« art de faire concourir la force à atteindre les buts de la politique » (Beaufre). 3. *La tactique* est l'« art d'employer des moyens et des hommes pour atteindre un objectif fixé par le stratège » : on est dans la tactique dès que des armes — classiques ou modernes — sont employées, y compris, bien sûr, contre des objectifs civils (Général [CR] Jean Salvan, *Politique, Stratégie, Tactique, Définitions*, 1999 ; *La Paix et la Guerre. Introduction générale aux problèmes de défense et de stratégie*, Criterion, 1992 ; entretiens avec l'auteur septembre 1999-avril 2000). Concernant les *différents niveaux de stratégie*, nous en retiendrons trois principaux : 1. *La stratégie globale* (ou *intégrale*, chez les militaires), terme utilisé par Lucien Poirier pour définir le *plus haut niveau* de stratégie, défini par le pouvoir politique. Elle conçoit les *desseins nationaux suprêmes* et détermine la *stratégie générale*, qui fixe les buts à atteindre dans les domaines diplomatique, économique, culturel, psychologique, militaire, technologique, informationnel, etc. Elle est indifféremment nommée *grande stratégie* (Luttwak), *stratégie nationale* (Pentagone), ou encore *stratégie totale* (Beaufre, Salvan), par allusion à *l'engagement total,* terme qui définit bien les guerres modernes « totales » et les processus d'*hégémonie globale* dont le *leadership* américain est l'exemple contemporain majeur. 2. *La stratégie des moyens*, par laquelle un État ou un groupe d'États décide de se doter de *moyens* technologiques, militaires, industriels, etc. (ex. : arme nucléaire, satellites, etc.) lui permettant d'exercer sa puissance. 3. *Les stratégies régionales ou stratégies particulières* (Salvan), déclinaisons locales de la *stratégie globale* — suivant les aires géoéconomiques et civilisationnelles — fixant les objectifs opérationnels et les échéances.

2. Lorsque nous écrivons « Occident » entre guillemets, le terme revêt une signification éminemment *idéologique* et *propagandiste,* liée aux conceptions mondialistes et atlantistes anglo-saxonnes modernes, tandis que lorsqu'il est écrit sans guillemets, l'Occident désigne pour nous une réalité *civilisationnelle* et culturelle tangible, bien qu'évolutive, c'est-à-dire les différentes composantes de la civilisation européenne occidentale — Russie exclue —, voire, dans une acception élargie (Lacoste), prospective, l'ensemble des sociétés de substrat européen, aire post-byzantine, Amériques, Nouvelle-Zélande et Australie incluses.

3. Islam avec un I désigne la *civilisation* islamique et le monde musulman en général, tandis qu'islam avec un i désigne la *religion*, le culte, la doctrine islamiques. Nous avons choisi d'écrire Musulman avec un M, et ainsi de suite pour Chrétien, Orthodoxe, etc. dès lors que ces termes ont fonction de nom propre et/ou qu'ils désignent des communautés temporelles.

4. Du point de vue polémologique, l'expédition punitive « occidentale » Force alliée, déclenchée sans déclaration de guerre ni autorisation des Parlements concernés, et au cours de laquelle l'ennemi serbo-yougoslave, qui n'avait agressé aucun des pays de la coalition alliée et n'avait aucun moyen de défense, peut difficilement être considérée comme une *guerre.* Nous emploierons toutefois dans cet essai l'expression « guerre du Kosovo » pour des raisons de commodités.

PREMIÈRE PARTIE

LE CONTEXTE GÉOPOLITIQUE : GLOBALISATION ET CONFLITS IDENTITAIRES

CHAPITRE I

Géopolitique et civilisations

> « Les affrontements les plus intenses (...), les chocs les plus dangereux à l'avenir risquent de venir de l'interaction de l'arrogance occidentale, de l'intolérance islamique et de l'affirmation de soi chinoise. »
>
> Samuel Huntington.

La géopolitique moderne, dans le cadre de laquelle nous inscrivons notre étude, est une approche pluridisciplinaire, à cheval sur la stratégie militaire, les données géographiques, la science politique et la conception civilisationnelle de l'histoire. Depuis quelques années, on a tendance à rajouter un cinquième élément, l'économie, d'où l'utilisation du terme de « géoéconomie ». Elle privilégie donc les configurations spatiales, géographiques et géoéconomiques et prend en compte les *rivalités de pouvoirs* dans la mesure où celles-ci portent sur des *territoires*, le contrôle (ou la possession) du territoire étant un moyen *d'exercer une autorité* ou une influence sur les hommes et les ressources qui s'y trouvent. En France, deux grandes figures intellectuelles ont contribué à réhabiliter cette discipline, jadis surtout étudiée en Allemagne, en Russie et dans les pays anglo-saxons : le général Pierre-Marie Gallois, pour qui la géopolitique étudie l'« influence du milieu sur l'homme », et le géographe Yves Lacoste, d'après lequel la géopolitique est « une démarche intellectuelle » ayant pour objet l'« étude des rivalités territoriales de pouvoirs et leurs répercussions dans l'opinion [1] ». Pour le célèbre géographe, il « ne s'agit pas d'une science (...) mais d'un savoir-penser l'espace terrestre et les luttes qui s'y déroulent, pour essayer de mieux percer les mystères de ce qui est en train de se passer afin d'agir plus efficacement ».

Le rôle des représentations

La géopolitique moderne analyse tout particulièrement, dans un soucis de *désoccultation*, les « représentations », « forces motrices de l'histoire » qui, de part et d'autre, président à l'élaboration des *processus de mobilisation* des camps antagonistes, dont la pierre d'achoppement est, schématiquement, une *rivalité de pouvoirs* quant à des *territoires* et des *ressources*. D'après Lacoste, les représentations désignent l'« ensemble des idées et perceptions collectives d'ordre politique, religieux ou autre qui anime les groupes sociaux et qui structure leur vision du monde [2] ». Héritier de l'école d'Yves Lacoste, le géopoliticien français François Thual analyse quant à lui la nature de cette pierre d'achoppement à travers le concept de « conflit identitaire », au sein duquel les « représentations » sont l'élément central puisqu'elles construisent et *légitiment* les revendications d'un camp (supposé être « antérieur » ou « pur », donc « propriétaire légitime »), face au camp adverse, « ultérieur », « usurpateur », « infidèle », voire « envahisseur », donc illégitime. Aussi les « représentations » sont-elles destinées à légitimer le « désir de territoire », la « volonté de puissance » du « camp ami », et donc à disqualifier les motivations et revendications du « camp ennemi ». On retrouve ici l'opposition classique « ami/ennemi », qui, d'après les politologues Carl Schmitt et Julien Freund ou encore le stratégiste Jean Salvan, définit la politique, les responsables politiques ayant pour tâches premières de veiller à la *concorde* intérieure de *l'unité politique*, généralement la nation et/ou l'État (« ennemis internes » : mouvances sécessionnistes, désagrégatrices), et à *la sécurité* de cette même unité, toujours menacée de l'extérieur (« envahisseurs », hégémonies impérialistes, ennemis des valeurs fondamentales ou adversaires géoéconomiques, etc.). Si l'on étudie la guerre du Kosovo à la lumière de la géopolitique moderne, cela veut dire que les stratèges yougoslaves, aussi bien que leurs homologues de l'OTAN, pour disqualifier les raids aériens contre la Serbie ou les justifier, ont *d'abord* mené une *guerre de représentations*, pour laquelle les processus de mobilisations que sont la religion, la culture, l'idéologie-politique, les droits de l'homme, les interprétations nationalistes de l'histoire, le patriotisme, etc., ont été « réquisitionnés » au maximum afin de *légitimer* l'attaque pour les uns, la défense pour les autres. Nous reviendrons en détail sur ce point et nous étudierons tout au long du présent essai les représentations respectivement forgées par les « Occidentaux », les Serbes et les Albano-Kosovars, pour justifier et légitimer chacun leur position, car la géopolitique et « la géographie », expliquait Yves Lacoste en 1967, « ça sert d'abord à faire la guerre ».

Le géopolitologue reste toutefois un être humain. Il n'est pas insensible aux phénomènes comme l'injustice, la violence, la barbarie, etc. Mais il les replace dans leur *contexte stratégique* et *géopolitique*. Il constatera les déséquilibres, agressions, injustices, du point de vue des *rapports de forces* et de la stratégie, non du point de vue exclusivement moral. Cela ne signifie pas qu'il ramène le bourreau au même niveau que la victime, cela implique simplement qu'il s'efforce de *dépassionner* le débat et de *prendre du recul* par rapport aux *représentations* sollicitées de part et d'autre, afin d'étudier les faits et les rapports de forces réels, en général occultés avec plus ou moins de succès. De ce point de vue, l'utilisation du terme « génocide » concernant les guerres civiles de Bosnie ou du Kosovo, participe d'une *rhétorique mobilisatrice*, d'une *représentation*, plus qu'elle ne décrit une réalité intangible. Nous montrerons d'ailleurs au cours du chapitre VI consacré à la guerre de l'information en quoi l'hypermédiatisation des termes « épuration ethnique », « crime contre l'humanité » ou « génocide », employés en toutes circonstances jusqu'à être peu à peu vidés de leur sens originel, risque de contribuer à banaliser, minimiser même, rétrospectivement, les grandes « catastrophes humanitaires », « génocides », attestés, ceux-là, ou autres « purifications ethniques » du passé ou du présent : génocides des Indiens dans les Amériques ; génocide des Arméniens et génocide des Juifs, notamment.

On le voit, à travers l'étude des *représentations* et la désoccultation des techniques de propagande, la démarche géopolitique intègre des disciplines telles que la psychosociologie, la stratégie, notamment les processus de subversion et de manipulation. Elle n'exclut aucunement les approches *historique* et *civilisationnelle*, la plupart des conflits contemporains ayant un fondement identitaire, culturel ou ethno-religieux, donc opposant, autour de territoires convoités, des *représentations* antagonistes de l'identité et de l'histoire nationale. Parallèlement à la démarche géopolitique classique et à la désoccultation des phénomènes de « guerre informationnelle » et de « guerre économique », le « paradigme des civilisations », cher à Samuel Huntington, constituera l'une des principales grilles de lecture de notre démonstration.

L'école géopolitique, selon laquelle les principaux moteurs de l'histoire mondiale ne sont pas seulement les États et les rapports économiques, mais également les facteurs identitaires et *civilisationnels*, a vraisemblablement été fondée par le géopoliticien russe Nikolaï Danilievski, auteur de *La Russie et l'Europe* (1868). À cette époque déjà, Danilievski écrivait que « les Européens voient dans la Russie et les Slaves non seulement un corps étranger, mais encore un principe hostile [3] », thèse au cœur de notre sujet d'étude puisque l'une des conséquences majeures de la guerre du Kosovo aura été de raviver de vieilles plaies « civilisationnelles » et géopolitiques entre l'« Occident » et la Russie. De même qu'« Europe » désignait pour Danilievski ou Iline, l'Europe occidentale sous domination britannique, aujourd'hui les nationalistes ou communistes russes anti-occidentaux désignent, sous l'expression « Occident », l'hégémonie américaine ou encore l'américanisation générale de l'Ouest — et non pas l'Europe en tant que civilisation plurimillénaire ou projet géopolitique, dont la Russie a toujours été partie prenante mais dont elle s'est toujours sentie exclue par les forces « occidentistes », principalement anglo-saxonnes. Paradoxalement, ce sont deux géopoliticiens et stratèges américains qui, un siècle plus tard, donneront raison à l'anti-occidental Danilievski, leur thèse constituant en quelque sorte le double en négatif de celle du géopoliticien russe. Le premier est l'ancien conseiller de Jimmy Carter, Zbigniew Brzezinski. Sa doctrine géostratégique, globalement anti-orthodoxe, essentiellement fondée sur le « refoulement » de la Russie et de ses sphères d'influence, n'a d'égal que l'anti-occidentalisme de Danilievski et de ses adeptes russes modernes, d'Alexandre Zinoviev, qui fustige l'« Occident totalitaire », au géopoliticien et *leader* communiste Anatoli Ziouganov, en passant par le *leader* d'extrême droite Vladimir Jirinovsky, auteur d'un pamphlet géopolitique *Je crache sur l'Occident.* Le second est l'historien-géopolitologue américain Samuel Huntington, professeur à Harvard, apparemment plus neutre, qui redonna, à la suite de Braudel et de Lacoste, ses lettres de noblesse à la théorie civilisationnelle de la géopolitique. D'accord avec Danilievski, et même avec l'Anglais Arnold J. Toynbee ou l'Allemand Oswald Spengler sur ce point, Huntington affirme lui aussi que le monde slavo-orthodoxe, auquel appartient la Serbie, est une *civilisation distincte* de l'Occident, même si elle a des sources communes, principalement grecques et chrétiennes.

Il est toutefois préférable de ne pas se laisser duper par le « paradigme des civilisations ». Les adeptes du « tout civilisationnel » oublient parfois que, si les civilisations peuvent effectivement entrer en conflit et être des acteurs de la politique mondiale, parallèlement à la constitution de « blocs géoéconomiques » épousant souvent les contours de ces mêmes civilisations, le *levier identitaire* doit également être appréhendé comme une force mobilisatrice de représentation justifiant des luttes de pouvoirs plus ou moins occultes. Le « paradigme des civilisations » n'en demeure pas moins recevable, puisque les « représentations identitaires », qu'elles soient assises sur des faits authentiques ou des mythes, *font sens* au sein des masses et des acteurs géopolitiques. Qu'on le veuille ou non, elles poussent quantité d'êtres humains de toutes civilisations, depuis des temps immémoriaux, à accepter de mourir pour leur religion, leur nation, leur identité ou leur appartenance civilisationnelle. Dans notre présente étude, elles doivent donc impérativement être passées en revue, quand bien même Marx aurait eu raison d'affirmer que les rapports de forces économiques et matériels déterminent la marche de l'histoire.

LES « CHOCS CIVILISATIONNELS » : NOUVEAU PARADIGME DE L'APRÈS-GUERRE FROIDE

Pour Samuel Huntington, « une civilisation est le mode le plus élevé de regroupement et le niveau le plus haut d'identité culturelle dont les humains ont besoin pour se distinguer des autres espèces, elle se définit par des éléments à la fois objectifs, comme la langue, l'histoire, la religion, les coutumes, les institutions, et par des éléments subjectifs d'auto-identification... les civilisations sont le plus gros " nous " et elles s'opposent à tous les autres " eux " [4] ». La civilisation ainsi définie est la réponse à *la* question fondamentale, ontologique, que se pose l'homme, « qui suis-je et d'où viens-je ? » De là découle la dimension religieuse des civilisations, les « valeurs fondamentales suprêmes », généralement partagées par les membres d'une même civilisation, étant fondées sur des principes transcendants, sacrés, absolus. Aussi Huntington ajoute-t-il que les civilisations s'accrochent jalousement à leurs spécificités et s'opposent les unes les autres, parfois très violemment, de manière *existentielle,* fondant leur propre identité et leur raison d'exister par rapport à l'autre.

Pour Huntington, l'après-guerre froide serait caractérisée par une résurgence des phénomènes identitaires et religieux, trop longtemps « frustrés » par les cadres de pensée idéologiques hérités de l'affrontement Est-Ouest et exacerbés par la globalisation. Non seulement cette dernière renforcerait les contacts entre les peuples d'une même civilisation, grâce aux moyens de communication, mais elle provoquerait simultanément de violentes réactions de rejet anti-occidentales, car en dehors de l'« Occident », globalisation ou mondialisation riment avec « néo-impérialisme ». En dépit du fait que Francis Fukuyama célèbre la « fin de l'histoire » et le triomphe définitif de l'« hégémonie bienveillante » de la démocratie américaine, le système international aurait cessé de tourner autour du seul Occident pour devenir multicivilisationnel ou multipolaire. Les grandes idéologies du XXe siècle (libéralisme, socialisme, anarchisme, corporatisme, communisme, social-démocratie, conservatisme, nationalisme, fascisme, démocratie chrétienne, etc.) seraient désormais épuisées. L'Occident perdant de son influence, ces différents systèmes, symboles de son hégémonie, seraient sur le chemin du déclin. « Leur place est prise par les religions et d'autres formes d'identité et d'engagement reposant sur des bases culturelles. » Ainsi, « le choc intracivilisationnel entre idées politiques incarné par l'Occident est en train d'être supplanté par le choc intercivilisationnel des cultures et des religions [5] ».

Samuel Huntington dénombre sept principales civilisations contemporaines : occidentale, confucéenne, japonaise, musulmane, hindoue, slavo-orthodoxe, latino-américaine (« excroissance » de l'occidentale), et peut-être huit avec l'« africaine ». Pour l'auteur du *Choc des civilisations*, les principaux conflits actuels et futurs résulteront du choc opposant ces différentes civilisations entre elles, conflits souvent très anciens, mais réapparaissant avec violence un peu partout depuis la fin de la guerre froide, laquelle avait en quelque sorte « gelé », différé, les heurts. Parmi ces sept civilisations, Huntington en distingue quatre susceptibles d'acquérir ou de pérenniser une suprématie internationale ou encore de contrecarrer, à terme, l'hégémonie de l'une d'entre elles, principalement de l'Occident : l'Occident puis l'Islam, d'une part, deux civilisations ayant une même prétention à l'universel ; l'Hindouisme et la Chine (ou monde confucéen), d'autre part, de tradition non universaliste, mais en pleine expansion et capables, au XXIe siècle, de remettre en question l'hégémonie occidentale ou de résister aux assauts prosélytes et conquérants de l'Islam, en pleine phase de renouveau idéologique et identitaire. Au sein de ces principales « puissances géo-civilisationnelles », deux principaux angles de « conflictualité globale » apparaissent : l'un autour du choc civilisationnel majeur Islam / monde non musulman ; l'autre autour de l'opposition, tout aussi prégnante, entre, d'une part, l'Occident hégémonique (la « supersociété » occidentale à prétention universelle dominée par les États-Unis) et, d'autre part, le « reste du monde » non occidental émergeant ou non industrialisé : principalement la civilisation asiatique « sino-confucéenne », l'Islam et l'Inde, ces trois civilisations dépassant chacune le milliard d'habitants (voir carte 1, annexe I).

Le mythe de la « mondialisation »

Contrairement à certaines idées reçues, correspondant aux *représentations* véhiculées par des Occidentaux adeptes d'idéologies internationalistes (ultra-libéraux ou *libertariens,* marxistes et trotskystes, socialistes ou écologistes « citoyens du monde », etc.), la « globalisation » n'est pas un phénomène nouveau et elle ne conduit pas nécessairement vers une « suprasociété planétaire » unifiée et harmonieuse. Processus neutre, donc indépendant des projets idéologiques précités, la *globalisation* débute au XVIe siècle et a été initiée par le commerce international et les échanges maritimes. On peut la définir comme la « mise en relation immédiate et la création de réseaux relationnels, stratégiques, économiques, scientifiques et financiers transnationaux ». Pour le philosophe Jürgen Habermas, comme pour Francis Fukuyama et Fouad Ajami aux États-Unis, ou encore Jacques Attali, Guy Sorman et Alain Minc en France, la *globalisation* signifierait la mort des nationalismes, religions traditionnelles et identités civilisationnelles, c'est-à-dire l'avènement d'une « communauté internationale » pacifiée, voire d'un « gouvernement mondial » (ONU, OMC, OSCE, Tribunal pénal international de La Haye, etc.). C'est ce postulat mondialiste qui animait, en 1947, l'Américain James Burnham, l'un des fondateurs des Nations unies, lorsqu'il vantait les mérites d'un « gouvernement mondial » dont l'ONU avait vocation à être une étape intermédiaire, idée défendue avant lui par le président américain Woodrow Wilson, pour qui la SDN devait être l'antichambre d'un gouvernement universel construit sur le modèle démocratique indépassable de la Constitution des États-Unis. C'est également une philosophie *mondialiste* — « antipolitique [6] », dirait Julien Freund — qui anime les défenseurs d'un nouveau type de guerre, la « guerre humanitaire », comme la guerre du Kosovo, au nom du « droit d'ingérence », idée défendue par Bernard Kouchner, haut représentant des Nations unies au Kosovo. D'après cette conception, les États nations sont les véritables obstacles au bonheur du genre humain, que seul le mondialisme pourra permettre, en instaurant l'harmonie universelle. Aussi, les guerres seraient-elles *mauvaises* non par nature, mais seulement lorsqu'elles sont motivées par la défense d'intérêts nationaux, vecteurs de « haine » entre les peuples, le concept même de nation étant banni. Elles sont en revanche *justes et légitimes* si elles sont menées au nom de principes moraux universalistes (« droit d'ingérence », « intervention humanitaire ») et si elles ont pour principal but, comme ce fut le cas de l'opération Force alliée, de faire voler en éclats le principe de souveraineté nationale au profit du « droit des minorités » à disposer librement d'elles-mêmes et surtout d'un projet de société cosmopolite sous-jacent. À cet égard, Jean-Pierre Chevènement, Max Gallo ou encore Ignacio Ramonet en France, ainsi que Sergio Romano en Italie, ont souligné à juste titre que la guerre du Kosovo était une « guerre contre le principe de souveraineté », la première guerre moderne « légitime » pour nombre d'intellectuels et de politiques adeptes de théories internationalistes, ce qui explique que des ultra-libéraux ou « libertariens » partisans de la suppression de l'État, d'anciens maoïstes, trotskystes, « pacifistes », écologistes comme Noël Mamère, ou d'anciens de Mai 68, tel Daniel Cohn-Bendit, se soient retrouvés, pour la première fois, du côté des « va-t-en-guerre », les « nouveaux philosophes engagés » comme Bernard-Henri Lévy ou et André Glucksmann apportant la justification théorico-morale nécessaire aux partisans de l'option belliciste. Du côté des hauts responsables politiques, on peut dire que la guerre du Kosovo fut aussi la guerre de la social-démocratie occidentale : le président démocrate William Clinton avait commencé sa carrière politique dans le camp des « pacifistes » opposés à la guerre du Vietnam ; Javier Solana, avant de devenir l'un des *leaders* du Parti socialiste espagnol puis secrétaire général de l'OTAN et enfin « Monsieur PESC », avait milité dans les rangs de la gauche radicale opposée, d'ailleurs, aux bases de l'OTAN. Le chancelier allemand Gerhard Schröder, le Premier ministre français Lionel Jospin et l'ex-chef du gouvernement italien Massimo d'Alema sont également issus de la mouvance social-démocrate « pacifiste », le Premier ministre britannique Tony Blair ayant quant à lui été formé à la Rhodes Fundation éminemment cosmopolite. Preuve que la guerre du Kosovo fut une guerre « internationaliste », ses plus fervents partisans se recrutèrent dans tous les milieux politiques et philosophiques mondialistes, de l'extrême gauche à la droite ultra-libérale. Se situant politiquement au milieu de cet axe inédit entre gauchistes et libertariens mus par un intérêt commun, Tony Blair ira jusqu'à comparer les quatre premières semaines de frappes aériennes sur la Yougoslavie au processus par lequel « la globalisation est en train d'ouvrir l'architecture financière du monde à la discussion, à la réévaluation et à son amélioration », la guerre semblant être devenue la « continuation de l'intégration économique avec d'autres moyens [7] ». Pour Tony Blair, la guerre du Kosovo était livrée dans le but moral de parvenir à un nouvel « internationalisme » et « d'améliorer l'homme [8] ». Aussi l'opération Force alliée fut-elle l'occasion de constater une nouvelle ligne de fracture idéologique et politique, non plus entre gauche et droite, mais entre « souverainistes » et « internationalistes » des deux anciens camps. À la souveraineté des États, à laquelle est encore lié un certain socialisme traditionnel (Fondation Marc-Bloch, Mouvement des Citoyens avec Jean-Pierre Chevènement, Georges Sarre, Didier Motchane ; *Club Démocraties* du général Henri Paris, intellectuels comme Yves Lacoste, Régis Debray ou Max Gallo, etc.), les « *Third Wayers* » de l'« Olivier planétaire » opposent maintenant le mondialisme des droits de l'homme et du « droit d'ingérence ». Ils conçoivent la construction européenne comme une simple étape intermédiaire avant l'édification d'un gouvernement mondial pourvoyeur de bonheur et de concorde universelle. Justifiant à sa manière la « guerre pacifique » ou « humanitaire » du Kosovo, menée au nom du principe du « droit d'ingérence », le philosophe allemand Jürgen Habermas écrit, dans les colonnes du journal *Die Zeit* : l'« adhésion immédiate à une association mondiale de citoyens protégerait le citoyen de tout État contre l'arbitraire de son propre gouvernement, (...) dans un ordre cosmopolite totalement " juridifié " ». Aussi les chantres de l'Internationalisme contemporain sont-ils persuadés que l'humanité ne pourra arriver à sa maturité suprême et retrouver une sorte de « paradis terrestre » que si un *ordre mondial*, autoritaire, s'il le faut, est préalablement instauré et imposé d'en haut. Dans la pensée d'un Burnham ou d'un Habermas, la « suprasociété mondiale » finira par emporter l'adhésion de tous les peuples et permettra la suppression des barrières qui séparent les nations ou les civilisations, et donc les guerres qui les opposent depuis toujours. On reconnaît, en définitive, dans le thème habermassien de « société de citoyens du monde » en phase avec la *globalisation*, le thème central du messianisme monothéiste *sécularisé* développé par les théoriciens soixante-huitards de l'École de Francfort, inconsciemment transposé au sein d'une « religion temporelle » à prétention *humanitariste*, comme cela s'était déjà produit avec l'eschatologie séculière marxiste.

Forts de ces douces certitudes, les adeptes de l'internationalisme moderne, « pacifiste » à sa façon — la guerre de l'OTAN au Kosovo étant présentée comme une « guerre pour le bien », donc « pacifiste »

— traitent avec mépris les défenseurs du « paradigme civilisationnel ». Ils affirment que le « choc des civilisations » est improbable puisque les moyens de communication modernes tendent à créer une nouvelle forme d'appartenance « planétaire ». Pourtant, Internet et les satellites n'ont aucunement fait disparaître les civilisations et les identités des peuples. Ils ont au contraire permis à ces dernières de sortir du cadre restreint et souvent historiquement artificiel de l'État national, pour accéder à une « conscience civilisationnelle », *transnationale*, certes, mais non *cosmopolite*. L'« explosion des médias, explique François Thual, notamment télévisuels et visuels, permet encore plus que par le passé de densifier la revendication, d'exaspérer les hantises et d'intensifier les menaces. La conductibilité interne et externe des thèmes identitaires a été accélérée par les progrès techniques de communication (...). Les médias transforment l'identitaire en un torrent émotionnel de sons et d'images [9] ». L'internationalisme philosophico-politique n'est globalement partagé que par les Occidentaux et l'idéologie *mondialiste* à proprement parler, que Huntington a baptisée la « culture de Davos », ne concerne qu'une infime partie de la planète (1 % de l'humanité environ). En réalité, la mondialisation en question est perçue par les autres civilisations, qui forment, elles, les 4/5 du globe, comme un avatar et un « masque hypocrite » de l'« impérialisme occidental ». L'« idée même d'une " société globale " », confirme le sociologue russe Alexandre Zinoviev, « est une idée occidentale, et non universellement humaine (...). Le moteur de cette initiative n'est nullement l'aspiration des divers États et peuples de la planète à s'unir les uns aux autres – de telles aspirations sont extrêmement rares – mais la volonté de certaines puissances occidentales d'occuper des positions dominantes sur la planète et d'organiser l'humanité tout entière conformément à leurs intérêts concrets, et certainement pas selon les intérêts d'une quelconque humanité abstraite [10] ». Dès lors, le *phénomène* irréversible de *globalisation*, qui désigne les techniques modernes et planétaires de communication, ne doit pas être confondu avec *l'idéologie de la mondialisation* et les structures, exclusivement *occidentales*, de ladite « communauté internationale », étape préalable avant la réalisation d'un « gouvernement mondial » idéal, dirigé par son noyau fondateur anglo-saxon.

LES LIMITES DE LA GLOBALISATION

Quant à la *globalisation* elle-même, en tant que phénomène neutre, elle ne touche qu'une part relativement modeste des activités humaines, sociales ou économiques. Elle n'empêche pas l'économie américaine de ne fonctionner qu'à 12 ou 13 % sur des échanges extra-continentaux, ni les exportations françaises, italiennes ou allemandes d'être *d'abord* à destination *européenne* dans leur grande majorité.

Ainsi, en ce qui concerne la France, 3e ou 4e exportateur mondial selon la conjoncture et l'un des pays les plus ouverts au monde, il convient de noter que la part de ses échanges courants avec l'extérieur n'atteint pas 25 % du PIB, en très lente progression depuis le début du siècle, et que ceux-ci sont réalisés à 80 % avec ses voisins proches de l'Espace économique européen (Union européenne + AELE). Les économies ne sont pas plus ouvertes aujourd'hui qu'elles ne l'étaient au début du siècle, et l'intégration économique *globale* tant célébrée est encore loin d'être réalisée. Dans la sphère financière, tout d'abord, la convergence des taux d'intérêts réels est inférieure à ce qu'elle était sous le régime de l'étalon-or. Pour ce qui est des multinationales, les trois quarts environ de leur valeur ajoutée proviennent de leurs pays d'origine, de sorte que les firmes « globales » conservent toujours une base nationale. Cela s'explique par le fait que les délocalisations de certaines de leurs branches d'activité concernent précisément des branches non rentables à faible valeur ajoutée. Les entreprises, en dépit de leur internationalisation croissante, demeurent attachées à leur nation d'origine par leur capital, leur culture et leurs principaux dirigeants. Dans leur essai *Globalisation in Questions* (1996), Paul Hirst et Grahame Thompson contestent avec force le concept même de *mondialisation*, entendu comme phénomène irréversible conduisant à la suppression des frontières et barrières de toute sorte entre les hommes. Selon eux, parler de *globalisation* au sens de mondialisation signifierait que l'économie mondiale « est dominée par des forces globales incontrôlables et (que) les principaux acteurs du changement sont des firmes authentiquement transnationales ; (que) ces dernières n'ont pas de devoir d'allégeance envers aucun État-nation en particulier et choisissent leur lieu d'implantation en fonction du critère de l'avantage maximal [11] », autant de conditions que la réalité ne confirme pas. Aussi la doctrine économique libre-échangiste anglo-saxonne exigeant, sous couvert d'OMC ou d'AMI, la suppression des frontières — surtout en dehors des États-Unis, d'ailleurs — au nom de la croissance économique mondiale et du bien-être universel, s'avère-t-elle être également un contrat léonin ne profitant qu'au *plus fort*, c'est-à-dire aux États-Unis, dont les firmes bénéficient des plus importantes économies d'échelle et dont les législations internes maintiennent un fort protectionnisme de fait. L'« économie mondiale », explique l'ancien dissident et écrivain russe Alexandre Zinoviev, c'est avant tout l'« occupation de la planète par les compagnies transnationales d'Occident, et (...) la culture mondiale se résume pour l'essentiel à une américanisation culturelle des peuples de la planète. Bref, l'idée de la “ société globale ” n'est qu'une tentative idéologiquement camouflée du monde occidental, dirigé par les États-Unis, d'asservir la planète et d'établir son empire sur le reste de l'humanité [12] ». Aussi, le fiasco de la conférence de Seattle sur la libéralisation du commerce international fin 1999 peut-il être analysé comme une réaction des sociétés civiles et des nations souveraines face à la domination américaine, démasquée derrière le voile de moins en moins trompeur des structures du mondialisme comme l'OMC, à l'origine du « Millennium Round » de Seattle. C'est donc essentiellement à travers la représentation du « mondialisme » et l'instrumentalisation du processus de globalisation que s'exprime, à peine dissimulée, la formidable « volonté de puissance » américaine.

Avant que les adeptes des utopies *cosmopolites* ne s'approprient la paternité du processus de *globalisation*, concept au départ neutre, comme la technique qu'il désigne, la *globalisation* n'impliquait pas l'idéologie de la suppression des frontières et des identités nationales, comme l'affirment nombre de responsables occidentaux essayant ainsi de justifier l'immigration extra-européenne massive et expliquant que la culture planétaire « McWorld » favorisera en fin de compte l'intégration des uns et des autres. Or, si l'*American Way of Life* standardise effectivement certains comportements, il opère plus un nivellement superficiel par le déracinement et l'anomie générale qu'il ne produit de valeurs nouvelles socialement partagées. Dans les banlieues-ghettos, l'américanisation culturelle par les modes afro-américaines ne favorise aucunement l'intégration des immigrés. Les modes culturelles comme le « rap ethnique », exaltant l'esprit de révolte néo-tribale et le rejet de l'ordre social établi, sur le modèle des quartiers chauds de New York, distillent plus une « culture du ghetto », essentiellement incivique, rebelle et individualiste, qu'un réel esprit d'ouverture internationale et d'intégration sociale. Dans son ouvrage *Jihad versus McWorld* (1996), le sociologue américain Benjamin Barber avait montré que les phénomènes désagrégateurs modernes, comme les violences urbaines et néo-tribales, les réactions identitaires particularistes (intégrismes religieux, sexismes, régionalismes, séparatismes, etc.), ou encore les intégrismes, ne sont que l'autre face de Janus du processus de *globalisation*, producteur d'anomies et de déracinements, donc de violentes réactions identitaires compensatoires. Dans cette optique, l'extension de la culture commerciale McWorld, qui est l'une des principales marques du « village global », engendre autant de fragmentations et de fractures sociales qu'il standardise en superficie. Partout dans le monde, en effet, les blocs ethno-religieux, les particularismes, les séparatismes et les conflits identitaires de toutes sortes se renforcent. La vision d'un monde idyllique où tous les peuples cohabiteraient en paix peut séduire, mais elle est hélas, du moins aujourd'hui, largement irréaliste. Seules les *intelligentsias* d'Europe et d'Amérique du Nord, qui elles-mêmes ne représentent qu'une partie de l'élite intellectuelle et économique de ces continents, croient ou/et font croire à l'avènement inéluctable de l'harmonie universelle. Certes, le *melting pot*, les mariages inter-communautaires, l'« antiracisme » sont des phénomènes observables au sein des sociétés occidentales, quoiqu'ils se produisent essentiellement dans un contexte de paupérisation et de

« ghettoïsation » des intéressés et que « l'antiracisme de combat », d'ailleurs instrumentalisé politiquement pour discréditer et démoniser les conceptions souverainistes existantes, témoigne plus de la persistance des phénomènes identitaires exacerbés qu'il n'en atteste la disparition. Quoi qu'on en dise, la culture du *cosmopolitisme* et du politiquement correct ne concerne en fin de compte que les riches sociétés « blanches » vieillissantes représentant à peine 15 % de l'humanité, si l'on englobe les pays de l'est européen à la démographie tout aussi déclinante. On observe en revanche une nette progression des peuples prolifiques et pauvres du Sud vers les contrées riches et démographiquement déclinantes de l'hémisphère Nord, phénomène que le général Gallois nomme la « montée inéluctable des peuples du Sud vers le Nord », rendue inexorable (mais non inévitable) par les décalages de richesses et la pression démographique. Force est donc de constater que l'idéalisme « pluri-ethniciste », encensé par les partisans de la citoyenneté universelle, est à sens unique. Certes, la présence d'immigrés non européens est de plus en plus acceptée et importante en Europe. Mais l'immigration de masse et l'africanisation progressive de l'ouest européen, loin d'être les signes d'une harmonie universelle, sont les conséquences du déclin démographique et moral des Européens et de la situation économique catastrophique du tiers-monde. Il témoigne surtout du *décalage des richesses* et de l'inégalité économique entre les nations, phénomène explosif qui risque un jour de provoquer des drames humains et des guerres. Parallèlement, au sein des civilisations non occidentales, c'est plutôt le phénomène inverse à celui du *melting pot* qui est constaté, surtout depuis la décolonisation et le départ des Européens des anciennes colonies. En Afrique de l'Ouest, les commerçants libanais, « blancs », sont de plus en plus contraints de quitter les lieux, comme nombre d'Européens, tandis que les touristes occidentaux sont égorgés ou kidnappés de l'Algérie au Cachemire, en passant par la Tchétchénie et l'Égypte. En Inde, les expatriés occidentaux protestants sont menacés physiquement cependant qu'en Chine les « Occidentaux arrogants » sont aussi indésirables que les « diables noirs » (Africains) ou les Catholiques, la culture chinoise ayant toujours considéré les autres civilisations comme « barbares », au sens grec du terme. Mais surtout, les violences ethno-religieuses opposent entre elles les nations du tiers-monde et sont à l'origine de terribles massacres, du Cachemire au Soudan, en passant par l'Indonésie ou le Nigeria. L'« antiracisme » occidental ne fait pas plus recette en Turquie — où les Kurdes sont persécutés, près d'un siècle après le génocide arménien, jamais reconnu par Ankara, et le renvoi des Grecs — qu'en Arabie Saoudite, État esclavagiste, fondamentaliste et raciste, ou même en Afrique noire, où ethnies et tribus ennemies continuent de s'entre-déchirer, comme on a pu le voir ces dernières années en Sierra Leone, au Rwanda ou au Burundi. Autre preuve de la contradiction et, finalement, de l'hypocrisie de l'universalisme moralisateur des dirigeants occidentaux, adeptes des « interventions humanitaires » au nom des « droits des minorités », ceux-là ont qualifié de « défi aux valeurs occidentales » les terribles répressions serbe ou russe au Kosovo ou en Tchétchénie tandis qu'ils saluent l'intégration progressive dans l'Europe de la Turquie, reconnue comme « occidentale », alors que cet État nationaliste a assis son identité moderne sur des massacres, des déportations et des annexions. Ainsi, les mêmes coalitions « occidentales », censées stopper les forfaits d'États « anti-occidentaux » comme l'Irak ou la Serbie, comptent dans leurs rangs des États encore plus totalitaires et coupables de forfaits au moins aussi terribles, comme la Turquie, qui participa, comble de l'ironie stratégique, aux interventions de l'OTAN en Irak et au Kosovo, la Syrie, qui envahissait le Liban en toute liberté en échange de sa participation à la coalition contre l'Irak, ou encore l'Arabie Saoudite antidémocratique, propagateur numéro un du fanatisme islamiste dans le monde, que l'Occident protège contre l'Irak et l'Iran « anti-occidentaux »... On le voit, les idées généreuses cachent le plus souvent des réalités géostratégiques et économiques beaucoup plus terre à terre.

Les chantres du mondialisme occultent également le fait que la pauvreté montante, la raréfaction de certaines ressources vitales (pétrole et eau principalement), ainsi que les turbulences climatiques ne peuvent qu'activer les conflits géopolitiques entre nations ou aires géo-civilisationnelles. Par conséquent, l'occidentalisation-universalisation, soi-disant en cours dans le monde entier, et célébrée à travers ce que Guy Sorman ou Alain Minc nomment « la mondialisation heureuse », demeure largement illusoire. On peut certes voir avec étonnement de nombreuses publicités de Coca-Cola et Marlboro en plein cœur du Beyrouth tenu par le *Hezbollah,* en Arabie Saoudite ou en Iran. Loin de contredire les thèses de Samuel Huntington, la présence de ces symboles économiques de la « culture de Davos », en « terre interdite », répond plus au besoin des sociétés islamiques de ne pas boire d'alcool qu'à une réelle soif d'occidentalisation. Cela ne signifie aucunement que les islamistes adoptent les mœurs « décadentes » et les conceptions politiques occidentales « impies ». De même, les institutions internationales — ONU, FMI, Banque mondiale, OMC, Forum économique de Davos, G7 (ou G8), Tribunal pénal international — structures de la « suprasociété occidentiste », tout comme les « superstructures » au sens marxiste du mot telles que les « droits de l'homme » ou le « droit d'ingérence humanitaire », sont considérées, en terre d'Islam, comme des marques de l'« impérialisme occidental ».

La *globalisation* renforce en définitive les « appartenances civilisationnelles », notamment à la faveur de constitutions de *pôles transnationaux* géoéconomiques et civilisationnels cohérents : Accord de libre-échange nord-américain (ALENA-États-Unis-Canada-Mexique), Union européenne (les « Quinze » pouvant devenir les « Vingt » ou les « Trente »), zone chinoise, zone panturque, monde arabo-islamique (OCI, Ligue islamique mondiale), etc. Aussi le concept de *transnationalisme* n'est-il aucunement synonyme de *mondialisme* ou de *cosmopolitisme*. Bien au contraire, une *union géopolitique transnationale* d'États appartenant à une même civilisation, comme l'espace chinois, l'aire hindouiste, les États d'Europe ou du monde islamique, *peut* très bien s'inscrire dans le cadre d'une remise en question de l'universalisme planétaire anglo-saxon, ce que craignent à juste titre les Américains lorsqu'ils tentent d'empêcher la constitution de « coalitions géo-civilisationnelles anti-hégémoniques » risquant de contester les valeurs de la « communauté internationale » et le *leadership* américain qui en est le garant. D'où, par exemple, l'insistance américaine à promouvoir l'entrée d'un État du monde islamique, la Turquie, dans l'Union européenne, afin que l'UE ne devienne pas un « Club chrétien » cohérent, donc fort. Aussi les composantes essentielles des civilisations que sont les traditions culturelles et les religions, surtout dans leurs versions prosélytes et théocratiques, peuvent être des remparts contre une « mondialisation » perçue comme occidentalo-centrée, néo-coloniale et hégémonique, donc éradicatrice d'« identités culturelles ». Nous le verrons plus loin, si l'Occident est tant contesté par d'autres « blocs géo-civilisationnels » montants, c'est autant parce qu'il est éradicateur d'identités traditionnelles que parce qu'il constitue une forme nouvelle d'impérialisme, cosmopolite certes, mais portant directement atteinte aux modèles indigènes multiséculaires.

« L'Occident » en question et le reste du monde

En fait, là se trouve la contradiction fondamentale de l'« occidentisme » décrit par Alexandre Zinoviev. Il suscite de violentes réactions de rejet de la part des civilisations ou « nations récalcitrantes », mais il porte en lui-même les germes de sa propre auto-dissolution identitaire, comme on le voit en Europe où l'américanisation culturelle et l'immigration non contrôlée risquent de provoquer, à terme, la *disparition* de la civilisation européenne telle qu'elle a existé pendant plusieurs millénaires, au profit de civilisations conquérantes du Sud. Étonnante « ruse de l'histoire », certes, mais aboutissement prévisible, annoncé par les démographes, d'Alfred Sauvy à Jacques Du Pacquier (INED). D'où l'idée-force du présent essai selon laquelle le concept d'« Occident » moderne, dans son acception atlantiste, est destructeur de la civilisation européenne, son évolution américano-universaliste sapant les fondements mêmes de l'existence et de l'indépendance de la vieille Europe, en quelque sorte dissoute par son « excroissance civilisationnelle » d'outre-Atlantique.

Si le « paradigme de la guerre froide » est mort, comme l'explique Huntington, en tout cas tel que nous l'avons connu, une nouvelle forme d'affrontement bipolaire risque de réapparaître au cours des années à venir sur la scène internationale, opposant cette fois-ci l'Occident hégémonique aux puissances émergeantes coalisées au sein d'alliances « anti-hégémoniques », pour reprendre l'expression consacrée par Zbigniew Brzezinski. Telle est la thèse défendue par le général (CR) Pierre-Marie Gallois, pour qui la guerre du Kosovo peut s'analyser comme les prémices d'un « choc global » entre le « super-Occident » industrialisé, dominé par les États-Unis, et le reste du monde, non occidental et ex-communiste : Russie, Inde, Chine, Corée du Nord, etc. Pour l'initiateur de la « force de frappe » française, le bombardement de l'ambassade de Chine, pendant l'opération Force alliée, peut être analysé comme un avertissement lancé à Pékin au cas où la Chine songerait à constituer, avec la Corée du Nord ou Moscou, une « alliance anti-hégémonique » contre les États-Unis. Aussi les stratèges américains redoutent-ils par-dessus tout l'apparition de coalitions récalcitrantes au *leadership* américain : alliances Russie-Inde-Irak ; Russie-Inde-Iran, Iran-Chine-Corée du Nord-Russie, voire triangle d'or stratégique « paradoxal » : Russie-Inde-Chine, etc.

Loin de contredire les théories « civilisationnelles » de Huntington, la conception géoéconomique et cynique de la politique internationale, défendue par Gallois, apparaît plus complémentaire qu'antagoniste, car la géopolitique, à l'image de l'homme, ne peut être réduite à l'une ou l'autre des deux grandes composantes de l'être humain : la matière (qui correspond à la géoéconomie et à la géographie en général), et l'esprit, l'immatérialité (qui renvoie aux phénomènes idéologico-religieux, psychologiques et représentatifs). La théorie du « tout civilisationnel » surévalue, certes, le rôle des religions et des cultures, tout en niant les rapports de force technologico-économiques et les constantes géopolitiques, mais le « tout géoéconomique », à l'instar du marxisme, participe d'une forme de matérialisme et nie les phénomènes représentatifs et abstraits : culturels, idéologiques, psychologiques et religieux. En fait, le nouveau paradigme de l'après-guerre froide intègre les deux champs d'étude : nous assistons à un *choc civilisationnel* doublé d'un *choc géoéconomique* entre l'« Occident » et le « Sud-Orient » (l'« Orient » englobant le monde asiatique comme le monde post-byzantin, d'après les stratèges américains). Il s'agit ni plus ni moins, pour Pierre-Marie Gallois, d'une « nouvelle guerre froide » entre le monde capitaliste et les sociétés en voie de développement et/ou de culture socialiste.

D'après Samuel Huntington, le choc entre l'« Occident globalisé » et le « reste du monde », principalement islamique, confucéen et hindouiste, serait un « choc civilisationnel », dans le cadre duquel l'« universalisme arrogant de l'Occident » susciterait l'hostilité grandissante des civilisations réfractaires, le prétendu « universalisme » étant désocculté comme le masque d'un nouvel impérialisme. Huntington remarque, non sans pertinence, que dans sa prétention à l'universalité, l'Occident tient pour évident que les peuples du monde entier devraient adhérer aux valeurs, à la culture et aux institutions occidentales censées constituer le mode de pensée « le plus élaboré, le plus lumineux, le plus libéral, le plus rationnel, le plus moderne ». Or, dans un monde traversé par les conflits ethniques et les chocs entre civilisations, « la croyance occidentale dans la vocation universelle de sa culture » a trois défauts majeurs, selon l'auteur : « elle est fausse, elle est immorale et elle est dangereuse ». Aussi la théorie réaliste des relations internationales « prédit que les États phares des civilisations non occidentales devraient se rapprocher pour contre-balancer la puissance dominante de l'Occident (...) l'universalisme occidental est dangereux pour le reste du monde parce qu'il pourrait être à l'origine d'une guerre entre États phares de civilisations différentes, et pour l'Ouest parce qu'il pourrait mener à sa propre défaite [13] ». Huntington redoute par conséquent que la politique étrangère « coercitive » des États-Unis (la « diplomatie des bombardements et des embargos » [Gallois], instaurée depuis la guerre du Golfe) ne renforce, à terme, la perception hostile de l'Occident dans le monde, réactivant à jamais le choc des civilisations entre le Nord et le Sud, d'autant plus global qu'il se nourrit du terrible déséquilibre des richesses. Ce choc réactif, « anti-hégémonique » — prévu et craint également par Zbigniew Brzezinski, opposerait irréductiblement l'« Occident globalisé » au « traditionalisme du tiers-monde », nommé également monde en voie de « ré-indigénisation ». Par ce terme, Huntington désigne le phénomène de *revanche post-coloniale* contre l'« Occident impérialiste », qui anime la deuxième génération d'hommes politiques du tiers-monde, spécialement musulmans, hindous et chinois. Cette « ré-indigénisation » serait consécutive à la faillite idéologique générale des modèles idéologiques occidentaux : libéralismes, fascismes, socialismes, etc. Le monde en voie de développement procéderait ainsi à une « seconde décolonisation », intellectuelle et idéologique, paradoxalement favorisée par la démocratie, puisque les Islamistes ou les fondamentalistes hindouistes remportent désormais des élections démocratiques, même si celles-là sont souvent encore régulièrement annulées ou empêchées par les régimes « laïques » ou militaires en place (Algérie, Turquie, Tunisie). La « ré-indigénisation » passe donc essentiellement par la réappropriation de modèles socio-politiques non occidentaux. Citons seulement Ali Belhadj, *leader* intellectuel du FIS algérien, exprimant sa doctrine idéologique dans les colonnes de la revue *Politique internationale* en septembre 1990 : « mon père et ses frères en religion ont expulsé physiquement la France oppressive de l'Algérie, moi je me consacre, avec mes frères, avec les armes de la foi, à la bannir intellectuellement et idéologiquement et à en finir avec ses partisans qui en ont tété le lait vénéneux (...). Les relations avec les États et les peuples tiers se fondent, à nos yeux, sur une ferme conviction : répandre l'islam dans le monde, et parmi toutes les nations et tous les peuples. (...). Notre relation avec les Juifs ne peut être que la guerre, le Jihad : point final ».

L'ISLAM ET LE RESTE DU MONDE

Pour les États musulmans et les mouvements islamistes en particulier, l'hégémonisme occidental est la pure réincarnation du prosélytisme chrétien, de l'« esprit des croisades » (*Salibiyya*) et de la colonisation. Il serait par conséquent erroné de penser qu'un positionnement agnostique et « mondialiste », dans le sens des nouvelles juridictions internationales et de l'ONU, donc assimilable à une *pensée laïque* aux antipodes de la théocratie chrétienne militante, serait perçue, par les islamistes et le monde musulman en général, de manière bienveillante ou comme une garantie de neutralité. Bien au contraire, le GATT, le FMI, le Forum économique de Davos, etc., tout comme les politiques de contrôle des naissances, les droits de la femme et des minorités, le désarmement, la lutte contre la prolifération nucléaire et bactériologique, sont assimilés, en Inde, en Chine et surtout en terre d'Islam, trois grandes civilisations rejetant le modèle occidental, à des entreprises « néo-coloniales », hypocritement universalistes, destinées à pérenniser l'hégémonie de l'Occident, ce qui n'est, somme toute, pas toujours totalement faux, du point de vue de ces sociétés.

Mais, à ce constat, les islamistes et les Musulmans stricts ajoutent un argument théologique galvanisant : l'Islam demeure la dernière et l'unique religion envoyée aux hommes ; elle accomplit et parachève les révélations précédentes judéo-chrétiennes, perverties à cause de la falsification des « vrais » textes bibliques et des manquements de ses adeptes. La loi islamique *(charià)* devra donc *coûte que coûte* régner un jour sur l'humanité tout entière, enfin unifiée autour du Coran et de la *soumission (islam)* à Allah. Si la plupart des « Chrétiens » occidentaux, plongés dans l'univers magique et individualiste de la consommation, n'est plus animée par ce type d'élan missionnaire, les islamistes partagent quant à eux cette fougue avec une majorité de leurs coreligionnaires, lesquels apprennent dans les écoles religieuses réputées les moins « islamistes » (Al-Azhar) que l'Islam devra triompher, *tôt ou tard, de gré ou de force*. Certes, le monde musulman n'est pas le seul à contester le modèle universaliste occidental, « oppressif » et « injuste » — les Chinois et les Hindous, deux civilisations comparables quant à leur puissance et à leur force démographique, refusent tout autant l'allogénéité occidentale — mais seul l'Islam lui oppose une autre forme d'universalisme, au moins aussi prosélyte et conquérant. Or, la nuance est de taille, du point de vue géopolitique et idéologique. Nous avons affaire à un *conflit de civilisations* opposant radicalement deux visions du monde, *deux idéologies prosélytes et conquérantes* à leur manière, dont la prétention respective au *leadership* moral mondial garantit la pérennité de l'antagonisme, tant que l'un des deux prétendants à la direction de la planète n'aura pas capitulé devant l'autre. L'islamisme est non seulement un mouvement politico-religieux, un *totalitarisme théocratique* ayant un projet de conquête planétaire, mais également un *modèle de civilisation* se référant à un « âge d'or » — l'époque de Mahomet et du califat — ainsi qu'à un patrimoine historico-culturel et politico-théologique commun à un milliard d'individus, patrimoine civilisationnel qui a façonné l'histoire du monde islamique de 632 jusqu'à la colonisation européenne. Développant certes une lecture littérale et belligène, donc *réductrice*, de l'islam, les islamistes s'appuient toutefois sur des faits historiques indéniables et sur le fondement même du Coran et des textes jurisprudentiels islamiques lorsqu'ils affirment que l'Islam doit *combattre* puis *soumettre* les « infidèles ». À court terme, avant d'être en mesure de conquérir la planète tout entière, les islamistes entendent réveiller le « conflit des civilisations » séculaire qui a opposé presque sans interruption l'Occident au monde islamique entre 632 après J.-C. et le XIXe siècle. Revenir, en somme, à l'époque des pirateries barbaresques, lorsque la Méditerranée était coupée en deux et lorsque les deux civilisations étaient en guerre perpétuelle. Faire à nouveau de la Méditerranée, mais aussi de la Caspienne et de la mer Noire, des « mers dangereuses », interdites aux « infidèles ».

« Certains Occidentaux comme le président Bill Clinton, soutiennent que l'Occident n'a pas de problèmes avec l'islam, mais seulement avec les extrémistes islamistes violents. Quatorze cents ans d'histoire démontrent le contraire », affirme Samuel Huntington. On peut résumer succinctement ces siècles de conflit : tout d'abord, par la conquête arabe du VIIe siècle *(fath)*, c'est-à-dire par la « guerre sur le sentier d'Allah » *(jihad)*, les Bédouins arabes relayés par les nomades turco-mongols ont soumis à la religion de Mahomet l'Afrique du Nord, la péninsule ibérique, les Proche et Moyen-Orient, les empires perses et byzantins (possessions africaines et orientales dans un premier temps, européennes ensuite) et l'ensemble de la Russie et de l'actuelle Ukraine. À la fin du XIe siècle, les chrétiens tentèrent de récupérer les terres (souvent encore) chrétiennes conquises par les Arabo-musulmans : une partie de l'Espagne, Sicile, puis, à partir de 1095, la Terre sainte, anciennement byzantine et abritant le tombeau du Christ, dont l'accès aux pèlerins d'Europe était rendu de plus en plus difficile par les Musulmans arabes et turcs seljoukides, qui venaient de s'emparer du Proche-Orient, majoritairement peuplé de chrétiens dans les campagnes, jusqu'au milieu du XVIIIe siècle. La lutte entre l'Europe et l'Orient islamique pendant les croisades dura plus de cent ans, s'achevant en 1291 avec la perte d'Acre, dernier bastion croisé. Après les Seljoukides, ce seront aux Turcs ottomans que les Européens auront affaire. Harcelant continuellement Byzance, et après avoir conquis les Balkans et l'Afrique du Nord, les Turcs feront tomber Constantinople en 1453, ils occuperont le quart sud-est de l'Europe pendant cinq siècles, s'avançant jusqu'à Vienne, qu'ils assiègent en 1529. Avec la reconquête de Cordoue et le départ des Maures d'Espagne en 1492, après sept siècles d'occupation, et la victoire des Russes d'Ivan le Terrible sur les musulmans de la Horde d'or, à l'issue de trois siècles d'occupation, presque au même moment, l'Europe résistera aux assauts des cavaliers d'Allah et reprendra même certaines contrées perdues, l'Ukraine au XVIIIe siècle, la Grèce et les Balkans au XIXe siècle, sans toutefois parvenir à récupérer Constantinople, l'Afrique du Nord ou le Proche-Orient chrétiens, définitivement perdus, en grande partie à cause des divisions entre Chrétiens et de la défiance des Catholiques puis des Protestants envers les « orientaux » orthodoxes. Après avoir été défaits par l'Europe unie (sauf la France) lors de la bataille de Lépante (1571), les Turcs musulmans mèneront un dernier assaut contre Vienne en 1683. Mais alors que l'Europe occidentale n'aura pratiquement plus rien à craindre des Ottomans, l'Europe balkanique demeurera sous la coupe de la Sublime Porte jusqu'au XIXe siècle. Parallèlement, c'est la colonisation, aussi peu bénéfique et désirable qu'eût été cette entreprise, qui mettra définitivement fin à la piraterie musulmane barbaresque en Méditerranée. Ensuite, la tendance s'inversa, ce qui ne sera d'ailleurs pas pour améliorer les relations islamo-chrétiennes, puisqu'en 1920, seuls deux ou trois pays musulmans, dont le Yémen, ne seront pas sous le joug colonial, de sorte que jusqu'à aujourd'hui, une rancune croissante, un terrible désir de revanche plus ou moins conscient, demeure profondément ancré dans les mentalités des peuples musulmans et empoisonne les relations islamo-occidentales : cent trente ans d'occupation européenne (1830-1960) des terres actuellement musulmanes ont semble-t-il effacé entre sept cents et trois cents ans d'occupation du sud et de l'est de l'Europe par les Musulmans. Pour reprendre l'expression de Barry Buzan, une véritable « guerre froide sociétale » s'est installée depuis entre l'Occident et l'Islam, guerre dont l'Europe est toujours le théâtre, même si le renouveau du choc islamo-occidental doit beaucoup à l'action politique internationale des États-Unis. « Le fait que 50 % des guerres ayant impliqué des États appartenant à des religions différentes entre 1820 et 1929 aient opposé des Musulmans et des chrétiens (...) et que 19 des 28 conflits civilisationnels au milieu des années 90 entre Musulmans et non-Musulmans opposent Musulmans et chrétiens (...) témoigne de l'évidence de la nature violente des relations entre les deux religions », conclut Hutington.

Parce qu'elle est une « religion politique » (Montgomery-Watt), une *théocratie conquérante*, l'islam revêt un intérêt tout particulier pour les géopolitologues. Elle est la seule religion à avoir élaboré un corpus doctrinal géopolitique, un véritable « droit de la guerre », une doctrine canonique régissant les rapports entre Musulmans et *infidèles.* D'après le dogme islamique traditionnel, l'humanité demeure irrémédiablement divisée en deux parties antagonistes : le monde non musulman, ou « monde de la guerre » *(dar al Harb)*, frange « impure » et néfaste de l'humanité, et le monde musulman, « maison de l'Islam » *(dar al Islam)*, supérieur au reste du monde, seul digne de respect et de paix. L'Europe, mais aussi l'Inde, la Chine et toutes les autres nations non musulmanes font donc partie d'un même et unique ensemble, le « monde de l'impiété » *(kufru ; dar al Kafara).* Aussi la géopolitique coranique ne fait-elle point de différence entre les adeptes des diverses religions non-musulmanes habitant le *dar al Harb* : Juifs, Chrétiens ou Polythéistes, indifféremment qualifiés d'« infidèles », même si le traitement qu'on doit *en principe* réserver aux Juifs et aux Chrétiens est plus favorable. En fait, l'islam est une appartenance identitaire de type *transnationale* et *théocratique*, une *solidarité*, bien plus qu'une mystique universelle. Aussi, un mauvais musulman au regard des mœurs peut être un bon musulman sur le plan politique.

Pour légitimer l'expansion de la *Oumma* islamique au-delà de l'Arabie, ainsi que la domination des Musulmans sur les peuples autochtones, Mahomet avait décidé de compléter le Coran de sourates décrétant la supériorité, spirituelle, politique et culturelle de l'islam sur toutes les autres religions et groupes humains, doctrine appelée *Ismat al Oumma* et qui est à la base du droit et de la géopolitique islamiques. « Vous formez la meilleure communauté suscitée parmi les hommes ; vous ordonnez ce qui est convenable, vous interdisez ce qui est blâmable [14] » (Coran III, 110). « N'appelez point à la paix alors que vous avez la supériorité » (XLVII, 35). Alija Izetbegovic, président de l'entité musulmane de Bosnie-Herzégovine, demeure fidèle à ce principe, lorsqu'il révèle dans sa *Déclaration islamique* la dimension (en partie seulement, selon nous) civilisationnelle du conflit serbo-bosniaque, en écrivant : « il n'y a ni paix ni coexistence entre la religion islamique et les institutions sociales et politiques non islamiques (...). L'islam n'étant pas seulement une religion [15]... » Citons également ce passage d'un discours prononcé pendant la guerre du Liban par le *cheikh* Hussein el-Kouatli, religieux sunnite expliquant, du point de vue musulman, la genèse de la guerre civile libanaise : « Ou bien le gouverneur est musulman et le gouvernement est islamique, alors le Musulman l'accepte et le soutient, ou bien le gouverneur n'est pas musulman [en l'occurrence chrétien maronite], et le gouvernement n'est pas islamique, alors il le refuse et cherche à l'abolir par tous les moyens, par la persuasion et par la force, par le combat secret et par la lutte publique [16]. » Aussi les non-Musulmans doivent-ils s'attendre un jour ou l'autre, lorsque les Musulmans n'ont pas le pouvoir, à des tentatives de sécessions communautaires et de rébellion contre le « pouvoir infidèle », dès qu'une opportunité se présentera : évolution démographique favorable, comme au Liban ou au Kosovo ; soutien logistique extérieur, comme au Cachemire ou au Daghestan, etc. Les non-Musulmans ne doivent jamais oublier qu'ils demeureront toujours, pour les Musulmans orthodoxes, « impurs » et inférieurs. « Tous, sans exception, seront jetés dans le feu de la géhenne, où, immortels, ils demeureront. Ceux-là sont le pire de l'humanité », atteste le Coran (XCVIII, 6), « car quiconque se sépare de l'Apôtre après que la direction s'est manifestée à lui, nous lui ferons affronter la géhenne » (IV, 15). Tel est le fondement de la légitimité sacrée du *jihad,* guerre contre les infidèles et les apostats sur le chemin d'Allah *(Jihad fi sabil'illah)*, ou encore « guerre pour la bonne cause » (Jean-Claude Barreau).

L'expansionnisme et l'intolérance inhérents à l'« Islam classique », pour reprendre une expression de Bernard Lewis, est en fait visible partout dans le monde. En Indonésie, le 22 novembre 1998, six chrétiens étaient lynchés non pas par des fanatiques isolés mais par une foule en liesse dans un quartier commerçant de Djakarta, et une dizaine d'églises étaient brûlées par des bandes de jeunes musulmans. Au Timor-Oriental (850 000 habitants), région peuplée de Chrétiens annexée de force par l'Indonésie en 1975, le plus peuplé des pays musulmans (211,8 millions d'âmes), les persécutions à l'encontre des éléments chrétiens s'apparentent à une véritable « purification ethnique ». Entre décembre 1998 et octobre 1999, l'armée indonésienne faisait abattre plusieurs milliers de Chrétiens indépendantistes du Timor par des milices entraînées par l'armée indonésienne, après avoir refusé de reconnaître les résultats positifs du référendum d'autodétermination prévu par l'ONU. Depuis une trentaine d'années, et dans l'indifférence générale, ce sont près de 200 000 chrétiens timorais qui ont été exterminés par le pouvoir musulman indonésien, jusqu'à ce que celui-là finisse par reconnaître l'indépendance du Timor-Oriental, en octobre 1999. Depuis 1945, près de 500 églises chrétiennes ont été détruites en Indonésie par les Musulmans, dont près de 150 entre 1995 et 2000 (bilan du Forum indonésien de la communication chrétienne). Au Soudan, depuis plus de dix ans, le régime militaro-islamiste de Khartoum poursuit un véritable génocide contre les Noirs chrétiens et animistes du Sud, le bilan oscillant, selon les différentes sources, entre un et deux millions de morts, en majorité civils. Enfin, on passe généralement sous silence le fait que dans certains pays musulmans, assassiner un « infidèle » — polythéiste, juif ou chrétien — est considéré comme un bienfait ou un délit mineur et n'entraîne pratiquement pas de poursuites pénales : Afghanistan, Arabie Saoudite, Égypte (pogroms anticoptes orchestrés par les islamistes du *Gamaà al islamiyya ;* islamisation des tribunaux sous l'influence des Frères musulmans), l'Éthiopie, Java et le Mindanao (Philippines), Pakistan, Soudan, etc., Iran, où Protestants et Juifs sont de plus en plus persécutés ; Algérie, où près de deux cents Occidentaux chrétiens, y compris religieux, femmes ou vieillards, ont été sauvagement assassinés par les terroristes du FIS ou du GIA depuis 1991.

En réalité, le *jihad* est *le moyen classique*, la voie principale de l'expansion et du prosélytisme islamiques, et il constitue l'issue inévitable d'une situation de cohabitation entre Musulmans et non-Musulmans, dès lors que les Musulmans ont les moyens d'entrer en rébellion contre le régime « infidèle ». À l'adresse des orientalistes ou intellectuels laïcs occidentaux qui affirment que l'islam n'est pas plus belligène que toutes les autres religions, il est utile de rappeler que Mahomet participa personnellement à plus de 80 combats et que l'on recense non moins de 100 versets coraniques incitant à la guerre ! Dans le Coran, le combat armé est appelé « sentier d'Allah » et « ceux qui sont tombés dans la guerre sainte » sont comparés à des « martyrs de la foi » (IX, 52 ; LVIII, 19). « Combattez ceux qui ne croient pas en Dieu, au jour dernier, qui ne considèrent pas comme illicite ce que Dieu et son prophète ont déclaré illicite, ainsi que ceux qui, parmi les gens des Écritures (Ahl al Kitab) ne pratiquent pas la religion de la vérité, jusqu'à ce qu'ils paient, humiliés, et de leurs propres mains, le tribut », exhorte le Coran (IX, 29).

Même si une forme de conformisme « islamiquement correct » empêche nombre d'analystes de l'affirmer, restriction mentale découlant d'ailleurs directement d'une volonté politique de conserver de bonnes relations avec les États musulmans producteurs de pétrole, on ne peut nier que l'Islam pose un *problème géopolitique* particulier pour toute société non musulmane. Nous avons affaire à une religion intrinsèquement conquérante et guerrière, rejetant toute forme de souveraineté non islamique. Ayant l'« habitude millénaire d'être soutenu par un pouvoir étatique qui gère ses affaires, (...) et ayant toujours développé une théologie pour une religion majoritaire [17] », écrit le mufti de Marseille, Souheïb Bencheikh, l'Islam n'a jamais développé de théologie de la minorité, jamais pensé son statut en dehors d'un contexte de domination, à la différence du christianisme, du judaïsme, du bouddhisme et même de l'hindouisme. « Les Musulmans ont de la difficulté à vivre dans une société quand ils y sont minoritaires, explique Jean-Claude Barreau, la *charià* ne veut reconnaître qu'un seul type de situation : celle dans laquelle le musulman est naturellement le maître de la cité et y fait régner sa loi islamique. Cette impossibilité pour le croyant de " penser " l'obéissance à une autorité non musulmane ou de " reconnaître " des valeurs non islamiques a engendré bien des délires [18]. »

En fait, c'est principalement dans la nature même de l'Islam, conquérante et théocratique, que se trouve la source majeure — mais non exclusive — des conflits de légitimité qui déchirent nombre de nations peuplées de Musulmans et de non-Musulmans. Qu'il s'agisse du Liban, des Philippines, du Timor-Oriental, de la Tchétchénie ou du Daghestan, de l'ex-Yougoslavie, de Chypre, du Mindanao ou du conflit indo-pakistanais (Cachemire), ce n'est pas la « race » qui oppose les deux parties, contrairement à ce que sous-entendent les médias occidentaux, lorsqu'ils parlent de « purification ethnique », mais essentiellement la *religion*, vécue comme une appartenance *civilisationnelle* plus que comme une foi. C'est au nom de celle-là que les Musulmans indiens entrèrent en conflit avec leurs frères ethniques hindous et obtinrent, en août 1947, la création d'un Pakistan musulman. Et ce sont également les Musulmans qui exigent leur indépendance vis-à-vis du « pouvoir infidèle », ou son renversement, aux Philippines (Mindanao), au Kosovo, en Macédoine, en Bosnie, à Chypre, en Thrace grecque, où vit une forte minorité musulmane turcophone, en Syrie (contre les Alaouites), au Daghestan et en Tchétchénie, ou au Cachemire, etc., tandis que les non-Musulmans ne voient pas d'inconvénient, en général, à cohabiter avec des Musulmans (Indes, Philippines, Liban, ex-Yougoslavie, Syrie, Irak, Fédération de Russie, Kazakhstan, etc.). Dans un ouvrage précédent, nous avions appelé ce syndrome sécessionniste le « paradigme indo-pakistanais », en référence à la sécession du Pakistan et à l'embrasement islamiste de l'Afghanistan et du Cachemire, conséquence directe de la diplomatie fondamentaliste du Pakistan, « Pays des purs ».

LE « PARADIGME INDO-PAKISTANAIS » OU LE REJET DU « POUVOIR INFIDÈLE »

L'un des plus violents conflits civilisationnels contemporains est sans aucun doute celui qui oppose le monde islamo-pakistanais à l'Hindouisme. La récente course aux essais nucléaires indiens et pakistanais ainsi que les affrontements entre forces indiennes et pakistanaises au Cachemire depuis le printemps 1999 illustrent clairement l'actualité de ce choc civilisationnel entre l'Inde et le Pakistan. François Thual utilise l'expression « conflit d'antériorité » pour définir la nature de l'antagonisme, Pakistanais et Indiens se disputant depuis la création du Pakistan, en 1947, un même territoire, le Cachemire, peuplé à la fois d'Indiens de confession hindoue, minoritaires, et de Musulmans, gagnés par le séparatisme communautaire et instrumentalisés par les Pakistanais.

Le Cachemire géographique est une terre de 210 000 km² où vivent dix millions de personnes, dont 90 % de Musulmans, mais également des minorités hindouistes et bouddhistes. Au début du siècle, il y avait plus d'un million d'Hindous au Cachemire mais, de nos jours, inquiets de la natalité des Musulmans et de la proximité menaçante du Pakistan, et fuyant les violences perpétrées par les cachemiris musulmans à leur endroit, les autochtones Hindous quittent de plus en plus massivement cet État, où ils ne sont plus que quelques centaines de milliers. En 1947, l'État princier du Cachemire, rattaché à la Couronne britannique depuis un siècle, escomptait que l'indépendance de l'Inde voisine provoquât sa propre émancipation. Mais menacé d'invasion par le Pakistan, lequel fondait sa revendication du Cachemire sur l'appartenance commune à l'islam sunnite, l'État princier demanda la protection de l'Inde, ce qui déclencha les hostilités entre les deux États. À la suite de l'intervention de l'ONU en 1949, le Cachemire fut divisé en trois provinces réparties sur trois pays : Inde, Pakistan et Chine. Cela n'empêcha pas le Pakistan et l'Inde d'entrer en conflit par trois fois, en 1949, 1965, puis 1971. La version officielle pakistanaise vise à affirmer que l'Inde serait un « État antimusulman », foncièrement hindou, « persécutant » les cachemiris mahométans, bien que l'Inde abrite toujours 130 millions de Musulmans, lesquels choisirent de rester après l'indépendance plutôt que de rejoindre leurs coreligionnaires du Pakistan. En fait, les régimes successifs — laïques comme hindouistes — de New Delhi ont toujours fait preuve d'une relative tolérance à leur endroit, la réciproque n'étant pas assurée, puisque les Hindous furent massivement chassés du Bangladesh et du Pakistan, après la partition, et que le Pakistan fut, dès le départ, un pays islamique crée *par* et *pour* les Musulmans, donc refusant toute forme de cohabitation avec les « infidèles ». *A contrario*, l'Inde a eu deux présidents musulmans, un chef de l'armée de l'air musulman, et l'architecte de tout le programme nucléaire indien, Abdul Kalam, est un Musulman lui aussi.

Largement ignoré de l'opinion publique internationale, le conflit islamo-hindou du Cachemire n'en fut pas moins meurtrier et entraîna le déplacement de plus de cent mille personnes, aujourd'hui installées dans les camps de réfugiés entretenus par l'armée indienne. D'après New Delhi, le Pakistan serait le principal responsable de l'embrasement du Cachemire puisqu'il viole régulièrement la ligne de partage. De son côté, Islamabad prétend n'apporter qu'un « soutien moral » aux rebelles musulmans et en appelle à nouveau à un arbitrage de l'ONU. C'est dans ce contexte que les hostilités entre Hindous et Musulmans ont repris dans les montagnes du Cachemire en mai 1999 lors d'échanges de tirs opposant, d'une part, les insurgés et l'armée pakistanaise et, d'autre part, l'armée indienne. Le Premier ministre pakistanais sortant, Nawaz Sharif — destitué depuis par l'armée à cause de l'échec de sa politique au Cachemire — cherchait alors à neutraliser son opposition islamiste en donnant un appui logistique et humain (près de 20 000 hommes) aux islamistes cachemiris, largement encadrés et fanatisés depuis une dizaine d'années par des moudjahidines afghans.

Historiquement, les premiers mouvements séparatistes cachemiris, tel le Front de libération du Cachemire (JKLF), étaient le fait d'autochtones. Mais, depuis le retrait des troupes russes d'Afghanistan, ils ont été marginalisés par des groupuscules fanatiques sponsorisés par le Pakistan et liés aux islamistes afghans et saoudiens. Aujourd'hui, seulement 40 % des rebelles islamistes sont cachemiris. L'insurrection islamiste du Cachemire doit tout d'abord beaucoup au mouvement sunnite ultra-radical *Harkat Ul Ansar*, créé par le centre islamique Maskaz-e-Dawat ul Irshad, responsable de l'enlèvement au Cachemire de cinq touristes occidentaux en 1998. Rebaptisé *Al Faran*, ce groupe entretient, de notoriété publique, des liens étroits avec l'ISI, les services secrets de l'armée pakistanaise, ainsi qu'avec le réseau terroriste du milliardaire saoudien Oussama Ben Laden, réfugié en Afghanistan. De fait, lors des affrontements de juin 1999, la majorité des séparatistes musulmans étaient pakistanais, afghans, tadjiks, voire soudanais, ce qui explique pourquoi New Delhi affirme « lutter contre une menace fondamentaliste » et une « extension du syndrome afghan ». Les vétérans islamistes de la guerre d'Afghanistan ont ainsi constitué, depuis plusieurs années, une véritable « internationale islamo-terroriste » sunnite susceptible d'appuyer d'autres guérillas en rébellion ouverte avec un « pouvoir infidèle », comme on le constate en Chine (Xinjiang), où les Musulmans Ouïgours sont fanatisés et entraînés par les « Afghans » de Ben Laden, en Bosnie, en Algérie et même plus récemment au Kosovo et au Daghestan. Le fait que les séparatistes islamistes du Cachemire soient équipés de missiles Stinger et autres armes fournies jadis par les services secrets américains aux rebelles afghans est la marque de cette « connexion » cachemiro-afghane. En fait, la plupart des mercenaires et miliciens appartiennent aux trois groupes extrémistes suivants : le Lashkar-e-Toïba, le Harkat-ul-Moudjahidin et l'Al Badr. Le premier des trois n'est autre que l'aile armée du Markaz-e-Dawat-ul-Irshad (MDI), le Centre d'études religieuses de Lahore (Pakistan). Comme les talibans afghans, ces jeunes « étudiants en religion » suivent une formation théologique dans la plus pure tradition fondamentaliste ultra-rigoriste. Une fois que leur endoctrinement est confirmé, le MDI les envoie dans des camps d'entraînement à Muzaffarabad, au Cachemire pakistanais, et même, de plus en plus, dans des camps d'entraînement financés par Oussama Ben Laden, en Afghanistan.

Toujours est-il que le conflit indo-pakistanais à propos du Cachemire ne cesse d'avoir des répercussions sur la politique nationale et internationale. Premièrement, la défaite militaire pakistanaise de l'été 1999 suivie de l'humiliante retraite des forces d'invasion, exigée par Washington, pourtant allié d'Islamabad, a signé la perte du Premier ministre Nawaz Sharif, renversé le 12 octobre 1999 par le général Bervez Moucharraf. Or, l'événement n'est pas anodin : il s'agit là du premier coup d'État survenu dans un grand pays, de surcroît le seul pays islamique détenteur du feu nucléaire, et pas n'importe lequel, puisque le Pakistan est l'une des plates-formes de l'islamisme radical mondial et est situé dans l'une des zones stratégiques les plus dangereuses du monde : Afghanistan islamiste, ennemis indien et iranien du Pakistan et ancien allié chinois, de plus en plus méfiant envers Islamabad. Dans ce contexte hautement sismique, le refus du Congrès américain, le 13 octobre 1999, de ratifier le Traité d'interdiction totale des essais nucléaires, peut aisément être interprêté, à New Delhi et Islamabad, comme une autorisation implicite accordée à la reprise générale des essais...

Dans la terminologie d'Huntington, le point de friction que constitue le Cachemire est une « ligne de frontière civilisationnelle *(front line civilisation)* », comparable à celle qui existe en Bosnie ou au Kosovo, au sud de la Russie, en Bulgarie, entre l'Inde et la Chine, ou encore entre l'Afrique noire chrétienne-animiste et le monde arabo-musulman (Soudan, Mauritanie, Tchad, etc.). Ce que l'on prend pour des petits volcans nationalistes ne sont en fait que la partie visible de véritables « rift », ces gigantesques zones de collision entre les continents. Il en est en fait de la géopolitique comme de la théorie des plaques tectoniques de Wegener. À ce titre, le Pakistan revêt une très haute valeur symbolique et géopolitique dans l'imaginaire islamique. Il constitue un paradigme, un exemple pour beaucoup d'idéologues islamistes, jusqu'au président de Bosnie-Herzégovine, Alija Izetbegovic, qui écrit, dans sa fameuse *Déclaration islamique* de 1970, rééditée en 1990 : « Le Pakistan constitue la répétition générale quant à l'introduction de l'ordre islamique dans des conditions contemporaines et au niveau de développement actuel. C'est sur l'exemple pakistanais que les défenseurs de l'islam doivent et peuvent s'instruire sur la manière d'agir ou de ne pas agir [19]. » Les islamistes pakistanais, et leurs frères d'arme d'Afghanistan et du Cachemire, pionniers de l'irrédentisme islamique, inspirent aujourd'hui la plupart des guérillas sécessionnistes ou minorités activistes islamistes qui menacent — de la Tchétchénie à la Grande-Bretagne, en passant par le Kosovo, la Macédoine, la Grèce, l'Inde, l'Arménie ou encore la Géorgie — la souveraineté nationale et l'intégrité territoriale de pays abritant de fortes minorités musulmanes « travaillées » de l'extérieur par des moudjahidines ou autres entités islamiques. Or, la plupart des organisations islamistes sunnites anti-occidentales de type terroriste ou révolutionnaire sont liées aux structures saoudiennes et pakistanaises internationales ainsi qu'aux « fabrications » monstrueuses de ces deux pôles du fondamentalisme islamique : les talibans d'Afghanistan, les groupes islamistes armés indo-pakistanais précités, les « néo-wahhabites » (réseaux Ben Laden), et la multitude d'organisations ou groupes islamiques armés comme le GIA, le *Gamaà* égyptien ou encore les insurgés islamistes du Xinjiang chinois. Partout où ils évoluent, de l'Afghanistan au Kosovo, en passant par la Tchétchénie et le Daghestan, les membres de cette nouvelle « Internationale islamiste » wahhabito-sunnite, souvent appelés « Salafistes » ou « Afghans », perpétuent, dans le sang, le « paradigme indo-pakistanais » c'est-à-dire une forme *spécifiquement islamique* de « résistance au pouvoir » illégitime, ou « pouvoir infidèle ». Combattant de l'« internationale islamique » saoudo-afghane et tchétchène, l'émir Al-Khattab, lors d'un entretien accordé au *Figaro* le mercredi 15 décembre 1999, précise sans ambiguïté la nature de la lutte qu'il mène aux côtés de Ben Laden et des « frères tchétchènes » : « est notre ennemi quiconque veut entrer en terre d'islam : Israël, l'Amérique, la Russie (la plupart des nations du Caucase sont terre d'Islam : le Daghestan, l'Ingouchie, l'Abkhasie, la terre des tcherkesses, etc.) ». Notion connexe, nous emploierons également l'expression « syndrome afghan » pour décrire le phénomène d'embrasement islamiste et de déstabilisation générale du Caucase, de l'Asie centrale et des Balkans, déstabilisation provoquée par les mouvances « afghano-wahhabites » désireuses de chasser les « envahisseurs infidèles » slavo-orthodoxes et « communistes », comme ils étaient déjà parvenus, avec l'aide des États-Unis, à chasser les Russes d'Afghanistan. « 73 % des groupes islamiques du monde entier se sont officiellement et ouvertement rangés du côté de Ben Laden », affirmait Omar Bakri, représentant européen du Front international islamique de Ben Laden, dans un entretien accordé à *La Repubblica* le 23 août 1998, peu après les bombardements américains au Soudan et en Afghanistan. « La guerre est totale, (...), l'Amérique et l'Europe doivent mettre fin aux arrestations abusives de militants islamistes. Si les Musulmans continuent à être maltraités, ils seront contraints de se révolter contre les gouvernements [non musulmans] eux-mêmes. Allah nous a ordonné de combattre celui qui nous opprime. Et si nous y sommes contraints, nous combattrons. Il y a 26 millions de Musulmans en Europe, nous sommes une nation... »

NOTES

1. *Dictionnaire de géopolitique*, sous la direction d'Yves Lacoste, La Découverte, 1993, p. 29.
2. Cité par Pascal Lorot et François Thual, *La Géopolitique*, Montchrestien, 1999, p. 44.
3. Nikolaï Danilievski, *La Russie et l'Europe*, Moscou, p. 50-51.
4. Samuel Huntington, *Le Choc des civilisations*, Odile Jacob, 1997, p. 41.
5. Samuel Huntington, *op. cit.*, p. 53.
6. Le politologue et philosophe Julien Freund définit la politique à travers la dichotomie ami/ennemi et l'existence d'unités politiques délimitées (nations, fédérations, etc.) défendant leur unité contre les périls intérieurs et extérieurs. La négation de cette dichotomie, que la globalisation n'a pas invalidé, est donc intrinsèquement *antipolitique*.
7. John Laughland, *The Times*, 22 avril 1999.
8. Consulter à ce sujet, Tony Blair, « Pourquoi la génération de 68 a choisi de faire la guerre », *Le Temps*, 15 avril 1999.
9. François Thual, *Les Conflits identitaires*, Ellipses, 1995, p. 5.
10. Alexandre Zinoviev, *La Grande Rupture*, L'Âge d'Homme, 1999, p. 76-77.
11. Cité *in* Pascal Lorot et François Thual, *op. cit.*, 1999, p. 118.
12. Alexandre Zinoviev, *op. cit.*, p. 78.
13. Samuel Huntington, *op. cit.*, p. 201.

14. Infaillibilité et, par extension, supériorité de la communauté musulmane, l'*Ismat al Oumma* découle du principe de consensus ou *Idjmà,* formule esquissée par Malik. « C'est l'*Idjmà* qui a fait admettre le texte vulgate du Coran avec ses sept " lectures " ou variantes reconnues ainsi que son *tafsir,* ou exégèse autorisée », Henri Lammens, in *L'Islam*, p. 101-103.

15. Cité in *Le Courrier de l'Unesco*, « La religion et le pouvoir aujourd'hui », déc. 1994, p. 11.

16. Husscin el-Kouatli, « *el Islam wa el Hukum* » (L'Islam et pouvoir), in *El Qadiya el-Lubnaniya*, 1976-1977.

17. Souheïb Bencheikh, *Marianne et le Prophète, l'islam dans la France laïque*, Grasset, 1998, p. 9.

18. Jean-Claude Barreau, *De l'Islam en général et du monde moderne en particulier,* Le Pré aux Clercs, 1991, p. 92.

19. Alija Izetbegovic, *Déclaration islamique*, *Islamska Deklaracija*, texte original, traduction de Nicolas Dostoyanne, Dzunadel-ula, 1990, Sarajevo, p. 49.

CHAPITRE II

Islamisme et panturquisme, deux menaces communes aux nations européennes, de l'Irlande à la Russie

La poussée wahhabite en Eurasie ou le « syndrome afghan »

À la lumière des événements sanglants survenus ces dernières années dans le Caucase, en Asie centrale et dans les Balkans, du fait de l'apparition de rébellions islamistes et irrédentistes consécutives à la chute de l'Union soviétique, une véritable « guerre de civilisation » oppose pratiquement partout Slavo-orthodoxes et Turco-musulmans, le long d'un *limes* de 4 000 km séparant l'aire post-byzantine du monde islamique. Comme leurs frères du Cachemire ou du Kosovo, les Musulmans d'ex-Union soviétique et de Russie sont encouragés, dans leurs entreprises de « ré-indigénisation » et de séparatisme, par deux facteurs-clés : leur démographie galopante, d'une part, l'aide financière des frères de l'extérieur (Arabie Saoudite, Pakistan, Afghanistan, etc.), d'autre part. Or, comme l'explique François Thual, directeur adjoint de l'Institut de Relations internationales et stratégiques (IRIS), les critères démographiques sont « des multiplicateurs d'agressivité, des intensificateurs de crises géopolitiques sur le long terme [1] ». En fait, le taux de croissance annuel des sociétés musulmanes est presque partout supérieur à 2 %, souvent même à 2,5 ou 3 %. En Asie centrale, entre 1970 et 1993, la population a augmenté de 2,9 % au Tadjikistan, pays le plus secoué par le fanatisme islamiste ; 2,6 % en Ouzbékistan ; 2,5 % au Turkménistan ; 1,9 % au Kirghizistan ; 1,1 % au Kazakhstan, chiffre plus bas en raison du fait que plus de la moitié de la population de cet État est d'origine russo-orthodoxe.

Depuis les années 90, la « réislamisation » radicale des Républiques et régions musulmanes de l'ex-Union soviétique doit beaucoup à l'État saoudien wahhabite, qui a considérablement investi en faveur des Musulmans du Caucase et de Russie : milliers de Coran offerts, constructions de mosquées et d'écoles religieuses, etc. Des centaines de centres islamiques et de mosquées ont ainsi été construits dans le Caucase, en Russie et en Asie centrale. Selon des sources proches du

FSB russe et de la CIA, il y aurait, en 1999, plus de 50 000 mosquées en fonctionnement dans l'ex-URSS, face aux 18 000 paroisses orthodoxes reconnues par Alexis II, patriarche de Russie. Au Tadjikistan, la réapparition de l'islam est tout aussi stupéfiante. Selon les mots mêmes du grand cadi Akbar Touradjanzadeh, « en 1995, il y avait seulement 17 mosquées au Tadjikistan et 19 églises orthodoxes. Aujourd'hui, il y a 2 870 mosquées et toujours seulement 19 églises orthodoxes [2] »... Au Daghestan, on comptait en 1988 une trentaine de mosquées. Leur nombre s'élevait à plus de 5 000 en 1994 [3]. En Tchétchénie, ce chiffre est passé d'une demi-douzaine en 1988 à 500 en 1997... Or, ce renouveau général de l'islamisme en Eurasie est principalement le fait du zèle missionnaire *wahhabite*. Le wahhabisme est un courant religieux apparu à la fin du XVIIIe siècle dans l'actuelle Arabie Saoudite (Najd) et qui est devenu l'islam officiel du royaume saoudien, à la faveur du pacte d'union liant la dynastie bédouine des Séoud à la confrérie islamique des wahhabites, origine même de la création de l'Arabie Saoudite moderne. L'objectif de son fondateur, Muhammad ibn Abd al-Wahhab, héritier de l'école ultra-rigoriste du hanbalisme, l'une des quatre écoles juridiques de l'islam sunnite, était de retourner à la « pureté première de l'islam ». Depuis ces dix dernières années, ce courant est apparu en Asie centrale et dans le Caucase. « Mais aux wahhabites saoudiens s'ajoutent quelques courants indo-pakistanais qualifiés de wahhabites par ceux qui les dénoncent, et qui présentent effectivement plusieurs points communs avec le wahhabisme d'Arabie Saoudite [4] », explique Thierry Zarcone, chargé de recherche au CNRS et spécialiste de l'islam en Asie centrale. Ces différentes tendances fondamentalistes voisines sont souvent regroupées dans la catégorie générique des mouvements « salafistes » (voir *infra*). Wahhabites et salafistes poursuivent le même but : épurer l'islam de toute croyance non conforme au principe islamique suprême d'unicité absolue de Dieu *(tawhid)*, supprimer toutes les innovations *(bidaà)*, superstitions, soufisme ésotérique, pour pouvoir revenir à l'« islam originel ». « Le lien le plus évident qui existe avec le wahhabisme, c'est la puissance financière de l'Arabie Saoudite et des Émirats du Golfe », confirme Olivier Roy, directeur de recherches au CNRS, spécialiste de l'Asie centrale. « Depuis le début des années 90, les Saoudiens wahhabites ont, contrairement à l'Iran très en retrait, financé l'écrasante majorité des constructions de mosquées et d'écoles coraniques d'Asie centrale. C'est également l'Arabie Saoudite qui, par organisations et banques interposées, finance tous les groupuscules terroristes dont nous parlons [5]. »

Dans un ouvrage consacré aux « filières islamistes en France et en Europe », Antoine Sfeir, rédacteur en chef des *Cahiers de l'Orient*, révèle les contours de la diplomatie islamique conquérante de l'Arabie Saoudite, qui utilise les réseaux « wahhabites » pour étendre son influence géostratégique de par le monde. « La guerre afghane puis celle de Bosnie vont donner l'occasion à l'Arabie Saoudite d'étendre son champ d'action. Immédiatement, la diplomatie saoudienne va se transformer en vecteur d'islamisation pour aider les combattants afghans à lutter contre l'envahisseur soviétique athée [6]. » L'homme-clé de la politique afghane est le chef des services de renseignements extérieurs, le prince Turki ibn Fayçal, fils du fondateur de la Ligue islamique mondiale. Discrètement, et en collaboration avec les services secrets militaires américains et pakistanais, le richissime prince saoudien met sur pied la fameuse Légion islamique des moudjahidines afghans. Celle-là recrute du New Jersey aux Philippines, « en enrôlant les Frères musulmans de Syrie, d'Égypte, de Jordanie, de Palestine, mais aussi des Pakistanais, des Turcs et des Kurdes, sans oublier, au passage, quelques beurs français ». Or, l'un des maîtres d'œuvre de la Légion islamique d'Afghanistan fut le milliardaire terroriste Oussama Ben Laden, alors téléguidé par les services saoudiens et américains, avant d'être, plus tard, lors de la guerre du Golfe, déchu de sa nationalité saoudienne, en raison de son orientation anti-américaine et pro-irakienne. La base arrière et d'entraînement de cette « nouvelle internationale islamique » sunnite est Peshawar au Pakistan, la Ligue islamique mondiale et l'OCI (Organisation de la Conférence islamique) finançant, avec la CIA [7], l'essentiel des opérations. En fait, si la plupart des chefs islamistes d'Asie centrale et du Caucase issus des brigades internationales islamistes ayant guerroyé en Afghanistan ou au Tadjikistan contre les « infidèles » fondent leur idéologie sur l'islamisme radical « néo-wahhabite » et ont été appuyés, jusqu'à aujourd'hui, par les services secrets et les milliardaires saoudiens, il serait toutefois faux de croire que ces « néo-wahhabites » sont totalement contrôlés par Riyad. Fondamentalement internationaliste, révolutionnaire et subversive, cette nouvelle génération d'islamistes sunnites est « un peu à l'Islam ce qu'Action directe était au marxisme. Une sorte de trotskisme de l'Islam » prônant l'exportation de la révolution islamique et « ne se reconnaissant pas dans les combats nationaux qui sont menés par leurs pays d'origine », conclut Olivier Roy.

Les premiers militants wahhabites commencèrent à pénétrer en Russie au début des années 90, avec l'organisation Dar-al-Bar, puis à travers le Congrès islamique mondial (Pakistan), la Ligue du Monde islamique et des associations plus ou moins « humanitaires » comme Taïba ou encore la célèbre Islamic Relief International. L'une d'entre elles, Al Igas *(Le Salut)*, serait directement financée par le deuxième bureau saoudien, et elle constituerait l'une des sources de financement extérieur les plus importantes du Parti de la Renaissance islamique (PRI), dirigé par le charismatique Djamel Gaïdar (voir *infra*).

À partir de l'invasion de l'Afghanistan, en 1979, les Russes ont été engagés dans trois principales *guerres civilisationnelles* islamo-orthodoxes : la guerre d'Afghanistan, la guerre du Tadjikistan, conséquence de la première, puis celle du Caucase-nord (Tchétchénie-Daghestan, commencée en 1992 et réactivée depuis août 1999).

D'après Samuel Huntington, la guerre d'Afghanistan, qui opposa pendant près de dix années les rebelles afghans — appuyés par les services secrets saoudiens, américains et pakistanais — aux « infidèles » russo-communistes, fut la « première grande guerre civilisationnelle » islamo-européenne du XXe siècle. Après le retrait des Soviétiques, l'Afghanistan connaît une recrudescence du fanatisme islamiste, avec l'arrivée au pouvoir des talibans, et devient la plaque tournante, l'épicentre de l'islamisme sunnite dans le monde. Cela explique pourquoi le réseau terroriste de Ben Laden est abrité, en échange d'un important soutien financier, par l'Afghanistan, où il dispose de plusieurs camps d'entraînement terroristes, notamment à Kandahar. Animés par l'islamisme le plus violent et le plus prosélyte qui soit *(Salafiyya)*, le régime des talibans et du mollah Omar envoie des légions islamistes combattre partout dans le monde : Bosnie, Kosovo, Cachemire, Tadjikistan, Tchétchénie, Daghestan, ou encore dans le nord de la Chine (Xinjiang musulman) afin de « chasser les infidèles » et de rétablir la *charià*, phénomène de sécessionnisme islamiste que New Delhi dénonce sous l'expression de « syndrome afghan ».

Peu après le retrait des troupes soviétiques de Kaboul, l'Afghanistan commença à exporter son modèle révolutionnaire fondamentaliste au Tadjikistan. En septembre 1992, en effet, les islamistes afghans et leurs protecteurs des services secrets militaires pakistanais (ISI) avaient largement armé l'opposition islamiste, laquelle était parvenue à chasser de Douchanbe le gouvernement pro-russe en place. Afin d'enrayer la progression du « néo-wahhabisme » alimenté par l'Afghanistan, et afin de prévenir une contamination progressive (« stratégie des dominos » version islamiste), les gouvernements russe et ouzbek parvinrent, au terme d'une guerre civile particulièrement violente, à remettre en place le gouvernement pro-russe déchu, les troupes d'opposition ayant été quant à elles obligées de se réfugier en Afghanistan. L'intervention russe suscita les vives protestations du Pakistan et de l'Afghanistan, lesquels avaient envoyé de l'argent, des armes ainsi que des milliers de volontaires moudjahidines aux côtés des islamistes tadjiks. Aussi les « néo-wahhabites », entraînés et galvanisés par les talibans et leurs séides tchétchènes, possèdent-ils aujourd'hui des camps d'entraînement en Ouzbékistan, au Kirghizistan et au Tadjikistan, spécialement dans les régions montagneuses, comme Karateguin, située à 150 km de Douchanbe, ancien fief de l'opposition islamiste tadjike. Capitale de l'Ouzbékistan, Tachkent fut également secouée, entre février et mars 1999, par des vagues d'attentats islamistes. C'est au Kazakhstan qu'ont été arrêtés, le 15 mars 1999, grâce à une collaboration des services spéciaux kazakhstanais et ouzbeks, les auteurs de ces attentats, membres du mouvement wahhabite Uzbékistan Islam Karati. Cette « talibanisation » générale des républiques d'ex-URSS progresse maintenant vers le Kirghizistan, où l'état d'urgence a été déclenché depuis plusieurs mois, à la suite d'une vague de prise d'otages. En fait, la déstabilisation islamiste du Kirghizistan est la conséquence directe des événements du Tadjikistan. Suite à l'accord de réconciliation nationale tadjike signé en 1999 sous la pression de Moscou, les islamistes du Tadjikistan, d'ethnie ouzbèque, ont été contraints de trouver refuge ailleurs, notamment au Kirghizistan. Rejetés par le Tadjikistan et l'Ouzbékistan, ils sont entrés au Kirghizistan pour essayer de s'implanter dans la vallée de Fergana, située entre l'Ouzbékistan et le Kirghizistan. Conscients de la grave menace islamiste « wahhabito-afghane » qui pèse sur leurs pays, les différents chefs d'État russe, chinois, kirghize, kazakh et tadjik se sont rencontrés le 27 août 1999 à Bichkek, capitale du Kirghizistan, afin de prendre des mesures pour faire face à la « poussée wahhabite » en Asie et dans le Caucase et « lutter ensemble contre le terrorisme international, le séparatisme et l'extrémisme religieux ».

Si l'Iran demeure pour l'heure encore à l'écart de l'embrasement islamiste de la région, souhaitant rester l'allié de la Russie face à la Turquie et à l'Amérique, personne n'ignore le jeu trouble du Pakistan, de l'Arabie Saoudite, et même des États-Unis qui, par talibans et Tchétchènes interposés, verraient d'un bon œil l'instauration dans les zones stratégiques du Caucase et de l'Asie centrale de régimes islamistes et/ou nationalistes antirusses. Le but de cette manœuvre américaine serait de tracer une ligne de « démarcation civilisationnelle » et stratégique entre le monde orthodoxe-russe et ses anciennes possessions musulmanes, afin de prendre le contrôle de zones riches en ressources d'hydrocarbures (notamment de la Caspienne) et des routes des oléoducs. Pour certains, cela expliquerait les guerres de Tchétchénie ainsi que les troubles islamistes qui secouent depuis ces dernières années le Daghestan et plusieurs républiques musulmanes du Caucase et d'Asie centrale.

La « tchétchénisation » du Caucase-nord

À partir de 1994, une autre guerre d'une violence extrême opposa la Russie aux nationalistes musulmans tchétchènes et caucasiens. La plupart des observateurs occidentaux ont qualifié cette guerre de « coloniale », prenant partie pour les rebelles islamistes tchétchènes, et sont même allés jusqu'à accuser Moscou de perpétrer un « génocide ». D'autres, moins nombreux, ont rappelé qu'elle était liée aux rivalités russo-américaines concernant les passages d'oléoducs et de gazoducs sur le territoire tchétchène. Comme toujours en géopolitique, les facteurs sont en fait multiples et les deux réalités cohabitent. Quoi qu'on en dise, et même si la façon extrêmement brutale dont Moscou a cru bon de devoir réagir est regrettable, nous avons bien affaire à une « guerre de civilisations », un « *clash* islamo-orthodoxe » séculaire, dont l'origine remonte à la conquête russe de l'Eurasie et du Caucase, doublé d'un conflit économique pour le contrôle des hydrocarbures.

Replaçons tout d'abord les événements dans le contexte régional et géopolitique de l'après-guerre froide. Comme chacun le sait, la recomposition générale de l'espace post-soviétique a entraîné l'émancipation de plusieurs provinces, régions ou républiques musulmanes de l'ex-URSS autrefois coupées du reste du monde islamique. Mais si certaines républiques musulmanes sont devenues réellement indépendantes (Azerbaïdjan, Kazakhstan, Ouzbékistan, etc.), d'autres, comme la Tchétchénie, le Daghestan, et maintes autres nations musulmanes du Caucase, sont restées parties intégrantes de la nouvelle Fédération de Russie. D'un côté, Musulmans tatars, daghestanais ou tchétchènes étaient désormais libres de professer leur foi et de célébrer leur culte, ce qui signifiait leur « réintégration » *de facto* au monde musulman, à la *Oumma* — qui n'est pas seulement une *communauté de croyants* mais aussi une *appartenance*, une communauté politico-spirituelle transnationale se superposant et s'imposant aux pouvoirs en place — de l'autre, ils demeuraient des « citoyens russes », contraints d'obéir au « pouvoir infidèle *(houkoum al jahili)* de Moscou. Cette dualité, problématique et même belligène, à terme, ne pouvait pas demeurer en l'état très longtemps, d'autant que le dynamisme géopolitique et stratégique d'Ankara et de Riyad, parallèlement à l'action des États-Unis, poussaient à l'indépendance des territoires musulmans conquis par les « infidèles » russes à partir de la fin du XVIIIe siècle. Aussi la Tchétchénie devint-elle le principal nœud de focalisation de cette interface géostratégique et de cette dualité. On peut cependant se demander pourquoi ce peuple, islamisé bien plus tard que les Tatars et les Daghestanais, a toujours été plus enclin à la rébellion et à la violence que les autres nations musulmanes du Caucase.

Les Tchétchènes furent islamisés aux XVIIe et XVIIIe siècles au contact de religieux originaires du Daghestan voisin, qui avait été converti dès le VIIIe siècle, au moment de l'expansion arabe. Réunis en clan et marqués par une tradition guerrière, les Tchétchènes pratiquaient depuis toujours les raids contre les populations voisines des plaines, ramenant avec eux butins et esclaves. Comme pour les tribus bédouines arabes de l'époque du prophète Mahomet, la razzia était le moyen « normal » de subsistance, aussi la doctrine de la guerre sainte *(ghazawat, jihad)* et l'islamisation du Caucase, loin de réduire ce phénomène, allaient légitimer la geste pillarde et guerrière des Tchétchènes et canaliser leur violence contre les « infidèles russes » progressivement installés dans la région et plus riches. C'est alors qu'un imam de nationalité avare, originaire du Daghestan actuel, le célèbre Chamil, rassembla sous son autorité plusieurs ethnies du Caucase, dont les Tchétchènes, qui depuis s'identifient à sa figure. Initié par les imams de la confrérie fondamentaliste soufie des *Naqshband*, Chamil entreprit de créer un État théocratique panislamiste dans tout le Caucase, proclamant la guerre sainte et le départ des « infidèles » russes. À la tête d'une grande confédération islamique réunissant les Musulmans de tout de Caucase, l'imam Chamil et ses troupes de montagnards tchétchènes s'opposeront héroïquement à la colonisation et aux attaques russes jusqu'en 1859, date de la reddition définitive de l'imam. Depuis, les Russes et les Slavo-orthodoxes en général ne cesseront jamais d'être considérés comme des « infidèles » ayant étendu leur influence tout au long des XVIIIe et XIXe siècles au détriment de la civilisation turco-islamique et perse.

D'après le géopolitologue russe Viatcheslav Avioutskii, chercheur à Paris-VIII et auteur d'un « Que-sais-je ? » sur *La Tchétchénie*, les causes profondes de la « guerre de Tchétchénie puisent leurs sources dans la renaissance de l'islam dans les ex-républiques soviétiques et au sein des minorités musulmanes de la Fédération de Russie, ainsi que par l'effacement des frontières politiques liées à cette renaissance (...). Elle s'inscrit dans le cadre d'un choc de civilisations entre Musulmans non-slaves et Slaves orthodoxes le long du limes séparant les deux civilisations [8] ». C'est ainsi que depuis 1859, l'antagonisme entre les Tchétchènes et les « envahisseurs » russes n'a jamais connu d'accalmie. Ni leur déportation en Asie centrale en 1944, ni leur russification, pourtant effective, ni même la réussite sociale de nombreux éléments tchétchènes à Moscou, dans la politique comme dans les affaires, ne contribuèrent à altérer les mœurs traditionnelles quasi féodales (luttes inter-claniques, chefferies, banditisme, effervescence islamique, etc.) et les velléités indépendantistes des Tchétchènes.

Concernant les deux dernières guerres russo-tchétchènes, il ne faut pas perdre de vue que la chute de l'Union soviétique, survenue de façon si inattendue en 1991, eut des répercussions locales quasi immédiates, suscitant une vaste dynamique désagrégatrice et sécessionniste dans la plupart des territoires autonomes, régions et républiques non russes de la défunte URSS. En fait, la recomposition générale de l'espace post-soviétique favorisa l'émancipation de nombreuses communautés musulmanes, auparavant coupées de leurs coreligionnaires. Parallèlement, les indépendantistes et rebelles islamistes tchétchènes, comme d'ailleurs tous les autres séparatistes de l'ex-URSS, furent vivement encouragés par le président de la Fédération de Russie, Boris Eltsine, alors décidé à faire éclater l'Union soviétique dans le but de destituer par la même occasion le parti communiste et le Soviet suprême, et d'hériter ainsi du pouvoir antérieurement monopolisé par le parti communiste. C'est dans ce contexte de recomposition de la scène politique russe qu'apparurent les formations tchétchènes indépendantistes et islamistes : le « Parti de la voie islamique » *(Islamskij Put)* et le « Congrès national du peuple tchétchène », avec à sa tête Dokhar Doudaïev, général de l'armée soviétique à la retraite rentré dans sa province natale depuis 1991. Pendant la tentative de coup d'État d'août 1991, Doudaïev entra en conflit ouvert avec l'apparatchik de Moscou, Zavgaëv, qui soutenait les « putschistes », puis s'empara du pouvoir au sein de la république autonome bicéphale de Tchétchéno-Ingouchie, au nom d'un projet islamo-nationaliste indépendantiste et avec l'appui des puissantes confréries soufies fondamentalistes. La suite des événements est connue : la proclamation de l'indépendance tchétchène, par Doudaïev, le 27 novembre 1991, provoque le départ de la république bicéphale de l'Ingouchie, opposée à la sécession d'avec Moscou ; Boris Eltsine proclame l'état d'urgence et décide un blocus (1992-1994), puis expédie 2000 hommes pour rétablir l'ordre. Doudaïev répond en décrétant la chasse aux Russes et en proclamant la guerre sainte *(ghazawat*, en tchétchène*)*, les armes et les volontaires moudjahidines affluant depuis tout le Caucase et le monde musulman. Mais Eltsine, dont l'objectif premier était alors d'évincer Gorbatchev et de faire éclater l'URSS, renonce une première fois à venir à bout des insurgés tchétchènes et laisse « pourrir » la situation. Dokhar Doudaïev, qui prône un islamisme de plus en plus radical et aux inclinations fortement pancaucasiennes et russophobes, dissout, en avril 1993, le Parlement tchétchène, qui voulait le destituer, et instaure une dictature présidentielle.

Entre 1991 et 1993, l'indépendantisme tchétchène s'affirme de plus en plus violemment : les Russes de Tchétchénie sont chassés des postes-clés, le contrôle de Moscou sur les activités économiques s'affaiblit, puis disparaît presque complètement. La Tchétchénie devient le sanctuaire quasi inviolable — l'« Afghanistan du Caucase » — de toute une série de trafics liés au pétrole et à la très puissante mafia tchétchène de Russie (trafics d'armes, contrebande, voitures volées, escroqueries ; Grozny devient l'une des capitales mondiales du trafic de drogues et des prises d'otages, etc.), l'absence de police favorisant la généralisation du crime organisé et de la corruption à tous les niveaux. C'est dans ce contexte, et après avoir neutralisé son plus redoutable concurrent à Moscou, le Tchétchène Khasboulatov, suite à la grave crise politique de 1993, pendant laquelle le Parlement russe sera bombardé par des communistes, qu'Eltsine se décide à « traiter » le problème tchétchène, jusque-là délaissé au profit de ses ambitions politiques nationales et des crises de Transcaucasie. « À partir du printemps 1994, la Tchétchénie bascule dans la guerre civile, mais l'opposition est trop divisée pour parvenir à renverser Doudaïev. La crise tchétchène menace l'unité de la Fédération [9]. » Moscou apporte alors son aide à l'opposition tchétchène (les *Polevye komandiry* ou chefs de guerre), par le biais du FSK *(Federal'noje Sluzba Kontrarazvedki)*, service fédéral de contre-espionnage. Le lobby pétrolier, désireux de voir l'ordre rétabli en Tchétchénie, sera pour beaucoup — aux côtés du « parti de la guerre », animé par le général Gratchev — dans le déclenchement de l'intervention armée russe en Tchétchénie (11 décembre 1994), l'enjeu étant de sauver le tracé russe (*via* Grozny) du futur oléoduc devant transporter vers l'Ouest le pétrole de la Caspienne.

On a beaucoup parlé de la « bataille des oléoducs » qui a opposé, ces derniers temps, dans le Caucase-nord, la Turquie, les États-Unis et l'Azerbaïdjan, d'une part, à la Russie et l'Arménie, de l'autre. *Grosso modo*, deux projets de tracés concurrents ont été proposés pour transporter le pétrole azéri vers l'Ouest : le « tracé Nord » *via* la Russie (Tchétchénie-Daghestan), et le « tracé Sud », dit Bakou-Ceyhan, *via* la Géorgie et la Turquie. Retraçons préalablement les événements qui présidèrent à cette « bataille des oléoducs ». En 1991, l'Azerbaïdjan accède à l'indépendance, réoriente sa politique extérieure et se tourne vers la Turquie, les États-Unis et l'Asie centrale turcophone, invitant les compagnies internationales à participer à la création d'un nouveau trajet évitant le territoire russe (« tracé Sud »). Mais les projets passant par les territoires turcs et géorgiens se heurtent aux conflits ethniques qui embrasent presque instantanément la Transcaucasie (Nagorny-Karabakh, Ossétie du Sud, Abkhazie et Kurdistan). Bakou est alors obligée de diriger une grande partie de son pétrole vers Novorossisk (Russie) pour l'exporter ensuite par voie maritime, vers l'Occident *via* les Détroits. L'embrasement général de la Transcaucasie fut donc interprété, dans un premier temps, comme une tentative de Moscou de maintenir son contrôle sur l'acheminement du pétrole azéri, ce qui est en partie vrai, comme on a pu le constater notamment en Géorgie, où Moscou soutient la rébellion séparatiste islamique des Abkhazes, et en Arménie, où l'armée russe appuya les nationalistes arméniens du Nagorny-Karabakh contre Bakou. En 1994, au moment même où le « tracé Nord » (favorable à Moscou) est sur le point d'être accepté par les différentes parties, faute de chemin plus sûr, éclatent les premiers troubles graves en Tchétchénie, déstabilisation du Caucase-nord qui renverra aux calendes grecques le projet russe. Refusant de conclure à un fâcheux concours de circonstances, Moscou verra la main de la Turquie, du monde islamique et des États-Unis derrière les rebelles tchétchènes, le général Alexandre Lebed affirmant que « le conflit en Tchétchénie correspond aux intérêts turcs et américains et que la Turquie a fomenté la crise afin de discréditer l'oléoduc [10] ». Toujours est-il que la riposte de l'armée russe sera brutale, bien que moins aisée que prévu. Après la chute de Grozny en mars 1995, Doudaïev est traqué et un gouvernement pro-russe (Khadjiev, Khazboulatov, Zavgaëv) est installé. Mais le 14 juin 1995, le chef islamiste Chamil Bessaïev [11] prend 1 500 civils en otage à Budennovsk, du côté russe de la frontière russo-tchétchène, c'est-à-dire sur l'itinéraire de l'oléoduc russe. Au terme d'un assaut malchanceux (150 morts), Moscou parvient à libérer les otages, mais l'action spectaculaire de Bessaïev et la déstabilisation qui en découle apportent une nouvelle fois la preuve à Bakou et aux compagnies pétrolières concernées (AIOC), qui doivent rendre leur avis sous trois mois, que Moscou est incapable de sécuriser le « tracé Nord ». Parallèlement, le gouvernement et le lobby pétrolier russes, désireux de rétablir la sécurité le long de l'oléoduc, décident de négocier avec les rebelles tchétchènes. Ainsi, le 18 juin, Tchernomyrdine et Bessaïev signent un armistice, l'accord militaire conclu le mois suivant prévoyant le retrait des troupes russes et le désarmement des Tchétchènes. Mais les attentats qui frappent Oleg Lobov, représentant d'Eltsine en Tchétchénie, et Anatoli Romanov, commandant en chef des forces armées (octobre 1995), sabordent le processus de négociations, les hostilités reprenant de plus belle. Partout, les diasporas tchétchène et islamo-caucasienne (7 millions de Turcs sont d'origine caucasienne) contribuent à l'effort de guerre (« impôt volontaire pour l'aide aux frères en guerre ») et envoient des volontaires au *jihad* antirusse, avec l'aide officieuse d'Ankara, de Riyad et de Kaboul. De leur côté, les pays arabo-musulmans, soucieux d'empêcher l'apparition de producteurs concurrents en fomentant les troubles dans les régions traversées par l'oléoduc et misant beaucoup sur la réislamisation wahhabite des Musulmans de l'ex-Union soviétique, apportent une aide considérable aux rebelles tchétchènes. « Ainsi, Bessaïev et Chamsetdin Iussuf, conseiller de Doudaïev sur les relations extérieures et citoyen jordanien [comme Al-Khattab], se rendent en Arabie Saoudite, au Pakistan et au Koweït pour collecter des fonds et en Afghanistan pour utiliser les camps d'entraînement [12] », explique Olga Maximov, chercheur en géopolitique à la Sorbonne et spécialiste de la Caspienne. Enlisé dans cette guerre difficile et apaisé par la récente décision de Bakou et de l'AIOC, un an après la signature du « contrat du siècle », de retenir les deux itinéraires pour l'exportation du pétrole azéri, Eltsine accepte l'idée d'un cessez-le-feu (27 mai 1996), dont il confie la responsabilité au général Lebed, nouveau secrétaire du Conseil national de sécurité. Il rencontre alors le président tchétchène Iandarbiev, successeur de Doudaïev, décédé le 22 avril 1996, et concède à la Tchétchénie un statut d'autonomie « maximale », aux termes de l'accord de paix conclu le 31 août 1996.

En fait, la première intervention russe en Tchétchénie, qui coûta à Moscou 10 milliards de dollars de dépenses militaires, bien plus que les coûts de construction d'une dérivation de l'oléoduc, ne changea pas les données fondamentales du problème, le tracé russe par le Nord étant destiné tôt ou tard à être discrédité, pour des raisons plus stratégiques qu'économiques. Dès le début, le « tracé Nord » possédait une faiblesse majeure. Les tankers russes devaient passer par les détroits turcs, ce qui incommodait considérablement Ankara qui a toujours voulu couper l'accès des Détroits à Moscou et qui soutient depuis le début le « tracé Sud ». Aussi Istanbul ne tarda-t-elle pas à limiter considérablement le volume des tankers russes invoquant le risque d'une « catastrophe écologique » imminente pour la ville. Cette limitation compromettant le tracé russe poussa Moscou à chercher une alternative aux Détroits. Il s'agit alors de faire passer les canalisations par la Bulgarie et les côtes grecques de la mer Égée, projet ayant l'inconvénient d'augmenter les coûts de transport des hydrocarbures. De leur côté, la Grèce et la Bulgarie ne firent pas montre d'un empressement particulier pour mettre en œuvre le projet, les deux nations orthodoxes ne voulant pas compromettre leurs relations avec les États-Unis et les États membres de l'OTAN, la Bulgarie, plus particulièrement, espérant entrer un jour dans l'Union européenne. Dès le début donc, le projet turc d'oléoduc par le Sud était donné gagnant. D'ailleurs, les désaccords entre les parties tchétchènes et russes réapparaîtront quelques mois à peine après l'accord de paix, les Tchétchènes exigeant de l'AIOC une part au sein du consortium puis une participation à toutes les négociations, sous peine de couper le transit, refusant en outre tout accord bilatéral entre Transneft (compagnie russe gérant l'oléoduc passant par Grozny) et l'AIOC. Le 9 septembre 1997, Moscou signe enfin avec Grozny un accord sur le transit par la Tchétchénie, les Tchétchènes recevant finalement 4 dollars par tonne (contre 6 initialement exigés). Mais après la nomination de Bessaïev au poste de Premier ministre, début 1998, à la suite d'un durcissement de la situation politique intérieure tchétchène, le gouvernement de Grozny réutilise l'oléoduc comme arme de chantage en menaçant de suspendre une fois de plus le transit si Moscou ne reconnaît pas définitivement l'indépendance de la Tchétchénie. Or, il s'avère que l'opposition interne au sein du pouvoir tchétchène, entre partisans et opposants au passage de l'oléoduc, a toujours été âpre, les islamistes préférant l'indépendance et la rupture totale avec Moscou aux redevances que procureraient les pipelines. Chamil Bessaïev avait d'ailleurs clairement exprimé cette préférence, lorsqu'il avait proposé, dès 1995, de *détruire* purement et simplement l'oléoduc « pour que la Russie n'ait plus aucun intérêt en Tchétchénie, [car] mieux vaut être misérable, mais libre [13] ». Aussi, en octobre 1998, lorsque le président Maskhadov réitère son soutien à l'oléoduc Bakou-Novorossisk, il n'en contrôle déjà plus le fonctionnement, les chefs de guerre wahhabites comme Khattab, ainsi que l'opposition islamiste de Bessaïev, Radouev ou Israpilov, réclamant la destitution du président. La société tchétchène est alors divisée en deux grandes tendances antagonistes : les « nationalistes modérés », représentés par Maskhadov, et l'opposition islamiste, liée aux puissants réseaux mafieux des montagnes et influencée par l'islam « néo-wahhabite », la tendance la plus radicale étant celle des « légions combattantes » de Khattab, demeuré sur place à la tête d'une des plus importantes unités militaires islamiques du pays. Violemment opposés au régime « modéré » de Maskhadov, Bessaïev et Khattab [14] jugeaient le degré d'islamisation de l'État tchétchène insuffisant, en dépit du fait que Grozny avait adopté une constitution islamique fondée sur la *charià*. Incontournables, leurs bataillons étaient encadrés par les moudjahidines ultra-fondamentalistes proches des réseaux « afghans » de Ben Laden et étaient liés aux ravisseurs cachés dans les maquis. Pour essayer de calmer l'opposition islamiste, qui contrôlait dans les faits le pays, le président Maskhadov avait alors formé une *Choura* (Assemblée d'État islamique), y intégrant ses opposants fondamentalistes, puis avait soumis l'administration de la république à la *charià*. Mais les « wahhabites » avaient répondu par la création de leur propre *Choura (Mekhkan Choura)*. Parallèlement, entre le cessez-le-feu de 1996 et les événements d'août 1999, qui conduisirent Moscou à envoyer à nouveau leurs troupes dans l'« Afghanistan du Caucase », prises d'otages et attentats antirusses étaient redevenus monnaie courante [15]. Mi-rebelles islamistes, mi-mafieux, les maquisards tchétchènes enlevaient et assassinaient indifféremment officiels russes, touristes, journalistes ou hommes d'affaires occidentaux et même travailleurs humanitaires. C'est ainsi que le 8 décembre 1998, les têtes de 4 otages anglo-saxons étaient retrouvées le long de la frontière tchétchéno-ingouche, au moment où le président Maskhadov avait le plus besoin du soutien britannique.

Le but recherché par les rebelles néo-wahhabites tchétchènes était, dès le départ, de compromettre toute solution pacifique, fût-ce même au détriment des gains financiers apportés par l'oléoduc, donc de relancer *à tout prix* la guerre russo-tchétchène, à la faveur d'une « stratégie de la provocation » comparable à celle pratiquée par l'UCK en Albanie (cf. *infra*) dans le but de susciter les représailles serbes et la réaction internationale. Autre analogie avec la crise du Kosovo, le meilleur allié objectif des radicaux tchétchènes, dans cette stratégie de la violence fut le « parti de la guerre » du Kremlin, remarqua le général Alexandre Lebed [16]. Frustrés de ne pas avoir pu mener à bien une première fois leur plan de « pacification » et animés par un violent esprit de revanche, les généraux russes attendaient la moindre occasion d'« en finir avec les Tchétchènes » et de « mater la rébellion sécessionniste wahhabite », les sanglants attentats islamistes perpétrés à Moscou au cours de l'automne 1999 (près de 300 morts) offrant une occasion unique, que le Premier ministre — bientôt président par intérim puis président — Vladimir Poutine, ancien chef du FSB et proche des milieux militaires, sut parfaitement saisir, d'autant plus que la « campagne tchétchène » lui procura une légitimité extraordinaire et propulsa en quelques semaines ce haut fonctionnaire à la tête de tous les sondages, mettant hors d'état de nuire les candidats de poids comme Loujkov, Primakov ou Ziouganov et remportant triomphalement les élections présidentielles du 26 mars 2000 avec plus de 52 % des suffrages au premier tour.

À la veille de l'intervention russe, la situation politique tchétchène était on ne peut plus chaotique et l'industrie pétrolière était définitivement tombée entre les mains des rebelles islamistes, qui continuaient à percer régulièrement les oléoducs pour en extraire le pétrole et le traiter dans des raffineries clandestines. En effet, après l'accord de 1997, le président Maskhadov avait accordé à l'opposition islamiste un certain contrôle sur le tronçon tchétchène de l'oléoduc

Bakou-Novorossisk pour qu'ils en assurassent la « protection ». Mais loin de limiter les vols, les chefs islamistes répartissaient entre eux des kilomètres de tuyaux et en tiraient d'énormes bénéfices, explique Olga Maximov. À partir de mars 1999, Maskhadov entreprend en vain une lutte contre le sabotage, le manque à gagner pour l'État tchétchène étant considérable. Un bataillon spécial commandé par Magomed Tcharaev parvient à stopper momentanément les prélèvements illégaux, mais les islamistes tchétchènes assassinèrent Tcharaev le 18 mars. Invoquant le non-paiement des redevances russes pour le transit depuis des mois, le gouvernement tchétchène bloque soudainement, le 30 mars 1999, en l'absence et contre l'avis même du président Maskhadov, le transit de l'oléoduc. Le ministère russe est alors obligé de verser (12 avril 1999) 77 millions de roubles à la société Tchetchentransneft. Le transit de l'oléoduc reprend, mais les vols et les sabotages également. Le 3 juillet, la société pétrolière russe Transneft et le ministre de l'Énergie, Viktor Kalioujnyi, annoncent que le pétrole contournera désormais la république tchétchène, la société russe faisant dès lors transporter 180 000 tonnes de naft par mois sur le chemin Makhatchkala-Novorossisk.

Ne pouvant plus exercer de chantage auprès de Moscou concernant le transit de l'oléoduc par la Tchétchénie, les rebelles islamistes, vraisemblablement instrumentalisés par les services turcs et américains, ainsi que par les monarchies pétrolières du Golfe, décidèrent cette fois-là de déstabiliser la république voisine du Daghestan où continue de transiter l'oléoduc Bakou-Novorossisk, l'objectif final étant de chasser définitivement les « infidèles » russes du *Dar al-Islam*. Ce n'est donc pas un hasard si les commandos tchétchènes envoyés semer le trouble au Daghestan commenceront par saboter les canalisations pétrolières de la république. Les islamistes tchétchènes, conscients que le Daghestan [17] est un point encore plus stratégique pour Moscou que la Tchétchénie, aisément contournable, décidèrent d'activer la révolte qui couvait dans plusieurs villages du Daghestan, en conflit ouvert avec le gouvernement local pro-russe qui refusait leur demande d'instauration de la *charià*. En effet, en dépit du fait que la société daghestanaise est traditionnellement moins instable que la Tchétchénie voisine, elle est la plus islamisée et la plus ancienne des nations islamiques du Caucase [18] (VIIIe siècle).

C'est donc dans un double contexte, à la fois « pétro-stratégique » et civilisationnel, que 2 000 moudjahidines recrutés et commandés par Bessaïev et Khattab pénètrent, début août 1999, au Daghestan voisin, s'emparèrent de plusieurs villages dirigés par des fondamentalistes wahhabites et proclamèrent un État islamique indépendant. Les rebelles étaient entre autres équipés de missiles Stinger-2, fusées sol-air que les États-Unis réservent en général à leurs plus proches alliés mais qui circulent depuis le début des années 90 dans toute l'Asie centrale à partir de l'Afghanistan. L'objectif affiché des révolutionnaires wahhabites était de « libérer » leurs coreligionnaires de l'emprise de Moscou et de les aider à établir un « État islamique » daghestanais puis transcaucasien. Sergueï Stepachine, peu avant de quitter son poste de Premier ministre de la Fédération de Russie, et après avoir envoyé immédiatement des troupes pour rétablir l'ordre, avait exprimé ses craintes que la Russie ne perde bientôt le Daghestan, comme elle semblait avoir déjà perdu, dans les faits, la Tchétchénie et comme elle risque de perdre un jour d'autres provinces ou républiques majoritairement musulmanes de Russie. Contraints, dans un premier temps, de se retirer du pays — les insurgés « wahhabites » ne trouvèrent aucun soutien du côté daghestanais et le couvre-feu décrété par Stepachine avait coupé les communications entre les deux républiques — les moudjahidines tchétchènes repartiront à l'assaut dès septembre. Ces attaques, ainsi que la vague concomitante d'attentats sanglants à Moscou, décideront cette fois-là le pouvoir russe à déclencher une très violente riposte : blocus total contre la république ; bombardements des bases terroristes et de Grozny.

En tentant de déstabiliser le Daghestan, les islamistes tchétchènes escomptaient donner une dimension *transnationale* à leur combat contre l'« occupation russe » et pensaient embraser l'ensemble du Caucase, dans la ligne tracée par le chef de guerre Chamil au XIXe siècle. En fait, les signes d'un tel embrasement étaient perceptibles depuis plusieurs années. En novembre-décembre 1998, cinq policiers russes avaient été tués en Ingouchie puis au Daghestan voisin, violence qui s'est intensifiée dans cette région à partir de mars 1999, notamment à l'encontre de militaires et gardes-frontières russes. Petite république musulmane de la Fédération de Russie située dans le nord du Caucase, la Kabardino-Balkarie a elle aussi été agitée, ces dernières années, par l'activisme des islamistes, venus du Golfe ou de Turquie prêcher leur idéologie guerrière. De leur côté, les collaborateurs locaux du FSB (ex-KGB) recevaient régulièrement peu avant la reprise de la guerre des menaces d'attentats, la ville de Cherkessk étant devenue le bastion de la contestation islamiste. Désormais, partout en terre islamique d'Eurasie, les « infidèles » et « envahisseurs » russes sont indésirables. Leur sécurité physique individuelle, tout comme celle des autres infidèles occidentaux, ne sera pas garantie tant que les territoires de l'Islam ne seront pas tous totalement « libérés » du joug russe. Tel est le message que les rebelles islamistes tchétchènes ont voulu adresser à la face du monde et à Moscou en déclenchant leur offensive malheureuse.

La Confédération islamique des peuples montagnards du Caucase

Comme le montre clairement la carte des prétentions géopolitiques des islamistes wahhabites tchétchènes (voir carte 3, annexe I), Chamil Bessaïev et ses légions ambitionnaient de faire du Caucase une grande confédération islamique unie, la « proclamation de l'indépendance du Daghestan », le 10 août 1999, n'étant qu'une étape préalable à la réalisation de ce grand dessein, défendu conjointement par les « néo-wahhabites » et les partisans de la Confédération des peuples montagnards du Caucase, héritiers de l'imam Chamil. Indépendamment du projet islamique de Bessaïev, il existait déjà, dans le Caucase, une Confédération des peuples montagnards du Caucase (CPMC), dont les créateurs revendiquent l'héritage de l'éphémère « république des montagnards », créée en mai 1918, entre l'effondrement de la Russie impériale et la reconquête bolchevique. La CPMC a refait surface dans le contexte de la perestroïka à l'initiative des nombreux mouvements nationalistes et régionalistes apparus au début des années 90 dans le Caucase-nord. Excluant la Transcaucasie, elle perpétue le clivage inter-caucasien Nord/Sud et réunit aujourd'hui 18 peuples, en grande majorité musulmans (Tchétchènes, Avars, Darguines, Laks, Rutules, Lesguiens, Ingouches, Tchétchènes du Daghestan, Kabardes, Ossètes du Nord et du Sud, Tcherkesses, Adyghés, Abazes, Abkhazes, Chapsougues, Karatchaï, Balkares, Koumyks). En fait, seules la Tchétchénie et l'Abkhazie, régions les plus en proie au fondamentalisme islamique, se sont réellement investies dans l'organisation. Les principaux objectifs de la CPMC sont l'intensification de la coopération culturelle et économique et la fondation d'un système de défense commun entre les peuples du Caucase-nord. Lors du premier congrès, en 1990, Youri Chanibov, son président d'alors, devenu Mussa Chanibe (pour islamiser et dérussifier son nom), proposa d'emblée la création d'une milice de volontaires destinée à soutenir, partout dans le Caucase, les Musulmans ayant maille à partir avec des « pouvoirs infidèles ». C'est ainsi que 5 000 volontaires allèrent se battre en Abkhazie ces dernières années, avec à leur tête l'omniprésent Chamil Bessaïev. À partir du troisième congrès de la CPMC, en novembre 1991, c'est la Tchétchénie du général Doudaïev qui joua le rôle de catalyseur dans l'organisation, cherchant à l'utiliser comme support dans sa lutte contre Moscou.

Au Daghestan, les partisans d'une confédération indépendante islamique des peuples montagnards se recrutent parmi les populations parlant des langues caucasiques. À la tête des partis ou mouvements défendant cette idée se trouve le Front populaire de l'imam Chamil, formé par les Avars, qui représentent, avec les petits peuples montagnards qui leur sont agglomérés, près de 30 % de la population totale de la république. Plusieurs partis politiques daghestanais soutiennent également le projet de réislamisation, à commencer par le Parti islamique du Daghestan, et surtout le Parti de la renaissance islamique du Daghestan, branche daghestanaise du PRI, créé en Russie en 1990 pour « défendre tous les Musulmans de l'ex-URSS ». Certaines forces islamistes agissent au niveau local (PRI, *Nakhdat, Jamaat-ul-Muslimin* et l'Union des Musulmans de Russie), tentant de s'implanter à partir des villages, comme on a pu le constater à Chabanmakhi et Karamkhi, où les Islamistes wahhabites ont pris le pouvoir et instauré la *charià*. « Une nouvelle élite fondamentaliste est en voie de formation ; 1 500 jeunes de cette république étudient dans des institutions et universités islamiques du Proche-Orient. Ils reviennent souvent influencés par l'idéologie wahhabite. Des milliers de prêcheurs étrangers (originaires du Pakistan, d'Égypte ou de Jordanie) et des organisations proches de Riyad (organisation internationale Taïba et la fondation Ibraïm al-Ibraïm) sont présents au Daghestan. Depuis plusieurs années, nombre de responsables politiques tchétchènes et daghestanais soutiennent l'idée d'une structure commune avec d'autres républiques musulmanes du Caucase, qui prendrait le nom d'Imamat. Des extrémistes comme Bessaïev ou Oudogov appellent régulièrement au jihad pour " libérer les Musulmans de la tutelle infidèle " [19] », explique un spécialiste du Caucase. Aussi, le projet de « Confédération islamique des peuples montagnards du Caucase », proclamé par Chamil Bessaïev, recoupe les aspirations d'un nombre croissant de fidèles de Mahomet prêts à combattre les « mécréants » slaves. Car même si Moscou semble être parvenue à réduire les rebelles tchétchènes, l'extrême violence des représailles russes et la haine antislave accumulée par les Musulmans du monde entier contre les Russes depuis la guerre d'Afghanistan ne sont pas pour favoriser un retour pacifique de la Russie post-soviétique dans son « étranger proche ».

Parallèlement au renouveau de l'islamisme wahhabite, on observe, en Asie centrale et dans tout le Caucase, un « redéploiement » intensif de la Turquie, qui s'est auto-proclamée « pays de la Caspienne » et a renoué, depuis la fin des années 80, sous l'influence du Premier ministre Turgut Ozal, avec sa *diplomatie ottomane* et panturque [20]. Moins visible que celle de Riyad ou de Kaboul, la stratégie antirusse et pro-tchétchène des mouvements fondamentalistes turcs (islamistes et soufis) et du gouvernement d'Ankara n'en exerce pas moins une influence capitale. La Turquie constitue en fait l'un des principaux appuis extérieurs non seulement des gouvernements qui se sont succédé à Grozny depuis 1996, mais aussi des rebelles tchétchènes eux-mêmes, ce qui est moins connu. Ankara a intérêt à ce que les guérilleros islamistes déstabilisent le Caucase septentrional, ne serait-ce que pour compromettre le tracé de l'oléoduc par le Nord et faire triompher celui par le Sud contournant la Russie. Aussi le gouvernement russe a-t-il vivement protesté auprès de la Turquie, début novembre 1999, au sujet de l'existence de « filières islamistes turcophones » passant sur son sol. Animées par des islamistes turcs proches du parti de Necmettin Erbakan *(Fasilet Partisi)* pendant la précédente guerre de Tchétchénie, ces « filières » auraient permis aux fondamentalistes tchétchènes les plus fanatiques, d'après le FSB, de recevoir des renforts en hommes et en matériel. « Ces griefs adressés à la Turquie se fondent, entre autres, sur des documents turcs découverts sur les cadavres de combattants tués au Daghestan en août et en septembre. Les Russes ont trouvé des volontaires porteurs de passeports jordaniens et bosniaques, dont certains avaient transité par l'Azerbaïdjan et d'autres par la Turquie [21]. » Pour ce qui est du matériel, armement et appareils de transmission, celui-là arriverait directement de Bosnie et d'Azerbaïdjan grâce à des « circuits turcs ». La mention de l'Azerbaïdjan, « État-pivot » de Transcaucasie, nous amène à aborder à présent le conflit arméno-azéri, lui aussi à la fois stratégique et « civilisationnel ».

Arménie-Azerbaïdjan-Géorgie : épicentre du conflit turco-orthodoxe ou de la guerre des oléoducs ?

Prise en étau entre l'Azerbaïdjan et la Turquie et ne pouvant pas tabler sur un soutien de la Géorgie, en conflit latent avec Moscou, l'Arménie, peuplée de Chrétiens orthodoxes, ne peut compter, parmi ses voisins, que sur la Russie, et, dans une moindre mesure, sur l'Iran chiite et la Grèce. À l'instar d'Israël, son principal atout pour assurer sa survie est constitué par sa diaspora occidentale, notamment américaine et française. Depuis le sommet d'Helsinki de novembre 1999, qui vit l'établissement d'un pacte stratégique entre les États-Unis, la Géorgie, la Turquie et l'Azerbaïdjan, ainsi que la signature d'un accord entre ces pays pour le projet de construction de l'oléoduc Bakou-Ceyhan, pour le transport du brut de la Caspienne, l'Arménie se sent plus isolée que jamais et sa position géopolitique semble être des plus précaires. Disposée à faire des concessions et à développer le plus possible des relations, principalement économiques, avec ses voisins musulmans, raisons de sa réticence à reconnaître officiellement l'appartenance du Nagorny-Karabakh à l'Arménie, Erevan n'en demeure pas moins acteur et victime du choc de civilisations qui oppose partout en Eurasie les civilisations orthodoxe et turco-islamique.

Le « conflit d'antériorité » qui oppose, au Nagorny-Karabakh [22], depuis 1988, les nationalistes arméniens de cette enclave arménienne située en plein cœur de la république musulmane d'Azerbaïdjan, aux Azéris musulmans, est « le dernier épisode en date de la lutte séculaire entre l'Empire russe et l'Empire ottoman pour le contrôle de la mer Noire et du Caucase, ainsi que de l'intense antagonisme entre Arméniens et Turcs qui remonte aux massacres perpétrés, au début du XXe siècle, par ceux-ci à l'encontre de ceux-là [23] ». Conformément à sa nouvelle politique de redéploiement vers le Caucase et l'Asie centrale, la Turquie fut dès le départ le principal soutien extérieur des forces azéries, l'Azerbaïdjan ayant été la première république musulmane de l'ex-Union soviétique reconnue par Ankara. Elle fournit donc continuellement des aides financières et militaires à l'Azerbaïdjan et forme, depuis 1992, les soldats azéris. Dès le déclenchement du conflit provoqué par l'entrée des nationalistes arméniens en territoire azéri, l'opinion publique turque s'enflamma et la totalité des partis politiques turcs fit pression sur le gouvernement pour qu'il vienne au secours des frères d'Azerbaïdjan. Le président Turgut Ozal déclara qu'il « fallait effrayer un peu les Arméniens », tandis que le Premier ministre Tansu Ciller menaça Erevan d'une déclaration de guerre si les troupes arméniennes régulières entraient dans l'enclave azérie du Nakhitchevan, située en Arménie, équivalent pour les Azéris du Haut-Karabakh pour les Arméniens. De fait, l'Arménie ne vint pas officiellement au secours des nationalistes du Karabakh de peur d'entrer en guerre avec Ankara, ce qui explique pourquoi le Nagorny-Karabakh n'est toujours pas rattaché à l'Arménie, en dépit du souhait profond de la majorité de la population arménienne, le statu quo semblant être pour le moment la seule issue. Les Arméniens du Karabakh reçurent l'essentiel de leur soutien militaire et logistique de leurs frères d'Arménie (officieusement), du Liban (anciens miliciens des Forces libanaises et membres de l'organisation Asala) et des traditionnels protecteurs orthodoxes russes (armée). La diaspora de France et des États-Unis apporta quant à elle une aide financière considérable, qui permit notamment de faire face au blocus décidé par la Turquie, et développa une intense activité de *lobbying* auprès du Congrès américain, ce qui permit aux Arméniens de ne pas être écrasés par le rouleau compresseur militaire turc. Il convient de noter toutefois que les Arméniens surent jouer également de la rivalité de longue date existant entre Ankara et Téhéran, dans une région du monde qui fut jadis autant sous influence perse que turque et où les alliances tactiques et stratégiques sont souvent complexes. Ainsi observe-t-on dans le Caucase et en Asie centrale une relative convergence d'intérêts entre la Russie orthodoxe et l'Arménie, d'une part, et l'Iran chiite, d'autre part, dès lors que l'ennemi — ou adversaire commun — turc sunnite tente de s'imposer. Durant le conflit arméno-azéri, les Iraniens ont donc soutenu le camp arménien contre leurs propres coreligionnaires azéris, chiites comme eux, Téhéran étant avant tout soucieuse de ne pas encourager l'irrédentisme azéri en Iran, le pays des mollahs abritant une forte minorité azérie ainsi qu'une puissante communauté arménienne.

Après la disparition de l'URSS, les combats entre les deux parties s'intensifièrent, jusqu'à la négociation d'un cessez-le-feu en 1994. En 1992, l'Organisation pour la sécurité et la coopération en Europe (OSCE) proposa une médiation et constitua, sous le nom de groupe de Minsk, un comité composé d'Arméniens du Nagorny-Karabakh, de l'Arménie, de l'Azerbaïdjan, de la Russie, de la Turquie, épaulés par une série d'États extérieurs à la région : France, Allemagne, Italie, Suède, République tchèque, Biélorussie et États-Unis. Mais forts de leurs succès foudroyants et de leurs appuis extérieurs, les nationalistes du Haut-Karabakh rejetèrent le plan de cessez-le-feu proposé par le groupe de Minsk, après quoi une accalmie fut obtenue grâce à l'entente géopolitique russo-iranienne, alternative efficace à la médiation de la « communauté internationale ». Un an plus tard, lors de la seconde tentative de négociation après la reprise des combats, la très radicale fédération révolutionnaire arménienne *Dachnak*, très puissante au sein de la diaspora et dominante au sein du Nagorny-Karabakh, rejeta à nouveau les propositions de paix de la triplice russo-turco-américaine avalisées par Erevan et Bakou. Cette fois-là, le gouvernement arménien, soucieux de maintenir des liens avec la Turquie et l'Azerbaïdjan, dut déclarer hors-la-loi sur son sol l'organisation *Dachnak* et les négociations entre Téhéran, Ankara, Erevan et Moscou aboutirent finalement sur l'accord de cessez-le-feu de 1994, en fait un statu quo ne remettant pas réellement en cause ni n'avalisant la victoire militaire des nationalistes arméniens du Haut-Karabakh.

Comme pour le Caucase-nord, le *choc civilisationnel* islamo-orthodoxe est ici doublé d'une *lutte géoéconomique* opposant Moscou aux capitales musulmanes et occidentales pour le contrôle des oléoducs de Transcaucasie. L'enjeu est le même qu'en Tchétchénie, mais les rôles sont en quelque sorte inversés : il s'agit cette fois-là pour Moscou de discréditer au maximum le futur oléoduc Sud Bakou-Ceyhan, défendu par Ankara, Washington et Bakou, prolongation du pipeline existant Bakou-Soupsa (rouvert en mai 1999, voir carte 11, annexe I, « Les enjeux pétroliers »), qui traverse une région proche du Karabakh et qui contribuait déjà à marginaliser la Russie. De fait, l'Arménie et le Haut-Karabakh pourraient être le chemin le plus direct et le moins coûteux vers Ceyhan si la situation politique était stabilisée. En fait, Moscou a régulièrement semé le trouble en Azerbaïdjan et apporté de manière récurrente un soutien aux nationalistes arméniens dans le but de contraindre Bakou, en échange d'une neutralité, à ne pas rompre les ponts avec la Russie. Aussi la crise du Karabakh a-t-elle permis de rétablir l'influence de Moscou en Azerbaïdjan. Toutefois, la signature du « contrat du siècle » en 1994 et la décision, réitérée en novembre 1999, d'opter pour le « tracé Sud » contournant la Russie, ont incité Moscou à exacerber à nouveau les tensions politiques locales, tant en exaspérant les luttes de pouvoir entre Azéris qu'en soufflant sur les braises du conflit arméno-azéri. D'un côté, l'Arménie aurait pu bénéficier du passage de l'oléoduc Bakou-Ceyhan sur son sol, le nord de l'Arménie étant l'un des tracés les plus courts, mais cela aurait impliqué un rapprochement arméno-américain et un refroidissement des relations arméno-russes, avec le risque de devoir renoncer au Karabakh. De l'aut Erevan ne peut abandonner totalement le Haut-Karabakh, au ris d'une grave crise politique interne, d'autant que l'aide militair Moscou, fondamentale (en décembre 1998, la Russie liv l'Arménie cinq avions de chasse Mig-29 et des missiles S-300), est la seule sur laquelle puisse compter l'Arménie en cas de confrontation frontale avec l'Azerbaïdjan, étroitement liée à la Turquie et à l'OTAN.

On le voit, les conflits identitaires du Caucase ont à la fois une dimension « civilisationnelle » ethno-religieuse, économico pétrolière et même militaro-stratégique. Aussi l'Arménie a-t-elle formé ces dernières années, afin de contrer la menace d'une présence turco-américaine de l'OTAN en Transcaucasie, des alliances favorables à la Russie. Il s'agit notamment du projet, annoncé en juin 1999 par le ministre grec de la Défense, Akis Tsokhagzopoulos, de coopération militaire entre l'Arménie, la Grèce et l'Iran, les trois pays ayant développé depuis 1993 d'étroits liens économiques. L'accord, plus ou moins officiel, aurait été conclu lors de la visite des ministres de la Défense russe et arménien d'alors (Igor Sergueïev et Vazgen Sarkissian) à Pékin [24]. Désormais, les armements procurés par la Russie à l'Arménie permettent d'atteindre sans difficulté la ville azerbaïdjanaise d'Evlakh, traversée par l'oléoduc Bakou-Soupsa. Ainsi, l'Arménie conserve, tout comme la Russie, une « capacité de nuisance » avec laquelle Washington, Ankara et Bakou devront continuer à compter dans l'avenir, même si les deux puissances orthodoxes alliées sont en partie écartées des transits d'oléoducs emportant le pétrole de la Caspienne.

Mais Erevan et Moscou ont également une autre épine dans le pied : la Géorgie. Voisine de la Russie et de l'Arménie, et orthodoxe comme elles, la petite Géorgie joue un jeu de plus en plus pro-turc et pro-occidental et semble vouloir échapper définitivement à l'influence de Moscou. Pour maintenir son influence et obliger Tbilissi à composer avec elle en déstabilisant le pays, Moscou soutient depuis des années les indépendantistes d'Abkhazie, province à majorité musulmane de Géorgie, alors que les rebelles abkhazes sont notoirement soutenus par les pires ennemis tchétchènes-wahhabites de Moscou. Dans le même temps, le Kremlin affirme que la Géorgie laisse sciemment passer sur son territoire armes et mercenaires à destination de la Tchétchénie et même abrite des « bases de rebelles », ce qui justifia d'ailleurs le bombardement de portions de territoire géorgien par l'aviation russe pendant les raids en Tchétchénie. D'après Moscou, c'est à Tbilissi qu'Oussama Ben Laden aurait rencontré l'un des leaders tchéchènes, Movladi Oudougov. C'est dans ce climat tendu entre les deux capitales « orthodoxes » — doublé d'un chantage aux livraisons d'électricité — que le chef de l'État géorgien Edouard Chevarnadze accuse la Russie de se comporter en voisin hostile et en appelle, avec prudence toutefois, à la « protection occidentale ». « Il est temps d'expliquer à la Russie que les États-Unis soutiennent la Géorgie », clame de son côté le sénateur républicain Sam Brownback [25], Washington venant de fournir aux gardes-frontières géorgiens deux appareils de reconnaissance aérienne en plus des 120 millions de dollars d'aide promis pour l'année 2000. C'est également dans ce contexte de « nouvelle guerre froide » et de « guerre des oléoducs » entre, d'une part, la Russie et, d'autre part, l'Occident et ses protégés locaux géorgien, turc et azéri, que le président azéri Gueïdar Aliev a plaidé, à Tbilissi, en février 2000, pour un « Pacte de sécurité du Caucase » dont l'Occident et l'OTAN seraient les garants. « Si l'Arménie occupe une partie de notre territoire et abrite des bases russes, pourquoi l'Azerbaïdjan ne peut-il pas installer sur son territoire des bases militaires américaines, turques ou de l'OTAN ? », questionne le conseiller azéri Vafa Guluzadé. Le 17 janvier 1999, déjà, le président Aliev avait rencontré à Ankara son homologue turc Demirel afin d'entamer des pourparlers sur l'installation d'une base militaire de l'OTAN en Azerbaïdjan et de faire avancer le dossier du « tracé Sud ». Toujours est-il que les puissances musulmanes ennemies de la Russie et de l'Arménie (Azerbaïdjan et Turquie) disposeront dans l'avenir de deux atouts majeurs : une démographie nettement plus dynamique que les Orthodoxes et l'aide extérieure stratéco-financière considérable des États islamiques producteurs de pétrole et du binôme États-Unis-OTAN. Comme on peut le constater en Azerbaïdjan, le panturquisme et le panislamisme demeurent, avec l'alliance américaine, les deux piliers essentiels de la stratégie expansionniste de la Turquie depuis la chute de l'URSS.

La Russie et l'Europe face au réveil de la Turquie

En Russie, une représentation très ancrée dans les esprits des Musulmans considère que la « réislamisation » des républiques musulmanes et même, à terme, de la Russie tout entière, jadis dominée par les Tatars, d'ethnie et de culture turco-islamique, est non seulement un bienfait mais également une façon de « réparer l'offense faites aux Musulmans tatars de Russie », à qui Ivan le Terrible avait déclaré, lors de la prise de Khazar en 1542, qui sonna le glas de l'Empire islamo-tatar, que l'« Islam ne reviendrait jamais en Russie ». La principale formation politique islamiste de Russie est le PRI, Parti de la renaissance islamique, soutenu, depuis sa création à Astrakhan en juin 1990, par Riyad. Contrairement à la stratégie insurrectionnelle adoptée dans le Caucase, celle qui est choisie en « zone slave » ou tatare est plus douce, l'Islam n'y disposant pas encore d'une base arrière sûre et de moyens coercitifs face au pouvoir central russe plus présent. Le chef intellectuel du PRI, Djemal Gaïdar, d'origine azérie, axe l'essentiel de sa stratégie sur le prosélytisme et table sur l'anti-américanisme de nombreux Russes, déclarant que « les Russes doivent se convertir à l'Islam pour résister à l'Occident ». Son discours, violemment anti-occidental et antisémite, s'inscrit dans la tradition dite « eurasienne », l'un des seuls points d'entente entre nationalistes musulmans et orthodoxes slavophiles ou nostalgiques de l'URSS.

Dans un premier temps, Gaïdar prône une union entre Orthodoxes et Musulmans contre l'influence « néfaste » de l'« Ouest » et des « Juifs », puis, dans un second temps, une conversion générale de la Russie à l'Islam, « seule chance pour elle de remplir sa mission civilisatrice et de lui rendre sa grandeur et son indépendance ». Depuis quelques années, les thèses du PRI rencontrent un écho particulièrement attentif au sein des Tatars musulmans du bassin de la Volga, apparentés aux Turcs, ceux-là mêmes qui régnèrent avant les Slaves sur la quasi-totalité de l'actuel territoire russe et n'acceptèrent jamais la victoire des « infidèles » slaves. Après s'être jadis battus contre les Russes, les Tatars parvinrent, dans les années 90, à un compromis plus ou moins satisfaisant avec Moscou, qui leur concéda une souveraineté partielle. Mais, aujourd'hui, l'effervescence islamiste gagne du terrain au sein des élites et des masses tatares, d'autant plus qu'une fraction d'entre eux, les Tatars dits « de Crimée », en vertu d'un récent accord russo-ukrainien, reviennent en masse en Crimée, d'où ils avaient été chassés puis déportés vers l'Asie centrale par Staline.

Abritant une forte minorité musulmane souvent apparentée aux Turcs, la Russie, s'inquiète de l'« influence croissante de la Turquie là où son contrôle fut, il y a peu, absolu. Elle craint même la remontée de cette influence jusqu'aux grands centres musulmans de l'intérieur », explique Hélène Carrère d'Encausse. Or, cette inquiétude n'est pas entièrement infondée, car la Turquie, « plutôt que de réduire l'ombre de l'Islam qui s'étend sur la Russie (...), risque de se combiner avec les progrès de celui-ci [26] ». On constate en effet une interpénétration des phénomènes apparemment fort différents que sont l'irrédentisme musulman et le nationalisme panturc. L'origine du panturcisme (ou pantouranisme) remonte au XIXe siècle, lorsque des orientalistes occidentaux et russes mirent en évidence les parentés linguistiques et culturelles liant les peuples de l'Empire ottoman vivant en Anatolie à un ensemble d'autres peuplades entrées dans le giron russe aux XVIIIe et XIXe siècles : Tatars de Crimée, Azéris et Tchétchènes du Caucase, Kazakhs, Ouzbeks du Turkestan, etc. Ces théories furent reprises par des intellectuels tatars puis par d'autres penseurs turcophones soucieux de défendre leur identité face au joug russe. L'Azéri Ali Hüseyinzade définissait l'idéologie panturciste en trois mots : *turcisation* (administration et éducation en langue turque), *islamisation* (au sein de l'Empire russo-orthodoxe) et *modernisation* (imitation du modèle politique et surtout scientifique et technologique occidental).

L'écroulement de l'ex-Union soviétique a finalement donné une occasion historique à la Turquie de réactiver l'idéologie du panturquisme, formidable instrument de légitimation de son redéploiement vers l'Ouest (Balkans), le Caucase, et l'Asie centrale, Tachkent en tête. Entre 1990 et 1995, Ankara a donc scellé toute une série d'accords visant à réunir sous son égide les républiques turcophones sœurs de l'ex-Union soviétique : Azerbaïdjan, Ouzbékistan,

Turkménistan, Kazakhstan et Kirghizistan. C'est ainsi qu'Ankara a créé, en 1992, la TICA (Agence turque de coopération internationale) rattachée au ministère turc des Affaires étrangères. Depuis sa création, elle a à son actif la signature d'une centaine de protocoles bilatéraux et multilatéraux culturels, politiques et économiques. D'après l'ambassadeur Umut Arik, directeur de la TICA, près de trois mille sociétés en participation ont été montées entre 1992 et 1999 par des entrepreneurs turcs dans les républiques sœurs. On évalue à 10 milliards de dollars les investissements turcs en Azerbaïdjan, au Kazakhstan, au Kirghizistan et en Ouzbékistan. Par ailleurs, la Turquie aurait prêté aux pays frères plus de 1,5 milliard de dollars à des taux d'intérêts à long terme faibles, puis accordé 79 millions de dollars d'aides directes, afin de créer des télévisions satellites en remplacement des chaînes russophones ; développer les communications téléphoniques et les lignes aériennes ; accorder des bourses d'études en Turquie ; et enfin former les banquiers, cadres, diplomates et officiers d'Asie centrale et d'Azerbaïdjan. Trois mille entreprises turques ayant plus de dix employés se sont déjà installées en Asie centrale depuis 1989. Sur le plan culturel et symbolique, l'action du président Turgut Ozal, mort en avril 1993, fervent adepte du panturquisme, joua un rôle considérable dans le rapprochement des nations turcophones. Personnellement proche de la confrérie soufie fondamentaliste *Naqchbandiyya*, implantée dans toute l'Asie centrale et le Caucase, Ozal avait financé la construction du musée de Boukhara commémorant le 675e anniversaire de cette confrérie. Plus significative encore fut la création en juin 1993, à l'initiative d'Ankara, du *Turskoÿ*, Administration commune des cultures et arts turcs, équivalent du Haut Conseil de la francophonie institué en France en 1984. Le développement des relations culturelles et l'adoption d'un alphabet latin commun furent les objectifs premiers de la coopération. Mais l'événement le plus caractéristique du « redéploiement » de la Turquie en Eurasie fut le sommet d'Istanbul d'octobre 1994, annonçant la naissance du groupe « T6 » (T pour Turc, et 6 pour les 6 États turcophones : Turquie, Azerbaïdjan, Kazakhstan, Kirghizistan, Ouzbékistan et Turkménistan), projetant de créer un ensemble turcophone solidaire sur les plans culturel, politique et économique (tracés d'oléoducs). Aussi, quatre des six républiques étant directement intéressées par les ressources pétrolières de la Caspienne (Azerbaïdjan, Turkménistan, Turquie, Kazakhstan), le T6 a vocation à être un moyen de contrer l'hégémonie russe dans la région. Les dirigeants du Kazakhstan, de l'Azerbaïdjan, de Bachkirie et de la république des Tatars, conscients que l'essentiel des réserves pétrolières de la CEI se trouvent dans leurs républiques, n'entendent pas laisser aux « infidèles » russes la maîtrise du « pétrole des Musulmans ».

Sur le plan militaire, les experts constatent que la Partenariat pour la paix « s'est avéré le parfait véhicule permettant à la Turquie d'entraîner les officiers parlant turc de toute la région Caspienne [27] ».

Rappelons qu'aux côtés de la Turquie, l'Azerbaïdjan a participé, après la visite de l'ex-secrétaire général de l'OTAN Javier Solana, à des manœuvres de l'OTAN en Norvège (avril 1997), des missions d'entraînement du Partenariat pour la paix en Macédoine (Best Effort Cooperation 1998), et qu'elle autorise d'ores et déjà les avions turcs à surveiller ses pipelines depuis la base d'Incirlik. « C'est la Turquie qui a pris en charge la transformation de l'armée azerbaïdjanaise. 4 000 officiers moyens et supérieurs caucasiens (dont une majorité d'azerbaïdjanais) ont reçu une formation dans les académies militaires turques. Pour y apprendre, par exemple, comment massacrer le peuple kurde [28] ? », questionne sans détour Glen Howard.

En fait, outre la Turquie, l'OTAN comprend quatre autres protégés de Washington dans l'aire caucasienne et centre-européenne : Géorgie, Ukraine (qui sert à empêcher la Russie de demeurer un empire), Azerbaïdjan et Moldavie. Baptisée GUAM, des premières lettres de chaque État, l'alliance entre ces pays et l'OTAN a déjà un bataillon commun appelé *Eurasia*, lequel pourra être bientôt chargé de missions de paix dans la région. Née en 1998, à l'initiative des présidents azéri Aliev, géorgien Chevarnadze, ukrainien Koutchma, et moldavien Loutchinski, cette alliance se voulait à l'origine une organisation de coopération géoéconomique, mais elle est surtout devenue un moyen de s'opposer à Moscou, les quatre pays étant confrontés à des mouvements sécessionnistes (Transnistrie, Crimée, Abkhazie, Ossétie du Sud, Karabakh) dans lesquels la Russie est directement impliquée. En avril 1999, pendant les célébrations du cinquantenaire de l'OTAN à Washington, le GUAM a intégré en son sein l'Ouzbékistan, autre protégé de Washington en Asie centrale, et est devenu le GUUAM (pour Uzbekistan). Aussi les pays du GUUAM sont-ils en train de mettre sur pied un bataillon commun de maintien de la paix sous l'égide de l'OTAN. Enfin, Ankara a établi un pacte de défense commune avec l'Azerbaïdjan et a même envoyé des troupes lors de l'intervention de l'OTAN au Kosovo.

PANTURQUISME ET NÉO-OTTOMANISME : LA « SYNTHÈSE ISLAMO-NATIONALISTE »

L'objectif des panturcistes est de recréer un gigantesque ensemble transnational, sinon un État turc, regroupant toutes les minorités turcophones, s'étendant d'est en ouest, de la Chine aux Balkans, et du sud au nord, de l'Iran septentrional à la Russie centrale. Formant l'idéologie de base du régime turc depuis la proclamation de la république en 1922, le panturcisme est normalement musulman laïc (en apparence du moins, car les deux notions sont profondément antinomiques), mais s'accommode volontiers de l'islamisme hors des frontières de la Turquie comme vecteur du réveil de la conscience turque. La politique extérieure turque est tout inspirée par l'idéal panturciste.

Consciente de sa puissance démographique, sa candidature à l'Union européenne est exclusivement motivée par la reconquête de l'espace balkanique perdu au début du siècle. Pour cela, elle allie efficacement stratégie économique et solidarité religieuse.

Identité islamique et panturquisme sont inextricablement liés dans le Caucase, l'Asie centrale et les Balkans. Ainsi, l'une des grandes marques de naïveté de nombreux analystes occidentaux consiste à opposer irréductiblement le nationalisme turc kémaliste, laïque, « occidentalisé », à l'identité islamique, restée très prégnante dans les anciennes possessions ottomanes d'Eurasie et des Balkans. En réalité, non seulement le kémalisme ultra-laïque inauguré au début du siècle par Ataturk est dépassé, surtout depuis l'accession au pouvoir de l'ex-Premier ministre Turgut Ozal dans les années 80, grand artisan de la réislamisation de la société turque, mais la Turquie est toujours restée profondément islamique, notamment dans les campagnes et en Anatolie, c'est-à-dire partout en dehors des cercles intellectuels sécularisés élitaires de Thrace et des milieux militaires. Aussi Ankara utilise-t-elle de façon récurrente le levier identitaire musulman en Asie centrale, dans le Caucase, à Chypre et dans les Balkans, afin de conserver une influence culturelle et affective au sein de ses anciennes possessions, cependant qu'elle maintient officiellement une forme de plus en plus souple de laïcité en Turquie. Les peuples conquis ayant embrassé l'islam au contact des Turcs, l'islamité est synonyme d'ottomanisme et de panturquisme pour les populations anciennement ottomanes. Aussi sont-elles souvent nostalgiques de l'Empire turco-ottoman et associent-elles généralement sa chute à la perte de leur pouvoir économique et politique, c'est-à-dire leur rabaissement à un statut dévalorisant de minorité dominée par des « infidèles », indifféremment orthodoxes ou communistes. « Même aujourd'hui, dans la république laïque de Turquie, écrit Bernard Lewis, le mot turc est, selon une convention communément admise, appliqué aux seuls musulmans. L'identification entre turc et musulman demeure totale. Si le résident non musulman n'est pas tenu pour turc, l'immigrant non turc mais musulman, qu'il vienne des anciennes provinces de l'Empire ottoman ou d'ailleurs, acquiert, lui, très rapidement une identité turque [29]. » L'interaction entre panturquisme et solidarité islamique apparut de manière flagrante lors des affrontements qui opposèrent Grecs chypriotes et Turcs, suite au débarquement des troupes turques sur l'île en 1974. On remarquera que le discours officiel de mobilisation élaboré par Ankara pour légitimer l'invasion du nord de l'île était fondé sur l'exaltation de l'identité et de la solidarité islamique, comme cela s'était d'ailleurs déjà produit lors du génocide arménien, pour lequel le pouvoir « laïque » des « Jeunes Turcs » avait fait décréter des *jihad* anti-arméniens par des imams turcs et kurdes.

Nous avons déjà fait allusion aux prétentions géopolitiques d'Ankara en Asie centrale, notamment à travers sa « politique culturelle » panturque [30] (turcophonie). État réputé « laïque », la Turquie s'est pourtant signalée comme l'un des principaux pôles de la réislamisation dans le monde, notamment en Eurasie. Nombre d'observateurs ont mis en évidence le rôle joué par la Direction générale des affaires religieuses de Turquie *(Diyanet)* au sein des diasporas turques d'Europe de l'Ouest. Moins connue est la politique religieuse d'Ankara et de la *Diyanet* en Asie centrale. L'« État turc au premier chef, via sa Direction générale pour les affaires religieuses, *Diyanet*, a cherché à implanter en Asie centrale une série de structures religieuses ayant vocation à associer l'Islam post-soviétique à l'espace turc », explique Fabrizio Velmini. À cet égard, la Réunion d'information sur les services religieux dans les communautés et sociétés turco-musulmanes des Balkans, du Caucase et de l'Asie centrale *(Türk Cumhuriyetleri, Balkan-Kafkas Ülkeleri, Türk ve Müsülman Topluluklari Din Hizmetleri Istishare Toplantisi)*, qui se déroula du 23 au 27 octobre 1995 à Ankara à l'initiative de la *Diyanet*, permit de mettre en lumière le rôle-clé que revêt l'islam dans la politique extérieure de la Turquie. Les grandes lignes de la politique religieuse d'Ankara adoptée lors de cette conférence sont les suivantes : affectation de « conseillers aux affaires religieuses » dans les ambassades ouvertes par la république de Turquie en Asie centrale ; construction et restauration de mosquées ; envoi d'imams « en renfort » pendant les périodes de ramadan ; enseignements religieux dispensés en Turquie au bénéfice de 1 500 étudiants entre 1991 et 1995. À ce « sommet religieux du monde turc », tel que l'a baptisé la presse (*Zaman*, 10 octobre 1995), était présents la plupart des représentants des partis politiques turcs (ANAP, MHP, DSP, BBP, DP, etc.), y compris la formation islamiste *Refah Partisi* (RP), représentée par Lütfi Dogan, ancien président de la *Diyanet* et député RP de Gümüshane, ce qui montre que les frontières entre l'islamisme radical du *Refah* (rebaptisé depuis *Fasilet*) et l'islam officiel « laïque » d'État ne sont pas aussi étanches que ne le disent les *leaders* turcs, lorsqu'ils tentent de convaincre les Occidentaux du bien-fondé de la candidature d'Ankara à l'entrée dans l'UE. Mais des événements comme le « sommet religieux du monde turc », organisé par des institutions gouvernementales « laïques », ont l'avantage de permettre aux observateurs occidentaux d'être mieux informés sur les véritables objectifs stratégiques d'Ankara. « Le devoir de la Turquie est d'être le porte-étendard de l'Islam », déclare Ismet Sezgin [31]. « La Turquie est la lumière de l'Islam ; (...) en prenant sa place dans le monde moderne, elle est obligée d'accomplir son devoir historique », poursuit Necmettin Cevheri, cité dans le quotidien *Yeni Yüzy* du 24 octobre 1995. Mais la déclaration la plus révélatrice du renouveau islamique et panturquiste qui gagne la société turque fut celle que prononça lors du sommet religieux, Mesut Yilmaz, alors Premier ministre : « Nous devons à notre race de tendre la main à nos frères de sang et de religion dont nous avons été séparés pendant de longues années, de les aider à se relever, de participer à la résurrection de l'islam en Asie, dans les Balkans et dans le Caucase. Ce que nous ferons dans cette voie ne doit jamais être considéré comme une aide : il s'agit d'une dette, de la patrie à la patrie [32]. »

Dans son ouvrage, *Les Réseaux d'Allah*, Antoine Sfeir confirme l'existence d'une tradition islamiste radicale turque, méconnue certes, et souvent à l'écart des autres mouvances fondamentalistes. D'après l'orientaliste, les filières islamistes turques servent la plupart du temps les intérêts de la politique extérieure d'Ankara dans le cadre d'une stratégie panturque et « néo-ottomane ». Parallèlement à l'action islamique du ministère turc des Affaires religieuses, Ankara s'appuie, officieusement, sur le mouvement islamiste *Fasilet Partisi* de Necmettin Erbakan, étroitement lié aux confréries soufies fondamentalistes *(Naqchbandiyya)* d'Eurasie ainsi qu'aux Frères musulmans. « Depuis la chute du mur de Berlin et surtout l'émergence, au début des années 90, des républiques islamiques de l'ex-Union soviétique, explique Antoine Sfeir, les fidèles d'Erbakan sont présents à Tachkent où ils financent la construction de nouvelles mosquées, à Alma-Ata, à Samarcande et dans toutes les républiques turcophones de l'Asie centrale et du Caucase [33]. » Les islamistes turcs sont également actifs en Bosnie-Herzégovine, à travers toute une série d'organisations comme l'Association turque de solidarité avec la Bosnie-Herzégovine ou l'Association de solidarité turco-bosniaque. « En dépit d'une rivalité manifeste avec les “ Arabes ”, notamment avec le courant wahhabite qui n'a pas été avare en financements, depuis 1992, à Sarajevo, les troupes du *Refah Partisi* (actuel *Fasilet Partisi*) ont été quasiment les seules à occuper le terrain face aux “ agressions serbo-croates ” », poursuit Sfeir.

Autre indicateur de la convergence croissante entre panturquisme et islamisme, on constate, depuis le début des années 90, une réislamisation générale de la société turque, largement imputable au *Fasilet*, dont les activités politiques, prosélytes et caritatives sont en grande partie financées grâce aux fonds récoltés auprès de l'immigration turque d'Allemagne et d'Europe occidentale. Celle-là est en effet largement encadrée par le *Milli Gorus*, structure extérieure du *Fasilet* implantée au sein de la diaspora. C'est ainsi que les barbes, jusqu'alors interdites, sont réapparues en Turquie, tout comme les voiles islamiques et les *keffiehs*. Sont diffusés, également, depuis une dizaine d'années, d'innombrables livres, disques, vidéocassettes, séries télévisées, films vantant les gloires de l'Empire ottoman et chantant les louanges du prophète Mahomet. En 1993, on comptait déjà 296 maisons d'édition et sociétés de presse, 300 publications dont quatre quotidiens, plusieurs centaines de radios libres musulmanes et de presses confessionnelles, ainsi qu'une trentaine de chaînes de télévision libres propageant l'idéologie islamiste [34]. Ainsi, la plupart des chefs d'État et de gouvernement qui se sont succédé depuis 1985 en Turquie ont-ils dû asseoir leur légitimité sur le nationalisme panturc et la « réislamisation » en profondeur du pays : octroi, à la Direction générale des affaires religieuses *(Diyanet)*, d'un budget supérieur à celui d'autres ministères, constructions de mosquées, instruction religieuse obligatoire dans les écoles publiques, aides publiques aux écoles islamiques (dont le nombre a été multiplié par cinq depuis 1985 et assurant la formation de 15 % des élèves de l'enseignement secondaire) ; tolérance du port du voile en dehors des établissements publics soixante-dix ans après son interdiction totale par Ataturk, etc. De plus, le fait que l'armée turque soit obligée de procéder régulièrement (1987, 1992, 1995, 1997) à des purges au sein des écoles militaires pour y chasser les élèves-officiers islamistes, ainsi qu'à des coups d'État visant à destituer des gouvernements fondamentalistes sont bien les preuves d'une réislamisation rampante mais profonde de la société turque. On ne peut pas prendre non plus à la légère les formidables succès électoraux enregistrés par le Parti de la prospérité *(Fasilet Partisi)* lors des élections municipales de mars 1994, qui permirent l'élection de candidats islamistes dans 17 grandes mairies de Turquie (Istanbul, Ankara, Smyrne, etc.), ainsi qu'aux législatives anticipées du 24 décembre 1995 (25 % des voix pour le *Refah*, devant l'ANAP de Mesut Yilmaz, 19,67 % et le DYP de Tansu Ciller, 19,21 %), qui portèrent Necmettin Erbakan à la tête du gouvernement de coalition. Le modèle de la Turquie « laïque et kémaliste », souvent vanté au sein des milieux bruxellois et de l'OTAN favorables à l'entrée de la Turquie dans l'Union européenne, est donc à relativiser, même si l'armée prétend toujours être la garante de la « laïcité », ainsi qu'elle l'a démontré en organisant, le 19 juin 1997, un coup d'État à peine masqué contre les islamistes, dont elle voudrait ainsi occulter la popularité grandissante. À côté de ce que les Américains appellent *l'islamisme modéré*, il existe également en Turquie un islamisme activiste et terroriste. Il s'agit surtout de groupuscules armés tels l'IBDA-C (Front des combattants du Grand Orient islamique), lesquels se sont singularisés par la revendication de plusieurs attentats meurtriers contre la minorité alévie, notamment celui de 1993 (massacre de Sivas en Anatolie centrale) au cours duquel 37 intellectuels et artistes alévis trouvèrent la mort dans un incendie allumé par une foule d'islamistes.

Enfin, les résultats électoraux du 18 avril 1999 qui donnèrent victorieux le Parti de la gauche démocratique de l'ancien journaliste Bülent Ecevit ont été célébrés au sein des milieux atlantistes comme une défaite des islamistes. Pourtant, à y voir de plus près, la situation politique est loin d'être rassurante à Ankara, le gouvernement de coalition formé par Ecevit, à défaut d'être d'obédience fondamentaliste, s'apparente à un véritable « cabinet de guerre », au sein duquel ultra-nationalistes panturcs de gauche et de droite acceptent de cohabiter au nom de l'« intérêt national ». Derrière l'image apparemment « pro-occidentale » d'Ecevit, dont on oublie qu'il fut l'ordonnateur de l'Opération Attila, qui provoqua l'invasion de la partie nord de l'île de Chypre en 1974, ce sont également les « Loups gris » ultra-nationalistes, connus pour leurs actions terroristes, qui ont accédé au pouvoir le 18 avril 1999, sous les couleurs du Parti de l'action nationaliste (MHP). Formation d'extrême droite créée en 1965 par le colonel Alpaslan Turkes, le MHP fut en fin de compte le second grand vainqueur du scrutin, avec 18 % des voix. Désireux de sortir de leur ghetto activiste, les Loups gris sont parvenus, depuis les années 70, à infiltrer les partis de la droite traditionnelle ainsi que le *Fasilet Partisi* d'Erbakan, avec qui le MHP entretient d'excellents contacts au niveau local. Les Loups gris fournirent dans le même temps les plus gros bataillons de volontaires pour constituer les escadrons de la mort *(özel tim)* qui orchestrèrent de terribles campagnes d'extermination et de répression au Kurdistan. « Patriotes » et « idéalistes » *(ülkücü)*, ainsi qu'ils se nomment eux-mêmes, les Loups gris sont résolument panturquistes et partisans d'un espace turcophone « des Balkans au Baïkal ». Ils se sont déjà singularisés, en 1995, dans le Caucase, en prenant part à une tentative de renversement du président azéri Gueïdar Aliev. Assassins de nombreux intellectuels kurdes et turcs modérés, notamment l'ancien rédacteur en chef du quotidien *Millyet*, Abdi Ipekci, ils furent même impliqués dans l'attentat contre le pape en mai 1981 (Mehmet Ali Agça était un Loup gris de tendance islamiste). Plus forte que jamais, l'extrême droite turque tire sa puissance des ramifications qu'elle a su tisser depuis toujours dans l'armée et les rouages de l'État, ainsi que des puissants réseaux, notamment les « foyers idéalistes » *(ülkü ocagi)* que l'on estime à au moins 1 200 dans tous le pays, dont 63 dans la seule ville d'Istanbul. Ainsi chaque quartier des villes est-il encadré par des militants d'extrême droite qui lancent régulièrement des campagnes de mobilisation électorale auprès des jeunes, ce qui explique pourquoi une forte proportion des 3 millions de nouveaux électeurs inscrits a voté pour le MHP lors des dernières consultations. Depuis le début des années 90, les principaux thèmes de mobilisation « patriotique » de cette mouvance ont été le dénigrement de l'Europe, « club chrétien », l'apologie du panturcisme, la dénonciation des « sécessionnistes » ou « traîtres » des minorités kurdes ou alévies (secte musulmane hétérodoxe d'origine chiite forte de 15 millions d'âmes, apparentée aux Alaouites de Syrie) et la réislamisation de la société. C'est ainsi que le MHP fut à l'origine de la violente crise d'hystérie collective anti-européenne et de la chasse aux Kurdes qui secouèrent le pays à l'automne 1998 peu après que l'Italie eut déclaré qu'elle ne livrerait pas à Ankara (chose qu'elle fit pourtant) le *leader* kurde Abdullah Öcalan, chef du PKK. Enfin, les Loups gris ont une dimension mafieuse incontestable (la très réputée *maffya* turque, elle-même liée à la mafia albanaise, voir *infra*), l'un de leurs membres célèbres étant le mafieux Alattin Cakici, détenu en France depuis 1998 et lié aux trafiquants albanais. Pourtant, loin d'être des parias, les Loups gris ont su se rapprocher du pouvoir et surtout des services secrets turcs, ce qui explique qu'ils soient très souvent détenteurs de vrais faux passeports diplomatiques délivrés par les *services* en échange de missions spécifiques.

Il est par ailleurs illusoire de croire que le nationalisme est un rempart contre l'islamisme en Turquie. La nouvelle ligne doctrinale de l'extrême droite turque, jadis assez « laïque », ayant évolué vers ce que l'on nomme aujourd'hui la « synthèse islamo-nationaliste » et « néo-ottomane », la religion musulmane est, pour les Loups gris comme pour le MHP, l'un des éléments constitutifs de la nation turque. Ainsi, des collusions entre nationalistes et islamistes radicaux sont visibles : Melih Gökcek, maire islamiste d'Ankara, membre du *Fasilet*, est un ancien « ülkücü ». Il n'hésite pas à déléguer aux militants du MHP la responsabilité d'assurer des services d'ordre dans les quartiers d'Ankara tenus par les islamistes. Le journal *Hurriyet* du 21 avril 1999 rapportait-il comment les militants réunis devant le siège du MHP, dans la capitale, le soir des résultats du scrutin, s'étaient mis à crier « malheur aux mains qui touchent au foulard »...

Aujourd'hui, Bülent Ecevit multiplie les déclarations de bonnes intentions pro-européennes et occidentales et promet de « faire des efforts » pour que son pays remplisse « au plus vite » les critères démocratiques, économiques, juridiques et sociaux exigés pour entrer dans l'Union européenne. Aussi le Premier ministre turc s'est-il publiquement prononcé, lors du sommet d'Helsinki de décembre 1999, pour l'« abolition de la peine de mort, qui n'est pas conciliable avec l'appartenance à l'Union européenne ». Mais que valent de telles déclarations lorsqu'elles sont professées par l'auteur même de l'invasion de Chypre en 1974, l'un des représentants du nationalisme turc le plus conquérant, allié, qui plus est, de l'extrême droite turque partisane d'une solution finale au Kurdistan ? L'Europe n'aurait-elle pas quelques raisons de se méfier du double langage d'Ankara, langage qui ne fait en définitive que refléter la double orientation géostratégique de la Turquie : l'Occident et l'Asie centrale. Pourtant, une autre déclaration, moins médiatisée celle-là, aurait dû éclairer les Européens sur les calculs géopolitiques et les arrière-pensées néo-impérialistes qui sous-tendent l'*européisme* zélé d'Ankara : « Inévitablement, les frontières de l'Europe vont s'étendre plus à l'Est, vers le Caucase, l'Asie centrale et le reste de l'Asie », a estimé Ecevit, lors du sommet d'Helsinki consacrant la candidature turque à l'entrée dans l'Union européenne. Aussi n'est-il pas exagéré d'affirmer qu'Ankara escompte mettre à profit son entrée dans l'Union pour opérer, à terme, un « retour » en Europe centrale et balkanique, l'Union européenne demeurant pour l'heure un assemblage d'États se servant tous plus ou moins de Bruxelles et Strasbourg — et cela est logique — comme d'un tremplin à leurs ambitions nationales. Pour Ankara, la guerre de l'OTAN au Kosovo, à laquelle elle a participé, puis la mise sous « protectorat international » des Balkans, suite à l'anéantissement de la Yougoslavie, ont créé les conditions favorables à l'expansion du panturquisme en Europe méridionale, dessein encouragé depuis la chute de l'Union soviétique par Washington pour des raisons stratégiques que nous analyserons plus loin.

Le panturcisme, dans sa forme moderne actuelle, et dans le contexte de l'après-guerre froide, revendique la création d'un État unique dont Ankara serait le centre : « la Turquie s'étend de la mer Adriatique à la muraille de Chine [35] », a déclaré le président Demirel. En fait, « les ambitions turques se fondent sur les sentiments pro-turcs extrêmement développés des musulmans non turcs, encore plus marqués chez les Albanais que chez les Serbes turcisés, explique M. Jevtic. La Turquie a donc été un des pays les plus obstinés à reconnaître l'indépendance de la Macédoine et de la Bosnie-Herzégovine, car elle y voyait l'occasion d'atteindre ses objectifs [36] ». C'est pourquoi Ankara a été le premier pourvoyeur d'armes et de soutien logistique de l'UCK et a conclu, entre 1995 et 1999, une série d'accords militaires avec la Bosnie, l'Albanie et la Macédoine, également menacée d'implosion par l'irrédentisme islamo-albanais instrumentalisé par Tirana et Ankara [37]. L'« irrédentisme néo-ottoman » constitue également une source de déstabilisation et une menace pour la Grèce et Chypre, comme on a pu s'en rendre compte ces dernières années. Outre la relance de l'incessante dispute sur les îlots égéens et le Dodécanèse, l'expansionnisme islamo-turc est particulièrement visible en Thrace grecque, couloir d'invasion depuis toujours et région frontalière de la Turquie occidentale, où les services secrets (MIT) et l'armée d'Ankara soutiennent les revendications indépendantistes de la minorité musulmane... C'est donc jusque sur le territoire de l'Union européenne que point l'irrédentisme islamique néo-ottoman et le panturcisme.

L'ENTRÉE DE LA TURQUIE DANS L'UNION EUROPÉENNE : NON-SENS GÉOPOLITIQUE ET EXIGENCE AMÉRICAINE

Conséquence directe de la guerre du Kosovo et du renforcement de l'hégémonie américaine et de l'OTAN en Europe, les Quinze ont officiellement reconnu, à l'occasion du sommet européen d'Helsinki des 10-13 décembre 1999, la candidature de la Turquie à l'entrée dans l'Union européenne, Ankara ayant désormais le statut de (treizième) candidat officiel à l'adhésion, statut qu'elle revendiquait sans succès depuis 1963. Aussi la plupart des chefs d'État et dirigeants européens se félicitent-ils de cette nouvelle phase de la politique d'élargissement de l'Union. Pour Jacques Chirac, « la Turquie est européenne par son histoire, sa géographie et ses ambitions [38] ». Considérant cette première comme une victoire politique personnelle, le Premier ministre turc Bülent Ecevit a tenu, à l'issue du sommet, une conférence de presse des plus optimistes : « la voie est ouverte vers une adhésion pleine, même si je suis bien conscient qu'il y a du chemin à accomplir (...) je suis convaincu que mon pays adhérera à l'Union européenne dans une période de temps bien plus courte que prévu », grâce aux réformes en cours. Mais on peut se demander si les professions de foi « démocratiques » — et en faveur de l'abolition de la peine de mort — des dirigeants turcs, de Tansu Ciller à Bülent Ecevit, ne consistent pas surtout à désamorcer la récurrente réticence européenne. Ainsi le refus catégorique, de la part d'Ankara, de reconnaître le génocide arménien [39] — comme en a témoigné l'hystérie collective provoquée en Turquie suite au vote, par le Parlement français en juin 1998, d'un projet de loi visant à reconnaître le génocide arménien —, la multiplication des mesures ségrégationnistes à l'encontre des Chrétiens de Turquie et les persécutions récurrentes des populations kurdes ou alévies, confirment la nature *ambivalente* et *violente* de la Turquie nationaliste moderne. Chaque année, des Chrétiens, assyriens ou chaldéens, des Kurdes et des chiites alévis (représentant 25 % de la population) quittent la Turquie pour échapper à la dictature. Avec près de deux millions d'Alévis, et surtout forte de onze millions de Kurdes victimes d'une persécution d'une rare violence, sans parler des millions de Musulmans turcisés descendants d'esclaves et fonctionnaires européens, principalement grecs, la Turquie est une nation hétérogène qui n'a d'autre solution, pour perdurer, que d'imposer à ses minorités une identité islamique et pantouranienne en grande partie reconstruite et fictive. En acceptant la candidature turque, on peut se demander si les responsables européens et les hauts fonctionnaires de la Commission de Bruxelles sont conscients qu'ils ont probablement signé, par cet acte géopolitiquement incohérent, « l'arrêt de mort civilisationnel » et stratégique de l'Union européenne avant même sa pleine réalisation.

En dépit du fait que la Turquie fait partie de l'OTAN, de l'OSCE et du Conseil de l'Europe, les États européens n'ont aucunement intérêt à intégrer en leur sein un État qui comptera dans quelques décennies plus de 100 millions de Musulmans. Pour ce qui est de l'argument des échanges commerciaux, celui-là est peu convainquant dans la mesure où la Turquie bénéficie déjà du statut de pays associé à l'UE, qui permet des échanges sans entraves de part et d'autre. De nombreux États industrialisés (États-Unis, États membres de l'AELE, etc.) ou sous-développés (pays « ACP » signataires des accords de Lomé) commercent avec l'Union européenne en vertu d'accords de libre-échange, préférentiels ou d'union douanière, sans pour autant espérer être jamais reconnus comme candidats officiels. L'entrée de la Turquie dans l'Union, contrairement à ce qu'assène une certaine pensée atlantiste hégémonique, n'est aucunement une nécessité vitale pour l'Europe. Ce sont donc des raisons politiques et philosophiques, issues des conceptions mondialistes et atlantistes anglo-saxonnes, inscrites dans la charte de l'OTAN et contenues dans l'esprit de l'OMC et de l'AMI, organisations d'ailleurs de plus en plus discréditées depuis l'échec de Seattle fin 1999, qui justifient l'acceptation, par les Européens — sous les fortes pressions américaines — de la candidature d'Ankara.

Dans un article retentissant paru dans le journal *Le Monde* du 4 mars 1997, l'ancien conseiller de François Mitterrand, Jacques Attali, atlantiste patenté, justifiait la candidature turque, mettant sévèrement en garde les responsables français : « Si la France et l'Europe décident de s'affirmer comme un club chrétien, elles devraient se préparer à l'affrontement avec un milliard d'hommes [Musulmans], à une véritable guerre de civilisations. Avec, en prime, en France, une guerre civile. Car la France, en raison de ses choix géopolitiques antérieurs, est une nation musulmane : l'islam est la religion de plus de deux millions de citoyens français et du tiers des immigrés sur son sol. » Dans un rapport sur le devenir de l'Europe qui lui avait été commandé par le ministre des Affaires étrangères, remis fin juillet à Hubert Védrine, Jacques Attali appelait une nouvelle fois la France — dans la même *rhétorique coercitive* — à « promouvoir ce qu'elle ne peut plus éviter ». On remarquera que la formulation d'Attali est tournée de telle manière qu'aucune autre issue ne semble envisageable, sous peine de guerres et de « malheurs » inévitables, alors que la fin du XXe siècle nous a amplement démontré que les conflits civilisationnels les plus sanglants, et autres guerres civiles ethno-religieuses endémiques, surviennent le plus souvent à l'intérieur d'États souverains ou de fédérations où vivent des peuples de civilisations ou de religions différentes (Liban, Éthiopie, Soudan, ex-Yougoslavie, Inde-Cachemire, Indonésie, etc.). La démonstration de l'ancien conseiller de Mitterrand est en définitive une « représentation » forgée pour justifier *l'hétérogénéisation* civilisationnelle de l'Europe qu'implique l'entrée éventuelle de la Turquie dans l'Union et pour acculer les Européens conscients de cette « anomalie » à accepter, par résignation, ce qui est présenté comme un fait inéluctable.

En ce qui concerne les valeurs « occidentales » auxquelles s'identifie Bruxelles : laïcité, droits de l'homme, mondialisme, libéralisme économique et philosophique, séparation des pouvoirs militaires et politiques, démocratie, respect des minorités ethno-religieuses, etc., il est clair qu'Ankara ne les respecte pas. Les représentants de l'Union européenne présents au sommet d'Helsinki ont d'ailleurs énuméré les nombreux points sur lesquels Ankara « devrait concentrer ses efforts », contraintes déjà fixées lors du sommet de Copenhague en 1993 et qui semblent n'avoir été aucunement suivies d'effets : droits de l'homme, en particulier des populations kurdes du sud-est anatolien, abolition de la peine de mort, question de Chypre, rôle exorbitant de l'armée, etc. Dans sa préface au livre de Vittorio Sanguineti sur *L'Élargissement de l'Union européenne*, Danielle Mitterrand écrit : « notre politique turque est une politique à courte vue (...).

Cela a conduit nos dirigeants européens à admettre l'entrée, au sein de l'Union douanière européenne (1995), de ce pays dirigé par une dictature militaire et adepte de la torture. Est-ce raisonnable d'intégrer dans un continent limité et bien défini (depuis des siècles) des nations qui n'en font pas partie, ni géographiquement ni historiquement, et qui bafouent les principes fondateurs de l'Union ? L'Union européenne est-elle encline à courir le risque d'accepter en son sein un facteur de déstabilisation pour la cohésion européenne [40] ? » Les violentes manifestations anti-italiennes, antifrançaises et anti-européennes occasionnées en Turquie par l'arrestation, à l'aéroport Fiumicino à Rome, du *leader* kurde Abdullah Öcalan [41], le 12 octobre 1998, et après le vote de l'Assemblée nationale française visant à reconnaître officiellement le génocide arménien (juin-juillet 1998), permettent de comprendre comment y sont réellement perçus les Européens et de quelle façon Ankara interprète les « valeurs occidentales » et européennes auxquelles elle prétend adhérer. Le 15 février 1999, Abdullah Öcalan sera arrêté au Kenya par les services secrets turcs (MIT) épaulés par la CIA, et extradé vers la Turquie, après avoir été abandonné par les gouvernements italien, allemand et grec, incapables de résister aux menaces d'Ankara en constituant un front du refus avec les autres membres de l'Union européenne, ce contre quoi la Turquie n'aurait rien pu faire. « La Turquie a remporté la partie, commente l'ambassadeur Sergio Romano, elle a certainement bénéficié de l'appui des États-Unis [42]. » Pour le professeur Giorgio Mussa, spécialiste du monde islamique et consultant auprès de l'Union européenne, cet épisode « démontre la soumission stratégique et psychologique de l'actuelle Union européenne à la stratégie d'islamisation et de libanisation forcée du continent orchestrée par la Turquie avec l'appui et la bénédiction des États-Unis [43] ».

Dans les discours publics et les sommets européens, notamment celui d'Helsinki de décembre 1999, fortement marqué par les événements du Kosovo et de Tchétchénie, où des peuples musulmans turcophiles ont maille à partir avec des Slaves orthodoxes, les responsables européens, pour la plupart fervents atlantistes, se font les porte-parole du discours apparemment pro-européen des responsables turcs. Mais chacun reconnaît, *in petto*, que la demande turque d'adhésion à l'Union européenne est motivée par des intérêts économiques et stratégiques (logique de l'OTAN, liens avec les États-Unis, « retour » dans les Balkans, etc.) et qu'elle est étroitement liée à la stratégie américaine d'« hétérogénéisation » de l'espace géo-civilisationnel européen. En aucun cas la Turquie, dont à peine 6 % du territoire se trouve sur le sol européen, et dont la culture, l'origine géographique et la religion sont extra-européennes, ne s'identifie à l'histoire de la civilisation européenne, surtout depuis la chute du mur de Berlin qui permit à Ankara de s'implanter dans les républiques musulmanes de l'ex-URSS, aujourd'hui indépendantes. Si la Turquie entre un jour dans l'Union européenne, c'est principalement parce que les États-Unis, à travers l'OTAN, comptent ainsi étendre leur influence et leur hégémonie en Eurasie (voir *infra*). Indéniablement, il existe un véritable lobby pro-turc au sein de l'administration et du Parlement européens, lobby constitué au sein de la frange la plus atlantiste et pro-américaine des partis politiques européens (centristes, démocrates-chrétiens, conservateurs). Depuis les années 60, Washington exerce en effet sur l'Union européenne des pressions constantes pour l'amener à admettre en son sein la Turquie, présentée comme un « État laïque et pro-occidental [44] », voire, depuis les « guerres » du Golfe et d'ex-Yougoslavie, « occidental » tout court, d'après l'acception américaine et *otanesque* du terme « Occident » (voir chap. X : « L'Occident », « leurre civilisationnel »...). D'après Zbigniew Brzezinski, l'« Amérique devrait profiter de son influence en Europe pour soutenir l'admission éventuelle de la Turquie au sein de l'Union européenne, et mettre un point d'honneur à la traiter comme un État européen (...). Si la Turquie se sent exclue de l'Europe (...) elle sera favorable à la montée de l'islam, qui la rendra susceptible d'opposer son veto, par rancune, à l'élargissement de l'OTAN et l'incitera à refuser de coopérer avec l'Occident dans sa volonté de stabiliser et d'intégrer une Asie centrale laïque dans la communauté internationale [45] ». On retrouve, dans ces propos on ne peut plus explicites, les principales raisons qui poussent Washington à exercer des pressions sur Bruxelles pour que l'Union admette en son sein la Turquie : premièrement, le rôle-clé de la Turquie dans le processus d'« occidentalisation » et de contrôle, pour le compte des États-Unis, des nations turcophones et musulmanes de l'ex-URSS, détentrices d'importantes réserves d'hydrocarbures et zones de passage des futurs oléoducs et gazoducs. Deuxièmement, le fait que la Turquie — « État pivot [46] » selon Brzezinski — constitue plus que jamais, depuis les guerres du Golfe et d'ex-Yougoslavie, le pilier sud de l'OTAN, pièce maîtresse de l'Organisation atlantique depuis la Méditerranée jusqu'aux frontières de la Chine, en passant par le Moyen-Orient et celles de la Russie. Aussi l'aire turcophone confère-t-elle à Ankara une profondeur stratégique axiale et un statut géopolitique incontournable pour les États-Unis, qui ne peuvent compter, pour l'heure, sur aucun autre « État pivot » d'envergure comparable, tant en Eurasie qu'au Moyen-Orient, l'Arabie Saoudite n'étant pas un « État pivot », Israël étant moins stratégiquement utile, et l'Iran n'étant pas (encore) « fidélisée ». De son côté, la Turquie exerce continuellement des pressions sur les chancelleries européennes et américaines, rappelant que son engagement au sein de l'OTAN aux côtés des « alliés » occidentaux, lors des guerres du Golfe et du Kosovo, mérite quelques « contreparties ». Au cas où l'Union européenne persisterait à refuser la candidature turque, ce qui était le cas depuis 1963, Ankara avait donc intelligemment brandi la menace d'un veto à l'entrée des PECO (pays d'Europe centrale et orientale) dans l'OTAN pour « convaincre » les Européens, embarrassés, mais prisonniers de l'Atlantisme, de l'accepter... « Les États-Unis doivent d'abord promouvoir l'élargissement de l'Union européenne, car cela assurera la stabilité de la partie européenne du continent eurasiatique et permettra d'étendre le champ couvert par l'alliance de sécurité atlantique [47] », confirme Brzezinski. 78 jours de bombardements de la Serbie (« guerre du Kosovo »), célébrant à leur manière le cinquantième anniversaire de l'OTAN et la mainmise américano-germano-turque sur les Balkans, auront eu raison de quarante années de réticences européennes envers l'entrée de la Turquie dans l'Europe. Il faut savoir que le lobby pro-turc aux États-Unis, avec un budget annuel de 8 millions de dollars, s'appuie sur l'action combinée des agences américaines de relations publiques comme Hill and Knowlton (qui a sévi en Irak), International Advisers et Mc Auliffe, Kelly, Raffaelli & Semens, soutenues financièrement par l'American League for Exports et le Security Assistance, coordonné par l'ancien sous-secrétaire d'État Powell Moore et Richard Perle, tuteurs des intérêts des industries de défense et d'aéronautique américaines. D'après le diplomate italien Vittorio Sanguineti, les objectifs du « lobby turc » américain visent, en échange de facilités pour les contrats commerciaux en Turquie, à satisfaire aux principales requêtes diplomatiques d'Ankara : 1°. pleine intégration de la Turquie dans l'Union européenne ; 2°. liberté de manœuvre dans l'occupation du Nord de l'île de Chypre ; 3°. bloquer toute action visant à reconnaître le génocide arménien (résolution adoptée par le Parlement européen en 1991 mais rejetée par le Sénat américain en 1992) ; 4°. laisser libre cours à la répression antikurde. Ainsi, l'action diplomatique pro-turque des États-Unis puise-t-elle en grande partie ses sources dans les intérêts du complexe militaro-industriel américain, les ventes en équipements militaires à Ankara ayant représenté plus de 8 milliards de dollars pour les dix dernières années. Mais les raisons de l'appui américain à l'admission de la Turquie découlent également de la stratégie américaine d'affaiblissement de l'Europe. Ces motivations stratégiques, explique Vittorio Sanguineti, consistent à « neutraliser l'autonomie décisionnelle de l'Europe », et à « submerger la “ forteresse Europe ” au moyen de flux migratoires de travailleurs anatoliens sous-qualifiés, dont le niveau d'ignorance et de pauvreté déstabilisera le marché du travail européen via un chômage endémique et en sapant la base financière de sa sécurité sociale et de ses structures médicales, réduisant les acquis laborieux des syndicats [48] ».

Plus globalement, la Turquie joue, d'après les stratèges américains, un rôle essentiel dans le transport vers l'Occident du pétrole et du gaz de la mer Caspienne. Les États-Unis ont donc influencé le choix des futurs tracés d'oléoducs, notamment le projet Bakou-Ceyhan, signé en novembre 1999 à la faveur de l'embrasement de la Tchétchénie et du Daghestan, le chaos nord-caucasien permettant aux Turcs, aux

Azéris, aux Géorgiens et aux sociétés américaines de justifier l'abandon du tracé passant par le Caucase-nord (Tchétchénie-Daghestan), au profit du projet défendu par la Turquie. C'est ainsi que lors du sommet de l'OSCE tenu à Istanbul en novembre 1999, Bill Clinton a signé, avec les présidents Demirel (Turquie), Aliev (Azerbaïdjan) et Chevarnadze (Géorgie), une alliance dans le Caucase et la mer Noire constituant un solide verrou antirusse dont les relais européens seront la Bulgarie (également courtisée par le président Clinton pour sa position stratégique à côté de la Turquie et son rôle de territoire de transit vers l'Occident), la Macédoine, occupée par l'OTAN et à un tiers albanaise, et la Bosnie, véritable protectorat, avec le Kosovo, de l'OTAN et des États-Unis, autant que de l'ONU. En fait, le traité américano-turco-azéro-géorgien scelle l'imminente mise en œuvre du projet d'oléoduc Bakou-Ceyhan. Les laissés-pour-compte de ce pacte sont l'Arménie, enclavée dans son réduit caucasien et encerclée par deux puissances musulmanes ennemies, et la Russie, qui perd le contrôle du transport des hydrocarbures de la Caspienne.

En dépit des discours officiels de dirigeants européens, plus enclins à être les bons élèves des États-Unis et de l'OTAN qu'à défendre les intérêts et la sécurité de leurs nations, maintes raisons devraient conduire les Européens à demeurer sceptiques quant à l'admission de la Turquie dans l'Union européenne.

Du point de vue géographique et civilisationnel la Turquie n'appartient pas à l'Europe.

Alors que les Traités prévoient que les pays adhérents aient leur territoire en Europe, plus de 94 % du territoire de la Turquie sont situés en Asie. Concernant la religion, 99 % de ses habitants sont de confession musulmane. Les peuples turcs sont ethniquement issus en majorité de peuplades nomades non européennes et asiatiques (altaïques) venues de Mongolie et du mont Altaï. Enfin, la langue turque n'appartient pas à la famille des langues dites « indo-européennes », contrairement aux langues slaves ou même à l'arménien, au kurde ou au persan. Admettre l'entrée de la Turquie dans l'Europe, c'est supprimer toute cohérence *géographique* et *civilisationnelle* à l'Union européenne et créer un précédent — grave de conséquences — pour l'admission de n'importe quel pays d'Afrique ou d'Asie dans l'Union, le Maroc ayant récemment renouvelé sa candidature et les républiques d'Asie centrale pouvant bientôt être tentées de le faire, surtout depuis qu'elles sont liées à l'OTAN (Azerbaïdjan, Ouzbékistan, Kazakhstan, Turkménistan, etc.). Dans le même temps, on remarquera que la Russie, menacée d'être suspendue de l'OSCE et du Conseil de l'Europe et fustigée par l'« Occident » pendant les événements de Tchétchénie — équivalent, *ceteris paribus*, de la politique kurde d'Ankara — est exclue *ex ante* de l'Union européenne, son intégration dans l'Union douanière n'étant même pas envisagée, alors que la Turquie en est membre depuis le début des années 90. Nous reviendrons sur ce point et développerons les raisons qui poussent les dirigeants américains et européens à intégrer progressivement dans l'« Occident » la Turquie, ancien ennemi héréditaire de l'Europe, et à considérer simultanément la Russie, nation européenne et chrétienne, grand rival d'Ankara, comme *asiatique* et *non occidentale*, voire ennemie de l'« Occident ».

Depuis Ataturk, la Turquie a connu de nombreuses évolutions et le discours laïque et pro-européen des dirigeants turcs s'apparente souvent à un instrument de séduction utilisé par une frange de l'élite turque éduquée à l'école kémaliste. Loin d'être majoritaire, le parti kémaliste (CHP) n'est même plus représenté au Parlement turc et l'analyse des programmes télé, des médias et des discours politiques (célébrant constamment les victoires de la Sublime Porte contre les Européens), permettent d'affirmer que la Turquie, considérée comme une entité civilisationnelle, n'est pas du tout pro-occidentale, et encore moins pro-européenne. En fait, la Turquie est un pays à l'identité ambivalente, profondément tiraillé, *dreaming West, but moving East*, déchirée, comme l'Algérie, entre le fondamentalisme et la laïcité (déclinante), entre le libre-échange et la loi islamique, entre l'« européisme anatolien » et le pantouranisme réformé teinté de néo-ottomanisme, l'identité fondamentale de la Turquie demeurant majoritairement *centre-asiatique* et *musulmane*. Pour s'en convaincre, il suffit de lire les commentaires des géopoliticiens turcs qui expriment ouvertement l'espoir d'islamiser et de conquérir l'Europe en entrant dans l'UE, s'appuyant sur le fait que, par le truchement de la double nationalité automatique, les 70 millions de Turcs actuels (comprenant tout de même 20 millions de Kurdes) seront très vite 200 millions dès que les peuples turcophones de l'ex-URSS se seront joints à eux. Commentateur politique du journal turc *Turkiye Gazetes*, Nazimi Arifi écrivait dans les colonnes de l'organe des Musulmans bosniaques *Preporod* : l'« Europe voit dans la Turquie un pays appelé à compter 200 millions d'habitants. Dans dix ans, un Européen sur deux sera musulman. La forte natalité chez les peuples musulmans, la migration économique des peuples musulmans vers l'Europe, la baisse de la natalité européenne, les conversions à l'islam sont autant de faits que, qu'elle le veuille ou non, l'Europe doit admettre [49]... »

La Turquie fut, jusqu'à une date récente, l'ennemi principal de l'Europe.

Pendant plus de neuf cents ans, soit jusqu'au début du XXe siècle, l'Empire turco-ottoman constitua une menace fondamentale pour les nations d'Europe occidentale et orientale. L'actuelle Turquie, qui occupe l'ancien territoire de l'Empire romain d'Orient de culture essentiellement hellénique, est l'héritière d'un Empire turco-musulman qui, dès son apparition, menaça, dans leur liberté et leur survie mêmes les peuples européens. Ceux qui préconisent l'entrée de la Turquie dans l'Union européenne et qui affirment qu'elle est européenne oublient que l'Empire ottoman fut, jusqu'au début du XXe siècle, le principal ennemi de l'Europe : en 1389, les Serbes (aux côtés d'autres balkaniques chrétiens, y compris albanais) sont écrasés dans les Balkans par les armées de la Sublime Porte. En 1430, c'est Salonique qui est dévastée, puis en 1453, c'est finalement Constantinople, la « seconde Rome », qui tombe, non sans avoir héroïquement lutté contre les envahisseurs turco-ottomans depuis 1422. Trois jours seulement après la prise de Constantinople, la prière musulmane du vendredi est dite dans la cathédrale de Sainte-Sophie, immédiatement transformée en mosquée. L'événement sonnera le glas de l'Europe et de l'Asie mineure helléniques. Dans la mémoire collective nationale des Russes et des Orthodoxes en général, la chute de Constantinople demeurera la plus douloureuse défaite civilisationnelle de tous les temps, et c'est Moscou, « troisième Rome », qui est, depuis, censée poursuivre la mission politico-spirituelle de l'Empire romain d'Orient et défendre la civilisation européo-chrétienne face au « péril turco-islamique ». En 1475, la Crimée est enlevée aux Génois ; en 1480, les Turcs s'installent au sud de l'Italie, à Otrante, non loin de l'Albanie ; en 1521 puis en juillet 1683, Vienne est assiégée. En fait, tout au long du XVIIIe siècle, l'Europe et la Sublime Porte sont en guerre. N'oublions pas qu'en 1836 encore, Athènes, la capitale philosophique de l'Europe, est attaquée par les Ottomans et sauvée de justesse par le général Favrier. Comme l'expliquent Fernand Braudel ou Michel Mollat du Jourdain, l'Europe sera en fait « étranglée » par la conquête ottomane de la mer Noire, du Caucase, des Balkans et de l'Égypte, coupant de surcroît le Continent, tout comme les deux rives chrétiennes de la Méditerranée, en deux, et accentuant ainsi le choc de civilisations qui oppose, jusqu'à aujourd'hui, les « deux Europe », la catholico-protestante et l'orthodoxe, chacune des deux s'accusant mutuellement d'être responsable ou « complice » de la victoire turco-islamique. Au faîte de la puissance ottomane, l'Europe se retrouva coincée dans son réduit péninsulaire, ce qui poussa d'ailleurs Portugais, Espagnols, Hollandais et Anglais à conquérir océans et mers, afin de contourner le « verrouillage » ottoman. Ajoutons que l'argument « occidentiste » consistant à accuser les nations orthodoxes de faire de l'« anti-turquisme primaire » et de compromettre les bons rapports entre l'Occident et la Turquie, au nom de rancunes historiques isolées, n'est pas recevable du point de vue historique et géopolitique. En attaquant les capitales européennes, la Sublime Porte ne menaça pas seulement les nations helléniques et slavo-orthodoxes, mais également l'« Occident », paradoxalement censé, aujourd'hui, d'après une nouvelle représentation universaliste et anglo-saxonne, englober la Turquie. On est donc loin de l'époque où le pape Pie II [50] (grand humaniste de la Renaissance) appelait, dans son manifeste *De Europa*, les Européens à s'unir contre la menace ottomane et à libérer les Balkans et Constantinople. Au XIXe siècle, encore, le diplomate danois Schmidt-Phiseldeck rédigeait un mémorandum à l'adresse des chancelleries européennes pour les exhorter à chasser les Ottomans hors des Balkans, à libérer toute la Grèce et à occuper les îles stratégiques du bassin de la Méditerranée orientale (Crète, Rhodes, Chypre). Mais « Albion », puissance thalassocratique dominante de l'époque, ne sera pas de cet avis et emploiera toute son énergie pour empêcher les puissances continentales, germaniques ou slaves, de déloger les Turcs des Balkans et des Détroits. Pour les mêmes raisons tenant de la rivalité intra-occidentale entre *puissances maritimes* et *puissances continentales*, et pour défendre les mêmes objectifs économiques, jadis le contrôle de la « route de la soie », aujourd'hui celui de « la route du pétrole », les puissances anglo-saxonnes ont toujours favorisé la Turquie, pourtant continuellement menaçante, au détriment des intérêts stratégiques vitaux à long terme de l'Europe.

Certes, à partir de 1919, Mustapha Kemal (Ataturk) a réellement tenté de faire de la Turquie un État européen laïque désislamisé et occidentalisé, adoptant ainsi l'alphabet latin et abolissant le califat. Mais le kémalisme n'en poursuivra pas moins la politique de « purification ethnique » (génocide arménien ; persécutions des populations grecques d'Ionie, notamment à Smyrne/Izmir et, après la Seconde Guerre mondiale, des Kurdes et des Grecs de Chypre du Nord). En dépit de la référence constante à l'« Occident » et à l'« Europe », la Turquie contemporaine a donc bien opéré une « déseuropéanisation » sanglante et une « turcisation » autoritaire systématique du pays.

Un conflit de valeurs fondamentales.

La Turquie ne partage pas plus aujourd'hui les valeurs démocratiques, libérales et universalistes, « personnalistes », de l'« Europe des Quinze » (et donc de l'« Occident ») qu'elle ne partageait hier celles — traditionnelles (orthodoxes, catholico-protestantes), ou antico-humanistes — des monarchies chrétiennes qu'elle combattait. Aujourd'hui, comme au début du siècle, sous l'Empire ottoman, les classes dirigeantes turques poursuivent une politique expansionniste comparable à celle des nationaux-socialistes pangermanistes, c'est-à-dire reposant sur la conquête d'un *espace vital (lebensraum)*, au nom d'une forme racialiste et ethnique de nationalisme, et l'élimination (par la turcisation ou la mort) voire la « purification » des minorités religieuses (Chrétiens et Alévis) et ethniques autochtones (Grecs, Arméniens, Araméens arabophones, Kurdes, Alévis, etc.), pourtant installées en Turquie bien avant l'arrivée des premiers envahisseurs turco-mongols. Dépourvue de tradition démocratique, bafouant la valeur suprême de la personne humaine, fondement de la civilisation occidentale, la nation turque contemporaine est successivement passée de la théocratie califale à l'ultra-nationalisme et au régime militaire semi-dictatorial. L'armée y représente la principale force politique : elle fait et démet comme elle l'entend les gouvernements, soit par coups d'État, soit par des pressions indirectes (1997). Étrange conception de la démocratie, si la Turquie venait à intégrer l'Europe, elle serait le seul État de l'Union dont l'armée a un droit de regard et de veto sur *tous* les budgets votés au Parlement d'Ankara. Elle soumet en effet d'abord son propre budget aux parlementaires et aucun d'eux ne peut le contester, sous peine d'être accusé de « haute trahison ». Enfin, les décisions prises par le ministre de la Défense sont systématiquement subordonnées au chef d'état-major des armées. Forte de 639 000 hommes, l'armée turque est la deuxième armée de l'OTAN et sera bientôt la première armée « européenne », si Ankara intégrait l'Union. Dans un contexte de baisse générale des budgets militaires en Europe, est-il bien raisonnable et stratégiquement opportun de permettre à l'ancien ennemi héréditaire et actuel ennemi principal de l'Arménie, de la nation kurde, de la Serbie, de la Grèce et de la Russie, de devenir la *première puissance démographique et militaire de l'Union européenne ?* À quoi songent donc les dirigeants européens ? La question mérite au moins d'être posée, la démarche géopolitique laissant peu de place au hasard et à la crédulité en matière de décisions géostratégiques.

Risques démographiques, économiques et migratoires.

La Turquie est un pays de 65 millions d'habitants (en 2 000), à la démographie galopante (augmentation de 25 millions d'habitants en moins de 25 ans), à la population peu scolarisée et majoritairement rurale, et au niveau de vie très faible — en comparaison de la moyenne européenne, le PIB turc *per capita* étant de 6 350 dollars contre 25 200 en France, 21 110 en Belgique. Certes, le niveau de la Turquie est aujourd'hui supérieur à celui de la Serbie bombardée, mais le PIB, qui n'est que l'expression du revenu annuel, doit être comparé au capital économique et humain existant (infrastructures, niveau de formation, superstructures mentales). Sur ce point, la Turquie s'avère nettement plus arriérée que n'importe quel pays de l'ancien bloc de l'Est. L'économie y est instable : pour l'année 1999, le taux d'inflation s'est situé aux alentours de 70 % (84, 6 % en 1998). Pour ces différentes raisons, et sachant que les salaires et avantages sociaux offerts par les autres pays de l'Union européenne constituent un formidable appel d'air, il est fort prévisible que des millions de travailleurs turcs chercheront rapidement à s'établir à l'Ouest, à la faveur du principe de *libre circulation* au sein de l'Union. Inévitablement, cette main-d'œuvre sous-qualifiée et à bon marché risque de faire chuter sensiblement les salaires de base, de provoquer une augmentation du chômage et de ruiner progressivement les sécurités sociales des différents pays. De plus, la Turquie accordant assez facilement la nationalité turque aux différentes populations turcophones d'ex-URSS, et Istanbul étant devenue la plaque tournante de l'émigration — autant que des produits manufacturés — en provenance d'Asie vers l'Europe, l'admission d'Ankara équivaudrait à ouvrir les portes de l'Union européenne à la plupart des populations musulmanes du Caucase, d'Asie centrale et du Moyen-Orient... Car outre les *soixante-cinq millions* de Turcs actuels *stricto sensu*, ce sont près de *cent autres millions* de turcophones d'Asie centrale, bientôt naturalisés turcs à la faveur de l'unification progressive des pays turcophones, qui frapperont à la porte des capitales européennes...

Le « choc Islam/Occident » à travers l'Europe ou le « limes intérieur »

Le choc de civilisations entre l'Islam et le reste du monde n'apparaît pas uniquement le long des « lignes de front civilisationnelles » comme le Cachemire, le sud de la Méditerranée européenne, les Balkans, le Caucase ou encore l'Asie centrale. Avec le phénomène massif de l'immigration islamique extra-européenne, initié au cours des années 60, la zone de front du choc Islam/Occident s'est progressivement déplacée *à l'intérieur même* de l'Europe, dans les grandes métropoles en proie à un véritable phénomène de *submersion démographique* qui risque d'engendrer, au cours des prochaines années, des conflits géopolitiques internes graves, certains territoires ou villes d'Europe majoritairement islamiques étant peu à peu gagnés par une sorte de « sécessionnisme communautaire », phénomène qui s'est produit au Pakistan, au Liban, en Bosnie, au Kosovo : le fameux « syndrome indo-pakistanais ». D'après Yves Lacoste, on assiste à un phénomène géopolitique particulier, la « ghettoïsation » islamique. Pour notre part, nous avons appelé ce phénomène de glissement vers l'Europe des fronts de chocs civilisationnels, le « limes intérieur », la frontière entre le monde islamique et l'Europe, qui passait jadis par la ligne Rabat-Alger-Tunis-Alexandrie, au sud de la Méditerranée, traverse désormais les grandes capitales européennes.

Établis en Europe parfois depuis plusieurs générations déjà, les populations immigrées d'origine musulmane ont fini par devenir majoritaires dans de nombreux quartiers, villes ou provinces, notamment en France, en Angleterre, en Belgique et en Hollande, grâce à leur vitalité, assimilable, du point de vue géostratégique, à une « fécondité de combat ». Rappelons que les immigrés musulmans (en excluant les autres non européens) représentent, dans ces pays, plus de 10 % des naissances et les seuls immigrés d'origine maghrébine 50 % de celles-là à Bruxelles, voire 60 % à Dreux, Berre-l'Étang, Saint-Denis, dans le triangle Lille-Roubaix-Tourcoing, les quartiers nord de Marseille ou en banlieue lyonnaise. Le fait est là, des populations non-européennes de confession musulmane sont en passe de devenir majoritaires dans de nombreuses zones d'Europe occidentale,

« une communauté musulmane risquant ainsi de se créer par-dessus les frontières des pays européens, créant ainsi une treizième nation dans la communauté », avertissait Jean-Marie Domenach en 1991. Or, dès qu'il devient majoritaire — donc potentiellement « le plus fort » — l'Islam met tout en œuvre pour prendre la direction du pouvoir politique (« paradigme indo-pakistanais »), car le « pouvoir infidèle » est « injuste et illicite » par nature, d'après le Coran et la tradition islamique. En outre, et c'est là un problème insoluble pour les autochtones devenus minoritaires au fil des années (Coptes en Égypte, Chrétiens catholiques et orthodoxes en Syrie et au Liban, Berbères chrétiens en Afrique du Nord, Serbes en Bosnie et au Kosovo, etc.), les populations musulmanes étrangères devenues majoritaires, lorsqu'elles dépassent le cap des 50 % — progression qui s'est effectuée en moins de cinquante ans au Liban ou au Kosovo — peuvent légitimement s'appuyer sur la première des lois de la démocratie, la loi du nombre, pour réclamer la direction du pouvoir ou la sécession.

Par conséquent, ce qui est arrivé aux Serbes, devenus minoritaires dans le berceau même de leur nation, le Kosovo, ce qui est arrivé aux Grecs de Chypre du Nord, aux Hindous du Pakistan, du Bangladesh, et maintenant du Cachemire, peut, dans un avenir assez proche, se produire en Europe occidentale. Abritant une vingtaine de millions d'immigrés de confession musulmane (dont 5 à 6 millions en France, équivalent de la population de la Tunisie), l'Europe doit envisager l'éventualité, à moyen terme, si les islamistes parvenaient à intensifier leur emprise sur les communautés musulmanes de certaines zones sensibles, que soient lancées des tentatives de sécessions territoriales. Ce scénario alarmiste n'est-il pas d'ores et déjà annoncé dans certains quartiers de Bruxelles ou dans certaines villes d'Angleterre, comme Bradford, où *l'ordre islamiste* commence à régner (suppression des débits de boisson, port du voile, sentences rendues par des juges *[cadis]* se fondant sur la *charià*) et où les Musulmans, notamment d'importantes organisations islamistes anglaises *(Muslim Institute)*, ont demandé à la Reine l'octroi de « territoires séparés » et créé un « Parlement musulman » « *shadow* » ainsi qu'un parti politique islamique ? La lutte contre le prosélytisme islamique radical doit donc être l'une des priorités européennes en matière de sécurité, si l'on veut conserver la cohésion des sociétés européennes et empêcher les fondamentalistes anti-occidentaux de fanatiser les masses immigrées de confession musulmane.

PROSÉLYTISME ET IMMIGRATION, LES STRATÉGIES DE LA CONQUÊTE ISLAMIQUE

« Le succès d'une minorité musulmane est de devenir un jour une majorité. Ce phénomène se fait par un effet d'assimilation réciproque entre la majorité non islamique et la minorité islamique, la majorité acceptant petit à petit la morale et la religion islamiques et finissant par s'identifier à l'islam », écrit Ali Kettani, dans une brochure éditée par l'Arabie Saoudite et diffusée dans toute l'Europe [51]. De son côté, le président de l'exécutif des Musulmans de Belgique, Yacine Beyens, un Belge converti, proche de différents mouvements fondamentalistes, a déclaré, dans *L'Express* du 18 février 1999 : « Les Musulmans doivent faire preuve du plus grand pragmatisme (...). Le Coran dit qu'il faut procéder par étapes et tenir compte du contexte. » 23 en 1974, 551 en 1984, 1 400 en 1998, l'augmentation du nombre de mosquées en France est une manifestation évidente de l'islamisation progressive de nos sociétés. Celle-là résulte en fait d'une véritable stratégie mise au point par des États et des organisations islamiques. Largement inspirées des consignes saoudiennes et des mouvements islamistes anglo-pakistanais, les revendications des institutions islamistes européennes, comme l'Union des organisations islamiques d'Europe (UOIF), sont *grosso modo* les suivantes :

— droit de créer des écoles libres islamiques privées, ou, à défaut, cours d'instruction islamique, aumôneries et lieux de prière islamiques, non mixité, dispense de certains cours pour les filles, exclusion d'ouvrages offensants envers l'islam ; droit au port du voile en classe,

— reconnaissance des règles islamiques en matière de statut personnel : mariage musulman, répudiation, polygamie, héritage (inéquitable pour les femmes), cimetières ou carrés musulmans séparés,

— quotas dans l'administration pour l'embauche de Musulmans,

— reconnaissance de l'islam comme deuxième religion de France,

— création d'un parti politique islamique ou candidats défendant les intérêts de la communauté musulmane.

En dépit des déclarations souvent démagogiquement victimistes et « politiquement correctes » des responsables d'organisations dites « antiracistes », d'hommes politiques en quête d'électeurs musulmans et même de personnalités religieuses, catholiques (pères Lelong, Delorme et Mgr Gaillot, etc.), musulmanes, y compris les plus modérées, comme par exemple l'imam Dalil Boubaker [52], recteur de la mosquée de Paris, les problèmes d'intégration rencontrés par les minorités musulmanes en Europe sont plus imputables à un rejet, par l'Islam institutionnel, des valeurs, lois, cultures, us et coutumes des pays d'accueil, qu'à un supposé « racisme » des autochtones européens. Ce ne sont pas des Asiatiques, des Latino-Américains ou des Africains animistes et chrétiens qui remettent *radicalement* en cause les valeurs fondamentales de l'Europe moderne et de l'Occident : liberté de conscience et d'expression ; dignité de la personne humaine ; droit à la sûreté des personnes et des biens ; égalité entre les sexes, les races et les religions, etc. Ce sont bien des organisations islamiques *prosélytes*, radicales ou non, qui manifestent contre Salman Rushdie, en faveur du voile ou encore contre les lois séculières françaises et européennes, donc qui réclament un régime politico-juridique *exorbi-*

tant du droit commun, un *espace extra-territorial* rejetant l'application des lois européennes en vigueur. Le « ghetto », le « repli sur soi », l'« exclusion », le « racisme », comme le montrent Yves Lacoste, Christian Jelen ou Alain Finkielkraut, peuvent être autant le fait des « victimes » — *hypermédiatisées* — de l'exclusion que des autochtones non musulmans systématiquement incriminés et culpabilisés. Les exemples de cette « auto-exclusion volontaire » des mahométans européens, orchestrée par les minorités actives islamistes et prosélytes, abondent partout en Europe :

— En France comme en Italie, en Grande-Bretagne ou en Belgique, les islamistes appellent partout aux manifestations en faveur du port du voile dans les lieux publics, et même dans les établissements scolaires, à boycotter les cours jugés « impies » (gymnastique, biologie) ou à refuser l'étude de certaines œuvres « blasphématoires » : d'Albert Londres à Dante Alighieri, en passant par Victor Hugo ou Voltaire, ce dernier étant justiciable d'avoir conçu, sous forme de pièce, un pamphlet anti-musulman sacrilège intitulé *Mahomet ou le fanatisme*. Dans cette *stratégie d'islamisation* de l'Europe et de la France, l'Arabie Saoudite, réputée « amie de l'Occident », mais adepte de l'islam le plus obscurantiste qui soit, joue un rôle fondamental. Riyad est ainsi à l'origine de l'Institut de formation des imams d'Europe établi à Saint-Léger-du-Fourgeret (Château-Chinon). Preuve de la collaboration entre différentes mouvances fondamentalistes, cette « université islamique » a été confiée à la branche française et européenne de l'Association des Frères musulmans, probablement la plus « autochtonisée » des structures islamistes, représentée dans l'Hexagone par l'Union des organisations islamiques de France (UOIF) et en Europe par l'UOIE. Officiellement, l'islam saoudien est présent en France et dans la plupart des capitales européennes à travers les Centres islamiques et mosquées qu'il contrôle (grande mosquée de Lyon, Centres islamiques de Genève, Rome, Londres, Madrid, etc.) ainsi qu'à travers le BOLIM : Bureau de l'organisation de la Ligue islamique mondiale, dont le converti Youssouf Leclerc, ancien président de la FNMF, est aujourd'hui président de la section française.

— De l'autre côté des Alpes, la puissante Union des communautés et organisations islamiques d'Italie (UCOII) a fait de l'interdiction de *La Divine Comédie*, de Dante Alighieri, dans les lycées et universités, l'un de ses principaux chevaux de bataille. Jugé « blasphémateur », le plus grand des poètes italiens est coupable d'avoir, dans *La Divine Comédie*, consigné le prophète Mahomet dans le « septième cercle de l'enfer ». Aussi plusieurs groupes islamistes ont-ils menacé les autorités italiennes d'exhumer la tombe de Dante. Capitale du catholicisme, Rome abrite depuis 1995 la plus grande mosquée d'Europe, financée à 75 % par l'Arabie Saoudite (35 millions de dollars) qui entend en faire « un pôle où rayonnera le visage tolérant de l'Islam afin de corriger la mauvaise image de cette religion »... Or, lors de leurs premières démarches dans les années 80, les promoteurs avaient exigé que le minaret de la future mosquée fût plus haut que Saint-Pierre...

— En Suisse, au terme d'une longue bataille juridique, un arrêté fédéral a finalement autorisé les jeunes filles islamistes à porter le voile sur la photo de leurs passeports, ce qui était jusqu'à peu formellement interdit. En Italie, les principales associations islamistes célèbrent la légalisation récente du port du tchador sur tous les documents d'identité et dans les lieux publics et écoles.

— En Angleterre, la liberté de prosélytisme est quasi totale : les principaux chefs islamistes du monde, dont le Tunisien Rachid Ghannouchi, peuvent y exprimer leur haine anti-occidentale en toute liberté et organiser des manifestations publiques de soutien au GIA et d'appels au meurtre contre les Français (août 1994, Sheffield). Dans certaines villes « musulmanes », comme Nottingham et Bradford, la *charià* est mise en concurrence avec la loi anglaise. Des séminaires de formation sur l'Islam à destination des polices municipales sont régulièrement confiés à des associations ouvertement islamistes. Des cours de *jihad* sont publiquement organisés et annoncés à la grande mosquée de Finsbury Park. Dans un entretien au *Times* du 3 décembre 1998, Omar Bakri, *leader* d'une des organisations islamistes les plus extrémistes implantées en Europe, *Al-Mouhagiroun*, proche de Ben Laden confirme l'existence de tels centres. D'après cet islamiste fanatiquement anti-occidental et antisémite, ils sont « destinés à former les jeunes islamistes aux techniques du jihad (...). Quant à la mosquée de Londres Nord, elle organise des collectes de fonds pour les combattants islamiques du Cachemire, de Palestine, de Bosnie-Herzégovine et du Kosovo ». Peu après l'enlèvement, au Yémen, de seize touristes occidentaux, en décembre 1998, la police yéménite arrêtait un commando islamo-terroriste composé de cinq ressortissants britanniques. Or, ceux-ci étaient liés au groupe d'Omar Bakri, qui dirige également le *Hizb ut-Tahrir*, « parti de la Libération islamique », étroitement lié au *Hamas* palestinien. Ils avaient été formés aux actions terroristes dans des camps d'entraînement organisés, sous les auspices de la mosquée de Londres Nord, par l'organisation islamiste Adeptes de la *charià*. Dirigé par l'imam de la mosquée de Londres Nord, Abou Hamza, l'objectif principal de cette organisation est de lutter contre le « pouvoir infidèle » anglais. Reconnu invalide de guerre, puisqu'il a perdu un bras et un œil pendant la guerre d'Afghanistan, Abou Hamza reçoit régulièrement les allocations d'invalidité du gouvernement britannique... Directeur de l'Institut musulman, Kalim Saddiqui, autre figure de l'islamisme anglais, après avoir publiquement soutenu la sentence de mort contre Rushdie, a créé en 1992 un « parti islamique anglais » et un « Parlement musulman » prônant la « désobéissance islamique » et revendiquant un territoire séparé pour les Musulmans afin qu'y soit appliquée la *charià*. Réputé plus modéré, le directeur général de la grande mosquée de Londres a récemment prévenu les autorités britanniques que les Musulmans anglais pourraient retirer leur loyauté si l'Angleterre continuait à « offenser les valeurs panislamiques ». L'imam de Bradford insiste quant à lui sur le fait que le devoir de tout musulman anglais est de « remplacer progressivement les valeurs de l'État séculier par celles de l'Islam »...

— En Belgique, une loi de 1974, qui place le culte musulman sur un pied d'égalité avec les autres religions, prévoit le financement par l'État de la construction de mosquées et du traitement des personnels cultuels. La loi de 1978 permet l'enseignement de l'Islam dans les établissements publics. À Bruxelles, dans les quartiers de Scharbeek ou Saint-Josse, où la police ne s'aventure plus, les débits de boissons sont prohibés par les islamistes qui quadrillent le terrain. Le 13 décembre 1998, les Musulmans de Belgique ont élu leurs représentants à une assemblée constituante — seul cas en Europe et dans le monde — destinée à former un Grand Conseil islamique qui, sur la base des accords souscrits avec le gouvernement, est devenu l'« interlocuteur officiel de l'État ». Or, nul n'ignore l'orientation fondamentaliste de la majeure partie des membres de ce Conseil. Sur 68 membres de l'assemblée, reconnaissait le 11 février 1999 un ministre belge, 25 des élus sont officiellement liés aux fondamentalistes. En fait, officieusement, on parle plutôt de 45 membres fondamentalistes.

— Le Danemark possède quant à lui la législation la plus libérale d'Europe en matière d'enseignement religieux. Six écoles islamiques ont été ouvertes par des organisations islamistes proches des wahhabites saoudiens.

— Aux Pays-Bas, un décret du 30 mai 1986 de la Cour suprême de cet État confère aux imams le même statut légal que celui accordé aux prêtres et aux rabbins, ce qui leur permet de briguer des fonctions dans l'armée, les hôpitaux, les prisons... La Constitution permet aux communautés religieuses de fonder leurs propres écoles privées, subventionnées par le gouvernement, ce qui a donné lieu à la création d'une vingtaine d'écoles islamiques. Des cours d'éducation islamique sont dispensés par ailleurs dans les écoles publiques. Mieux, en 1987, le Parlement a décidé, en vertu du droit à l'égalité de traitement entre les Chrétiens et les autres confessions, que la loi ne saurait faire de distinction entre l'appel à la prière lancé à partir des mosquées et les cloches des églises... De même, en 1989, le ministre de l'Intérieur a rappelé que le délit, pénal en Pays-Bas, de blasphème s'applique tout autant dans le cas de l'islam. En d'autres termes, Salman Rushdie est condamnable dans cet État.

— L'Espagne, pays relativement peu concerné par l'immigration et le prosélytisme islamistes, jusqu'à ces dernières années, est devenue la terre d'élection d'un mouvement ultra-fondamentaliste — *Al-Morabitoun* (ou encore la Communauté islamique en Espagne, siégeant à Séville) — qui possède la particularité d'être composé uniquement de convertis européens. *Al-Morabitoun*, qui se définit elle-même comme une « organisation islamiste européenne », fut créée dans les années 70 par des étudiants révolutionnaires tiers-mondistes anglais et écossais émigrés en Andalousie et passés ensuite à l'islamisme. Depuis, leurs enfants, accompagnés de convertis espagnols, essaiment dans toute l'Europe, de Londres à Barcelone en passant par Stockholm, Milan et Gênes, où des conférences sont données au profit de jeunes Européens invités à venir faire des « pèlerinages de conversion en Andalousie » afin de retrouver l'« âge d'or de la civilisation islamique européenne »...

Du point de vue *géopolitique*, l'action subversive des mouvements islamistes transnationaux, composés de « convertis [53] », constitue une menace sérieuse pour les valeurs fondamentales, la sécurité et la souveraineté mêmes des États d'accueil. En fait, le « milieu » des convertis est assez hétéroclite et rassemble des réalités sociologiques et intellectuelles fort diverses. Ceux qui embrassent la religion de Mahomet sont souvent d'anciens militants d'organisations plus ou moins révolutionnaires d'extrême gauche, à commencer par le célèbre terroriste pro-palestinien Carlos, converti à l'islam dans sa prison, d'où il lance à présent des appels à la révolution islamique « néo-wahhabite » des talibans, ou encore le philosophe communiste Roger Garaudy. Mais, plus surprenant, de plus en plus d'entre eux viennent d'une certaine extrême droite — par déception à l'égard de la passivité des Chrétiens pour les uns, par calcul antisémite pour d'autres — héritière de François Genoux ou René Guénon et de leurs disciples contemporains (Nouvelle Droite « antisioniste », GRECE, etc.). Tel est le cas de l'Italien Claudio Mutti, intellectuel reconnu au sein de la mouvance « néo-païenne » d'Italie du Nord. Aujourd'hui rebaptisé Omar Amin, cet ancien *leader* du mouvement radical *Terza Posizione* fait la navette entre l'Iran et le Soudan, traduit des Corans, et est devenu l'une des têtes pensantes de l'islamisme italien. De la mouvance d'extrême droite, on peut remarquer également la figure particulière de Tahir de la Nive, Français converti installé à Londres. Vétéran de la guerre d'Afghanistan, ce courageux doctrinaire combattant, très respecté dans certains milieux Skin Head (revue *Centurio* en France) et de la Nouvelle Droite, dirige aujourd'hui l'Islamic Council for the defence of Europe et prône une sorte de « nationalisme islamique européen ». Les milieux politiques et médiatiques ont également leur lot de « convertis », comme par exemple Hervé Bourges, président du Conseil supérieur de l'audiovisuel (CSA), l'ex-député socialiste Alain Billon, ancien conseiller de Jean-Pierre Chevènement, l'islamologue Vincent Monteil ou encore le médecin islamologue Thomas Milcent, qui aide les islamistes un peu partout en France à saisir les tribunaux administratifs pour les affaires de voiles. Phénomène notable, les « convertis » sont souvent mis en avant, pour des raisons stratégiques, à la tête des grandes organisations islamiques : c'est le cas de Youssouf Leclerc, président du

Bureau (français) de l'organisation de la Ligue islamique mondiale (BOLIM), organisation saoudienne, et ex-président de la Fédération nationale des Musulmans de France (FNMF), ainsi que de Didier Bourg, *alias* Ali, président de l'Institut d'études islamiques de Paris. En Belgique, les « convertis » représentent officiellement le renouveau islamiste auprès des instances officielles démocratiquement élues : Yacine Beyens, président de l'exécutif des Musulmans de Belgique, et Karim (anciennement Jacques) Geirnaert, lui aussi élu le 13 décembre 1998 à la constituante des Musulmans de Belgique.

Les convertis sont parfois des artistes, comme le chorégraphe Maurice Béjart, ou encore le chanteur de jazz anglais Cat Steven, devenu Youssouf Islam, qui répand aujourd'hui la foi islamiste dans ses albums et dans l'école islamique qu'il a créée à Londres *(Islamia School)*, voire encore de grands sportifs, tels, en France, Peter Luccin, ou encore l'Antillais Olivier Saint-Jean, *alias* Tariq Abdul Wahad, seul basketteur professionnel français jouant au NBA (États-Unis). Côté judo, l'islamiste franco-algérien Jamel Bourras, champion de France, est chaque année présent, avec Olivier Saint-Jean, au rassemblement annuel islamiste du Bourget, où des milliers de jeunes beurs et convertis des banlieues viennent recevoir leur message exemplaire. En Amérique, le champion de boxe Mike Tison constitue un exemple pour nombre de « Blacks-Blancs-Beurs » des banlieues fascinés par la violence des ghettos new-yorkais et les stars « black-muslins » du sport. C'est ainsi que le mouvement islamiste noir américain *The Nation of Islam,* créé par le très médiatique et radical Louis Farakhan, qui prône la haine envers les Blancs, les Juifs et les Chrétiens, est en train de s'implanter en Grande-Bretagne et en France au sein des milieux antillais et arabo-africains. Enfin, et c'est ce qui inquiète le plus les professionnels du renseignement et de l'antiterrorisme, les mouvances islamistes les plus extrémistes recrutent essentiellement parmi les marginaux maghrébins et français de souche issus des ghettos urbains. Particulièrement dangereux et violents, les « islamo-délinquants », comme on les appelle en raison des braquages sanglants qu'ils commettent « pour la cause » (ex. : Lionel Dumont, Christophe Caze, Khaled Kelkal, etc.), et de leurs activités de trafiquants de drogue (réseaux « Chalabi »), sont embrigadés par des imams fondamentalistes dans leurs banlieues ou universités avant d'aller s'entraîner au Pakistan ou faire le *jihad* en Bosnie ou au Kosovo. Outre les noms précités, qui ont défrayé la chronique, on peut mentionner les cas de Claude Kader, arrêté en Albanie à la tête d'un groupe de « moudjahidines occidentaux » anti-serbes financé par Oussama Ben Laden, ou encore du jeune marginal Fabrice Delmont, dont le commando terroriste sera démantelé *in extremis* le 22 mai 1997 à Londres, grâce à une collaboration des polices britannique et française. On estime aujourd'hui le nombre d'Européens convertis à l'islam aux alentours de 50 000 pour la France, 30 000 en Grande-Bretagne, 5 à 10 000 en Italie, 3 000 en

Espagne, 3 000 en Belgique. « Chaque jour, 63 Européens se convertissent à l'islam. Aujourd'hui en Europe, il y a 26 millions de Musulmans, nous sommes une véritable nation... », conclut Omar Bakri à l'occasion d'un entretien accordé le 23 août 1998 au quotidien italien *La Repubblica.*

La « dhimmitude » volontaire de l'Europe

D'après différents spécialistes de l'islamisme, comme Jean-Pierre Péroncel-Hugoz, ou encore l'orientaliste britannique d'origine égyptienne Bat Yé'or [54], l'Europe se serait d'ores et déjà mise en situation d'infériorité vis-à-vis de l'islamisme et du monde islamique en général, de par le simple fait qu'elle apparaît incapable de contrôler les flux migratoires issus de nations islamiques et surtout d'empêcher les États et mouvements fondamentalistes anti-occidentaux de prêcher la haine ethno-religieuse sur son territoire, bafouant ainsi les valeurs fondamentales de l'Occident et défiant les intérêts des États européens. Bat Yé'or qualifie cette situation de vulnérabilité de « dhimmitude », en référence au statut légal de protection-sujétion *(dhimma)* accordé théoriquement par la loi islamique aux minorités chrétiennes et juives en terre d'islam, statut qui prévoit leur infériorité juridique, leur soumission aux lois de l'islam et les oblige à subir le prosélytisme islamique sans qu'ils puissent exercer le leur en contrepartie. Pour Bat Yé'or, trois principaux symptômes caractérisent la « dhimmitude » : *la peur* (voire la terreur) ; *la corruption* (chantage économique, impôts racket, corruption des dirigeants) ; et *l'absence de réciprocité* (inégalité juridique, politique, prosélytisme religieux à sens unique, etc.). Or, bien que l'Europe n'appartienne pas au *dar al-Islam* (« demeure de l'Islam », par opposition à la « zone de la guerre », non musulmane), l'orientaliste anglo-égyptienne explique que ces trois principaux critères de « dhimmitude » sont observables au sein même des sociétés occidentales.

— *La peur*, peut revêtir plusieurs formes. Elle est d'abord *diffuse*, le couperet d'une *fatwa* (« syndrome Rushdie ») pouvant constamment tomber sur l'éditeur, l'intellectuel voltairien, le « blasphémateur », l'homme politique anti-immigrationniste, etc. Elle apparaît de manière plus spectaculaire à travers les vagues d'attentats terroristes, nouvelle forme de « *jihad* urbain », relançant la tradition barbaresque consistant à *terrifier* en permanence l'*infidèle.* L'insécurité et la peur sont également omniprésentes dans les banlieues musulmanes où l'autochtone, en l'occurrence « gaulois » (*gaouri*, en dialecte maghrébin), est souvent exclu de l'espace social et humain des « ghettos » islamiques s'il ne se plie pas aux normes du groupe allogène ou s'il ne se convertit pas à l'islam, chose de plus en plus courante. C'est ainsi que le préfet des Yvelines proposa, par exemple, en décembre 1994, pour assurer la sécurité des médecins régulièrement agressés dans les banlieues où ils officient, comme à Mantes-la-Jolie, « de les faire accompagner dans leurs tournées par des jeunes beurs ». Enfin, le peu efficace plan « Vigipirate » (le véritable moyen de prévenir le terrorisme islamiste serait d'expulser ou d'isoler totalement les activistes et de mettre définitivement fin à l'immigration musulmane, exceptés les authentiques intellectuels anti-intégristes) et la militarisation croissante des aéroports, gares ferroviaires et lieux publics en général, prouvent que le *totalitarisme islamiste* est bien entré en guerre contre l'Europe et que celle-ci a *peur*, n'ayant ni la volonté ni les moyens de se défendre. Ce type de *guerre civilisationnelle larvée*, due au déplacement, à l'intérieur de l'Europe, du *limes* islamo-occidental, et permis par la « globalisation », semble laisser perplexes les dirigeants et stratèges occidentaux, non préparés intellectuellement et psychologiquement face à ce type de « nouvelle menace transverse » (*cf.* SGDN-Laboratoire Minos, travaux de Xavier Raufer), transnationale autant qu'interne et « diffuse ».

— *La corruption économique.* Comme sous les dominations turco-musulmanes de jadis, où les puissants conservaient leurs pouvoirs en collectant l'impôt pour l'envahisseur musulman, les dirigeants européens modernes abandonnent leurs nations au prosélytisme islamique en échange de grands contrats commerciaux, pour rester en bonnes relations avec les États musulmans pétroliers mais aussi par peur des représailles. Aussi des pressions sont-elles régulièrement exercées (à travers les annonces publicitaires, notamment) sur les directions éditoriales des journaux et télévisions par les grands groupes industriels implantés dans les pays musulmans, afin que les États fondamentalistes du Golfe, ou même d'autres, réputés plus « laïques » comme la Turquie, ou plus « ouverts » comme l'Égypte ou le Maroc, ne soient jamais trop directement malmenés. L'occultation de l'origine coranique de l'islamisme est donc le fruit direct de la diplomatie « pétro-islamique » de l'Arabie Saoudite, laquelle a investi dans les banques et les holdings de presse occidentaux et exerce maintes formes de pressions sur ces derniers et sur les gouvernements « infidèles ». Ainsi, les princes saoudiens possèdent-ils la majorité des parts de l'agence de presse américaine Upi (United Press International), la MBC, (Middle East broadcasting Corporation), ou encore 40 % de la société Fininvest, holding dont dépendent plusieurs chaînes de télévision italiennes. À lui seul, le prince Walid ibn Talal d'Arabie Saoudite est le principal actionnaire du groupe bancaire américain Citigroup. Il détient par ailleurs 200 millions de dollars en certificats américains de dépôts d'actions ainsi qu'un investissement de 400 millions de dollars dans News Corp. Il a également participé à la création d'un joint-venture qui devrait aboutir à la constitution du premier réseau de télévision paneuropéen. Concernant les institutions financières et l'immobilier, les émirs du pétrole détiendraient près de 35 % de la bourse de Londres, 20 à 25 % du parc immobilier de nombreuses capitales européennes, et le royaume saoudien aurait placé dans les institutions bancaires et financières occidentales (Allemagne, États-Unis, Grande-Bretagne, France, Italie, etc.) près de 80 % de ses avoirs extérieurs. Les investissements extérieurs saoudiens vont des grands palaces comme l'hôtel George V, à des groupes comme Disneyland International, ou encore nombre d'autres sociétés occidentales dont les princes (Walid ibn Talal) et autres émirs sont actionnaires. Aussi existe-t-il un véritable « lobby audiovisuel islamique », qui, de Radio Monte-Carlo aux émissions TV religieuses du dimanche, en passant par Radio Orient — radio arabe francophone internationale siégeant à Paris et reliée à La Mecque — œuvre à *l'islamisation culturelle* progressive de nos sociétés. Rappelons en passant que *Radio Orient (Idaàt al-Chark)* a été fondée par l'ami personnel du président Jacques Chirac, Rafic Hariri, milliardaire libano-saoudien et ex-Premier ministre du Liban, l'une des figures de la diplomatie wahhabite du royaume saoudien, la Fondation Hariri distribuant dans le monde entier, y compris en France, des bourses d'études à des étudiants « intéressés » par le message de l'islam...

Les grands groupes industriels occidentaux, redoutant le boycott, toujours latent en terre islamique, exercent à leur tour des pressions sur les directions des grands médias, notamment à travers les annonces publicitaires, afin que les monarchies fondamentalistes du Golfe ne soient jamais trop directement désignées dans les reportages. Comme le *dhimmi* (Juif ou Chrétien) en terre d'Islam, obligé de renier sa religion et de payer une taxe pour demeurer en sécurité, l'Europe semble renier progressivement ses valeurs démocratiques et civilisationnelles fondamentales, et céder au chantage économique des États et mouvements islamiques pour pouvoir continuer à entretenir des relations plus ou moins correctes avec ceux-là.

— La troisième grande caractéristique de la « dhimmitude », d'après Bat Yé'or, est *la non-réciprocité* absolue entre Musulmans et non-Musulmans. Celle-là apparaît flagrante si l'on compare le sort des immigrés musulmans en Europe (ou des « réfugiés politiques » islamistes sont autorisés à diffuser jusqu'à leurs thèses extrémistes) à celui réservé aux non-Musulmans en Arabie Saoudite (qui finance des mosquées en Europe tout en proscrivant les croix sur son territoire), en Égypte, en Tunisie (dont les lois civiles prohibent le mariage entre une musulmane et un non-musulman), ou encore au Maroc, où les chrétiens sont exclus de la nationalité marocaine [55]. De toute évidence, l'Europe ne traite pas ses communautés immigrées comme les pays islamiques traitent les leurs : centaines de milliers de Tunisiens et d'Égyptiens refoulés de Libye en quelques jours, Marocains et Touaregs maltraités en Algérie, un million de Yéménites renvoyés d'Arabie Saoudite, Palestiniens brutalement chassés de tout les pays arabes, voire massacrés, notamment en Jordanie, lors du fameux Septembre noir en 1970, etc.

UNE STRATÉGIE DE CONQUÊTE PLANÉTAIRE : LES GRANDS PÔLES MONDIAUX DU PROSÉLYTISME ISLAMISTE

Citant un *hadith* du prophète Mahomet qui aurait affirmé que les villes chrétiennes qui se convertiraient en premier à l'islam seraient « d'abord Constantinople, ensuite Rome », le représentant du Front international islamique de Ben Laden pour l'Europe, Omar Bakri, a déclaré le 14 septembre 1998 au quotidien *La Repubblica* : « Constantinople a été islamisée, aucun musulman ne met en doute que l'Italie le sera à son tour et que le drapeau de l'islam flottera sur Rome. » D'autres ont plutôt opté pour la France : « Dans vingt ans c'est sûr, la France sera une république islamique », lança publiquement Hussein Moussawi, ancien guide spirituel du *Hezbollah* libanais. Ces déclarations peuvent paraître farfelues, mais les islamistes disposent de moyens considérables et du soutien de puissances extérieures pour mener leur combat contre l'Occident, principalement l'Europe tant convoitée et affaiblie depuis la Seconde Guerre mondiale.

Ainsi cinq grands pôles internationaux de l'exacerbation islamiste, dont un naissant, appuient-ils l'action des réseaux islamistes implantés en Europe dans le cadre d'une véritable « guerre civilisationnelle » contre l'Occident « décadent ».

— *Le premier* est l'Arabie Saoudite et les institutions qu'elle contrôle : Ligue islamique mondiale *(Rabitat al-alam el-islami*, fondée en 1963*)* ; Organisation de la conférence islamique (OCI), et autres associations caritatives et religieuses. La plupart de ces structures concentrent leurs efforts sur la réalisation des projets de mosquées et Centres islamiques imposants, comme ceux de Rome, Madrid, Genève, Vienne, Bruxelles, Londres. Mais le nerf de la guerre de conquête politico-religieuse étant l'argent, l'activité des milliardaires et banques islamiques saoudiens sont le secret du très efficace prosélytisme saoudo-wahhabite de par le monde. En 1981, tout d'abord, lors du sommet islamique de Taef (Arabie Saoudite), des financiers musulmans avaient créé une banque islamique privée, *Dar al-Mal al-Islami* (« la maison de l'argent islamique ») dont le siège se trouve à Genève. Or, le fondateur de cette banque, Muhammad ibn Fayçal, n'est autre que le propre frère du prince Turki ibn Fayçal, chef des services secrets saoudiens, celui-là même qui créera, peu de temps plus tard, aux côtés de Ben Laden et du chef islamiste afghan Gubuldin Hekmatyar, la désormais célèbre Légion islamique (brigades de moudjahidines des pays arabes ayant guerroyé en Afghanistan contre les « infidèles » russo-communistes). Un an après la création de *Dar al-Mal al-Islami*, le roi Fahd montait sur le trône saoudien. Désireux de se refaire une virginité islamique après s'être quelque peu « égaré » dans les casinos et palaces de la Côte d'Azur, le monarque saoudien charge son beau-frère, cheikh Saleh Kamel, de créer une autre banque islamique : *Dalla al-Baraka* (la bénédiction). Ces deux banques islamiques constitueront l'un des principaux axes du financement saoudien de l'islamisme international. À travers les innombrables réseaux « afghans » et « wahhabites » implantés dans le monde entier et en Europe, l'Arabie Saoudite a ainsi financé la plupart des mouvements islamistes « durs », parfois même apparemment antisaoudiens, qui s'en réfèrent également au « wahhabisme », islam officiel de l'Arabie Saoudite [56]. Aujourd'hui, les représentants les plus radicaux de cette mouvance fondamentaliste sont les talibans afghans, Oussama Ben Laden, ou encore Chamil Bessaïev et son bras droit saoudo-jordanien Al-Khattab, ambitionnant de répandre le wahhabisme par la guerre. Ce courant, également appelé *Salafiyya* (du terme arabe *salaf*, « ancêtres »), inspire les idéologues du FIS, les auteurs des massacres de Louxor, les rebelles islamistes du Daghestan et de Tchétchénie, ou encore le Front international islamique de Ben Laden, dont le représentant en Europe est le fameux Omar Bakri, leader du mouvement *Al Mouhajiroun*, qui a son quartier général à Londres. À travers les réseaux du GIA en France, en Belgique ou en Grande-Bretagne, ou *via* ceux du Front islamique tunisien (FIT), qui publie à Londres le bulletin *Ar-Raja'a*, les *salafistes* sont présents partout, des Pays-Bas en Russie, en passant par la Bosnie, la Tchétchénie, la Macédoine et même le Kosovo, où, parallèlement aux bases du Pakistan, ils entraînent leurs nouvelles recrues sous couvert d'associations humanitaires (Islamic Relief Organization, Human Concern International). Grâce aux banques islamiques qu'elle a créées dans les années 80, l'Arabie Saoudite, en la personne du prince Turki ibn Fayçal, et en coopération avec la Ligue islamique mondiale et l'OCI, va mettre sur pied une vingtaine d'ONG islamiques (organisations non gouvernementales), installées au Pakistan, avec de nombreux bureaux aux États-Unis et en Europe. Les deux plus importants sont l'International Islamic Relief Organisation (IIRO) et l'Islamic Relief Agency (ISRA). Expérimentés au cours de la guerre d'Afghanistan contre les Russes, ces différents réseaux sont tout d'abord réactivés pour continuer la « révolution islamique » contre les régimes arabes « infidèles » (Tunisie, Algérie, Égypte) puis en ex-Yougoslavie, notamment en Bosnie et maintenant au Kosovo et en Tchétchénie, afin d'épauler, partout, les « combattants de l'Islam » aux prises avec des « pouvoirs infidèles », que ceux-là soient légitimes et démocratiques ou non. « Le personnel, parfaitement anglophone, vient essentiellement du Moyen-Orient, explique Antoine Sfeir. Les ONG collectent des fonds auprès des hommes d'affaires musulmans, des familles marchandes saoudiennes et koweïtiennes pour être envoyées en Afghanistan, en Bosnie, mais aussi en Europe. La Grande-Bretagne sert de plaque-tournante. La Mission islamique pour le Royaume-Uni, financée par les Saoudiens, est dirigée par deux membres éminents des services de renseignements du prince Turki ibn Fayçal : Safar al-Hawali et Salman al-Aouda [57]. » On constate mieux, à la lumière de ces informations, pourquoi certains spécialistes dénoncent la « diplomatie islamique » conquérante de

Riyad qui, pour servir ses intérêts nationaux et ses ambitions géopolitiques, se sert du levier islamique en instrumentalisant les minorités musulmanes du monde entier. C'est à partir de ce constat qu'en 1993, Charles Pasqua, alors ministre de l'Intérieur, s'était plaint, auprès de son homologue saoudien, Nayef ben Abdel Aziz, frère du roi Fahd, du soutien apporté par le royaume wahhabite et ses princes à de nombreux islamistes radicaux opérant en territoire français. Ralenties pendant quelques mois pour ménager les susceptibilités du ministre gaulliste, les aides reprirent quelques mois plus tard, cette fois-là de manière plus indirecte, à travers les services secrets du prince Turki ibn Fayçal, les ONG wahhabites, la Ligue islamique mondiale et l'OCI, ainsi que les milliardaires saoudiens alimentant toujours les associations islamistes françaises et européennes, sous prétexte de *zakat* (aumône). Enfin, il serait erroné de croire que, sous prétexte que le monde et la religion islamiques sont profondément hétérogènes et que les différents pôles de réislamisation sont concurrents en maints points du monde dans la course à l'islamisation, ce qui est indéniable, le pôle saoudien est isolé. Le wahhabisme est certes divisé en tendances plus ou moins radicales et pro-occidentales, mais ses différents courants collaborent entre eux et avec des mouvances connexes, comme le pôle pakistano-afghan, lorsque cela est inévitable, c'est-à-dire face aux « infidèles » et au « pouvoir impie ». Dès lors, on comprend mieux les raisons pour lesquelles le prince Turki a créé, en décembre 1979, par le biais de l'OCI, l'Université islamique d'Islamabad, après l'invasion de l'Afghanistan par les troupes russo-soviétiques. Ce sont en fait des générations d'islamistes radicaux qui seront formées dans cette université et des milliers de moudjahidines qui y seront accueillis.

— *Le deuxième pôle*, plus chaotique, englobe le Pakistan et l'Afghanistan, ainsi que les organisations soutenues par ces pays : Congrès du monde musulman, *Tabligh, Jamaat-e-Islami*, Front international islamique de Ben Laden, talibans, Internationale afghane, liée au FIS, au GIA ou aux groupes *salafistes*, etc. Nous avons déjà fait allusion au rôle-clé du Pakistan dans le renouveau islamique mondial et la pérennité du « paradigme indo-pakistanais » partout dans le monde. Représenté à Londres, à Genève et en Allemagne, le Congrès du monde musulman *(Mu'tamar el-Alam el-Islami)* fédère une multitude d'autres organisations fondamentalistes, aux côtés de la *Jamaat-e-Islami* (dont le siège européen se trouve à Londres), fondée par le penseur islamiste Mawdudi, précurseur de l'État pakistanais, et du *Tabligh*, la plus importante des organisations islamiques dans le monde, connue sous le nom de Foi et Pratique en France, et dont le siège européen se trouve à Leeds. Des liens étroits existent par ailleurs entre les islamistes tunisiens du parti *Ennahda* et le *Tabligh*. En France et en Grande-Bretagne, les *Tablighis* inspirent les mouvements de *réislamisation* dits « piétistes », par opposition aux « activistes » radicaux. Mais la frontière entre les deux est parfois très poreuse, et les deux voies sont en fait plus complémentaires qu'opposées. Le but du *Tabligh* est de reproduire le « syndrome pakistanais » au sein des communautés islamiques vivant en « terre impie » et d'empêcher, par le *repli communautaire*, toute intégration aux mœurs et coutumes de la « société infidèle ». Une fois réislamisés, les jeunes recrues sont envoyées en « stage de formation » au Pakistan, en Bosnie, en Tchétchénie ou au Kosovo, d'où ils reviennent exaltés et prêts à passer à l'étape supérieure... La connexion structurelle et idéologique avec la mouvance « wahhabite-afghane » s'effectue dans ce contexte. D'une certaine manière, la Tchétchénie et le Daghestan, notamment les mouvements « wahhabites » de Bessaïev et Al-Khattab, étroitement liés aux « Afghans », au Front international islamique de Ben Laden et aux talibans, représentent la tête de pont caucasienne du « pôle pakistano-afghan ».

— *Le troisième grand pôle*, non géographique, de l'islamisme mondial est représenté par la célèbre Confrérie des Frères musulmans, originaire d'Égypte, pays de son fondateur, Hassan al-Banna. Comme le *Tabligh*, mais plus politisée, cette organisation est implantée partout et contrôle près de la moitié des associations islamiques en Europe : UOIF en France, UCOII en Italie, Islamic Relief en Grande-Bretagne, Association des étudiants musulmans en Autriche, Fondation islamique de Genève, etc. Cette branche suisse revêt une dimension capitale car elle rayonne à travers toute l'Europe et est à l'origine d'une nouvelle mouvance islamiste européenne transnationale, « autochtonisée », à l'image de ses cadres éduqués en Suisse, les frères Hani et Tariq Ramadan, petits-fils d'Al-Banna. Charismatique et cultivant un « look branché », Tariq, professeur de lettres, multiplie les conférences dans toute l'Europe où il bénéficie d'une grande popularité auprès des jeunes, qui se réunissent par milliers pour venir l'écouter, notamment à l'occasion des rassemblements islamiques annuels du Bourget organisés par l'UOIF. Les Frères musulmans sont également proches du mouvement islamiste turc de Necmettin Erbakan *(Fasilet Partisi)*, dont le *Milli Gorüs* est la branche européenne, principalement en Allemagne, où elle quadrille au moins un tiers de la communauté turque, en concurrence avec la représentation du ministère turc des Affaires religieuses, le *Diyanet*. Enfin, les Frères musulmans œuvrent de concert avec les organisations liées à l'Arabie Saoudite dans la gestion d'associations et de centres religieux, comme la Faculté européenne d'études islamiques de la Nièvre, basée à Saint-Léger-du-Fourgeret, qui forme les futurs imams européens à la lumière de la doctrine d'Al-Banna et du wahhabisme.

— *Le quatrième pôle* de l'islamisme mondial est l'Iran chiite, dont on surévalue toutefois le rôle par rapport aux sunnites. Impliqué dans les attentats de 1986 en France pour des raisons plus financières que religieuses (Téhéran instrumentalisa des terroristes libanais pour forcer Paris à régler ses dettes envers l'Iran), fortement amoindri depuis la mort de Khomeiny et la fin de la guerre civile libanaise, l'islamisme iranien possède quelques structures, en Allemagne surtout (Centres islamiques de Hambourg et de Bonn), en Angleterre *(Muslim Institute)*, en Espagne (centre *Jamaleddin Kaplan*), aux Pays-Bas *(Kaplan)* et en France (La Voix de l'Islam). Mais l'action de Téhéran en matière de prosélytisme demeure assez faible en Europe de l'Ouest : l'Iran chiite n'a contribué à aucun financement des grandes mosquées construites ces dernières années dans les capitales européennes et n'a que peu d'emprise sur un islam européen largement sunnite. En Europe de l'Est, en revanche, l'Iran s'est fortement investi dans l'embrigadement, l'aide militaire et le soutien financier extérieur aux islamistes bosniaques et albanais du Kosovo. Nous développerons ce point au cours des chapitres suivants.

Enfin, dans leurs différentes analyses de l'islamisme international, les islamologues oublient souvent de citer un *cinquième pôle*, plus récent, l'« islamisme balkanique », apparu au début des années 90 avec le démantèlement de l'ex-Yougoslavie. La particularité de ce cinquième grand foyer d'islamisation réside non seulement dans le fait qu'il se trouve en plein cœur de l'Europe à une journée de voiture de Paris et à une heure d'avion de Rome, mais qu'il doit essentiellement son ascension à la stratégie pro-islamiste et anti-orthodoxe de l'« Occident », notamment des États-Unis et de leurs trois alliés privilégiés de l'OTAN : Britanniques, Allemands et Turcs, lesquels ont toujours mis sur pied des coalitions afin de barrer la route des Balkans à la Russie et de réduire la turbulente Serbie, barrière naturelle à l'expansionnisme turco-ottoman et germanique ainsi qu'à l'extension de l'OTAN vers l'est européen.

NOTES

1. Pascal Lorot et François Thual, *op. cit.,* p. 140.
2. Akbar Touradjanzadeh, entretien avec A. Rachid, « The Crescent of Islam Rises in Tadjikistan », *Nation,* 25 décembre 1995.
3. V. Bobrovnikov, « Le Daghestan entre la Russie et l'Orient musulman », *Vestnikevrazii*, *Le messager de l'Eurasie*, n° 1, 1995, p. 134, Moscou, in *Les Cosaques dans l'espace russe*, Viaceslav Avioutskii, 1996.
4. Thierry Zarcone, « Les deux visages du fondamentalisme ou wahhabisme », in *Globe, Mémoires, Islam centrasiatique*, n° 1, hiver 1999.
5. Olivier Roy, *Le Monde diplomatique*, août 1999.
6. Antoine Sfeir, *Les Réseaux d'Allah*, Plon, 1997.
7. *Cf. L'Islamisme et les États-Unis, une alliance contre l'Europe*, L'Âge d'Homme, 1999.
8. Entretiens avec Viatcheslav Avioutskii, « La crise tchétchène », *Nouvelle Liberté*, avril-juin 2000.
9. Olga Maximov, *Le Pétrole de la Caspienne et ses implications géopolitiques et internationales pour la Russie*, Université Paris-IV Sorbonne, décembre 1999, p. 44.
10. *Segodnâ*, 7 février 1996.
11. Surnommé « Chamil II », en référence à l'imam Chamil du XIXe siècle en lutte

contre les Russes, l'ancien berger Chamil Bessaïev est né en 1965 à Tsavedeno. En 1985, pendant son service militaire, il fait la connaissance du général Doudaïev à l'état-major des armées à Moscou. Avant de devenir l'ennemi public numéro un de la Russie, Bessaïev organisera la défense de la Maison-Blanche au bénéfice d'Eltsine pendant le *putsch* de 1991.

12. Olga Maximov, *op. cit.*, p. 48.

13. *Id., ibid.*, p. 46.

14. Khabib Abd-ar-Rahman de son vrai nom. Né dans une riche famille du Golfe en 1970 (Arabie Saoudite, d'après les services jordaniens), Ibn al-Khattab quitte fin 1987 sa famille et gagne l'Afghanistan, où il rejoint un camp d'entraînement près de Jalalabad. Repéré pour son enthousiasme et son courage, il se dirige, après le retrait des Russes d'Afghanistan, vers le Tadjikistan avec un petit groupe de partisans et y passe deux ans (1993-1994), lançant des opérations de *jihad* contre les Russes, qui soutiennent le pouvoir en place. Début 1995, Khattab et ses hommes reviennent en Afghanistan, où l'on parle beaucoup des événements tchétchènes. Il s'engage alors au service des islamistes tchétchènes et prend la tête, en avril 1996, de 50 combattants, organisant des guet-apens contre des convois des forces russes. En août, son groupe participe à l'attaque de Grozny conduite par Chamil Bessaïev. Khattab est ensuite récompensé par le président indépendantiste Doudaïev. En décembre 1997, à la tête d'une centaine de moudjahidines, il lance une attaque en plein territoire russe. Fidèle à sa vocation de chasser les Russes du *Dar al-Islam* ex-soviétique, on le retrouve, aux côtés du chef Bessaïev, à la tête de brigades islamistes au Daghestan (août 1999) puis à nouveau en Tchétchénie, notamment lors de la campagne aérienne de Grozny (automne 1999-hiver 2000).

15. Parmi les nombreux actes de terrorisme islamique, on peut mentionner l'attentat de Vladikavkaz, fin mars 1999, imputé au réseau Ben Laden (d'après la DRM) ; l'enlèvement d'un officier de marine russe de la flotte du Pacifique le 12 mars 1999, qui déclencha une violente campagne d'indignation en Russie et provoqua la suspension des vols russes à destination de Grozny ; et surtout l'enlèvement du général-major de milice Guennadi Nikolaïevitch Chpigoun, représentant du ministère de l'Intérieur (MVD) russe à Grozny, pour la libération duquel les montagnards rebelles tchétchènes réclamaient 15 millions de dollars.

16. Dans une interview accordée au *Figaro* le 29 septembre 1999, Alexandre Lebed, aujourd'hui gouverneur du Kraï (région-gouvernorat autonome) de Krasnoïarsk (Sibérie), n'hésite pas à imputer en partie les attentats terroristes de Moscou (294 morts) aux milieux du Kremlin, désireux, selon lui, de « déstabiliser la Russie (...) Bessaïev, ancien informateur du KGB, et le pouvoir s'étant mis d'accord (...). Le but recherché est de créer une terreur massive ; (...) les clans du Kremlin [sont] prêts à tout pour se maintenir au pouvoir ».

17. Le Daghestan, la plus étendue des républiques musulmanes du Caucase-nord, (2,1 millions d'habitants), est financé presque à 100 % par Moscou et recèle d'importantes réserves de pétrole et de gaz naturel offshore. Sa capitale, Makhatchkala, est le point de relais incontournable de l'oléoduc reliant l'Azerbaïdjan (Bakou) à la mer Noire, *via* Grozny, en Tchétchénie. L'intérêt des indépendantistes tchétchènes pour le Daghestan est évident : son intégration permettrait à Grozny de tripler l'étendue de son territoire et surtout de s'offrir un accès, tant recherché, à la mer Caspienne. C'est pourquoi les insurgés wahhabites daghestanais ont été dès le départ soutenus par les islamistes de Tchétchénie, où ils avaient d'ailleurs reçu une formation militaire ainsi que des fournitures en armes et en hommes.

18. En 1999, les autorités moscovites recensaient 650 écoles religieuses *(medersa)* et 1 670 mosquées au Daghestan. Elles seraient en réalité au moins 5 000, contre seulement 40 dix ans plus tôt. Aussi compte-t-on aujourd'hui 3 500 religieux musulmans sunnites dans la république. La plus grande mosquée de Russie fut construite à Makhachkala, capitale du Daghestan.

19. Alexei Malashenko, « Du Daghestan à la Tchétchénie, escalade militaire et " péril islamique " », *Le Monde diplomatique*, octobre 1999.

20. Le président Turgut Ozal (1989-1993) est l'auteur de la célèbre formule : « Le XXIe siècle sera turc. »

21. *Raids*, décembre 1999.

22. Le Nagorny (ou Haut-) Karabakh, enclave peuplée à 80 % d'Arméniens (sur 180 000 habitants), a été rattaché unilatéralement à la république d'Azerbaïdjan en 1923 par Moscou. En 1988, les nationalistes arméniens réclament son indépendance et s'opposent aux Azéris. En 1994, les forces arméniennes du Haut-Karabakh parviennent à reconquérir l'enclave, ainsi que le couloir de Latchine (qui relie l'Arménie au Haut-Karabakh).

23. Huntington, *op. cit.*, p. 309.

24. *Moskovskie Novosti*, 22-28 juin 1999.

25. *L'Express*, 27 janvier 2000.

26. Hélène Carrère d'Encausse, *Victorieuse Russie*, Fayard, 1992, p. 296-297.

27. Glen Howard, « Nato after enlargment », *US Army War College*, Washington, 1998, p. 173.

28. Glen Howard, *idem*, p. 174.

29. Bernard Lewis, *Le Retour de l'islam*, p. 458-459.

30. Fabrizio Velmini, « Dal Turan all'Eurasia », *Limes*, p. 151.

31. Cité dans le journal turc *Sabah* du 24 octobre 1995.

32. In *Zaman*, 24 octobre 1995.

33. Antoine Sfeir, *Les Réseaux d'Allah, Les filières islamistes en France et en Europe*, p. 118.

34. Éric Rouleau, « The Challenges to Turkey », in *Foreign Affairs*, nov.-déc. 1993, p. 119.

35. *Politika*, 25 février 1992.

36. Morolijub Jevtic, *Le Panturcisme et son rôle dans la crise yougoslave*, Tanjug, 1994, p. 5.

37. *Les Rapports du GRIP* de janvier 1997 et le *Jane's Defence* du 23 avril 1997 énumèrent en détail les violations de l'embargo en ex-Yougoslavie et le rôle capital de la Turquie, de l'Iran, de l'Arabie Saoudite et du Pakistan dans l'aide aux forces musulmanes.

38. « La Turquie s'amarre au Vieux Continent », *Le Figaro*, 13 décembre 1999.

39. Dans son étude « La Turquie et l'Europe », J.-M. Vernochet décrit les violentes réactions anti-françaises consécutives à l'adoption, par l'Assemblée nationale, du projet de loi sur le génocide arménien, à l'initiative de la gauche : « Les réactions turques à ce vote ont été aussi promptes que vives et dans l'attente d'un vote final par le Sénat le 29 juin, ce sont plus de 60 milliards de contrats qui viennent d'être ajournés pour ne pas dire annulés », in *Questions stratégiques*, août 1998.

40. Vittorio Sanguineti, *The Enlargement of the European union, Turkey, the controversial road to a wrong candidacy*, Biblioteca della Rivista di Studi Politici Internazionali, Florence, 1999.

41. Des drapeaux italiens et de l'Union européenne furent brûlés dans la plupart des grandes villes de Turquie. Des centaines de jeunes Turcs, notamment les agitateurs du parti d'extrême droite les Loups gris, pillèrent des quartiers à forte immigration kurde à Bruxelles, en Alsace et en Hollande. Les produits italiens furent boycottés dans toute la Turquie, cependant que des manifestations de haine étaient organisées par les islamistes et l'extrême droite turcs devant l'ambassade d'Italie à Ankara et le consulat italien à Smyrne. L'État turc convoqua l'ambassadeur d'Italie Massimiliano Bandini menaçant Rome de « représailles économiques et politiques graves » en cas de non-extradition d'Öcalan en Turquie... Enfin, Ankara avertit l'Union européenne qu'il ne valait mieux pas « réveiller la colère » de la Turquie...

42. Sergio Romano, *Corriere del Ticino*, 17 février 1999.

43. Giorgio Mussa, « Da Bruxelles, ennesimo regalo alla Turchia », in *Quaderni geopolitici*, Milan, avril-mai 1999.

44. *Id., ibid.*

45. Brzezinski, *Le Grand Échiquier, L'Amérique et le reste du monde*, Bayard, 1997, p. 260. Précisons que le titre original anglais de l'essai n'est pas *The Grand*

Chessboard, comme cela est indiqué en page 6 de la version française, mais *The Grand Chessboard, American Primacy and Its Geographic Imperatives* (*Le Grand Échiquier, La Primauté américaine et ses impératifs géographiques*), titre bien plus révélateur de la « volonté de puissance » de Washington.

46. La notion d'« État pivot », ou « pivot géopolitique », désigne d'après Brzezinski, « les États dont l'importance tient moins à leur puissance réelle et à leur motivation qu'à leur situation géographique sensible. Leur localisation leur confère un rôle-clé, pour accéder à certaines régions ou leur permet de couper un acteur de premier plan des ressources qui lui sont nécessaires ».

47. Brzezinski, « Puissance américaine et stabilité mondiale », édité par la Fondation pour la recherche stratégique (FRS), in *Puissances et Influences, géopolitique et géostratégie à l'aube de l'an 2000*, sous la direction de François Géré et Gérard Chaliand, Mille et Une Nuits, 1999, p. 22.

48. Vittorio Sanguineti, *op. cit.*, p. 11.

49. *Preporod*, 15 août 1990.

50. « La prise de Constantinople est la deuxième défaite d'Homère et d'Euripide », déclara Pie II.

51. *L'Islam aujourd'hui*, brochure publiée par le *Bureau de l'organisation de la Ligue islamique mondiale* (BOLIM, *Rabitat*), directement rattaché au ministère saoudien chargé des cultes et de la propagande islamique dans le monde, Jeddah, Arabie Saoudite, n° 1, 1983.

52. À la suite des déclarations du cardinal Poupard recueillies lors d'une interview au *Figaro* le 30 septembre 1999 dans laquelle le prélat français, préfet du Conseil pontifical de la culture, estimait que l'« Europe doit être consciente que l'islam veut la conquérir » et en concluait que l'« islam pose à l'Occident un redoutable défi », le recteur de la mosquée de Paris blâmait l'Église catholique de France se déclarant, dans *Le Figaro* du 7 octobre, « peiné qu'un des plus grands prélats de l'Église catholique reprenne les antiennes dans le droit fil des accusations de Jean Damascène (652-749), (...) il accable sans charité " ces frères en Dieu ", avec les archétypes de l'islamophobie ». Or, c'est le gouvernement et le ministère des Affaires religieuses algériens, lesquels financent la mosquée de Paris, qui adoptèrent, au cours des années 80, le nouveau Code de la famille algérien, dont les préceptes (interdiction aux femmes de sortir sans être accompagnées du mari, du père ou du frère ; statut d'infériorité des non-musulmans, etc.) sont issus de la *charià*. Ce sont également les gouvernements « anti-islamistes » algériens qui, depuis l'indépendance, interdisent le séjour des Juifs algériens, recrutent des professeurs de religion et de langue arabe égyptiens issus de la confrérie islamiste des Frères musulmans, pénalisent tout prosélytisme chrétien, et « réislamisent de manière radicale, un pays qui n'avait jusqu'alors pas de tradition fondamentaliste. L'imam Dalil Boubaker a beau jeu de culpabiliser les Chrétiens pour leur « manque de charité » alors que Chrétiens et Juifs sont persécutés ou brimés dans la quasi-totalité des pays musulmans tandis que les Musulmans construisent librement, dans toute l'Europe, souvent avec l'appui de l'Église catholique et des États, des mosquées.

53. Lire à ce sujet le remarquable ouvrage de Lisbeth Rocher et Fatima Cherqaoui, *D'une foi l'autre. Les conversions à l'islam en Occident*, Seuil, 1986.

54. Lire de Bat Yé'or l'ouvrage très documenté, *Juifs et Chrétiens sous l'Islam, Les dhimmis face au défi intégriste*, Berg international, Paris, 1994, 420 p. et de Jean-Pierre Péroncel-Hugoz, *Le Radeau de Mahomet*, Flammarion, 1984.

55. Le Maroc est souvent considéré comme l'État musulman le plus « tolérant » et le plus « pro-occidental » du monde arabe. Pourtant, le Code de la nationalité marocaine (paragraphe 2 de l'article 9) stipule que « sauf opposition du ministre de la Justice, conformément aux articles 26 et 27 ci-après, acquiert la nationalité marocaine, si elle déclare opter pour celle-ci, toute personne née au Maroc d'un père étranger lui-même né au Maroc, lorsque ce dernier se rattache à un pays dont la fraction majoritaire de la population est constituée par une communauté ayant pour langue l'arabe ou pour religion l'Islam et appartient à cette communauté », B.O. 12 septembre 1958, p. 1492.

Consulter à ce sujet *La Nationalité dans les États arabes*, A. Belkeziz, éd. La Porte, Rabat, 1963.

56. Le wahhabisme est un mouvement fondamentaliste d'inspiration hanbalite (la plus rigoriste des quatre écoles de l'islam sunnite), créé par Muhammad ibn Abd al-Wahhab (1703-1792) proclamant que l'islam est avant tout un rejet des « faux dieux », donc de l'« associationnisme » ou *chirk*. Le *chirk* peut aussi bien être « un roi, un prophète, un arbre, une tombe ». Pour retrouver l'islam des « pieux précurseurs » (*Al-Salaf Al-Salih*), Al-Wahhab, héritier d'Ibn Taymiyya, proposait de remplacer les coutumes barbares et « impies » par l'application intégrale de la *charià*. Alliés au clan bédouin des Séoud, les wahhabites édifieront, dès le XVIIIe siècle, un État islamique qui — après un siècle d'occupation ottomane — deviendra l'actuel royaume islamique d'Arabie Saoudite. Le wahhabisme est l'un des précurseurs des mouvements islamistes sunnites actuels.

57. Sfeir, *op. cit.*, p. 91.

CHAPITRE III

Montée de l'islamisme et déstabilisation générale des Balkans : la responsabilité américaine et « occidentale »

> « Combattez dans le chemin de Dieu ceux qui luttent contre vous (...). Ne soyez pas transgresseurs. Tuez-les partout où vous les rencontrerez ; chassez-les des lieux d'où ils vous ont chassés. (...). Combattez-les jusqu'à ce qu'il n'y ait plus de sédition et que le culte de Dieu soit rétabli. Sachez que Dieu est avec ceux qui le craignent. »
>
> Allah à Mahomet, *Coran,* trad. D. Masson (seule traduction française reconnue par l'OCI), Sourate II, extraits des versets 190 à 195.

Si l'on analyse, à l'aune de la théorie des *conflits identitaires*, les événements survenus en ex-Yougoslavie depuis 1992 (Croatie, Bosnie, Kosovo), les analogies avec les guerres d'Afghanistan, du Cachemire, de Tchétchénie ou du Haut-Karabakh sont nombreuses, le contexte général dans ces différentes régions d'Eurasie étant celui d'une « guerre civilisationnelle » globale entre l'orthodoxie et le monde turco-islamique en plein essor, doublée d'une rivalité géo-économique américano-russe. De plus, ce réveil belliqueux de l'Islam eurasien s'inscrit lui-même dans le cadre d'un sursaut revanchard et menaçant du monde islamique décidé à en découdre une fois pour toutes avec les « infidèles », que ceux-là soient occidentaux, russo-orthodoxes, indiens ou même chinois. Bien sûr, la grille de lecture « civilisationnelle » n'explique pas toute la guerre en ex-Yougoslavie. Comme au Liban ou en Afghanistan, les différentes « représentations » et passions identitaires ont été largement instrumentalisées de part et d'autre, au profit d'acteurs géopolitiques plus vastes (États-Unis, Allemagne, Turquie, Russie, États islamistes), se livrant, par sous-acteurs interposés, une guerre indirecte. « La zone des Balkans tire sa haute sismicité géopolitique du fait qu'elle a toujours été une zone de refoulement, de " containment " réciproque des différentes grandes puissances, explique François Thual, autrement dit, l'instrumentalisation des conflits locaux a toujours eu pour objectif fondamental d'empêcher les puissances d'installer leur influence [1]. »

En fait, le cercle vicieux de la « guerre civilisationnelle » islamo-orthodoxe en ex-Yougoslavie fut déclenché par le démembrement de la Fédération yougoslave, provoqué non seulement par les revendications sécessionnistes des Musulmans Bosniaques et albanais, mais aussi, au début, par les composantes slavo-catholiques les plus riches de la Fédération (Slovénie, Croatie), désireuses de quitter la Yougoslavie communiste « dominée par les Orthodoxes » pour rejoindre la riche Union européenne. Face au sécessionnisme, l'armée yougoslave, dominée par l'élément serbe, a réagi avec encore plus de violence afin de maintenir, en vain, l'unité territoriale et politique de la Fédération. C'est ensuite, surtout, que le communautarisme sécessionniste islamique, encouragé par l'exemple croato-slovène, embrasa la Bosnie puis le Kosovo, bénéficiant de surcroît de l'appui stratégique des États-Unis, de l'Allemagne et du monde islamique, ainsi que de l'alliance contre nature entre les Catholiques et les Musulmans contre les Serbes.

L'Occident à l'assaut de la Yougoslavie

Retraçons brièvement les faits : la Yougoslavie multi-confessionnelle et multi-ethnique éclata en 1991 avec la marche vers l'indépendance de la Slovénie puis de la Croatie, qui en appelèrent à la « solidarité occidentale » pour échapper au « *diktat* communiste serbo-yougoslave ». L'« Occident » (c'est-à-dire les membres de l'OTAN et de l'Union européenne) répondit immédiatement, à commencer par l'Allemagne, qui reconnut en premier la Slovénie, puis la Croatie, dès décembre 1991, avant même l'Union européenne, et sur demande expresse de la très influente hiérarchie catholique de Bavière. Le Vatican devança également Bruxelles, mise devant le fait accompli. En fait, le poids de l'Allemagne, dans la reconnaissance par Bruxelles des deux républiques sécessionnistes, fut déterminant. Alors que les Nations unies avaient voté, le 25 septembre 1991, une résolution imposant l'embargo sur les livraisons d'armes à toutes les factions yougoslaves afin d'atténuer l'intensité des violents combats qui secouaient le pays, Bonn continua à approvisionner secrètement la Croatie en armes et en munitions. C'est ainsi que plus de 25 000 Serbes furent chassés de Slavonie orientale en octobre 1991, lors d'opérations de « nettoyage ethnique », et que 25 villages serbes furent rasés dans la région de Slavonska Pozega. En décembre 1991, les chefs d'État et les ministères de l'Union européenne s'étaient rassemblés à Maastricht et y avaient tenu une réunion d'une importance capitale. Il s'agissait d'entériner le fameux traité du même nom donnant notamment naissance à la monnaie unique européenne et à la Politique étrangère et de sécurité commune. Concernant la

Yougoslavie, dont il fut débattu, onze des douze États membres se déclaraient *en faveur* du maintien de l'unité de la Fédération yougoslave. Seul État favorable au démembrement de la Yougoslavie, mais première puissance économique européenne et pierre angulaire indispensable de la future monnaie unique, l'Allemagne parviendra, à 4 heures du matin, à arracher la reconnaissance de la Croatie et de la Slovénie par Bruxelles comme États indépendants. Pour la première fois depuis la Seconde Guerre mondiale, elle renouait avec une *Ostpolitik* non pas défensive, mais agressive, celle du *Drang Nach Osten*, et dissimulait ses velléités hégémoniques dans les Balkans derrière un excès de zèle « humanitaire » et antiserbe, que l'on retrouvera également tout au long de la guerre du Kosovo.

Le traité de Maastricht, que Bonn menaçait de faire échouer, fut ainsi signé à la faveur de ce retour en force des Allemands dans les Balkans. L'unité de la Yougoslavie venait d'être sacrifiée pour maintenir, pensait-on, celle de l'Union européenne. En réaction à cette reconnaissance de la Croatie, les populations des régions serbes de Croatie décidèrent elles aussi d'exercer leur « droit à l'autodétermination », se rassemblant dans une république indépendante, la « Krajina », que l'Union européenne refusa de reconnaître. Ce qui avait été accordé, à tort ou à raison, aux Croates et aux Slovènes, et qui sera accordé aux Bosno-musulmans puis aux Albano-Kosovars, était refusé aux Serbes de Krajina, que les médias occidentaux présentèrent comme des « envahisseurs », alors que l'Empire autrichien les y avait installés, trois siècles auparavant, afin d'en faire un rempart contre les incursions turco-islamiques. L'erreur de jugement des Européens — y compris de l'Allemagne — sera fatale, car elle entraînera de violentes réactions anticroates de la part de Belgrade, une guerre civile d'une violence inouïe, la mort de milliers de civils croates et serbes innocents, l'exil forcé de plus de 300 000 Serbes, « purifiés ethniquement » ou chassés de Slavonie occidentale et de Krajina en mai et en août 1995. L'Allemagne, l'Autriche, la Hongrie, la Pologne et même le Chili et la Bolivie avaient envoyé des armes aux Croates. Les riches diasporas croates d'Amérique du Nord avaient déployé un intense *lobbying* auprès du Congrès américain et contribué pour beaucoup à l'effort de guerre de Zagreb, ce qui permit, entre autres, aux Croates de lancer l'attaque contre la Krajina en 1995 et d'en chasser 250 000 Serbes. Les Serbes se radicalisèrent à leur tour, bénéficiant quant à eux d'un certain soutien de la part de leurs coreligionnaires orthodoxes russes (Cosaques), bulgares, roumains et grecs, notamment en matière d'assistance militaire et de livraison de chars (300 millions de dollars de chars vendus par Moscou aux Serbes selon Huntington), de missiles et de missiles antimissiles. Mais l'appui russe demeura relativement faible, et les Serbes de Bosnie seront finalement abandonnés par Moscou et Belgrade, lorsque l'OTAN déclenchera des raids sur la république serbe de

Bosnie en 1995, ce qui permettra aux Musulmans et aux Croates de l'emporter définitivement sur les nationalistes serbes.

En mars 1991, dans un premier temps, les États-Unis avaient exprimé leur désir de voir l'ex-Yougoslavie se maintenir (positions de Bush et Kissinger, notamment). Mais, dès avril 1992, le secrétaire d'État James Baker souligna la volonté américaine de voir la reconnaissance de la Croatie et surtout de la Bosnie, sous la pression des puissants lobbies croate et musulman et de l'Allemagne aux États-Unis. À partir de mars 1994, le rôle de Washington sera déterminant dans le processus de partition de la Bosnie. Le 10 mars 1992, Baker se rend à Bruxelles et demande officiellement aux ministres des Affaires étrangères de reconnaître sur-le-champ la Bosnie-Herzégovine, faute de quoi les États-Unis ne reconnaîtraient pas la Slovénie et la Croatie. Le 7 avril, le diplomate américain obtient satisfaction : la Bosnie-Herzégovine est reconnue par tous les États occidentaux et admise peu après aux Nations unies, plus vite qu'aucun État nouveau ne le fut jamais dans toute l'histoire de l'organisation. Plutôt que d'essayer de stabiliser la situation, les États-Unis, à la fois alliés et concurrents de l'Allemagne dans les Balkans, s'efforceront d'aggraver encore plus la situation afin de rendre leur présence politico-militaire indispensable, la dynamique de décomposition de la Yougoslavie étant impossible à enrayer et les dividendes risquant d'être monopolisés par Bonn. En mars 1992, donc, Washington incite Alija Izetbegovic à rejeter l'accord conclu à Lisbonne prévoyant le partage de la Bosnie selon des lignes « ethno-religieuses » et accordant 44 % du territoire bosniaque aux Musulmans. Alors qu'il avait signé quelques jours plus tôt ce document, avec le croate Mate Boban et le serbe Radovan Karadzic, le futur président bosniaque reviendra sur sa signature sous la pression américaine. On connaît la suite des événements : Washington, plaçant tous ses atouts sur la carte bosno-musulmane et cherchant un prétexte médiatique pour justifier les sanctions contre la Serbie, récupérera le drame de l'explosion de la boulangerie de Sarajevo (16 morts, voir Chap. VI, « La guerre de l'information »). Bien que la responsabilité intégrale en ait été attribuée aux Musulmans bosniaques aussi bien par le commandant des Casques bleus, les services de renseignements anglais et français, que par le représentant de l'Union européenne, M. Wynaendts, les États-Unis — CNN, l'agence de communication Ruder Finn et le département d'État en tête — parviendront à incriminer les « barbares » serbes et faire ainsi voter les sanctions contre la Serbie par le Conseil de sécurité. Il s'agissait alors de réunir Musulmans et Croates contre les Serbes. Le Conseil de sécurité de l'ONU confia ainsi à l'OTAN, donc à Washington, l'application des décisions. Cela marqua l'entrée en scène de l'Alliance atlantique et par conséquent l'implantation durable de l'Amérique dans le sud-est de l'Europe. Une fois enclenché, le cercle vicieux du *sécessionnisme* et des haines *inter-communautaires* ne s'arrêtera plus, en grande partie à cause de la reconnaissance par trop hâtive de l'indépendance de la Croatie, de la Slovénie et de la Bosnie par les nations occidentales. Les Américains exigeront que soient reconnus les droits des Croates nationalistes, des Bosniaques musulmans et aujourd'hui des Albanais, alors qu'ils refuseront aux Serbes de Bosnie ce même droit, les Serbes de la Republika Srpska étant obligés de demeurer dans l'espace bosniaque souverain présidé par un Musulman, et n'ayant ni le droit de recevoir la nationalité serbe ni même de voter en Serbie, au contraire des Croates. Devant de tels désordres et une telle partialité, la radicalisation des nationalistes de Belgrade et l'embrasement de toute la région était largement prévisible, expliquent certains observateurs américains eux-mêmes, opposés à la « stratégie du pire » délibérément adoptée par l'administration Clinton. Dans un article paru dans le *Los Angeles Times* et le *Washington Post* des 21 et 22 septembre 1997, relatif aux accords de Dayton qui imposaient le concept de « Bosnie multi-ethnique » et écartaient de l'ordre du jour le sort du Kosovo, Henri Kissinger avait pourtant prévenu : « Un État multiethnique en Bosnie a peu de chance d'émerger, si ce n'est au terme d'une nouvelle série de combats et seulement si l'une des parties remporte une victoire totale. La puissance militaire de l'OTAN doit-elle servir à obtenir ce genre de résultats ? L'Amérique doit éviter de se laisser entraîner dans une crise dont elle ne pourra maîtriser les implications (...) nous ne pouvons pas justifier une action militaire. »

Mais la *dynamique belliciste* était déclenchée et la guerre de Bosnie devint très rapidement, du fait de l'action des grandes puissances, une « guerre civilisationnelle », ce qui rappelait la guerre civile libanaise, où les contentieux entre différentes communautés de la région furent également instrumentalisés par des puissances étrangères. Cette guerre « civilisationnelle » opposa dans un premier temps Serbes orthodoxes et Croates catholiques, puis, dans un second temps, Bosno-musulmans et Serbes. Là aussi, la situation est comparable à celle du Cachemire (« paradigme indo-pakistanais ») ou du Liban, les Musulmans légitimant leur revendication d'un État propre par l'argument de la supériorité démographique. En effet, en 1961, les Serbes représentaient près de 43 % de la population de la Bosnie-Herzégovine, les Musulmans 26 % et les Croates 22 %. En 1991, lors des premières revendications d'indépendance, le rapport est quasiment inversé, les Serbes ne représentant plus que 31 %, les Musulmans 44 % les Croates 17 %. Ce qui fonde Samuel Huntington à écrire : « l'expansion d'un groupe ethnique a conduit à la purification ethnique de l'autre (...), les mutations démographiques, ainsi que le renflement de la pyramide des âges de 20 ans ou plus, expliquent bon nombre de conflits entre civilisations [2] ». Dans leur stratégie de conquête du monde, les mouvements et États islamistes considèrent en effet la vitalité démographique des minorités musulmanes à la fois comme le signe de la supériorité de l'Islam et comme un levier de prosélytisme et de conquête territoriale. Les chiffres n'appellent pas de commentaires : les Musulmans représentaient 18 % de la population mondiale en 1980 ; ce chiffre passe à 20 % en 2000, et bondira certainement à 30 % en 2025.

Le « ralliement de civilisations le plus large et le plus effectif, écrit Samuel Huntington, fut celui du monde musulman autour des Musulmans de Bosnie. Leur cause devint universellement populaire dans les pays musulmans, l'aide vint d'une variété de sources publiques et privées. Les gouvernements d'Iran et d'Arabie Saoudite rivalisèrent dans leur soutien et pour tenter de gagner l'influence que celui-ci générait [3] ». Entre 1993 et 1995, les Bosno-musulmans auraient reçu pour 300 millions de dollars d'armes saoudiennes et 500 millions de dollars d'aide prétendument humanitaire. Selon les officiels américains ou d'après les rapports du Groupe de recherche et d'information sur la paix et la sécurité (GRIP), l'Iran aurait dépensé des centaines de millions de dollars en armes pour les Musulmans bosniaques. Laïques ou fondamentalistes, sunnites comme chiites, les Musulmans du monde entier, de l'Indonésie au Maroc, s'identifieront à cette cause, avec une intensité particulière pour les Turcs, particulièrement liés aux Bosniaques et aux Musulmans des Balkans, la Bosnie ayant fait partie intégrale de l'Empire ottoman jusqu'en 1876. Les États musulmans les plus puissants, Turquie et Arabie Saoudite en tête, ainsi que l'Organisation de la conférence islamique (OCI), pèseront alors de tout leurs poids (arguments du pétrole et de l'OTAN) pour obliger l'« Occident » à défendre inconditionnellement les Bosniaques et à réduire les Serbes, puis pour pousser à la levée de l'embargo sur les armes, auprès des instances mêmes de l'ONU, de l'OTAN et des États-Unis, embargo qui sera de toute façon systématiquement violé par tous les États islamiques, au vu et au sus de tous.

Outre l'aide « humanitaire » considérable apportée au Kosovo (le Croissant rouge saoudien enverra par avion à Tirana quantité de produits alimentaires, vêtements, tentes et autres équipements plus stratégiques), l'Arabie Saoudite déploya une intense activité auprès des États-Unis et des organisations internationales, exigeant des « sanctions » vigoureuses contre Milosevic et critiquant fortement la Russie, accusée d'être « anti-islamique » et pro-serbe. Lors d'une rencontre le 12 avril à Téhéran avec le ministre de la Défense iranien Ali Shamkhani, le prince Séoud appela le monde musulman et les différentes organisations islamiques (OCI) à « créer une force militaire islamique collective afin de défendre les Musulmans " menacés " de par le monde et d'apporter la paix et la sécurité aux pays islamiques [4] », menace à peine voilée d'utilisation unilatérale de la force au cas où les « Alliés occidentaux », dépendant du pétrole saoudien, sous-estimeraient la capacité de nuisance de Riyad et hésiteraient à soutenir les terroristes musulmans de l'UCK.

Dans un rapport spécial paru dans la revue *Defense and Foreign Affairs Strategic Studies*, publiée aux États-Unis et à Londres, l'Américain Gregory Copley, explique qu'en « Bosnie-Herzégovine, poussé par la très zélée et activiste administration américaine, l'Ouest et les nations ont activement encouragé et facilité l'assise de l'administration musulmane bosniaque (...). La récente découverte d'une filière terroriste préparant un nouvel attentat contre le pape avec le soutien logistique de Sarajevo, donc le fait que le terrorisme islamique anti-occidental soit sponsorisé au cœur même de l'Europe, semble avoir conduit certains gouvernements européens à repenser leur politique bosniaque [5] ». De son côté, Yossef Bodansky, proche des milieux anglo-saxons du renseignement et président du groupe anti-terroriste au Congrès américain, révèle dans le *Defense and Foreign Affairs* précité que l'Albanie et le Kosovo sont devenues, au cours de ces dernières années, des « bases arrière du terrorisme islamique » et le « premier point d'entrée des islamistes en Europe (primery entry point into Europe) ».

Lorsque la guerre éclata en ex-Yougoslavie, la première action de la Communauté religieuse islamique (CRI), autorité islamique suprême de l'ex-Yougoslavie, dirigée par Yacoub Selimovsky, le dernier *Raïs al-Ouléma* (président des oulémas : religieux musulmans) de la Fédération yougoslave, fut de promulguer une *fatwa,* fondée sur la *charià*, proclamant le *jihad* et certifiant qu'il s'agissait bien d'une « guerre de religion » : « Tout individu célibataire, homme ou femme, doit partir à la défense de la foi islamique en fonction de ses compétences et possibilités. S'il n'obéit pas à cette obligation, cela signifiera qu'il n'est plus en accord avec sa foi et qu'il trahit sa mission dans ce monde. Commencez à combattre pleinement et dans la confiance d'Allah. Si vous survivez, vous serez un *ghazi* (ou *razi* : héros du *jihad*), et si vous périssez, vous serez *chahid* (sacrifié pour l'amour de l'islam). Pendant vos offensives et combats avec l'ennemi, dites " Allah Akbar " (Dieu est le plus Grand), et, si cela est possible, ayez une copie du Coran sur vous [6]. » Dès 1991, avant que la Bosnie-Herzégovine ne soit dirigée par un président islamiste, les organes officiels de la CRI avaient déclaré qu'après avoir établi un État islamique en Bosnie, la priorité consisterait à « faire de cet État musulman un centre pour l'expansion islamique dans le reste du monde », rapporte l'islamologue bosniaque Morolijub Jevtic. Et lors de la Première Conférence des Musulmans de l'Europe de l'Est, le professeur Es-Sammari, spécialement venu d'Arabie Saoudite, déclara : l'« Islam est toujours fermement enraciné en Europe de l'Est et, avec l'aide d'Allah, a toutes les prédispositions pour devenir non seulement un centre de pouvoir politique, mais aussi un épicentre de la diffusion de l'Islam vers le reste de l'Europe et de l'Union soviétique [7] ». Aussi n'est-il pas si étonnant que les premières manifestations populaires de soutien aux guérilleros islamistes tchétchènes, violemment réprimées par l'armée russe, aient eu lieu à Sarajevo, comme le signale un article du *Monde* du 3 décembre 1999 : « Nous demandons l'arrêt du siège de Grozny », scandaient le 3 décembre 10 514 Sarajéviens en colère faisant signer des pétitions, chiffre volontairement choisi en référence au nombre présumé de civils morts pendant le siège de Sarajevo. « Les gens de Sarajevo se sont complètement identifiés aux habitants de Grozny », explique Adil Kulenovic, directeur de la radio télévision *Studio 99*. Un mois plus tôt, le 13 novembre, quelque 200 musulmans de Bosnie avaient déjà manifesté dans la capitale, demandant à la « communauté internationale » d'intervenir pour « faire cesser l'offensive russe en Tchétchénie » au cri de « Sarajevo hier, Grozny aujourd'hui ».

La Bosnie : un État islamiste pro-américain en plein cœur du monde orthodoxe

En Bosnie-Herzégovine, l'idéologie islamiste ne fait pas seulement référence à des groupuscules activistes ou à des partis d'opposition islamistes minoritaires. Elle recueille au contraire la majorité des suffrages et anime le pouvoir en place, à travers le Parti d'action démocratique, le SDA (*Stranka Demoktatske Akcije*, en serbo-croate), formation ouvertement islamiste dont le but est l'islamisation de tous les Balkans et, à long terme, du reste de l'Europe. Le président de la Bosnie-Herzégovine, Alija Izetbegovic, chef de ce parti, est en fait un militant islamiste de longue date, il est même, ce qui l'a rendu « sympathique » aux yeux de nombreux Occidentaux, le seul leader ultra-nationaliste des trois camps (feu Tudjman, Milosevic et lui-même) à n'avoir jamais été communiste. « À sa sortie de prison (où il n'avait purgé que six des quatorze années de détention auxquelles il avait été condamné pour activités pro-islamistes et hostiles à l'État yougoslave), Alija Izetbegovic visita plusieurs pays islamiques fondamentalistes du Proche-Orient, explique Yossef Bodansky. Revenu en Bosnie-Herzégovine, il fonda le SDA. Puis il fit paraître à Sarajevo une nouvelle édition de son manifeste, la *Déclaration islamique* [8] », publiée en 1970 et rééditée en 1990, qu'il avait en partie conçue en prison. Son objectif : créer un État islamique, dans une optique pro-turque et panislamiste. Citons seulement quelques extraits significatifs de sa *Déclaration* : « Il n'y a pas de paix, ni de coexistence entre la religion islamique et les institutions sociales non islamiques... l'islam exclut clairement le droit et la possibilité de la mise en œuvre d'une idéologie étrangère sur son territoire. Il n'y a donc pas de principe de gouvernement laïc et l'État doit être l'expression et le soutien de concepts moraux de la religion. Le mouvement islamique doit et peut prendre le pouvoir dès qu'il est normalement et numériquement fort à tel point qu'il puisse non seulement détruire le pouvoir non islamique, mais qu'il soit en mesure de construire le nouveau pouvoir islamique (...). Dans les conditions actuelles, la fonction naturelle de l'ordre islamique étant le rapprochement de tous les Musulmans et de toutes les communautés musulmanes dans le monde, cette tendance implique la lutte pour la grande Fédération islamique, du Maroc à l'Indonésie et de l'Afrique tropicale à l'Asie centrale [9]... » Les inconditionnels occidentaux d'Izetbegovic sont souvent embarrassés lorsqu'on aborde la question de l'orientation ultranationaliste, antidémocratique (comme les deux autres camps) et fondamentaliste du président bosniaque, ses thuriféraires rétorquant qu'il aurait renoncé au fanatisme religieux peu après la publication du texte compromettant, dans les années 70. Pourtant, avant de faire rééditer sa *Déclaration* en 1990, Izetbegovic avait récidivé en 1984, dans un ouvrage intitulé l'*Islam entre l'Est et l'Ouest*, publié cette même année aux États-Unis puis en serbo-croate en 1988, au lendemain de sa remise en liberté. Il y affirmait que « l'Islam ne peut en aucun cas coexister avec d'autres religions dans le même État, sauf comme un expédient à court terme. Sur le long terme, par contre, après être devenus plus forts, dans un pays quel qu'il soit, les Musulmans ont le devoir de s'emparer du pouvoir et de créer un État authentiquement islamique ». En 1993, Izetbegovic recevra solennellement — en argent liquide, sous le haut patronage du roi Fayçal — à Riyad, le Prix islamique de 93 333 dollars « en récompense de son engagement en faveur du *jihad* ». Outre ce prix, des téléthons seront organisés par la télévision jordanienne (7 millions de dollars collectés), dans les Émirats arabes (45 millions de dollars) et en Arabie Saoudite [10]. En fait, Alija Izetbegovic est un « homme à double visage », « aux démocrates occidentaux, il se présente comme antiraciste, partisan du multiethnisme », explique le journaliste belge Michel Collon, tandis qu'« aux peuples arabes, il se présente comme combattant l'impérialisme des puissances occidentales [11] ». Dans un article du *Los Angeles Times* du 6 février 1994, George Kenney, haut responsable au Département d'État jusqu'à sa démission en août 1992, jugeait déjà sans complaisance la vraie nature du régime bosniaque : « Ne nous faisons pas d'illusions (...) C'est seulement à l'attention du monde extérieur que le gouvernement bosniaque maintient la fiction de son caractère " multi-ethnique ", pour la raison évidente qu'un État multi-ethnique permet mieux d'obtenir une aide internationale ».

Rappelons que le premier acte de la Bosnie indépendante fut l'adhésion à l'Organisation de la conférence islamique (OCI), dominée par l'Arabie Saoudite et l'Iran, États fondamentalistes, alors que la Bosnie est encore majoritairement chrétienne (37 % de Serbes et 19 % de Croates). Soi-disant multi-confessionnelle, l'armée bosniaque sera elle aussi rapidement « purifiée », le général serbo-bosniaque Divjak, prétendu « numéro 2 », ayant été « arrêté » par des miliciens musulmans, en décembre 1992. Aussi n'est-il pas si étonnant que cette même armée ait baptisé l'une de ses brigades « Handchar », du nom d'une des divisions SS musulmanes qui s'illustrèrent, 50 ans plus tôt, par leurs atrocités à l'encontre des Juifs, des Serbes et des Tziganes. Quant à la liberté d'expression, l'emprise du régime d'Izetbegovic et du SDA sur les médias est désormais écrasante, la télévision et la radio bosniaques n'ayant plus le droit de diffuser de musiques ou de programmes serbes. De plus, des journaux comme *Ljilian,* proche du SDA, se prononcent-ils ouvertement contre les mariages mixtes et « interethniques ».

En réalité, le régime autoritaire et ultra-nationaliste d'Izetbegovic islamise progressivement, mais sûrement, la société bosniaque : réintroduction partielle de la loi coranique (*charià*) dans les tribunaux ; islamisation de l'armée et de la police (90 %) ; réapparition du voile ; exaltation de la civilisation turco-ottomane et islamique dans les manuels scolaires ; attaques contre les mariages mixtes ; « préférence musulmane » pour les embauches et les promotions ; introduction de termes arabes et turcs dans la nouvelle « langue bosniaque » (publication d'un dictionnaire de 20 000 expressions « turques ») ; cours d'arabe et de Coran dans les écoles ; nom des rues rebaptisées (la rue Maréchal-Tito, à Sarajevo, a été rebaptisée Mula-Mustapha-Baseskija, du nom d'un théologien musulman du XVIIIe siècle) ; destruction de centaines d'églises orthodoxes et catholiques ; expulsion de milliers de Croates et de Serbes de Bosnie. C'est ainsi qu'à Sarajevo, une véritable « épuration confessionnelle » sévit depuis 1995 : Croates et Serbes sont expulsés des quartiers musulmans et de leurs anciennes zones de résidence. Auparavant, la capitale bosniaque comptait 50 % de Serbes ; aujourd'hui, à peine 10 %. Les Croates eux-mêmes, qui s'étaient pourtant alliés avec les Musulmans contre les Serbes sur ordre des Américains, sont maintenant victimes de l'intolérance islamique : alors que la capitale croate, Zagreb, abrite le plus important centre islamique et la plus grande mosquée d'ex-Yougoslavie, avec une grande liberté de passage pour les Musulmans, Mostar, ville située dans la fédération croato-musulmane, elle-même composante de la Bosnie, est coupée en deux, les Musulmans ne voulant pas y cohabiter avec les Croates catholiques et vice et versa. Enfin, ce qui frappe tout visiteur, à son arrivée à Sarajevo, ce sont non seulement les mosquées et centres islamiques qui fleurissent dans chaque quartier, mais surtout la présence de quantités d'islamistes d'origine albanaise, arabe, turque, tchétchène, afghane ou pakistanaise, naturalisés « citoyens bosniaques » après la guerre, en signe de remerciements pour « services rendus ». C'est ainsi que depuis sa constitution, la Bosnie a pour vocation géopolitique de devenir le noyau central d'un futur État panislamique et trans-balkanique.

Auteur de plusieurs livres [12] traitant de l'islamisme dans les Balkans, Yossef Bodansky évalue le nombre de moudjahidines arabes et étrangers venus se battre en Bosnie aux côtés des Bosno-musulmans de 11 000 à 15 000. Samuel Huntington les situe aux alentours de 5 000 ce qui est déjà considérable. Communément désignés sous le vocable d'« Afghans », les volontaires étrangers comprenaient non seulement des vétérans arabes de la guerre d'Afghanistan, mais aussi des Pakistanais, des Égyptiens, des Turcs, des Soudanais, des Yéménites et même des travailleurs immigrés albanais et turcs d'Allemagne, d'Autriche et de Suisse. Les principales bases d'entraînement des moudjahidines en Bosnie se trouvaient à Zenica et à Tuzla. Concernant Zenica, deuxième grande base bosniaque du terrorisme islamiste, des sources proches du ministère français de la Défense laissent entendre que le terroriste Oussama Ben Laden y aurait parrainé l'installation de camps équipés en matériel biologique, camps directement « jumelés » à ceux de Kandahar en Afghanistan, leur « maison-mère ». L'implication personnelle de Ben Laden dans la cause bosniaque apparaissait au grand jour lors de l'arrestation en Turquie, en octobre 1999, d'un vétéran d'Afghanistan, le Tunisien Mehrez Amdouni, qui a combattu à partir de 1993 dans une unité de moudjahidines en Bosnie et possesseur d'un passeport bosniaque que Sarajevo lui avait accordé pour « services rendus » à la Bosnie. Fournissant maints détails sur l'engagement en Bosnie de ce militant islamiste présumé proche d'Oussama Ben Laden, les journaux de Sarajevo *Dani* et *Slobodna* (24 et 25 septembre 1999) révélèrent que Ben Laden avait lui aussi obtenu un passeport bosniaque en remerciement de son soutien aux autorités et forces musulmanes de Bosnie. D'après *Dani*, le passeport aurait été remis au terroriste saoudien en 1993 par l'ambassade de Bosnie-Herzégovine de Vienne ; la capitale autrichienne, sous le gouvernement social-démocrate du chancelier Vranitsky, ayant été « la plaque tournante de l'action menée par les autorités de Sarajevo pour accueillir à l'extérieur une aide en tout genre (militaire, financière, humaine) pour leur combat en Bosnie [13] », précise le journaliste Kostas Kristich.

Outre les milliers de moudjahidines venus prêter main-forte aux Bosniaques, aux côtés de centaines de gardiens de la révolution iranienne (au moins 400), près de deux mille « Européens », principalement franco-beurs, belges ou anglais convertis, rejoindront les camps « afghans » de Bosnie. Nous avons déjà mentionné, dans les chapitres précédents, les cas de Lionel Dumont et Christophe Caze, célèbres « islamo-braqueurs » issus des gangs de Roubaix, ou encore les « réseaux » toulousains, bordelais et lyonnais, qui fourniront nombre de moudjahidines issus des « banlieues chaudes ». Il est bon de rappeler que les principaux auteurs de la vague d'attentats qui terrorisa Paris et Lyon durant l'été 1995, notamment Khaled Kelkal, Ali Touchent et Ben Saïd, étaient eux aussi issus de la « filière afghano-bosniaque », elle-même liée au GIA algérien et au *Gamaà* égyptien, filière qui continue d'organiser des stages d'entraînement au Pakistan (Peshawar), en Afghanistan, en Bosnie et au Kosovo (maniement d'explosifs et d'armes diverses). L'enquête française établissait parfaitement qu'Abou Farès (dit Rachid Ramda), interpellé à Londres, responsable et financier du commando, et Karim Koussa, tout deux proches du GIA et du *Gamaà*, s'étaient rendus à Sarajevo et à

Peshawar. « Hormis une formation militaire classique, explique Richard Labévière, destinée aux différents fronts balkaniques, les instructeurs forment les volontaires aux techniques de guérilla urbaine (...). Délivrés en Bosnie, ces " cours magistraux " sont filmés. Les cassettes vidéos se retrouvent ainsi à l'étalage de nombreux " centres culturels " islamiques et mosquées d'Europe [14]. » Bien sûr, étant donnés les liens militaires tissés entre les deux nations, la « filière bosniaque » utilise désormais le territoire albanais (nord) et le Kosovo.

La plupart du temps, ce sont des organisations humanitaires arabo-musulmanes ou occidentales qui collectent les fonds auprès des fidèles et qui organisent les « convois humanitaires » destinés à acheminer armes et combattants. En France, l'Union des organisations islamiques de France (UOIF), proche des Frères musulmans, aurait collecté près de 900 000 F auprès de la communauté musulmane. En Europe, plusieurs branches nationales du Secours islamique ont été impliquées dans un gigantesque trafic d'armes vers la Bosnie, tandis que l'organisation islamiste turque *Milli Gorus*, antenne européenne du parti fondamentaliste turc *Fasilet,* aurait collecté encore plus de fonds auprès de la puissante diaspora bosniaque d'Europe du Nord et de la communauté turque. On sait aujourd'hui que les filières européennes du *Gamaà* égyptien, du GIA ou du FIS, pendant la guerre serbo-bosniaque, passèrent dans un premier temps par Varsovie (où *El-Ansar* possédait sa boîte postale), l'Allemagne et Zagreb, à travers des associations humanitaires ou ONG, très souvent financées par des milliardaires du Golfe. Évaluées à plus d'une centaine, ces associations humanitaires allaient de la mondialement connue *Human Concern International (Al-Kifah Refugee Center)* au *Islamic Relief Organisation* (Organisation du secours islamique, ONG dont le siège est à Birmingham) en passant par la TWRA *(Third World Relief Agency)*. Cette dernière est également connue sous le nom de *Muslim Aid* en Italie, de *Help* à Berlin ou encore de *Mowafaq Foundation* à Zagreb, en Croatie, où survit une forte communauté musulmane. Comme le constate un rapport du Groupe de recherche et d'information sur la paix en Europe (GRIP), « dans le cas de la Bosnie, l'argument de l'aide humanitaire a souvent servi d'alibi (...). Certaines de ces organisations avaient pour vocation la récolte des fonds pour acquérir des armes, les acheter et les faire venir en Bosnie [15] ». C'est le cas notamment de la TWRA, fondée en 1987 par un ancien diplomate soudanais Elfatih Hassanein et basée en Autriche. Fin 1992, la TWRA disposait de bureaux en Bosnie, en Hongrie, en Russie et en Turquie. Hassanein était alors accrédité auprès de la First Austrian Bank (Vienne) comme représentant spécial du gouvernement bosniaque, lequel lui fournira, dès mars 1992, un passeport diplomatique en qualité d'« attaché culturel », ce qui lui permettra de transférer en toute quiétude quantités de devises d'un pays à un autre. Entre 1992 et 1995, le compte de la TWRA à la First Austrian Bank sera crédité de 350 millions de dollars. L'argent, blanchi au Liechtenstein et à Monaco, provenait de mouvements islamistes radicaux et de gouvernements musulmans, principalement l'Arabie Saoudite, l'Iran et le Soudan, puis le Pakistan, Brunei, la Malaisie et la Turquie. Près de 50 % des fonds étaient affectés aux achats d'armements. « Membre du Front national islamique au pouvoir à Khartoum, il [Hassanein] avait des contacts réguliers avec Oussama Ben Laden et avec sheikh Omar Abdel Rahmane [commanditaire de l'attentat du World Trade Center à New York et chef du Gamaà Islamiyya]. Hassanein est également un ami de longue date d'Izetbegovic qu'il a connu durant leurs études à Belgrade. Plus de 120 tonnes de fusils d'assaut, mortiers, mines et munitions sont arrivés à bord d'avions puis transférés à Tuzla ou Zenica (Bosnie). La TWRA serait également impliquée dans l'envoi de mercenaires musulmans [16]. »

Enfin, au printemps 1994, outre le démantèlement d'un réseau d'acheminement d'une vingtaine de volontaires « français » originaires des banlieues bordelaises, les services de renseignement français et américains révéleront la présence de 400 gardes républicains iraniens. Ainsi, Washington avait donné son aval pour que l'Iran soit le principal fournisseur d'armes du gouvernement d'Izetbegovic, mais aussi pour qu'il envoie des moudjahidines combattre aux côtés de leurs frères musulmans. D'après le rapport du GRIP précité, les Bosniaques musulmans auraient reçus, entre 1994 et 1996, en violation flagrante de l'embargo sur les armes en ex-Yougoslavie et avec l'accord des Américains, plus de 5 000 tonnes de matériels militaires en provenance de l'Iran, *via* Zagreb, alors alliée des Bosno-musulmans contre les Serbes. Washington aurait également permis la livraison dans les mêmes conditions d'armes en provenance d'Arabie Saoudite, du Soudan, du Pakistan, de la Turquie, de la Malaisie et du sultanat de Brunei, en plus de la considérable aide financière en provenance de ces pays.

L'ombre de l'Iran en Bosnie, en Albanie et au Kosovo

Alors qu'ils se combattent en Afghanistan, islamistes chiites iraniens et fondamentalistes « afghans » sunnites (wahhabites, talibans, réseaux Ben Laden) sont parvenus à coopérer entre eux au Kosovo et en Albanie, le but commun des deux adversaires concurrents étant d'« assister une minorité musulmane en détresse » afin de consolider l'axe islamique stratégique Sarajevo-Tirana. D'après des sources issues des services de renseignement américains, les islamistes iraniens auraient ainsi établi, depuis 1997, une puissante infrastructure militaro-terroriste dans les Balkans et en Europe du Sud. Cet axe partirait de l'Albanie, traverserait la Macédoine, une partie du Monténégro, du Sandjak (Rascie) et de la Bosnie-Herzégovine, pour rejoindre Brindisi, puis Milan. En fait, la « connexion balkano-iranienne » serait alimentée par plusieurs phénomènes : *subversion* et prosélytisme islamiques ; instrumentalisation des *mafias albanaises*, elles-mêmes de mèche avec les mafias italiennes (voir carte n° 7, annexe I, « Le Triangle d'or des Balkans, la mafia albanaise ») ; implantation de *réseaux d'espionnage iraniens* en Europe ; établissement de bases opérationnelles *terroristes* et ramification en Italie. Selon Yossef Bodansky et Gregory Copley, l'enjeu est ni plus ni moins d'établir, *via* le corridor criminel reliant la « zone grise » albanaise à l'Italie voisine, *une base arrière stratégique européenne* imprenable, susceptible d'exporter impunément la terreur vers les pays d'Europe occidentale. Certains analystes restent sceptiques quant à ce scénario, les services secrets et les officiels américains surévaluant, certes, le rôle de l'Iran en matière de subversion islamiste, afin de cacher celui, bien plus compromettant, de l'Arabie Saoudite, alliée stratégique de Washington. Il est toutefois indéniable que l'Iran, traditionnellement très discret en Europe de l'Ouest en matière de prosélytisme, s'intéresse à la zone des Balkans depuis le début des années 90, le rôle de Téhéran dans l'approvisionnement en armes, l'envoi de volontaires et l'aide extérieur à la Bosnie d'Izetbegovic ayant été constaté par tous les observateurs. En fait, les buts réels des Iraniens sont multiples, le prosélytisme islamiste, largement entravé par le fait que les Balkaniques sont sunnites et non chiites, n'étant souvent qu'un prétexte et un moyen de concurrencer d'autres puissances musulmanes présentes sur le théâtre des Balkans :

— mettre en place une tête de pont commerciale à quelques pas de l'Europe occidentale ;

— consolider l'axe stratégique le long de la ligne Sarajevo-Tirana au moyen de la présence politique et de la promotion de l'idéologie révolutionnaire islamiste ;

— organiser une base opérationnelle pour les services d'espionnage iraniens à partir de laquelle il serait possible de lancer des missions d'infiltration vers l'Italie, l'Autriche, la Grèce et le cœur de l'Europe de l'Ouest.

Dans un rapport de *Defense and Foreign Affairs Strategic Studies* publié en mai 1998, Bodansky, révèle que « dès 1997, Téhéran sponsorisa l'entraînement et les préparations des combattants de l'UCK en Albanie, ainsi que le transfert d'armes et d'experts via l'Albanie (...). Début décembre 1997, les services secrets iraniens avaient déjà livré les premiers équipements en grenades, pistolets-mitrailleurs, fusils d'assaut, équipement de vision nocturne et systèmes permettant de communiquer de Tirana vers le Kosovo ; des officiers d'Albanie et de l'UCK auraient même été envoyés dans les bases d'entraînement *al-Quds* et les camps des gardiens de la révolution iranienne en Iran ». En fait, les *pasdarans* ayant servi en Bosnie dès le début des années 90 — leur nombre étant estimé à 6 000 ou 7 000 — auraient entraîné les combattants de l'UCK. D'après Steve Rodan, qui révèle dans un article du *Jerusalem Post* du 14 septembre 1998 des informations recueillies par les milieux du renseignement israélien, « bon nombre d'entre eux aurait épousé, parfois de force, des femmes bosniaques et acquis la nationalité (...). Des chargés d'affaires iraniens et saoudiens auraient créé des filiales bancaires permettant de financer l'UCK ». Une banque islamique a ainsi été fondée à Tirana tandis qu'à Skadar (Albanie), une société Ayatollah Khomeiny a été mise en place. En fait, les Iraniens ont implanté plusieurs fondations « humanitaires » et « caritatives ». La plus importante d'entre elles est la *Construction Jihad*, directement alimentée par les services de renseignement iraniens à travers des fonds semi-officiels. En Albanie, le « Jihad » s'emploie à promouvoir la petite entreprise, aide à l'installation d'usines, et crée nombre d'emplois dans les sites urbains. Grâce aux moyens financiers apportés à tant de foyers pauvres, le « Jihad » est rapidement parvenu à conquérir le cœur de nombreux Albanais. Cela permet bien sûr aux services iraniens de recruter plus facilement des correspondants et de former des futurs moudjahidines, perfectionnant ainsi les méthodes efficaces déjà utilisées au Liban, en Afghanistan et en Bosnie. Enfin, on sait que, en collaboration avec des groupes islamistes sunnites, Téhéran est parvenu à transférer en Albanie plusieurs camps d'entraînements de Bosnie.

L'Albanie et le Kosovo, un « nouvel Afghanistan » européen ?

Dans un dossier consacré à l'UCK paru dans la revue diplomatique américaine *Foreign Affairs* en juin 1999, le spécialiste des Balkans Chris Hedges ne fait aucun mystère des visées ultra-nationalistes de l'UCK et des rapports étroits que l'armée terroriste entretient avec les mouvements islamistes activistes du monde entier. C'est ainsi que des associations de bienfaisance basées dans le Golfe, comme *Al-Haramain, Al-Muwafaq* ou l'*Islamic Resurrection Foundation* auraient versé des millions de dollars à l'UCK. L'Arabie Saoudite, de son côté, poursuit son traditionnel objectif d'islamisation ou de réislamisation du monde et plus spécialement des Balkans, pierre angulaire de la nouvelle stratégie d'islamisation conquête de l'Europe. Pour elle, l'Albanie ou la future « Grande Albanie », incluant le Kosovo, une partie de la Macédoine, de la Grèce et du Monténégro, est une *terre islamique* et doit réintégrer le *Dar al-Islam*. Outre le considérable soutien financier à l'UCK, elle aurait, notamment à travers la « société de bienfaisance », Agence islamique d'aide, versé des fonds pour la construction et la reconstruction d'une centaine de mosquées au Kosovo et en Albanie et pour l'introduction du Coran comme matière obligatoire dans les écoles primaires. Dans le même temps, et surtout après un an de présence de la KFOR au Kosovo, les forces séparatistes albanaises de l'UCK ont détruit ou endommagé une centaine d'églises, monastères ou cimetières orthodoxes. Dans un entretien accordé au magazine *Nida'ul Islam* en avril 1998, le cheikh

Mohammed Stubla, président de la Société albanaise islamique de Londres, avait déjà clairement expliqué ce qu'était l'UCK et quels objectifs réels l'Armée de libération du Kosovo poursuivait : l'« UCK est une organisation albanaise et islamique ayant pour objectif de défendre son peuple, sa patrie et sa religion par tous les moyens (...), libérer le sol national de la présence de l'ennemi serbe, accéder à l'indépendance ». Or, lorsque le cheikh Stubla parle d'utiliser « tous les moyens », il soutient presque officiellement la *stratégie terroriste* de l'UCK, pourtant classée comme « organisation terroriste » par les services américains jusqu'en 1998. Stubla poursuit en avertissant : « tout ce que déploiera l'ennemi contre l'UCK pour annuler l'influence de l'Islam et des Musulmans dans les Balkans ne servira à rien, car la puissance de l'Islam est telle qu'ils obtiendront le contraire de ce qu'ils voudront imposer ».

De fait, un an après le déclenchement de l'opération Force alliée, l'islamisation ou la réislamisation de la société kosovare — pourtant marquée par le sécularisme communiste — est en cours, tant à travers la présence et le soutien extérieur de structures de l'islamisme radical international qu'à travers les voies les plus officielles et « occidentales ». C'est ainsi qu'à Godbuje, ce sont les contingents des Émirats arabes unis placés sous le commandement de la KFOR française qui ont construit, durant l'hiver 2000, une mosquée pour les Albano-Kosovars, et que, dans le reste du Kosovo, ce sont les instances mêmes de l'Union européenne et de la Mission des Nations unies au Kosovo (MINUK) qui se sont engagées à réparer ou édifier, d'ici cinq ans, plus d'une centaine de mosquées dans la région, cela au moment même où des centaines de lieux de culte orthodoxes sont détruits par les nationalistes albanais dans le cadre d'une *déserbisation* culturelle totale de la province...

D'après des documents officiels [17], l'Albanie serait devenue, depuis 1993, l'une des bases du fondamentalisme et du terrorisme islamiste en Europe, cela en dépit des efforts déployés par l'équipe au pouvoir à Tirana en 1997 et 1998 pour démanteler certains réseaux islamistes étrangers ayant trouvé refuge en Albanie sous Sali Berisha, ancien président albanais, acquis à la cause islamiste. La capitale albanaise avait d'ailleurs accueilli, en 1992, dès la prise de pouvoir de Berisha, l'une des toutes premières Conférence panislamiste internationale, réunissant les tendances les plus radicales de l'islamisme mondial, chiites comme sunnites, l'année même où l'Albanie, soi-disant laïque, avait adhéré à l'Organisation de la conférence islamique (OCI). Dès 1993, on constate la présence de groupuscules islamistes albanais au Kosovo et dans le nord de l'Albanie, comme par exemple l'unité *Abou Bakr al-Sadiq*, groupe fondamentaliste néo-wahhabite dirigé par un imam albanais, Ekrem Aldija, formé à Médine, en Arabie Saoudite, aux côtés du guide suprême de la communauté islamique albanaise, Redge Boya. Deux ans plus tard, à l'occasion de l'arrestation de sept membres du groupe, la police albanaise révélait les liens de *Abou Bakr al-Sadiq* avec les réseaux d'Oussama Ben Laden, l'homme de liaison clé n'étant autre qu'Abdullah Duchaîn, chef du Bureau pour l'appel de l'islam *(Dawa)* en Albanie. Après s'être illustré en Bosnie, on retrouvera le groupe *Abou Bakr al-Sadiq* pendant la guerre du Kosovo à la tête des bataillons de moudjahidines islamistes de l'UCK, principalement à l'œuvre dans la Drenica. Déjà, le 18 juillet 1998, rapporte l'agence *FoNet*, seize ressortissants de pays musulmans avaient été identifiés parmi l'important groupe terroriste décimé à l'ouest de Djakovica par l'armée yougoslave, lors d'affrontements avec l'UCK. Parmi ces nouveaux « Afghans » : six Saoudiens, cinq Albanais macédoniens, un Yéménite, et quatre ressortissants de pays arabes résidant en Allemagne. L'enquête révélera que « ce groupe avait été mis sur pied à Munich le 3 juillet et était arrivé au Kosovo via le port italien de Bari et son vis-à-vis albanais de Durrës [18] ». Le 20 novembre 1998, un citoyen français, cette fois-là, Claude Cheikh ben Abdel Kader, natif de Saint-Denis, était arrêté par la police albanaise. Il faillit être condamné à vingt ans de prison pour l'assassinat de l'interprète albanais, Leonard Vangjeli, qui lui servait d'intermédiaire pour des trafics d'armes. En fait, Claude Kader avouera qu'il avait été envoyé pour combattre au Kosovo contre les « infidèles serbes », au sein d'une mystérieuse « armée islamique » de 300 guérilleros. Il s'avéra que les commanditaires de cette opération n'étaient autres que les réseaux islamistes londoniens de Ben Laden, spécialement chargés de recruter des volontaires du *jihad* dans les banlieues musulmanes européennes. Commentant la situation d'insurrection islamo-nationaliste au Kosovo, Bodansky écrivait déjà, dans *Some call it peace, waiting for war in the Balkans*, en 1996 : « La crise qui éclate au Kosovo peut être analysée comme une occasion dont profiteront les islamistes militants pour déstabiliser non pas seulement la Yougoslavie, mais encore de plus en plus l'Albanie sécularisée elle-même [19] ». Comme Lionel Dumont, ce Français converti, lié au gang « islamo-braqueur » de Roubaix, qui échouera en Bosnie après avoir été entraîné au Pakistan, Claude ben Abdel Kader a suivi le parcours désormais classique des moudjahidines européens : séjours au Pakistan, en Algérie, en Afghanistan, puis en ex-Yougoslavie, nouvel Afghanistan européen. En fait, le but de ces activistes était de créer à moyen terme, grâce au *jihad,* un État islamiste au Kosovo, avant d'édifier un grand État panislamiste englobant tous les musulmans des Balkans. Le 18 mars 1998, Fatos Nano, Premier ministre albanais de confession orthodoxe, déclarait, au quotidien serbe *Nasha Borba*, être inquiet du fait que « certains cercles politiques albanais ont contracté depuis plusieurs mois une alliance avec des organisations terroristes islamistes dans le but de pousser les Albanais du Kosovo à déclencher, par des actes terroristes, un conflit ethno-religieux contre les Serbes ». On sait maintenant que le milliardaire terroriste Ben Laden visita l'Albanie pour la première fois en 1995, sur invitation des services secrets albanais, le SHIK, dirigés à ce moment par Baskim Gazidede, alors sous les ordres du président Berisha, pour y tisser des liens avec des imams intégristes et des nationalistes albanais musulmans décidés à employer la solution forte au Kosovo. Le successeur de Gazidede à la tête des services albanais, Fatos Clossi (représentant la ligne la plus anti-islamiste du gouvernement de Fatos Nano, constitué après la démission de Sali Berisha), avouera quelque temps plus tard qu'il existait déjà à cette date plusieurs centres de recrutement et d'entraînement dans le nord de l'Albanie, mentionnant notamment la présence d'instructeurs tchétchènes et arabes. Ainsi, des dizaines de moudjahidines tchétchènes, arabes ou afghans ont trouvé la mort au Kosovo entre mars 1998 et juin 1999. Dans un rapport de l'*Associated Press* (principale agence de presse américaine) du 29 novembre 1998, Fatos Nano expliquait comment Oussama Ben Laden venait de monter un réseau destiné à mettre des unités à la disposition des guérilleros albanais du Kosovo. Mais le rapport le plus détaillé concernant les menées de Ben Laden au Kosovo fut livré par Steve Rodan dans le *Jerusalem Post* du 14 septembre 1998. L'auteur y explique que l'Iran et l'Arabie Saoudite ont été les principaux fournisseurs de fonds pour l'UCK, en dehors des financements propres du mouvement issus de l'argent de la drogue. Autre fait riche d'enseignements, le 28 juin 1998, trois islamistes égyptiens du mouvement *Gamaà Islamiyya* entraînant des terroristes volontaires pour le Kosovo étaient arrêtés par le SHIK, sur pressions de la CIA, qui ne voulait pas que des islamistes liés à leur ennemi suprême et ex-collaborateur, Ben Laden, ne rendent trop visible leur stratégie pro-musulmane au Kosovo. Leur chef, Al-Nadjar, sera extradé par avion militaire vers l'Égypte — où il était passible de la peine de mort — dans le cadre d'une opération secrète de la CIA *(covert action)*. On sait maintenant que cette extradition d'un collaborateur de Ben Laden, chef du Front international islamique, dont le *Gamaà* est membre, déclencha les sanglants attentats anti-américains d'août 1998 en Afrique. Momentanément les rapports entre Ben Laden et les Américains se sont apaisés, toujours en fonction de la situation au Kosovo, Oussama Ben Laden ayant accepté de cesser ses activités terroristes anti-américaines en échange d'une reconnaissance de ses activités auprès de l'UCK et en Albanie, ce qui expliquerait la nomination à la tête des opérations spéciales de l'UCK d'un vétéran de la guerre d'Afghanistan, proche de Ben Laden, un certain Muhammad Zawahiri, propre frère du bras droit opérationnel militaire de Ben Laden, Ayman Zawahiri. Ce dernier avait été étroitement impliqué dans la tentative d'assassinat du président égyptien Hosni Moubarak à Addis-Abeba en Éthiopie en 1995. Mais Ayman Zawahiri est lui aussi personnellement impliqué dans la question du Kosovo, puisqu'il travaille en étroite coopération avec Mohammad Hassan Mahmoud, responsable à Tirana de la mystérieuse Islamic

Resurrection Foundation, dont le siège est au Koweït, et qui s'est entre autres occupée des moudjahidines volontaires au Kosovo recrutés auprès du Jihad islamique égyptien et du Front islamique international de Ben Laden. L'engagement des deux frères aux côtés de l'UCK n'est probablement pas une coïncidence. Preuve de la présence de Ben Laden au Kosovo et de l'extension de son réseau en Europe, conséquences directes de la guerre au Kosovo, le gouvernement américain a lancé un avis de recherche le 27 avril 2000 contre Ben Laden, tandis que l'on apprenait que 500 terroristes islamistes formés par lui seraient prêts à lancer des opérations dans les Balkans et dans toute l'Europe de l'Ouest.

C'est pendant cette même période (1992-1999) que le mouvement séparatiste albanais renforce ses liens avec les structures du terrorisme islamique international, du parti islamiste turc *Fasilet* aux réseaux Ben Laden, en passant par les Frères musulmans, les légions islamiques tchétchènes d'Al-Khattab, la *Gamaà* égyptienne et les islamistes algériens. « Les GIA ont trouvé un bon marché pour l'achat des armes les plus diverses. La capitale, Tirana, est devenue une zone de transit pour les " Afghans " de Bosnie vers d'autres pays qui connaissent des situations de conflit », révèle le quotidien algérien *Al-Watan* [20]. Quant aux connexions avec les rebelles fondamentalistes tchétchènes, on sait que la branche islamique de l'UCK a bénéficié, dès le début de l'année 1998, d'un appui (formation, équipements, envois de mercenaires) de la part du gouvernement tchétchène et du chef de guerre Al-Khattab. Un rapport américain du *Foreign Military Studies Office* de novembre 1998, intitulé « Les Tchétchènes recrutent au Kosovo », précise que des officiers islamistes tchétchènes auraient apporté, dès septembre 1998, un soutien à l'Armée de libération du Kosovo. Les volontaires tchétchènes auraient été envoyés « combattre les forces serbes dans le cadre d'une guerre sainte du peuple musulman au Kosovo [21] ». En fait, les mercenaires tchétchènes s'étaient déjà singularisés dans de nombreux conflits slavo-musulmans dans le Caucase au cours de la dernière décennie.

Le spectre de la « Grande Albanie »

La première étape de la guerre irrédentiste menée par l'UCK était d'obtenir l'indépendance du Kosovo, but pratiquement atteint puisque les Serbes ont été massivement chassés de cette région après trois mois de bombardements de l'OTAN. La deuxième est d'obtenir l'indépendance d'une partie de la Macédoine, ainsi que du nord-ouest de la Grèce et du Monténégro, afin de réaliser le rêve de la Grande Albanie, objectif central des ultra-nationalistes albanais et de l'UCK, atteignable à moyen terme, si les choses évoluent comme actuellement.

Les Albanais forment près de 30 % de la population de la Macédoine-Arym (Ancienne république yougoslave de Macédoine, en anglais Fyrom, nom officiel), laquelle est frontalière du Kosovo et de l'Albanie. Or, depuis la guerre au Kosovo, en raison du considérable afflux de réfugiés, en partie restés sur place, la situation est plus tendue que jamais, les nationalistes albanais de l'UCK considérant leur victoire au Kosovo comme un encouragement à revendiquer cette fois-ci une partie de la Macédoine. De fait, la physionomie générale de cet État a profondément changé depuis que l'UCK a décidé, en juin 1998, d'étendre la « guerre de libération » de la Grande Albanie, à la région de Tetovo, capitale des Albanais de la Macédoine. À Tetovo, « Albanais et Macédoniens ne se mélangent plus aux terrasses des cafés. Dans son apparence, la ville est encore macédonienne, mais dans sa profondeur, elle est déjà albanaise : on n'entend parler que l'albanais ; on ne joue que de la musique albanaise (...) ici même, la population commence à s'armer. La région subit directement les contrecoups des événements du Kosovo », témoignait le grand reporter Arnaud de la Grange dans *Le Figaro* du 19 octobre 1998. En fait, les Macédoniens de souche albanaise ont contribué tout au long de la guerre aux approvisionnements de l'UCK et la cause « grande albanaise » a désormais des représentants jusqu'au sein du gouvernement de Skopje, le Parti démocratique albanais ayant été associé au pouvoir depuis 1998, sur pression américaine. Ainsi l'ouest de la Macédoine a-t-il joué, pendant toute la guerre du Kosovo, au bénéfice de l'UCK, le rôle de route d'approvisionnement en armes en provenance d'Albanie, d'où 700 000 fusils d'assaut circulent en toute liberté depuis le pillage des stocks de l'armée albanaise par les populations révoltées, en mars 1997. Mais si l'UCK est présente en Macédoine, notamment depuis 1997 et surtout l'arrivée de plus de 100 000 réfugiés albanais dès les cinq premières semaines de bombardement de l'OTAN, le nationalisme albanais a en Macédoine ses propres structures, principalement l'*Ilirida*, mouvement clandestin, équivalent macédonien de l'UCK, qui se préparerait, selon les officiels macédoniens, à une « œuvre de reconquête »... Aujourd'hui plus que jamais, les Albanais de Macédoine sentent que le jour de leur émancipation de l'État macédonien orthodoxe est proche.

En réalité, tout comme les Musulmans indiens de 1947, les Musulmans slaves ou albanais n'acceptèrent jamais le départ de leurs protecteurs turco-musulmans, et ils entretinrent une haine larvée envers les nouveaux maîtres orthodoxes dont le « pouvoir impie » ne peut pas être reconnu par un Musulman, lequel a le devoir de désobéir aux infidèles dès lors qu'il en a les moyens. On peut donc appliquer la grille d'analyse du « paradigme indo-pakistanais » à la situation actuelle de la Macédoine, du Monténégro et du Kosovo, sujets comme l'Inde de 1947, à une forme spécifique de séparatisme : *l'irrédentisme islamique*, en l'occurrence islamo-albanais. C'est en fait en Macédoine que l'on rencontre le plus fort taux d'islamisation des Balkans. Aussi Tetovo abrite-t-elle le plus important centre islamique des Balkans, où il est parfois fort difficile de différencier les Turcs des Slaves turcisés et/ou islamisés et des Albanais, la nationalité étant un principe banni, ou en tout cas subordonné à l'appartenance religieuse, chez les Musulmans balkaniques et dans l'Islam en général. En 1992, au moment du démantèlement de l'ex-Yougoslavie, la plus haute autorité islamique de Macédoine *(raïsul-ulama)*, Yacoub Selimovski, avait assisté à La Mecque en Arabie Saoudite, à une réunion de l'Organisation mondiale des mosquées [22]. L'ouléma macédonien avait demandé à cette organisation qu'elle présente auprès de l'ONU quatre projets qui auraient dû servir d'éclairage à la situation actuelle et qui ne font aucune ambiguïté quant à l'idéologie islamo-irrédentiste qui anime les élites albano-musulmanes en ex-Yougoslavie :

— reconnaissance de la Bosnie-Herzégovine comme État ;
— droit des Albanais du Kosovo de se séparer ;
— autonomie du Sandjak ou Rascie *(Raska)* ;
— constitution d'un État bireligieux en Macédoine (division de la souveraineté entre Slavo-orthodoxes et Musulmans).

Le projet « grand albanais » ne se limite donc pas seulement à une dimension ethno-nationale. De par son instrumentalisation par la Turquie, qui poursuit des objectifs plus larges dans cette région du monde, à savoir le redéploiement dans les Balkans et l'instrumentalisation de toutes les minorités musulmanes jadis converties à l'islam au contact des Osmanlis, il s'inscrit plus largement dans un projet géopolitique balkanique « néo-ottoman ». Forts de l'appui tacite des Occidentaux et des frères turcs, présent sur le sol macédonien à travers les opérations d'entraînement du Partenariat pour la paix (OTAN), encouragés par le précédant du Kosovo, et conscients que leur avantage principal sur les « infidèles orthodoxes » est leur vitalité démographique, les nationalistes albano-musulmans de l'UCK sont persuadés que la Grande Albanie est pour bientôt, voire un État confédéral islamo-albanais uni à la Bosnie et au Sandjak. « La multiplication des déclarations unilatérales d'indépendance dans les Balkans (Slovénie, Croatie, Bosnie, Macédoine et maintenant Kosovo), fortement encouragée par les Occidentaux, a créé un précédent assez troublant au regard du droit international. Après le Kosovo, qui exige une pleine indépendance, prélude à un rattachement à l'Albanie sous la houlette d'Ankara, alors la Thrace grecque, où des agitateurs islamistes turcs prêchent le devoir de désobéissance à l'égard de l'administration hellénique, présentée comme coloniale, suivra inéluctablement [23]. » Penchons-nous donc à présent sur le rôle géopolitique joué par la Turquie dans cette partie du monde et sur la nature ambivalente de sa diplomatie, à la fois « laïque » et « islamo-ottomane ».

La « diagonale verte », un projet d'unification des Musulmans des Balkans au service de la Turquie et de l'« internationale islamiste »

Les buts du panturcisme, explique Morolijub Jevtic, visent d'abord ınification de tous les peuples convertis à l'islam sous l'influence des Osmanlis, qu'ils soient ou non de souche turque. Sous sa forme actuelle, le panturcisme pourrait donc être défini comme du néo-osmanlisme » (ou « néo-ottomanisme »). « La Turquie a été un des pays les plus obstinés à reconnaître l'indépendance de la Macédoine et de la Bosnie-Herzégovine, car elle y voyait l'occasion d'atteindre ses objectifs [24] ». En réalité, le but non avoué des différents mouvements irrédentistes slavo-musulmans ou albanais est de reconstituer une sorte de confédération islamique sous protectorat turc, l'important étant pour eux encore plus le fait de se détacher du « pouvoir infidèle », serbo-chrétien, que d'être indépendants. On appelle ce projet panislamiste et néo-ottoman la « diagonale » ou « transversale verte », que Grecs et Slaves nomment également le « corridor turc ». Il s'agit en fait d'un long continuum géopolitique musulman partant de la Thrace orientale turque et aboutissant à la poche de Bihac (voir carte n° 6, annexe I), en passant par la Thrace occidentale grecque, la Bulgarie et la Macédoine, où vivent d'importantes communautés musulmanes et, bien entendu, le Kosovo et la Bosnie, deux maillons-clés déjà « libérés » de la « transversale verte ». À moyen terme, la reconstitution d'une confédération islamique néo-ottomane est réalisable, et la continuité de la « diagonale verte » slavo-albanaise avec la Turquie irrédente passe par une jonction géopolitique d'une partie de la Bulgarie, qui possède une forte minorité musulmane (12 %), très liée aux voisins macédoniens de la zone albanaise de la Macédoine, ainsi que du Sandjak et de la Bosnie, d'une part, à l'Albanie, d'autre part, *via* l'enclave de Gorazde et le Kosovo. Ainsi, à peine 100 km seraient à conquérir pour obtenir une continuité et unifier les Musulmans d'ex-Yougoslavie à ceux du Kosovo, de Bulgarie et de Turquie. Signe avant-coureur, de nombreuses mosquées sont en construction le long de la frontière serbo-bulgare, désertée par les Serbes et que risquent de peupler rapidement les Musulmans Pomaks du Rhodope, Bulgares slaves turcisés ou déslavisés, qui constituent le lien humain « naturel » entre le monde turco-musulman et le monde slave.

Concernant le Sandjak de Novi Pazar (ou *Raska*, la Rascie des Serbes), bande de territoire équivalent à deux départements français étirée entre le Kosovo à l'est et la Bosnie à l'ouest, cette province, partie intégrante de la Serbie, est particulièrement stratégique puisqu'elle est le point de passage obligé des Serbes pour l'accès à la mer (voir carte n° 6, annexe I). En outre, elle constitue un point de jonction essentiel des différents tronçons de la « diagonale verte ». Antique terre serbe occupée par les Ottomans jusqu'en 1912, le Sandjak fut rattaché en 1913 à la Serbie au traité de Bucarest. Il est peuplé d'à peu près autant de Serbes orthodoxes que de Slaves musulmans. Novi Pazar, sa capitale, est surnommée la « petite Istanbul », en référence à son aspect oriental hérité des Ottomans.

Comme ailleurs, natalité, panturcisme et réislamisation radicale sont autant de leviers d'instabilité et d'instrumentalisation exploitables par les puissances extérieures, notamment la Turquie, mais aussi d'autres États musulmans, désireux d'opérer une percée géopolitique dans cette partie stratégique du monde. C'est ainsi que le leader de la forte communauté musulmane du Sandjak, Suleyman Ougljanin, chef du *Muslimansko Nacionalno Vijece Sanzaka* (MNVS, Conseil national des Musulmans du Sandjak) et député à Belgrade, a été formé au fondamentalisme islamiste en Bosnie et en Turquie. Ancien membre du Parti d'action démocratique de Bosnie, Ougljanin a créé ensuite une antenne locale de ce parti islamiste au Sandjak (Mouvement national bosniaque du Sandjak, BNVS), où il récolte les suffrages d'une grande partie de la minorité musulmane. En juillet 1997, lors d'une importante manifestation, il rendait public sa revendication d'un « statut spécial » pour le Sandjak en attendant l'indépendance pure et simple puis le rattachement à la Bosnie, revendication réitérée officiellement lors d'une conférence tenue à Sarajevo le 1er mars 1999 et reproduite dans les colonnes du quotidien yougoslave *Blic*. Panislamiste comme Izetbegovic, il estime que le Sandjak et la Bosnie musulmane devraient former un seul et même État islamique, avec la *charià* comme loi d'État, uni à l'Albanie et à la Turquie. Suleyman Ougljanin est d'ailleurs étroitement lié au parti islamiste turc *Refah Partisi*, rebaptisé depuis 1997 *Fasilet*, dont il rencontra plusieurs fois le chef, Necmettin Erbakan, lequel envoya en retour des délégations en visite au Sandjak. Il est également l'ami intime de Recep Tayyip Erdogan, maire d'Istanbul et membre influent du *Fasilet*. Fait significatif, en 1998, Ougljanin s'est rendu au sommet de l'Organisation de la conférence islamique à Téhéran, et a posé la candidature de la Rascie à l'OCI... Plus significatif encore, Suleyman Ougljanin était présent, en 1990, à la fondation du parti islamiste d'Alija Izetbegovic, le SDA, qui le considère comme son favori. Particulièrement impliqué dans la guerre serbo-bosniaque, Ougljanin se livre dès 1991 au trafic d'armes entre Zagreb et Ankara. Rappelons que ce sont des Musulmans du Sandjak qui feront les premiers le coup de feu à Sarajevo au début de la guerre en 1992. Lorsqu'elle s'étendra à toute la Bosnie, le leader des Musulmans du Sandjak s'échappera discrètement pour s'installer à Istanbul où il ouvrira un Bureau du Sandjak en Turquie, officine traitée au même titre qu'une ambassade par les autorités turques. C'est à son retour de Turquie, trois années plus tard, à la tête d'un trésor de guerre issu du trafic d'armes (17 millions de dollars), qu'il constituera sa propre liste électorale *Za Sandjak Dr. Suleyman Ugljanin* et sera élu député à l'assemblée fédérale de Yougoslavie en novembre 1996.

En définitive, la revendication d'un statut d'autonomie pour le Sandjak en vue de son rattachement futur à la Bosnie musulmane obéit à des considérations géopolitiques de type « civilisationnelles », non réductibles à un nationalisme ethnique classique. En fait, la poche de Gorazde (est de la Fédération croato-musulmane de Bosnie, voir carte n° 6, annexe I), peuplée de Musulmans, zone qui fut désenclavée à dessein par les concepteurs des accords de Dayton afin de couper en deux la République serbe de Bosnie, n'est qu'à quelques kilomètres du Sandjak. Ainsi, entre le Kosovo et la Bosnie musulmane, le Sandjak et Gorazde sont le trait d'union indispensable à la continuité de la diagonale verte. Telle est le véritable dessein géopolitique, somme toute cohérent, des principaux dirigeants musulmans des Balkans. Homme-clé, Suleyman Ougljanin a l'avantage d'être le fils d'un Slave turcisé et d'une Albanaise, ce qui lui confère une sorte d'identité islamique ottomane transversale propice à l'établissement de liens entre Musulmans turcs, slaves et albanais, nostalgiques de l'Empire ottoman. Car ce qui prime pour les Musulmans des Balkans, c'est d'abord l'identité musulmane, elle-même apportée et construite sous l'Empire ottoman par les Turcs.

Jusqu'en 1912, la *Raska* n'était qu'une simple entité géographique désignant la dernière pointe de l'Empire ottoman au contact de l'Autriche-Hongrie. Ensuite, au sein de la Yougoslavie titiste pourtant très décentralisée, elle ne constitua jamais une entité administrative autonome. C'est donc uniquement sur l'appartenance à l'islam qu'est fondée la revendication d'indépendance de la Rascie, unité politique largement artificielle. Mais les Musulmans du Sandjak invoquent le précédent de la Bosnie musulmane, qui n'est pas non plus une nation ethniquement distincte des autres Slaves, même si le « nationalisme bosniaque » s'appuie, quant à lui, sur un précédent historique, la Bosnie ayant été jadis une unité administrative spécifique, contrairement au Sandjak. Toujours est-il que les émeutes survenues au cours de ces dernières années à Tetovo et à Gostivar, ainsi que le déroulement de la guerre du Kosovo, laissent présager des lendemains agités, lendemains tumultueux que les États-Unis ne manqueront pas d'entretenir.

Quand Washington arme et entraîne l'armée musulmane de Bosnie et l'UCK

« Les Musulmans des Balkans savent qu'ils peuvent compter sur Clinton [25] », écrit le professeur Denise Artaud, spécialiste des États-Unis et des questions internationales au CNRS. De fait, l'aide américaine directe aux Bosno-musulmans et aux Albanais du Kosovo est constante depuis 1991, et c'est grâce à elle que deux entités musulmanes sont nées en Europe, depuis la chute de l'Empire ottoman : la Bosnie et le Kosovo, en marche vers l'indépendance. L'aide américaine s'est traduite dès le début des conflits en ex-Yougoslavie par une assistance militaire, assurée discrètement par des sociétés multinationales spécialisées dans le « conseil en sécurité » ou le « conseil stratégique », ce qui signifie en termes clairs l'encadrement militaire et la « location » de mercenaires. Parmi ces sociétés, innombrables aux États-Unis, où l'idée de privatiser progressivement la guerre séduit les esprits « libéraux », les plus connues sont : Armor Holdings, créée en 1996 à Jacksonville (Floride), spécialiste mondial de la fourniture d'équipements de sécurité, à travers un réseau de trente sociétés ; Airscan, dont le siège se trouve en Floride également, à Titusville depuis 1989, spécialisée dans les activités privées de transports, de surveillance aérienne et infrarouge et de radars de sécurité ; et bien sûr la MPRI *(Military Professional Ressources Incorporated)*, dont le siège est basé à Alexandrie en Virginie et qui s'est tout particulièrement singularisée en ex-Yougoslavie. Dirigée par le général Frederick Kroezen (ex-*82e Commando Division*), l'amiral Huntington Hardisty (ex-numéro deux de la Navy), le général Carl Vaughan, qui fut notamment chargé du « programme croate », la MPRI est composée d'officiers mis à la retraite, d'anciens des services spéciaux et d'experts, dont nombre de vétérans du Vietnam et de vétérans de la guerre du Golfe. Elle réalise des missions officieuses pour le Pentagone un peu partout dans le monde. Ses liens avec les « services » américains sont attestés par la présence, au poste de chargé des relations publiques de la société, du général Harry Edward Soyster, à la tête de la Defense Intelligence Agency (DIA, les services secrets militaires) de 1988 à 1991. Elle offre un fichier de six mille anciens militaires, sélectionnés pour leurs compétences, et dispose de 14 généraux à la retraite siégeant à son bureau directeur. Les contrats en cours de la MPRI sont évalués à plus de 100 millions de dollars, avec des bénéfices annuels de 10 millions, révèle Michel Klen dans un dossier de la *Revue de défense nationale* d'avril 1997, et elle prétend pouvoir « offrir toutes sortes d'alternatives à ses clients ». La MPRI, qui passe pour la « meilleure équipe professionnelle de spécialistes du monde », travaille en sous-traitance pour le département d'État sous le contrôle des services secrets américains. Elle est en fait le bras armé de l'administration américaine pour les opérations délicates : fournitures de services de sécurité et surtout envois de mercenaires et conseillers stratégiques. En vertu d'une « licence officielle du gouvernement américain », la MPRI négocie en fait directement avec les différents États « demandeurs » : Croatie, Fédération croato-musulmane de Bosnie, Turquie et, maintenant, Albanie et UCK. Lorsque Washington décida, dès 1992, de défendre les ultra-nationalistes croates contre les forces serbes, la MPRI établit plusieurs accords officiels entre les ministères de la Défense croate et américain, mais également croate et turc. La société conçut alors un programme pour les officiers croates au Centre européen d'études de sécurité George-Marshall à Garmisch, en Allemagne, puis organisa des stages dans les écoles militaires américaines. À Zagreb, les instructeurs américains opéraient à l'école Petar-Zrinski sous la direction du général Richard Griffiths, ancien responsable du Renseignement militaire américain en Europe et spécialiste de la manipulation médiatique. On retrouva également auprès des nationalistes croates James Lindsey, ancien de l'Air Commando 82e Division Fort Bragg, principal stratège de l'opération Juste Cause, invasion du Panama.

La meilleure preuve que les Américains ne sont pas intervenus au nom du *droit* en ex-Yougoslavie mais essentiellement pour *détruire* la récalcitrante Fédération yougoslave, fut donnée lorsque les experts de la MPRI organisèrent, le 3 août 1995, l'opération de l'armée croate Tempête *(Oluja)*, visant à épurer la Krajina de tout ses éléments serbes, avec la complicité de l'ONU et surtout le support logistique de l'OTAN. Fidèle à un trait de caractère très répandu outre-Atlantique, l'*arrogance*, l'ambassadeur américain à Zagreb, Peter Galbraith, se vantera d'avoir été l'un des tout premiers à pénétrer dans Knin à bord d'un fourgon blindé. On connaît la suite des événements : massacre de plusieurs milliers de Serbes et « purification » de la province et de ses 250 000 habitants serbes... L'étape suivante fut la Bosnie, où Washington utilisera à nouveau la MPRI, après avoir négocié le prix des prestations à la hausse, les Bosno-musulmans disposant de fonds extrêmement importants en provenance des États pétroliers du Golfe. Là, la MPRI ouvrira des centres d'entraînement au combat, équipera et entraînera l'*Armija* bosniaque, ainsi que certaines unités islamiques internationales. Pour la Croatie et la Bosnie, on évalue le montant de la facture à environ 4 milliards de francs. Détail amusant et ô combien révélateur du cynisme qui sous-tend le discours moraliste de Washington, le nom du programme d'assistance de la MPRI auprès des forces croates et bosniaques s'intitula « Assistance à la transition démocratique »...

Quant au volet militaire du programme d'assistance « Entraînement et Équipement » (*Train and Equip*), décidé par Washington dans le cadre des accords de Dayton, et dirigé par le général américain à la retraite James Pardrew, on sait qu'il fut lui aussi sous-traité à la MPRI, laquelle mit à disposition de l'armée bosniaque quelque 160 « conseillers », opérationnels dès septembre 1996. Aujourd'hui, leur nombre aurait été porté à 225. Leur mission : instruire et entraîner les cadres de l'armée de la fédération croato-musulmane. Les experts du département d'État ont estimé le coût des programmes d'assistance militaire à 800 millions de dollars sur 6 ans. Essuyant un refus de financement de la part des États européens, le Pentagone s'adressa directement à l'Arabie Saoudite, au Koweït, aux Émirats arabes unis et à la Malaisie, pour financer l'opération. Il faut savoir que le programme *Train and Equip* a été directement élaboré par la CIA, son directeur d'alors, John Deutch, ayant effectué une visite discrète dès juillet 1996 à Sarajevo et à Zagreb pour discuter avec les représentants croate et bosniaque des conditions d'application du plan d'assistance américain. C'est également à l'initiative de la CIA que la MPRI a ouvert deux centres d'entraînement dans la région de Tuzla en Bosnie-Herzégovine : l'un pour la formation d'officiers avec des cours informatisés de simulation, l'autre d'entraînement au combat pour les troupes.

D'une manière générale, le rôle des États-Unis dans le soutien financier apporté à l'*Armija* bosniaque fut officialisé dès 1994. Le 4 septembre, le commandant du 6e Corps d'armée bosniaque, le général Mehmet Alagic, avait rencontré une mission américaine conduite par le général Dyke Hayden, chef de la DIA, accompagné de Richard Holbrooke, assistant secretary pour les affaires européennes. À cette occasion, les Américains avaient fourni au commandement bosniaque les renseignements recueillis par leurs satellites et accepté d'achever la construction d'un terrain d'aviation dans la région de Visoko, en Bosnie centrale, où arrivaient les convois d'armes clandestins. Deux années plus tard, le sénateur démocrate David Biden, partisan inconditionnel des Bosniaques, et qui avait orchestré une campagne de diabolisation sans précédent des Serbes, inventant la version historique selon laquelle les Serbes de Bosnie n'étaient que des « envahisseurs » alors qu'ils y ont toujours vécu, obtenait du Congrès que « 100 millions de dollars sur le budget 1996 alloué aux Bosno-musulmans soient consacrés à l'envoi d'armements et d'équipements aux Musulmans », comme le révélait le *Time* du 18 mai 1996. Aussi les États-Unis livrèrent-ils au cours des semaines suivantes à la Fédération croato-musulmane, 45 chars M-68, 85 transporteurs blindés M-113, 15 hélicoptères légers (UH-1 Huey), 6 600 postes émetteurs-récepteurs, 1 000 mitrailleuses M-60 avec leurs munitions et 840 systèmes antichars [26]. De son côté, Sarajevo aurait reçu dans le même temps à elle seule 100 pièces d'artillerie lourde et 50 000 fusils d'assaut M-16, d'après un rapport officiel du ministère de la Défense serbe publié dans le quotidien *Politika* du 30 mai 1999. Avec l'aval de Washington, les Émirats arabes unis auraient pour leur part offert à la Bosnie musulmane 50 chars AMX français, 41 véhicules de l'avant blindés (VAB) Panhard, en plus de mitrailleuses, conteneurs de munitions et grenades. Mais les responsables américains ont rapidement estimé qu'il était nécessaire de considérablement multiplier la somme allouée aux forces bosno-musulmanes, afin de rétablir l'« équilibre militaire » sur place. Parmi les pays se proposant d'apporter leurs concours, sous forme d'armes et d'argent, la Turquie, l'Égypte et le Pakistan ont été les premiers à répondre.

Au Kosovo, le gouvernement américain a fait une fois de plus appel à la MPRI. Mais d'après le magazine spécialisé américain *Soldier of Fortune*, il aurait également « sous-traité » son appui à la guérilla albanaise à une autre société de mercenaires : Duncorp, la nouvelle mission étant quelque peu différente, en raison de la nature terroriste de l'UCK. Cette fois-là, les coopérants de la MPRI et de Duncorp ont été directement chargés de former les combattants de l'UCK en Albanie, où l'OTAN a considérablement renforcé sa présence depuis 1995, ainsi qu'en Turquie, où une collaboration avec les forces spéciales de l'armée turque a été entreprise dans le cadre d'un accord tripartite pour restructurer l'armée albanaise et les forces de l'UCK. Il semblerait que l'UCK ait également bénéficié, pendant la guerre du Kosovo, des mêmes aides en provenance des États islamiques et des États-Unis. N'est-ce pas James Rubin, porte-parole du département d'État qui, lors des « négociations » de Rambouillet, avait lui-même décidé de soutenir et d'armer directement l'UCK et de choisir comme interlocuteur albanais privilégié non pas le pacifiste Ibrahim Rugova mais Hashim Thaci, dit « le Serpent », chef de l'Armée de libération du Kosovo, alors l'un des dix-sept *Shqipétares* venus représenter la délégation albanaise à Rambouillet ? D'après Greg Copley, directeur de publication de la revue américaine *Defense and Foreign Affairs Strategic Studies*, « il est clair que l'administration américaine et le gouvernement allemand ont activement soutenu l'Armée de libération du Kosovo dès 1992, lui procurant armes, personnel d'encadrement, renseignements et, plus important encore, appui politique significatif (...). L'UCK ne serait probablement pas la force déterminante qu'elle est aujourd'hui si elle n'avait pas reçu la bénédiction des États-Unis et le soutien de l'administration Clinton [27] ».

De fait, pendant l'opération Force alliée, l'UCK agit comme l'allié local de l'OTAN, indiquant à l'Alliance les localisations exactes des cibles serbes. Aussi le général Wesley Clark avait-il sérieusement envisagé, au cas où une intervention terrestre eût été nécessaire, de faire en sorte que l'UCK soit en mesure de reprendre les offensives au sol, Clark déclarant le 15 avril 1999 devant une commission du Sénat américain : l'« UCK est prête à reprendre l'offensive contre Milosevic et le faire sortir du Kosovo ». Contrairement aux nombreuses déclarations du porte-parole de l'OTAN Jamie Shea, ainsi que des différents chefs d'État occidentaux (exceptée la Grande-Bretagne), les forces « alliées » n'avaient jamais totalement exclu une intervention terrestre au Kosovo. Certes, le président Bill Clinton avait catégoriquement exclu, dès le début de la guerre de 78 jours contre la Serbie, une campagne terrestre, au nom de l'impératif démocratique du « zéro mort », côté « occidental » uniquement, cela va sans dire. « Cependant », explique Dana Priest, journaliste d'investigation au *Washington Post*, « les préparatifs d'une invasion du Kosovo étaient intenses et étaient beaucoup plus avancés que ce qui a été dit. Comptant sur les rapports secrets entretenus avec l'Armée de libération du Kosovo, la direction de l'OTAN sondait les défenses yougoslaves. Les capitales alliées étudiaient leurs contributions en hommes. En Albanie, les forces spéciales américaines et européennes, dans un centre opérationnel secret de la ville frontière de Kukës, discutaient de la façon de transformer l'Armée de libération du Kosovo en une force d'infanterie [28]. » En fait, on sait aujourd'hui que la CIA, la DIA, les SAS britanniques et l'OTAN travaillaient étroitement avec les rebelles de l'UCK et leurs mercenaires islamistes depuis le mois d'avril 1999. Ben Works, directeur de l'Institut de recherches stratégiques des États-Unis (SRI), confirme : « La politique de l'administration américaine au Kosovo consiste à aider Ben Laden. On pourrait même penser que la politique de l'administration Clinton consiste à garantir toujours plus de terrorisme [29]... » Jugement on ne peut plus critique de la part d'un officiel américain, corroboré d'ailleurs par tant d'autres, notamment le colonel (CR) de l'armée américaine

Harry Summers, qui déclarait, le 12 août 1998 : « Au Kosovo, les États-Unis se comportent en défenseurs des groupes terroristes ultra-fondamentalistes qui sont pourtant nos ennemis mortels [30]. »

NOTES

1. Thual, *Le Désir de territoire, morphogenèses territoriales et identités*, Ellipses, 1999.
2. Huntington, *op. cit.*, p. 290.
3. *Id., Ibid.*, p. 317.
4. In *France-Arabie Saoudite* (Lettre d'information de l'Association de), « L'Arabie séoudite et les événements du Kosovo », juin 1999.
5. Gregory Copley, « Key Reports on the Balkans crisis », *Defense and Foreign Affairs Strategic Studies*, 9 août 1999 (http :// www. strategicstudies.org/crisis/balkans. htm).
6. In *The Revival* (*Preporod*), revue islamique publiée par les dirigeants de la Communauté religieuse islamique de Yougoslavie (CRI), 15 avril 1992, p. 8.
7. Es-Sammari, in *The Revival*, 1er octobre 1991, p. 22.
8. Yossef Bodansky, *L'Implication allemande et américaine dans les Balkans*, rapport spécial du 1er septembre 1995, Chicago, p. 25.
9. Alija Izetbegovic, *Islamska Deklaracija*, Dzumadel-ula, 1990.
10. Agence Reuter, Dubaï, 11 sept. 1993 ; *Courrier international*, 17 août 1995.
11. Michel Collon, *Poker menteur*, EPO, 1998.
12. *Target the West, the terrorism in the US today*, NY, SPI Books, 1993 ; *Offensive in the Balkans. The potential for a Wider War as a result of Foreign Intervention in Bosna-Herzegovinia*, Londres, 1995 ; *Some call it Peace. Waiting for war in the Balkans*, 1996 ; *Bin Laden : The Man Who Declared War on America*, Prisma Communication, 1999.
13. Kostas Kristich, *Balkans infos*, n° 38, novembre 1999.
14. Richard Labévière, *Les Dollars de la terreur*, Grasset, 1999, p. 76.
15. Ex-Yougoslavie, « L'embargo sur les armes et le réarmement actuel », Georges Berghezan, *Rapports du GRIP*, janvier 1997, p. 15-16.
16. *Id., Ibid.*
17. « Le terrorisme albanais », secrétariat général des Nations unies, aide-mémoire du 28 décembre 1998 adressé à Kofi Annan.
18. In *La Lettre géopolitique*, février 1999.
19. *In* Mirolijub Jevtic, « L'Islamisme dans les Balkans », *Questions stratégiques*, janvier 1999.
20. Salima Theçani, *Al-Watan*, cité par *Courrier international*, 2 février 2000.
21. « Special Warfare », « Chechens May recruit Volunteers for Kosovo », *Foreign Special Operation Forces*, FMSO, 604 Lowe Drive, Fort Leavenworth, KS 66027-2322, États-Unis.
22. Jevtic, *op. cit.*
23. *Questions stratégiques*, *op. cit.*
24. Jevtic, *op. cit.*
25. Denise Artaud, « Les États-Unis et l'Europe : une nouvelle architecture de sécurité ? », *Défense nationale*, janvier 1999.
26. *Raids*, octobre 1996.
27. Gregory R. Copley, *Defense and Foreign Affairs*, « The Kosovo Crisis, The New Rome and the New Religious War », mai 1999, p. 7.
28. Voir les trois articles du *Washington Post* reproduits dans l'*International Herald Tribune* des 20, 21 et 22 septembre 1999.
29. Ben Works, in *Defense and Foreign Affairs*, « The New Rome and the Religious Wars », Gregory R. Copley, 30 avril 1999,
30. Harry Summers, *Id.*

DEUXIÈME PARTIE

L'« OCCIDENT » *CONTRE* L'EUROPE

Nous avons tenté, au cours des pages précédentes, de mettre en évidence l'ampleur de la menace fondamentale que constitue pour l'Europe la nouvelle expansion islamique et néo-ottomane. Or, on peut se demander pourquoi Washington — qui entretient depuis les origines des rapports privilégiés avec des États fondamentalistes comme l'Arabie Saoudite et exerce régulièrement des pressions sur les gouvernements européens pour que la Turquie, pilier du flanc sud-est de l'OTAN, intègre l'Union européenne — s'obstine à créer, dans les Balkans, des États musulmans dont les dirigeants et soutiens extérieurs sont ouvertement islamistes. En appuyant le leader intégriste bosniaque Alija Izetbegovic, connu pour ses liens avec l'islamisme international, ainsi que les ultra-nationalistes de l'UCK, qui entendent détacher définitivement le Kosovo de la Serbie et créer ensuite une Grande Albanie, et en soutenant depuis 1994 les rebelles islamistes tchétchènes, les Américains pensent « qu'un nouveau foyer de troubles requerra longtemps la médiation de la Maison-Blanche et, surtout, l'extension de la zone de l'OTAN à l'ensemble des Balkans », répond le général Gallois. Mais il est fort à parier qu'ils jouent ainsi avec le feu. Comme en Afghanistan, Washington a déclenché une dynamique qui risque de lui échapper un jour. Malgré les déboires encourus ces dernières années en Afghanistan (talibans-Ben Laden), au Soudan ou en Arabie Saoudite, où les moudjahidines anciennement formés par la CIA et les services saoudiens et pakistanais se sont retournés contre eux, les États-Unis n'ont toujours pas rompu avec la stratégie pro-islamiste et confessionnaliste qu'ils avaient mise au point pendant la guerre froide dans le but de détruire l'Empire soviétique par la constitution d'une « ceinture verte ». Or cette stratégie, renforcée depuis la chute de l'Union soviétique, conduit à augmenter la menace turco-islamiste sur le sol européen lui-même, à quelques heures de Paris, Marseille ou Rome.

On peut alors se poser trois questions fondamentales : 1. Quels intérêts poussent les administrations américaines à rompre l'« unité civilisationnelle occidentale » et à jeter continuellement de l'huile sur le feu du fanatisme islamiste dans le monde et en particulier en Europe ? 2. Pourquoi l'« Occident » est-il si violemment intervenu en Irak, en Bosnie et au Kosovo, au nom des « droits de l'homme », de la « morale », du « respect des minorités persécutées », ou encore du « devoir d'ingérence humanitaire », alors qu'il n'a pas tenté d'éviter — ou est intervenu très tardivement — les « catastrophes humanitaires », « génocides » ou autres conflits encore bien plus sanglants du Rwanda, du Sri Lanka, du Liban, de l'Indonésie (Timor-Oriental), du Soudan, de Tchétchénie et du Daghestan, de Chypre, de Turquie (Kurdes), etc. 3. Les États européens doivent-ils continuer à considérer les États-Unis comme des « alliés occidentaux » ou au contraire comme des « ennemis », ou plutôt des « adversaires concurrents » de l'Europe ?

En fait, si l'on veut comprendre pourquoi les États-Unis rompent sciemment l'unité de la civilisation européo-occidentale, au nom même d'un « Occident » — compris comme une entité économico-politique et militaire transnationale ayant pour noyau dirigeant les États-Unis —, et se comportent en « État phare de la civilisation islamique » (Huntington), alors que l'« allié » européen risque d'être *la première victime* de cette stratégie islamophile, il est nécessaire de décrypter la nouvelle *doctrine stratégique globale* des États-Unis à la lumière des grands bouleversements géopolitiques qui ont caractérisé l'après-guerre froide. En effet, s'il y a bien plusieurs niveaux de stratégie — *globale* (ou générale), *régionale*, *locale*, etc. — seule l'étude des fondements économiques et politiques de *la stratégie globale* des États-Unis dans le monde permet de comprendre les différentes stratégies particulières ou sous-stratégies à l'œuvre dans telle ou telle aire géopolitique ou dans tels domaines.

CHAPITRE IV

Pourquoi les États-Unis favorisent-ils le monde islamique au détriment de la sécurité européenne et de l'unité occidentale ?

> « Quels que soient leurs comportements actuels, les fidèles de l'Islam occupent une position stratégique déterminante. Ils forment un bloc — certes bien fragile — séparant l'Europe du Pacifique, c'est-à-dire deux des trois pôles de la puissance par l'économie. Par places, leurs sous-sols recèlent les plus grandes richesses énergétiques aisément exploitables. Demain, plus qu'aujourd'hui encore, grâce à la manne des plus fortunés, ils formeront un vaste marché, d'autant plus rémunérateur que, très modestes producteurs, leur lent développement dépendra longtemps encore de l'importation des produits manufacturés et des techniques avancées dont l'Amérique est prodigue. »
>
> Général (CR) Pierre-Marie Gallois

« Pourquoi, durant et après la guerre, les États-Unis ont-ils été le seul pays à briser le moule civilisationnel, pourquoi devinrent-ils le seul État non musulman à promouvoir les intérêts des Musulmans bosniaques et à œuvrer en ce sens avec des pays musulmans [1] ? », questionnent nombre d'analystes américains de renommée internationale tels que Henry Kissinger, Samuel Huntington, Noam Chomsky ou encore Gregory Copley et Yossef Bodansky, en désaccord avec la politique balkano-islamique de l'administration Clinton. « La seule exception, partielle, au schéma civilisationnel est fourni par les États-Unis, dont les dirigeants ont, à force discours, favorisé les Musulmans [2] », déplore Samuel Huntington, qui tente d'apporter quelques éléments de réponse. La première hypothèse serait un acte de « *realpolitik* civilisationnelle ». Les États-Unis joueraient le rôle « d'État phare de l'islam » afin de promouvoir un islam pro-occidental *via* la collaboration turco-américaine. D'après une deuxième hypothèse, ils tenteraient d'« occuper le terrain » avant que des éléments ou États plus anti-occidentaux ne viennent au secours des coreligionnaires mahométans persécutés. Mais l'étroite alliance américano-saoudienne et les liens tissés depuis longtemps avec la plupart des mouvances intégristes de la planète invitent à relativiser cette hypothèse qui, si elle s'avérait réelle, témoignerait en tout cas d'une forte propension des Américains à confondre la politique et la morale, porte ouverte aux manipulations médiatiques les plus cyniques. Troisième hypothèse, d'après Huntington, « les Américains veulent identifier, dans chaque conflit étranger, les forces du bien et les forces du mal... Les atrocités commises par les Serbes au début des affrontements en firent des méchants... Tout au long du conflit, la presse américaine s'attacha peu aux nettoyages ethniques commis par les Croates et les Musulmans, aux crimes de guerre... perpétrés par les forces bosniaques... Les élites américaines avaient aussi un préjugé favorable à l'égard des Bosniaques, car elles aiment le concept de pays multiculturel, image de lui-même que le gouvernement bosniaque réussit à promouvoir au début du conflit ». Huntington confirme ainsi que le gouvernement bosniaque a gagné la « bataille de l'image », en instaurant en sa faveur auprès des opinions occidentales un *stéréotype positif*. Enfin, Huntington souligne, ce qui est en partie exact, la profonde « ignorance des Balkans (...) et l'idéalisme qui conduisent les États-Unis sur des positions pro-bosniaques et anti-serbes (...) la guerre de Bosnie étant devenue l'équivalent émotionnel du combat antifasciste de la guerre d'Espagne [3] ». D'autres analystes expliquent que les interventions américaines en faveur d'entités musulmanes et au détriment de nations européennes visent à redorer le blason du Grand Satan et surtout à se faire pardonner la politique pro-israélienne en la compensant par une orientation parallèle pro-islamique. Mais toutes ces hypothèses, si elles ne sont pas fausses, ne suffisent pas à apporter une explication rationnelle à la stratégie islamophile menée dans le long terme par Washington, principalement dans les Balkans et dans les républiques musulmanes de l'ex-Union soviétique. Car, si les États-Unis n'entretenaient de très bons rapports qu'avec la Turquie, pilier de l'OTAN, allié privilégié d'Israël, pôle « modéré » de l'Islam « occidentalisable », et tête de pont fondamentale des États-Unis dans toute l'Eurasie turcophone et musulmane, les choses seraient assez simples et limitées. Mais la stratégie eurasiatique de Washington consiste également à renforcer *partout* les tendances les plus dures de l'islamisme radical, en grande partie fomenté par l'Arabie Saoudite et le Pakistan. D'autres paramètres de fond, inhérents à la « stratégie globale » des États-Unis, entrent donc en ligne de compte.

L'AMÉRIQUE OU L'« HYPERPUISSANCE » HANTÉE PAR SES ADVERSAIRES POTENTIELS « ZONES DURES » ET « ZONES MOLLES »

La situation géopolitique mondiale de l'après-guerre froide a donné naissance à un monde à la fois *multipolaire* (la Russie et les États-Unis ne sont plus les deux seules puissances en lice) et *unipo-*

laire, la suprématie de l'« hyperpuissance » américaine demeurant, pour l'heure, sans égal. Or, les stratèges d'outre-Atlantique savent pertinemment que cette « unipolarité », cette *position hégémonique globale* qu'ils détiennent, permise par l'effondrement de la menace soviéto-communiste et de la Russie, est momentanée. Par ailleurs, les orientations géopolitiques américaines doivent tenir compte de plusieurs phénomènes également consécutifs à la chute de l'Union soviétique que Washington peut difficilement enrayer : renouveau général de l'Islam ; réapparition ou émergence de blocs géopolitiques et civilisationnels « récalcitrants » ou/et menaçants (Russie, Chine, Inde) risquant de remettre un jour en cause l'hégémonie américaine et œuvrant à l'édification d'un monde *multipolaire* ; *guerre économique* entre les différents ensembles géopolitiques, principalement entre l'Amérique et l'Asie, et surtout entre l'Amérique et l'Europe. Examinons maintenant la place accordée par les États-Unis aux différentes aires géo-culturelles du monde : Asie, Europe, Afrique et monde islamique.

D'après le géopoliticien Pierre-Marie Gallois, maître d'œuvre de la « force de frappe française », les stratèges américains classent les différentes aires géo-civilisationnelles de l'après-guerre froide en deux catégories fondamentales : « zones dures » et « zones molles ». Les « zones dures » désignent, à l'intérieur de civilisations avancées ou dynamiques, les nations ou autres entités politiques capables de préserver leur indépendance et leur souveraineté, donc ayant la volonté et les moyens de contester, du moins dans une aire donnée, la suprématie des États-Unis ou d'une autre superpuissance. Dans la terminologie de Zbigniew Brzezinski, qui enseigne la géopolitique à la John Hopkins University, les « zones dures » sont appelées « acteurs géostratégiques ». « Les acteurs géostratégiques de premier plan sont les États dotés d'une capacité et d'une volonté nationale suffisantes pour exercer leur puissance et leur influence au-delà de leurs frontières. De ce fait, ils sont en mesure de modifier les relations internationales, au risque d'affecter les intérêts de l'Amérique. Pour des raisons diverses — grandeur nationale, satisfaction idéologique, messianisme religieux ou prétentions économiques — certains États cherchent à atteindre une position régionale dominante ou une influence mondiale. Les États-Unis doivent prêter une attention toute particulière à de tels acteurs [4]. » On remarquera que, dans cette formulation, l'ancien conseiller pour les Affaires de Sécurité Nationale (NSC) du président Carter considère comme suspect, voire *menaçant* le seul fait qu'une nation souveraine recherche la puissance et ne s'en remette pas à la « suprématie bienveillante » des États-Unis... *A contrario*, les « zones molles » désignent soit les nations ou « ensemble de nations non souveraines » et/ou dénuées des principales marques de la puissance — économique, politique ou militaire (Afrique-Amérique latine, etc.) —, soit les puissances ou civilisations anciennes (européennes, islamiques, etc.) affaiblies ou ayant partiellement abdiqué leur souveraineté, ce qui semble être le cas des États d'Europe occidentale qui s'en remettent entièrement à l'OTAN — donc aux États-Unis — pour la défense de leur sécurité. Schématiquement, l'Amérique ne perçoit pour l'heure que deux (ou trois) blocs géoéconomiques et civilisationnels capables de la rattraper avec le temps : l'Asie (Chine ou/et Inde) et l'Europe, au cas où l'Union européenne aurait de subites velléités d'indépendance ou bien au cas où la Russie ou l'Allemagne, voire une coalition « anti-hégémonique », parvienne à contrôler l'ensemble européen. Aussi, pour équilibrer l'imposante masse asiatique, future « zone dure », et pérenniser la faiblesse des Européens et des masses islamo-africaines, les États-Unis comptent plus ou moins unifier, sous leur *leadership global*, l'Occident, l'Afrique et le monde islamique.

En fait, les États-Unis appliquent, pour maintenir leur hégémonie sur le monde, une stratégie internationale basée sur quatre principales déclinaisons régionales :

— Maintenir l'Amérique du Nord et l'Amérique latine comme leur chasse gardée et empêcher la formation de puissances indépendantes dans le tiers-monde.

— Empêcher les pays d'Asie de devenir des superpuissances capables de contester la domination américaine en équilibrant la « zone dure » asiatique par le renforcement de l'hégémonie étatsunienne dans les principales « zones molles » que sont l'Afrique, l'Europe et l'Islam.

— Empêcher les « États pivots » de l'Union européenne (Allemagne, France) et/ou la Russie de rendre l'Europe continentale indépendante des États-Unis, puis maintenir l'UE comme principale tête de pont de l'Amérique en Eurasie.

— Renforcer la dépendance et l'alliance des pays islamiques, afin d'enrayer *ex ante* leur velléité d'« autonomisation » tout en poursuivant la stratégie d'endiguement de la Russie et de contrôle des matières stratégiques grâce au « bélier » islamique.

Examinons ces différents points à la lumière de la dichotomie des « zones dures » et « zones molles ».

L'Afrique et les Amériques.

Pour les stratèges américains comme pour Pierre-Marie Gallois, l'Afrique noire et l'Amérique latine sont trop en retard pour constituer un quelconque danger. Elles sont des « zones molles » par excellence, c'est-à-dire des zones non souveraines, dans la mesure où les États de ces continents ont été, jusqu'à aujourd'hui, incapables de conduire des politiques d'indépendance et de souveraineté effectives tout en s'enlisant dans le cercle vicieux du sous-développement économique et de la surnatalité. Il s'agit donc de maintenir, voire de renforcer ces pays dans leur statut de « zones molles », mais également de faire en sorte que des puissances potentielles comme l'Argentine, le Brésil, l'Afrique du

Sud ou encore le Mexique, « zones pivot » régionales selon Brzezinski, n'aient pas trop de velléité « anti-impérialistes » ou « anti-hégémoniques ». En outre, grâce à l'Accord de libre-échange nord-américain (Alena ou Nafta : *North American Free Trade Agreement*, englobant le Canada, le Mexique et les États-Unis), Washington est en train, parallèlement à l'« anglo-saxonisation » progressive du Québec et de l'Amérique latine et à la mainmise économique totale sur le Mexique, d'opérer une sorte d'unification stratégique du continent nord-américain. L'Afrique et l'Amérique latine n'en revêtent pas moins un intérêt géopolitique capital, à cause des immenses réserves de matériaux stratégiques et d'énergie qu'elles détiennent. Les États-Unis comptent finalement s'installer en Afrique et y prendre la place des anciennes puissances coloniales européennes, notamment de la France et de la Belgique ainsi que de Cuba ou de la Russie vacillante, comme elle s'était déjà réservée l'Amérique latine, au début du XIXe siècle, au nom de la doctrine Monroe (1823) : l'« Amérique aux Américains, l'Europe hors du continent américain ». Dans le schéma cynique décrit par le général Gallois, l'Amérique latine et surtout l'Afrique à la dérive n'ont d'autre vocation que de servir de réservoir de matières premières et de ressources naturelles stratégiques pour l'Occident et surtout pour les compagnies américaines.

L'Asie, future « zone dure ».

Le nouveau défi qui hante les États-Unis vient incontestablement de l'Asie : Chine, Inde, Indonésie, Japon et même Vietnam, l'ensemble représentant près de 4 milliards d'individus (3,7 milliards d'âmes), soit les 3/5 de la population mondiale (6 milliards d'hommes). D'ici 2040, les démographes estiment que l'Asie passera de 3,7 milliards à 5,1 milliards d'individus, l'Europe — Russie incluse — ne dépassant pas les 680 millions d'habitants, majoritairement vieux, et l'ensemble États-Unis-Canada les 350. Discrète, mais émergeante, l'Inde pourrait atteindre, aux horizons de l'an 2020, le 1,5 milliard d'habitants, soit plus que l'empire du Milieu. Sur le plan économique, et cela en dépit de la « crise asiatique », les économistes s'accordent à dire que la moitié de la croissance mondiale, au cours des dix prochaines années, sera imputable à l'Asie, cette aire étant supposée représenter plus de 40 % du PNB mondial dès 2020, contre 18 % pour les États-Unis et 14 % pour l'Union européenne. De plus, l'Asie, aire abritant au moins trois puissances nucléaires, est, avec les États-Unis, la région du monde où les dépenses militaires augmentent le plus nettement. La part des États d'Asie dans les dépenses militaires mondiales est ainsi passée de 10 % en 1987 à 20 % en 1996, progression qui en fait d'ores et déjà, devant les États du Moyen-Orient, le deuxième marché d'armes au monde, la totalité des États asiatiques ayant entrepris de moderniser leurs forces armées. D'après le général Pierre-Marie Gallois, les peuples d'Asie sont « intelligents, industrieux et, pendant encore un certain temps, super-producteurs et sous-consommateurs, capables d'inonder la planète de produits à bon marché. Inéluctablement, un nationalisme asiato-pacifique se développera, enclin à rejeter toute ingérence étrangère, et en particulier la " protection " des États-Unis [5] ». Il n'est d'ailleurs pas exclu qu'un jour, le Japon devienne une puissance militaire nucléaire et que la Chine récupère (imminent) Taiwan, ultime étape, après Hong-Kong (1997) et Macao (1999), d'un vaste programme de redéploiement et de recouvrement de son espace national « naturel ». Plus grand ensemble démographique du monde, l'Asie sera le principal pôle géoéconomique et « civilisationnel » du siècle prochain, cessant ainsi d'être un simple marché fructueux pour les États-Unis et, dans une moindre mesure, pour l'Europe.

À l'intérieur de l'Asie, la Chine apparaît comme étant la principale puissance montante capable de défier les États-Unis. Dans un ouvrage paru en 1996, *La Chine s'est éveillée*, l'académicien Alain Peyrefitte décrivait la formidable évolution économique de la Chine depuis les réformes introduites par Deng Xiaoping en 1978, inventeur de la célèbre formule « un État, deux systèmes ». Ces réformes reposent essentiellement sur l'« économie socialiste de marché », concept traduisant l'acceptation de l'économie de marché à l'intérieur de « zones économiques spéciales » — (ouvertes aux investissements étrangers), comme Macao, Canton, Shenzhen ou Dông Guang, lesquelles ont vocation à faire partie du groupe des « dragons » asiatiques — tout en ne faisant aucune concession au système démocratico-libéral et aux « droits de l'homme », considérés par Pékin comme le masque de l'« arrogante hégémonie » de l'Occident, voire d'une « pourriture spirituelle » occidentale. Alain Peyrefitte employait quant à lui l'expression forte de « fondamentalisme des droits de l'homme », à propos du prosélytisme démocratico-humanitaire souvent cynique des États-Unis et des « Occidentaux ». Avec Singapour, Taiwan et Hong-Kong, qui rentrent toutes progressivement dans le giron chinois, la Chine peut devenir la *première puissance économique et politique du monde* au XXIe siècle. Les analystes prévoient que le PNB chinois dépassera peut-être celui des Américains aux alentours de 2020-2040, le taux de croissance annuel de la Chine variant de 7 à 13 %, comme c'était le cas de la plupart des « dragons voisins » avant la crise asiatique de 1998. Toutes ces données font de la Chine le plus grand marché de l'Asie du Sud-Est (ASEAN-APEC), la zone de développement économique stratégique la plus dynamique du monde. Aussi Zbigniew Brzezinski, par ailleurs expert au Center for Strategic Studies, écrit que l'on assistera bientôt à l'émergence d'une « Grande Chine » renforcée par le retour de Hong-Kong, Macao et Taiwan. « D'ici vingt ans environ, la Chine deviendra une puissance mondiale de même envergure que les États-Unis ou l'Europe, elle serait non seulement l'État dominant de l'Extrême-Orient, mais aussi une puissance globale de tout premier ordre [6]. »

Aussi l'État chinois est-il en train de se donner les moyens militaires de sa puissance [7], les accords militaires stratégiques russo-chinois ayant vocation à permettre, d'ici 2006, de lancer la fabrication d'avions de combat modernes, de systèmes modernes de ravitaillement en vol augmentant la distance de vol et de doter la marine chinoise de capacités océaniques, etc. Mieux, d'après l'International Institute for Strategic Studies de Londres, la Chine sera dotée, d'ici 2011, d'une véritable force nucléaire stratégique, « bien plus puissante » qu'en 1997, Pékin disposant alors déjà de 50 à 70 missiles balistiques intercontinentaux (8 à 12 000 km de portée) capables d'atteindre toute l'Asie, la Russie occidentale et même les États-Unis. Dans un discours prononcé en août 1994, Deng Xiaoping avait défini les objectifs fondamentaux de la politique chinoise : « en premier lieu, s'opposer à toute hégémonie ou politique d'intimidation et sauvegarder la paix, en second lieu, établir un nouvel ordre politique et économique mondial ». Ces objectifs remettant radicalement en cause le Nouvel Ordre mondial, et la Chine ayant, à l'occasion de la guerre du Kosovo et des crises de Taiwan, averti à plusieurs reprises que l'« Amérique ne fera pas la loi en Asie », nombre de stratèges américains sont conscients que la Chine, puissance nucléaire, mais aussi l'Inde, sont en passe de devenir des « zones dures » de moins en moins dociles. Restent donc l'Europe occidentale et la Russie.

L'Europe occidentale, « tête de pont géostratégique de l'Amérique en Eurasie ».

Pour les États-Unis, l'Europe demeure, malgré sa faiblesse politico-stratégique, une région de grand intérêt géopolitique pour eux. En 1995, 51 % des investissements américains étaient situés en Europe, principalement en Grande-Bretagne, en Allemagne et aux Pays-Bas. En raison du poids de ces intérêts économiques et financiers, note Denise Artaud, « les États-Unis, selon leur formule, veulent assurer la sécurité et la stabilité en Europe ». Ils disposent pour ce faire, depuis les années 50, de deux instruments majeurs : d'abord l'Alliance atlantique. L'autre moyen, « plus insidieux, moins avoué, et probablement plus efficace encore, c'est l'appui qu'ils ont donné, dès 1950, à la construction européenne : par ce biais, estimaient-ils, les nationalismes, causes de tous les conflits, seraient endigués ; les souverainetés nationales s'émousseraient sans que pour autant les intérêts américains soient remis en cause [8] ». Sans nier l'opportunité indéniable offerte par l'Union européenne de constituer un pôle géopolitique concurrent des États-Unis, il convient de remarquer que, dès les origines, la construction européenne fut subordonnée aux intérêts américains et que son évolution n'a cessé de se faire avec l'aval de ceux-ci. On rappellera ainsi l'anecdote très connue des avocats américains recrutés par Jean Monnet lui-même aux seules fins de formuler deux articles du traité fondateur de la Communauté européenne du charbon et de l'acier (CECA), veillant, à travers des clauses *anti-trust*, à ce que la CECA ne nuise pas à la sidérurgie américaine. L'Union européenne est d'ailleurs toujours le second client et second fournisseur des États-Unis. Mais à la différence de l'Asie, qui devient progressivement une « zone dure », l'Europe approfondit son statut de « zone molle », ou de « ventre mou du monde », pour reprendre l'expression consacrée par le général Gallois, c'est-à-dire non souveraine, à la démographie déclinante, avec une population qui vieillit et même, de plus en plus, scientifiquement en retard dans certains secteurs de haute technologie (militaire, satellitaire, informatique). L'Europe comme les États qui la composent sortent ainsi plus affaiblis que renforcés par le projet d'unification européenne — dont les clauses de type « Libre prestation de service » (LPS), généralisées depuis 1993 dans tous les règlements et directives du Conseil et de la Commission, sont davantage conformes aux intérêts des grands groupes transnationaux américains — tandis que les « nouveaux piliers » de l'Union en matière de politique étrangère et de défense offrent aux stratèges de l'OTAN un interlocuteur européen unique autant que malléable. Jusqu'en 1993, paradoxalement, la force de l'Europe, face aux États-Unis, c'était d'une certaine manière sa division. « En bref, l'Europe sort peu à peu de l'histoire, après l'avoir écrite pendant des siècles », commente l'initiateur de la « force de frappe » française. Dans ce processus d'approfondissement de l'inféodation américaine de l'Europe, l'OTAN n'apparaît plus uniquement comme un instrument militaire, mais comme un moyen de conserver une présence politique, diplomatique et économique sur le Vieux Continent, au prétexte d'y maintenir l'ordre. « La péninsule occidentale de l'Eurasie n'est pas seulement importante en elle-même, elle l'est géographiquement parce qu'elle forme le littoral septentrional de la Méditerranée, " pénétrante " conduisant au confluent de trois continents, là où se trouve le principal pôle énergétique de la planète [9]. » Pour les États-Unis, donc, l'Europe est une « tête de pont géostratégique fondamentale de l'Amérique sur le continent eurasien » et vers le Proche et Moyen-Orient, confirme Zbigniew Brzezinski. « Plus précieuse encore que la relation avec l'archipel japonais, l'Alliance atlantique lui permet d'exercer une influence politique et d'avoir un poids militaire directement sur le continent.(...) L'Europe est dans une large mesure un protectorat américain, son unité est encore dans les limbes, son absence continue tout au long de la guerre en ex-Yougoslavie en est la plus cruelle preuve [10]. » Venant d'un citoyen américain, proche des milieux politiques de surcroît, les analyses de Brzezinski sont on ne peut plus révélatrices de la « volonté de puissance » et de la nature hégémonique de la « diplomatie coercitive américaine ». Aussi Brzezinski ne cache-t-il pas, en parfaite cohérence avec ses options géopolitiques, sa réticence à voir apparaître une Europe continentale unie et indépendante sur le plan stratégique. Cette « autre Europe », la « Grande Europe » de Coudenhove

Callergi ou d'Yves Lacoste, voire une « Eurosibérie », pour reprendre l'expression du politologue français Guillaume Faye, non nécessairement « intégrée » à la manière bruxelloise, mais réunissant, sur l'essentiel, un ensemble de nations souveraines, pourrait s'associer à une Russie stabilisée, et serait susceptible d'élaborer une défense continentale autonome vis-à-vis de l'OTAN, rendant cette organisation inutile en Europe. Mais « si les liens transatlantiques se distendaient, avertit Brzezinski, c'en serait fini de la primauté de l'Amérique en Eurasie. Sa maîtrise de l'océan Atlantique, sa capacité à pénétrer en profondeur sur le continent se trouveraient alors très limitées ». Heureusement, poursuit le stratège, « les nations européennes alliées dépendent des États-Unis pour leur sécurité.(...) l'Europe de l'Ouest reste dans une large mesure un protectorat américain et ses États rappellent ce qu'étaient jadis les vassaux et les tributaires des anciens empires [11] ». Dès lors, tout doit être fait pour accentuer les clivages est/ouest et renforcer les « liens transatlantiques » en intégrant dans l'OTAN toutes les anciennes possessions slavo-catholiques, protestantes et turco-islamiques de l'ex-URSS, afin de faire de l'Alliance une entité fédérée par une commune perception d'une inimitié russo-orthodoxe potentielle. Nous sommes là au cœur de la « stratégie totale » et anti-européenne des États-Unis à l'œuvre, depuis la chute de l'Union soviétique, au Moyen-Orient comme dans les Balkans.

Le monde arabo-islamique.

Cette zone constitue elle aussi un espace géostratégique d'une importance capitale pour Washington. Fort d'un milliard de fidèles unis par une même foi conquérante et prosélyte, héritier d'une civilisation jadis brillante et hégémonique et donc d'une tradition impériale et révolutionnaire propre, examinée précédemment (chapitre II), le monde islamique détient 75 % des richesses pétrolières et renferme une bonne partie des réserves de gaz de la planète. Il constitue l'une des masses démographiques et consommatrices majeures du monde. Mais en dépit de la manne pétrolière, de la cohérence territoriale géoéconomique du continuum arabo-islamique (voir carte n° 2, annexe I), et du caractère doctrinal potentiellement unificateur et galvanisant de la doctrine islamique, le monde musulman n'en demeure pas moins une « zone molle », étant donné sa profonde hétérogénéité ethno-politique, son retard technologique et son incapacité à sortir de la spirale du sous-développement et de l'archaïsme qu'impliquent le rapport taux de natalité/taux de croissance et le cercle vicieux fondamentalisme/ignorance/explosion démographique. Hétérogène certes, mais de plus en plus réfractaire au modèle occidental — notamment en raison de la « réislamisation » radicale et anti-occidentale visible dans tous les États musulmans — le monde islamique revêt toutefois une *capacité de nuisance* idéologique et militaro-stratégique non négligeable. Plusieurs États islamiques possèdent désormais (Pakistan) —

ou sont sur le point de posséder (Iran, Libye, Algérie, Irak, etc.) — la force de frappe nucléaire en plus des redoutables armes bactériologiques et chimiques. Cependant, le monde islamique ne constitue pas encore, d'après les stratèges américains en tout cas, une menace stratégique et politico-économique globale, en raison de son retard technologique colossal vis-à-vis des États occidentaux industrialisés, retard que Washington escompte prolonger le plus longtemps possible.

À la fin du XIXe siècle, la Grande-Bretagne, inspiratrice de la diplomatie philo-islamique des Américains, avait soutenu les forces mondiales de l'Islam : les Ottomans contre la Russie, l'Autriche et la France ; les Frères musulmans dès leur création par Hassan al-Banna en 1928, pour contrer les nationalistes du parti *Wafd* ; ainsi que la *Muslim League* et le *Jamaat i-islami* dans les Indes, afin de diviser le camp anti-colonialiste, ce qui aboutit à la création, en 1947, du Pakistan islamique. Mieux, lorsque dans les années 1830, Ali Pacha avait tenté une modernisation technique et philosophique du monde islamique, améliorant même le sort des minorités non musulmanes, les Britanniques firent tout pour que le monarque musulman éclairé abandonnât ses réformes ambitieuses. Cette stratégie permit de faire échec aux mouvements réformistes et nationalistes, adversaires des panislamistes de l'époque. Elle contribua également à compromettre le développement scientifique et économique du monde islamique, prisonnier de préceptes religieux archaïques. Parfaits héritiers d'Albion, les Américains poursuivirent cette *stratégie confessionnaliste* avec la création de l'Arabie Saoudite, puis en finançant à leur tour les Frères musulmans, afin de déstabiliser le président égyptien Gamal Abdel Nasser, coupable d'avoir choisi le camp soviétique et surtout de vouloir « s'autonomiser », de s'affranchir de toute tutelle américaine. La même politique pro-islamiste fut poursuivie au cours de la dernière décennie du XXe siècle, notamment en Irak, en Algérie, en Afghanistan, au Pakistan et dans les Balkans. Aujourd'hui, elle s'explique non seulement par le rôle fondamental des hydrocarbures dans l'économie mondiale, mais également par la *stratégie globale* des États-Unis analysée par le général Gallois à l'aune de la dichotomie « zones dures » et « zones molles ».

En fait, les pays arabo-musulmans producteurs de pétrole ont de telles ressources naturelles, génératrices de mannes extraordinaires, qu'elles ne ressentent pas le besoin de déployer des efforts particuliers en matière de développement industriel. Résultat, ces pays regorgent de consommateurs potentiels de produits américains mais ne sont pas des concurrents économiques, à la différence de la Chine, des « dragons » et du Japon, sans oublier, bien sûr, l'Europe. Dans son ensemble, l'Islam représente un milliard d'êtres humains à la démographie galopante et destinés à être gouvernés, tôt ou tard, d'après les stratèges américains, par des régimes islamiques radicaux. Mieux vaut donc composer, à la fois pour redorer le blason du Grand Satan, dont la diplomatie pro-islamique est censée faire pardonner les « écarts sionistes », et pérenniser les intérêts et *leadership* américains en neutralisant le plus possible les velléités « anti-hégémoniques », tantôt par le « bâton », *the big stick* (Irak, Soudan, Afghanistan), tantôt par la complaisance (monarchies du Golfe, Iran, depuis 1997, Pakistan, malgré le léger refroidissement récent, Indonésie, Islams balkanique, caucasien et turc). C'est ainsi que depuis la fin des années 70, voire depuis les années 30, avec la création de l'État saoudien, les États-Unis ont régulièrement soutenu des mouvements islamistes anti-occidentaux, principalement sunnites, allant des Frères musulmans syriens aux talibans afghans et à la *Gamaà* égyptienne, en passant par le FIS, les GIA, les Islamistes bosno-albanais, sans oublier les wahhabites saoudiens, précurseurs et financiers de la mouvance islamiste sunnite. On peut rétorquer que les attentats anti-américains perpétrés en août 1998 à Dar es-Salam et Nairobi, comme ceux du World Trade Center ou de Dharan, quelques années plus tôt, ne témoignent pas de l'entente la plus parfaite entre Américains et islamistes, les raids américains contre des bases terroristes au Soudan et en Afghanistan venant conforter cette apparente évidence. Mais la stratégie américaine étant une stratégie à long terme, Washington n'a pas pour autant remis en question sa politique « philo-islamique », d'autant que les attentats anti-américains furent bien plus motivés par la présence militaire américaine « illégitime » en Arabie Saoudite que par les interventions en Irak ou même le « sionisme ». Pour le stratège américain Graham Fuller, spécialiste du monde islamique à la prestigieuse *Rand Corporation* (Californie), il ne s'agit là aucunement d'un « choc de civilisation ». Si Washington passe outre ce type de « déboires » mineurs, c'est parce que les gains escomptés sont bien supérieurs aux pertes. Washington, comme Londres, d'ailleurs, est prêt à faire encore d'énormes concessions pour ne pas être évincé du Moyen-Orient, du Maghreb, du Caucase et d'Asie centrale, les Balkans étant la base géopolitique idéale pour le contrôle de ces terres d'Islam par l'OTAN.

La stratégie américaine pour le monde islamique, essentiellement fondée sur le contrôle des réserves et des routes du pétrole, consiste principalement en l'intégration dans le « monde occidental » et l'OTAN, de l'aire turco-islamique (Asie centrale, Turquie, Caucase et Balkans islamiques), théoriquement susceptible d'embrasser une « conception laïque » de l'Islam, tout en continuant à encourager, en sous-main, en d'autres points du globe, le fondamentalisme islamique. Il s'agit là d'exacerber les pierres d'achoppement identitaires génératrices de division et d'obscurantisme afin de maintenir le monde islamique dans le sous-développement technologique et culturel et l'instabilité chronique, donc dans la dépendance technologique et militaire, ce qui pérennise le statut de « zone molle » de l'aire islamique. Enfin, et c'est là, selon le général Pierre-Marie Gallois, le fondement premier de la stratégie américaine, il s'agit de se concilier l'Islam non seulement pour contrôler les routes du pétrole mais pour empêcher le(s) concurrent(s) asiatique(s) (Chine, Inde, etc.) et l'ancien ennemi russe, donc les *puissances terrestres* du continent eurasiatique, de se les approprier ou de les maintenir dans leur orbite.

Aussi l'opération néo-coloniale irakienne, dont on a répété à l'envi qu'elle avait pour but de défendre l'État d'Israël, entraîne, paradoxalement, et en dépit des violentes réactions de rejet anti-occidentales constatées partout dans le monde arabo-islamique depuis la guerre du Golfe, une accentuation *compensatoire* de la stratégie pro-arabe et pro-islamique des États-Unis, au détriment, bien sûr, de la sécurité à long terme de l'Europe et d'Israël. En réalité, les États-Unis sont avant tout une puissance commerciale « pragmatique », qui ne peut pas continuellement satisfaire les requêtes contradictoires des différents lobbies. Aussi, le « lobby israélien » est-il souvent surévalué, le monde islamique (un milliard de consommateurs plus l'argent du pétrole) constituant un débouché économique et un théâtre stratégique infiniment plus rémunérateurs que le petit État hébreux. En outre, depuis quelques années, des lobbies américains très puissants et sous-estimés, comme les milieux militaro-industriels, les compagnies pétrolières, les groupes de pression islamiques (les électeurs musulmans sont aujourd'hui plus nombreux que les électeurs de confession israélite : plus de cinq millions), sans parler du puissant lobby croato-bosno-albanais (qui a beaucoup influencé l'administration Clinton) ont tendance à concurrencer le lobby juif. Au niveau de l'opinion publique américaine, davantage qu'un lobby, il convient en outre de souligner une véritable communauté d'esprit germanique au sein de la *Mittelstand* américaine, puisque la souche allemande, estimée à 25% de la population des États-Unis, représente la première composante originelle de la nation américaine (de Eisenhower à Schwarzkopf) à égalité avec les Irlandais, tandis que les « Allemands d'Allemagne », privés de leurs anciennes élites et sociologiquement américanisés depuis le « *Ich bin ein Berliner* » de Kennedy, se révèlent, avec les Britanniques, les alliés les plus sûrs de Washington au sein de l'OTAN. Enfin, au niveau des classes dites supérieures, l'influence ou plutôt *l'insoutenable légèreté* de la jet set américaine, cette nouvelle « hyperclasse » (voir Jacques Attali, *Le Dictionnaire du XXIe siècle*) qui, entre les mirages de la réalité virtuelle *via* Internet et les utopies de l'ancienne classe puritano-protestante (WASP), manie et tord les concepts de civilisation et de droits de l'homme au gré de ses fantasmes de puissance, et a joué un rôle considérable de prescripteur d'opinion et fortement influencé – au niveau du président et de sa famille — la politique internationale des États-Unis. C'est dans ce contexte sociologique de « volonté de puissance » et de pluralité des lobbies qu'« une alliance tacite est née entre les États-Unis et les pays arabo-musulmans, la Syrie comprise, explique Pierre-Marie Gallois. L'Amérique troque son étiquette de Grand Satan pour endosser celle de protecteur de l'Islam ». N'oublions pas également qu'aux États-Unis, les événements politiques intérieurs, les compétitions électorales, jusqu'aux scandales éclaboussant la vie privée des présidents, ont *systématiquement* des répercussions sur la politique internationale. Pour toutes ces raisons, « cette évolution [stratégie pro-islamiste de Washington] se fait au détriment d'Israël et de sa sécurité, explique Gallois, déjà, Beige et Peres s'étaient rendu compte qu'avec le démembrement de l'ex-URSS, leur pays avait perdu une grande partie de son importance stratégique, les États-Unis voulaient trouver grâce aux yeux des pays islamiques détenteurs de pétrole et qu'il fallait trouver un *modus vivendi* avec les Arabes. Ce fut la politique de Shimon Peres [12] ». Aussi l'arrivée aux affaires du nationaliste Benyamin Nétanyahou n'avait-elle pas été prévue outre-Atlantique et embarrassa-t-elle stratèges et diplomates américains, ces derniers se sentant contraints, pour se faire pardonner par les États musulmans le sabordage des accords de paix, et poussés par les lobbies islamiques et pétroliers américains, de procéder à une surenchère pro-arabo-islamique. En effet, l'application intégrale des accords d'Oslo, voulus par Washington, signifiaient, aux yeux du Premier ministre Nétanyahou, la disparition de l'État d'Israël. On le voit, la diplomatie américaine est bien plus complexe qu'on ne le croit, et elle n'échappe pas, aussi efficace qu'elle puisse paraître, à de graves tensions et contradictions internes qui risquent un jour de resurgir de manière explosive. Malgré cela, les États-Unis sont bel et bien une « puissance globale », et l'hétérogénéité de la société américaine ainsi que la pluralité des instances de pouvoir n'ont pas empêché les stratèges et dirigeants américains d'élaborer une véritable « doctrine stratégique globale » définissant les priorités, choix et interventions américains dans le monde.

LA STRATÉGIE DE LA « CEINTURE VERTE » CONTRE LE MONDE ORTHODOXE

Point de convergence de l'orientation pro-islamique de la politique étrangère américaine et de la politique de refoulement (« *roll back* ») du monde orthodoxe, la stratégie de « la ceinture verte » désigne l'encerclement de la Russie et de son continuum civilisationnel balkanique par un « croissant islamique » composé de la Turquie, des républiques musulmanes turcophones et persophones de l'ex-Union soviétique et de l'islam caucasien et balkanique. La « ceinture islamique » se referme contre l'Orthodoxie sous l'action de trois principaux pivots géopolitiques extérieurs : le premier est l'Arabie Saoudite, chargé de donner des moyens financiers aux guérillas antislaves (Tchétchènes, Afghans, islamistes bosniaques, UCK, etc.) ; le deuxième est la Turquie « laïque », pilier sud de l'OTAN, drainant toute la turcophonie ; le troisième est le binôme pakistano-afghan, base arrière de l'« internationale islamique sunnite » et zone de rencontre et d'entraînement de toutes les mouvances de l'islamisme sunnite mondial. Ce n'est donc pas un hasard si la stratégie islamo-américaine atteignit son apogée lors de la guerre d'Afghanistan, le but principal des États-Unis étant à cette époque de détruire par *tous les moyens*, y compris par le soutien au fanatisme islamique anti-occidental, l'Empire russo-soviétique. L'Afghanistan devint alors progressivement un bourbier dans lequel les Soviétiques s'enliseront jusqu'à être contraints, militairement et politiquement épuisés, de se retirer des maquis afghans (février 1989). « Les dollars et les missiles américains ont beaucoup compté dans la victoire contre les Soviétiques (...), rappelle Samuel Huntington. En outre, le Pakistan, qui a joué le rôle de relais pour le versement de l'aide financière américaine, a sciemment consacré 75 % des sommes allouées par les États-Unis au financement des groupes islamistes les plus intégristes ; notamment, 50 % du total ont été attribués à la faction sunnite la plus extrémiste dirigée par Gulbuddin Hekmatyar [13]. » Entre 1979 et 1989, la résistance afghane recevra en effet entre cinq et quinze milliards de dollars d'assistance militaire américaine, suivant les différentes sources, ce qui est dans tous les cas considérable. Les États-Unis ont sans conteste sciemment soutenu, pendant cette décennie, en collaboration avec les services pakistanais et saoudiens, dirigés alors par le prince Turki ibn Fayçal, les pires fanatiques musulmans anti-occidentaux d'Afghanistan, notamment les Légions islamiques pachtounes (l'une des principales ethnies d'Afghanistan) de Gulbuddin Hekmatyar, chef du parti islamiste *Hezb-e-Islami,* grand trafiquant de drogue et surtout les brigades de combattants arabes du célèbre milliardaire terroriste saoudien Ben Laden, aujourd'hui ennemi déclaré des États-Unis, mais jadis chargé par la CIA de coordonner le recrutement de moudjahidines du monde entier venus faire le *jihad* en Afghanistan contre les Russes.

Après l'effondrement de l'Union soviétique, les Américains continuèrent à soutenir les islamistes, jusqu'à ce que la guerre du Golfe vienne ternir à nouveau leur image au sein de certaines mouvances de l'islamisme international sunnite, à jamais marquées par l'influence des vétérans afghans, et dont la principale base arrière demeure l'Afghanistan. « Les camps installés en zones tribales afghanes et destinés naguère à former des moudjahidines antisoviétiques n'ont jamais fermé. Les réseaux internationaux continuent de recruter pour tous les *jihad* en cours : État islamique en Afghanistan, Yémen avant 1994, Cachemire, Bosnie et, désormais, États-Unis [14]. » Rappelons tout de même que le GIA et le FIS sont les créations des « Afghans », jadis entraînés par la CIA et l'ISI : Saïd Mekhloufi, Kamareddin Kherbane, Abdallah Anas, gendre d'Abdullah Azzam, membres du FIS, sont des anciens « Afghans », tout comme les premiers chefs du GIA : Tayyeb el-Afghani (tué en novembre 1994), Djaffar el-Afghani (tué en mars 1994), Chérif Gousmi (assassiné en septembre 1994), ou le Syrien Abou Messaab et l'Égyptien Abou Hamza al-Misri, idéologues d'*Al-Ansar*, journal du GIA publié à Londres. Les chefs du mouvement islamiste égyptien *Gamaà Islamiyya* : Fouad Qassim et

Ahmed Taha, sont également d'anciens « Afghans », comme Muhammed Zawahiri, dirigeant du Jihad islamique égyptien — et dont le frère a été le chef des opérations spéciales de l'UCK — qui cosigne les communiqués terroristes de Ben Laden. Concernant la rébellion islamiste du Cachemire, le mouvement *Harakat al-Ansar* dispose de camps d'entraînement dans la province afghane de Khost (qui fut la principale cible du bombardement américain du 21 août 1998). Enfin, le chef présumé du groupe qui a commis l'attentat de Louxor contre les touristes européens en septembre 1997 (Muhammad Abdel Rahmane) est aussi un « Afghan ». Les États-Unis portent donc une *responsabilité écrasante* dans l'exacerbation de la menace islamiste anti-occidentale qui point un peu partout dans le monde, même si le monstre enfanté semble peu à peu échapper à son concepteur.

L'une des plus éclatantes confirmations de la continuité de la stratégie américaine pro-islamiste fut le soutien apporté, entre 1994 et août 1998, par Washington aux ultra-fondamentalistes talibans qui prirent le contrôle en mai 1997 de la quasi-totalité de l'Afghanistan. Après l'échec et la trahison de Hekmatyar, suite à la guerre du Golfe, les talibans étaient censés, d'après Washington, rétablir l'ordre et la stabilité en Afghanistan, notamment afin que la société Unocal puisse poursuivre ses projets de construction de canalisations devant transporter le pétrole et le gaz du Turkménistan vers l'Europe et le Pakistan *via* l'Afghanistan. Pour justifier moralement l'opération, le département d'État prétendit que les très puritains talibans allaient faire cesser le trafic de drogue en Afghanistan... Or il s'avère, d'après des études réalisées par Interpol et le Pnucid (Programme des Nations unies pour le contrôle international des drogues), basé à Vienne, que l'Afghanistan est devenu l'un des plus gros producteurs de drogues dures du monde, devançant même le fameux « Triangle d'or » du Sud-Est asiatique : 2 800 tonnes d'opium produites en 1996, près de 5 000 tonnes de pavot en 2000, c'est-à-dire plus que toute la production mondiale de 1994. Ainsi, les talibans contrôlent actuellement près de 90 % des terres affectées à la culture du pavot, soit environ 65 000 hectares, l'équivalent d'un département français, et font vivre un million et demi de fermiers, les « pieux musulmans » prélevant entre 15 et 20 % sur les gains enregistrés sur les ventes. « Sans être directement impliqués dans ce commerce de la mort, écrit Richard Labévière, les services américains et saoudiens ont préféré fermer les yeux, afin d'assurer le financement des milices talibans [15] », avant qu'ils ne se retournent contre eux, suite aux attentats anti-américains perpétrés par le réseau Ben Laden, abrité par Kaboul. Quelques années plus tard, les projets de gazoducs et d'oléoducs n'ayant pas abouti, la stabilité initialement escomptée n'étant pas revenue, et d'autres tracés étant possibles ailleurs en Eurasie, les États-Unis ont décrété un embargo — très peu appliqué — sur l'Afghanistan au prétexte que ce pays refuserait de livrer aux Américains un certain nombre « d'activistes terroristes » anti-américains alors que l'augmentation dramatique du trafic de drogue, ainsi que la responsabilité américaine dans l'exportation du terrorisme islamiste des talibans en Asie centrale, dans le Caucase et dans les Balkans, ne firent pas l'objet, quant à elles, de dénonciations spécifiques...

Voulant toujours ménager l'Islam, notamment les deux grands lobbies musulmans américains, le *Muslim Public Council* et le *Council on American Islamic Relations*, qui dénoncent comme « raciste » et « discriminatoire » l'utilisation du terme « fondamentalisme islamique » et défendent des terroristes comme Omar Abdul Rahmane, inspirateur de l'attentat meurtrier du World Trade Center, le président Clinton se refuse systématiquement à parler de « terrorisme islamique » dans ses discours et déclarations. C'est ainsi que dans son message à la nation du 20 août 1998, juste après les attentats anti-américains en Afrique, Clinton qualifia le Front islamique international et les réseaux terroristes islamistes proches d'Oussama Ben Laden, de « Bin Laden Network », cette expression présentant l'avantage de ne pas associer le terrorisme de Ben Laden au terme d'islam ou même d'islamisme. Enfin, la dernière grande concrétisation de la stratégie pro-islamiste des États-Unis s'est manifestée dans les Balkans, de la guerre de Bosnie à celle du Kosovo, depuis 1992, date des premiers grands heurts entre Serbes, d'une part, et Croates et Musulmans bosniaques, de l'autre. Aussi décèle-t-on dans cette région du monde une politique philo-islamique américaine assez cohérente, sous-ensemble de la « ceinture verte » que certains nomment « la diagonale verte ».

La « diagonale verte », version balkanique de la « ceinture verte »

Peu d'observateurs ont relevé le caractère inconditionnellement pro-islamique et pro-turc de la stratégie de l'OTAN et des États-Unis en Europe balkanique, notamment en Macédoine, en Bosnie, en Albanie et plus récemment au Kosovo. Certes, depuis le bombardement de la république serbe de Bosnie par l'OTAN et l'aide octroyée aux nationalistes croates et bosno-musulmans entre 1992 et 1995 (Slavonie orientale, Krajina, Bosnie) et surtout 1995-1996 (défaite des Serbes et accords de Dayton), les activités et orientations de l'OTAN dans cette région du monde pouvaient laisser penser que Washington tablerait à un moment ou à un autre sur le nationalisme albanais afin de poursuivre la stratégie de « refoulement » du « bloc orthodoxe », en particulier de son flanc serbo-yougoslave. Aussi, plus d'un an avant le déclenchement de l'opération Force alliée, l'OTAN mettait sur pied, sans que cela ne fasse l'objet d'un écho particulier dans les médias et les débats politiques ouest-européens, un programme de partenariat pour la paix nommé *Cooperative Best Effort 1998*, dispositif consistant à entraîner des brigades opérationnelles composées d'Azéris, de Turcs, de Géorgiens, d'Ukrainiens, d'Albanais et de

Macédoniens, l'ensemble ressemblant à s'y méprendre à une force « néo-ottomane », une alliance militaire américano-turque et balkano-musulmane directement orientée contre la Russie et l'ex-Yougoslavie.

En fait, l'action des États-Unis et de l'OTAN en Europe orientale participe de la stratégie totale américaine et plus spécifiquement du « néo-*containment* » visant à *ceinturer* la Russie et le « bloc orthodoxe ». Encercler et contenir l'Orthodoxie à l'ouest, par la *ceinture slavo-occidentale* (pays baltes, PECO, anciens « satellites » ou « étranger proches » des Soviétiques), puis, à l'est et au sud, par la *ceinture verte* décrite précédemment, en fait sa déclinaison balkanique également nommée la « diagonale verte » : ligne joignant la Turquie, membre capital du bloc islamique et de l'OTAN, à la *ceinture slavo-catholique*. Comme nous l'avons déjà expliqué, le point de jonction nœudal de cette « diagonale verte » se trouve en plein cœur de l'ex-Yougoslavie et passe par la Serbie (Kosovo-Sandjak) et la Bosnie (Gorazde, voir carte n° 6, annexe I). Car Gorazde, enclave musulmane baignant dans la république serbe de Bosnie, est un couloir susceptible, si quelques kilomètres sont gagnés sur le territoire serbe, de couper la république serbe en deux et d'unifier la « diagonale verte ». Ainsi seulement s'explique l'acharnement des États-Unis à désenclaver, lors des accords de Dayton, la poche musulmane de Gorazde, et à démembrer la Yougoslavie en soutenant les séparatistes albanais du Kosovo. Après le Kosovo, les spécialistes de la région pensent que la Macédoine, le Sandjak, la Bulgarie, où vivent des minorités pomaks musulmanes et turcophones « travaillées » par Ankara, ainsi que le Monténégro et même la Thrace occidentale grecque, où des minorités irrédentistes musulmanes réclament leur rattachement à la Turquie, connaîtront des troubles essentiellement provoqués par l'irrédentisme islamo-albanais et « néo-ottoman » (panturquisme). Les services secrets américains font déjà pression sur les gouvernements du Monténégro, de Macédoine et de Bulgarie pour que les « droits des minorités islamo-turques ou albanaises soient plus étroitement reconnus », droit des minorités au nom duquel, en 1998, l'ambassadeur américain Christopher Hill obtint du gouvernement de Macédoine-*Arym* — parti au pouvoir VMRO de Georgievski à dominante orthodoxe — que le Parti démocratique albanais (PDA, formation irrédentiste albanaise prônant la Grande Albanie) soit intégré au sein du gouvernement, alors qu'existaient d'autres formations albanaises plus modérées...

Indépendamment du débat, légitime, sur la liberté des peuples à disposer d'eux-mêmes, on ne peut pas nier que la guerre du Kosovo a constitué un dangereux *précédent géopolitique*, en matière de remise en question des frontières internationalement reconnues des États. Ainsi certains observateurs constatent-ils déjà les prémices d'un éclatement de plusieurs États voisins de l'ex-Yougoslavie ou intégrant de fortes minorités musulmanes aux prises avec un « pouvoir infidèle » slavo-orthodoxe. Après le « syndrome afghan », apparaît ainsi la version européenne, le « syndrome du Kosovo », phénomène de déstabilisation des États situés sur le *limes* islamo-orthodoxe entretenu, dans une logique de *divide et impera*, par les Américains pour les raisons déjà énoncées. En vertu d'une nouvelle théorie des « dominos », articulée par la logique de la « diagonale verte », la Macédoine, le Monténégro, le nord de la Grèce, territoires revendiqués par les nationalistes de l'UCK adeptes de la « Grande Albanie », risquent donc d'imploser sous l'effet conjoint de l'irrédentisme albano-musulman et du « syndrome du Kosovo », véritable encouragement donné à toutes les guérillas séparatistes du monde et nouveau défi au principe jusque-là essentiel, en relations internationales, de la souveraineté des États. Bref, une déstabilisation en chaîne probable de tous les États de la région, sans parler des conséquences de l'« effet Kosovo » dans le reste du monde. « Par-delà des rancœurs chinoises et orthodoxes, l'imbécillité de l'OTAN aura d'immenses conséquences », explique crûment l'éditorialiste du *Figaro magazine* Alain Griotteray. « Nous sommes passés à deux doigts d'une guerre entre l'Inde et le Pakistan. Les Musulmans majoritaires dans la province indienne du Cachemire — aidés par l'armée pakistanaise — se sont sentis confortés dans leur " droit à l'indépendance ". Et les Musulmans d'Azerbaïdjan réclament l'intervention de l'OTAN contre les Chrétiens d'Arménie au Haut-Karabakh. Et les islamistes de Tchétchénie se ruent sur le Daghestan... Le chaos provoqué va bien au-delà du Kosovo. Nous n'avons pas fini d'en payer l'addition [16]. »

NOTES

1. François Thual, *op. cit.*, p. 322 .
2. Huntington, *ibid.*, p. 321.
3. *Id., ibid.*, p. 323.
4. Brzezinski, *op. cit.,* p. 69.
5. Entretien du général Pierre-Marie Gallois avec Jean Toschi-Marazzani-Visconti, « La Francia spia gli USA nel mondo », in *Rivista mensile di Edizioni Achab*, mai 1999.
6. Brzezinski, *Le Grand Échiquier*, p. 206.
7. De 1990 à 1995, le budget de la Défense de la Chine continentale a augmenté de 23 %.
8. « Les desseins des États-Unis sur l'Europe », Denise Artaud, éd. R. 95, p. 5.
9. Gallois, *La France sort-elle de l'Histoire ?, Superpuissances et déclin national*, L'Âge d'Homme, 1998, p. 51.
10. Brzezinski, *op. cit.,* p. 88.
11. *Id., ibid.*
12. Gallois, « La Francia spia gli USA nel mondo », *op. cit.*
13. Huntington, *ibid.*
14. Olivier Roy, in *Le Monde diplomatique*, *op. cit.*
15. Richard Labévière, *op. cit.*
16. Alain Griotteray, « Kouchner dans le " Chaosovo " », Alain Griotteray, *Le Figaro magazine*, septembre 1999.

CHAPITRE V

La « stratégie totale » des États-Unis : guerre aux concurrents, ennemis et alliés

« La stratégie est l'art de distribuer et de mettre en œuvre les moyens militaires pour compléter les fins de la politique. »

Liddell Hart.

« L'hégémonie bienveillante exercée par les États-Unis est un bienfait pour une vaste portion de la population du monde. »

Robert Kagan, conseiller républicain pour les Affaires étrangères.

La « suprématie globale », de gré ou de force

Dans un essai retentissant [1], le géostratège Bruno Colson explique que, depuis 50 ans, les objectifs stratégiques de la politique étrangère des États-Unis d'Amérique demeurent inchangés : anéantir ou affaiblir les rivaux et concurrents potentiels — que ceux-ci soient les « amis » ou les « ennemis » — afin que l'Amérique conserve le plus longtemps possible son statut de superpuissance unique. Que ses concurrents ou rivaux soient « occidentaux » ou non. Qu'ils soient d'anciens membres du pacte de Varsovie ou de proches « alliés » de Washington au sein de l'OTAN. Cette doctrine stratégique « globale [2] » des États-Unis apparaît clairement dans le nouveau concept américain de « stratégie nationale de sécurité », dont le contenu fut révélé au grand public à l'occasion de la parution, le 8 mars 1992, dans le *New York Times*, d'une version du *Defence Planning Guidance* [3] du Pentagone élaboré en liaison avec le Conseil national de sécurité (NSA), plus haute instance américaine de sécurité et de politique internationale. On y apprend que les États-Unis d'Amérique doivent tout faire pour « dissuader d'éventuels rivaux, parmi les pays avancés et industrialisés, de défier notre domination, ne serait-ce que d'aspirer à un rôle plus grand à l'échelle mondiale ou régionale (...). La mission des États-Unis sera de s'assurer qu'il ne soit permis à aucune puissance rivale d'émerger en Europe occidentale, en Asie ou sur le territoire de la CEI ». En bref, il s'agit ni plus ni moins d'empêcher l'Europe et le Japon, « alliés » relativement dociles, ainsi que la Russie, affaiblie, mais encore redoutée, de relever la tête et de porter un jour ombrage à l'« hégémonie bienveillante » de Washington, en fait à la formidable machine économico-commerciale américaine. « La politique étrangère américaine doit se donner pour but de convaincre d'éventuels rivaux qu'ils n'ont pas besoin de jouer un plus grand rôle. Notre statut de superpuissance unique doit être perpétué par une force militaire suffisante pour dissuader n'importe quelle nation ou groupe de nations de défier la suprématie des États-Unis, et de chercher à mettre en cause l'ordre économique et politique établi (...). Nous devons empêcher l'émergence d'un système de sécurité exclusivement européen qui pourrait déstabiliser l'OTAN. En Extrême-Orient, il faut rester attentif aux risques de déstabilisation qui viendraient d'un rôle accru de nos alliés, en particulier du Japon », explique le *Defense Planning Guidance.* On constatera qu'il n'y est point fait allusion au rôle de l'ONU ou à quelque forme que ce soit « d'internationalisme collectif » dont les discours officiels américains sont en général remplis. De fait, le rapport « secret » précise plus loin : « Ce qui est important, c'est le sentiment que l'ordre international est en fin de compte soutenu par les États-Unis, lesquels doivent être en position d'agir indépendamment lorsqu'une action collective ne peut pas être orchestrée. » On comprend mieux, à la lumière de ces documents stratégiques, pourquoi les États-Unis agissent sous mandat de l'ONU en Irak, lorsque les résolutions des organisations internationales correspondent aux intérêts américains strictement nationaux, mais passent outre en ex-Yougoslavie, dès lors que l'« internationalisme » ne peut pas être utilisé comme façade « cache-sexe stratégique » du nationalisme géoéconomique américain. Les dirigeants états-uniens n'en continuent pas moins d'affirmer que la « suprématie globale » de leur pays est nécessaire à l'humanité, puisqu'elle est censée « garantir la démocratie et la paix » dans le monde et la « sauvegarde de l'économie de marché ».

Depuis le président Wilson, les intérêts et la « volonté de puissance » impériale des gouvernements américains se dissimulent habilement derrière le masque des arguments moraux, quasi spirituels, obligeant le reste du monde à se soumettre à l'*American Way of Life* sous peine d'être relégué dans le camp du « mal » et de la « barbarie ». En fait, les Américains n'ont jamais réellement cessé de se penser comme la « conscience des démocraties », la nouvelle « nation élue », dont les entreprises temporelles sont bénies par un Dieu, par ailleurs déterminé à punir les « nouveaux infidèles » refusant de se soumettre à la « démocratie exemplaire ». Le concept de « Nouvel

Ordre international » n'a par conséquent introduit aucun changement majeur, puisqu'il consacre, comme l'a montré Francis Fukuyama, la victoire et la continuation du « monde libre », jadis opposé au terrible bloc de l'Est, aujourd'hui « menacé » par les « *Rogue States* » (« États voyous ») et les puissances ou coalitions « anti-hégémoniques » (Chine, Russie, Inde, etc.).

Au-delà de son habillage moral, nécessaire, la stratégie nationale de sécurité est conçue comme une *stratégie intégrale* ou *totale*, entremêlant intérêts économiques, militaires, scientifiques et politico-culturels. D'après Hervé Couteau-Bégarie, président de l'Institut de stratégie comparée, la « stratégie intégrale » américaine est remarquablement cohérente et s'organise autour de trois axes : *stratégie générale économique*, *stratégie militaire* et *stratégie générale culturelle.* Ainsi, la domination incontestée, pour l'heure, de Washington sur le reste du monde, est fondée sur la concordance des quatre principaux domaines de la puissance globale : *puissance militaire*, bien sûr, les États-Unis contrôlant terres et mers et sans lesquels peu de conflits armés dans le monde ne semblent pouvoir se résoudre ; *puissance culturelle et informationnelle,* la « force de frappe culturelle » de Washington étant fondée sur une maîtrise quasi totale des moyens de communication télématiques et satellitaires planétaires ; *puissance technologique*, pas un ordinateur au monde ne pouvant fonctionner sans un logiciel américain ni même communiquer sur Internet ; et surtout, enfin, une extraordinaire *puissance économique,* l'Amérique étant, de loin, le pays le plus riche du monde (un tiers du PNB mondial), et les entreprises américaines occupant grâce à un dynamisme à bien des égards admirable et à un système économique semi-libéral extrêmement efficace, la première place mondiale dans de nombreux secteurs d'activité (automobile, agro-alimentaire, aéronautique, banque, nouvelles technologies, audiovisuel, etc.). Rappelons en passant que le marché financier américain concentre près des deux tiers des placements mondiaux.

Étroitement liée au concept de Révolution dans les affaires militaires (RMA), la nouvelle doctrine américaine part du constat que, depuis la Seconde Guerre mondiale, la stratégie ne se situe plus seulement dans la guerre (le militaire), mais également dans l'économique (d'où l'intérêt de la « géoéconomie »), le culturel, l'« informationnel » (*Information Warfare*), et même l'« humanitaire ». Particulièrement explicite, Zbigniew Brzezinski explique ce qu'est la « stratégie totale » américaine : « l'exercice de la puissance “ impériale ” américaine dérive (...) d'une organisation supérieure, de la capacité à mobiliser sans délai d'importantes ressources économiques et technologiques à des fins militaires, de la séduction, floue mais importante, qu'exerce le mode de vie américain, ainsi que du dynamisme reconnu des élites politiques (...). En bref, aucune puissance ne peut prétendre rivaliser dans les quatre domaines clés — militaire, économique, technologique et culturel — qui font une puissance globale [4] ». Même si l'Amérique est plus impériale et hégémonique que jamais, sa *stratégie totale*, voire *totalitaire*, à certains égards, ne nécessite pas pour autant une organisation politique *totalitaire*, au sens formel du terme. C'est en fait parce qu'elle est *intégrale*, polymorphe, diffuse, notamment à travers sa dimension médiatico-culturelle, apparemment neutre, que la domination américaine est une forme nouvelle d'impérialisme, une « démocratie totalitaire », pour reprendre l'expression de l'historien israélien J.-L. Talmon, ou encore une « dictature du troisième type ». « À mesure que ce modèle gagne du terrain dans le monde, il crée un contexte propice à l'exercice indirect et apparemment consensuel de l'hégémonie américaine, précise Brzezinski. L'hégémonie des États-Unis implique une structure complexe d'institutions et de médiations conçues pour engendrer le consensus (...) la suprématie mondiale des États-Unis est unique tant par sa dimension que par sa nature (...) il s'agit d'une hégémonie d'un type nouveau. L'Amérique est devenue la nation indispensable à la planète [5]. » On le voit, les stratèges américains expriment à leur manière l'idée fameuse de la « destinée manifeste » des États-Unis, toujours profondément ancrée dans la mentalité américaine depuis que John Sullivan l'a lancée en 1850. C'est ainsi que le président Eisenhower pouvait dire : « Parmi les nations vouées à la justice et à la liberté, le destin nous a assigné le rôle de diriger les autres [6]. » Aussi, la caractéristique de l'hégémonie étatsunienne réside-t-elle dans la certitude selon laquelle le « mode de vie américain », les conceptions économiques et politiques américaines, et même les actions coercitives des États-Unis (raids, « frappes aériennes », embargos, etc.) constituent des *bienfaits* pour l'humanité tout entière. Écoutons plutôt Richard Nixon : « Dieu veut que l'Amérique dirige le monde », ou encore Robert Kagan : « l'hégémonie bienveillante exercée par les États-Unis est bonne pour une vaste partie de la population mondiale [7] ». Ainsi, les intérêts des États-Unis (économiques, idéologiques, stratégiques, etc.) se « confondant » avec ceux de l'humanité, défendre ceux-ci par la force brute revient à servir l'humanité elle-même et à garantir les « droits de l'homme ». De cet hégémonisme messianique autant que de l'esprit « redresseur de tort » et sans scrupule des cow-boys, découle l'extraordinaire brutalité, voire l'arrogance joviale des responsables américains. Reproduisons seulement la désormais célèbre réplique du général Mike Short, commandant américain des forces aériennes de l'OTAN dans le sud de l'Europe, venu « négocier » avec Milosevic en octobre 1998 et répondant à une question du président yougoslave : « J'ai des B-52 (bombardiers) dans une main et des U-2 (avions espions) dans l'autre ; on va me donner l'ordre d'utiliser les uns ou les autres. J'espère que vous ferez le bon choix [8]. »

C'est dans ce double contexte d'hégémonie planétaire totale et de loi du plus fort qu'il faut replacer la stratégie américaine de l'après-guerre froide et la désignation, par les États-Unis, d'une multitude d'« ennemis ». Parfois réels, ces « ennemis » ont surtout vocation, lorsqu'ils sont aussi insignifiants que la Bosnie, la Serbie, l'Irak, le Soudan, Cuba, la Libye, à justifier l'emploi de la force comme *substitut de la diplomatie* et comme *ultima ratio* apparent. On retrouve là le phénomène « d'ennemi utile » ou d'« épouvantail ennemi », procédé utilisé depuis longtemps par Washington pour justifier ses entreprises hégémoniques et/ou coercitives. Pour soumettre leurs rivaux, les Américains ont toujours élaboré des « stratégies obliques », dont le cynisme et le pragmatisme extrêmes n'ont d'égal que l'idéalisme invoqué. Ennemi réel, le communisme n'en était pas moins fort *utile* pour Washington, qui empêcha le général Patton d'en finir avec la menace soviétique et qui exagéra considérablement les capacités de nuisances de l'ex-URSS pour mieux asseoir et justifier sa suprématie en Europe et dans le monde. Après l'effondrement de l'Empire soviétique, c'est Saddam Hussein qui joua le rôle d'« ennemi utile », les Américains le préférant en place, donc *diabolisable* à merci, plutôt que mort ou destitué. Aussi étonnant que cela puisse paraître, il en va de même en ex-Yougoslavie, Slobodan Milosevic, le « boucher des Balkans », ayant été relativement bien traité jusqu'au début de la crise du Kosovo, les États-Unis n'ayant jamais rien fait pour l'éliminer physiquement, ainsi que l'auraient pourtant suggéré les buts de guerre affichés pendant l'opération Force alliée. Car la nouvelle « incarnation du mal », la version balkanique du terrible « Saddam » était et demeure la principale justification médiatique à l'intervention de l'OTAN et aux sanctions internationales contre la Serbie, les États-Unis ayant l'habitude de *personnaliser l'ennemi* à outrance, autre composante du processus de la *diabolisation.* « Il n'y a pas trente-six façons de procéder. Les plus courantes consistent à susciter partout la crainte d'ennemis terribles sur le point de nous écraser, en même temps qu'un respect craintif envers nos formidables dirigeants qui nous sauveront du désastre juste à temps, si l'on en croit Noam Chomsky. Cela fut l'approche adoptée tout au long des années 1980, et elle requit des trésors d'ingéniosité à mesure que l'épouvantail utilisé, la menace soviétique, devenait de plus en plus difficile à prendre au sérieux. C'est ainsi que nos existences furent menacées tantôt par Kadhafi et ses hordes de terroristes internationaux, tantôt par Grenade, tantôt par les sandinistes marchant sur le Texas ou encore par les narcotrafiquants hispaniques dirigés par Noriega [9]. » Comme on le constate, moralisme, cynisme stratégique, diabolisation et loi du plus fort, ne sont que les différentes expressions d'une même « volonté de puissance » américaine.

La « diplomatie des raids et des embargos » à l'œuvre ces dernières années dans l'île de Grenade, à Panama, en Libye, en Irak, au Soudan, en Afghanistan, en Bosnie ou en Serbie, n'est donc pas un phénomène nouveau. Les dirigeants américains ne font que poursuivre la traditionnelle politique du *big stick* — le gros bâton —, inaugurée en 1898 par le président William McKinley avec la guerre contre l'Espagne à propos de Cuba, puis officialisée par le président Theodore Roosevelt, au début du XXe siècle. La « diplomatie coercitive », ferment de l'interventionnisme américain, vise à *mettre au pas* par la force les nations réfractaires à l'hégémonie américaine et susceptibles de nuire aux intérêts économiques des États-Unis. Elle repose sur des justifications à la fois *morales* et *économiques*. Les causes morales sont fondées sur la supériorité de la civilisation nord-américaine et le rôle hégémonique « bienveillant » qu'elle est appelée à jouer dans le monde au nom des « droits de l'homme », de la « démocratie libérale », seule légitime, et de la « communauté internationale ». « Il serait légitime et charitable d'imposer au monde entier les institutions républicaines »... expliquait F. D. Roosevelt. Les causes économiques demeurent toutefois plus importantes, même si elles sont dissimulées derrière l'humanisme des précédentes. « Dès la fin du XIXe siècle, une fois le Far West conquis (et débarrassé de la question indienne par un génocide remarquablement orchestré), écrit l'historien Jacques Seurot, et le marché intérieur satisfait, les États-Unis ont besoin de consommateurs extérieurs pour absorber le trop-plein de leur énorme production [10]. » Constatant en effet que les usines américaines produisaient déjà bien plus que le peuple américain ne pouvait consommer, le célèbre économiste anglais Sir William Beveridge justifiait ainsi l'hégémonisme américain : « Le sol américain produit plus qu'il ne peut consommer. La destinée nous a tracé notre politique : le commerce mondial doit être et sera nôtre. Nous établirons des comptoirs commerciaux à la surface du monde comme centres de distribution des produits américains. Nous couvrirons les océans de nos vaisseaux de commerce (...). De nos comptoirs de commerce sortiront de grandes colonies déployant notre drapeau et trafiquant avec nous. Nos institutions suivront notre drapeau sur les ailes du commerce et la loi américaine, l'ordre américain, la civilisation américaine et le drapeau américain seront plantés sur les rivages jusqu'ici en proie à la violence et à l'obscurantisme, et ces auxiliaires de Dieu les feront dorénavant magnifiques et éclatants [11]... » Dans un langage plus actuel mais tout aussi explicite et impérial, Zbigniew Brzezinski montre que si la suprématie américaine devait disparaître, c'en serait définitivement fini de la paix et de l'ordre mondial. « Dans le système international actuel, la seule alternative à la puissance américaine est l'anarchie mondiale (...). Du fait de la gravité des conséquences qu'il aurait, un retrait des forces américaines de Corée du Sud, du golfe Persique ou de Bosnie, sans parler de l'OTAN, est pratiquement impensable, ce qui montre qu'il *n'y a* actuellement aucune autre puissance, d'importance équivalente, à même de jouer un rôle analogue [12]. »

La force de la « stratégie totale » des États-Unis réside dans cette propension qu'ont les Américains à masquer leur extraordinaire volonté de puissance derrière des arguments moraux, voire messianiques. Nous retrouvons là le thème géopolitique central des représentations comme « forces mobilisatrices » et « légitimantes » de l'histoire et de l'action politique. Bien qu'elle ne soit pas d'origine anglo-saxonne mais est-européenne, comme Brzezinski, le secrétaire d'État Madeleine Albright s'identifie totalement avec les premiers conquérants puritano-protestants de la Nouvelle-Angleterre, liant, dans un même élan religieux de type quasi messianique, les intérêts économiques américains à une « mission » civilisatrice, « pacifique » et « démocratique » : « Le but de l'Amérique », déclare-t-elle, le 20 mai 1999, au cours d'une allocution sur la politique étrangère devant le Sénat, « c'est la liberté. Nous, les Américains, nous croyons en la loi. Nous chérissons la paix. Nous recherchons la prospérité. Nous œuvrons avec d'autres pour rapprocher les nations autour des principes de base de la démocratie et de la loi, des marchés ouverts. Nous le faisons parce que c'est juste, mais aussi parce qu'il est essentiel de protéger les meilleurs intérêts de notre nation et de notre peuple. L'un des objectifs premiers de notre politique étrangère est de promouvoir une économie mondiale saine, dans laquelle le génie et la productivité américaines reçoivent leur dû. Assumons, sans nous plaindre mais en lui réservant un bon accueil, le rôle de leader qu'ont établi nos aïeux... »

LA MAÎTRISE DE L'EURASIE, CONSTANTE DE LA GÉOPOLITIQUE ANGLO-SAXONNE

Dans son ouvrage, *Le Grand Échiquier*, Brzezinski explique que l'enjeu principal pour l'Amérique est la maîtrise de l'« Eurasie », vaste ensemble allant de l'Europe de l'Ouest à la Chine *via* l'Asie centrale. Aussi les États-Unis considèrent-ils l'Asie centrale et les contrées musulmanes pétrolifères et gazières de l'ex-URSS comme la zone stratégique la plus importante du monde. Les États-Unis doivent par conséquent tout faire pour demeurer *la seule* puissance hégémonique sur le continent eurasiatique. « Il est essentiel que nous poursuivions une stratégie visant un équilibre de l'ensemble eurasiatique », explique l'ancien conseiller du président Carter, « continent dont l'importance est décisive puisque tous les États nucléaires déclarés sauf un, et tous les États nucléaires non déclarés sauf un, s'y trouvent, et que si on le prend globalement, il dispose de toutes les dimensions d'une puissance dépassant celle des États-Unis [13]. » La géopolitique classique, rappelle Brzezinski, postule que la prééminence sur le continent eurasien sert de point d'ancrage à la « domination globale ». Certes, les États-Unis, puissance extérieure à l'Eurasie, sont d'ores et déjà la première, voire l'unique, superpuissance mondiale grâce à leur présence directe sur trois zones périphériques du continent, « position qui étend leur rayon d'action jusque sur les États de l'*Hinterland* continental ». Toutefois, l'« Eurasie demeure le seul théâtre sur lequel un rival potentiel de l'Amérique pourrait éventuellement apparaître ». Là se trouve la clé de toute la doctrine géostratégique américaine. *Grosso modo*, et en essayant d'opérer une classification non exhaustive des différents niveaux de stratégie, on peut dire que la stratégie globale américaine, au *niveau planétaire*, consiste à renforcer les points d'ancrage des États-Unis en Europe occidentale et centrale, si possible, à terme, en mettant sur pied un bloc euro-atlantique unifié, dans le triple but de neutraliser la construction de l'Union européenne, concurrent géoéconomique potentiel mais « zone molle » vassalisée ; être plus à même *d'agir sur le front eurasiatique*, l'Asie étant la principale « zone dure » du monde et futur concurrent géoéconomique ; prendre le contrôle des nouvelles routes énergétiques d'Asie centrale, du Moyen-Orient et du Caucase, ce troisième but impliquant une *stratégie islamique* particulière et une désolidarisation relative d'avec les autres membres de la civilisation occidentale et européenne, principalement l'élément slavo-orthodoxe, aux prises avec l'Islam eurasiatique, « zone la plus importante du monde ».

En fait, la pensée de Brzezinski s'inscrit dans la tradition géopolitique britannique présentant l'évolution historico-politique du monde comme le résultat des rivalités entre « puissances continentales » et « puissances maritimes » ou « thalassocraties ». Père de la géopolitique classique, le géographe anglais Halford John Mackinder (1861-1947) élève en théorie générale la dichotomie conflictuelle terre/mer. Lors d'une conférence retentissante intitulée « Le pivot géographique de l'histoire » publiée dans le *Geographical Journal* en 1904, Mackinder avance l'existence d'un « pivot du monde » (ou zone « pivot ») situé au cœur de l'Eurasie et englobant *grosso modo* l'actuelle Russie, la Sibérie, le Caucase et une partie de l'Europe orientale, tremplins incontournables à la maîtrise du continent eurasiatique. Dans l'ouvrage qu'il publie en 1919 *Democratic Ideas and Reality*, le géopoliticien britannique explicite sa théorie. Autour de la zone « pivot », qu'il nomme *Heartland* [14], littéralement « cœur de la terre » (voir carte n° 5, annexe I, « Conception géopolitique de Mackinder »), se trouve en Eurasie ce qu'il appelle le « croissant marginal intérieur », frange occidentale, méridionale et orientale du *Heartland*, ou zone de contact entre le continent et les mers (Péninsule ibérique, Italie, Balkans, Grèce, Turquie, Proche-Orient, Golfe arabo-persique, Pakistan, Inde, Indochine, îles chinoises du Sud, etc.). Aux extrémités du « croissant marginal intérieur », deux archipels-clés, la Grande-Bretagne et le Japon, baptisés « archipels de l'extérieur », ayant atteint leur apogée grâce à la maîtrise des mers. Enfin, autour de ce « bloc pivot » et de ses bordures maritimes se trouvent les « grandes îles » : Amérique, Afrique, Indonésie et Australie, qui forment le « croissant insulaire extérieur » avec au milieu une zone d'interposition constituée de déserts. Mackinder redoute que, par l'ampleur de ses immenses ressources et grâce au développement des voies ferrées et routières, la zone « pivot » *(Heartland)* s'étende vers les périphéries et parvienne à dominer tout le continent eurasien, pour ensuite étendre ses conquêtes à l'ensemble des mers et des terres de la planète. « Qu'adviendra-t-il des puissances de la mer si, un jour, le grand continent s'unissait politiquement pour devenir la base d'une invincible armada [15] ? », s'interroge le géographe britannique ? Aussi estime-t-il indispensable que « les puissances insulaires du " croissant extérieur " s'allient à celles du " croissant marginal intérieur " pour empêcher qu'un jour une seule puissance ne prenne le contrôle de l'Eurasie. » « L'OTAN est cette alliance », explique le général Gallois. Ici réside le fondement même de la doctrine stratégique américaine en Eurasie aussi bien pendant la guerre froide que depuis la chute du mur de Berlin. Dans un premier temps, Mackinder considère que la pire des menaces est représentée par la poussée vers l'est de l'Allemagne de Guillaume II *(Drang Nach Osten)*, voire par une éventuelle « alliance continentale » russo-germanique, deux scénarios susceptibles de provoquer l'unité géopolitique du grand continent et de mettre fin à la suprématie mondiale anglo-saxonne. En 1919, Mackinder réclame donc la mise sur pied, en Europe de l'Est, d'une « ceinture d'États » susceptibles de former une zone tampon entre l'Allemagne et la Russie, afin d'éviter que l'Allemagne conquérante ne provoque l'unité de la « zone pivot » par les armes. Mais prenant acte du bouleversement idéologique et géopolitique occasionné par la révolution bolchevique, Mackinder redéfinit, dès 1943, le concept de *Heartland* : « C'est la partie nord et intérieure de l'Eurasie », c'est-à-dire l'ex-URSS ou l'actuelle CEI, débordant légèrement sur l'Europe centrale et orientale. En raison de prétentions universalistes et impériales, la jeune URSS apparaît comme la « puissance continentale » par excellence, bien plus vaste et plus puissante encore que l'Allemagne et plus à même, de par sa volonté de progresser vers l'Europe centrale et orientale et les mers chaudes, de prendre le contrôle de la totalité du continent et d'en chasser les « puissances maritimes ». Dans une formule désormais célèbre, Mackinder résume l'enjeu en ces termes : « Celui qui contrôle l'Europe de l'Est commande le " cœur de la terre " *[Heartland]* ; celui qui contrôle le " cœur de la terre " commande l'" île du monde " *[World Island]* ; celui qui contrôle l'" île du monde " commande le monde. » À cette époque déjà, l'Europe de l'Est constitue l'une des plus importantes zones stratégiques du globe : non seulement les Balkans relient le *Heartland* à la Méditerranée, enjeu séculaire pour la Russie, mais l'Europe centrale et orientale est le pont, la clé de voûte de l'unité éventuelle du grand continent. On comprend mieux ainsi pourquoi la Grande-Bretagne puis les États-Unis, puissances de la mer, ont toujours déployé des efforts considérables pour priver la Russie de sa profondeur stratégique et de son accès aux mers chaudes dans le Caucase, en Asie centrale et dans les Balkans.

L'autre grand théoricien anglo-saxon du paradigme terre/mer est le professeur de sciences politiques américain Nicholas Spykman. Dans son ouvrage *The Geography of Peace* (1944), celui-là avance l'idée selon laquelle la véritable « zone pivot », autour de laquelle s'articulent les rivalités entre puissances maritimes et continentales, est le *Rimland*, second grand concept-clé de la géopolitique classique désignant « la région intermédiaire entre le *Heartland* et les mers riveraines », équivalent spykmanien du « croissant marginal intérieur » de Mackinder (voir carte n° 5, annexe I). Pour Spykman, l'Union soviétique n'aura pas de sitôt les moyens de régner sur le monde, du moins tant qu'elle n'aurait pas réussi à s'emparer des *Rimlands* et des îles extérieures. Plus optimiste que Mackinder, Nicholas Spykman pensait que si la puissance de la mer se montrait capable d'organiser et de soutenir les peuples du *Rimland* afin qu'ils bloquent la marche vers les mers de la principale puissance de la terre, la conquête du monde par la puissance du *Heartland* demeurerait toute théorique. Aussi la formule du professeur américain renverse-t-elle celle de son prédécesseur, tout en réaffirmant l'idée fondamentale de la rivalité terre/mer et en annonçant elle aussi le socle doctrinal et stratégique de l'OTAN : « Celui qui domine le *Rimland* domine l'Eurasie ; celui qui domine l'Eurasie tient le destin du monde entre ses mains », l'auteur rappelant que la victoire des Alliés pendant la Seconde Guerre mondiale a été remportée sur les rivages et terres du *Rimland*. La théorie spykmanienne du *Rimland* contenant la ou les puissances continentales a sans nul doute une « grande influence sur l'élaboration de la politique étrangère américaine [16] ». Elle fut en effet à l'origine de la doctrine américaine de l'endiguement ou *containment* mise au point par Washington pendant la guerre froide. La cohésion du *Rimland*, composé des États-Unis, de l'Europe occidentale et de l'Asie maritime, est censée contenir les visées expansionnistes ou récalcitrantes du *Heartland* russo-soviétique. Aussi les constantes géopolitiques coïncidaient-elles, dans le cadre de la guerre froide, avec les variables idéologiques. La Russie devait être *contenue* non seulement pour stopper l'expansion de l'idéologie révolutionnaire et « subversive » soviéto-communiste, mais surtout en raison des prétentions hégémoniques russes continentales. De son côté, l'Union soviétique tentait de s'étendre en Europe centrale et orientale et sur les îles extérieures (Asie, Amérique latine, Afrique, etc.) afin d'affaiblir les positions et points d'ancrage des « puissances de la mer », celles-là étant par ailleurs assimilées aux « puissances capitalistes et coloniales » par les idéologues russo-soviétiques. Telle est l'origine de l'OTAN, dont le but était ni plus ni moins de constituer une série de pactes et d'alliances avec les pays situés sur le *Rimland* afin de contenir le *Heartland* russo-communiste. « On le voit, le traité de l'Atlantique Nord, pour ce versant du " grand continent ", répond aux préoccupations de Spykman, dont les deux principaux ouvrages furent publiés en 1942 et en 1944 », conclut le général Pierre-Marie Gallois [17].

DU « CONTAINMENT » CONTRE LE BLOC COMMUNISTE AU « NÉO-CONTAINMENT » CONTRE LE « BLOC ORTHODOXE »

La doctrine du *containment* emprunte non seulement aux travaux de Mackinder et de Spykman, cités précédemment, mais également à ceux du Britannique Homer Lea et des Américains Colin S. Gray, George Kennan et John Foster Dulles. Dans *The Day of the Saxons*, Lea, adepte de l'opposition fondamentale terre/mer, avait déjà posé les bases de la stratégie britannique d'« endiguement » de l'Empire russe, du Bosphore à l'Indus. Pour lui, les Russes ne devaient à aucun prix s'emparer des Dardanelles et du Bosphore, ni même les contrôler indirectement. Pendant la guerre de Crimée, véritable mise en pratique de cette théorie, ce qu'on appelle aujourd'hui l'« Occident » (Grande-Bretagne, France) s'était allié à la Turquie contre la Russie. L'enjeu du conflit, déroulé en mer Noire et en mer d'Azov, était le contrôle des détroits turcs. Les « Occidentaux » et la Turquie, conscients que les objectifs de l'Empire tsaro-orthodoxe étaient de « libérer la Terre sainte », de désenclaver les détroits turcs, et de « récupérer » Constantinople, étaient déterminés à *tout faire* pour empêcher Saint-Pétersbourg de s'installer en Méditerranée et en mer Noire, le dégagement des rives de celle-là n'étant qu'un tremplin en direction de la Méditerranée et de l'océan Indien. Aussi avaient-ils imposé aux Russes, lors du traité de Paris de 1856, de ne pas franchir le Caucase ou dépasser la ligne Téhéran-Kaboul. George Kennan, ministre-conseiller de l'ambassadeur des États-Unis à Moscou, Averell Harriman, s'inquiétait quant à lui, en 1945, de la mutation de l'Union soviétique en une formidable puissance militaire, la plus forte d'alors. Durant les années 1946-1947, c'est-à-dire avant le « coup de Prague » (23 janvier 1948), Kennan réfléchit aux moyens de stopper l'avancée du *Heartland* russo-communiste. Il propose alors d'« endiguer » l'Union soviétique par le regroupement — sous la tutelle des États-Unis — de certains pays du *Rimland.* Ainsi, « par la diversification des points d'ancrage des États-Unis aux marches du *Heartland*, le concept spykmanien du *Rimland* devait pallier, dans une certaine mesure, l'affaiblissement du “ croupion ” européen, à l'ouest, et du Japon — neutralisé, du moins pour un temps — à l'est [18] ». N'oublions pas que l'Allemagne, jusqu'en 1941, le Japon, en 1905, avaient bloqué l'Empire russe à ses deux extrémités. Le troisième précurseur de la doctrine du *containment*, Colin S. Gray, auteur d'un ouvrage sur *La Géopolitique de l'ère nucléaire*, admet, avec Mackinder, que le contrôle de l'« île mondiale » aboutira à la maîtrise du reste du monde et, comme Spykman, il situe la zone de conflit principal sur le *Rimland*, l'objet des Soviétiques étant, à terme, d'interdire aux puissances de la mer — donc aux États-Unis — l'accès au continent eurasiatique, en éliminant toute implantation américaine sur les pays du littoral. Certes, pour les Américains, comme pour les Soviétiques, tous les peuples du *Rimland* ne sont pas géopolitiquement décisifs. Mais un échec sur une partie quelconque du *Rimland* retentit ailleurs : « Après la défaite américaine au Vietnam, où l'Amérique battra-t-elle en retraite ? », questionne Gray, qui souscrit *ex ante*, on le voit, à la théorie des dominos. En fait, « la politique extérieure des États-Unis n'a pas toujours été maladroite, commente Pierre-Marie Gallois. Promouvoir et signer le traité de Washington, mettre sur pied l'OTAN, son corollaire militaire, visaient à ancrer solidement le *Rimland* à l'ouest de l'Eurasie. Défendre la Corée du Sud, quelques mois plus tard, c'était consolider un État ami à l'est de l'Eurasie ; aider la France au Vietnam — après l'avoir politiquement combattue — avait pour objet de maintenir dans le Sud-Est asiatique, sur le *Rimland*, une présence alliée. Même politique avec les pactes d'assistance mutuelle conclus entre Washington et les capitales d'un certain nombre de pays du *Rimland*. L'Amérique ne peut se passer de tenir de solides positions, par alliés interposés, à la périphérie du *Heartland* ». C'est là qu'intervient le quatrième grand inspirateur de la doctrine du *containment* : John Foster Dulles secrétaire d'État américain de 1953 à 1958. En fait, l'homme qui associa son nom à l'expression même de *containment* et de « refoulement » de la Russie soviétique, ne fit que reprendre les théories de ses prédécesseurs, en particulier George Kennan [19]. Il s'agissait, pour le célèbre diplomate américain, d'*encercler* l'Union soviétique par le *Rimland* et les îles extérieures au sud et à l'est du *Heartland*, en promouvant une politique de pactes successifs, de la Grande-Bretagne au Japon, afin de cerner l'« Empire du mal », le froid se chargeant du nord de la « zone pivot ». Foster Dulles, avec la constitution de tels « pactes d'assistance mutuelle » (OTAN, OTASE, CENTO, ANZUS, etc.), comptait *ceinturer* l'URSS tout le long de ses franges côtières. Mais il déplorait le « trou » chinois, seule épine dans le dispositif d'encerclement-endiguement constitué tout le long du *Rimland*. Aujourd'hui encore, la Chine reste l'énigme stratégique majeure, plus redoutée — à terme — que la Russie, en raison de son imperméabilité et de sa puissance, à la fois massive et axiale.

Si l'on transpose la théorie classique du *containment* sur la scène géopolitique contemporaine, Washington doit *à tout prix* prévenir l'apparition d'une puissance eurasiatique susceptible de remettre en question son « hégémonie globale bienveillante » et d'acquérir une position dominante en Eurasie. La montée en puissance de la Chine et de l'Asie étant quasiment impossible, pour l'heure, à endiguer, l'Amérique doit renoncer à dominer l'intégralité du continent eurasiatique et se concentrer sur sa partie occidentale et centrale : Union européenne, Europe centrale et orientale, Balkans, Caucase, Asie centrale. Washington considère donc deux priorités à court terme : premièrement, pérenniser la vassalité/alliance de l'Europe « occidentale », zone « sûre ». Deuxièmement, poursuivre la politique d'affaiblissement-isolement de la Russie. D'où la volonté clairement affichée des États-Unis, de « ceinturer » la Russie et le « bloc orthodoxe » en gestation, par un « glacis périphérique et intérieur islamo-occidental » (nouveau *Rimland*), dont le dispositif militaro-stratégique commun est l'OTAN. D'où aussi la persistance américaine à exercer maintes pressions sur Bruxelles pour que la Turquie intègre l'Union européenne. D'où enfin, l'élargissement de l'OTAN aux pays d'Europe centrale et surtout le renforcement de la collaboration turco-américaine (par les accords stratégiques permettant à Ankara d'acquérir de la haute technologie militaire américaine) à l'intérieur de celle-là.

Dans un livre intitulé *Contes et légendes de la guerre éthique*, Daniel Bensaïd dévoile les véritables motifs de l'opération Force alliée en ex-Yougoslavie et montre comment, sous couvert de « protectorat international » et de « droit des minorités », les États-Unis ont finalement mis la main sur une région stratégique du monde dont ils ont découvert qu'ils devaient prendre le contrôle pour empêcher toute perspective d'un retour de la Russie en Europe et en Méditerranée. Pour Bensaïd, le but des États-Unis, conforme à celui des géopoliticiens anglo-saxons depuis le XIXe siècle, consiste ni plus ni moins à consolider la continuité géostratégique entre leur « tête de pont européenne » et celle qu'ils sont en train de mettre sur pied dans le Caucase et en Asie centrale face au même adversaire géopolitique traditionnel : la Russie. Globalement, il s'agit, comme l'avait préconisé John Foster Dulles, de « refouler » la Russie et le monde orthodoxe, dont les « critères d'occidentalité » et d'attachement au modèle politique et géopolitique américains sont jugés insuffisants, donc « menaçants » pour les « valeurs » et les intérêts américano-occidentaux. Il est ainsi vital, pour Washington, d'empêcher l'édification d'une défense européenne véritablement indépendante, *continentale*, qui passerait par une alliance des Quinze avec la Russie, face à l'hégémonie américaine et à la poussée turco-islamique au sud, et qui ferait resurgir le spectre d'une « autonomisation » de l'Eurasie autour du *Heartland* russe, véritable phobie, même si elle reste peu probable, des stratèges américains. « Dans la terminologie abrupte des empires du passé, explique Zbigniew Brzezinski, les trois grands impératifs géostratégiques [des États-Unis] se résumeraient ainsi : éviter les collusions entre vassaux et les maintenir dans l'état de dépendance que justifie leur sécurité ; cultiver la docilité des sujets protégés ; empêcher les barbares de former des alliances offensives [20]. »

En fait, la chute de l'Union soviétique n'a pas changé les constantes géopolitiques fondamentales étudiées précédemment. Dans les Balkans, surtout, la Russie était bien plus présente après la chute du Mur que pendant la guerre froide, l'essentiel du dispositif militaire défensif de la Yougoslavie étant tourné contre l'URSS, avec qui Tito s'était gravement brouillé. Aussi les raids de l'OTAN en ex-Yougoslavie visaient-ils principalement à contrer le « retour » de la Russie dans cette zone, qui était en train de renouer avec sa vocation impériale de Troisième Rome protectrice des nations slaves et orthodoxes sœurs. « Devant ce retour " impérial " de la Russie, les États-Unis ne sont-ils pas en train de mettre au point une nouvelle politique de *containment*, de s'appuyer sur un certain nombre d'alliés pour bloquer la Russie dans certaines régions ? » s'interroge le géopoliticien François Thual. La question mérite d'être posée, car Washington s'appuie, outre le dispositif général de l'OTAN, sur trois grands cercles d'alliance, pour contrer les Russes dans les Balkans, au Caucase, au Moyen-Orient et en Asie. Le premier comprend l'Allemagne, le Japon et la Turquie ; le deuxième, moyen-oriental, l'Égypte, l'Arabie Saoudite, Israël et le Pakistan ; le troisième, en Afrique, le Nigeria, l'Afrique du Sud et les pays de l'Ouest (Ouganda, Kenya, Éthiopie). Dans son essai *La Russie après l'an 2000, vision géopolitique d'un nouvel État,* le dirigeant communiste russe et géopolitologue Guennadi Ziouganov affirme, à propos de la lutte russo-américaine pour le contrôle du *Heartland*, que « l'issue de la lutte pour cet espace décidera du sort du monde et l'Occident doit donc obligatoirement liquider par tous les moyens la " domination russe " sur le noyau eurasiatique [21] ». Aussi les États-Unis mènent-ils une nouvelle stratégie d'endiguement vidée de toute idéologie, visant à réduire au maximum l'influence de Moscou sur la CEI et l'éloigner des mers Noire et Caspienne. D'après Henry Kissinger, « la prépondérance d'une seule puissance sur l'une des deux grandes sphères eurasiennes — Europe ou Asie — continue d'offrir une bonne définition du danger stratégique couru par l'Amérique, avec ou sans guerre froide. Un bloc de cette nature aurait en effet la capacité de la distancer sur le plan économique et, finalement, militaire. C'est un danger auquel il faudrait parer même si la puissance dominante n'affichait pas de mauvaises intentions (...). Aussi faut-il encourager la Russie à centrer ses efforts sur son territoire national : sur onze fuseaux horaires, de Saint-Pétersbourg à Vladivostock, on ne souffre pas vraiment de claustrophobie [22] ».

Dans un rapport du département de la Défense américain de 1992 [23], les stratèges américains n'excluent pas « les risques que ferait courir à la stratégie de l'Europe une remontée nationaliste en Russie ou un effort pour réincorporer à la Russie les républiques nouvellement indépendantes d'Ukraine, de Biélorussie, voire d'autres ». Aussi le rapport confirme-t-il que les armes nucléaires américaines continueront à être pointées sur des cibles essentielles de l'appareil soviétique, « parce que la Russie demeure la seule puissance dans le monde capable de détruire les États-Unis [24] ». Le document propose tout bonnement aux nations de l'ex-pacte de Varsovie de s'organiser contre la Russie, les États-Unis envisageant « d'étendre à l'Europe centrale et orientale des mesures de sécurité nationales similaires à celles adoptées pour défendre l'Arabie Saoudite, le Koweït, et d'autres États du Golfe », ce qui semble s'annoncer actuellement en Europe centrale, dans les Balkans et en Eurasie, si l'on en juge à l'élargissement en cours de l'OTAN et à l'extension de son dispositif annexe, le Partenariat pour la paix (cartes n°s 6 et 8, annexe I). Le Pentagone profite en fait de cette atténuation du rôle international de la Russie pour conquérir petit à petit les anciennes aires d'influence de Moscou et son « étranger proche », d'autant plus stratégiques qu'elles constituent des zones de réserves d'hydrocarbures susceptibles de diminuer à terme la dépendance énergétique des États-Unis et de l'« Occident » envers les pays du Golfe, la diversification des sources d'approvisionnement étant devenue l'une des priorités américaines. Il serait erroné de déceler, derrière ces analyses, quelque anti-américanisme que ce soit, puisque ce sont de hauts responsables américains eux-mêmes, comme Brzezinski, l'un des dirigeants de l'influent Council of Foreign Relations, qui écrit : « Il faut élargir l'OTAN, car cela éliminera le risque de tout retour de la menace russe à l'égard de l'Europe de l'Est. (...). Il est donc important de faire en sorte que ne ressorte aucun vieux contentieux portant, par exemple, sur les limites territoriales de la Russie. Une façon d'y parvenir est d'aider les autres États post-soviétiques à se stabiliser et à s'affranchir de toute tutelle de Moscou [25]. » La stratégie américaine de *containment* contre l'Empire russe, notamment par la « ceinture verte », indifféremment musulmane ou islamiste, prend ici toute sa place. Elle vise à empêcher, comme jadis, l'Empire russe d'avoir un accès aux mers chaudes (Caspienne, Méditerranée, Adriatique) et aux Détroits, puis de priver Moscou de ses anciennes possessions musulmanes d'Asie centrale et du Caucase, où la route du pétrole, « nouvelle route de la soie », constitue une pierre d'achoppement fondamentale entre les grandes puissances. « En fait, il s'agit bien d'un nouveau *containment* semblable à celui des années 50 où l'Amérique encercla l'expansion communiste soviétique et chinoise, écrit François Thual, à la différence qu'aujourd'hui la stratégie est vidée de toute idéologie. Le dispositif géopolitique américain consisterait à réduire le plus possible la Russie et à la refouler vers le nord, en l'éloignant de la mer Noire, de la mer Caspienne et de l'Asie centrale. Pour Washington, plus la Russie sera loin des mers chaudes (océan Indien et Golfe), mieux cela sera [26]. » Lors d'un récent entretien, le général Gallois nous expliquait que le processus d'élargissement de l'Union européenne, jusqu'à la Finlande et la Turquie, permet en fait aux Américains et à leurs vassaux européens de l'OTAN « d'encercler géopolitiquement la Russie par le nord et le sud ». À présent, en effet, la mer Baltique, la mer du Nord et la mer de Barents, trois mers capitales pour Moscou, sont sous contrôle américano-germanique. Quant à la Turquie, bientôt intégrée à l'Union, « elle constitue la pièce maîtresse du croissant marginal intérieur » et permet de pénétrer vers la Chine et vers les républiques musulmanes pétrolifères d'Asie centrale. L'Union européenne est donc désormais à quelques dizaines de kilomètres de Saint-Pétersbourg. De son côté, la Russie a vainement tenté de mettre sur pied une politique de *contre-encerclement* en s'appuyant sur la Serbie, l'Arménie, la Grèce, l'Iran et l'Inde, mais la faiblesse financière et la situation générale de chaos socio-économique ne sont pas pour faciliter la tâche des stratèges russes dans leur tentative de doter la Russie d'une nouvelle stratégie à la fois défensive et néo-impériale en Eurasie. À certains moments, l'Allemagne de Kohl avait songé à s'entendre secrètement avec la Russie pour se partager « équitablement » l'Europe centrale et orientale et élaborer des voies de transports germano-russes intra-continentales. Mais les stratèges américains ont toujours craint pareille alliance germano-russe, susceptible de contrôler tout l'ensemble de l'Europe et par voie de conséquence de rendre inutile la présence américaine. « Si nous échouons à élargir l'OTAN vers l'est, écrit Henry Kissinger, cela pourrait mener soit à des heurts, soit au danger d'accords secrets entre l'Allemagne et la Russie [27]. » Dans une déclaration d'avril 1995, relatée par l'agence officielle américaine *US Information Agency*, le professeur américain Eugene Rostow, se réclamant de la tradition diplomatique du président Truman, réclame une intervention maximale de Washington dans les Balkans afin de faire face à une « nouvelle menace » annexe trop souvent occultée : « Il existe, déclare Rostow, une autre dimension, très importante, des intérêts américains dans les Balkans : faire en sorte que le système instable d'États faibles de cette partie du monde ne débouche pas sur des voies qui permettraient une nouvelle alliance hostile visant à dominer l'ensemble de l'Europe (...). Le plus probable sans doute étant une alliance germano-russe pour contrôler le cœur de l'Europe [28]. »

LA « NOUVELLE ROUTE DE LA SOIE » OU LE STATUT GÉOSTRATÉGIQUE NŒUDAL DES BALKANS ET DU CAUCASE

Globalement, on peut dire que les objectifs stratégiques des États-Unis dans les Balkans et le Caucase sont les suivants :

— Empêcher tout déploiement de la Russie dans les Balkans et la couper de la Méditerranée.

— Bloquer l'accès de l'Europe et de la Russie aux hydrocarbures des républiques musulmanes de l'ex-URSS, donc contrôler la « nouvelle route de la soie » du gaz et du pétrole jusqu'à ses débouchés occidentaux.

— Étendre et renforcer le rôle de l'OTAN comme gendarme au service des États-Unis.

— Créer un dispositif mondial de bases américaines dans le sud-est de l'Europe à partir duquel il est aisé d'intervenir vers trois directions-clés : Europe occidentale, Moyen-Orient, CEI (voir carte n° 8, annexe I, « Balkans, carrefour stratégique pour Washington »).

On minimise souvent le rôle stratégique clé des Balkans et de tout le Sud-Est européen en tant que *point de passage clé* entre l'Europe de l'Ouest, le Caucase et l'Asie centrale. En fait, l'ex-Yougoslavie occupe une position stratégique pour les voies de communication des Balkans. Elle est au carrefour de trois routes européennes stratégiques : le Danube (voir carte n° 9, annexe I), la route nord-sud à travers les montagnes des Balkans, puis la route est-ouest à travers ces mêmes montagnes, ces deux dernières voies étant contrôlées par la Macédoine, que Washington poussa à quitter la Yougoslavie dès 1992 et qui est dès lors devenue l'une des bases de l'OTAN et du Partenariat pour la paix dans les Balkans. Le trafic fluvial danubien est en fait l'une des routes continentales intra-européennes les plus stratégiques, donc partie intégrante d'une politique *grande européenne* indépendante, limitant le monopole des transports maritimes exercés par des armateurs de Méditerranée, anglais ou financés par Londres. Long de 2 850 km, le Danube est le plus grand fleuve de l'Europe non russe. Il constitue sans aucun doute une voie de transport d'avenir, les problèmes de pollution et de saturation augmentant considérablement l'intérêt des trafics fluviaux. En fait, si l'Allemagne a tant pris part à la désintégration de l'ex-Yougoslavie, faisant main-basse, avec les États-Unis, sur les Balkans, c'est en partie parce que, grâce au nouveau canal reliant le Rhin au Danube, elle compte acquérir « à bon marché » une voie de communication permettant à ses bateaux de 3 000 tonnes de joindre la mer du Nord et la Baltique à la Méditerranée, puis à la mer Noire. Bonn escompte ainsi bénéficier d'une voie directe et économique vers les hydrocarbures du Moyen-Orient, de la mer Caspienne et du Kazakhstan. Aussi reviendrons-nous au cours des chapitres suivants sur le fait que les bombardements de maints ponts stratégiques du Danube lors de l'« intervention » de l'OTAN au Kosovo et en ex-Yougoslavie participaient en fait non pas d'erreurs ou autres « dégâts collatéraux », mais d'une volonté délibérée, de la part des États-Unis, d'endommager la route fluviale du Danube en attendant d'en prendre possession, à la faveur d'un ultérieur « plan Marshall balkanique ».

Peu d'observateurs occidentaux ont fait cas d'une importante conférence qui s'est tenue à Rhodes sous les auspices de l'ONU les 6 et 7 septembre 1991 sur le thème des Balkans. L'étude du rapport issu de cette conférence, intitulé *European Security in the 1990's, Problems of South-East Europe* (« La sécurité européenne dans les années 90. Problèmes de l'Europe du Sud-Est », publications des Nations unies, New York, 1992) nous apprend que l'« Occident » doit considérer comme une nécessité vitale le contrôle de ce carrefour stratégique. « Les Balkans sont contigus à l'Union soviétique, au Moyen-Orient et à l'Afrique du Nord, trois aires d'une importance stratégique pour l'Occident. (...) la péninsule balkanique, les détroits turcs et leurs prolongements que sont les îles grecques de l'Égée offrent une position stratégique permettant de contrôler les sorties de la flotte soviétique de la mer Noire (...) La Yougoslavie est la voie de passage naturelle entre l'Europe de l'Ouest et l'Europe de l'Est, mais aussi à travers la Grèce et la Turquie, vers l'Afrique du Nord et le Moyen-Orient. » Ces quelques lignes sont riches d'enseignements sur la façon dont la Russie continue d'être considérée comme un danger que l'Occident doit « contenir », mais les suivantes éclairent plus particulièrement le lecteur sur le rôle que l'« Occident » entend assigner à l'Albanie et aux Balkans et les raisons pour lesquelles on a consacré un si important effort militaire au Kosovo plutôt qu'ailleurs dans le monde, où les désastres humains sont plus terribles encore : « L'Albanie pourrait servir de base pour bloquer le trafic maritime dans l'Adriatique et la mer Ionienne, mais aussi pour lancer des opérations contre la Grèce et la Yougoslavie. (...). La stratégie de l'OTAN est de garder le contrôle sur tous ces pays, qui sont autant de places stratégiques. » La fin du rapport est consacré aux ressources minérales et stratégiques. « La perspective de voir la Russie revenir dans les Balkans par la Serbie, en s'appuyant sur un panslavisme rénové et sur une panorthodoxie, n'est-il pas le motif réel de l'intervention de l'OTAN dans une partie peu utile de la Méditerranée. De même, le renforcement d'un axe germano-turco-américain dans les Balkans n'est-il pas perçu à Moscou comme une menace à moyen terme qu'il faut prévenir en soutenant la Yougoslavie et ses alliés de la zone [29] », s'interroge François Thual.

Lors d'interviews à la télévision américaine et de colloques de la Fondation Soros et du Balkan Action Council, Brzezinski dévoilait la stratégie américaine à l'œuvre durant la guerre au Kosovo : « le fait est que les enjeux sont infiniment plus importants que l'avenir du Kosovo ». Pour l'ancien conseiller de Carter, il conviendrait à terme de diviser la Russie en trois zones : européenne, asiatique et centrale, et d'ouvrir un corridor est-ouest à travers les Balkans, le Caucase et le Turkestan. Ainsi le précieux liquide extrait de la Caspienne pourrait-il parvenir directement à l'Ouest, grâce à deux nouveaux oléoducs, l'un traversant le Caucase ou la Turquie, l'autre coupant les Balkans, notamment *via* la Macédoine, le Kosovo et l'Albanie.

En fait, les affirmations selon lesquelles les Balkans, dépourvus de pétrole, ne seraient pas une région stratégique, argument avancé pendant la guerre du Kosovo, visent essentiellement à prouver le « désintéressement » des Occidentaux, donc à *légitimer* l'intervention américaine contre la Serbie et à accréditer la thèse d'une « guerre au nom de la morale ». Certes, le lien entre les raids et les intérêts pétroliers américains étaient plus difficilement occultables lors de la guerre du Golfe, l'Irak détenant presque autant de réserves naturelles que l'Arabie Saoudite. Mais en tant que route terrestre, fluviale et maritime clé, passant le long des frontières turbulentes de trois civilisations souvent en conflit, et en tant que *carrefour des luttes d'influences* entre les grandes puissances, les Balkans sont une région éminemment stratégique. Pour Moscou, la Yougoslavie, la Macédoine et la Bulgarie (Burgas) auraient pu constituer, avec la Thrace (Grèce), une voie de passage de rechange du pétrole en provenance de la mer Caspienne et du territoire russe à destination de l'Occident, *via* Novorossisk, surtout depuis que la Turquie a, dans les faits, fermé ses détroits en violation flagrante des accords de Montreux. Côté occidental, les hydrocarbures de la Caspienne et d'Asie centrale, dont on veut priver Moscou, doivent au contraire éviter la Russie, donc transiter par la Turquie et l'Azerbaïdjan, et pourquoi pas, à terme, une fois la région « otanisée », la Macédoine, le Kosovo et l'Albanie. L'embouchure occidentale de la « route du pétrole » est donc convoitée par Moscou comme par Washington. Certes, depuis la signature, le 18 novembre 1999, d'un accord sur la réalisation de l'oléoduc Bakou-Ceyhan (voir carte n° 11, annexe I, « Les enjeux pétroliers »), projet rival du tracé-Nord Bakou-Novorossisk-Alexandropoulis, que les Russes voulaient prolonger vers la Bulgarie (Burgas) et l'ex-Yougoslavie, pour atteindre les marchés occidentaux sans passer par le Bosphore, la menace, pour Washington et Ankara, d'une prise de contrôle des routes du pétrole par la Russie, la Grèce et les puissances orthodoxes régionales, semble être écartée. On comprend mieux, à l'aune de cet éclairage, en quoi l'ex-Yougoslavie, qui contrôlait la voie d'accès du Danube (axe fondamental de toute l'économie de l'Europe centrale et orientale), et qui demeurait, en tant que nouvelle alliée de la Russie, réfractaire à l'expansion de l'OTAN en Europe du Sud, constituait un obstacle intolérable à l'expansion américaine sur la « nouvelle route de la soie ». « Pour cela, elle devait être durement sanctionnée [30] », explique la politologue américaine Diana Johnstone, spécialiste des Balkans. Car la *guerre géoéconomique* était, avec l'extension du rôle de l'OTAN en Eurasie, l'autre face cachée, l'autre dimension de l'« intervention humanitaire » au Kosovo.

LA GUERRE DES OLÉODUCS, LE NOUVEAU « GRAND JEU »

Durant la seconde moitié du XIXe siècle, on désignait par l'expression le « grand jeu » les luttes diplomatiques britannique et russe à propos de l'Afghanistan et du pétrole (déjà) de l'Asie centrale et de la Caspienne. Aujourd'hui, la mer Caspienne est redevenue un enjeu stratégique en raison des rivalités pour le contrôle des richesses pétrolières et gazières et des canalisations les transportant vers les marchés occidentaux et asiatiques. « Entre une Russie qui souhaite maintenir sa présence plus ou moins directement et une Amérique qui souhaite refouler cette présence le plus loin possible en s'appuyant sur des alliés pakistanais, turcs, etc., l'Asie centrale voit se déployer un nouveau " grand jeu " entre les deux anciens " super-grands " de la Guerre froide (...), l'affrontement Russie-Amérique pour le contrôle du *Heartland* eurasiatique [31] », écrit François Thual. Qui exportera vers l'Occident les milliards de tonnes de pétrole gisant sous la mer Caspienne et que se disputent les puissances riveraines ? Telle est la question centrale du nouveau « grand jeu ». Aussi le gouvernement américain a-t-il instauré ces dernières années un groupe de travail inter-ministériel spécialement consacré à l'énergie de la mer Caspienne. Présidé par la NSA (National Security Council), organe suprême de la politique étrangère et de la sécurité américaines, ce groupe de travail se réunit régulièrement afin de réaliser des études de marchés et surtout d'élaborer une véritable stratégie de *guerre économique* pour le pétrole [32]. D'après les évaluations de ce groupe, les réserves d'hydrocarbures de la Caspienne — « second golfe Persique » — seraient le troisième réservoir mondial juste après le Proche-Orient (600 milliards de barils, 35 % de la planète) et la Sibérie [33]. La zone de la Caspienne renfermerait des « réserves possibles » de 178 à 200 milliards de barils de pétrole (28 milliards de tonnes, 16 % des réserves mondiales), et de 1 000 à 7 340 milliards de mètres cubes de gaz, d'après les spécialistes américains [34].

Dans leur volonté de désenclaver les richesses de l'Asie centrale et de réactiver une « route de la soie » excluant la Russie, les États-Unis ont tout d'abord considérablement amélioré, ces dernières années, leurs relations avec sept anciennes républiques de l'ex-URSS (Azerbaïdjan, Géorgie, Kazakhstan, Kirghizistan, Tadjikistan, Turkménistan et Ouzbékistan) et établi avec la plupart d'entre elles des partenariats avec l'OTAN *(Partnership for Peace)*. Aussi les États producteurs de pétrole de ces pays ont-ils signé des accords d'exploitation, de recherche, de tracé de canalisations et de commercialisation avec des compagnies américaines. Au Kazakhstan, les réserves pétrolières sont évaluées à plus de 5 milliards de tonnes. Les Américains y ont créé la Texakabank (Banque du Texas et du Kazakhstan) et leurs pétroliers (Chevron, Unocal), suivis par Total et British Gas, comptent exploiter les gisements de la Caspienne et gérer le futur oléoduc Tenguiz/Novorossisk. Les compagnies américaines s'implantent également au Tatarstan, au Turkménistan et en Azerbaïdjan, où existent aussi d'importantes réserves d'hydrocarbures. Pour le seul Azerbaïdjan, les contrats pétroliers signés depuis 1994 atteignent déjà 30 milliards de dollars. L'Ouzbékistan est, quant à lui, depuis 1994, le deuxième producteur de gaz de la CEI après la Russie, avec un volume d'extraction annuelle de 50 milliards de m^3. Aussi Exxon Oil and Gas Company prévoit-elle d'investir un milliard de dollars dans un projet d'exploitation mixte sur trente ans avec la société ouzbèke Ouzbekneftegaz. Texaco organise parallèlement la fabrication conjointe de lubrifiants et Mobil, Delta et Unocal participent à l'exploitation du potentiel énergétique ouzbek, grâce à des investissements directs et des actions de modernisation des structures en place. Les États-Unis sont donc aujourd'hui les premiers investisseurs en Ouzbékistan, avec un total annuel de 2 milliards de dollars injectés dans l'économie, depuis 1995. Le gouvernement ouzbek qui, jusqu'en 1993, était le meilleur élève pro-russe de la CEI, joue maintenant la carte de l'expansion de l'OTAN en Asie centrale [35]. Le Turkménistan, qui retient lui aussi l'attention des compagnies pétrolières internationales — Unocal, Delta Oil, Mobil, Monument, Bridas, Petronas, Nioc, engagées dans différents projets d'oléoducs devant transporter le pétrole turkmène vers le Pakistan et l'Inde — renfermerait des réserves de gaz de l'ordre de 4 500 milliards de m^3, et les réserves de pétrole du Karakoum avoisineraient les 6 milliards de barils. Enfin, l'enjeu du pétrole eurasien étant planétaire, des projets japonais et chinois envisagent la construction de « ponts terrestres eurasiens » reliant les ports occidentaux au Nord de la Chine et à Tokyo. Des études de faisabilité pour un nouveau réseau de pipelines contournant le territoire russe sont à l'étude, notamment le « projet du siècle » (22 milliards de dollars), qui associerait le Japon (Mitsubishi), la Chine (National Petroleum Corporation) et les États-Unis (filiale d'Exxon), pour la construction d'un gazoduc de 8 000 km de long destiné à acheminer le gaz turkmène au Japon (les besoins de gaz de l'industrie nippone vont doubler d'ici à 2010), recueillant au passage du gaz du Kazakhstan, d'Ouzbékistan et du bassin du Tarim, en Chine, dans la région musulmane du Xinjiang. En outre, les experts estiment que la Sibérie, qui renferme de gigantesques richesses minérales actuellement sous-exploitées, constitue une région dont l'importance stratégique et économique sera fondamentale dans quelques années.

D'après des informations diffusées par l'*US Information Agency* (USIA), l'administration Clinton aurait déployé de considérables efforts dans la mise sur pied d'un projet ambitieux pour l'Eurasie : « Initiative du bassin de la Caspienne », visant à développer les infrastructures de la région centre-asiatique, autour de la Caspienne. Dans un discours prononcé devant la CERA (Cambridge Energy Research Association) le 7 décembre 1998, Richard Morningstar, conseiller spécial du président Clinton pour la diplomatie énergétique de la Caspienne, a énuméré les quatre principaux objectifs poursuivis par Washington dans cette région du monde :

— *renforcer l'indépendance des nouveaux États d'Asie centrale* ;

— y *appuyer les réformes politiques et économiques* ;

— *intensifier les liens économiques entre ces pays*, qui n'ont jamais coopéré entre eux par le passé malgré les liens culturels, afin de réduire la probabilité de conflits régionaux ;

— *assurer, dans l'intérêt des États-Unis, l'exploitation des ressources énergétiques de ces contrées*, objectif majeur d'après Morningstar, car les hydrocarbures qui y seraient produits pourraient gagner sans trop d'entraves les marchés internationaux.

En outre, afin de s'assurer que les entreprises américaines puissent augmenter leurs activités, le conseiller du président Clinton précise qu'il est nécessaire qu'aucun des États impliqués ne puisse constituer un monopole national susceptible de s'opposer aux firmes américaines en place. Rédacteur de l'USIA, Philip Kurata estime, tout comme Brzezinski, que la construction d'un oléoduc est-ouest partant des champs d'hydrocarbures du Caucase et d'Asie centrale pour aboutir en Turquie, est l'élément central dans la stratégie américaine en Eurasie et dans la Caspienne. C'est dans ce contexte que les stratèges et firmes américaines ont conçu, depuis plusieurs années déjà, un projet ambitieux, appelé « Eurasian Transport Corridor », qui comprendrait tout un système de pipelines partant de l'Asie centrale jusqu'à la mer Méditerranée (Ceyhan), en passant par le Caucase et donc l'Azerbaïdjan, centre névralgique du « grand jeu » pétrolier du XXIe siècle. Dans un souci d'efficacité et de rentabilité, Washington envisagerait la construction d'un « Main Export Pipeline » (MEP), capable d'acheminer de l'Asie centrale aux marchés occidentaux, *via* la Turquie et les champs d'Azerbaïdjan et de la Caspienne, le pétrole en provenance des principaux champs pétroliers du Caucase et d'Asie centrale. À cet égard, l'Azerbaïdjan est le pays-clé, « axial », de la stratégie géoéconomique américaine, puisqu'il est le point de passage obligé du Main Pipeline en construction. Il renferme par ailleurs d'innombrables gisements *on* et *offshore* (autour de la presqu'île d'Apchéron, point de départ des deux oléoducs [voir carte n° 11, annexe I] vers la mer Noire, lieu d'arrivée du pétrole et du gaz turkmènes). En août 1997, le président azéri Gueïdar Aliev avait effectué une visite officielle à Washington, au cours de laquelle il avait signé un protocole d'accords pétroliers avec le président Clinton et les dirigeants de la compagnie Amoco. Les États-Unis décrétèrent alors le Caucase « zone d'intérêts stratégiques américains ». Deux projets de tracé d'oléoducs destinés à exporter le pétrole de la Caspienne avaient été étudiés : celui du « Sud » : Bakou-Tbilissi-Ceyhan (1 730 km de long, le tronçon Tbilissi-Ceyhan restant à construire), et celui du « Nord » : Bakou-Grozny-Novorossisk. Les États-Unis avaient d'emblée opté pour le tracé du Sud, bien qu'il fût le moins rentable de tous, les pays arabes proposant un troisième tracé. Riyad et Koweït, qui n'ont jamais vu d'un bon œil la concurrence du pétrole de la Caspienne, poussèrent l'OPEP à faire augmenter les quotas de production de 10 %, afin de faire chuter les cours et de rendre déficitaire le tracé Sud. Parallèlement, le chef islamiste « jordano-tchétchène » Al-Khattab, en lien avec l'Arabie Saoudite, dont il possède la nationalité, lancera un *raid* sur Bouïnaksk, dans le but d'exporter la « révolution islamique » au Daghestan. Comme par hasard, les rebelles islamistes tchétchènes portaient un sérieux coup au tracé par le Nord, pourtant plus rentable que celui du Sud soutenu par Bakou et Ankara. En effet, la modernisation du pipeline russe devait coûter moins d'un milliard de dollars pour un coût de pompage de 20-25 dollars la tonne, tandis que le projet Bakou-Tbilissi-Ceyhan était estimé entre 2,7 et 3,3 milliards de dollars pour un prix de pompage entre 42 et 110 dollars la tonne. D'un côté les compagnies pétrolières anglo-saxonnes [36] insistaient sur le fait que l'oléoduc Nord était moins cher, de l'autre Washington, Bakou, Ankara, Tbilissi et les « perturbateurs » islamistes, instrumentalisés par Riyad, n'entendaient pas servir les intérêts russes, lesquels comptaient garder le contrôle des routes du pétrole. Aussi, le 30 mars 1999, la Tchétchénie ferma unilatéralement les vannes de l'oléoduc Nord, au prétexte que Moscou lui devait 100 millions de roubles. Ne parvenant plus à négocier avec Grozny, Moscou commença, le 7 juillet, à faire transiter le pétrole par la voie ferrée traversant le Daghestan et contournant la Tchétchénie, la société Transneft, propriétaire de tous les oléoducs russes, escomptant pouvoir construire rapidement une bretelle daghestanaise, ce qui pouvait « sauver » et sécuriser l'oléoduc Nord en contournant Grozny. Or le Daghestan, seule alternative possible au tracé tchétchène, était déjà en ébullition. C'est en effet à ce moment précis de la « bataille des oléoducs » que les rebelles wahhabites d'Al-Khattab et Bessaïev, opposants islamistes au président Maskhadov, qui s'était antérieurement entendu avec Moscou, rentrent en scène, vraisemblablement commandités ou instrumentalisés par les services secrets saoudiens et américains, et déstabilisent le Daghestan en proclamant la « république islamique » et le départ des « infidèles » russes. « Le chef de guerre tchétchène Chamil Bessaïev et son allié saoudien Khattab avaient-ils en tête, lorsqu'ils ont lancé leurs incursions au Daghestan, de couper la voie du pétrole azerbaïdjanais, questionne Sophie Shéhab. Ces incursions ont commencé début août, juste après que Transneft eut réussi à organiser le transport de ce brut par chemin de fer [37]. » Toujours est-il que les troubles tomberont à point nommé, car Moscou ne pourra plus, après cela, malgré tous les efforts diplomatiques déployés, faire changer d'avis les sociétés américaines et encore moins Ankara et Bakou, décidées à abandonner définitivement le tracé par le Nord. Un accord Bakou-Tbilissi-Ankara sera alors signé en marge du sommet de l'Organisation pour la sécurité et la coopération en Europe (OSCE) à Istanbul les 18 et 19 octobre sous le haut parrainage de Bill Clinton. Washington considéra l'événement comme une victoire fondamentale dans la « bataille des oléoducs ». Lors de sa dernière visite à Ankara, le nouveau conseiller du président Clinton pour la Caspienne, John Wolf, avait suggéré que l'oléoduc Bakou-Ceyhan soit également utilisé pour exporter l'or noir extrait d'autres pays de la région, principalement le Kazakhstan, qui a déclaré s'engager à exporter une partie de son pétrole *via* cet oléoduc. Parallèlement, les pays de Transcaucasie et du pourtour de la Caspienne ont signé, lors du sommet de l'OSCE, un projet connexe de gazoduc transcaspien. Long de 2 000 km, estimé à 2,2 milliards de dollars, il permettra au Turkménistan d'exporter son gaz vers la Turquie, projet qui est également vu d'un très mauvais œil par Moscou. Voilant à peine la dimension stratégique antirusse de l'événement, Bill Clinton lança : « Les accords qui viennent d'être signés sont réellement historiques (...). Ces oléoducs sont une police d'assurance pour garantir que les ressources énergétiques passent par des voies multiples et non pas par un seul goulet étroit [38] »... « L'accord contribuera à renforcer l'indépendance nationale du Turkménistan », lança plus clairement Saparmourat Niazov, le président turkmène.

Mais l'autre grande bénéficiaire de cette victoire est sans aucun doute la Turquie, sur le territoire de laquelle passera le nouvel oléoduc et qui avait, depuis 1997, développé une intense activité diplomatique pour convaincre Bakou, pourtant fortement pressée par Moscou, de choisir la route turco-géorgienne, seule voie susceptible de faire coïncider les intérêts turco-azéris et américains, car excluant la Russie et l'Iran de cette partie de la « nouvelle route de la soie ». Pour convaincre les sociétés pétrolières anglo-saxonnes concernées (BP, Amoco, Exxon), Ankara avait garanti qu'elle prendrait à sa charge le coût dépassant les prévisions initiales de 2,4 milliards de dollars. Présent à Bakou quelques jours plus tard à l'occasion du huitième anniversaire de l'indépendance azerbaïdjanaise, le président turc Süleyman Demirel, acclamé par une foule d'Azéris aux cris de « Vive le dirigeant du monde turc », souligna publiquement, au moment même où il inaugurait le nouvel aéroport azéri, la dimension économique et géopolitique du projet Bakou-Ceyhan, « contribuant de façon majeure au développement du monde turc et de l'Azerbaïdjan ». Mais le rôle de la Turquie ne s'arrête pas là, car la stratégie américaine étant « intégrée », selon le mot d'Arnaud Aaron Upinski, les États-Unis comptent lui confier le contrôle militaire des oléoducs et gazoducs probablement menacés dans le futur par des secousses identitaires et confessionnelles. Dans les années à venir, la Turquie, pierre angulaire du flanc sud de l'OTAN, devra jouer, pour le bénéfice des États-Unis, un rôle eurasiatique capital, plus important encore que celui qui lui est assigné aujourd'hui. Aux côtés de l'Azerbaïdjan qui vient de mettre à la disposition de l'OTAN la plus importante base aérienne de l'ex-Armée rouge, de l'Ouzbékistan à proximité de la Caspienne, qui vient de dénoncer le pacte qui le liait à la Russie (dans le cadre de la CEI), de la Géorgie et des futurs membres de l'OTAN ou du Partenariat pour la paix, la Turquie aura vocation à organiser la turcophonie et la turcophilie d'Eurasie, du nord de la Chine jusqu'au pôle albano-musulman « néo-ottoman » des Balkans. Qu'il s'agisse des républiques musulmanes de l'ex-Union soviétique, des républiques sécessionnistes de la Fédération de Russie, en rébellion actuelle ou latente contre Moscou (Tchétchénie, Bachkortostan, Ingouchie, Kabardino-Balkarie, Daghestan, etc.), la Turquie et les États-Unis, grâce aux liens de l'islam, de la turcophonie et de l'OTAN, disposent désormais d'un *glacis intérieur et extérieur* neutralisant la Russie. En outre, Washington et Ankara, *via* Riyad et Islamabad, ont les moyens de réactiver un peu partout des foyers de tensions identitaires où pléthore de moudjahidines ou autres ultranationalistes rebelles peuvent être fanatisés et utilisés comme autant de béliers contre la Russie, au cas où celle-là chercherait à disloquer la barrière américano-turque et à se réapproprier la « nouvelle route de la soie » de l'Adriatique à la Chine.

Depuis la guerre du Golfe, on le voit, la diplomatie américaine est essentiellement déterminée par l'impératif économico-pétrolier défini le 6 avril 1995 par l'assistant secretary pour le Proche et Moyen-

Orient, Robert Pelletreau, devant la commission des Relations internationales du Congrès : « Les priorités américaines dans la région sont : négocier et développer des accords de sécurité dans la région du Golfe afin d'en assurer la stabilité et l'accès aux réserves pétrolières vitales pour notre prospérité économique ; assurer l'accès aux entreprises américaines dans la région [39]... » La politique eurasiatique des États-Unis rentre donc bien dans le cadre de la « stratégie totale » et c'est là que se trouve l'origine de l'orientation de plus en plus *belliciste* et *coercitive* de la politique internationale américaine qui, de la guerre du Golfe à celle du Kosovo, en passant par les bombardements ou autres raids en Somalie, en Afghanistan ou au Soudan, n'hésite plus à se substituer purement et simplement aux institutions supranationales (ONU, OSCE, etc.) censées réglementer les opérations de « maintien de la paix » ou actions armées défensives dans le monde. Écoutons plutôt Robert Dole, alors sénateur républicain, l'un des plus chauds partisans des interventions armées américaines dans le Golfe et en ex-Yougoslavie : « La guerre du Golfe a été un symbole de la préoccupation des Américains pour la sécurité des réserves de pétrole et de gaz. Les frontières de cette préoccupation avancent plus vers le nord et incluent le Caucase, la Sibérie et le Kazakhstan [40]. »

Le fait que les raids américains et britanniques sur l'Irak n'aient pas cessé depuis 1991 [41] indique qu'il s'agit d'un *enjeu stratégique capital* pour Washington, d'une *stratégie à long terme* — indifféremment poursuivie par les différentes administrations démocrates et républicaines — entrant dans le cadre d'une véritable *guerre géoéconomique globale*. Il est vital, pour l'Amérique, de renforcer la présence de ses sociétés dans la quasi-totalité des régions disposant de réserves connues et durables. Cela lui permet de maintenir une relative indépendance énergétique indispensable à son hégémonie internationale, quand bien même les ressources pétrolières américaines viendraient à s'épuiser au cours des prochaines décennies. Il s'agit également, ainsi que nous l'avons largement expliqué dans un précédent essai [42], d'enrayer le développement économique, militaire, technologique et industriel de l'État arabo-musulman le plus réfractaire à l'obscurantisme islamique et le plus capable de nuire aux intérêts américains, saoudiens, israéliens, koweïtiens et turcs dans le monde. On retrouve là la stratégie des « ventres mous » développée par Pierre-Marie Gallois, visant à montrer que les États-Unis, craignant le développement éventuel du monde arabe et du tiers-monde en général, appuient un peu partout les régimes susceptibles de maintenir le sous-développement et donc la dépendance de ces États vis-à-vis du fournisseur et maître américano-occidental. Car après dix années de raids, d'embargos et de mise à l'index, l'Irak, seul pays arabe engagé dans la voie de l'industrialisation, de la sécularisation et de la modernité, a brusquement été renvoyé cinquante ans en arrière.

Anciennement ultra-laïque, voire agnostique, abreuvé à l'école du socialisme *baassiste*, Saddam Hussein retrouve aujourd'hui une légitimité en se transformant en un nouveau Saladin, en chef de file de l'« anticroisade occidentale », en porte-parole et leader des nations musulmanes opprimées par l'« Occident », ce qui renforce non seulement la haine du monde islamique envers les États-Unis mais envers la civilisation occidentale et européenne en général. C'est ainsi que le régime de Saddam a fait construire dernièrement nombre de mosquées et centres religieux, a fait inscrire sur le drapeau irakien la formule coranique « Allah Akbar », a introduit des enseignements religieux quotidiens dans les programmes télévisés et les écoles, etc., les minarets de Bagdad lançant de continuels appels à la prière pendant le tiers de la journée et les dignitaires religieux sunnites étant de plus en plus associés au pouvoir. De plus, la situation socio-médicale et économique catastrophique du pays constitue un formidable *levier* de haine anti-occidentale et de légitimation pour les mouvements islamistes irakiens, principalement chiites, mais également sunnites, soutenus de l'extérieur par Londres, Washington, Riyad et Téhéran. « Dans ce contexte, l'islamisme amorce une montée inquiétante [43] », rapportent des observateurs français de retour de Bagdad.

Dans un compte rendu de mission effectuée dans le cadre du Sénat français en Irak en 1999, André Dulait et François Thual alertent l'opinion publique sur les conséquences terribles de la politique irakienne des Anglo-Saxons depuis dix ans : multiplication par trois de la mortalité infantile (bilan : plus d'un million de victimes civiles des différentes campagnes aériennes et des embargos), régression de toutes les normes sanitaires, médicales et sociales, restriction des moyens des hôpitaux, en raison des mesures drastiques — souvent incompréhensibles et disproportionnées — prises par l'UNSCOM (organisme de l'ONU chargé des inspections en Irak étroitement contrôlé par la CIA) pour pallier toute utilisation des matériels médicaux comme base de composants d'armements chimiques ; manque de matériels pour les interventions chirurgicales, multiplication par dix du taux de contamination, de cancers et autres maladies liées aux conséquences écologiques des bombardements ; destruction des réseaux d'eaux usées des villes et mauvais approvisionnements en eau potable ; développement corrélatif de grandes épidémies touchant en priorité femmes, vieillards et enfants, etc. Pourtant, de l'avis général des spécialistes, l'embargo sur l'Irak n'est plus justifié par quoi que ce soit : Bagdad a apporté à l'UNSCOM toutes les garanties possibles et imaginables attestant de l'arrêt des programmes d'armement bactériologique, chimique et nucléaire. Mais le peuple irakien se voit toujours interdit d'importer et de consommer des dizaines de produits de consommation courante ne rentrant en aucun cas dans la fabrication d'armes : radios, répondeurs, cassettes vidéos et audio, lave-linge, ambulances, bus, vélos, paniers, valises, piles, verre, bouteilles, cuir, marteaux, tuyaux à eau, ustensiles de cuisine, livres et revues, vêtements, savon, serviettes, dentifrice, jouets, ballons de foot, etc. Aussi les responsables des programmes d'inspection de l'ONU en Irak s'élèvent-ils eux-mêmes de plus en plus ouvertement contre la politique absolutiste américaine en Irak : après Denis Halliday, ancien directeur de l'UNSCOM, qui décida, en 1997, de démissionner de l'ONU, dont il était un haut responsable depuis 34 ans, horrifié qu'il était des conséquences humanitaires désastreuses de l'embargo [44], c'est Hans von Sponeck, le coordonnateur humanitaire des Nations unies en Irak qui a présenté sa démission après avoir été victime d'un véritable lynchage médiatique pour avoir dénoncé le « véritable drame » irakien. Mieux, en février 2000, ce sera Jutta Burghart, la représentante du programme des Nations unies dit « pétrole contre nourriture », qui claquera la porte, dénonçant les « contraintes insupportables » que l'ONU continue d'imposer sans raison dans le cadre de l'achat et de la distribution de la nourriture et rappelant que chaque année 110 000 enfants irakiens meurent à cause de l'embargo.

Bilan inquiétant d'une décennie de « diplomatie coercitive » américaine, l'Irak plonge à son tour dans le cercle vicieux de l'anti-occidentalisme, de la pauvreté et de l'obscurantisme islamique. « Qui a besoin d'un Irak ruiné devenant l'épicentre de soubresauts plus ou moins importants, sanglants et déstabilisants pour l'ensemble du monde arabe et du Moyen-Orient ? Qui aurait besoin d'un Irak devenu un nouvel Afghanistan, lieu d'intersection des affrontements, des rivalités régionales et des heurts des intérêts des grandes puissances [45] » questionne le géopolitologue François Thual. La réponse semble induite par l'idée force du présent essai : les États-Unis d'Amérique, même si certains analystes ou hommes politiques américains eux-mêmes, de Samuel Huntington à Noam Chomsky en passant par Pat Buchanan, estiment que cette « politique arrogante » finira, à terme, par se retourner contre le peuple américain.

Officiellement menée au nom de la défense des droits de l'homme, du droit international et des valeurs du « monde occidental », mais essentiellement motivée par la politique pétrolière et arabe des États-Unis et du Royaume-Uni, la guerre du Golfe n'aurait jamais pu être déclenchée avant la chute du mur de Berlin et la fin de la guerre froide qui suivit. Certains prétendirent qu'il s'agissait de « protéger Israël et l'Occident » contre l'« arsenal de destruction massive » irakien et d'empêcher l'invasion d'un pays par un autre. Mais au même moment, la coalition occidentale monnayait le soutien de Damas en échange de la livraison du Liban à la Syrie, utilisait la Turquie, qui occupe Chypre illégalement depuis 1974, comme base des opérations de l'OTAN, et réveillait dans tout le monde arabe une vague d'anti-occidentalisme sans précédent. Rétrospectivement, on s'aperçoit que les États-Unis conçurent l'intervention de l'OTAN contre l'Irak dans le cadre d'une *guerre géoéconomique*, Washington et Londres s'étant réservés l'essentiel des dividendes (contrats) perçus à l'issue de l'occupation des riches États du Golfe par les forces anglo-américaines.

De même, l'intervention de l'OTAN en ex-Yougoslavie, également justifiée au nom des « valeurs de l'Occident » et des « droits de l'homme », s'inscrivit dans le cadre d'une *stratégie géoéconomique* visant à empêcher l'accès de la Russie aux mers chaudes, à priver Moscou du contrôle des routes du pétrole et des carrefours stratégiques reliant l'Occident à l'Eurasie islamique que sont le Caucase ou les Balkans, et, en définitive à compromettre la construction d'une Europe indépendante. Tout comme la défense des « droits de l'homme » ou du « droit international », l'invocation des « valeurs de l'Occident » participait, là aussi, d'une *rhétorique guerrière*. En Irak comme au Kosovo, on le voit, la *guerre économique* est inséparable de la *guerre de l'information*, ou plutôt de la *désinformation*, guerre pour laquelle les images, les mots et les *représentations* sont de véritables armes, parfois plus efficaces que les bombes qu'elles légitiment.

NOTES

1. Bruno Colson, *La Stratégie américaine et l'Europe*, Économica, 1998.
2. Nous avons précédemment défini les concepts complémentaires de *politique*, *stratégie* et *tactique*. Lorsque nous parlons de stratégie *totale*, « intégrale » ou encore « intégrée », nous faisons allusion à ce que les militaires nomment la « stratégie générale », et d'autres la *stratégie globale*, plus haut niveau de stratégie défini par les politiques.
3. *Defense Planning Guidance for the fiscal years 1994-1995,* Washington, février 1992.
4. Brzezinski, *ibid.*, p. 35.
5. Brzezinski, *op. cit.,* p. 249-251.
6. Michel Bugnon-Mordant, *L'Amérique totalitaire. Les États-Unis et la maîtrise du monde*, Favre, Lausanne, 1997.
7. Cité in *Le Monde*, 30 juin 1998.
8. In *Le Monde*, 16 octobre 1998.
9. Noam Chomsky, *Les Dessous de la politique de l'Oncle Sam*, p. 85.
10. Jacques Seurot, « L'Amérique aux Américains », *Renaissance 95*, n° 20, novembre 1999.
11. *Id., ibid.*
12. Brzezinski, « Puissance américaine et stabilité mondiale », *Fondation pour la recherche stratégique*, *op. cit.*, p. 22.
13. *Id., ibid.*
14. Mackinder emprunta le terme *Heartland* au géographe britannique James Fairgrieve, qui publia, en 1915, *Geography and World Power*.
15. *Id., ibid.*
16. Pascal Lorot et François Thual, *id., ibid.*
17. P.-M. Gallois, *Géographie, géopolitique et puissances de la mer et de la terre,* séminaire de l'École nationale supérieure de guerre, 11 mai 1978.
18. Gallois, *Géopolitique. Les voies de la puissance*, Plon, 1990, p. 273, rééd. L'Âge d'Homme, 2000.
19. Remarque fort instructive, George Kennan, affirmait, en octobre 1945 : « ce n'est pas la puissance militaire russo-soviétique qui nous menace, mais bien la puissance politique russe ».
20. Brzezinski, *Le Grand Échiquier, L'Amérique et le reste du monde*, p. 68.
21. Guennadi Ziouganov, *La Russie après l'an 2000, vision géopolitique d'un nouvel État*, Éditions Mithec, 1998.
22. Kissinger, *Diplomatie*, p. 743.
23. Collon, *op. cit.,* p. 149.

24. Michaël Opperskalski, « Some aspects of the so called New World Order », communication au séminaire de Bruxelles, 2-4 mai 1996.

25. Brzezinski, « Puissance américaine et stabilité mondiale », *op. cit.*, p. 23.

26. Thual, *La Nouvelle Caspienne, les enjeux post-soviétique. Abécédaire géopolitique de la Caspienne*, Ellipses, 1998, p. 39.

27. Collon, *op. cit.*, p. 151, note 51 (Kissinger).

28. *Id.*, p. 151, regarder la note 50 (Rostow).

29. Thual, *Le Désir de territoire*, Ellipses, 1999, p. 17.

30. Diana Johnstone, *Maîtres du monde, ou les dessous de la guerre des Balkans*, *Le Temps des cerises*, ouvrage collectif, 1999.

31. Thual, *Le Désir de territoire*, « Dispositifs impériaux », p. 30.

32. Les principales personnalités américaines particulièrement impliquées dans les affaires de la Caspienne se trouvent principalement parmi les membres de l'administration Clinton : de Bill Clinton à Albert Gore, en passant par Madeleine Albright, Stephen Sestanovich, conseiller spécial du secrétaire d'État pour les NEI (nouveaux États indépendants), Richard Morningstar, Jan Kalicki (représentant américain pour l'énergie et la coopération commerciale avec les NEI), ou encore Strobe Talbott (secrétaire d'État adjoint). Mais des sénateurs républicains, comme Brownback ou Bob Dole, ou des anciens conseillers, comme Kissinger, Brzezinski, toujours consultant chez Amoco et pilier du *Council of Foreign Relations*, John Sununu (chef de l'administration sous George Bush), James Baker, directeur d'une firme dont Amoco est client et ancien secrétaire d'État, sans oublier Richard Chaney (secrétaire à la Défense de George Bush) ou encore Loyd Bentsen, ancien ministre des Finances de Clinton, jouent toujours un rôle semi-officiel majeur.

33. *Le Pétrole de la Caspienne et ses implications géopolitiques et internationales pour la Russie (1992-1999)*, Olga Maximov, Université Paris IV-Sorbonne, décembre 1999 ; Michel Mutfalla, « L'or noir de la Caspienne », *Sociétal*, juin 1998, p. 19-22. D'après le ministère français de l'Économie, la Caspienne recèlerait seulement 10 milliards de tep (tonnes équivalent pétrole, gaz compris), de réserves prouvées d'hydrocarbures et un fort potentiel de découverte (deux fois la mer du Nord). Il estime les réserves de pétrole prouvées et à découvrir à 50-100 milliards de barils (7-14 milliards de tonnes, 5 % des réserves mondiales), et plus de 5000 milliards de m^3 pour le gaz. Dans un dossier spécial *Turchia-Israele* « La Nuova alleanza, Petrolio, Acqua, gas, Il Grande gioco d'Eurasia », la revue italienne de géopolitique *Limes* estime que « le pétrole de la Caspienne est un bluff » (p. 18) et que c'est surtout le gaz qui intéresse les Occidentaux, après que les réserves de pétrole eurent été revues à la baisse.

34. « The Caspian Sea, its ressources, its legal status and its future », Forum, *OPEC Bulletin*, mars 1997 ; rapport du département d'État au Congrès américain, *Pétrostratégies*, 5 mai 1997.

35. Depuis la visite à Tachkent du ministre de la Défense américain William Perry, en avril 1995, la coopération militaire américano-ouzbèke est la plus intense des pays musulmans de l'ex-Union soviétique : formation de militaires aux États-Unis (International Military Educational Training), programme « Cooperative Nagget » et mise en place du Bataillon centrasiatique de maintien de la paix, « Centrasbat » (Partenariat pour la paix de l'OTAN) ; programmes d'exercices bilatéraux « Ultra-Balance » (dans la vallée de Ferghana, zone à forte sismicité islamiste), Eurasia, etc.

36. Les compagnies pétrolières membres du consortium chargé de l'exploitation de trois gisements importants en mer Caspienne (Azerbaïdjan International Operating Consortium, AIOC), sont dominées par le britannique BP et l'américain Amoco.

37. Sophie Shéhab, « Les intérêts pétroliers russes, autre enjeu du conflit », *Le Monde*, 29 septembre 1999.

38. Cité in *Le Monde*, 19-20 novembre 1999.

39. *Politique étrangère*, *op. cit.*, p. 427.

40. *Faz*, 15 juin 1992.

41. Pour la seule année 1999, les Anglo-Américains ont procédé à plus de 500 raids aériens (un millier de sorties) : bilan, près de deux cents morts, des milliers de blessés. Au cours des cinq premières semaines de l'année, les 70 raids lancés contre l'Irak ont

infligé plus de dégâts que les bombardements de l'opération Renard du désert en décembre 1998.

42. Alexandre del Valle, *Islamisme-États-Unis, une alliance contre l'Europe*, L'Âge d'Homme, 1999.

43. Nicolas Boulier, Thibaut Mourgues et J.-B. Lemoine (Association Jeunes France Irak), « Le désespoir de la jeunesse irakienne », *La Croix*, 10 août 1999.

44. « Le coût des sanctions est inacceptable. Il revient à tuer tous les 6 mois 6 000 à 7 000 enfants, et à condamner à la malnutrition 30 % des enfants de moins de 5 ans, conditions totalement incompatibles avec la Charte de l'ONU et la Convention des droits de l'enfant », déclarait-il lors d'une conférence à l'IFRI, le 3 février 1999.

45. André Dulait et François Thual, *Bagdad 2000, Quel avenir pour l'Irak ?*, Centre de réflexion et d'étude sur les problèmes internationaux (CRESPI), juin 1999.

CHAPITRE VI

Économie de combat et guerre de l'information

> « Les États-Unis ont déclaré une guerre économique à l'Europe. Sommes-nous vraiment préparés à ces nouvelles guerres ? Peu, ou très peu. Or, l'intelligence économique commence à peine à être prise au sérieux par nos dirigeants qui n'ont, pour la plupart, aucune culture du renseignement. Il est donc urgent de faire étudier par nos futurs responsables, chefs d'entreprise, élus et fonctionnaires, un sujet aussi vital et auquel ils seront inévitablement confrontés. Dans les dix ans à venir, l'intelligence économique représentera l'un des dangers majeurs pour les entreprises françaises [1]. »
>
> Amiral Lacoste, ancien patron de la DGSE.

La guerre économique en question

De même que certains spécialistes de stratégie contestent la pertinence de l'expression, à la mode aujourd'hui, depuis la guerre du Golfe, de « guerre de l'information », d'autres récusent celle de « guerre économique », la guerre étant exclusivement liée, selon eux, à l'emploi de forces armées. « La guerre n'est pas la même chose que la concurrence ou les rivalités commerciales » ou autres, explique Laurent Murawiec, directeur de Géopol Services. « En conséquence, on ne peut pas parler de guerre à tort ou à travers [2]. » D'autres, en revanche, notamment le général Pichot-Duclos et Nicolas Harbulot, en France, créateurs d'une École de guerre économique, ou encore Edward Luttwak, chef de file de la pensée stratégique américaine, estiment que la guerre économique est l'une des principales formes de la conflictualité moderne.

On peut définir la guerre économique comme le processus par lequel des États ou groupes d'État déploient des moyens *régaliens* (force militaire, ministères, cellules de renseignements, aides financières étatiques, lois, arsenaux juridiques, diplomatie, services spéciaux, etc.) et *obliques* (médias, organismes internationaux, ONG, organisations humanitaires, etc.) pour conquérir ou conserver des marchés, au profit d'entreprises nationales. Dans le contexte de la mondialisation et de la concurrence acharnée entre trois des pôles majeurs de la puissance économique : pays industrialisés d'Asie — y compris le Japon et la Chine — ; États-Unis (et plus largement l'ALENA) ; et Europe occidentale, l'expression de la puissance ne se calcule plus seulement en *nombre de têtes nucléaires*, comme l'a compris à ses dépens Moscou depuis la chute de l'Union soviétique et les interventions de l'OTAN en Irak et en ex-Yougoslavie, mais surtout en part de marché et en taux de croissance. Aussi le concept de *guerre économique* témoigne-t-il du fait que ce ne sont plus les *blocs idéologico-politiques* qui s'affrontent dans le monde, mais des États ou *blocs géoéconomiques* (ce qui n'exclut nullement qu'ils soient également *civilisationnels*) antagonistes, concurrents ou rivaux.

Les officiels américains ne déclarent-ils pas eux-mêmes que le monde est désormais en *guerre économique*, ce que reconnut très officiellement Warren Christopher devant le Sénat américain le 13 janvier 1993 : « la sécurité économique américaine doit être élevée au rang de première priorité de la politique étrangère américaine (...), il faut faire progresser la sécurité économique américaine avec autant d'énergie et de ressources qu'il en fallu pour la guerre froide ». De son côté, Bill Clinton n'a cessé de répéter, tout au long de sa présidence, que la priorité de sa politique était la défense des intérêts économiques des États-Unis. « Nous devons construire un système économique global qui travaille pour les États-Unis », confirmait Madeleine Albright, le 8 janvier 1999, devant le Sénat. Qu'on le veuille ou non, le développement économique est devenu, aux côtés des chocs de civilisations, le principal terrain d'affrontement entre les grandes et les moyennes puissances de l'après-guerre froide, notamment entre les États-Unis et ses deux plus redoutables concurrents commerciaux : l'Union européenne et les pays industrialisés d'Asie. Écoutons plutôt Edward Luttwak : « Nous ne pouvons pas nous en tenir au laisser-faire et à la globalisation de l'économie alors que l'Asie, et peut-être demain l'Europe pratiquent ce que j'appelle la géoéconomie, c'est-à-dire une économie de combat, au service d'un seul pays ou d'un seul groupe de pays (...). L'économie mondiale, au terme d'un long processus d'unification ou de globalisation favorisé par la *pax americana*, est en train de se fragmenter à nouveau en blocs économiques concurrents [3]. »

Loin de permettre l'édification d'une société planétaire unifiée, la *globalisation* a en définitive donné naissance à un redéploiement des forces économiques, l'unification se limitant seulement aux marchés, c'est-à-dire au *champ de bataille* et non aux acteurs, l'objectif étant la *conquête totale* des marchés. Même élevé au rang d'optimum de second rang (les unions économiques régionales), voire de premier rang (les marchés intégrés sous la bannière de l'OMC), le marché continue d'opposer des acteurs qui agissent dans un cadre de *concurrence exacerbée*, d'autant plus féroce qu'il n'existe plus de marchés protégés et que l'enjeu n'est plus de conquérir une part respectable sur un produit donné, à l'instar de ce qui s'envisageait encore dans les années 80, mais d'être le premier, à l'exclusion de tous les autres, comme l'illustre le cas Microsoft dans le domaine de l'informatique. Dans l'esprit des décideurs américains et de leurs représentants à l'OMC, et n'en déplaise aux offices *antitrust* qui s'agitent en Amérique même, un marché est considéré comme « ouvert » et donc « libéral » en présence de « monopoles de fait », dès lors que la possibilité théorique de les remettre en cause est reconnue. Le consommateur tirera ainsi un plus grand bénéfice, au niveau des systèmes d'exploitation, d'un Microsoft hégémonique, aiguillonné par un Apple résiduel [4] et un Linux virtuel, que de la partition équitable du marché du logiciel entre une multitude de fabricants. Ce *nouveau modèle libéral hégémonique* permet de comprendre l'âpreté des Américains à imposer, dans le cadre de l'OMC, les produits agricoles transgéniques, nouvelle norme alimentaire de demain qu'ils maîtrisent parfaitement, laissant aux Européens le marché contestataire et marginal des produits « bio ». C'est dans ce contexte de faillite du libéralisme concurrentiel traditionnel, où les théories du libre-échange et le droit de la concurrence ne sont plus que des armes de rhétorique à destination des Européens et des nouveaux pays industrialisés, qu'émerge le concept nouveau d'« économie de combat », Luttwak expliquant que les États-Unis sont appelés, s'ils veulent conserver la première place, à transformer leur système de production en *machine de guerre économique.*

Comment les États-Unis s'y prennent-ils pour préserver leur statut d'hyperpuissance dans le contexte impitoyable de la mondialisation des échanges et comment ont-ils œuvré pour faire évoluer radicalement, en dix ans, leur société — un moment gravement menacée par le décollage asiatique — vers une véritable *économie de combat* à nouveau victorieuse sur tous les fronts et renouant avec la croissance et la compétitivité [5] ? En fait, tout commença vers la fin des années 70, lorsque les États-Unis constatèrent qu'ils allaient être envahis par l'automobile et l'informatique japonaises. Au début de son mandat, le président Bush commanda à la CIA le fameux rapport Japan 2000 qui mettait en évidence les carences du renseignement fédéral — encore obnubilé par le danger soviétique — en matière d'*intelligence économique*, et des entreprises américaines, encore trop exclusivement tournées vers le marché intérieur. Conscient de la nécessité de contre-attaquer et de mettre au point des synergies entre l'appareil d'État et le monde de l'entreprise, Clinton réorienta l'appareil étatique vers une aide à la conquête des marchés et à la maîtrise des technologies de pointe : c'est ce qui conduisit à la création d'un Conseil économique national (National Economic Council, NEC), pendant économique du Conseil national de sécurité, ainsi qu'à la naissance de l'Advocacy Network (réseau de « conseil ») sous l'autorité du vice-président Al Gore, grand spécialiste de la guerre économique. Schématiquement, le Conseil économique national a pour vocation de fournir au président des États-Unis l'information nécessaire pour mettre en œuvre la *stratégie nationale d'exportation* lancée depuis 1993 et assurer à l'hyperpuissance américaine le *leadership technologique mondial.* Le NEC coordonne les actions des agences fédérales (CIA, NSA, FBI, etc.) et du département d'État pour détecter les nouvelles technologies qui commanderont l'avenir et pour sélectionner les appels d'offre internationaux les plus intéressants. Aussi constate-t-on que les entreprises américaines ne sont pas abandonnées à elles-mêmes et bénéficient aujourd'hui, en dépit du sacro-saint libéralisme anglo-saxon, d'un sérieux appui de la part de l'État américain. L'Advocacy Center est quant à lui chargé d'analyser les informations provenant aussi bien du département d'État que du département du Commerce. Il veille tout particulièrement à ce que les entreprises américaines conservent une *position dominante* dès lors qu'elles sont impliquées dans un enjeu intéressant la défense des intérêts économiques des États-Unis, leur procurant les renseignements-clés dont elles ont besoin. D'après Nicolas Harbulot, ce nouveau type de partenariat entre le gouvernement américain, soi-disant « non interventionniste », et le monde des affaires, aurait permis ces dernières années de maintenir ou de créer près de 400 000 emplois et d'augmenter les exportations de 25,9 milliards de dollars, certaines statistiques plus récentes faisant état de 2 millions d'emplois créés ou maintenus. L'ensemble du système est également chargé d'éliminer ou de réduire les « obstacles » que les entreprises exportatrices peuvent rencontrer, grâce à l'intervention du pouvoir central et de la Maison-Blanche (Clinton persuada personnellement le roi Fahd d'acheter Boeing plutôt qu'Airbus et adressa une lettre personnelle au président du Brésil pour que la couverture radar de l'Amazonie soit américaine, etc.). Mais les États-Unis étant une puissance planétaire, les pressions s'exercent aussi à travers les institutions internationales théoriquement neutres, en réalité instrumentalisées :

— Organisation mondiale du commerce (OMC, ex-GATT, qui a instauré en 4 vagues, de 1960 à 1994, un libre-échangisme tellement généralisé, qu'elle a rendu caduque la Politique agricole commune européenne et a fait du Marché commun une institution sans objet qu'il a fallu relayer par l'Union économique et monétaire et le passage à l'Euro) ;

— Fonds monétaire international (FMI, dont les programmes financiers en Europe de l'Est et dans les républiques d'Asie centrale aboutissent à leur proposer, comme ce fut le cas précédemment pour l'Europe de l'Ouest, des réplications de l'organisation financière des États-Unis à partir desquelles il sera possible de vendre plus facilement les conseils, services et produits américains) ;

— Banque des règlements internationaux (BRI – auteur de multiples rapports sur le mythique *risque systémique* — de la défaillance des systèmes de paiements au *bug* de l'an 2000 — et qui œuvre pour la *standardisation financière* — notamment de l'UEM — sur le modèle américain) ;

— OCDE (en perte de vitesse actuellement, car basée à Paris, mais qui fut longtemps le principal vecteur de diffusion de la conception américaine du libre-échangisme) ;

— Banque mondiale (à destination du tiers-monde) ;

— Organisation des Nations unies (la moins compétente économiquement, mais parfois utilisée dans un but *subversif* par Washington, comme lors du rapport de 1999 sur l'immigration et le marché de l'emploi en Europe, qui vise explicitement à *désorganiser le marché de l'emploi* et *les systèmes sociaux européens* en y préconisant l'importation de 40 millions de techniciens moyens étrangers formés dans les universités pakistanaises ou indiennes).

À un niveau plus informel, moins contraignant, et exclusivement idéologique, la *propagande économique américaine* est relayée par deux biais majeurs :

— la presse anglo-saxonne internationale : des journaux et magazines internationaux, inconditionnellement pro-américains, jamais lus ou regardés par les Américains eux-mêmes, mais largement diffusés en dehors des frontières anglo-saxonnes par le biais d'abonnements internationaux, tels que *The Economist*, *Business Week*, ou la chaîne *CNN*, qui distillent l'idéologie américaine bon marché, sur un ton à la fois pédant et « *users friendly* » qui en fait le meilleur prescripteur d'opinion des « élites » nationales en voie d'américanisation ;

— la culture d'entreprise américaine, diffusée dans les grandes sociétés transnationales et les cabinets de conseil, d'audit ou de *lawyers* internationaux qui, peu à peu, en dépit de la faiblesse des salaires et des *stock options* — de toute façon grevés par les charges sociales — s'imposent progressivement comme le signe extérieur de la réussite sociale. Cette propagande américaine a pour victime essentielle — et en même temps pour bourreau, car les victimes sont à leur tour appelées à jouer ce rôle de prescripteurs d'opinion auprès des « classes inférieures » — les membres de ce que Jacques Attali qualifie d'« hyperclasse », à savoir un résidu d'élites nationales non américaines entièrement voué au service de l'économie des États-Unis. Cette élite, en quelque sorte *naturalisée* américaine, puisqu'elle bénéficie d'une cotation favorable pour l'obtention de la *green card*, joue en dehors des frontières américaines le même rôle que ces indigènes et barbares à qui Caracalla avait accordé la citoyenneté pour assurer le rôle de publicien ou d'informateur dans les colonies orientales de l'Empire romain.

L'examen des dossiers plaidés par les États-Unis devant l'Organisation mondiale du commerce [6] (OGM, Banane, exception culturelle, soja et maïs, bœuf aux hormones, produits agricoles transgéniques, etc.) contre le concurrent européen et qui provoquèrent, en décembre 1999, l'échec de la conférence de Seattle ouvrant les négociations du *Millenium Round* (OMC), prouve l'engagement et la profonde détermination de l'administration américaine dans la recherche du renseignement économique au profit de ses entreprises. Concernant l'aéronautique et les industries stratégiques *hight tech* liées à la défense, la fusion entre Boeing et McDonnell-Douglas et celle de Lockheed-Martin avec Northrop-Gruman (début juillet 1997), « illustre bien la manière dont les Américains s'y prennent pour faire servir les accords de l'OMC à leur avantage [7] ». En effet, alors que Washington dénonce systématiquement le viol, par les Européens, du sacro-saint principe de libre-concurrence au prétexte que l'aide octroyée à Airbus est de 20 milliards de dollars, le gouvernement américain (Pentagone) apporte chaque année au nouveau champion, sous la forme de contrats militaires, 140 milliards de dollars de subventions. En matière agricole, dans les années 1991-1992, les Européens avaient été obligés, par l'OMC, de diminuer leur production d'oléagineux et de céréales, au moment où les Américains augmentaient la part de la leur qu'ils réservent à l'exportation sur le marché mondial. Ils obtiendront peu après que les Européens leur achètent leurs aliments pour le bétail, au détriment de la production locale et sans les frapper de droits de douane. « Possédant déjà 50 % du marché mondial du blé, contre 20 % à l'Europe, ils veulent davantage. Tout en attaquant lors des négociations ce qu'ils nomment le " protectionnisme européen ", ils ne se font pas faute de s'y livrer eux-mêmes [8] », leurs subventions à l'agriculture étant deux fois plus élevées qu'en Europe, pour un salaire qui, pour chaque fermier, est infiniment plus important aux États-Unis.

En fait, les États-Unis ont beau jeu de contester auprès de l'OMC les subventions apportées par Bruxelles ou les États de l'Union aux entreprises européennes, car les aides aux entreprises exportatrices américaines, dénoncées par les Européens auprès de l'OMC depuis 1998, sont tout aussi considérables que les subventions européennes, à la différence près qu'elles passent essentiellement par d'importants dégrèvements touchant un volume d'affaires annuel de quelque 150 milliards de dollars. En effet, le quart des exportations américaines est illégalement soutenu par le biais d'un régime fiscal préférentiel. Washington encourage purement et simplement les entreprises exportatrices américaines à l'évasion fiscale, celles-là n'ayant qu'à créer, au titre du Corporate Welfare Program, des sociétés « fantômes » ou « écrans [9] » dans les paradis fiscaux (îles Vierges, Barbade, Guam). Ces subventions déguisées apporteraient chaque année, *dixit* l'OMC, une aide directe équivalente à 2 milliards de dollars ux exportateurs américains : Kodak, Boeing, General Motors, ıterpillar, Chrysler, Reynolds, Motorola, Union Carbide, etc.

'arallèlement, les États-Unis, qui fustigent constamment les attitudes *protectionnistes* des Asiatiques ou des Européens, sont eux-mêmes passés maîtres dans le protectionnisme, direct ou indirect. Concernant la forme directe, tout un *arsenal juridique* permet aux États-Unis de mener une politique protectionniste : lois d'Amato-Kennedy et Helms-Burton visant à empêcher tout investissement occidental non américain en Iran, à Cuba et en Libye ; lois Cohen [10] instaurant des obstacles non tarifaires justifiés au nom de la « sécurité nationale » ; article « super 301 » permettant au Congrès américain de décréter des mesures protectionnistes unilatérales dès lors qu'une concurrence étrangère est considérée préjudiciable aux intérêts économiques américains, etc. Dans les secteurs des marchés publics, plusieurs législations fédérales privilégient les sociétés américaines au moyen de *clauses d'exclusivité*, tandis que dans les services, nombre d'États interdisent purement et simplement l'installation de filiales de compagnies d'assurance à capitaux publics ou imposent des conditions de nationalité pour la composition des conseils d'administration. Rappelons tout de même que les taxes à l'importation — que les États-Unis voudraient abaisser au-dessous du seuil de 10 % en Europe — dépassent les 15 % pour sept cents produits et services « protégés [11] ». Le protectionnisme indirect ou « invisible » est quant à lui plus diffus et difficile à dénoncer auprès des instances internationales. Sa forme privilégiée sont les innombrables réglementations qui constituent des barrières efficaces dans de nombreux secteurs, de la téléphonie mobile aux fibres optiques en passant par les radiotéléphones ou les minerais. C'est ainsi qu'un redoutable arsenal « anti-dumping » a été mobilisé pour limiter les exportations européennes d'acier, en baisse de 10,5 % en 1998-1999. Parallèlement, les sociétés étrangères voulant prendre des parts dans une entreprise de télécommunications aux États-Unis doivent remplir un questionnaire obligatoire de 60 000 pages rédigées en anglais..., la mauvaise foi américaine dans ses relations avec ses partenaires économiques atteignant parfois des sommets d'hypocrisie insoupçonnés. Aussi, dans ce même secteur des télécoms, le pourcentage de participations des sociétés non américaines ne peut en aucun cas dépasser les 20 %, la Federal Communications Commission (FCC), principal organe de régulation des télécommunications, n'autorisant aucune prise de participation plus importante [12], pour des raisons de « sécurité nationale ». « Au total, explique le général Pichot-Duclos, tout se passe comme si une analyse globale de la situation avait débouché sur un dispositif systémique de domination de l'économie mondiale [13]. » Enfin, aux côtés des anciens agents de la CIA démobilisés avec la fin de la guerre froide, des institutions comme le NEC ou l'Advocacy Center, des cabinets d'audit (dont les fameux « Big 6 »), l'Intelligence économique américaine agit à travers les cabinets de *lobbying*. À Bruxelles, les États-Unis emploient des centaines de personnes dont la mission est coordonnée par le Comité pour l'Union européenne *(Union European Commitee)*, section de la Chambre de commerce américaine, la célèbre et redoutée Amcham, chargée de défendre les intérêts de centaines d'entreprises américaines dans le monde.

La *guerre économique* n'est pas séparable des autres formes de guerre : militaire, « informationnelle », psychologique, etc. Loin de se substituer aux conflits armés, elle les accompagne autant qu'elle les motive, ainsi qu'on l'a vu lors de la guerre du Golfe, mais également, de manière moins visible, lors des interventions de l'OTAN en ex-Yougoslavie. Aussi les forces armées américaines possèdent-elles aujourd'hui, tout comme les ambassades, des cellules de *guerre informationnelle (Info-war)* et même de *guerre économique*. C'est ainsi que, chaque contingent militaire américain dans le monde est accompagné d'un détachement « d'officiers des affaires civiles » *(civil affairs)*. Les *civil affairs* aident à la remise en route du pays à la sortie d'un conflit. « Ils ont ainsi un excellent poste d'observations de l'économie locale qui permet un minutieux recueil d'informations sur le terrain permettant ensuite à des entreprises civiles de se positionner sur les différents chantiers à venir (...). La Bosnie a été un très bon laboratoire d'essais démonstratifs. Le Conseil économique national, le département d'État et le département du Commerce ont travaillé de concert avec l'antenne du Pentagone afin de prépositionner les entreprises américaines (...). On a ainsi créé des liens durables avec les élites locales [14] », expliquent Harbulot et Pichot-Duclos.

En fait, la maîtrise des secteurs-clés de l'économie internationale est le secret de l'hyperpuissance américaine, dont le maintien du *leadership* global passe par la maîtrise des « hypersecteurs » du marché mondial : pétrole, céréales, industries de l'armement, nouvelles technologies, aéronautique, satellites, informatique, production audiovisuelle et télécommunications. Repérer ces « hypersecteurs » et aider les sociétés américaines à demeurer ou à se hisser à la première place mondiale, si possible à y acquérir une situation de monopole, telle est la tâche principale de l'Intelligence économique américaine pour laquelle les États-Unis dépensent annuellement 26 milliards de dollars. Ainsi, cette nouvelle discipline, outillée par les technologies de pointe (satellites, systèmes d'écoutes, espionnage sur Internet, etc.), doit permettre à l'« économie de combat » de collecter des informations stratégiques et même de procéder à des « attaques informationnelles » visant à affaiblir les positions des concurrents. Comme le remarque Thierry Harbulot, « ce n'est pas un hasard si les produits et les firmes qui réalisent des résultats industriels comme Ariane, les Mirage, les Falcon, le TGV, l'Airbus, l'électricité nucléaire (...) sont parfois l'objet d'attaques en règle, frontales ou obliques. (...) Il faut aussi s'interroger sur l'étonnante série convergente qui vit en quelques années des juges belges disposant de dossiers de type service de renseignement professionnel attaquer successivement les PDG de Schneider, Alcatel et Dassault au prétexte de corruption ».

Aussi les exemples américains d'« attaques d'influence » ou de « contournement » sont-ils courants et n'ont-ils rien à envier aux procédés japonais : on peut citer l'affaire Thomson-Alcatel/Raytheon, au cours de laquelle le consortium Thomson-Alcatel, sur le point de remporter d'importants contrats au Brésil (couverture radar de l'Amazonie) au détriment de concurrents américains, avait été accusé de corruption par la presse anglo-saxonne. L'accusation n'ayant pas suffi, le président Clinton interviendra en personne auprès du président brésilien pour saper les positions françaises et permettre au concurrent Raytheon d'emporter le contrat juteux de 7 milliards de francs que Thomson et Alcatel s'apprêtaient à conclure avec le gouvernement brésilien. On peut également mentionner l'« affaire Perrier », entreprise jadis française dont les boissons exportées aux États-Unis furent accusées de contenir du benzène. Comme par hasard, le laboratoire qui détecta des traces de benzène était financé par le concurrent de Perrier. Toujours est-il que Perrier perdit des sommes colossales et ne s'en releva pas, puis finira par être racheté par Nestlé et Agnelli. Citons enfin l'exemple du Mirage français détruit en Bosnie par les Serbes en 1995. Dans les heures qui suivirent l'événement, plus de quarante chaînes de télévision produisirent à l'envi les images de l'avion plongeant vers le sol avec pour principal commentaire : « les leurres n'ont pas fonctionné »... En fait, l'insistance de la presse anglo-saxonne sur le « dysfonctionnement » des « leurres » du Mirage était liée aux négociations stratégiques menées au même moment avec le Pakistan en vue d'un énorme contrat de vente d'avions de combat où foisonnait la concurrence... Les « leurres » n'étaient d'ailleurs nullement en cause puisque c'était l'artillerie classique et non les missiles sol-air, seuls « leurrables », qui avait abattu le Mirage, précise le général Pichot-Duclos. Mais les « attaques informationnelles » commerciales des sociétés américaines passent souvent par la presse européenne, comme on a pu le constater aux Pays-Bas au moment de la lutte entre l'Apache de McDonnell-Douglas et le Tigre franco-allemand pour un marché de 20 milliards de francs. Le *Telegraph*, quotidien néerlandais, annonça que le ministre français de la Défense avait été contraint à un « atterrissage forcé » à Marignane au cours d'un vol de démonstration à bord du Tigre. Peu après, les enregistrements réalisés par Eurocopter prouvèrent que le vol s'était en fait très bien passé. Toujours est-il que les Américains bénéficièrent, aux Pays-Bas et en Grande-Bretagne, du travail de coordination des *War Rooms* afin de promouvoir les hélicoptères Apache et de discréditer leur concurrent français [15]. Enfin, le groupe Bull fit lui aussi les frais de la guerre économique euro-américaine, lorsque IBM, sans attaquer directement la technologie de Bull, parvint à convaincre l'opinion que Bull n'était pas en mesure de relever les défis technologiques. Les propos du ministre de l'Industrie de l'époque, Gérard Longuet, mettant en cause l'existence de Bull et l'utilité même de l'industrie informatique nationale, traduisaient alors une conviction largement répandue chez les décideurs français, « fruit d'un long travail de sape opéré par IBM [16] ». Comme on peut le constater, la guerre économique entre les États-Unis et l'Union européenne est plus actuelle que jamais.

QUAND « GUERRE ÉCONOMIQUE » RIME AVEC *INFO-WAR*

Avec le développement des moyens de communication moderne et la mondialisation de l'économie, « la maîtrise des réseaux de télécommunication, la production de puces informatiques ou même celle de feuilletons audiovisuels importent davantage que la possession de puits de pétrole [17] », remarque Philippe Cohen. Ainsi la domination classique (*hard*) cède-t-elle le pas à l'hégémonie douce *(soft)*. Depuis le Seconde Guerre mondiale [18], les États-Unis ont progressivement acquis une « force de frappe immatérielle » (J.-M. Gaillard), qui leur confère une *supériorité absolue* en matière de *puissance* et *d'influence culturelle*. Aussi la progression des « produits » culturels américains augmente-t-elle chaque année : entre 1985 et 1999, la part de marché des productions cinématographiques américaines est passée en moyenne, dans l'Union européenne, d'environ 56 % à près de 80 % des entrées en salles. En 1996, « on ne comptait pas moins de 35 films américains parmi les 40 films ayant enregistré les meilleurs résultats dans les salles de l'Union [19] ». Les États-Unis, en contrepartie, ne tolèrent chez eux qu'entre 1 et 3 % de films européens... « C'est la faute aux Européens qui ne produisent pas de films de qualité », répètent les inconditionnels du modèle américain. Mais à y regarder de plus près, le désavantage européen résulte également du protectionnisme invétéré des Américains en matière culturelle, autre facette de la guerre économique. On sait par exemple que les États-Unis interdisent les doublages aux producteurs de films européens, ce qui rend impossible toute programmation européenne de masse, les Américains n'appréciant pas les films en version originale. De la même manière, des « barrières non tarifaires » entravent les tournées de *music-hall* européen, les législations américaines interdisant aux groupes d'emmener leurs musiciens... Parallèlement, la taille du marché intérieur nord-américain (260 millions d'habitants plus riches et allant deux fois plus souvent au cinéma que les Européens) procure au cinéma états-unien une capacité d'autofinancement et d'amortissement formidable que l'Europe, avec ses innombrables marchés nationaux cloisonnés par l'usage de onze langues nationales différentes, ne peut pas égaler. Amorties aux États-Unis et au Canada, les productions américaines peuvent ensuite être vendues aux Européens en pur bénéfice ou bradées (séries télévisées) à des prix impossibles à concurrencer pour les industries cinématographiques européennes, incapables d'obtenir les mêmes économies d'échelles. Certains Européens ont pensé que le différend euro-américain en matière culturelle avait été réglé en décembre 1993, à l'issue des négociations du GATT *(Uruguay Round)* par la reconnaissance d'une « exception culturelle » européenne. Quelques années plus tard, on s'aperçoit que les parts de marchés des films américains en Europe continuent de croître, et que les Européens n'ont toujours pas réussi à instaurer une politique des quotas ou, mieux encore, à créer un « Pôle audiovisuel européen » susceptible de lutter à armes égales avec l'industrie cinématographique américaine.

Pour renforcer leur situation d'oligopole mondial, les États-Unis utilisent, aux côtés de l'OMC, un autre instrument de pression multilatéral obligeant les Européens à ouvrir encore plus leurs frontières, au nom d'un libéralisme planétaire offensif : l'Accord multilatéral sur l'investissement (AMI, élaboré dans le cadre de l'OCDE), qui oblige les États signataires à supprimer toute barrière douanière, quotas et subventions, pouvant entraver la concurrence, en vertu d'une législation américaine à portée extra-territoriale, y compris en matière culturelle. Or, le traité de l'AMI a suscité de vives réactions de refus au sein du monde artistique européen, parfois relayé par la classe politique [20]. « Trop souvent nos pays acceptent trop passivement, une certaine invasion, une certaine subversion d'images fabriquées à l'extérieur et de musiques standardisées (...) qui rabotent les cultures et véhiculent un mode de vie uniformisé que l'on voudrait imposer à la planète entière [21] », écrivait Jack Lang. Aussi peut-on craindre, à terme, un véritable « Tchernobyl culturel », pour reprendre l'expression consacrée par Ariane Mouchkine, car c'est la civilisation européenne *en tant que telle* et dans sa diversité, qui risque de disparaître dans les abîmes du village mondial anglo-américain. « En inondant le marché mondial de produits cinématographiques et télévisuels, les producteurs s'efforcent d'asphyxier les créations nationales, évacuant ainsi graduellement les contenus culturels traditionnels et les remplaçant par ceux de l'idéologie américaine (...) il s'agit d'une formidable machine de guerre qui, à coups de milliards et d'effets spéciaux, submerge la planète d'images agressives véhiculant une idéologie de plus en plus fascisante [22]. » En réalité, derrière cette culture planétaire vaguement anglophone (les lettrés anglo-saxons sont eux-mêmes confondus devant la pauvreté du vocabulaire de 300 mots utilisé dans les productions américaines), présentée comme « neutre » à la face du monde, se cache l'hégémonie de l'hyperpuissance américaine. Le stratège américain Zbigniew Brzezinski, qui a le mérite d'exprimer les choses sans détour, reconnaît lui-même que « la nature cosmopolite de la société américaine a permis aux États-Unis d'asseoir plus facilement leur hégémonie dans le monde sans laisser transparaître son caractère strictement national (...). La domination culturelle des États-Unis a jusqu'à présent été un aspect sous-estimé de sa puissance globale. Quoi que l'on pense de ses qualités esthétiques, la culture de masse américaine exerce, sur la jeunesse en particulier, une séduction irrésistible. Les programmes américains alimentent les trois quarts du marché mondial de la télévision et du cinéma. De ces avantages, (...) l'Amérique tire un prestige politique et une marge de manœuvre inégalés [23] ». L'enjeu est ni plus ni moins que le contrôle de la communication planétaire. C'est dans cette perspective que Microsoft a contracté une alliance avec IBM afin de s'assurer la domination quasi absolue du marché mondial des ordinateurs. Grâce à la maîtrise des satellites, la télévision joue ici aussi un rôle capital, car avec CNN, par exemple, première chaîne planétaire, Ted Turner inonde plus de 80 millions de foyers dans plus de 142 pays « avec des informations qui sont les yeux et la voix de l'Amérique [24] ». Grâce aux principaux journaux ayant atteint une audience internationale (*New York Times, New York Herald Tribune*), aux périodiques (*Reader's Digest, National Geographic Magazine, Playboy, Time, Newsweek*), aux réseaux de télévision (*NBC, ABC, CNN, TNT*) et à leurs satellites (*Direct-TV* de Hughes Communications ; *Astra* et *Cartoon Network* de Ted Turner, etc.), aux agences de presse (*American Press, Associated Press, United Press Association* et *United Press International* contrôlant 90 % de l'information mondiale), sans oublier la maîtrise des technologies de communication de pointe (Microsoft et ses démembrements, Oracle, Netscape pour les logiciels, Intel-Cyrix-AMD, Apple-IBM pour les processeurs, 3COM pour les produits « handheld », le système de codage-décryptage *cliper chip*, les réseaux câblés TCI, Time Warner, US-West, Viacom-Paramount), les États-Unis détiennent un pouvoir « d'une portée insoupçonnable leur permettant de modeler la pensée de plusieurs milliards d'individus. C'est une manière de concevoir la culture, les mœurs, l'information, la politique, l'usage de la force, que les Américains font pénétrer dans les têtes [25] ».

Comme le remarque justement Philippe Cohen, les produits culturels américains fabriquent du « sentiment américain », ils préparent non seulement les esprits au point de vue américain, mais les poussent à s'identifier aux États-Unis et à leurs intérêts, si bien que les peuples consommateurs finissent, sans même s'en rendre compte, par perdre de vue le sens de l'intérêt national et par devenir des vassaux inconscients mais volontaires des États-Unis. « Le blue-jean et le rock'n'roll hier, Navigator, la Play Station et le feuilleton Friends aujourd'hui, sont peut-être plus déterminants que l'arme atomique pour fonder la nouvelle domination américaine (...). Il s'agit de passer du contrôle direct à l'influence. L'Amérique domine les quatre cinquièmes du cinéma mondial, ce qui constitue la plus fantastique OPA sur l'imaginaire mondial [26]. » En fait, l'influence culturelle — véritable « force de frappe » — n'est autre que la version douce ou larvée de l'impérialisme — voire du totalitarisme — moderne, que traduisent les expressions, désormais courantes, de « totalitarisme mou » ou *soft power*.

Quant à Internet, articulé autour des États-Unis, ce gigantesque réseau de communication est devenu la poule aux œufs d'or de l'économie américaine, en tout cas, un facteur de valorisation où s'observent des comportements spéculatifs analogues à ceux de l'immobilier, sans qu'ils s'accompagnent pour autant d'une production tangible. Grâce à l'anglais et à la simplicité de ses procédures, Internet fait office de *mémoire du monde*, et est le principal *forum* de l'économie intelligente des États-Unis et demain du commerce international. La répartition de l'information ouverte sur Internet est, en 1999, par domaine d'activité de 53 % pour le commercial (pour l'instant services en ligne, davantage que commerce de marchandises), 27 % pour la recherche, 5 % pour l'éducation, 9 % pour le gouvernemental et 6 % pour le divers. Or, sur le Net, les entreprises américaines sont *les premières* informées de toutes les crises, changements de mode ou transformation des goûts qui façonnent les marchés mondiaux. En matière de protection et de sécurité, les Américains sont également les maîtres du jeu, les sociétés comme Ross Engineering étant capables de proposer des systèmes de protection efficaces aux entreprises et administrations du monde entier, « autre manière de dominer ce monde et de mieux décrypter ses messages si cela s'avère nécessaire [27] ! » La NSA disposerait en fait d'une clé lui donnant accès aux fonctions cryptographiques de chaque ordinateur équipé d'un système d'exploitation Windows (95 ; 98 ; 2000, NT, etc.) de Microsoft, c'est-à-dire d'environ 90% du parc informatique mondial... « Les Américains possèdent en effet la technicité pour pénétrer les réseaux étrangers. Il existe des fonctionnalités cachées de Windows et Microsoft, dont le but est de récupérer des informations sur les utilisateurs des ordinateurs », explique Marcel Vigouroux, chef de la Brigade centrale de répression de la criminalité informatique (BCRCI). « On a laissé les Américains tout faire depuis les microprocesseurs jusqu'aux logiciels [28]. »

Enfin, les États-Unis contrôlent également les images, grâce au National Imagery and Mapping Agency. Regroupant, à Fairfax en Virginie, près de 10 000 employés, cette agence initialement destinée à distribuer les images spatiales pour la CIA et le Pentagone, allait s'engager, deux ans plus tard, « dans le contrôle des flux de l'imagerie commerciale pour devenir le point de passage obligé des images civiles, dont la nécessité ne cesse d'augmenter avec la mondialisation des échanges [29] ».

L'*Information Warfare* (ou « guerre informationnelle ») repose en fait en grande partie sur les moyens spatiaux, principale méthode moderne de recueil, de transmission et de distribution de l'information. Lors des opérations de coordination, de renseignement et de frappes menées par l'OTAN au Kosovo entre mars et juin 1999, plus de 50 satellites étaient directement impliqués. Au moins 15 à 20 systèmes spatiaux différents furent utilisés dans la préparation et l'exécution des attaques. Le renseignement spatial est donc devenu un multiplicateur de force à trois niveaux : stratégique, tactique et opératif, au seul profit de la puissance qui maîtrise les technologies spatiales, les États-Unis. Car si le renseignement est à la base de toute action militaire, force est de constater que les moyens de renseignement spatiaux non américains durant la guerre du Kosovo étaient totalement insignifiants. Tout au long de l'opération Force alliée, les « alliés » des Américains furent soigneusement tenus à l'écart de l'essentiel et ne purent peser sur aucune décision majeure. Avec un seul satellite en orbite non utilisé par les États-Unis pendant la guerre, les Européens participèrent à une intervention armée en qualité d'*aveugles opératifs*, dépourvus de la vision globale du théâtre dont disposait au contraire le commandement américain. « La capacité de l'Europe à disposer de son destin passe par l'existence d'une puissance militaire européenne qui ne verra pas le jour bientôt. Mais une étape préliminaire décisive vers la restauration d'une autonomie de décision à tous les niveaux serait la mise sur pied d'une force militaire spatiale intégrée, tout de même plus facile à créer qu'une force de combat intégrée [30] », explique Jacques Blamont, conseiller du directeur général du Centre national d'études spatiales (CNES). Aussi est-il déplorable que l'Allemagne, première puissance économique européenne, ait, sous la pression des États-Unis, dont elle est l'alliée stratégique primordiale en Europe occidentale à l'intérieur de l'OTAN, rejeté les propositions françaises concernant le financement du programme satellite Hélios-II-Horus, pourtant extrêmement modeste puisque ne comprenant, jusqu'en 2015, au total, que trois satellites majeurs et deux satellites radars (chacun ayant une durée de vie limitée à trois ans).

LE RÉSEAU ÉCHELON OU LES OREILLES DE LA NSA EN EUROPE

À propos du lien entre l'espionnage économique et les technologies satellitaires, une mention toute particulière doit être réservée au programme d'écoute planétaire anglo-saxon baptisé « Échelon », mis au point par la NSA [31] (National Security Agency), la centrale de renseignement électronique américaine. Initialement conçu pour surveiller l'ex-Union soviétique, le réseau Échelon résulte d'un pacte de renseignement — dit « Usaka » — regroupant cinq pays anglo-saxons se partageant les résultats du programme d'espionnage : Grande-Bretagne, Canada, Nouvelle-Zélande, Australie et États-Unis, ces derniers étant les seuls à contrôler complètement le réseau. Ainsi, une chaîne mondiale d'installations d'écoutes a été placée tout autour du globe pour intercepter les réseaux internationaux de télécommunications et transmettre les données recueillies au quartier général de la NSA aux États-Unis, à Fort Meade (Maryland). Ce système de surveillance global permet à la NSA — grâce à ses puissants ordinateurs et avec l'aide d'un anneau de 120 satellites par lesquels transite la plus grosse partie des communications internationales — de capter et d'analyser la *quasi-totalité* des courriers électroniques, conversations téléphoniques et fax du monde. Aussi Échelon peut-il intercepter près de cent millions de messages par mois et pas moins de deux millions de communications privées par jour, simultanément triées grâce à un système d'intelligence artificielle basé sur des mots et des concepts-clés, consignés dans des « dictionnaires ».

Après la chute de l'URSS, le réseau Échelon était officiellement destiné à combattre le terrorisme international mais, comme le révèle la Commission des libertés et des droits du citoyen du Parlement européen, dans un rapport présenté à Strasbourg les 22-23 février 2000, Échelon se consacre prioritairement à l'espionnage industriel et économique à grande échelle, cela dans le cadre de la *guerre économique* entre l'Union européenne et les États-Unis. Deux principaux cas d'espionnage imputables au réseau Échelon au détriment d'intérêts économiques européens sont connus : l'un concerne Thomson, qui perdit plus d'un milliard de dollars (7 milliards de francs) au bénéfice d'une compagnie américaine pour la couverture radar de l'Amazonie ; l'autre, Airbus, qui perdit un contrat avec l'Arabie Saoudite au profit de Boeing.

Dans le rapport intitulé *Interception Capabilities 2000* [32] (état des techniques d'écoutes en l'an 2000) qu'il rédigea à la demande d'un groupe de travail de l'Union européenne, le STOA (Scientific and Technological Options Assessments), le journaliste britannique Duncan Campbell, spécialisé dans les affaires d'espionnage, montre en détail comment chaque État participant au programme a, en parfaite connaissance de cause, autorisé ses services secrets et/ou certains ministères, à consulter et à commander tout matériel récolté ayant une importance d'ordre économique. Ainsi Échelon sert-il surtout à espionner des cibles civiles : gouvernements, organisations de toutes sortes, entreprises commerciales ou industrielles, instituts et sociétés de haute technologie, etc. Selon Alain Pompidou, président de la STOA, 80 % des écoutes opérées par le réseau Échelon seraient ainsi développées à des fins d'espionnage industriel. Du point de vue des intérêts de l'Europe, ce qui paraît surprenant, dans l'« affaire Échelon », ce n'est pas tant que les États-Unis espionnent les Européens, phénomène courant entre adversaires ou concurrents économiques, mais plutôt le fait qu'un membre à part entière de l'Union européenne, le Royaume-Uni, se serve de sa « relation privilégiée » avec Washington pour espionner ses propres partenaires européens. Mieux, ainsi que l'ont révélé les rapports du Parlement européen et des documents secrets américains déclassifiés [33], le service de renseignement électronique du Royaume-Uni, le Government Communications Headquarters (GCHQ) est un maillon essentiel de la toile tissée par la NSA. Installé à Cheltenham (Gloucestershire), le GCHQ emploie 15 000 agents à des missions de recueil et de traitement d'informations étrangères et de protection des communications. Outre les dizaines de centres spécialisés en Angleterre, notamment celui de Menwith Hill, la centrale britannique a déployé des stations d'écoute au Belize, à Gibraltar, à Chypre, à Oman, en Turquie et en Australie. Enfin, preuve de la position pour le moins ambivalente de la Grande-Bretagne au sein de l'Union, le GCHQ, structurellement lié à la NSA à travers sa division « Z », est habilité à prendre directement le relais du réseau de la NSA en Europe au cas où la centrale américaine, dont les statuts interdisent en principe les interceptions de communications privées, serait rappelée à l'ordre par la justice des États-Unis...

Dans un entretien accordé au *New Statesman*, l'ancien directeur du FBI, William Sessions, expliquait que, dans le contexte de la guerre économique, « une puissance est ou sera l'alliée ou l'ennemie des États-Unis non seulement selon les nécessités militaires, mais aussi et surtout selon les résultats des observations que les États-Unis obtiendront de leurs services de renseignement dans les domaines scientifiques, technologiques, politiques et économiques [34] ». En termes clairs, cela signifie qu'une puissance, même si elle est un « allié » de Washington au sein de l'OTAN et du monde occidental, et quand bien même elle serait la « tête de pont des États-Unis en Eurasie », comme l'Union européenne, peut encourir les foudres des États-Unis et être considérée comme ennemie. Dans son ouvrage *American Intelligence and the World Economy* (New York, 1996), l'Américain Philip Zelikov explique que la bataille pour être le plus compétitif sur les marchés du monde constitue l'objectif prioritaire de la stratégie nationale de sécurité américaine. On retrouve cette thèse clairement formulée chez Lester Thurow, célèbre économiste américain du MIT (Massachusetts Institute of Technology), auteur de *Head to Head : the coming Battle between Japan, Europe and America* (New York, 1992). Pour Thurow, dans le nouvel ordre mondial, ce sont les États qui dominent les plus grands marchés qui définissent également les règles politiques générales. On comprend mieux dès lors pourquoi les Américains interdisent aux États qui participent au réseau d'écoute global Échelon d'accéder à toutes les données récoltées. « Le plus inquiétant dans cette affaire du réseau Échelon, c'est que les États exploitent une zone de non-droit et transgressent, grâce à des moyens techniques puissants, les règles qu'ils seraient sensés appliquer pour tous [35] », s'indigne David Nataf, spécialiste des questions de criminalité informatique.

La « guerre de l'information »

« Sous le gouvernement absolu d'un seul, le despotisme, pour arriver à l'âme, frappait grossièrement le corps ; et l'âme, échappant à ses coups, s'élevait glorieuse au-dessus de lui ; mais dans les républiques démocratiques, ce n'est point ainsi que procède la tyrannie, elle laisse le corps et va droit à l'âme (...). Les monarchies absolues avaient déshonoré le despotisme ; prenons garde que les républiques démocratiques ne le réhabilitent. »

Alexis de Tocqueville, *De la démocratie en Amérique*, 1835.

La stratégie américaine dans les Balkans et en Eurasie, maillon essentiel de la « Stratégie nationale de sécurité » formulée par le Pentagone, est étroitement liée à la *guerre de l'information*, vecteur moderne de la guerre psychologique et de la subversion traditionnelles. Or, dans ce domaine, les États-Unis sont bien plus en avance que les Européens, et il n'est pas exagéré de dire que l'un des secrets de l'hyperpuissance américaine réside dans la maîtrise de l'information et donc de la conception puis de la diffusion des « représentations », véritables « forces motrices de l'histoire ». D'après l'amiral Pierre Lacoste, ancien directeur de la DGSE, « les États-Unis ont fait de la guerre de l'information un des éléments centraux de la " révolution dans les affaires militaires " qui fait figure de la nouvelle théorie stratégique de la fin du siècle (...). Les " services " n'ont pas l'exclusivité de la guerre de l'information [laquelle] met en jeu beaucoup d'autres acteurs publics et privés : l'appareil gouvernemental, la diplomatie, les religions et les pseudo-religions (*cf.* : l'action des sectes américaines en Russie), et les intérêts privés, les puissances industrielles et financières [36]) ».

Traduit par l'expression américaine *Information Warfare*, la *guerre de l'information* sous-tend « technologie de l'information », « guerre informationnelle » ou « cyber-guerre » (électronique et informatique) et « guerre psychologique », précise Laurent Murawiec, directeur de Géopol Services [37]. Or, les Américains ont compris depuis longtemps que les opérations de guerre psychologique traditionnelle, consistant à « faire perdre le nord à la population adverse », peuvent parfaitement être adaptées aux nouvelles technologies de *télémission directe* et de *guerre électronique* et *informatique (cyberwar)*. Aussi existe-t-il depuis plusieurs années déjà, aux États-Unis, une université (la National Defense University) qui délivre des diplômes de « Guerriers de l'information » (« *Infowarriors* »). On y enseigne des méthodes pluridisciplinaires et extrêmement élaborées visant à « implanter de fausses réalités et induire des mouvements psycho-culturels » et politiques allant dans le sens des « intérêts nationaux » américains. Aussi le thème de la « guerre de l'information » n'est-il pas, comme on l'entend souvent dire, l'apanage des « anti-américains primaires » ou autres adeptes des « théories du complot ». En réalité, aux États-Unis, les Opérations psychologiques (« PsyOps ») et l'*Infowar*, ne sont pas un outil parmi tant d'autres. Elles ont autant, voire *plus* d'importance que les opérations militaires classiques, puisqu'elles fondent et précèdent celles-là. Sommairement, les Opérations psychologiques sont *décidées* par la Maison-Blanche elle-même, puis conçues et gérées par le Bureau central de renseignements et la direction des opérations psychologique du Pentagone ; la NSA ; la CIA ; le département d'État ; ainsi que l'Agence d'information américaine *(US Information Agency*, USIA*)*, avec toutes ses ramifications (liaisons satellitaires internationales, stations de radio et de télévision). Aussi la « guerre informationnelle » est-elle autant une guerre *offensive* que *défensive*, de sorte que toutes les armées américaines disposent aujourd'hui de cellules de « cyberguerre », qu'il s'agisse de l'Air Force Information Warfare Center, situé sur la base aérienne de Kelly, au Texas, du 609e escadron de guerre informationnelle de l'armée de l'air américaine, du 4e Groupe d'opérations psychologiques de l'armée de l'air basé à Fort Bragg, en Caroline du Nord, du Centre de guerre informationnelle de la marine (FIWC), ou encore du Commandement de cyberguerre interarmes unifié (Joint Services Information Warfare Command, JSIWC) de Norfolk, en Virginie.

En ex-Yougoslavie comme à l'occasion de la guerre du Golfe, différents observateurs ont relevé le rôle actif des cellules de la CIA et du Pentagone chargées de mener des opérations de *guerre informationnelle*, telle *Eagle*, spécialisée dans la diffusion d'images « retravaillées », l'avion spécial *Commando Solo*, chargé de diffuser des émissions de radios pirates, ainsi que les sociétés privées de « relations publiques » *(Ruder Finn)*, dont la mission était de ternir durablement l'image du camp serbe et de redorer le blason des autres parties en présence, allant parfois jusqu'à faire endosser aux Serbes des crimes commis par les Bosno-Musulmans, comme on a pu le prouver lors des montages du « marché de Markalé » de février 1994 et du 28 août 1995 ou de la fameuse « Boulangerie de Sarajevo ». Durant la guerre du Kosovo, ce type d'arme informationnelle a été tout aussi massivement utilisé par les alliés « occidentaux », qu'il s'agisse du terrible « massacre » de Raçak (14 janvier), ou des « charniers » et autres « camps d'extermination » (ce qui ne remet pas en question, bien sûr, les massacres et autres atrocités réellement commises par des éléments serbes) « découverts » au moment de l'entrée de la KFOR au Kosovo pour justifier *a posteriori* les raids de l'OTAN et masquer l'impuissance de cette dernière à enrayer l'exil de près de 200 000 Serbes et autres non-Albanais du Kosovo chassés par l'UCK.

Le journalisme et l'« information » façon CIA ou 10 Downing Street

Tout en bénéficiant d'une liberté d'expression considérable, qui fait d'ailleurs parfois défaut à la presse européenne elle-même, les médias américains constituent l'un des maillons essentiels de la stratégie hégémonique « intégrée » des États-Unis. S'ils sont souvent très critiques vis-à-vis de leurs dirigeants, ils n'en sont pas moins imprégnés d'une forme particulière de patriotisme qui les rend naturellement plus réceptifs à des formes de collaboration avec les milieux du Renseignement, collaboration tantôt diffuse ou spontanée, tantôt structurelle. En 1996, John Deutch, alors directeur de la CIA, reconnaissait qu'il « employait » officiellement des journalistes en tant qu'espions. Fondamentales, car sources originaires de l'information médiatique, les agences de presse anglo-saxonnes sont les premières concernées : on sait par exemple que plus de 400 journalistes des agences américaines Associated Press (AP), UPI, ABC, NBC, et même certaines agences de presse étrangères, travaillent secrètement pour la CIA. Il en va de même pour nombre de grands journaux, du *New York Times* au *Washington Post*, en passant par *Newsweek*. Parallèlement, il n'est pas rare de voir, aux États-Unis, des anciens généraux de l'armée ou des services spéciaux nommés à la tête de chaînes de télévision (WorldNet, TV Rock, CNN, MTV, etc.) ou de radios (Voice of America, Radio Free Europe, Radio Liberty, etc.). La Voix de l'Amérique, par exemple, distribue gratuitement ses émissions enregistrées sur cassettes à des milliers de stations de radio de par le monde, éditant dans le même temps de nombreux *bulletins d'information*, tandis que l'US Information Agency (USIA), consacre des millions de dollars pour les opérations *psycho-informationnelles*. Concernant CNN, on sait que cette chaîne internationale américaine emploie des militaires spécialisés dans les Opérations psychologiques. Durant les guerres du Golfe et d'ex-Yougoslavie, « des personnels PsyOps, soldats ou officiers, ont travaillé au siège de CNN à Atlanta dans le cadre de notre programme “ Training With Industry ” en tant qu'employés réguliers de CNN », déclarait récemment le major Thomas Collins du service d'information de l'armée américaine, « durant la guerre du Kosovo, ils ont contribué à la production d'informations [38] ». En fait, le personnel militaire régulièrement détaché auprès de CNN appartient au 4e Groupe d'opérations psychologiques basé à Fort Bragg, la principale activité de cette cellule étant de diffuser des « informations sélectionnées ».

Au contraire de l'Europe — et surtout de la France — où les milieux militaires sont encore largement tenus à l'écart des affaires civiles et *vice versa*, la société américaine permet une plus grande synergie entre les domaines médiatique, stratégique, économique, universitaire et politique, cela au plus grand bénéfice de l'efficacité du Renseignement qui, pour paraphraser le philosophe Emmanuel Mounier, « n'est pas tout mais est dans tout ». Cette réalité n'est point scandaleuse en soi, mais elle montre bien que les médias ne sont *jamais* totalement indépendants du pouvoir, même dans la « véritable démocratie ». On ne répétera jamais assez, en Europe, où l'idée d'un lien étroit entre médias et espionnage demeure encore ahurissante, que sur environ vingt mille agents employés par la CIA, *un tiers* est officiellement chargé de l'« information ».

Mais le phénomène de contrôle de l'information médiatique par les structures du pouvoir ne concerne pas les seuls États-Unis. Ce phénomène est perceptible dans toutes les « démocraties occidentales », notamment celles qui furent partie prenantes aux interventions de l'OTAN en Irak, en Bosnie et au Kosovo. Outre l'Allemagne, fidèle alliée des Américains dans l'OTAN, la Grande-Bretagne s'est illustrée, lors de la guerre du Kosovo, par son dynamisme en matière de « propagande de guerre », l'Anglais Jamie Shea, porte-parole de l'OTAN, ayant été chargé par Tony Blair de réorganiser toute la communication de l'organisation afin de légitimer l'intervention armée et surtout de *camoufler* les « bavures » et « dommages collatéraux » de l'OTAN en manipulant la presse occidentale et mondiale, allant parfois jusqu'à apostropher journalistes et agences de presse pour informations « non conformes », susceptibles de « faire le lit de la propagande de Milosevic ». Mieux, c'est le gouvernement de Sa Majesté lui-même qui fera pression sur les médias nationaux, notamment sur la BBC, cela tout au long de la guerre du Kosovo. C'est ainsi que le porte-parole en chef de Tony Blair, Alastair Campbell, ira jusqu'à taxer, le 16 avril 1999, l'envoyé spécial de la BBC à Belgrade, John Simpson, de « complaisance envers la propagande serbe », Campbell reprochant au célèbre reporter de la BBC d'avoir interrogé des Serbes dans la rue, d'avoir constaté que les premiers bombardements avaient soudé la population autour de Milosevic et d'avoir admis « sans prendre de distance » que l'OTAN pouvait avoir détruit un train civil et deux colonnes de réfugiés. Mieux, Robin Cook, le ministre britannique des Affaires étrangères, accusera publiquement Simpson d'être un « complice de Milosevic ». « Ce n'est pas au porte-parole du gouvernement de décider quels faits doivent être diffusés », rétorquera, indigné, Richard Sambrook, chef des informations à la BBC-TV [39]. En Italie, le correspondant de la RAI, Ennio Remondino, qui avait violemment critiqué les bombardements, en particulier celui de la radio-télévision serbe, fut lui aussi victime d'un véritable lynchage médiatique, ses collègues le traitant d'« agent de Milosevic ». En France, c'est le « médiologue » Régis Debray, revenu d'un séjour en Serbie, qui sera l'objet d'une véritable campagne de diabolisation et de disqualification, aux côtés de Marie-France Garaud et de Max Gallo, l'ancien ministre de Mitterrand étant lui aussi assimilé à un « collaborateur de Milosevic », après que Bernard-Henri Lévy, Paul Garde, André Glucksmann et quelques autres serbophobes patentés eurent décrété l'« incorrection politique » du « médiologue ».

Pendant la guerre en Bosnie, une équipe de la CIA spécialisée dans la guerre médiatique, baptisée *Eagle,* avait pour mission de conditionner l'information et de manipuler les journalistes dans le sens d'une diabolisation du camp serbe et d'un renforcement de l'image, déjà favorable, des « victimes » bosno-musulmanes. Les experts évaluent à au moins un millier le nombre de journalistes de la presse internationale « touchés » par la cellule *Eagle.* Celle-là achetait systématiquement les images et reportages « non conformes » à la vision américaine, les « retirant ainsi du marché », et assurait en revanche la promotion des images et reportages « conformes ». Au sein de la cellule, un groupe de spécialistes était notamment chargé d'opérer avec soin une sélection d'images (photos de presse, vidéos) et d'effectuer des « retouches » sur certains clichés pour augmenter l'« impact émotionnel ». Aussi les journalistes « méritant » recevaient-ils des primes ou des prix en récompense de leur « conformité ». C'est *Eagle* qui sera à l'origine de la couverture médiatique intensive des deux explosions du « marché de Markalé », tout comme de la diffusion de l'image satellitaire truquée « prouvant l'existence » d'un charnier sur le terrain de football de Srebrenica. Le stade existe bien, mais on n'y découvrira jamais de charnier. En fait, le choix du stade était judicieux, car il évoquait, pour beaucoup, les périodes les plus noires de l'histoire du XXe siècle. Mais le but réel recherché, en cet été 1995, consistait à *détourner l'attention du public* de l'exode de centaines de milliers de Serbes chassés et massacrés en Croatie (Krajina), reconnaîtra lui-même, lors d'une enquête sur place, l'ancien directeur de France 2, Jacques Merlino, auteur d'un livre iconoclaste : *Toutes les vérités yougoslaves ne sont pas bonnes à dire* (voir *infra*).

Aux côtés d'*Eagle*, les services américains et l'OTAN disposent d'autres types « d'armes informationnelles » plus directes semblant d'ailleurs sortir tout droit du roman d'Orwell *1984* : le « Commando Solo », cet avion Hercule C 130 américain aménagé par le Pentagone d'antennes directionnelles et abritant dans sa soute des régies de radio-télévision, ce qui lui permet d'émettre, à haute altitude, des émissions préenregistrées. Les opérateurs embarqués diffusent sur la zone ciblée des messages conçus par le Pentagone et le département des Opérations psychologiques de Fort Bragg (fameux PsyOps de l'*Information Warfare*) servis par des spécialistes de la guerre électronique. Déjà utilisé par les États-Unis dans le ciel saoudien et turc pendant l'opération Tempête du désert, le Commando Solo peut émettre sur des ondes courtes, moyennes ou longues et distribuer ses émissions télé et radio sur une superficie de plusieurs centaines de kilomètres [40]. En République serbe de Bosnie, l'avion-radio diffusait des messages-pirates à destination des téléspectateurs privés de la télévision serbo-bosniaque (SRT, 30 % de la population). Le message diffusé par Solo s'efforçait de monter les populations contre le pouvoir honni de Pale (Radovan Karadzic) au profit de celui, pro-américain, de Banja Luka, fief de Biljana Plasvic, que Washington comptait mettre à la tête de la Republika Srbska après avoir renversé Karadzic. Pendant la guerre du Kosovo, l'avion Commando Solo tournera à nouveau au-dessus de la Yougoslavie en diffusant des émissions en serbo-croate sur les fréquences des radios et télés locales. Parallèlement, les avions de l'OTAN largueront près de deux millions de tracts invitant les Serbes à se rebeller contre Milosevic, « unique responsable » des sanctions et des « frappes », et leur expliquant en quoi les bombardements étaient légitimes et justifiés, pour le plus grand bien du peuple serbe, affirmation jugée peu convaincante par les intéressés traumatisés par les bombes bien plus que par leur président qu'ils avaient démocratiquement élu...

Mais l'action de cellules comme *Eagle* ou lès Commandos Solos va de pair avec les « services » offerts par des agences américaines privées de « relations publiques » ou de « communication », chargées quant à elles, souvent en lien direct avec le Pentagone, de « travailler » la presse, les leaders d'opinion, les autorités morales et religieuses, les responsables d'associations et d'organisations non gouvernementales (ONG) ou humanitaires *(Human Right Watch)*, voire d'infiltrer des missions de vérifications ou d'inspections de l'OSCE (KVM au Kosovo), ou de l'ONU (UNSCOM en Irak, MINUK au Kosovo, etc.).

Des agences de communication bien spéciales

Dans les milieux spécialisés, on parla beaucoup, pendant la guerre du Golfe, d'une firme américaine de *public relations* baptisée Hill & Knowlton, spécialisée dans la fabrication d'images de marque positives ou négatives au bénéfice des régimes autoritaires pro-américains du monde entier : Turquie, Indonésie, Koweït, Arabie Saoudite, qui ont grand besoin de *liftings* démocratiques — ou au détriment de régimes honnis : Soudan, Irak, Serbie, Libye, etc., désignés à la vindicte médiatico-populaire internationale par le département d'État. Pendant la guerre du Golfe, Hill & Knowlton proposa ses « services » au Koweït. On garde en mémoire l'« affaire des couveuses » de Koweït City, où des sbires irakiens furent accusés d'avoir volontairement débranché les couveuses d'une maternité koweïtienne. On apprendra plus tard que l'agence Hill & Knowlton avait réalisé, dans des studios de production américains, un parfait *montage télévisuel* avec recrutement d'acteurs, tournage, scénario : bref, exactement comme pour un film produit à Hollywood... La nouvelle fera pourtant le tour du monde sans que son démenti, en petits caractères, n'ait une incidence significative.

Quelques années plus tard, une société du même type, Ruder Finn Global Public Affairs, basée à Washington et spécialisée dans la « dissémination d'information » et la « persuasion efficace » (entendez *manipulation*), vendra ses services à la Croatie, à partir de 1991, à la Bosnie musulmane, dès mai 1992, puis enfin, à la virtuelle « république du Kosovo », à partir d'octobre 1992. « Or il se trouve que comme par hasard, la communauté médiatique a volé successivement au secours des Croates, des Musulmans et des Kosovars. Il n'est pas très vraisemblable de supposer que ce sont ces deux républiques nouveau-nées et cette troisième qui, à l'heure où j'écris, n'a pas encore d'existence légale, qui ont pu régler les factures de Ruder Finn », remarque l'écrivain et officier français Vladimir Volkoff, auteur de nombreux ouvrages sur la désinformation. En fait, la « privatisation » croissante des structures de la *désinformation stratégique* (d'État), principalement dans le monde anglo-saxon, ne signifie aucunement que ce « domaine réservé » des départements d'intelligence échappe aux politiques ou au contrôle des services de renseignement. Bien au contraire. L'agence Hill & Knowlton, tout comme Ruder Finn

Global Public Affairs, travaille en étroite coopération avec le département d'État et les grands clubs de pouvoir de la société américaine (Council of Foreign Relations de New York et de Chicago ; Council in World Affairs de San Francisco, Bildelberg Group, Business Executives for National Security, Rockefeller Foundation, etc.), tout cela sous le contrôle discret, mais bien réel, de la CIA et de la DIA, en relation avec la Maison-Blanche. Cela seulement permet d'expliquer comment une société apparemment pourvue de moyens propres modestes et comptant peu d'employés fixes (*dixit* la direction de Ruder Finn), parvient finalement à influer sur le cours de l'histoire en façonnant l'opinion et en influençant les médias. James Harff, directeur de la société, explique que le fichier, outil de base, comprend quelques centaines de « noms-clés » : journalistes, hommes politiques, représentants d'associations humanitaires, clubs, universitaires, etc. L'ordinateur trie ce fichier selon des thèmes croisés, de manière à trouver des « cibles » efficaces. Puis le fax sert à envoyer une information précise et au moment précis *(kaïros)* à toutes les cibles sélectionnées à l'intérieur du « segment » traité. « Notre métier, explique Harff, est de disséminer l'information (...). La vitesse est un élément essentiel. Dès qu'une information est bonne pour nous, nous nous devons de l'ancrer tout de suite dans l'opinion publique. Car nous savons parfaitement que c'est la première affirmation qui compte. Les démentis n'ont aucune efficacité. » Jusqu'à la mi-mai 1993, Ruder Finn représenta Zagreb et Sarajevo, et parvint à « retourner », grâce à des « coups de génie » de la désinformation — *dixit* Harff — dirigeants politiques, groupes de pressions et organes de presse. Quant au Kosovo, on acquit la certitude, dès mars 1998, que Ruder Finn avait mis tous ses contacts politiques à disposition de son client du moment, la « Ligue démocratique du Kosovo » (LDK), lors du déplacement d'une mission de quatorze membres du Congrès américain venue, à l'initiative de James Harff, « observer » les élections parallèles du 22 mars tenues par Ibrahim Rugova. Quelques mois plus tard, l'UCK étant le nouvel interlocuteur privilégié du département d'État et du Pentagone, Ruder Finn assura des prestations au profit de l'Armée de libération du Kosovo. Dans un document destiné à séduire les nouveaux clients, Ruder Finn se félicite d'être parvenue à faire passer dans l'opinion, au départ assez neutre, les miliciens croates et bosniaques — se revendiquant des oustachis d'Ante Palevic, terribles collaborateurs zélés des nazis, ou des divisions SS musulmanes *Handchar* — pour des « résistants », et les Serbes, peuple d'Europe ayant le plus vaillamment résisté aux armées d'Hitler et ayant protégés des milliers de juifs pendant la guerre (dont Madeleine Albright), pour des nouveaux « nazis », des « génocideurs ». Le « coup de génie » fut sans aucun doute le montage sur les prétendus « camps serbes de purification », dont l'impact, au niveau international, fut énorme. L'opération consista à récupérer l'annonce, par les *New York-Newsday-Newsweek*, de l'affaire des « camps de la mort » pour sensibiliser les organisations juives et l'opinion, expliquait James Harff, lors d'un entretien avec Jacques Merlino, alors directeur de France 2 : « nous avions circonvenu trois grandes organisations juives : B'naï B'rith Anti-Defamation League, American Jewish Committee et American Jewish Congress. Nous leur avons suggéré de publier un encart dans le *New York Times* et d'organiser une manifestation de protestation devant les Nations unies. Cela a formidablement marché ; l'entrée en jeu des organisations juives du côté des Bosniaques fut un extraordinaire coup de poker. Aussitôt, nous avons pu, dans l'opinion publique, faire coïncider Serbes et nazis. Le dossier était complexe (...) mais d'un seul coup, nous pouvions présenter une affaire simple avec les bons et les méchants ». Dans sa brochure de présentation, James Harff raconte plus en détail comment il était parvenu à retourner le public américain et à déclencher une vague de phobie collective antiserbe : « Aussitôt, il y eut un très net changement de langage dans la presse avec l'emploi de termes à très forte valeur émotive, tels que " purification ethnique ", " camps de concentration ", etc., le tout évoquant l'Allemagne nazie, les chambres à gaz et Auschwitz. La charge émotive était si forte que plus personne ne pouvait aller contre, sous peine d'être accusé de révisionnisme (...). Diffusée en août, l'histoire du camp de concentration galvanisa l'opinion publique américaine. Un sondage *Newsweek* enregistra une forte transformation : 35 % de soutien aux frappes aériennes (déjà) avant, 53 % de soutien après les histoires. Au 1er mars 1993, un sondage Gallup montrait que deux tiers du peuple américain soutenaient l'engagement américain en Bosnie. Maintenant, si vous voulez prouver que les Serbes sont des pauvres victimes, courage, vous serez bien seul [41]. » Car le « travail » des Ruder Finn et des cellules de la CIA pouvait maintenant être relayé par la « société civile ».

D'après Mira Beham [42], journaliste allemande, beaucoup d'associations et d'ONG diverses, travaillant en étroite coopération avec les « agences de relations publiques », furent créées ou sollicitées pour défendre les intérêts bosniaques et croates. Parmi elles, l'Association pour les peuples menacés (Gesellschaft für bedrohte Volker — GfbV). Fondée en 1970, à Göttingen, et reconnue comme organisation non gouvernementale (ONG) dotée d'un statut consultatif auprès de l'ONU, elle est dirigée depuis sa fondation par Tilman Zülch, engagé de longue date dans une campagne antiserbe et auteur d'un livre, *Purification ethnique et génocide pour la Grande Serbie*. Dotée d'un budget de 2,9 millions de marks, la principale activité de GfbV est de récupérer un maximum d'informations sur les « violations des droits de l'homme » commises par les Serbes, uniquement, et de les communiquer aux organes de presse. Parmi les proches collaborateurs de l'ONG, on retrouve le journaliste Roj Gutman, dont les informations furent souvent utilisées par Ruder Finn, et Jadranka Tigelj, une nationaliste croate de Bosnie reçue comme témoin au tribunal de La Haye. Enfin, GfbV n'a eu de cesse de discréditer et d'intimider les journalistes allemands qui essayaient d'informer objectivement la population. Ignorant les nombreuses déclarations d'anciens prisonniers de Buchenwald dénonçant la propagande antiserbe et pro-croato-musulmane de l'ONG, les proches de GfbV accusent régulièrement de « pro-serbisme » les rares journalistes allemands osant relativiser le manichéisme « mauvais Serbe »/« gentils tous leurs ennemis », même s'il s'agit de personnalités respectées, tels Renate Flotau *(Der Spiegel)* ou Hadji Hecht *(Süddeutsche Zeitung)*.

On peut également mentionner le rôle de l'association humanitaire Workers For Peace, qui après avoir opéré au Mexique et au Nicaragua, constitue l'un des rouages civils du milieu du renseignement américain. Workers For Peace est en fait spécialiste de la « Défense par action civile », concept de « résistance non violente » mettant en scène populations et médias. Ainsi, ce fut Workers For Peace qui conçut et organisa les manifestations des étudiants séparatistes albano-kosovars au cours des années 90, depuis la fabrication des pancartes, rédigées en anglais, jusqu'aux entretiens avec les grandes chaînes de télévision, l'association n'hésitant pas à utiliser l'image — si touchante et morale — de Mère Teresa pour donner une image angélique du camp albanais, celui du bien. Comme l'utilisation des drames de l'Holocauste, celle de Mère Teresa participe de cette technique de subversion visant à prendre en otage une communauté et à jouer sur l'émotion de ses membres, le public cible visé étant en l'occurrence les Catholiques et les Chrétiens occidentaux en général. Or, si Mère Teresa était effectivement albanaise, elle n'était nullement kosovare mais originaire de Macédoine. Elle faisait en fait partie des seuls 5 % d'Albanais de religion catholique. Honnête, le grand mufti de Belgrade, Efendi Hamdja Jusuf Spahic, Albanais d'origine, dévoilera la « mise en scène » des manifestations albanaises, préparées de toutes pièces par WFP, remarquant que la pléthore de femmes dans la rue, les pancartes impeccablement écrites en anglais, les bougies derrière les portraits de Mère Teresa, ne correspondaient selon lui aucunement à la réalité sociale albanaise actuelle, majoritairement islamique et traditionnelle.

L'agence Ruder Finn, la GfbV ou la WFP n'ont fait qu'appliquer les vieilles recettes de base des techniques de subversion et de guerre psychologique consistant à *provoquer*, orienter les *émotions* d'autrui dans le but d'instaurer un *pouvoir d'injonction morale*, de discréditer totalement une cause dans les consciences des publics cibles visées. Aussi ce qui peut apparaître comme une marque d'arrogance et de vantardise de la part du directeur de Ruder Finn n'est-il pas totalement dénué de fondement. Car même lorsque la vérité est rétablie, précisent les professionnels de la « persuasion efficace », la dynamique manipulatoire est quasiment irréversible. Non seulement « c'est le premier message qui compte », la rectification ultérieure ayant toujours moins d'écho que la *désinformation* initiale, mais les masses désinformées admettent très difficilement qu'elles ont pu être assez naïves, voire assez stupides, pour s'être laissées posséder par plus intelligents ou plus rusés qu'elles. « La rapidité est vitale », explique James Harff à Jacques Merlino, « c'est la première assertion qui compte. Tout démenti est totalement inefficace ». Ainsi un phénomène de psychologie sociale nommé *effet de persistance* ou *effet de gel* est-il paradoxalement, mais scientifiquement, observé dans pareils cas de tentative de rétablissement de l'information. Interrogé sur le caractère malhonnête des procédés manipulatoires et mensongers qu'il utilise, notamment le fait d'avoir dupé l'opinion en inventant l'histoire des « camps de concentration » serbes pour assimiler les Serbes aux nazis allemands, pourtant leurs pires ennemis en Europe, Harff répond : « notre travail n'est pas de vérifier l'information. Nous n'avons pas affirmé qu'il y avait des camps de la mort en Bosnie, nous avons fait savoir que *Newsday* l'affirmait. Nous sommes des professionnels. Nous ne sommes pas payés pour faire la morale (...). Nous avions un travail à faire et nous l'avons fait ». Aussi les professionnels de la « communication stratégique », qui utilisent *toujours* des arguments ou leviers moraux, voire *moralistes* pour *culpabiliser*, *émouvoir* ou *discréditer* une cause auprès de *publics cibles*, reconnaissent-ils que leurs techniques de propagande sont cyniques et *immorales*, la Shoah et le sort de millions d'innocents exterminés par les bourreaux nazis pendant la Seconde Guerre mondiale étant pour eux un simple « levier » de « persuasion efficace », un outil de persuasion, au plus grand mépris de la mémoire des morts et de leurs descendants.

LA *REDUCTIO AD HITLERUM* : LA SHOAH OTAGE DE LA « GUERRE DES REPRÉSENTATIONS »

« On sait que la diabolisation de l'ennemi est une constante de la politique des États-Unis : il est désigné comme " vilain ", l'anti-américain : hier Hitler, " les Jap ", le communisme, les Vietcong, aujourd'hui Castro, Kadhafi, Saddam Hussein, Milosevic ; ou encore les " État-parias [43] " », écrit l'amiral Lacoste. C'est dans ce contexte de « guerre des représentations » et de *diabolisation totale* de l'ennemi, propre aux Américains, qu'il faut étudier la propagande de guerre de l'OTAN et des États-Unis à l'œuvre pendant les conflits de Bosnie et du Kosovo. Or, il s'avère que cette propagande fut presque exclusivement axée sur l'assimilation du régime de Milosevic, voire du peuple serbe dans son ensemble, aux « nazis » puis, corrélativement, des intellectuels, journalistes ou autres observateurs occidentaux non antiserbes, à des « collabos », des « partisans de l'esprit de Munich », bref des « complices d'Hitler ». C'est ainsi que pendant la guerre du Kosovo, le porte-parole de l'OTAN procéda en permanence à une distribution de bonnes copies, assimilant Bill Clinton, en croisade contre Belgrade, à « Churchill s'opposant à Hitler ». De la même manière, un commentateur de France 3 assimila les guérilleros de l'UCK aux « maquisards du Vercors » en lutte contre la Wehrmacht. Inversement, la « guerre des représentations » parvient à disqualifier et « réduire *ad Hitlerum* » les rares voix s'élevant plus ou moins directement contre le bellicisme de l'OTAN, au nom de la lutte contre l'« esprit de Munich », comme l'expliqua à maintes reprises Madeleine Albright, rappelant à l'envi qu'elle avait été dans sa jeunesse révoltée contre cet « esprit de Munich ». On notera pourtant que si la secrétaire d'État américaine fut victime de l'« esprit de Munich », qui avait amené sa famille à fuir sa Tchécoslovaquie natale en 1939, c'est à Belgrade, capitale du royaume de Yougoslavie, qu'elle trouva alors refuge, les Serbes ayant été la seule nation balkanique qui refusa de collaborer avec l'occupant germano-italien et qui protégea les réfugiés israélites et tziganes menacés d'extermination comme eux par les nazis et leurs séides croato-musulmans-bosniaques.

Le propre de la « guerre des représentations » étant de forger des interprétations subjectives, parfois fallacieuses, des événements, elle a pour but de *légitimer* tel ou tel camp, telle ou telle cause, en produisant sur les publics cibles, en fonction de leurs réceptivité et référentiels culturels, des *effets émotionnels* et *psychologiques* escomptés. « Milosevic, ce n'est pas ma tasse de thé, mais ce n'est tout de même pas Hitler », lance Vladimir Volkoff. On doit certes condamner les terribles exactions commises par l'armée et surtout les milices serbes depuis 1991, toutefois elles sont ni moindres ni pires que celles commises par les autres camps en présence. Pourtant, les Serbes et le régime de Belgrade, bien qu'ils portent une grande part de responsabilité dans les drames survenus en ex-Yougoslavie depuis 1991, n'ont jamais, contrairement aux sous-entendus rétrospectifs, liquidé leurs compatriotes israélites comme l'ont fait en revanche les nationaux-socialistes allemands et leurs zélés alliés « nationalistes » locaux : bosniaques, croates et albanais. Le nationalisme serbe de Milosevic, et même de son opposition radicale, est certes autoritaire, mais il s'agit d'un nationalisme *étatique et socialisant*, aucunement fondé sur des théories racialistes ou ethno-religieuses. Ce que reproche — à tort ou à raison — Belgrade aux Albanais, aux Croates et aux Bosniaques, voire bientôt aux Monténégrins, d'ethnie serbe eux aussi, soit dit en passant, c'est le fait de ne pas reconnaître, non pas une identité serbe imposée, mais l'identité fédérale yougoslave, *jacobine,* dirait-on en France. Aussi autoritaire et détestable soit-il, l'État yougoslave demeure à l'heure actuelle une entité multi-ethnique promouvant un nationalisme *jacobin* et fédéraliste (rappelons tout de même que 200 000 Albanais de souche vivent en sécurité à Belgrade et dans le nord de la Serbie). Il n'en va pas de même des nationalistes albano-kosovars, croates et bosno-musulmans, qui revendiquent et réalisent, au nom du « droit des peuples à disposer d'eux-mêmes », des États « ethniquement purs », avec l'étonnante bénédiction des Occidentaux, pris en flagrant délit d'incohérence et de reniement de leurs sacro-saints idéaux multi-ethnicistes mais abusés par la rhétorique subversive de la *guerre des représentations* des uns et des autres.

Ce n'est pas en Serbie que l'antisémitisme est le plus virulent, mais bien en Bosnie-Herzégovine, en Croatie et au Kosovo. La Croatie, tout d'abord, est l'un des rares États au monde où l'on trouve sans difficulté, dans les librairies, de nouvelles éditions des *Protocoles des sages de Sion*. Les nationalistes croates, auteurs de « purifications ethniques » en Krajina, en Bosnie et en Slavonie orientale, ont d'ailleurs réhabilité pendant le règne de Franjo Tudjman, la division de SS Oustacha, précieux auxiliaire de l'Armée nazie à l'Est pendant la Seconde Guerre mondiale. « L'antisémitisme relève-t-il la tête dans les Balkans ? », titre le *Jerusalem Post*. La responsabilité en revient en partie aux capitales occidentales qui ont soutenu et cautionné les nationalismes croate, bosno-musulman et albanais, et qui ont conforté dans leurs positions extrêmes, par réaction, les représentants du nationalisme serbe le plus radical. Aussi, « la scandaleuse destruction des tombes de Zemun par les séides de Seselj a pratiquement coïncidé avec des actes semblables à Karlovac, près de Zagreb. Le 30 avril, toutes les tombes juives d'un cimetière local ont été profanées, et sur les pierres brisées, les voyous avaient inscrit la lettre U, initiale d'Ustasa (oustachis). Auparavant, le grand cimetière juif de Zagreb avait été totalement dévasté (...). On a jamais retrouvé les coupables [44] ». Conscient que la réalité est aux antipodes de ce qu'il est parvenu à inculquer aux opinions occidentales, James Harff raconte : « Il n'a pas été facile de mettre l'opinion juive de notre côté. C'était un sujet difficile et le dossier était dangereux vu de cet angle. En effet, le président Tudjman avait été très maladroit dans son livre *La Déroute de la vérité historique* [le Président croate affirmait entre autres qu'un million de Juifs au maximum étaient morts pendant l'Holocauste]. À la lecture de ses écrits, on pouvait l'accuser d'antisémitisme. [Tudjman déclara que l'Holocauste n'avait jamais existé.] En Bosnie, la situation n'était pas meilleure : le président Izetbegovic soutint énergiquement la création d'un État islamique fondamentaliste dans son livre, *La Déclaration islamique* (...). Le passé de la Croatie et de la Bosnie avait été marqué par un antisémitisme réel et cruel [45]. » Précisons d'ailleurs qu'Izetbegovic, adepte du double langage, a appartenu, pendant la Seconde Guerre mondiale, à la division SS *Handchar*... Mais peu importe, précisent les « pro » de la « communication ». Depuis le montage de Timisoara, on sait que des images, « travaillées » manuellement ou par ordinateur, peuvent créer une *réalité virtuelle* lorsque la *réalité effective* contredit les impératifs stratégiques du moment... Plus « grand coup » médiatique de toute l'histoire des guerres en Yougoslavie, nous avons fait allusion précédemment à une photo qui montrait un présumé Bosniaque musulman au profil squelettique derrière les barbelés d'un « camp d'extermination serbe » à Trnopolje. Une publicité de Médecins du monde ajoutera sur la photo un mirador à côté des maigres figures de prisonniers

« bosniaques » avec pour slogan : « Les nationalistes serbes iront jusqu'au bout de leur logique meurtrière. (...) Purification ethnique cela veut dire camps, viols, assassinats, exécutions et déportations en masse de populations non serbes de Bosnie-Herzégovine et de Sarajevo. Médecin du monde a choisi de continuer ses missions (...) mais n'a pas choisi de se taire. » Le journaliste allemand Thomas Deichmann, qui avait décelé des anomalies sur la photo, révéla quelques mois plus tard que l'homme en question n'était pas un Bosno-musulman mais un Serbe de Bosnie, que le camp n'était pas celui de Trnopolje, mais un camp de réfugiés serbes de transit. En réalité, les équipes de journalistes de la chaîne britannique ITN avaient donné l'illusion d'un « camp de concentration » entouré de barbelés, en filmant les réfugiés serbes derrière un terrain clôturé, à Manjaca. En fait, le « camp » en question n'avait jamais été entouré de barbelés, ceux-là ayant été placés autour de l'endroit où se trouvaient les journalistes afin de protéger leur matériel contre le vol ! « Ces rectifications et dénégations n'effaceront pas l'image vraie et pourtant mensongère diffusée par ITN [46] », commente le journaliste Patrick Besson, la terrifiante image demeurant pour beaucoup la preuve de l'existence de « camps de concentration » en Bosnie cinquante ans après l'Holocauste. Qu'en dirent les rescapés des camps nazis et les autorités morales réputées les plus qualifiées pour juger l'affaire ? Ils démentirent formellement pour la plupart. Après une visite des camps de prisonniers tenus par les Serbes, Elie Wiesel et Simone Veil déclarèrent publiquement que « ces installations n'ont rien à voir avec Auschwitz ». Quant à Simon Wiesenthal, historien de l'Holocauste, il tint à mettre en garde contre la banalisation du terme « camps de concentration », rappelant que les premiers réfugiés de la guerre furent les 40 000 Serbes fuyant la Croatie après qu'un amendement à la Constitution en ait fait des « sous-citoyens », comme les Juifs et les Tziganes.

Concernant le rôle ambigu de l'Allemagne dans le démantèlement de l'ex-Yougoslavie, l'entraînement puis l'équipement des trois parties antiserbes, il serait naïf de croire que les seules motivations du BND et du gouvernement allemand étaient la préservation de la paix. Nous avons précédemment montré comment la reconnaissance prématurée de la Slovénie, de la Croatie puis de la Bosnie-Herzégovine par Bonn furent l'une des causes *directes*, non seulement de la radicalisation des nationalistes séparatistes mais, corrélativement, des terribles réactions de Belgrade et, par voie de conséquence, de la guerre civile yougoslave. Mais certains observateurs vont plus loin. En dépit des régulières professions de foi « démocratiques » et des *mea culpa* allemands, l'Allemagne aurait progressivement remis sur pied, depuis la chute du mur de Berlin, son *Ostpolitik* et sa *Drang Nach Osten*, que les nazis n'étaient pas parvenus à mener à bien. Les discours des dirigeants allemands sur les « droits de l'homme » masquent mal, en effet, la dimension *conquérante*, voire impérialiste, de la politique extérieure allemande en Europe centrale et orientale. En fait, depuis les années 70, Bonn développe une *stratégie à long terme* dans les Balkans visant à *l'éclatement définitif* de la Fédération yougoslave ; l'ouverture sur la Méditerranée ; la modification de la constitution allemande qui a permis, pour la première fois, depuis le nazisme, l'emploi de l'armée allemande hors des frontières. Or, pour atteindre cet objectif, les anciens réseaux qui servirent, durant la Seconde Guerre mondiale, à la collaboration entre oustachis et nazis ont été en partie réactivés. Dans un ouvrage intitulé *Un guerrier de l'ombre, Klaus Kinkel et le BND,* Erich Schmidt-Eenboom, spécialiste du trafic d'armes et directeur de l'Institut de recherche pour une politique pacifique de Valheim, explique comment le ministre des Affaires étrangères allemand Klaus Kinkel fut, avec Hans-Dietrich Genscher, la cheville ouvrière de la « nouvelle *Drang Nach Osten* » et de l'entente croato-germanique depuis la fin des années 70. Grande figure de la diplomatie allemande, Genscher poussa dès les années 70 Franjo Tudjman à la sécession. En 1988, c'est lui qui fit se rencontrer Tudjman et Kohl. Grâce aux réseaux réactivés par Klaus Kinkel et les services secrets militaires allemands, le BND, Bonn finança et organisa, en mars-avril 1990, on le sait, la campagne du parti nationaliste HDZ de Tudjman. La nouvelle Constitution croate, promulguée le 22 décembre 1990, ravalant ostensiblement Serbes (12 %), Juifs, Tziganes et musulmans au rang de citoyens de seconde zone, ainsi que l'adoption, par Zagreb, du même drapeau national que celui des oustachis pro-nazis, ne freineront pas les ardeurs pro-croates de l'Allemagne. Bien au contraire. Entre 1991 et 1992, alors que tous les États de l'Union européenne seront opposés à la reconnaissance de la Croatie, Kohl et Genscher exercèrent un chantage sur l'adoption de l'euro pour obliger Bruxelles à venir sur ses propositions. On connaît la suite.

D'un côté, les « Occidentaux » traitent de « nazis » les royalistes *tchetniks* serbes, qui furent pourtant derrière le général Mikhaïlovic et aux côtés des partisans communistes yougoslaves, les plus féroces résistants au militarisme nazi. De l'autre, les oustachis croates et leurs héritiers directs sont invités à Bonn ou à New York en tant que « nationalistes » luttant contre le totalitarisme de la « Grande Serbie ». Une telle politique de « deux poids deux mesures » et de duperie de l'opinion semble difficilement explicable par le seul argument de l'ignorance ou de la naïveté. « Celui qui n'est pas capable d'enlever au couteau un enfant du ventre de sa mère ne peut être un bon oustachi [47] », lançait en 1942 à ses troupes Ante Palevic, chef oustachi pro-nazi. Aussi entre 1941 et 1943, Herman Neubacher, envoyé spécial d'Hitler dans les Balkans, signalait au Führer que les oustachis croates avaient tué plus de 700 000 Serbes et déporté près de 300 000 autres, attestant que seuls « 240 000 avaient tout de même pu s'enfuir [48] ». Quant aux 40 000 Juifs de Croatie, ils subirent pour la plupart le sort promis par Palevic et furent assassinés ou déportés.

Lorsque les forces croates envahiront brutalement la Slavonie occidentale en 1992, elles s'empareront entre autres de Jasenovac, lieu même où les oustachis avaient installé un camp d'extermination pendant la Seconde Guerre mondiale. On a même pu constater une identification du régime de Zagreb au régime collaborationniste de Palevic : choix de la monnaie, le kuna, et du damier rouge et blanc sur le drapeau, les deux calqués sur les modèles de l'État oustachi. Bien qu'ancien partisan, feu le président Tudjman justifiait la réhabilitation des oustachis au nom de l'« unité nationale » et de la « lutte contre l'ennemi serbe commun ». En réalité, ce fut Tudjman, pourtant reçu dans toutes les capitales occidentales, qui permit le renouveau de l'extrême droite en Croatie, qui y fit enterrer avec les honneurs le corps de Palevic et surtout réhabilitera le négationnisme, après avoir personnellement nié l'Holocauste dans ses discours publics comme dans ses écrits (*La Déroute de la vérité historique*, Zagreb, 1989). Aujourd'hui, les vétérans oustachis reçoivent des pensions plus importantes que celles des partisans et les anciens séides d'Ante Palevic sont invités aux commémorations d'État, comme la fête annuelle de l'armée.

Mais voyons également un peu ce qu'il en est du côté des « démocrates » bosno-musulmans, eux aussi dépositaires d'un lourd passif collaborationniste. « La seule voie pour la jeunesse musulmane est celle d'Hitler et de Palevic [49] », expliquait, en 1943, l'un des plus grands chefs religieux bosno-musulman, Muhammad Pacha. Donc, au cours de l'été 1941, des centaines de milliers de Serbes — hommes, femmes, enfants — furent massacrés dans toute la Croatie. On comprend alors peut-être mieux pourquoi, après de tels persécutions subies, et dans le souvenir de cinq siècles d'occupation turco-ottomane, les Serbes de Bosnie ne voulaient pas vivre avec les Croato-musulmans et pourquoi ils revendiquèrent, en vain, leur rattachement à la Serbie, l'équivalent ayant pourtant été accordé aux Croates de Bosnie. Aussi Henry Kissinger alerta-t-il à plusieurs reprises les autorités américaines : « Le comportement des Croates et des Musulmans n'a été en rien moins condamnable que celui des Serbes, sauf qu'il a été excusé par les médias et vu d'un œil complice par l'administration américaine (...). La tentative d'incorporer la population serbe-bosniaque à la souveraineté de la Bosnie — violant notre principe d'autodétermination — et ignorant la lutte séculaire des Serbes contre la domination musulmane — est le contraire de notre intérêt national [50]. » La haine antichrétienne et antijuive du président Alija Izetbegovic, telle qu'elle transparaît, tant dans les faits (purification ethnique progressive de la Bosnie) que dans les écrits, n'a pour sa part rien à envier à l'antisémitisme de l'extrême droite croate. D'ailleurs, la fameux *Mémorandum de l'Académie des sciences et des arts serbes*, tant évoqué dans la presse occidentale, n'a jamais fait état de quelque antisémitisme que se soit et constitue, à côté de ses équivalents croate et bosno-musulman, bien qu'il incite indirectement aux pires excès nationalistes, un véritable écrit évangélique. Retraçons plutôt le parcours politique d'Izetbegovic. Né en 1925, il s'engage avant la guerre dans les Jeunes musulmans, mouvement fondamentaliste anti-occidental combattant les « dérives modernistes de l'Islam ». Au printemps 1943, le futur président bosniaque dirige les Jeunesses musulmanes pro-nazies de Sarajevo. À ce titre, il reçoit dans la capitale bosniaque Amin al-Husseini, le grand mufti de Jérusalem, pilier de l'entente islamo-nazie contre les « sionistes » et ami personnel d'Hitler, qui l'accueillera en Allemagne pendant la guerre. Comme les Frères musulmans, il prône le *jihad* contre les Juifs, la solution finale étant réinterprétée à la lumière du « combat sacré sur le chemin de Dieu » (*Jihad Fi Sabil-Allah*). À son appel, vingt mille Musulmans bosniaques s'engagèrent dans la Waffen SS. Aussi Izetbegovic sera-t-il l'un des organisateurs de la fameuse division SS musulmane *Handchar* (du terme *yatagan*, ou sabre). Aux côtés de la *Handchar* seront constituées la division musulmane SS *Kama* (couteau, poignard), les milices de Nasid Topcic et Hajji Effendic appelés Cadres verts, sévissant en Bosnie orientale, ainsi que la Légion islamique de Huska Milikovic, en Bosnie orientale. Dans son ouvrage *La Waffen-SS*, l'Américain George H. Stein commente : « Spéculant sur la traditionnelle haine des Musulmans envers les Chrétiens serbes, qui formaient le gros des partisans de Tito, la Waffen-SS put recruter très vite des milliers de jeunes volontaires dans ces communautés [51]. » Aussi les SS musulmans se singularisèrent-elles dans le massacre de milliers de Serbes et de Juifs. Après la victoire des Alliés, en 1946, Izetbegovic est condamné à trois ans de prison pour « nationalisme et islamisme » par le pouvoir communiste de Belgrade. La suite est connue. 1970 : première version de sa *Déclaration islamique* ; 1984 : condamnation à 14 ans de prison (non effectués intégralement) pour « nationalisme musulman visant à faire de la Bosnie un État ethniquement pur » ; 1990 : seconde édition de la *Déclaration* ; 1992-1995 : sécession de la Bosnie, victoire sur les Serbes grâce à l'alliance militaire croato-musulmane, à l'aide « occidentale » et au soutien de l'islamisme mondial. Puis édification d'une entité islamique en Bosnie. Dans *Offensive in the Balkans*, Yossef Bodansky rappelle comment sera recomposée, en mai 1993, la division *Handchar*, qui allait constituer la garde prétorienne d'Izetbegovic. Atteignant 6 à 7 000 hommes, la « nouvelle *Handchar* », armée par les capitales arabes et occidentales, ne masqua jamais sa filiation nazie, son modèle spirituel et politique étant toujours Al-Husseini.

Enfin, le *summum* de la désinformation fut atteint pendant la guerre du Kosovo, l'essentiel de la « propagande de guerre » de l'OTAN étant fondé une fois de plus sur la *reductio ad Hitlerum* à travers l'accusation de « crimes contre l'humanité ». Nous examinerons au cours des lignes qui suivent les chiffres — revus à la baisse une fois de réelles expertises menées — de la « catastrophe humanitaire » tant redoutée. Certes, quels que soient les chiffres, les déplacements forcés de populations et les terribles exactions, perpétrées par l'armée serbe et surtout les milices paramilitaires, sont condamnables. Le plan Fer à cheval avait bel et bien été planifié et déclenché en représailles de l'opération Force alliée. Il consistait, d'ailleurs, non pas à exterminer les Albanais en masse, mais à encercler les bases de l'UCK puis à réduire totalement les rebelles déplaçant préalablement les populations villageoises au sein desquelles les guérilleros se cachaient. Bilan : 2 000 morts, majoritairement des guérilleros albano-kosovars tués par balles lors de combats « réguliers ». En aucun cas on ne peut parler de « génocide » et de « purification ethnique ». Preuve également de la manipulation, alors que l'on continue de diaboliser les seuls Serbes et de dénoncer les introuvables « camps d'extermination », les Serbes sont victimes à leur tour de persécutions et massivement chassés du Kosovo, tout comme les Tziganes, les membres de la communauté juive de Pristina, ainsi que les autres minorités non albanaises chassées par l'ex-Armée de libération du Kosovo. Président de la communauté juive de Pristina, Cedda Prlincevic raconte [52] comment des Albanais ont saccagé, durant tout l'été 1999, les appartements de familles juives kosovares, non loin d'un groupe d'intervention de la KFOR, resté sans intervenir. Parallèlement, la communauté tzigane, forte, avant la guerre, d'environ 100 à 150 000 âmes, est victime de persécutions et obligée de fuir définitivement le Kosovo, les estimations de l'OSCE et de l'ONU attestant qu'elle ne dépasse pas, aujourd'hui, les 10 000 âmes.

Pour refaire un peu d'histoire, il faut savoir que les séparatistes de l'UCK, s'ils sont de formation idéologique plutôt stalinienne et maoïste, sont héritiers de deux grands « moments » du nationalisme albano-kosovar moderne. Tout d'abord la Première Ligue de Prizren (1878-1881) qui revendiquait un nationalisme albano-musulman laïque, à la fois antiturc et antiserbe. Ensuite, la période de la Seconde Guerre mondiale, au cours de laquelle fascistes italiens et nazis allemands ont vu dans le projet de la « Grande Albanie » et l'irrédentisme islamo-albanais des leviers d'affaiblissement de la Serbie, obstacle séculaire à l'implantation germanique dans les Balkans. Parallèlement aux divisions SS *Handchar* et *Kama* bosno-musulmanes et à l'armée d'Ante Palevic, les nationaux-socialistes allemands ont achevé d'encercler la Serbie honnie et ses partisans en créant la division albanaise SS *Skanderberg*. Aussi la Seconde Ligue de Prizren incita-t-elle ses membres à rejoindre en masse la division SS, ses responsables présentant la victoire espérée d'Hitler comme « une occasion unique d'unification des Albanais des Balkans puis des Musulmans du monde entier [53] ». La première opération de « *jihad* national-socialiste » de la division *Skanderberg* consista, entre décembre 1943 et mai 1944, à massacrer la quasi-totalité des Juifs de Pristina, les moudjahidines albanais étant eux aussi exaltés par les déclarations d'Amin al-Husseini invitant les Musulmans des Balkans à combattre les « infidèles ». Mieux, le mufti de Jérusalem édicta une *fatwa* stipulant que l'enrôlement des Musulmans dans les armées germano-nazies correspondait à une « obligation religieuse ».

Il est fort probable que si tous ces faits — peu connus, voire étouffés par les propagandes de guerre des états-majors occidentaux depuis 1991 — avaient fait l'objet d'une publicité équivalente à celle réservée aux « camps de concentration serbes », les plans de l'OTAN auraient été plus difficilement revêtus du voile de la « moralité ». Mais les faits sont là : boycottés par l'*establishment* médiatique occidental et dépourvus d'aide extérieure en matière de conseil en *communication stratégique*, les Serbes, déjà naturellement prompts à la riposte violente et peu férus aux techniques de la « guerre des représentations », perdront définitivement la bataille de l'*image médiatique* et monopoliseront le rôle des « méchants » réduits *ad Hitlerum*, les rares voix occidentales tentant d'analyser les faits autrement qu'à travers le prisme manichéen des bons et des mauvais étant *ipso facto* rangées dans le camp des « complices des nazis serbes ».

« Tous ceux qui émettent une opinion hostile ou seulement critique (...) sont précipités dans le gouffre infâme du racisme nazi (...) il y a instrumentalisation, dévoiement d'un sentiment noble, l'antiracisme », s'indignait déjà — à propos d'un thème tout aussi brûlant, l'immigration — le journaliste et écrivain d'origine ashkénaze Christian Jelen, dénonçant vivement l'utilisation tous azimuts du thème de la Shoah par les intellectuels et les politiques. Outre le fait que les incessantes comparaisons avec l'Holocauste sont « profondément choquantes lorsqu'on pense à l'utilisation qui a été faite de ces martyrs [54] », la *reductio ad Hitlerum*, selon le mot de Léo Strauss, est une forme moderne de « propagande grise », l'un des rouages-clés de la « guerre des représentations », guerre *sémantique* autant que *psychologique*, visant à *manipuler les consciences* en dévoyant des concepts, en « désorientant l'ennemi », en lui faisant perdre ses capacités immunitaires perceptives, phénomène que William Goldnanel, président d'Avocats sans frontières, dénonce lorsqu'il déplore l'« instrumentalisation de ma douleur juive et de l'épouvantail fasciste [55] ». C'est ainsi que, révolté par les abus de langage, le cinéaste Claude Lanzmann fustige vivement « tous ceux qui parlent de " génocide " au Kosovo », exprimant « sa colère » face à l'« utilisation systématique dans le débat » des termes « génocide », « déportations » ou « révisionnisme ». « Je n'ai pas besoin de la Shoah pour dire que ce qui se passe en ex-Yougoslavie est effrayant. (...). Ceux qui nient l'unicité de la Shoah récupèrent cette unicité en lui comparant tout. Cela avait déjà commencé au moment du siège de Sarajevo avec Bernard-Henri Lévy qui mettait en parallèle la ville assiégée et le ghetto de Varsovie. Je l'avais prévenu (...) le faire était de l'emphase, une enflure qui décrédibilisait ce qui se passait réellement [56]. » Le cinéaste rappela à juste titre que, lors des guerres d'Algérie, du Vietnam et même du Biafra, la Shoah n'avait point été évoquée, pas plus que le terme de « génocide ». Alors pourquoi le faire pour Sarajevo et le Kosovo, où les massacres furent incomparablement moins terribles ? « Quand on dit déportation, cela a un sens précis, poursuit Lanzmann : on déporte vers les camps de la mort. » D'autres voient dans ce dévoiement de termes hautement chargés sur le plan symbolique, de véritables tentatives de manipulation des communautés juives, que l'on tente d'abuser en comparant le sort des Musulmans des Balkans aujourd'hui à celui des Juifs hier. Pour Aleksander Singer, président de la Fédération des communautés juives de Belgrade, qui perdit 65 membres de sa famille dans l'Holocauste, « ce qui s'est accompli en Bosnie, en Croatie ou au Kosovo, bien qu'horrible, n'est pas un génocide. Il n'y a jamais eu de tentative d'extermination d'une race entière — hommes, femmes et enfants — simplement à cause de leur identité religieuse ou ethnique (...). Bill Clinton et Tony Blair, en comparant les attaques serbes au Kosovo à l'élimination massive perpétrée par les nazis, manipulent aussi les Juifs [57] ». De son côté, l'un des dirigeants de la Société d'amitié judéo-serbe affirme que l'intervention de l'OTAN au Kosovo « n'a rien à voir avec les droits de l'homme » et que « les Serbes, qui furent les seuls amis des Juifs en Yougoslavie pendant la Seconde Guerre mondiale, ont été diabolisés et accusés de génocide. Une cynique manipulation des médias a placé le peuple américain du côté de cette politique meurtrière [58] ». Dans la livraison de la revue *Foreign Affairs Opinion* de mai 1999, Todd Emoff s'indigne encore plus vivement, accusant le gouvernement Clinton d'utiliser « le souvenir de l'Holocauste de la Seconde Guerre mondiale (...) pour justifier le bombardement et le massacre du peuple yougoslave. C'est offenser et rabaisser la mémoire des six millions de Juifs innocents tués par les nazis et leurs sympathisants que de se servir de leurs morts pour déclencher la guerre contre les Serbes [59]. »

En Israël, en revanche, nombreuses seront les voix qui, tout au long de la guerre du Kosovo, rappelèrent que les Serbes avaient été « leurs plus solides alliés pendant l'Holocauste », face aux nazis et à leurs séides croato-musulmans ou albanais. Ainsi s'explique peut-être le fait que l'État hébreux continua pendant presque toute la guerre en ex-Yougoslavie à fournir secrètement des armes et autres matériels aux Serbes. Mieux, on sait qu'une cinquantaine de volontaires israéliens combattirent aux côtés des Serbes durant l'opération Force alliée dans un « geste de remerciement pour le soutien considérable apporté aux Juifs yougoslaves durant la Seconde Guerre mondiale », comme l'expliquait Yon Ben Yishaï, l'un des correspondants de guerre israélien blessé début juin 1999 par un tir des *snipers* de l'UCK alors qu'il effectuait un reportage sur le Kosovo pour le quotidien de Tel-Aviv *Yediot Aharonot*. Certes, le débat fut extrêmement vif en Israël, peut-être même plus polarisé qu'en Europe. D'un côté, les travaillistes saluèrent le bombardement sur la Yougoslavie, le Meretz organisant pour l'occasion une manifestation demandant l'expulsion de l'ambassadeur de Belgrade, de l'autre, la droite exprima en revanche de sérieuses réserves, voire son hostilité, Ariel Sharon, ministre des Affaires étrangères — pour qui l'intervention de l'OTAN au nom du

« droit d'ingérence » constitua un dangereux précédent pour tous les États souverains de la terre — n'hésitant pas à déclarer qu'« Israël ne doit pas légitimer l'intervention agressive de l'OTAN, avec à sa tête les États-Unis (...). Israël pourrait être la prochaine victime de ce genre d'action menée actuellement au Kosovo (...). Imaginez ce qui se passera lorsqu'un beau jour les Arabes habitant la Galilée réclameront pour cette région l'autonomie et des liens avec l'autorité palestinienne [60] ? » La « tragédie du Kosovo a déjà eu lieu [en Palestine] et elle pourrait de nouveau de reproduire ici [61] », conclut le célèbre général israélien, comparant les guérilleros de l'UCK aux terroristes palestiniens. Prenant le contre-pied de l'argumentation de Sharon, nombre d'observateurs occidentaux tenteront au contraire de légitimer l'intervention de l'OTAN en comparant cette fois-là le drame des Albano-Kosovars à celui des Palestiniens, maltraités depuis 1948 par l'« État fasciste » hébreux, les Israéliens — également réduits *ad Hitlerum* et « fascisés » malgré eux — étant quant à eux coupables d'avoir « purifié ethniquement une partie de la Palestine », provoquant l'exil de 6 à 700 000 réfugiés arabo-palestiniens. De son côté, la *contre-attaque représentative* de Belgrade consista à rappeler le rôle de l'Allemagne nazie dans l'effervescence irrédentiste croato-bosno-albanaise depuis 1940 et l'orientation « néo-fasciste » des adversaires de la Serbie. On le voit, dans *la guerre des représentations* contemporaine, chaque camp essaie de « fasciser » ou « réduire l'autre *ad Hitlerum* », de sorte que la Shoah finit par devenir l'élément central d'une guerre symbolique et sémantique visant à diaboliser l'adversaire, le discréditer, l'instrumentalisation des drames de la Seconde Guerre mondiale demeurant l'un des plus efficaces leviers médiatiques et rhétoriques.

STÉRÉOTYPE, RUMEURS, PERVERSION DES MOTS : OUTILS DE BASE DE LA « GUERRE DES REPRÉSENTATIONS »

Qu'entend-on au juste par la « guerre des représentations » ? Nous avons précédemment livré la définition donnée par le géopolitologue Yves Lacoste, pour qui l'analyse des représentations antagonistes est l'un des éléments essentiels de l'approche géopolitique. À l'heure des médias, explique le célèbre géographe, « sont spécifiquement géopolitiques des rivalités territoriales qui font l'objet de représentations contradictoires aujourd'hui largement diffusées par les médias [62] ». La guerre des représentations, en tant que guerre visant les processus de représentation du monde de groupes antagonistes, est donc inévitablement liée à ce que d'autres ont nommé la « guerre médiatique » ou « guerre informationnelle ». Mais elle est plus que cela. D'après Arnaud-Aaron Upinsky, il s'agit d'une « guerre des mots, de langage, de logique : c'est une guerre sémantique. Le défenseur doute du sens des mots. Il ne sait plus ce qu'il pense vraiment, il n'est plus capable de reconnaître l'ennemi de son concitoyen. Ses systèmes immunitaires de défense sont annihilés par l'implant de virus logiques dans son propre langage, dans son cerveau. Dans cette guerre, nous ne nous battons pas contre des armées mais contre des mots [63] ». Rappelant que toute guerre est d'abord remportée sur le terrain des représentations, donc des manipulations, Upinsky explique que ce type de guerre n'est pas nouveau en soi, puisqu'il avait été analysé en détail plus de six siècles avant notre ère par le stratège chinois Sun Tzu. « Ce qui est nouveau, ce sont les moyens techniques mis à disposition du pouvoir. Les moyens modernes multiplient, divisent ou annulent la représentation des faits à volonté. Les nouvelles technologies de l'information (NTI) sont le véhicule et l'instrument électronique de la " démocratie sans frontière ", de la " théorie des ensembles politiques " et de l'éclatement programmée des " frontières " héritées du passé », poursuit l'auteur.

Pour Laurent Murawiec, guerre psychologique, *Infowar*, « cyberguerre », ou « guerre des représentations » sont autant de notions voisines et interdépendantes incluses dans ce qu'il nomme la « guerre informationnelle ». Née d'une triple révolution technologique : électronique, informatique et télécoms, l'*InfoWar* ne fait que reprendre et rendre plus efficaces les vieilles recettes de propagande, de subversion et de manipulation décrites depuis Sun Tzu. Dans ce contexte, la « guerre des représentations » consiste prioritairement à *démoraliser* l'ennemi, *distordre son contact avec le réel* en implantant chez lui une *pseudo-réalité*, une fausse représentation d'autant plus apparemment « vraie » et incontestable qu'elle semble irréfutablement prouvée, voire *vécue en direct* par le spectateur médusé par la « réalité » des images. Les progrès technologiques dans les domaines du « virtuel » ont donc incontestablement contribué à briser la frontière entre le réel et l'imaginaire, de sorte que les techniques de manipulation collective au service du pouvoir et de la guerre n'ont jamais été aussi redoutables qu'aujourd'hui, au sein même des sociétés dites démocratiques.

Parmi les différentes techniques de propagande et de manipulation, on distingue généralement plusieurs niveaux : tout d'abord, la *propagande blanche*, qui peut simplement consister à ouvrir aux habitants de pays autoritaires l'accès à des informations illicites ou inaccessibles dans leurs pays. « La BBC, Radio Free Europe, Radio Liberty jouèrent ce rôle en direction des pays européens satellisés par l'URSS, et de l'URSS elle-même [64]. » Plus de dix ans après la chute du mur de Berlin, la *propagande blanche* occidentale demeure dirigée vers l'ancien bloc communiste slavo-orthodoxe ou asiatique : Bulgarie, ex-Yougoslavie, Biélorussie, Russie, Corée du Nord, Vietnam, Chine, où *Voice of America* fait parvenir des paquets d'informations strictement interdites à des centaines d'adresses e-mail. Grâce à Internet, aux satellites, aux réseaux câblés, les régimes réfractaires à l'hégémonie occidentalo-américaine sont dans l'incapacité quasi totale de filtrer les informations éminemment subversives — au sens donné par le psychosociologue Roger Mucchielli — de la *propagande blanche* télématique moderne, du fait du caractère transfrontalier et quasi incontournable des exigences de la mondialisation. À côté, on trouve les propagandes « grise » ou « noire [65] ». Celles-là ressortent plus nettement de la subversion à proprement parler, de la *manipulation* et de la tromperie pure. On y retrouve les vieilles techniques de « fausses nouvelles », « rumeurs biaisées » et autres « ruses de guerre ». Ulysse ne fit-il pas usage de la ruse — *to stratagèma* en grec — lorsqu'il déclara au monstre Polyphème qu'il se nommait *Personne* ? Déboussolé, Polyphème implorera en vain le secours de ses pairs qui en concluront que « Personne » n'avait attaqué le géant Cyclope dont on venait de crever l'unique œil, à la fois aveuglé visuellement et sémantiquement, donc totalement désorienté. Les opérations de « propagande noire » s'attaquent donc à la « conscience situationnelle » d'une population, aux « représentations » fondamentales qui forgent non seulement la *conscience* d'appartenance à un groupe, mais aussi les repères psychologiques, temporels et symboliques fondamentaux. Du point de vue de la science politique, elles revêtent un grand intérêt puisqu'elles s'attaquent aux processus de *légitimité*, fondement même du pouvoir et donc levier de l'histoire humaine.

Comme le montre le célèbre linguiste américain Noam Chomsky, le choix des mots, dans le cadre de la « guerre des représentations », est fondamental. Pour duper l'autre, pour lui « faire perdre le nord », la signification des concepts et des mots-clés ayant une très forte portée émotionnelle et/ou idéologique, tels que : liberté, vérité, droits de l'homme, humanisme, démocratie, génocide, épuration, camps, fosses, etc., doit être édulcorée, pervertie, *subvertie* à dessein. Aussi la caractéristique du discours propagandiste en général est-elle de donner un *double sens* aux termes, de procéder à des *inversions sémantiques* destinées à orienter les idées, choix et décisions des masses-cibles, une fois leur système de défense intellectuels et d'appréhension du réel altérés. Chomsky explique que si le premier sens du mot-clé choisi est bien celui du dictionnaire, l'autre, le « sens doctrinal », a pour fonction de provoquer l'*intériorisation* d'interdits et d'impératifs idéologico-moraux et d'instaurer une *relation d'injonction* inconsciente aux fins de servir le pouvoir. « Prenez le mot démocratie, explique le linguiste, le sens doctrinal de démocratie désigne un système dans lequel les décisions sont prises par certains secteurs de la communauté des affaires et par les élites qui s'y rattachent. Les citoyens ont le droit de ratifier les décisions prises par leurs élites et de prêter leur soutien à l'un ou l'autre de leurs membre. » Quant au concept de liberté, « dans la pratique courante, toute expression contenant le mot " libre " a bien des chances de vouloir dire le contraire de son sens réel. Ou prenez encore la défense contre l'agression, une expression qu'on utilise — comme il fallait s'y attendre — pour parler d'agression [66] ». L'action principale des différentes formes de propagande consiste à *légitimer* et *justifier* des entreprises coercitives — aux motivations les plus cyniques et pragmatiques — en leur attribuant des qualificatifs et noms porteurs de fortes charges symboliques, morales, voire idéalistes, susceptibles d'emporter l'adhésion et de désorienter les « public cibles » au moyen d'une *inversion sémantique*. Dans ce type de guerre des représentations, on retrouve les trois grandes phrases du dictionnaire d'Orwell : *La guerre c'est la paix ; La liberté c'est l'esclavage ; L'ignorance c'est la force*, car la « guerre représentative » consiste ni plus ni moins à truquer, par les mots autant que par les images, les représentations de la réalité, à *représenter*, en définitive l'exact opposé de la réalité dans le but de *duper* et de manipuler l'opinion. L'élaboration de « stéréotypes disqualifiants » est l'un des outils majeurs de cette guerre. Examinons à présent comment *stéréotypes, rumeurs, propagandes noires*, *provocations*, *accusations-miroirs*, techniques manipulatoires étudiées en psychologie sociale, ont été utilisés avec succès contre l'élément serbe, tout au long de la guerre civile yougoslave, depuis les guerres de Croatie et de Bosnie jusqu'à celle du Kosovo.

« Méchants Serbes » et « gentils Croato-Bosno-Musulmans-Albanais » : stéréotypes et amalgames

Qu'est-ce qu'un stéréotype ? D'après Claude Rainaudi, consultant en « communication d'influence » et professeur associé à l'Université de Nice-Sophia-Antipolis, le stéréotype est « une catégorie » dans laquelle un groupe donné (nationalité, profession ou tout autre entité sociale) est perçu par d'autres groupes comme « possédant des invariants ». Il fonctionne « comme une hypothèse implicite : tout ce qui le confirme sera facilement retenu en mémoire ; tout ce qui pourrait l'infirmer sera souvent oblitéré [67] ». Au début des affrontements en Bosnie, l'opinion mondiale n'avait de *stéréotype* ni des Serbes ni de leurs ennemis, explique Rainaudi. « Les Serbes auraient pu, alors, demander à un cabinet de communication d'influence de rappeler leur attitude exemplaire face au pangermanisme nazi, et celle des Musulmans bosniaques (division SS *Handchar*) ou albanais (division SS *Skanderberg* de montagne). » Mais les états-majors occidentaux ayant *ab origine* entrepris de fabriquer un *stéréotype négatif* des Serbes, pour les raisons stratégiques globales que nous avons développées plus haut, ceux-là perdirent la première bataille, celle des *représentations*, Belgrade, comme l'opposition serbe, n'ayant ni la volonté, ni les moyens matériels, ni même le soutien extérieur nécessaires pour préparer une *riposte représentative* et diaboliser à leur tour les ultra-nationalistes d'en face, ni pires ni meilleurs qu'eux, d'ailleurs, mais incontestablement dépositaires d'un lourd passé, donc en principe tout aussi *diabolisables*.

Nous avons montré précédemment comment les cellules spéciales de la CIA, les agences de communication américaines et les ONG, en créant le stéréotype *Serbes = nazis*, ancrèrent solidement dans les consciences occidentales l'image du « mauvais Serbe », justiciable de toutes les horreurs possibles, et dont les ennemis sont forcément des « gentils non-Serbes ». Or, une fois un stéréotype ancré et *intériorisé*, les opérations ultérieures de rumeurs, fausses nouvelles et autres « propagandes noires » visant à renforcer la perception négative de la cible, bénéficient de l'effet acquis de « présomption de culpabilité » du *camp stéréotypé* négativement. C'est ainsi que des accusations et des fausses nouvelles, parfois ubuesques, qui auraient été traitées avec dérision en d'autres circonstances, furent prises au sérieux par les juges, théoriquement impartiaux, du Tribunal pénal international de La Haye pour l'ex-Yougoslavie. Aussi incroyable que cela puisse paraître, on vit par exemple des antihéros de romans policiers faire l'objet de *mandats d'arrêt* du TPIY : figurant à la 21e place sur la liste des « criminels de guerre » recherchés par le tribunal de La Haye, l'un des bourreaux serbes incriminés, le criminel « Gruban », était en réalité la figure centrale du roman de Miodrag Bulatovic, *Un héros à dos d'âne*, traduit en français au Seuil, mais que les juges de La Haye, peu soucieux de vérifier leurs sources et témoignages exclusivement non serbes, ont retenu alors qu'il s'agissait d'une rumeur grossière [68]. On peut mentionner aussi la présentation du « siège de Sarajevo », au plus fort de la guerre civile bosniaque, que les experts considèrent comme un véritable cas d'école de « façonnage » de stéréotype. À la manière d'un western trompeur, les Serbes y jouent le rôle des « mauvais » et les Bosno-musulmans celui des « bons ». On y voit les agresseurs extérieurs serbes encercler et affamer la ville, tandis que les Bosniaques sont présentés comme « 400 000 Musulmans sans défense assiégés », de sorte que l'armée et les milices musulmanes d'Alija Izetbegovic apparaissent comme purement « défensives ». Sans toutefois nier les exactions serbes, bien réelles, cette version passe sous silence le fait que, de leur côté, les miliciens musulmans « attaquaient Grbavica et d'autres quartiers serbes de la ville », comme en témoigna le général Briquemont, alors commandant de la FORPRONU à Sarajevo. Car à côté des victimes musulmanes tant médiatisées, les *mass media* passèrent totalement sous silence les sept mille Serbes tués par les forces musulmanes dans la seule ville de Sarajevo, comme le mentionnèrent pourtant, dès le début, les rapports de la Croix-Rouge. La presse occidentale ne révéla jamais non plus le fait que certaines milices musulmanes constituées par des repris de justice sur décret du président Izetbegovic attaquaient, ce qui peut surprendre, d'autres Musulmans bosniaques. En réalité, le « siège de Sarajevo » offrit le terrible spectacle d'une ville divisée, expliquent les militaires alors sur place. Pendant que des quartiers croates et musulmans étaient effectivement bombardés par les Serbes ou les Croates, des quartiers serbes étaient eux aussi bombardés par des forces musulmanes.

Véritable cas d'école méritant de figurer dans les annales de la manipulation médiatique : en janvier 1993, un grand *show* télévisé montrait la naissance d'un bébé dans l'hôpital de Sarajevo, dramatiquement privé d'eau « par la faute des bourreaux serbes », l'image attendrissant, on le comprend, maintes mères de familles et télespectateurs sincères et persuadés d'avoir vu en direct des faits réels, puisque *filmés*. Or, quelques instants seulement après que les caméras eurent cessé de filmer, une infirmière amenait le bébé en question à l'hôtel Holiday Inn, situé à trois cents mètres, pour aller le laver sans aucune difficulté. Certes, les caméras de télévision filmèrent le bébé jusqu'à l'hôtel, mais les images de la fin disparaîtront au montage, afin de mieux bouleverser le téléspectateur. On apprendra plus tard que les pénuries d'eau, fréquentes, étaient indifféremment le fait des Serbes et des autorités de Sarajevo elles-mêmes. « Pendant l'hiver 1993-1994, la municipalité de Sarajevo a contribué à refuser l'eau aux habitants. Une fondation américaine avait mis au point un projet de pompage dans les réseaux de l'alimentation urbaine mais s'est heurtée au refus d'autorisation du gouvernement pour raisons de santé », révélera deux ans plus tard le général américain Boyd, ancien commandant en chef adjoint de l'US European Command, dans les colonnes de *Foreign Affairs* (octobre 1995), après avoir été mis en retraite. « Certains malheurs de la ville lui ont donc été imposés par des actes du gouvernement de Sarajevo. » Mieux, on sait aujourd'hui que l'ONU avait acheminé, durant le siège de Sarajevo, suffisamment de groupes électrogènes et de carburant pour que la ville ne soit plus privée d'électricité. Mais après avoir détourné la plupart des fournitures, les autorités de Sarajevo voulaient entretenir le *black-out*. Confirmant la cynique stratégie de « provocation » souvent utilisée par le camp bosniaque pour alerter l'opinion publique et déclencher une intervention contre les Serbes, le général Rose déplore le fait que « les Bosniaques musulmans étaient peu soucieux du bien-être de leur peuple : le président Izetbegovic ayant reconnu qu'il était prêt à accepter la mort par inanition de 10 000 Bosniaques, plutôt que la présence d'observateurs serbes sur son territoire, laquelle aurait pourtant permis la réouverture de l'aéroport de Sarajevo [69] ».

Autre phénomène inhérent à la « guerre des représentations » systématiquement occulté par les politiques et les journalistes occidentaux, examinons maintenant comment les Serbes de Slovénie, de Krajina, de Bosnie puis du Kosovo, ont *systématiquement* été présentés, depuis le début des années 90, comme des éléments *allogènes*, « extérieurs », des « envahisseurs » même, alors qu'ils étaient, comme en Bosnie ou au Kosovo, tout aussi *autochtones* que leurs voisins croato-musulmans ou albanais. Concernant la Bosnie, les médias occidentaux ont toujours réservé le terme « bosniaque » aux seuls musulmans et au régime d'Izetbegovic et, dans une moindre mesure, aux Croates, intégrés malgré eux dans la fédération croato-musulmane de Bosnie, tandis que les Serbes bosniaques — pourtant tout aussi *bosniaques* que les Croato-Musulmans, établis sur place avant même la présence des premiers Musulmans, aujourd'hui élevés au rang de nationalité — ne furent jamais qualifiés quant à eux de « Bosniaques » mais seulement de Serbes (de la République serbe de Bosnie). Cette *exclusion-subversion sémantique* permet de faire croire qu'ils étaient un *élément extérieur*, les descendants d'*envahisseurs* venus de Serbie, et qu'il était donc *légitime* de les chasser, ce qui se produira dans l'indifférence générale. Le même procédé permit, en Krajina, de justifier et passer sous silence l'« épuration ethnique » de près de 250 000 Serbes installés dans cette région de Croatie depuis plus de trois siècles, les Serbes étant présentés par la presse et les ultra-nationalistes croates comme des « envahisseurs », les purificateurs croates apparaissant comme des « résistants » face à l'« invasion » des forces fédérales serbes, venues, certes de manière extrêmement brutale, « secourir » les éléments serbes de la république auto-proclamée de Krajina sommés de quitter les lieux par Zagreb. Ce procédé de *disqualification sémantique* fut à nouveau à l'œuvre durant la crise du Kosovo, depuis le début des années 90 jusqu'à la victoire des « Occidentaux » en juin 99 et fonctionne même encore aujourd'hui. Pour les publics occidentaux, le terme générique « Kosovar(e)s » désigne exclusivement *les habitants* albanophones de la province du Kosovo, laquelle n'a jamais été un État distinct à part entière, mais une région successivement sous la coupe d'empires, royaumes fort différents (aux frontières mouvantes), et dont les populations ont toujours fluctué, Serbes et Albanais de souche ayant été, au gré des guerres, évolutions démographiques, persécutions, etc., successivement majoritaires et minoritaires. Cela n'empêcha pas les « Occidentaux » et leurs structures de communication de réserver le terme de « Kosovars » aux seuls éléments albanais de souche, qu'ils soient de véritables autochtones, comme c'est le cas de la majorité d'entre eux, au même titre que les Serbes, ou qu'ils soient au contraire issus de l'immigration en provenance de l'Albanie voisine, ce qui est le cas d'un Albano-Kossovar sur trois ou quatre. Comble de l'ironie historique et de la guerre des représentations, un Serbo-Kossovar autochtone dont la famille est installée au Kosovo depuis le VIe siècle n'est pas considéré comme « Kosovar », tandis que le petit-fils d'un Albanais de Tirana installé au Kosovo au début de la Seconde Guerre mondiale à la faveur des projets antiserbes de Grande Albanie des occupants germano-italiens est pleinement reconnu, quant à lui, comme un autochtone « kosovar »... En toute logique sémantique et « représentative », dirions-nous, les Serbes, les Tziganes, les Kosovars de lointaine ascendance turque ou de souche catholico-croate ou monténégrine, et même d'ascendance israélite, sont *de facto* exclus de l'appartenance à l'identité kosovare. Leur renvoi massif, orchestré depuis la reddition de Milosevic en juin 1999, apparaît donc comme « légitime ». Aussi comprend-on mieux ce qui fonde Bernard Kouchner, chef de la MINUK (administration de l'ONU au Kosovo) à déclarer que la « purification ethnique » dont sont actuellement victimes les Serbes au Kosovo est condamnable mais « compréhensible », les Serbes et les non-Albanophones en général étant des « envahisseurs allogènes ». On le voit, le choix des mots, surtout en matière de conflits identitaires, est rarement innocent et est surtout très lourd de conséquence, les dynamiques représentatives et légitimantes étant de considérables forces motrices de l'histoire. Ainsi seulement s'explique l'étonnant « deux poids deux mesures » qui caractérise la politique américano-occidentale en ex-Yougoslavie. Si certains éléments européens se sont sincèrement engagés du côté des États-Unis lors des expéditions punitives en Irak et en ex-Yougoslavie pour les raisons « humanitaires » et « démocratiques » invoquées, alors le déroulement ultérieur des événements prouve *a posteriori* qu'ils ont été *désorientés* par des propagandes de guerre et *dupés* par leurs propres valeurs humanistes, *subverties,* détournées de leurs finalités idéales par la manipulation des représentations. En effet, alors que toute forme de nationalisme ethnique ou de racisme est à juste titre condamnée dans les pays occidentaux, c'est bien une conception ethnique, voire « raciste », car exclusive de certaines minorités « allogènes » et « alloglotes », qui prévaut en ex-Yougoslavie, notamment en Bosnie, en Croatie et au Kosovo. Depuis juin 1999, les nationalistes albanais, présentés en Occident comme le camp des « gentils » et des « démocrates », du seul fait qu'ils sont les ennemis des Serbes, chassent en masse du Kosovo Tziganes, Serbes, Gorans, Croates, Monténégrins, Turcs, Juifs et Égyptiens. Contrairement à ce qui fut présenté comme des motifs d'intervention humanitaire, voire des *buts de guerre* : favoriser la paix et le multi-ethnisme en ex-Yougoslavie, on est bien obligé de constater, plus de dix années après les premières crises yougoslaves, que l'« Occident » a contribué à l'édification d'États et d'entités ethniquement et/ou religieusement homogènes, qu'il s'agisse de la Slovénie et de la Croatie 100 % « purifiées », de la Bosnie en cours d'islamisation ou du Kosovo en voie d'albanisation totale.

LÉGITIMITÉ DU « DEUX POIDS DEUX MESURES »

Une fois un stéréotype fortement ancré dans les consciences et inconscients collectifs, et lorsque la dynamique de la diabolisation est enclenchée, la spirale corrélative de *l'injustice vertueuse* et du « *double standard* » s'installe d'elle-même. On comprend mieux ainsi pourquoi les Croates, qui formaient 19 % de la population de Yougoslavie avant la guerre, ont eu le droit de se séparer de la Yougoslavie, avec la bénédiction et l'appui des grandes puissances, sous prétexte que 36 % de Serbes y jouaient un rôle politique prépondérant (ce qui était en grande partie devenu vrai depuis la mort de Tito), tandis que les Serbes qui forment, quant à eux, 31 % de la Bosnie-Herzégovine où 43 % de Musulmans bosniaques jouent le rôle principal se sont toujours vus refuser le droit à l'auto-détermination ou au rattachement à la Mère patrie serbe. C'est également à travers la grille de lecture cynique de l'approche subversive que l'on peut comprendre d'autres injustices ou incohérences flagrantes :

— les Turcs n'ont jamais été inquiétés pour le génocide des Arméniens, l'expulsion massive de millions de Grecs, le massacre de dizaines de milliers de Kurdes ou l'invasion de Chypre, cependant que l'on a détruit l'État irakien responsable de forfaits équivalents : invasion du Koweït, massacres de Kurdes ;

— les Indonésiens, qui ont exterminé près de 200 000 Chrétiens timorais indépendantistes depuis trente ans, ne sont pas bombardés par l'OTAN alors que les Serbes, responsables du massacre de 2 à 3 000 Albanais du Kosovo, ont subi 78 jours de bombardements ;

— le Soudan et l'Afghanistan sont bombardés par les États-Unis au prétexte qu'ils coopèrent avec les structures du terrorisme international cependant que l'Arabie Saoudite, grand pourvoyeur de fonds aux mouvements terroristes islamistes de par le monde, demeure l'alliée privilégiée de Washington.

On pourrait multiplier à l'envi les exemples flagrants du « deux poids deux mesures ». Preuve de l'existence d'une « sélectivité humanitaire stratégique », l'OTAN et les États-Unis emploient l'usage de la force dans les seules zones où leurs intérêts ou orientations stratégiques l'impliquent. Ils n'ont en effet jamais manifesté la moindre intention d'intervenir pour défendre les peuples opprimés là où Washington n'a pas intérêt à intervenir : Chine populaire (Tibétains et Ouïgours persécutés et sinisés de force), Iran, Russie (Tchétchénie), Soudan (Animistes et Chrétiens noirs), Arabie Saoudite (minorités persécutées, femmes, esclaves, etc.), Algérie, Turquie, Nigeria, Sierra Leone, région des Grands Lacs, etc.

« Provocation » et « accusation-miroir », de Goebbels à l'UCK

Technique connue depuis des temps immémoriaux, la « provocation » désigne des actions (assassinats, attentats, sabotages, injustices, persécutions, etc.) sciemment accomplies contre son propre camp et attribuées à un prétendu groupe de subversion lié à la partie adverse dans le but de déclencher l'indignation du public et de justifier contre celle-là des représailles ou le déclenchements d'hostilités. Le grand exemple de ce siècle fut bien sûr l'incendie du Reichstag, lorsque Hitler fit mettre le feu au Parlement allemand pour justifier devant son peuple l'élimination de ses adversaires communistes. Quelques années plus tard, Staline faisait assassiner Kirov pour éliminer les vieux bolcheviks en les accusant du meurtre... Le mensonge, dans sa forme provocatrice, est inusable en politique, comme le montre la reprise imperturbable au fil des ans du fameux manuscrit, *Protocole des sages de Sion*, faux notoire aujourd'hui encore très prisé dans certaines républiques islamiques et mouvements intégristes. En ex-Yougoslavie, la technique de « provocation » sera banalisée par les parties ayant su mettre à contribution des agences de relations publiques américaines spécialisées dans le *marketing* politique et le « formatage de l'opinion ». On sait en effet maintenant que la photographie du squelette vivant publiée dans le *Time Magazine* du 17 août 1992, et donnée comme celle d'un prisonnier musulman des Serbes, était en réalité celle d'un Serbe tuberculeux ; que les cadavres photographiés dans *Newsweek* et présentés comme musulmans étaient eux aussi des Serbes, et même que les monstrueux « camps du viol » n'ont pas existé, les viols, hélas réellement commis — de part et d'autre d'ailleurs — pendant la guerre étant restés des cas *isolés* et *jamais collectivement* planifiés. Pour ce qui est des deux « affaires du marché de Markalé », si les explosions causèrent effectivement la mort de quatre-vingts civils innocents le 5 février 1994 et d'une cinquantaine d'autres Bosniaques musulmans le 28 août 1995, aucun élément n'a *jamais* permis d'affirmer que les militaires serbes furent les auteurs de tels crimes, contrairement à ce qui fut pourtant présenté comme une évidence, afin de justifier les bombardements des positions serbes de Bosnie par l'OTAN [70]. Mieux, les enquêtes balistiques prouvèrent que les obus partirent dans les deux cas des lignes bosniaques, comme l'a confirmé le général Rose lui-même, alors commandant de la Force de protection de l'ONU en Bosnie (FORPRONU) [71]. D'après le général britannique, la stratégie habituelle des généraux bosniaques, aussi cynique que cela puisse paraître, était d'attaquer sur tous les fronts ; de faire retraite dans une enclave protégée par l'ONU au milieu des scènes d'horreur, puis de demander à l'ONU et à l'OTAN des frappes contre la Serbie. « Quoi qu'ils fassent, commente Denise Artaud, ils ne pouvaient pas perdre : si leur armée était battue, les images de guerre et de souffrances leur garantissaient le soutien de l'Ouest pour l'État victime [72]. » On sait enfin que le fameux « massacre de la boulangerie » fut en fin de compte une provocation bosno-musulmane destinée à accuser les Serbes. Des responsables et observateurs occidentaux, tels Édouard Balladur, François Léotard, Alain Juppé, alors « aux affaires », des journalistes aussi différents que Jacques Merlino (TF1) ou Jean Daniel [73], révéleront ce qu'avaient déjà expliqué des hauts officiers en poste à Sarajevo, tels le général Rose ou encore le général MacKenzie [74], ancien commandant de la FORPRONU à Sarajevo, à savoir que ce furent bien des *miliciens bosniaques musulmans* qui assassinèrent *sciemment* des centaines de leurs compatriotes dans l'unique but de faire porter le chapeau aux Serbes... Aussi le général Rose avoue-t-il qu'il dut constamment batailler avec l'OTAN qui, prisonnière du manichéisme médiatique méchants Serbes/gentils Bosniaques, selon les termes mêmes de son commandant en chef, le général George Joulwan, « semblait souvent recommander des actions disproportionnées contre les Serbes tout en ignorant les violations commises par les Musulmans [75] ».

Voisin du concept d'accusation-miroir, celui de « substitution des victimes » est très présent au sein du « support » qui nous intéresse. Quelques exemples significatifs :

— en 1991, des scènes de rues détruites à Vukovar sont utilisées comme « scènes de combat » à Dubrovnik, où ces affrontements n'ont jamais eu lieu ;

— durant l'été 1992, la BBC filme un « Musulman bosniaque » prisonnier dans un « camp de concentration serbe ». Peu après, ses proches l'identifient : il s'agit de Branko Velec, officier de l'armée yougoslave en retraite, prisonnier, en tant que Serbe de Bosnie, dans un camp bosno-musulman ;

— en juillet 1992, CNN monte des images du « bombardement de Sarajevo par les Serbes ». Cette même chaîne — à forts capitaux saoudiens — confond des combats de rue à Tbilissi (Géorgie), avec des combats similaires en Bosnie ;

— en août 1992, à Sarajevo, le public est horrifié à la vue de « bébés et enfants musulmans » atteints par des « *snipers* serbes » dans un bus. En réalité, plusieurs de ces enfants sont serbes eux-mêmes. Un des enfants tués est présenté comme « musulman ». Il sera enseveli peu après dans un rituel orthodoxe... ;

— en mars 1993, CNN montre le « massacre de 14 Musulmans tués par des sbires serbes ». On apprendra plus tard que les victimes étaient serbes ;

— début août 1993, une photo du *New York Times* présente une femme croate de Posusje pleurant son fils « assassiné par une attaque serbe ». En réalité, à Posusje, des combats effectivement très sanglants avaient opposé les Croates, non pas aux Serbes, mais aux Bosno-musulmans, faisant 34 victimes parmi les Croates, comme le révéla *Star Tribune* (États-Unis) du 17 décembre 1993 ;

— le 6 août 1993, le *Christian Science Monitor* accuse les Serbes d'avoir détruit le pont de Mostar, pont détruit, de notoriété publique, par les soldats croates ;

— le 18 août 1993, CNN confond « par erreur » des images de combat à Gornje Vakuf avec des combats de Sarajevo datant de 1992 ;

— en janvier 1994, des prisonniers serbes de camps de détention croates et musulmans sont présentés comme des Musulmans croupissant dans des « camps de concentration serbes ». Peter Brock dévoilera la supercherie dans le *Washington Times* ;

— en 1996, Philippe B., journaliste *free lance*, réalise un reportage sur les victimes serbes de la guerre et demande à visiter les hôpitaux. Le film original montre de grands blessés serbes, des orphelins et des traumatisés de guerre. Lors de la programmation à *Envoyé spécial*, les Serbes deviennent par enchantement des « Bosniaques ». Le stéréotype du « mauvais Serbe » exigeait des images dépeignant *uniquement* des victimes bosniaques ;

— été 1999 : des centaines de milliers de réfugiés albanais fuient le Kosovo. L'OTAN accuse Belgrade de « catastrophe humanitaire » et chiffre les réfugiés à 700 000 au minimum, lesquels auraient quitté leur région *avant* le 24 mars. On sait aujourd'hui que 80 % au moins des réfugiés albanais ont fui *après* le 24 mars, et que la « catastrophe humanitaire » fut bel et bien déclenchée, comme les terribles représailles serbes, par l'OTAN ;

— le 12 avril 1999, la chaîne de télévision ABC informe son public que le Pentagone dispose d'images satellite prouvant l'existence de « charniers » au Kosovo. La chaîne mentionne une « centaine d'endroits où la terre avait été retournée », mais ABC se gardera bien de montrer l'une de ces images, alors que si de telles images existaient, il eût été extrêmement porteur de les montrer, la haute définition décimétrique des clichés militaires étant d'une précision telle que ce type de preuve aurait été irréfutable. Les seules images qu'avaient montrées le Pentagone étaient les photos satellite décrivant des groupes de Kosovars qui campaient sur des collines après avoir fui leurs villages. Mais l'intériorisation profonde du *stéréotype négatif* des Serbes, ainsi que la longue série de rumeurs accréditant depuis des années l'adéquation Serbes = bourreaux-nazis, induisait *naturellement* une corrélation entre cette fuite de réfugiés albanais et leur éventuel massacre. « Si Goebbels ressuscitait aujourd'hui, il ne pourrait qu'admirer l'habileté et l'ampleur des bobards de propagande fabriqués par ses émules modernes [76] », n'hésite pas à écrire Alexandre Zinoviev.

RUMEURS ET CONTRE-RUMEURS

Crainte par Virgile *(Énéide)*, recommandée par Machiavel *(Le Prince)*, la technique de la « rumeur » est l'un des rouages essentiels de la désinformation, si l'on définit celle-là comme l'art de « créer une fausse réalité assez convaincante pour que l'adversaire se trompe en raisonnant juste [77] ». Aussi n'est-il pas étonnant que la rumeur soit tout particulièrement utilisée par les professionnels du renseignement et de la désinformation. D'après le professeur Claude Rainaudi, « le but d'une rumeur n'est pas la vérité, mais ce qui doit être dit et cru à un moment donné dans un milieu donné (...) La plupart des rumeurs semblent, comme des combustions spontanées, naître à l'intérieur d'un groupe, sans qu'une intention organisée leur ait donné jour [78] ». Aussi peut-on fournir, concernant la guerre civile yougoslave, quantité d'exemples de rumeurs qui, apparemment spontanées, innocentes, irréfutables, furent lancées *dans un milieu donné* : la presse, les ONG, les groupes de pressions ; *à des moments donnés* : en général peu avant les frappes aériennes de l'OTAN ou le vote de sanctions contre Belgrade ; et *dans un but donné* : détruire la Yougoslavie et mettre en œuvre la stratégie américaine décrite dans le présent essai. Pendant la guerre de Bosnie, entre 1992 et 1994, la diffusion de *fausses nouvelles* et de *rumeurs* visant à démonétiser les Serbes battit son plein : qu'il s'agisse du « viol collectif de 50 000 femmes musulmanes » (on recensera en fait autant de cas de femmes musulmanes violées que de Serbes, soit entre 4 et 500, ce qui est déjà horrible, certes, mais cent fois moins élevé) ; du « massacre » des malades de l'hôpital de Gorazde ; des prétendus prisonniers affamés du camp d'Omarska, ou d'autres « intox » caricaturales : « les *snipers* serbes sont payés 2 700 FF pour chaque enfant tué » (BBC *World Service*) ; « Les gynécologues serbes font des expériences sur les femmes bosniaques dans les " camps de concentration " et implantent des fœtus de chien dans leur utérus » *(Bild am Sonntag)* ; « les Serbes commettent des actes de cannibalisme » (Associated Press), etc., tous les exemples que nous venons de citer s'avérèrent inventés, faux ou inexacts. D'autres exemples de fausses *rumeurs* manifestes, concernant cette fois-ci les « frappes » de mars-juin 1999, méritent d'être passés en revue. Au début des bombardements de l'OTAN sur le Kosovo, le 29 mars, le « commodore » de l'OTAN, David Wilby, le Britannique Jamie Shea, porte-parole de l'Organisation, ainsi que James Rubin, porte-parole du département d'État américain, lancèrent de concert une *fausse rumeur* certifiant que le régime de Belgrade venait d'« exécuter » trois *leaders* albanais : Ibrahim Rugova, Fehmi Agani, qui avait fait partie de la délégation albano-kossovare à Rambouillet et Baton Haxhiu, éditeur du journal albanais *Koha Ditore*. Exhibant son émotion avec un grand talent de comédien — comme si les instigateurs des frappes meurtrières pouvaient être profondément affectés par la mort de deux ou trois Kosovars ! — Rubin avertit d'emblée que les États-Unis « vengeraient » leur mort. On apprendra quelques heures plus tard que les trois « victimes albanaises » n'avaient jamais été aussi vivantes : le docteur Rugova, en particulier, avait été aperçu à la télévision le 1er avril, en compagnie de Slobodan Milosevic, après quoi il tint une conférence de presse à son domicile, qui n'avait pas été incendié par les Serbes, contrairement à ce qu'avait déclaré l'OTAN. Le haut commissaire de l'ONU pour les réfugiés attestera également la parfaite santé des deux autres « victimes » : Fehmi Agani refaisait surface et le journaliste dissident Baton Haxhiu était et est toujours vivant, bien qu'actuellement menacé de mort, non pas par les Serbes, mais par l'UCK, en raison de sa condamnation régulière des crimes antiserbes. Qu'importe si la contre-rumeur finit par être diffusée. Connaissant bien les rouages de la désinformation, James Rubin continuera à déclarer en public que l'OTAN allait « venger la mort des trois *leaders* albanais ». La phase suivante, ou l'« entretien » de l'« intox », consistera à prétendre qu'Ibrahim Rugova, pourtant bien plus menacé par l'UCK — qui voulait déjà sa tête depuis 1997 — que par les Serbes, avait en fait été « fait prisonnier » par Milosevic et qu'il feignait de dialoguer avec le tyran serbo-communiste, devant les télévisions serbes, sous la pression de menaces de mort. Rugova désavouera à maintes reprises ces accusations, en vain, la réalité des faits contredisant la *propagande de guerre* de l'OTAN, qui en avait décidé autrement. Comme nous l'avons observé, toutes ces rumeurs, souvent caricaturales et grossières, ne furent jamais prouvées, mais elles contribuèrent à renforcer le degré de *perception négative* des Serbes, des fausses rumeurs bien diffusées, à *un moment donné* et à *un public donné* laissant toujours des traces, même après démenti.

Dans son ouvrage *Fighting for Peace, Bosnia 1994*, le général Michael Rose, ancien commandant de la FORPRONU, explique comment les médias n'ont cessé d'attiser le feu en répandant de fausses nouvelles ou en grossissant systématiquement le nombre des victimes et l'importance des dévastations faites par les troupes serbes. Le général Rose déplore le fait que les journalistes appuyaient systématiquement leurs investigations sur les seuls témoignages et informations données par le gouvernement bosniaque. Le général va même jusqu'à écrire que l'orientation des reporters dépendait de leur personnalité, mais également « du type de relations qu'ils entretenaient avec l'interprète féminine que le gouvernement bosniaque plaçait auprès des équipes de journalistes étrangers [79] »...

NOTES

1. Amiral Lacoste, *L'Événement du jeudi*, 6 janvier 1995.
2. Murawiec, Actes du colloque de Démocraties, *La Guerre de l'information*, p. 21.
3. Interview de l'auteur pour *Valeurs actuelles* à l'occasion de la parution de son ouvrage *Le Rêve américain en danger*, Odile Jacob, 1995, citée dans Nicolas Harbulot-Jean Pichot-Duclos, *op. cit.*, p. 17.
4. Cyniquement subventionné par Microsoft afin de satisfaire aux critères d'une législation antitrust obsolète.
5. Rappelons tout de même que l'économie américaine est aujourd'hui la plus forte et la plus compétitive du monde : depuis 1996, la croissance américaine est supérieure à 3 % ; l'Amérique crée chaque année des centaines de milliers d'emplois ; le taux de chômage s'établit à peine à 4 % de la population active ; l'inflation ne dépasse pas 1,3 % ; les États-Unis représentent 15 % du commerce mondial. 50 % des échanges internationaux sont facturés en dollars, 80 % des transactions sur les marchés des échanges sont en devises américaines.
6. Plusieurs années avant la conférence de Seattle, les États-Unis avaient déjà déclenché de nombreuses procédures auprès de l'OMC pour obtenir une révision de la législation européenne en matière de viande aux hormones et pour démanteler toute « exception culturelle ».
7. Michel Bugnon-Mordant, *L'Amérique totalitaire*, Favre, 1997, p. 152.
8. *Id., ibid.*, p. 150.
9. Les Foreign Sales Corporations (FSC) sont des sociétés-écrans. Basées dans les paradis fiscaux, elles permettent aux sociétés de loger les bénéfices de leurs filiales puis de les rapatrier aux États-Unis sans payer d'impôts.
10. La loi du sénateur Bill Cohen, au nom de la « sécurité nationale », instaure des barrières non tarifaires. Elle inclut les « informations économiques confidentielles » dans la catégorie des biens et marchandises susceptibles d'être « volés » et transforme en « délit d'espionnage » les curiosités économiques extérieures. Dans le même temps, le vol, « la saisie et le transfert d'informations confidentielles » par les agences de ren-

seignement américaines ne « constituent pas une infraction dans la mesure où ils sont légalement autorisés ».

11. Exemple : 25 % de droits de douane sont perçus sur les *pick-up* (4 × 4 rallongés) fabriqués à l'étranger, contre 2,5 % pour les autres types de véhicules (les *pick-up* figurant comme par hasard parmi les voitures les plus vendues aux États-Unis) ; 33 % de taxe pour l'importation de laine, contre 11 à 13 % en Europe.

12. *In* Nicolas Harbulot, *op. cit.*, p. 32-33.

13. Pichot-Duclos, « La France est-elle en guerre économique ? », *L'Homme nouveau*, 18 juillet 1999.

14. En Bosnie-Herzégovine et au Kosovo, on relèvera la présence, au sein des troupes américaines, de plusieurs centaines de ces *officiers des affaires civiles*.

15. « Révélations : quand le quai d'Orsay désosse la *War Room* », *Valeurs actuelles*, 22 février 1997, p. 12.

16. *L'Intelligence américaine*, « Un réseau créateur de réseaux », *Veille*, octobre 1997.

17. Philippe Cohen, « Les États-Unis vont-ils racheter le monde entier ? », *Marianne*, 22-28 novembre 1999.

18. En France, les productions cinématographiques américaines sont exemptées de quotas depuis les accords financiers Byrnes-Blum de 1946 qui prévoyaient l'entrée sans restrictions des films américains, au détriment du marché national.

19. Michel Burin des Roziers, « Du cinéma au multimédia. Une brève histoire de l'exception culturelle », *Les Notes de l'IFRI*, n° 5, décembre 1998.

20. La France, l'Espagne, la Grèce, la Belgique, le Canada et l'Italie exigeront l'exclusion de la culture et de l'audiovisuel de l'accord. L'ancien ministre socialiste de la Culture, Jack Lang, déclarera : « L'AMI c'est l'ennemi » (*Le Monde* du 10 février 1998), faisant écho à la phrase lapidaire de Jacques Delors : « La culture n'est pas une marchandise comme les autres » (*Notes de l'IFRI*, *ibid.*, p. 71).

21. Cité in *Le Monde*, 29 juillet 1997.

22. Michel Bugnon-Mordant, *ibid.*, p. 212-213.

23. Zbigniew Brzezinski, *Le Grand Échiquier...*, p. 50-51.

24. Bugnon-Mordant, *ibid.*, p. 216-217.

25. *Id., ibid.*, p. 200.

26. Philippe Cohen, *Marianne*, *op. cit.,* p. 63.

27. Bernard Besson et Jean-Claude Possin, « L'Intelligence économique américaine », *Veille*, septembre 1997.

28. Marcel Vigouroux, *La Une*, décembre 1999.

29. Paul Virilio, *op. cit.,* p. 33.

30. *Le Monde*, 23 avril 1999. C'est entre autres pour remédier à cette carence française que la Direction du renseignement militaire envisage, dans les années à venir, de créer une cellule spéciale — « Targeting » — qui utilisera les moyens stratégiques spatiaux et satellitaires pour mieux déterminer les objectifs militaires.

31. La NSA est l'« Agence du chiffre » américaine. Créée en mai 1949 au Pentagone, elle est actuellement dirigée par le général d'aviation Michael Hayden, et basée à Fort George Meade, dans le Maryland. Plus grosse institution américaine du Renseignement, mais moins connue que la CIA, elle emploie 38 000 agents et dispose d'un budget annuel avoisinant les 4 milliards de dollars (25 milliards de francs). Elle contrôle en permanence l'Internet en liaison avec les fabriquants de logiciels. 10 000 agents de la NSA travailleraient sur le seul réseau Échelon. La NSA possède à Fort Meade et à Dallas deux des trois plus puissants sites informatiques du monde et utilise des dizaines d'ordinateurs Super Cray, plus de cent fois plus puissants que ceux utilisés par la NASA et capables de traiter, en temps utile, 1 000 milliards de bits chaque demi-journée, soit l'équivalent en information de toute la bibliothèque du Congrès américain.

32. Publié en mai 1999. En fait, les Européens étudient les moyens de contrer les systèmes d'espionnage électroniques du type Échelon. Aussi un système « anti-Échelon » nommé « Ermes », mis au point par l'Institut (italien) de recherches et de communications sociales, serait bientôt opérationnel. D'après Giuseppe Muratori, son directeur,

Ermes « permettrait de transformer les documents de n'importe quel type de messages en micro-points invisibles et de les cacher, cryptographiés dans le cyberespace », IRCS, volume second, Turin, 1999.

33. *Cf.* : documents du 3 septembre 1991 et du 15 juin 1995 mentionnés dans le dossier du *Monde* du 23 février 2000, « Comment les États-Unis espionnent l'Europe ».

34. *Washington Times*, 30 avril 1992.

35. *Le Figaro*, 20 septembre 1999.

36. Amiral (CR) Pierre Lacoste, « Renseignement et guerre de l'information », *Colloque sur la guerre de l'information*, Club Démocraties, 29 juin 1999.

37. Auteur de *La Guerre au XXIe siècle*, Odile Jacob, 2000.

38. « US Army " Psyops " Specialists worked for CNN », http://www.emperors-clothes.com/articles/devries/psyops.htm, 21 février 2000. Rappelons également que la célèbre présentatrice-réalisatrice de CNN, Christiane Amanpour, n'est autre que l'épouse du porte-parole du département d'État américain James Rubin, également chargé de diffuser des « informations sélectionnées ».

39. *Le Monde,* 13 juillet 1999.

40. P. Brunet, « La guerre de l'information au Kosovo », *Air et Cosmos*, 14 mai 1999.

41. *The Media happened to be here*, *op. cit.*, p. 16, cité *in* Michel Collon, *ibid.*, p. 36.

42. Mira Beham, *Les Tambours de la guerre : médias-guerre-politique* (Kriegstrommeln : Medien, Krieg und Politik), 1997, traduit en serbo-croate en 1997 (*Ratni Dobosi : mediji, rat, politika, Miona, Komnen Barjaktara*, 1997).

43. Amiral Lacoste, « Renseignement et guerre de l'information », colloque Démocraties, « La guerre de l'information », 29 juin 1999.

44. *Jerusalem Post*, 8-14 octobre 1997.

45. James Harff, *in* Jacques Merlino, *op. cit.*

46. Patrick Besson, *Coup de gueule contre les calomniateurs de la Serbie*, Ramsay, 1995.

47. Dans son ouvrage, *Héros trahi par les Alliés, le général Mihailović (1893-1946),* Perrin, le reporter au *Figaro magazine* et historien Jean-Christophe Buisson cite un décret de Palevic du 30 avril intitulé « Réglementation juridique pour la protection du sang aryen et de l'honneur du peuple croate », interdisant « tout mariage avec un non-aryen » (Serbes, Juifs, Tziganes). Parallèlement, parcs, restaurants, tramways sont « interdits d'entrée » aux « Tziganes, Juifs, Serbes et chiens ». Les Serbes durent ensuite porter l'étoile jaune, puis les brassards bleus avec la lettre P (pravoslav = orthodoxe). Viendront ensuite les arrestations, les emprisonnements et la déportation.

48. D'après *L'Encyclopédie de l'Holocauste* de Mac Millan, p. 323-328, « plus d'un million de Serbes furent tués, un quart de million expulsé, 200 000 forcés à se convertir au catholicisme (...). Des milliers furent précipités du haut des montagnes ».

49. *In* J.-C. Buisson, *op. cit.*, p. 108.

50. *Washington Post*, 11 septembre 1995.

51. G. H. Stein, Stock, 1967, p 192. Consulter aussi les enquêtes de Victor Loupan, « Le voile sur Sarajevo » (*Figaro magazine* du 14 décembre 1995), et de Yves-Marc Ajchenbaum, « Une division SS islamiste en Bosnie » (*Le Monde*, 14-15 novembre 1993).

52. Entretien diffusé sur Internet (http://www.emperosclothes.com/interviews/ceda.htm) et publié partiellement dans *Marianne*, 1er-7 novembre 1999.

53. Hitler et Mussolini étaient perçu, dans tous les Balkans, comme les « protecteurs de l'Islam ». Pour approfondir ce sujet, lire *Le Croissant et la croix gammée*, Albin Michel, 1990, ainsi que les travaux de l'islamologue Morolijub Jevtic, *Le Jihad dans la Yougoslavie contemporaine, op. cit.*

54. Général Henri Paris, président de *Démocraties*, *Colloque sur le Kosovo*, Sénat, *op. cit.*

55. Christian Jelen, William Goldnanel, *Une certaine idée de la France*, sous la direction d'Alain Griotteray, France-Empire, 1998, p. 174, 197.

56. Intervention au colloque sur le Kosovo, *Fondation Marc-Bloch*, 29 mai 1999, Assemblée nationale.

57. *International Herald Tribune*, 10-11 avril 1999.

58. *The Jewish-Serbian Friendship Society*, New York, 12 avril 1999.
59. « On n'a pas le droit d'utiliser l'Holocauste pour faire du racisme antiserbe », *Foreign Affairs Opinion*, 24 mai 1999.
60. *Yedioth Aharonoth*, Tel-Aviv, 2 avril 1999.
61. *Haaretz*, Tel-Aviv, 4 avril 1999.
62. Lorot et Thual, *op. cit.*, p. 45.
63. Arnaud-Aaron Upinsky, *Le Syndrome de l'ortolan*, F.-X. de Guibert, 1997, p. 11.
64. Laurent Murawiec, *op. cit.*, p. 194.
65. En fait, à la différence de la « propagande blanche » dont on peut identifier la source réelle, la « propagande grise » n'a pas de source identifiable (rumeurs) tandis que celle de la « propagande noire » est fallacieusement attribuée à l'adversaire.
66. Noam Chomsky, *Les Dessous de la politique de l'Oncle Sam*, « Lavage de cerveau à domicile », p. 96-97.
67. Claude Rainaudi, « Rumeurs, médias et opinion », manuscrit soumis pour publication.
68. Consulter à ce propos le dossier exhaustif réalisé dans *Balkans infos* en mai 1998, ainsi que : « La planète de l'oncle Sam, les armes et les lois », Alexandre del Valle, *Le Spectacle du monde*, décembre 1998.
69. Michael Rose, *Fighting For Peace, Bosnia 1994*, The Harvill Press, Londres, 1998, 269 pages, p. 32.
70. Concernant le premier massacre du marché de Markalé (5 fév. 1994), la revue stratégique anglo-américaine *Defense & Foreign Affairs-Strategic Policy* ainsi que le *Times* de Londres (19 fév. 1994), ont révélé qu'il s'agissait d'un montage orchestré par les forces musulmanes du président Izetbegovic. De plus, un document officiel de l'Union européenne ainsi qu'un autre envoyé au siège des Nations unies à New York, révélés par Bernard Volker à TF1 (d'ailleurs traîné en justice par l'Association pro-bosniaque Carton jaune, qui perdit le procès) attestent que l'explosion de Markalé fut attribué à tort, avant toute enquête, à la partie serbe. La chose fut confirmée trois ans plus tard par le verdict de la cour d'appel de Paris condamnant l'association TV-Carton jaune à payer des dommages et intérêts au journaliste de TF1 (Volker). Démantelé trop tardivement, le « montage » déclenchera entre-temps l'indignation escomptée dans le monde entier, le sénateur américain Bob Dole exigeant la levée unilatérale de l'embargo sur l'armement des Musulmans bosniaques et Alain Juppé réclamant une réunion urgente de l'OTAN afin d'envoyer un ultimatum aux Serbes. Aussi, lorsque se produit la seconde explosion de Markalé le 28 août 1995, affaire similaire au cours de laquelle le camp bosno-musulman tirera au mortier sur ses propres populations afin d'en accuser les Serbes pour attirer l'attention de la communauté internationale, l'opinion est déjà remontée contre les Serbes. Le nouveau montage permettra de justifier, dès le lendemain, les raids de l'OTAN contre les Serbes (3 000 sorties d'avion contre les objectifs civils et militaires sur tout le territoire de la République serbe de Bosnie). Bien que les experts balistiques britanniques prouvent l'origine bosniaque du mortier (expertise révélée au public par Hugh Mc Manners dans le *Sunday Times* du 1er octobre 1995 — « Experts warned US that mortier was bosnian »), et que maints témoignages (Lord David Owen, le général Rose, Laure Adler, Boutros-Ghali, Jean Daniel, etc.) tentent de rétablir la vérité, les Américains et leurs agences de « communication » parviennent à maintenir le mythe et à justifier les bombardements de l'OTAN car, une fois l'intoxication commise et l'émotion suscitée, expliquent les professionnels, le rétablissement ultérieur de la vérité est inopérant...
71. Général Sir Michael Rose, *op. cit.*, p. 43 ; 48.
72. Denise Artaud, *Politique étrangère*, été 1999.
73. « Ils [les Bosno-musulmans] auraient provoqué un carnage sur les leurs (...) dans le but de faire sortir l'OTAN de ses atermoiements (...). Balladur comme Alain Juppé pensaient qu'Izetbegovic pouvait être, à l'occasion, " provocateur " », s'indigne Jean Daniel, pourtant réputé « anti-Serbe », dans son éditorial du *Nouvel Observateur* du 31 août 1995, en apprenant la cynique réalité. Consulter aussi à ce sujet, *Raison Garder*, nos 10-11, Lausanne, printemps 1996 ; *Balkans infos* n° 22 avril 1998, et surtout Laure Adler, *L'Année des adieux*, Flammarion, Paris, 1995.

74. Concernant le « massacre de la boulangerie » de Sarajevo (20 mai 1992) : le rapport de la FORPRONU, mentionné dans l'*Independent* de Londres, exclut catégoriquement la responsabilité serbe dans ce massacre et incrimine clairement le camp musulman. Dans son livre *Peacekeeper. The road to Sarajevo*, le général canadien Lewis MacKenzie, alors commandant des Casques bleus en Bosnie, dévoile le montage, « la rue a été interdite à la circulation juste avant l'explosion. Après que la queue a été formée (devant la boulangerie), les médias firent leur apparition mais ils se placèrent à distance. L'attaque eut lieu et les cameramen n'eurent qu'à s'avancer. En majorité, les morts étaient des Serbes non partisans », MacKenzie, *Peacekeeper. The road to Sarajevo*. Vancouver/Toronto. Douglas & Intyre, 1993, p. 194.

75. Michael Rose, *op. cit.*, p. 52.

76. *Le Monde*, 24-25 mai 1999.

77. G. Veraldi, préface du livre de Pierre Nord, *L'Intoxication*, 1971.

78. C. Rainaudi, *op. cit.*

79. Michael Rose, *op. cit.*, p. 54.

CHAPITRE VII

Chronique et conséquences d'une guerre provoquée

« Si on avait voulu provoquer cette catastrophe humanitaire et une déstabilisation rapide de la région, on ne pouvait pas appliquer une meilleur stratégie que celle de l'OTAN. »

Général Francis Briquemont, ancien commandant en chef des Casques bleus en Bosnie.

Lors d'une brève visite le 6 juillet 1999 à Lyon, l'ex-soixante-huitard pacifiste Bernard Kouchner, chaud partisan, dès le départ, d'une intervention militaire de l'OTAN contre la Serbie, actuel haut représentant des Nations unies au Kosovo, déclarait : l'« Europe est née à Pristina (...) celle des droits de l'homme, de la fraternité, celle que nous aimons »... Deux choses surprennent immédiatement toute personne de bon sens à l'écoute des propos du fondateur de Médecins sans frontières :

— parler de « naissance de l'Europe » à l'issue d'une campagne militaire particulièrement longue et violente menée contre un État européen *souverain* par une superpuissance *non européenne* décidée à être l'unique maîtresse de la défense européenne, donc tuant dans l'œuf la Politique étrangère et de sécurité commune ;

— évoquer les « droits de l'homme » à propos d'une guerre théoriquement destinée à réduire un tyran (en l'occurrence Slobodan Milosevic, le « Saddam Hussein des Balkans », le bourreau, le « méchant », dont la seule présence justifie les raids), mais en réalité conçue pour épargner le même *dictateur-épouvantail-utile* ainsi que son armée (à plus de 80 % intacte). Une guerre ayant pour buts réels de *détruire les objectifs non militaires* et de *déclencher un exode massif* des populations albanaises soi-disant secourues, en terrorisant les civils et en radicalisant les forces armées serbes contre les « victimes » albanaises.

Comment a-t-on pu en arriver à un tel degré de subjectivité et de confusion analytique ? Comment une guerre motivée par les seuls intérêts stratégiques et la « volonté de puissance » des États-Unis et de trois de ses alliés de l'OTAN, l'Allemagne, la Grande-Bretagne et la Turquie, a-t-elle pu être présentée et perçue comme une « guerre juste », une guerre pour le « bien » et pour l'intérêt de l'Europe ? À cette question, la discipline si longtemps négligée qu'est la géopolitique peut apporter quelques éléments de réponse, la démarche géopolitique analysant et observant, sans état d'âme, les « rivalités de pouvoir autour de territoires revendiqués par des parties adverses », pour paraphraser le géopolitologue Yves Lacoste, ainsi que les « représentations » développées ou construites, parfois de toutes pièces, par les acteurs des deux camps opposés afin de mobiliser les opinions publiques respectives et de justifier les actions belligènes éventuelles des classes dirigeantes.

LE CONTEXTE : UN « CONFLIT IDENTITAIRE » SÉCULAIRE QUASIMENT INSOLUBLE

Les Serbes et les Albanais se disputent depuis des siècles un territoire sur lequel se trouve le « *limes* civilisationnel » et ethnique séparant deux peuples. Chaque partie crée des « représentations » pour s'approprier l'historicité et la légitimité exclusive du Kosovo. Les deux camps considèrent, indépendamment des fractures politiques internes (pro-Milosevic/anti-Milosevic d'un côté ; pro-UCK/pro-Rugovar de l'autre), l'appartenance serbe ou albanaise du Kosovo comme un *fait indiscutable, sacré*. Chaque camp bénéficie du *plein aval* populaire pour entreprendre des actions violentes contre la partie adverse et pour s'approprier — ou se réapproprier — le « berceau national » convoité. Dans son ouvrage *Les Conflits identitaires*, François Thual explique que le conflit serbo-albanais est le prototype même du « conflit identitaire » (ou « d'antériorité »), dont la caractéristique est que « chacun des protagonistes prétend être le premier occupant et perçoit l'autre comme un intrus (...). Les arguments présentés de part et d'autre étant issus du dispositif d'identification collective le plus fondamental que chacune des nations concernées a pu élaborer [1] ». Or, ce *dispositif d'identification* est incontestablement l'appartenance à la civilisation islamo-ottomane et à l'ethnie *shqipétare* pour les Albanais et à la civilisation slavono-orthodoxe pour les Serbes.

D'après les Albanais, le Kosovo aurait été peuplé originellement d'Illyriens, ce dont les historiens conviennent tous, et ils en seraient les uniques descendants directs, ce qui est plus contestable. Pour l'historien français Pierre Béhar, les Albanais seraient un rameau des Illyriens, mais jusqu'à ce jour, aucun document historique fiable ne permet d'attester la filiation entre les Illyriens antiques et les Albano-Kossovars actuels. Certains albanologues émettent même l'hypothèse selon laquelle le berceau historique du peuple albanais serait l'actuel Azerbaïdjan, l'« antique Albanie caucasienne », comme le note *La Grande Encyclopédie soviétique.* Selon l'historien azéri R. B. Gueïouchev, les Albanais du Caucase auraient été parmi les premiers peuples du monde à être christianisés, avec les Arméniens, avant d'être soumis, à partir du VIIe siècle, à une massive islamisation, ce qui aurait entraîné de vastes migrations vers les Balkans. Toujours est-il qu'à la différence des Serbes, les Albanais ne peuvent se prévaloir d'aucun monument culturel d'envergure au Kosovo attestant leur présence ancienne, au contraire des Serbes, qui possèdent plus de 1 500 lieux de culte anciens, d'ailleurs actuellement détruits par l'ex-UCK. Il n'en demeure pas moins que, « même après l'arrivée des Serbes et l'intégration du Kosovo à leur empire, une nette présence albanaise demeura dans l'ouest du pays ainsi que des minorités dans l'Est, probablement surtout des catholiques [2] ».

Pour les Serbes, le Kosovo représente le « cœur nucléaire de leur histoire religieuse et politique [3] » parce qu'il a été, au Moyen Âge balkanique, à l'époque où la Serbie était le seul pays orthodoxe à être demeuré indépendant, le siège d'un Patriarcat, et parce que la capitale politique de l'Empire y avait élu son siège. D'après les représentations forgées chez les historiens et responsables politiques serbes de tous bords, le Kosovo est « le berceau de la civilisation serbe médiévale, son foyer et son tombeau. Il demeura, une fois l'État détruit et le peuple dispersé, le pôle de ralliement de tous, le symbole de la souveraineté perdue », explique Slobodan Despot, secrétaire de l'Institut serbe de Lausanne, de sorte que la reconquête du Kosovo, lors des insurrections serbes qui secouèrent l'Empire ottoman au cours du XIXe siècle, « incarnait aux yeux d'un Serbe le même rêve que la reconstruction du Temple aux yeux d'un Juif [4] ». En fait, les Serbes considèrent le Kosovo comme l'épicentre de leur culture, de leur foi et de leur mémoire. On doit garder à l'esprit que la ville de Peć est toujours le siège du Patriarcat, que les Serbes ont construit au Kosovo plus de 1 500 églises et monastères orthodoxes, véritable patrimoine spirituel national, et que c'est sur cette terre appelée la « Vieille Serbie », le 13 (ou 15) juin 1389, qu'ils affrontèrent les forces ottomanes, trois fois supérieures aux leurs, et perdirent la « bataille du champ des Merles ». Le Kosovo est demeuré depuis lors le symbole de la tragédie nationale mais surtout celui d'une aspiration séculaire à chasser les Turcs. Il est de bon ton aux États-Unis et en Occident, spécialement dans les pays comme la Grande-Bretagne ou la France, qui s'allièrent jadis avec les Turcs ottomans et qui n'eurent pas à subir l'occupation turco-islamique pendant cinq siècles, au contraire des Orthodoxes, de fustiger l'« hystérie anti-islamique et antiturque des Serbes ». Mais c'est un peu comme si l'on reprochait aux Juifs ou aux Tziganes d'être atteints d'une « hystérie anti-allemande ». Certes, il ne faut pas confondre les bourreaux et leurs peuples, et l'histoire ne justifie pas les atrocités commises par certaines factions serbes radicales contre les Albanais du Kosovo. Mais la *représentation* collective que les Serbes ont d'eux-mêmes, un « rempart contre l'invasion turco-islamique en Europe », ainsi que des Albanais ou des Bosniaques, « collaborateurs des envahisseurs turco-musulmans et des nazis », est encore très puissante et est en partie fondée sur des faits historiques indéniables, à savoir les récurrentes persécutions de Serbes (et de non-Musulmans en général) sous les Ottomans *(devchirmé)* et les nazis par les collaborateurs musulmans locaux de ces derniers.

Lors de la bataille du champ des Merles, conduite par le prince Lazare, les Serbes sont convaincus de s'être battus au nom de toute la Chrétienté menacée par les « Turcs infidèles ». Cinq siècles durant, les Orthodoxes des Balkans subirent ce que les historiens balkaniques nomment les « quatre D » : le *djihad,* guerre contre les « mécréants », la *dhimma,* statut de citoyen de seconde zone appliqué aux « infidèles », la *djyzya*, impôt spécial acquitté par les non-Musulmans « dans un état d'humiliation » *(wa houm sagiroun)*, ainsi que le prévoit la sourate IX, 29 du Coran, et le *devchirmé*, pratique née au XIVe siècle visant à arracher des garçonnets à leurs parents chrétiens afin de les islamiser, les utiliser pour le service du Palais impérial ou dans le corps des janissaires, les jeunes filles étant quant à elles régulièrement enlevées pour alimenter les harems. D'après Julia Kristeva, le douloureux héritage du passé explique en grande partie — sans justifier pour autant les atrocités — l'intensité des rancœurs inter-confessionnelles et les causes profondes du conflit serbo-albanais au Kosovo. Pour elle, « la guerre entre Serbes et Kosovars est une guerre sourdement religieuse, et d'autant plus ravageante que les soubassements religieux sont vécus comme une évidence indiscutable. Une laïcité de surface qui a absorbé la religion sous-jacente sans se l'avouer, signe de l'échec même de la sécularisation [5] ». Ainsi, lorsque les Serbes accusent les Albanais d'être des « agents turcs », cette représentation repose sur le fait historique que la Sublime Porte se servit continuellement des éléments albanais pour doubler son service d'encadrement administratif et militaire. D'après l'historiographie orthodoxe, après s'être battus aux côtés des Serbes contre les Turcs, lors de la bataille du champ des Merles, les Albanais, une fois convertis à l'islam et ralliés à la Sublime Porte, se seraient comportés de manière encore plus autoritaire que les Turcs. Ce fut d'ailleurs le sultan albanais Sinan Pacha qui fit profaner les reliques de saint Sava, patron spirituel des Serbes et instaurateur de l'Église autocéphale serbe-orthodoxe en 1219.

Ainsi, d'un côté les Albano-Kosovars définissent les Serbes comme des « envahisseurs minoritaires » et, de l'autre, les Serbes considèrent les Albanais comme les descendants de « Chrétiens apostats », d'anciens « collaborateurs » des occupants ottomans. De fait, cette petite ethnie donnera à la Sublime Porte pas moins de vingt-cinq grands vizirs, quarante-trois sadrias-azams, plus de deux cents pachas et des milliers de janissaires. Aujourd'hui encore, en vertu de ces marques de l'histoire, « les ambitions turques se fondent sur les sentiments pro-turcs extrêmement développés des musulmans non turcs, encore plus marqués chez les Albanais que chez les Serbes turcisés[6] », explique l'islamologue yougoslave Morolijub Jevtic.

En fait, les Serbes s'installèrent au Kosovo au cours du VIe siècle. Avec l'occupation turco-ottomane, les autochtones chrétiens, majoritairement serbes, connurent plusieurs vagues d'émigration vers le nord, afin d'échapper aux persécutions propres au statut de *dhimmis*. Parallèlement, les Serbes qui ne se résolurent pas à l'émigration se convertirent et perdirent, avec le temps, tout sentiment d'appartenance nationale. Malgré ces hémorragies, les Serbes restèrent majoritaires au Kosovo au moins jusqu'à la fin du XIXe siècle, ce que nombre de manuscrits turcs et de chroniques de voyageurs confirment. C'est en fait à partir de la période correspondant aux guerres balkaniques (1912-1913) que les choses se compliquent et que la *guerre des chiffres*, qui fut si importante pour justifier l'intervention de l'OTAN, commence véritablement.

D'après la version exprimée en « Occident » et dans le monde musulman, lorsque la région du Kosovo fut rattachée à la Serbie, après les guerres balkaniques, les autochtones serbes seraient devenus minoritaires dans leur propre pays, au gré des conversions et départs, et en raison de la natalité toujours plus dynamique des Albanais musulmans. D'autres versions prétendent au contraire que jusque dans les années 20, les Serbes représentaient encore 61 % de la population du Kosovo, présence prépondérante permise justement par le retour du Kosovo dans le giron serbe, et qu'ils demeurèrent majoritaires jusqu'à la Seconde Guerre mondiale. C'est en fait pendant l'occupation allemande que la population serbe déclinera de manière drastique. Les Allemands et leurs collaborateurs albanais et bosniaques, volontaires pour les unités SS (divisions *Skanderberg* et *Handchars*) engageront de violentes campagnes de massacres à l'encontre des partisans serbes, en Bosnie comme au Kosovo. Ainsi, après le dépeçage de la Yougoslavie en 1941, le Kosovo alors sous protectorat du régime fasciste sera rattaché par Hitler et Mussolini à l'Albanie, État qui avait été créé par l'Italie en 1913. Entre 1941 et 1944, près de 100 000 Serbes seront chassés du Kosovo par les Albanais alliés aux forces de l'Axe, tandis que 10 000 au moins seront assassinés et que près de 75 000 colons venus d'Albanie seront installés par Mussolini sur cette terre originellement serbe, cela dans le cadre du projet géopolitique de « Grande Albanie » soutenu par Rome. Lorsque la Yougoslavie sera reconstituée sous l'égide du communiste croate Tito, de son vrai nom Josip Broz, chef des « partisans », le gouvernement décrétera illégal, en vertu du décret du 16 mars 1945, le retour des réfugiés serbes vers leur région natale. L'intention du nouveau régime était alors de limiter l'influence des Serbes au sein de la Yougoslavie, concept élaboré au XIXe siècle par des intellectuels croates, les compatriotes de Tito n'ayant jamais accepté le poids occupé par les Serbes une fois l'État des « Slaves du Sud » (signification littérale de *Yougoslaves*) édifié. Les Serbes étaient les seuls Balkaniques à pouvoir se réclamer d'un passé de résistants, contrairement aux Bulgares, Croates, Bosno-musulmans et Albanais. Ils constituaient en quelque sorte un reproche vivant pour Tito, qui décida de faire de l'État unitaire une fédération de républiques, créant pour la cause par décret les « peuples » macédonien, bosniaque et monténégrin, qui obtinrent leurs républiques respectives. En fait, Tito visa prioritairement au morcellement de la Serbie, contre laquelle il avait déjà combattu en 1914 en tant que sergent dans l'armée autrichienne. Soucieux de donner des gages de bonne conduite au monde musulman, notamment pour renforcer sa position de *leader* du camp des « non-alignés » (Conférence de Bandung), il veillera tout particulièrement au statut des Musulmans de Yougoslavie. Craignant la dissidence éventuelle des Albanais du Kosovo, et escomptant faire entrer un jour l'Albanie dans la Fédération yougoslave, *via* le Kosovo, il accordera aux *Shqipétares* (Kosovars albanophones) un régime de semi-autonomie, qui inspirera d'ailleurs celui de 1974. Parallèlement, au cours des décennies qui suivront, des centaines de milliers d'immigrants albanais illégaux [7], fuyant la très pauvre Albanie, franchiront la frontière pour s'installer dans le Kosovo yougoslave, véritable Eldorado libéral en comparaison du régime stalinien de Tirana. Résultat escompté, en 1961, la population serbe albanaise du Kosovo était tombée à 23,55 %, pour s'effondrer à 18,35 % en 1971, jusqu'à atteindre le chiffre de 14 % en 1980. Aussi l'irrédentisme albanais avait-il déjà commencé à faire des démonstrations de force, puisqu'en 1968, des manifestations d'Albanais avaient éclaté au Kosovo et en Macédoine, scandant le fameux slogan « Kosovo République », qui sera repris en 1981. C'est ainsi que les Albanais acquerront un statut d'autonomie en 1974. Mais ils ne s'en contenteront pas, les violences antiserbes redoublant à partir de cette date : agressions, viols, profanations de tombes et de sanctuaires orthodoxes, l'incendie du Patriarcat de Peć restant gravé dans les mémoires serbes. Ainsi, entre 1961 et 1989, d'après l'Institut des statistiques de Serbie, les violences nationalistes entraîneront l'exode de plus de 120 000 Serbes et Monténégrins, la population serbe du Kosovo étant subitement ramenée à moins de 13 % à la veille de la guerre. Il faut bien entendu ajouter que le nombre d'enfants par femme s'élève à 8 ou 9 dans les foyers albanais, ce qui constitue la plus forte démographie d'Europe et l'une des premières du monde, l'augmentation de l'élément albanais ayant été de 250 % en 70 ans !

Toutefois, avant la guerre du Kosovo — et le départ consécutif d'au moins 180 000 civils serbes, chassés par les miliciens de l'UCK à la suite de la « victoire des alliés » — les Albanais formaient entre 75 et 80 % de la population et non pas 90 %, contrairement à ce qui était affirmé dans les médias occidentaux pour justifier *ex ante* l'indépendance du Kosovo, prévue par les « accords » de Rambouillet. En effet, lorsque les médias invoquaient le chiffre *indiscutable* de 90 %, ils comptabilisaient à tort au sein d'un même groupe « homogène », les Albanais catholiques (+ ou – 4 %), les Tziganes (3%), les *Gorancis* (Serbes islamisés : 5 %), les Tcherkesses et Coptes égyptiens (1%, minorités héritées de l'Empire ottoman), et les Serbo-Monténégrins (au moins 12 %). Toujours est-il que, devenus largement majoritaires au Kosovo, les Musulmans albanais considèrent les Serbes comme des « envahisseurs infidèles », dont le pouvoir « chrétien » et injuste, car minoritaire, ne peut être admis. Notons en passant qu'à la différence de leurs frères d'Albanie, les *Shqipétares* sont beaucoup plus marqués par la religion musulmane, l'ex-Yougoslavie de Tito n'ayant jamais entravé, à la différence du régime ultra-athéiste d'Enver Hodja, la pratique et la diffusion du culte musulman. Après les drames subis de part et d'autre durant la guerre, notamment les violents massacres d'Albanais du Kosovo perpétrés par les combattants serbes en représailles aux bombardements de l'OTAN, il est bien évident que la légitimité de la mouvance extrémiste albanaise et la haine antiserbe des *Shqipétares* en sortent renforcées, les Serbes n'ayant plus droit de cité au Kosovo. Or, c'est bien ce résultat, nous le montrerons plus loin, que les Américains recherchaient en préparant le plan Force alliée.

Le rappel de ces différents événements, en particulier les persécutions dont furent victimes les Serbes, conduiront le président Milosevic à supprimer le statut d'autonomie en 1989, non sans avoir exploité les brimades subies par les Serbes pour asseoir à nouveau son pouvoir en se recyclant de manière démagogique dans le nationalisme radical. Soit dit en passant, ce n'est pas l'autonomie du Kosovo qui fut purement et simplement supprimée en 1989, la constitution de la République serbe de 1990 la reconnaissant officiellement, aux côtés de la Voïvodine, mais les éléments supplémentaires que la constitution de 1974 avait apportés au statut des deux régions autonomes. La cause des Serbes du Kosovo aura alors une résonance dans toute la Serbie, ce qui suscitera en 1986 une grande déclaration signée par deux cents intellectuels, religieux, hommes politiques serbes, y compris les rédacteurs du journal d'opposition de centre gauche *Praxis*, exigeant que le gouvernement de Milosevic prenne des mesures radicales pour faire cesser le « génocide » dont étaient victimes les Serbes du Kosovo-Métohija. En 1988, après sept années de violences et de persécutions antiserbes impunies — la justice et la police locales étant encore aux mains des Albanais — les Serbes descendent dans la rue pour réclamer la fin des violences et la suppression du statut octroyé par Tito. Cela débouchera sur le grand discours nationaliste de Milosevic prononcé le 28 juin 1989 devant un million et demi de Serbes venus fêter le six centième anniversaire de la grande bataille du champ des Merles contre les Ottomans, symbole du *conflit de civilisations* perpétuel entre Albano-Musulmans et Serbes.

Les Albanais répondront à la suppression du statut et à la serbisation des emplois publics par le boycott général de toutes les écoles et universités. Une « République du Kosovo » sera proclamée en 1992 par son « président », Ibrahim Rugova. Les 500 000 Albanais immigrés en Allemagne et en Suisse, dont beaucoup de mafieux impliqués dans des trafics de drogue, la mafia albanaise étant l'une des plus puissantes (voir chap. VII, Le « Triangle d'or des Balkans » : un sanctuaire criminel aux mains de la mafia albanaise), apportera dans un premier temps un soutien financier à la « résistance non violente » prônée par Rugova pour sensibiliser la communauté internationale. Mais cette résistance passive sera, dès 1993, concurrencée par une véritable rébellion terroriste armée, orchestrée par le Mouvement populaire albanais (LPK), ancêtre de l'UCK et créé à l'instigation d'étudiants nationalistes albanais pendant les années 80. Après avoir été emprisonnés par le régime de Belgrade à la suite de la révolte estudiantine de 1982, les rescapés du LPK organiseront un meeting public en 1992 ne laissant aucun doute sur la nature de la lutte qu'ils entendaient assigner à ce qui allait devenir l'UCK : la préparation de la guérilla terroriste. L'UCK *(Ushtria Clirimtare e Kosoves)*, Armée de libération du Kosovo, sera en fait officiellement créée en février 1996. Cette même année, l'UCK revendique l'assassinat de deux policiers serbes dans la Drenica, région historique de l'irrédentisme albanais au Kosovo. Dès mars 1996, l'organisation terroriste appelle les *Shqipétares* au soulèvement général. Entre février 1996 et février 1998, elle a déjà commis 152 attentats, responsables de 70 morts, dont une quarantaine de Serbes, notamment une quinzaine de policiers, les autres étant des Albanais modérés considérés comme des « traîtres » par l'UCK. Pour la période allant de 1993 à 1998, l'UCK aurait assassiné près de 200 policiers serbes au Kosovo, 125 civils albanais jugés « collaborateurs » des Serbes, près de 120 civils serbes ou appartenant à d'autres minorités non albanaises du Kosovo (Tziganes, Croates, Monténégrins, Gorancis, etc.) sans parler des 300 civils grièvement blessés par les soldats de l'Armée de « libération ». Rappelons tout de même que le 23 février 1998, l'ambassadeur américain Robert Gelbard, qui soutenait encore à l'époque la solution d'une autonomie douce des Musulmans du Kosovo, avait publiquement annoncé que les États-Unis « combattraient par tous les moyens possibles l'UCK », qu'il qualifiait de « mouvement terroriste », condamnant très sévèrement et « sans équivoque » ses actes de violence, et que la CIA classait toujours parmi la liste des « organisations terroristes anti-occidentales ». Le déroulement de la « crise du Kosovo » convaincra l'équipe Clinton de calmer les ardeurs antiterroristes de l'ambassadeur Gelbard.

Le cercle infernal « provocation-répression-internationalisation » : la stratégie victorieuse de l'UCK

Bien que cela ne justifiât aucunement les atrocités perpétrées par le régime de Milosevic, les actes de terrorisme commis par les séparatistes albanais de l'UCK depuis 1996 provoquèrent bel et bien la terrible répression de la police et de l'armée serbo-yougoslaves. Mais en réagissant de manière si disproportionnée aux provocations de l'UCK, Milosevic tomba dans le piège (certains disent en connaissance de cause) tendu par les guérilleros albano-kosovars et les stratèges américains de l'OTAN : la *stratégie de la provocation* avait pour but exact d'acculer Belgrade aux pires extrémités pour justifier les frappes de l'OTAN. Pour la seule année 1998, l'UCK avait commis plus de 2 000 attaques armées, tuant 180 policiers et 120 soldats serbes, ainsi que 199 civils dont 46 Serbes, 77 Albanais — accusés de coopérer avec eux — et 76 membres d'autres ethnies présentes au Kosovo : Tziganes, Gorancis, Turcs, Slaves non serbes, etc. [8]. Aussi, à partir du printemps 1998, la répression déclenchée par les forces de police serbes, visant à réduire la rébellion terroriste et vider ses bastions, pousse nombre de villageois dans les bras de l'UCK. L'engrenage infernal est enclenché, il ne s'arrêtera plus.

En fait, jusqu'au mois d'octobre 1998, les forces de l'ordre serbes et les soldats de l'UCK s'étaient livrés à des combats que l'on peut qualifier de « classiques » : d'un côté, une guérilla séparatiste *de type terroriste* assassinant civils et policiers serbes et Albanais « traîtres » ; de l'autre, les forces de l'ordre serbo-yougoslaves répondant aux attentats et exécutant des membres de l'UCK, dans une stratégie d'éradication des forces terroristes, opérations de rétablissement de l'ordre inhérentes à tout État souverain désireux de veiller à l'intégrité du territoire et à la sécurité des minorités menacées, en l'occurrence serbes et tziganes, principalement. Cinq mois à peine avant les bombardements, un espoir de paix était réapparu, lorsque le président Milosevic avait accepté l'envoi au Kosovo, le 12 octobre 1998, d'une Mission de vérification internationale (KVM) composée de 1380 observateurs de l'OSCE, ainsi que la signature d'un accord de cessez-le-feu, dit « accord Holbrooke-Milosevic » (16 octobre 1998). La KVM était officiellement chargée, en vertu de la résolution 1199 de l'ONU, de surveiller l'application du cessez-le-feu entre Serbes et Albanais et de faciliter la recherche d'une solution politique.

Après l'accord du 16 octobre, les Serbes tenteront de respecter le cessez-le-feu. Mais ils seront rapidement acculés à relancer des opérations de représailles antiterroristes, la guérilla albanaise poursuivant de plus belle sa stratégie de *radicalisation* destinée tout autant à pousser les Serbes aux solutions extrêmes — pour entraîner l'intervention « occidentale » — qu'à éradiquer le camp modéré d'Ibrahim Rugova, d'ailleurs écarté à partir de cette période. Aussi les « Occidentaux » auront-ils beau jeu de dénoncer les violations de l'accord de cessez-le-feu par Belgrade, les restrictions imposées à la police du ministère de l'Intérieur et à l'armée serbes par ces accords ne pouvant être pleinement respectées, en raison même de la stratégie belliciste de l'UCK. Consciente de sa faiblesse militaire et quantitative et de l'impossibilité de vaincre sur le terrain les forces disproportionnées du régime de

Milosevic, « la technique adoptée dès le départ par l'UCK fut celle de la provocation [9] », constate Roberto Marozzo della Rocca, géopolitologue italien spécialiste des Balkans. « La stratégie de base et à long terme de la partie albanaise (...) consiste à mobiliser un soutien international (...) politique et (...) militaire afin d'obtenir la sécession du Kosovo. Les deux régimes autoritaires, le régime serbe et le gouvernement parallèle des Albanais du Kosovo, nourrissant les extrémismes des deux bords [10] », explique le politologue Dusan Batakovic, un an avant le déclenchement des bombardements sur la Serbie. « L'état de cessez-le-feu [introduit par l'accord Milosevic-Holbrooke] se détériorait sous l'effet de provocantes attaques de plus en plus nombreuses de l'UCK contre les forces de sécurité yougoslaves », raconte l'ancien contrôleur de la Mission de vérification de l'OSCE (KVM), Rollie Keith, difficilement accusable de subjectivité « pro-serbe ». « En réponse, les forces de sécurité serbes et l'armée établissaient des barrages au hasard qui constituaient une certaine gêne pour les mouvements de la majorité des Kosovars. La situation d'ensemble, cependant, était que la majorité de la population s'était calmée après les hostilités de l'année précédente, mais que l'UCK se renforçait et tentait de se réorganiser en vue d'une solution militaire dans l'espoir d'un soutien des militaires occidentaux ou de l'OTAN [11]. » Aussi Rollie Keith confirme-t-il que les terroristes albanais de l'UCK furent « les premiers à violer l'accord et à déclencher à nouveau les hostilités entre les deux parties », hostilités qui conduiront aux violentes représailles serbes, volontairement grossies par l'OTAN et la Mission de l'OSCE (KVM). « Ces provocations, comme l'ont regretté les rapports de l'ONU, de l'OSCE et même de l'OTAN, ont donné un prétexte au retour des troupes serbes au Kosovo [12] », écrit Bernard Adam, directeur du Groupe de recherche et d'information sur la sécurité et la paix de Bruxelles (GRIP), ce qui constitua, certes, une violation flagrante de l'accord de cessez-le-feu Holbrooke-Milosevic du 16 octobre 1998, mais une violation *inévitable* et *prévisible*, dans la mesure où la guérilla albanaise violait impunément ces mêmes accords en conquérant maints villages du Kosovo, Belgrade pouvant difficilement rester impassible devant le spectacle de la sécession d'une partie de son territoire. Car lorsque les troupes serbo-yougoslaves réinvestirent le Kosovo, l'UCK avait pris possession de près des deux tiers du territoire. On assista donc à une politique du « double standard », consistant à blâmer les manquements serbes tout en occultant ceux de la partie albanaise, les violations de cessez-le-feu d'une guérilla terroriste étant certes plus difficile à identifier que la présence de soldats et blindés yougoslaves. Vivement dénoncé par les alliés, rappelons que le renforcement des effectifs de l'armée yougoslave au Kosovo était en partie une réponse au déploiement en Macédoine de la « force d'extraction » de l'OTAN, perçue comme une menace directe par les militaires yougoslaves. C'est ainsi que, malgré la bonne volonté et l'intégrité de ses membres, l'équipe de l'OSCE ne parvint pas à remplir en toute impartialité sa mission en faveur de la paix, son action étant entravée, dès le départ, par l'interférence des services spéciaux américains et anglais qui, à travers William Walker, chef de la KVM, et des structures d'information parallèles, infiltreront la mission de vérification de l'OSCE afin d'orienter les différents rapports dans un sens *unilatéralement* favorable aux éléments terroristes de l'UCK, déjà étroitement liés aux services américains, anglais et allemands, donc à l'OTAN.

Le noyautage de la Mission de vérification de l'OSCE par les services secrets anglo-saxons

La Mission de vérification (KVM) était censée, théoriquement, enquêter sur les « violations des droits de l'homme » perpétrées par les deux parties, et « veiller à l'application de l'accord de cessez-le-feu » Holbrooke-Milosevic. En réalité, William Walker rendait des comptes « non pas aux diplomates européens à la tête des différents départements », explique l'un des membres de la Mission ayant préféré garder l'anonymat, « mais à Fusion, une section du quartier général de l'OSCE à Pristina dirigée par le général britannique John Drewienkievicz, en réalité un centre de coordination aux mains des militaires américains et anglais », rapporte le journal suisse *La Liberté* du 22 avril 1999. Le centre Fusion était chargé de recueillir, *sous couvert* de l'OSCE, des informations stratégiques : positions et déplacements des troupes yougoslaves, transmises immédiatement à l'OTAN. « Ces informations étaient destinées à compléter celles que l'OTAN avait recueillies par satellites. On avait l'impression très nette de faire du travail d'espionnage pour l'Alliance atlantique », raconte Pascal Neuffer, géologue tessinois de 32 ans, membre du contingent suisse de la mission de l'OSCE en mars 1999 [13]. Aussi, lorsque les témoignages recueillis ne correspondaient pas à l'orientation américaine des cadres du centre Fusion, ils étaient manipulés, d'après nombre de témoignages de vérificateurs indignés par ces pratiques partiales. Lors des quatre jours de formation donnée à Pristina aux nouveaux membres des contingents de l'OSCE, « les responsables de la sécurité, quasiment tous Américains, tentaient de susciter une véritable psychose antiserbe et de faire croire que l'ennemi était uniquement serbe et yougoslave, explique Neuffer. Tout cadavre trouvé au Kosovo était automatiquement attribué à une agression commise par la police serbe ». Aussi certains vérificateurs chargés des violations des droits de l'homme participaient-ils aux funérailles des soldats de l'UCK cependant que les nombreux policiers serbes tombés dans une embuscade ne suscitaient ni émotion ni rapport officiel. « Les informations étaient sélectionnées et traitées par Fusion. Quand les rapports n'étaient pas suffisamment critiques sur l'action des troupes serbes, ils étaient modifiés, voire simplement déchirés. » À l'occasion du rejet par la cellule Fusion d'un rapport rédigé par un membre du contingent italien, sur un cas de violation des droits de l'homme par l'UCK, après que l'interprète albanais eut accusé son auteur d'être « pro-serbe », on apprit que les services secrets américains faisaient surveiller les informations et les vérificateurs eux-mêmes par l'intermédiaire d'interprètes albanais, officieusement utilisés comme agents de liaison de Fusion. Des centaines de rapports incriminant sévèrement les soldats de l'UCK seront ainsi détruits peu avant l'évacuation de l'OSCE, par les dirigeants de Fusion, sur ordre de Drewienkiewicz et de Walker.

À une question pertinente posée au cours d'une conférence de presse le 8 janvier au département d'État concernant la composition de l'équipe du KVM, William Walker répondit sans ambiguïté : « beaucoup de membres ont des passés militaires ; un peu moins mais tout de même beaucoup, ont des passés " policiers " ». Aussi les différents services de renseignement occidentaux savent-ils pertinemment que le statut « d'ambassadeur vérificateur » de Walker n'était qu'une couverture, la plupart des agents de l'OSCE ayant été *infiltrés* par des services d'espionnage occidentaux. Surnommé en Serbie le « Richard Butler du Kosovo » — par analogie au responsable de l'UNSCOM, Richard Butler, qui avait justifié, par son rapport truqué, les raids de décembre 1998 sur l'Irak (opération Renard du désert) — Walker a toujours été un agent de liaison du Pentagone, sous couvert de postes diplomatiques. Successivement agent de la CIA puis de la DIA, Walker fit toute sa carrière en Amérique latine où il fut l'adjoint du colonel Olivier North dans les « opérations spéciales » du Nicaragua : livraisons d'armes à la *Contra (Iran-Contra)*, entraînement de mercenaires à la contre-guérilla, formation d'« escadrons de la mort ». Alors « ambassadeur » des États-Unis au Salvador, il envoyait ses recrues faire des « stages » à l'École des Amériques (SOA) de Fort Benning, centre que les Latino-Américains ont baptisé l'« école des assassins ». Ainsi, le 16 novembre 1989, ce furent les stagiaires de William Walker, les soldats du célèbre « bataillon Atlacalt », qui tuèrent dans leur lit en pleine nuit, d'une balle dans la tête, six jésuites, leur cuisinière et son enfant de 15 ans... Dans son récit publié dans *The Consortium*, association pour la presse libre basée en Virginie, le père Don North, témoin des événements, raconte que les victimes furent aplaties à terre par les assaillants et exécutées à bout portant avec des fusils à haute puissance, faisant littéralement exploser leur cervelle. Bien sûr, le haut commandement de l'armée salvadorienne fut directement impliqué, mais Walker, entendu pendant l'enquête, défendit jusqu'au bout le colonel René Emilio Ponce, chef de l'état-major de l'armée salvadorienne, alors favori de Washington et directement en lien avec la CIA. « Des problèmes de gestion arrivent dans une situation comme celle-là », dira Walker au cours d'une conférence de presse. Puis concernant la violente répression générale des dissidents salvadoriens, le chef du KVM déclara : « Je ne l'appuie pas, mais en ces temps de grande émotion et de grande colère, des choses comme ça arrivent [14] »... Tel est le pedigree de l'homme chargé de diriger, « en toute neutralité », pour le compte de l'OSCE, la Mission de vérification au Kosovo et qui montera en épingle l'« affaire de Raçak ». Aussi l'extrême « émotion » exprimée par Walker lors du drame de Raçak peut-elle être relativisée à la lumière du passé impitoyable de cet « homme de terrain ».

En imputant systématiquement aux Serbes les violations des droits de l'homme, loin de remplir son rôle pacificateur, la Mission de l'OSCE contribua en définitive à exaspérer les tensions entre les deux parties adverses et à renforcer l'image négative des Serbes et positive de l'UCK dans les médias, ce qui déboucha sur l'intervention militaire de l'OTAN. Mais pour justifier les bombardements, il fallait, pour les stratèges américains, accuser les Serbes d'entreprendre une « épuration ethnique » au Kosovo et de déclencher un exode massif d'Albanais, les raids de l'OTAN étant présentés au public occidental comme la seule manière d'empêcher une « catastrophe humanitaire ». Pour ce faire, et aussi étonnant et cynique que cela puisse paraître, les stratèges de l'OTAN déclenchèrent une « stratégie infernale » en deux temps : premièrement, faire en sorte que les Serbes ne signent pas les accords de Rambouillet en incluant dans ceux-là des clauses *inacceptables* pour tout État souverain, refus de signature de la partie serbe qui justifiera le *déclenchement* des bombardements ; deuxièmement : accuser Milosevic de perpétrer une « catastrophe humanitaire », voire un « génocide » au Kosovo, afin de justifier *a posteriori* — une fois l'exode et la « catastrophe humanitaire » largement aggravés, voire effectivement *provoqués* par les bombardements de l'OTAN — ces mêmes « frappes aériennes » et ses nombreux « dommages collatéraux ». Empêcher la « catastrophe humanitaire » et obtenir la signature, par les Serbes, du plan de Rambouillet, tels étaient pourtant, les *buts de guerre* officiels des alliés.

Comment Washington fit échouer les négociations de Rambouillet

Les négociations sous égide internationale en vue du règlement de la crise du Kosovo commencèrent en octobre 1998, avec l'accord Holbrooke-Milosevic, et à travers la médiation de l'ambassadeur américain Christopher Hill. Après avoir été encadrées par le Groupe de contact, composé des États-Unis, du Royaume-Uni, de l'Allemagne, de la France, de l'Italie et de la Russie, elles débouchèrent sur les réunions de Rambouillet et de Paris, en février et en mars 1999. Dès le départ, les négociations furent présentées comme les « tentatives de la dernière chance ». Et c'est officiellement parce que les autorités serbo-yougoslaves n'acceptèrent pas *la totalité* du texte proposé (elles voulurent amender le volet politico-militaire), au contraire des Albanais qui signèrent le plan [dit] de Rambouillet, que l'OTAN déclencha les bombardements aériens sur le Kosovo et le reste de la Serbie. Mais à cette étape de l'analyse, deux questions majeures se posent :

— que s'est-il réellement passé pour que soient déclenchés 78 jours de bombardements intensifs, sans mandat de l'ONU et sans l'accord de deux membres du Conseil de sécurité de l'ONU (Russie, Chine), contre un *État souverain* n'ayant agressé *aucun* autre État souverain ?

— ne pouvait-on pas éviter l'emploi *disproportionné* de la force et a-t-on épuisé *tous* les moyens diplomatiques ?

Pour répondre à la première question, il faut rappeler que les Serbes, désignés *d'office* comme les *coupables* et les uniques responsables d'un échec éventuel des négociations, furent sommés, dès le départ, de signer un texte prérédigé par les chancelleries « occidentales » (désaccord russe sur une partie du texte) sans conditions ni amendements possibles, sous menace d'être *ipso facto* bombardés, tandis que la partie albanaise avait pu émettre souverainement des réserves sans subir des menaces équivalentes. Aussi les négociations étaient-elles faussées dès le commencement, sans parler des conditions douteuses et des manquements au devoir de transparence dans lesquelles les organisateurs de la conférence maintiendront le public dans l'ignorance des textes de Rambouillet. En effet, le « document de Rambouillet » n'étant pas destiné au public — le quai d'Orsay refusera de le communiquer à la presse tout au long des négociations — c'est sous la pression médiatique, que le ministère français des Affaires étrangères permit au directeur du *Monde diplomatique*, Ignacio Ramonet, de venir consulter sur place à titre exceptionnel l'obscur texte, lequel finira par être diffusé sur Internet en anglais *après* le déclenchement des bombardements. Il était donc aisé, pour les stratèges de l'OTAN, de fustiger le refus serbe de signer le plan de Rambouillet, supposé être un « accord » entre deux parties, alors que les médias ne savaient de cet ultimatum, présenté à la signature des parties, que ce qu'en disaient les organes de « communication » de l'OTAN et du département d'État américain.

Présentés à tort comme une « initiative européenne » (ce qui était *formellement* et *initialement* vrai), les principaux points des accords de Rambouillet reproduisaient en réalité les propositions d'un projet de règlement *américain* élaboré par M. Hill, assistant de Richard Holbrooke, ex-secrétaire adjoint et médiateur américain en ex-Yougoslavie, venu à Belgrade au début de l'été 1998 pour exiger du président Milosevic qu'il négociât avec les dirigeants de la communauté albanaise du Kosovo, théoriquement Ibrahim Rugova, vainqueur des élections organisées au sein de la communauté albanokosovare le 22 mars 1998. La rencontre entre le président Milosevic et Ibrahim Rugova n'ayant pas débouché sur un accord politique, et les États-Unis considérant déjà les cadres de l'UCK comme des interlocuteurs plus « intéressants » que le pacifiste « président du

Kosovo », c'est-à-dire plus susceptibles de collaborer efficacement avec Washington et « d'encadrer » les *Shqipétares* dans une optique résolument *guerrière*, la compétition entre les partisans de Rugova et d'Adem Demaci, alors chef de file de l'UCK, firent échouer la première tentative d'accord. Hill reçut alors l'ordre du département d'État de rédiger derechef un projet de règlement politique *unilatéral*. Ce projet prévoyait que « les frontières de la Yougoslavie seraient théoriquement maintenues, explique Paul-Marie de la Gorce, que le Kosovo se verrait doté d'une " autonomie substantielle " qui lui donnerait, en pratique, toutes les attributions internes d'un État ; et la province serait occupée par des forces de l'OTAN, garantes de l'application des accords conclus. Bref, l'architecture du plan qui sera présenté plus tard à Rambouillet figurait déjà tout entière dans le projet de M. Hill [15] ».

Le Groupe de contact devant tenir compte, du moins au départ, des positions russes et italiennes, les moins inconditionnellement pro-albanaises, une première version officielle, « douce » des accords de Rambouillet, fut présentée aux deux parties adverses. Mais forts du soutien américain et de leur légitimité médiatique, renforcée avec le « massacre de Raçak », les membres de la délégation albanaise rejetèrent catégoriquement cette première version [16], au motif que l'indépendance du Kosovo n'était pas explicitement prévue, tandis que la partie serbe en accepta *tous* les points, ce que la presse et l'OTAN se gardèrent de révéler. Parallèlement, la situation s'envenimait sur le terrain militaire, les forces serbes étant sur le point de réduire à néant la rébellion séparatiste de l'UCK dans le cadre d'un plan de contre-offensive antiterroriste. L'opération Fer à cheval, qui consistait à déployer des troupes serbes en fer à cheval, à partir du nord du Kosovo afin de refouler les soldats de l'UCK ainsi qu'une partie de la population albanaise du territoire par le sud, l'est et l'ouest, était sur le point d'être lancée, raison pour laquelle le président Milosevic était resté à Belgrade et ne s'était pas rendu à Rambouillet.

Craignant qu'une solution diplomatique et qu'une élimination définitive de l'UCK par Belgrade ne viennent compromettre leur plan de guerre, inévitable et programmé depuis près d'un an, les États-Unis envoyèrent à ce moment Madeleine Albright « reprendre les choses en main » à Rambouillet, officiellement pour faire aboutir plus rapidement les négociations en faisant pression sur les deux parties. Madeleine Albright déploya en fait toute l'énergie possible pour convaincre les représentants de l'UCK et la partie albanaise de signer l'accord, faisant venir devant eux Wesley Clark, chef de l'OTAN. Aussi des pourparlers directs, plus ou moins secrets, furent-ils établis entre diplomates américains et membres de la délégation de l'UCK, en Albanie, par l'intermédiaire du sénateur Bob Dole, principal représentant du lobby albanais aux États-Unis. Au mois de mars 1999, alors que les mouvances pacifistes albanaises (Rugova) venaient d'être délaissées par le département d'État, six représentants de l'UCK étaient officiellement invités à Washington (Hashim Thaci, Jakup Krasniqi, Ram Buja, Ramush Haradini...). Dominée par les éléments radicaux de l'UCK, la délégation albanaise à Rambouillet était assistée par deux « conseillers juridiques » américains, dont l'un, l'avocat Morton Abramowitz, est un homme-clé du Renseignement américain. En 1985, il avait été à l'origine de la fourniture des missiles sol-air Stinger aux islamistes afghans lorsqu'il était le directeur du Bureau of Intelligence and Research (INR), service dépendant du département d'État. Dans son ouvrage *Guerre du Kosovo*, Éric Laurent révèle que Robin Cook, ministre britannique des Affaires étrangères, avait quant à lui secrètement joint, par téléphone satellite, Hashim Thaci. Celui-là avait dépeint une situation apocalyptique, parlant d'« épuration » et de « génocide » pour décrire le sort des populations albanophones fuyant les représailles de l'armée serbe et se réfugiant par dizaines de milliers dans les bois ou dans les collines neigeuses, « informations plausibles mais impossibles à vérifier », commente l'auteur. Les Anglo-Américains devaient agir vite pour contraindre les représentants de l'UCK de signer, condition *sine qua non* pour bombarder la Serbie, avant que l'armée serbe ne réduise définitivement les forces de l'UCK et que les Albanais « réfugiés de l'intérieur » ne retrouvent leurs demeures, exceptées certains villages du Nord destinés à quitter le Kosovo dans le cadre d'une partition ultérieure. Dans ses pourparlers avec la délégation shqipétare, Madeleine Albright avertit les représentants de la branche albanaise dure : « si vous ne signez pas les accords de Rambouillet, nous ne pourrons pas bombarder les Serbes ». Ainsi, aux termes de longues tractations, qui passeront par la nomination du même Hashim Thaci à la tête de l'UCK et d'un « gouvernement provisoire » du Kosovo, Londres et Washington s'engageront sur *quatre points* considérés comme incontournables par l'UCK : organisation d'élections le plus rapidement possible, pour que le « gouvernement » de l'UCK puisse prendre au plus vite la province en main ; exclusion des armes individuelles du plan de désarmement des milices prévu par Rambouillet (« démilitarisation » et non plus désarmement complet) ; présence des forces de l'OTAN pour garantir toute remise en cause du statut provisoire du Kosovo ; référendum d'autodétermination au bout de trois ans, donc *reconnaissance implicite* de l'indépendance du Kosovo.

Contrairement à ce qu'affirmèrent les Occidentaux, le gouvernement yougoslave accepta les principaux points du volet politique du nouveau plan de paix de Rambouillet, au grand dam des Américains : un Kosovo-Métohija jouissant d'une certaine autonomie, puis la définition d'un futur statut de la province à l'issue d'une période d'adaptation de trois ans. La délégation serbe n'avait rejeté que les propositions, *inacceptables* pour tout État souverain, des volets militaire et juridictionnel [17] : présence des forces de l'OTAN en Serbie ; immunité et droit de passage illimité des troupes étrangères en ex-Yougoslavie, etc. La partie yougoslave, par la voix du représentant du gouvernement de Belgrade à Rambouillet, Milan Milutinovic, avait même amorcé l'esquisse d'un compromis, évoquant la possibilité d'une « présence internationale » au Kosovo, à condition qu'il s'agisse de forces d'interpositions russo-européennes (de pays *non membres de l'OTAN*, comme la Suède, la Suisse, etc.) ou même de Casques bleus de l'ONU, requête somme toute compréhensible de la part d'un État souverain non membre de l'OTAN. La Russie, membre théoriquement incontournable de l'ONU et du Groupe de contact, avait appuyé la proposition serbe. Mais côté occidental, aucune suite ne fut donnée aux propositions constructives des Russes et des Serbes. L'incapacité totale des forces de l'OTAN (KFOR), acquises dès le départ à l'UCK, à éviter les massacres actuellement perpétrés contre les Serbes, la fuite massive de ces derniers vers la Serbie, depuis la fin des bombardements (juin 1999), ainsi que la mainmise de l'UCK – baptisée et jamais réellement désarmée — sur le Kosovo, sont les preuves *a posteriori* que les exigences serbo-russes étaient fondées.

Toujours est-il que le Groupe de contact chargé de gérer le dossier yougoslave présenta — sans tenir compte des réserves de l'un de ses membres les plus influents, la Russie, ce qui équivaut à une illégalité — la version définitive, revue et corrigée par les proches conseillers de Clinton, texte final du « plan de paix » cédant sur presque tous les points aux exigences albanaises. Trois volets du plan était donc, rétrospectivement, problématiques : le volet *politique,* le *volet militaire* et le *statut intérimaire* de l'accord de Rambouillet.

Concernant le *volet politique*, le Kosovo obtenait « un statut dont on peut considérer qu'il assure une véritable indépendance de fait [18] », explique Olivier Corten, chercheur au Centre de droit international et de sociologie appliquée de Bruxelles. Indépendance annoncée à travers la liste extrêmement limitée des compétences réservées à la Fédération (douane, monnaie commune — ce qui n'est déjà plus le cas, le mark ayant été officialisé —, taxation fédérale, élections fédérales, compétence en matière d'intégrité territoriale — rendues totalement fictives par le volet militaire, etc.) et dans le fait que le Kosovo se voyait attribuer les principales caractéristiques d'un État *souverain* : constitution (sur laquelle la constitution yougoslave ne peut prévaloir), président élu, cour constitutionnelle, police propre, etc. « C'est véritablement une confédération qui est instituée, atteste Olivier Corten, les autorités yougoslaves n'ayant plus aucune forme d'autorité sur les institutions kosovares, et ce tant sur le plan législatif que sur le plan judiciaire ou sur le plan exécutif [19]. » Aussi le futur statut du Kosovo, théoriquement encore simple province de la Serbie, devait-il désormais prévaloir sur *toutes* les dispositions constitutionnelles et législatives de la Fédération yougoslave, qui y deviendraient caduques. Au total, le document de Rambouillet consacrait plus d'une soixantaine de pages à l'organisation politique, administrative, juridique, policière et financière du Kosovo, sans même que ni Belgrade ni les Albano-Kosovars ne soient consultés.

Concernant le *volet militaire*, celui-ci était encore plus inacceptable pour Belgrade et par quelque État souverain que ce soit, d'ailleurs. Il s'agit essentiellement du chapitre VII du plan en vertu duquel (I § 1) : « Les parties acceptent que l'OTAN établira et déploiera une force qui sera composée d'unités de terre, d'air, de marine », etc. On remarquera que n'étaient prévus ni une limite de temps, ni un nombre maximum d'hommes ou d'unités, ni même le nom ou le nombre d'États amenés à déployer leurs troupes, ce que les accords de Dayton eux-mêmes n'imposèrent pas aux Serbes, aux Croates et aux Bosniaques. Particulièrement problématique, le statut de la KFOR prévoyait l'interdiction de survol du Kosovo (en plus d'une zone de 25 km bordant son territoire) par les forces aériennes serbo-yougoslaves (article X), ainsi que la possibilité, pour le commandant de la KFOR, de trancher (article XV) en cas de contentieux d'interprétation. Plus impensable encore pour tout État souverain, l'occupation militaire du Kosovo par les troupes de l'OTAN était assortie d'un régime *d'immunité civile et pénale* quasi illimitée dans toute la Serbie pour les membres de l'OTAN ainsi que d'un droit de *libre circulation* dans *toute la République yougoslave* ! Enfin, le volet transitoire apparaissait encore plus surréaliste, puisqu'il stipulait que l'« ensemble des dispositions de l'accord sont provisoires » et que le mandat de trois ans prévu pour le président du Kosovo (article II § 1 de la constitution) ainsi que pour les membres de son Parlement (article II § 2) correspondaient au fait que le régime devait être révisé tous les trois ans. D'après Éric Laurent, l'objectif réel de la conférence de Rambouillet était bel et bien de « négocier un accord intérimaire de trois ans établissant une " autonomie substantielle " pour le Kosovo. En appuyant clairement l'idée d'une autodétermination à propos du futur statut de la région, les Américains envoyaient un signal clair aux yeux des délégués albanais : l'indépendance sera concédée [20] ». Aussi l'expression anglaise utilisée : *will of the people*, invite-t-elle assez clairement à un référendum d'autodétermination.

C'est ainsi que la signature, durement négociée, de la partie albanaise, était acquise *in extremis* le 18 mars. Mais alors que les représentants russes du Groupe de contact avaient refusé d'entériner plusieurs points du document final (lequel ne reflétait donc point une position commune de l'ensemble du groupe) et que les Européens n'étaient pas opposés à la poursuite des négociations, les Américains passèrent outre les réticences russes et mirent les Serbes au pied du mur : « Serbes, signez ou vous êtes bombardés. » En définitive, tout semblait avoir été fait pour susciter un refus des Serbes.

« Le texte de Rambouillet a été vendu à l'UCK, qui au début le rejetait, comme moyen de faire peser toute la force de l'OTAN sur la Serbie, et ceci peut avoir incité Milosevic à accélérer la répression contre l'UCK, avant que les bombes tombent », explique Henry

Kissinger, l'une des principales personnalités américaines les plus vivement opposées à cette guerre, car le débat fut virulent outre-Atlantique, « les Serbes ont rejeté l'accord de Rambouillet parce qu'ils y ont vu le prélude à l'indépendance du Kosovo. Ils ont aussi vu la présence des troupes de l'OTAN comme une sorte d'occupation étrangère. La Serbie, dans le passé, a résisté aux Empires ottoman et autrichien, à Hitler et à Staline. Même s'ils étaient bombardés jusqu'à la capitulation, on pourrait difficilement s'attendre à ce qu'ils approuvent une telle solution. De même, pour l'UCK, l'objectif était l'indépendance et non l'autonomie. Rambouillet était pour eux le moyen tactique de déclencher la puissance aérienne de l'OTAN contre les Serbes haïs [21] ». L'exclusion quasi officielle des Russes, seuls « alliés civilisationnels » des Serbes, donc seuls capables de faire réellement pression sur eux, apporta la preuve que les « négociations de Rambouillet », au départ voulues par les Européens pour dégager une issue pacifique à la crise, avaient évolué, sous l'emprise de Washington, en une parodie de négociations, biaisées *ex ante* et destinées à justifier une guerre de l'« Occident » contre la Serbie. La Yougoslavie était en fait le point de focalisation d'une stratégie américaine *globale* dépassant de très loin les seuls problèmes et responsabilités serbes dans le drame du Kosovo, drame indéniable, mais infiniment moins que tant d'autres conflits identitaires de par le monde.

Alors pour répondre à la seconde question, avait-on épuisé toutes les voies diplomatiques ? Il serait très difficile de répondre par l'affirmative, à la lumière de l'histoire réelle de la conférence de Rambouillet. Car « mener une négociation reposant sur un projet d'accord entièrement rédigé dans les chancelleries étrangères, ironise Henry Kissinger, et tenter de l'imposer par la menace de bombardements aériens, a seulement abouti à exacerber la crise du Kosovo [22] ». En fait, le 22 avril, à l'issue des discussions avec Slobodan Milosevic, Victor Tchernomyrdine, envoyé spécial de Boris Eltsine, avait annoncé que Belgrade acceptait « le principe du déploiement d'une force internationale », Moscou proposant de son côté une « supervision internationale » c'est-à-dire la reprise des principaux points des accords de Rambouillet et même des exigences de l'OTAN, mais à condition que la force internationale de maintien de la paix au Kosovo soit placée sous l'égide de l'ONU et intègre la Russie et d'autres États non membres de l'OTAN au même titre que les États occidentaux. Mais ces derniers ne cédèrent pas et, au mépris des règles élémentaires de la diplomatie internationale et des prérogatives de l'ONU, rejetèrent les propositions constructives et, somme toute, réalistes des Russes. Washington, Londres et Bonn ne pouvaient pas céder sur ce point précis — quitte à ce que le droit international et l'ONU, pourtant tant invoqués, soient bafoués — non pas pour des raisons humanitaires d'efficacité, mais parce que le principal but de guerre officieux de l'intervention au Kosovo était précisément la justification de l'extension de l'OTAN en Eurasie et dans les Balkans. Alors qu'aucune convention internationale ni même ses statuts ne l'autorisent à s'auto-saisir et encore moins à intervenir contre un État souverain n'ayant pas menacé un autre État, l'OTAN, dépourvue de mandat explicite de l'Assemblée générale de l'ONU ou même de l'accord du Conseil de sécurité, a bel et bien délibérément opté, dès le départ, pour une *stratégie belliciste*. Si « intransigeance » il y a, en tout cas, elle ne fut pas le fait de la seule partie serbe. « Il faut rappeler que dès janvier (soit avant le début de la première conférence), le conseil de l'OTAN avait déclaré qu'il se réserverait le droit de recourir à la force militaire en cas d'échec (déclaration de Bruxelles du 30 janvier 1999). Dans ces conditions, il était évident que la partie qui souhaitait une intervention armée n'avait aucun intérêt à ce que les négociations aboutissent [23]. » Ainsi, au lieu de prendre en compte, sans pour autant les avaliser, les objections yougoslaves, et d'essayer de dégager des solutions de compromis plus équilibrées, puisqu'il s'agissait de trouver un « accord », l'option choisie a été, dès le début, l'usage de la force, alors qu'en matière de diplomatie, le recours à la force doit être l'*ultima ratio*, le « dernier ressort » et non pas le premier. La guerre aurait été peut-être acceptable dans le cadre d'une résolution du Conseil de sécurité, au cas où l'une ou l'autre des parties bellicistes, l'UCK ou le gouvernement de Milosevic, aurait violé le compromis dégagé, car un tel compromis *était sur le point* d'être obtenu.

En l'absence de légitimité et de légalité internationale, les Américains et stratèges de l'OTAN avaient besoin de *justifier* par *l'émotion médiatique* et l'alibi « humanitaire » ce qui est de plus en plus considéré aujourd'hui comme une véritable punition collective de la Serbie, une *guerre totale* dépassant largement les drames humains instrumentalisés du Kosovo. Une guerre motivée par la « volonté de puissance américaine » et l'extension de l'OTAN en Eurasie devenue une « guerre juste », légitime, grâce à l'habillage « humanitaire » et à une préparation télématique et psychologique des masses européennes et occidentales, conditionnées pour avaliser ce qu'ils auraient considéré comme une guerre « impérialiste » dans d'autres circonstances (guerre d'Algérie, Vietnam, guerre du Golfe même). C'est ainsi que les stratèges, services secrets et médias anglo-saxons monteront en épingle la fameuse affaire du « carnage de Raçak », prétexte au déclenchement accéléré des « frappes ». La tuerie de Raçak indignera le monde entier et achèvera de *diaboliser* à jamais les Serbes, cependant qu'elle permettra de faire passer des terroristes de l'UCK, étroitement liés au trafic international de drogue et à la mafia albanaise, pour des « démocrates », des « combattants de la liberté », des victimes suscitant la compassion populaire médiatisée.

La mise en scène de Raçak, version albano-américaine du « syndrome de Timisoara »

D'après la version officielle de l'OSCE (Organisation pour la sécurité et la coopération en Europe), de l'OTAN et de la télévision américaine CNN, reprise par la plupart des médias occidentaux, un horrible « carnage » aurait eu lieu dans le village de Raçak, situé au sud de Pristina, le 15 janvier 1999, au cours duquel 45 « villageois » albanais — hommes, femmes et enfants — auraient été sauvagement exécutés par la police serbe. Pendant plus de quatre jours, en pleine négociation de Rambouillet, le village, jusqu'alors totalement inconnu, de Raçak fera la une des médias du monde entier.

Or, si l'on reprend la chronologie et les faits, avec le recul qui s'impose et surtout à la lumière des expertises et contre-expertises, les choses ne se sont pas vraiment produites comme on l'affirma. Tout d'abord, William Walker, chef de la KVM, est averti par les Serbes, la veille des combats, qu'une opération de police est sur le point d'être menée contre le bastion de l'UCK de Raçak, suite à des attaques de l'organisation terroriste contre les forces serbes, l'UCK ayant rompu en premier le cessez-le-feu signé entre les deux parties le 16 octobre 1998. Le lendemain du « massacre », seulement, Walker arrive sur les lieux de l'affrontement à la tête d'une cohorte de journalistes. Voyant une rangée de cadavres ostensiblement exhibés par des soldats de l'UCK, qui avaient repris possession des lieux la veille au soir, après les combats, le chef de la Mission de l'OSCE déclare précipitamment aux médias, avant même de faire réaliser l'enquête de rigueur : « Il n'y a pas de mots pour décrire son dégoût personnel à la vue d'une aussi inimaginable atrocité », « carnage » que Walker ira jusqu'à qualifier de « crime contre l'humanité », rendant séance tenante les Serbes comme seuls responsables d'atrocités attestées par la seule partie adverse, ce qui contrevient à la prudence et aux lois élémentaires de la justice. Augmentant les enchères, le président Clinton déclara à chaud qu'il s'agissait « d'un meurtre délibéré destiné à semer la terreur dans la population du Kosovo » et convoqua d'urgence le Conseil atlantique (composé des ambassadeurs des seize membres de l'Alliance) qui condamna les « massacres » et dépêcha sur-le-champ le général Wesley Clark, commandant des forces alliées en Europe, à Belgrade. De son côté, Belgrade dénonça « un mensonge » et une manipulation puis remit un ordre d'expulsion à William Walker, estimant que par son « parti pris en faveur des terroristes », celui-là s'était « disqualifié pour sa fonction ». La nuit même du « massacre de Raçak », Radio France internationale signalait, dans l'indifférence générale, que 1 000 corps de civils innocents et désarmés, à la différence des miliciens de l'UCK, avaient été ramassés dans le centre-ville de Freetown, en Sierra Leone, alors qu'une vingtaine de bergers également sans armes venaient d'être égorgés en Algérie et que Chrétiens avaient été brûlés par des Musulmans en Indonésie, cependant que des populations hindoues étaient passées au fil de l'épée par des indépendantistes islamistes « afghans » au Cachemire. Mais ces « faits divers », dans lesquels les États-Unis ont comme par hasard une responsabilité plus ou moins directe, puisqu'ils sont en grande partie à l'origine de l'internationale islamiste « afghane » qui sévit dans ces différents pays, ne furent pas qualifiés de « crimes contre l'humanité »... Aussi de nombreux points de l'« affaire de Raçak » restèrent non élucidés : la présence ostensible de nombreuses douilles et de sang autour des cadavres, le nombre exact de ces derniers, puis l'âge et le sexe des victimes « civiles ».

Que s'est-il vraiment passé ? En fait, après avoir averti les vérificateurs de l'OSCE, et en représailles à une vague d'attentats antiserbes perpétrés la semaine précédente, les forces de l'ordre yougoslaves avaient effectivement lancé une opération antiterroriste contre le village de Raçak, fief de l'UCK, qui avait depuis plusieurs mois rompu les accords de cessez-le-feu, et une équipe de l'agence américaine APTV avait été autorisée à filmer les combats. À 15 heures précises, les forces serbes contrôlaient le terrain, le centre de presse de Pristina annonçant la mort effective de quinze combattants de l'UCK. D'après les différentes versions, le chiffre des victimes varierait du simple au triple : entre 15 et plusieurs dizaines selon Belgrade, 37 selon l'OSCE, 45 pour les Américains, 51 selon les Albanais. Mais les images de la cassette tournée par l'équipe d'APTV contredisent radicalement les différentes versions officielles recueillies et diffusées par la presse occidentale. Sur le film, c'est un village quasiment vide que les policiers investissent. En revanche, les Serbes subissent un feu nourri venant des tranchées de l'UCK creusées juste au-dessus du village. Comment les forces serbes auraient-elles pu rafler des civils dans des maisons apparemment désertées ou évacuées en prévision de la contre-offensive ? À supposer qu'ils l'aient fait, comment auraient-ils procédé, puisqu'ils étaient à la fois sous le tir des combattants de l'UCK et devant les caméras des journalistes d'APTV ? On sait aujourd'hui, grâce aux différentes enquêtes des médecins légistes de plusieurs pays, que les « villageois » en question étaient des soldats de l'UCK habillés en civils, âgés de 20 à 50 ans, et qu'il n'y avait qu'une seule femme et pas d'enfants. En plus, une partie des tués n'étaient pas originaires du village. Ce n'est en fait qu'à partir de 15 h 30 que les assaillants évacuèrent les lieux et que les journalistes et observateurs de l'OSCE entrèrent. De fait, ces observateurs, restés sur place jusqu'au retrait des forces serbes, trouveront des morts dans certaines maisons et quelques blessés auxquels ils porteront secours. Mais aucune trace d'une quelconque « tuerie ». Ils resteront jusqu'à la tombée de la nuit à discuter avec les villageois qui ne signaleront aucune exaction particulière.

C'est en réalité le lendemain matin que les journalistes et observateurs, encadrés par les soldats de l'UCK, subitement réapparus au cours de la nuit, seront dirigés vers un fossé rempli de cadavres de présumés civils albanais. À ce moment seulement apparaît la version « officielle » du « charnier » développée par les indépendantistes de l'UCK et William Walker. Cette version des faits, aussi impartiale que peuvent l'être celle des guérilleros, sera reprise et même enjolivée par les médias occidentaux : le vendredi 15 janvier, vers midi, des policiers serbes cagoulés seraient entrés dans les demeures, puis auraient abattu d'une balle dans la nuque les villageois après les avoir emmenés sur les hauteurs du village. Ce n'est que par la suite que l'on rajoutera les allusions aux tortures, femmes, hommes âgés et enfants assassinés, scalps et autres mutilations. « L'UCK aurait-elle pendant la nuit rassemblé les corps, effectivement tués par balles serbes, pour mettre en scène une exécution de sang-froid ?(...). Intelligemment, l'UCK aurait-elle cherché à transformer une défaite militaire en victoire politique [24] ? », questionne le reporter Renaud Girard. En fait, les violents combats entre Serbes et Albanais de l'UCK ayant empêché pendant deux jours les enquêteurs de l'OSCE d'approcher, les spécialistes et médecins légistes finlandais et biélorusses ne commenceront leur travail qu'à partir du 19 janvier 1999.

D'après ces médecins légistes venus enquêter sur demande des instances internationales, tous ont été tués par balles à longue distance, ce qui dément formellement les commentaires effectués à chaud par *Le Monde* du 19 janvier 1999 faisant mention d'assassinats « à bout portant ». Mieux, dans son rapport remis le 17 mars aux autorités juridiques de Pristina et au gouvernement allemand, Helena Ranta, responsable de l'équipe scientifique de l'Union européenne, à la tête de l'équipe de médecins légistes, a intentionnellement évité d'utiliser le terme de « massacre », l'enquête scientifique ne fournissant *aucune preuve* confirmant la version des tueries à bout portant. Près des cadavres, des armes et des radios avaient été retrouvées et des tranchées profondes avaient été creusées, ce qui confirme l'information d'après laquelle Raçak était une base terroriste de l'UCK.

Comme par hasard, la mise en scène de Raçak, directement inspirée des précédents de Timisoara et du « marché de Markalé » en Bosnie, survint juste après les menaces du général Wesley Clark, commandant en chef de l'OTAN, avertissant les Serbes que l'OTAN ne « permettrait pas que se renouvelle la catastrophe humanitaire de l'été 1998 » et qu'ils pouvaient « s'attendre à une grande offensive » si Milosevic n'acceptait pas de signer les accords de Rambouillet avec les Albanais. Comme en 1995, où de fausses accusations contre les Serbes avaient servi à justifier les raids américains contre les positions serbes, la mise à la une de la « tuerie de Raçak » avait pour but de *préparer* l'opinion publique à d'éventuels raids sur la Serbie.

LE GÉNOCIDE DES ALBANAIS DU KOSOVO, L'« ACCUSATION-MIROIR » DE L'OTAN

Comme nous l'avons vu, le 16 octobre 1998, au moment où la CIA ou la DIA pouvaient sans difficultés éliminer Slobodan Milosevic, l'ambassadeur américain Richard Holbrooke signait avec celui qui n'était pas encore le « tyran des Balkans », un accord de cessez-le-feu mettant fin à huit mois de conflit entre Serbes et terroristes de l'UCK. Pendant ces huit mois, il n'avait jamais été question de « génocide » ni même « d'épuration ethnique », encore moins de « déportations », terme doublement abusif puisqu'il revient à assimiler les exilés albanais aux Juifs déportés dans les camps d'extermination nazis, parallèle irrecevable car les Albanais « déportés » revinrent, eux, sains et saufs, et les « camps » où ils s'étaient rendus en Macédoine, au Monténégro, en Albanie ou en Occident n'étaient aucunement des « camps d'extermination », mais des camps de réfugiés contrôlés par les organisations humanitaires internationales. Bien entendu, il ne faudrait pas déduire des lignes qui suivent que la partie serbe n'a jamais commis d'atrocités au Kosovo. Même si les preuves irréfutables ne sont toujours pas établies, à part peut-être les 290 victimes mentionnées par le Tribunal pénal international pour l'ex-Yougoslavie (TPIY), encore que celui-là ne fasse pas toujours preuve d'une grande impartialité, des sources serbes confirment les informations « occidentales » d'après lesquelles des groupes paramilitaires ou des milices proches des mouvances ultra-radicales-nationalistes serbes auraient perpétré des pogroms, exactions, meurtres et autres atrocités.

Toujours est-il que, d'après la version officielle des états-majors occidentaux et de l'OTAN, les Serbes auraient déclenché une opération de « purification ethnique » contre les Albanais (opération Fer à cheval), qui justifiait le déclenchement de l'intervention de l'OTAN contre la Serbie. En fait, l'opération Fer à cheval était bel et bien planifiée, mais non seulement elle ne sera réellement mise en œuvre qu'*après* les bombardements de l'OTAN, aux termes d'une stratégie d'internationalisation et d'engrenage de la violence délibérément provoquée par l'UCK, mais il ne s'agira en aucun cas d'une « purification ethnique » ou d'un « génocide ». Avant le 24 mars donc, les milices de l'UCK ayant pris possession des deux tiers du Kosovo et repris l'offensive en toute impunité, l'armée et les forces de l'ordre yougoslaves menèrent des opérations de contre-guérilla d'une grande violence, certes, avec même certains cas d'atrocités, mais dont le nombre de morts (en grande majorité des soldats de l'UCK) ne dépassera pas 2 500 victimes, principalement des guérilleros de l'UCK ou leurs collaborateurs proches, comme cela est aujourd'hui reconnu [25]. On est donc bien loin des *centaines de milliers* de victimes d'un « génocide » planifié et mis à exécution par le « boucher des Balkans », même si les représailles serbes furent souvent disproportionnées et d'une violence extrême.

« Nous devons agir pour épargner la mort à des milliers d'hommes, de femmes et d'enfants innocents, victimes d'une catastrophe humanitaire, de la barbarie et de la purification ethnique orchestrée par une dictature brutale », lançait le Premier ministre Tony Blair à la Chambre des communes le 22 mars 1999, faisant écho à ceux du président William Clinton : « nous voulons empêcher Milosevic de remporter une victoire militaire et d'engager une purification ethnique à l'encontre d'un peuple innocent, c'est pourquoi nous devons tout faire pour le pousser à accepter les accords de paix ». Ainsi se résument les deux principaux *buts de guerre officiels* affichés par l'état-major de l'OTAN. Pourtant, la chose est désormais incontestable, la « catastrophe humanitaire » que les raids de l'OTAN étaient censés stopper fut bel et bien sinon déclenchée du moins considérablement aggravée par ces mêmes « frappes » aériennes. Nous l'avons vu, non seulement l'UCK se devait de provoquer Belgrade pour envenimer la situation et justifier les « frappes », mais celles-là allaient avoir pour principal effet d'acculer les extrémistes serbes aux solutions les plus violentes et de provoquer cette fois-là une réelle catastrophe humanitaire. Les conclusions du rapport de la mission des États-Unis remis au secrétaire général de l'ONU Kofi Annan sont formelles : « Durant la période allant du 24 mars (début des frappes) au 10 avril, le Kosovo a été le théâtre d'un déchaînement de meurtres, d'incendies volontaires, de pillage, d'expulsions forcées et d'actes de violence, de vengeance et de terreur. » « L'horreur a donc bien commencé le 24 mars », confirme Jean-François Kahn (*Marianne*, 12-18 juillet 1999). Essayons seulement d'examiner de plus près ce qui fut présenté, avant le déclenchement des bombardements, comme un « crime contre l'humanité », voire un « génocide ». Notons tout de même qu'en dépit des avis, rapports, prévisions effectuées par les services de renseignement américains alertant que les frappes allaient *inévitablement* provoquer un exil massif supplémentaire de Kosovars albanophones, *aucune disposition* ne fut prise par les états-majors occidentaux pour venir au secours des réfugiés kosovars. « À moins que cette carence ait été délibérée afin de justifier les bombardements de la Serbie par le spectacle (largement médiatisé et semble-t-il à dessein) des souffrances des réfugiés. Ces bombardements ont transformé en victimes les " Kosovars " qu'ils prétendaient vouloir défendre [26] », écrit le général Gallois. Toujours est-il que la Maison-Blanche elle-même, et pas seulement le Pentagone, avait été informée sans équivoque aucune, par les services de renseignement américains, du risque inévitable de voir commencer un exode massif de réfugiés albanais dès le déclenchement des « frappes [27] ».

En fait, durant les semaines qui précédèrent les bombardements, les continuels attentats terroristes, embuscades, enlèvements perpétrés par les guérilleros de l'UCK entraînèrent, comme nous l'avons vu précédemment, des opérations de représailles serbes chaque jour plus violentes, souvent même disproportionnées, condamnables, mais *réactives*. Elles impliquaient en outre l'usage de blindés, d'unités mécanisées et d'artillerie lourde, aux fins de préserver les voies de communication. L'UCK contrôlait alors deux tiers de la province, d'après Belgrade — 50 % selon l'OSCE. « Au début de mars, ces opérations de terreur et de contre-terreur ont poussé les habitants de nombreux villages à fuir, à se disperser dans d'autres villages ou villes, ou à chercher refuge dans la montagne », raconte Rollie Keith, alors l'un des cadres de la Mission de vérification de l'OSCE (KVM). Ce que les médias occidentaux et l'OTAN présenteront comme une « catastrophe humaine » ou une « purification ethnique » au Kosovo ayant entraîné, d'après Bernard Kouchner, l'« exode » puis la « déportation » hors de la province, de plus de 350 000 Albano-Kosovars [28], ne sera en fait que le résultat — *parfaitement prévisible* — d'une situation de conflit de « basse » ou « moyenne intensité » exacerbé par son internationalisation et le jeu des grandes puissances. Avant le 24 mars, en effet, les observateurs de l'OSCE évoqueront le départ, dans la plupart des cas spontané et volontaire, de populations albanaises cherchant à s'éloigner des zones de troubles avec leurs familles, donc en grande majorité des *réfugiés de l'intérieur* fuyant les zones de combats et trouvant la plupart du temps refuge dans des villages limitrophes. Quant aux chiffres plausibles, évalués par l'OSCE, les ONG et les rares journalistes occidentaux restés sur place — ce qui exclu les « services de communication » ou de propagande de Belgrade comme de l'OTAN, ils oscillent entre 40 000 (minimum) et 200 000 (maximum), suivant les différentes sources opposées [29]. Ce ne seront donc pas « 400 » ou « 500 000 » Albanais qui seront « déportés » du Kosovo (version officielle de l'OTAN), ni quelques « dizaines de milliers » seulement « quittant librement leurs foyers » sous la « protection des forces de l'ordre serbes » (version de Belgrade), mais au maximum 200 000 Kosovars — majoritairement albanais mais aussi serbes, gorancis, tziganes et turcs — fuyant leurs villages, souvent *de leur propre chef*, mais parfois sous la menace des éléments serbes radicaux. Rollie Keith certifie ainsi « n'avoir eu aucune connaissance de soi-disant épuration ethnique ni d'aucune politique de génocide pendant la présence des vérificateurs de l'OSCE [30] ». De son côté, le Canadien anglophone Paul Watson, correspondant au *Los Angeles Times*, connu pour n'avoir jamais ménagé ses critiques envers le régime de Belgrade, après avoir suivi pendant deux années la guerre civile du Kosovo, est catégorique : « Les expulsions ne sont devenues massives qu'après le début des bombardements de l'OTAN. Avant, des villages étaient vidés lorsqu'une offensive militaire était en cours, mais tout cela n'avait rien à voir avec la présente catastrophe humanitaire [31]. » Seul journaliste occidental à avoir pu couvrir les événements du Kosovo — Watson s'était caché au péril de sa vie pour demeurer sur place lorsque tous les journalistes occidentaux avaient été expulsés de Pristina par Belgrade — son témoignage converge parfaitement avec celui de plusieurs responsables d'ONG occidentales, du Haut Commissariat aux réfugiés (HCR) et de l'OSCE. « Beaucoup de Kosovars d'origine albanaise ont été obligés de partir de chez eux par des policiers, des paramilitaires, explique Watson. Par contre, je n'ai pas de preuves de meurtres ou de viols (...). Il est important de s'entendre sur le terme de nettoyage ethnique. Les hommes politiques l'utilisent volontiers. Selon moi, il y a " nettoyage ethnique " lorsqu'il existe une volonté délibérée de chasser définitivement les gens de chez eux. Or, les autorités yougoslaves souhaitent plutôt que ces gens rentrent, le moment venu, chez eux (...). Ça a été dit officiellement, et l'on peut le constater à Pristina. » Pour confirmer ces témoignages, citons également les documents internes des services de renseignement du ministère des Affaires étrangères allemand fournis en réponse aux demandes des tribunaux administratifs chargés d'établir le statut des Albano-Kosovars cherchant refuge en Allemagne. Ils attestent que les Serbes n'ont jamais pratiqué de politique « d'épuration ethnique » à proprement parler : « ce qui motivait les actions violentes et les excès yougoslaves depuis février 1998 était une action de force ciblée contre le mouvement militaire souterrain (particulièrement l'UCK) et les gens en contact direct avec lui dans les zones d'opération... Un programme étatique ou une persécution dirigée contre l'intégralité de l'ethnie albanaise n'existe pas plus aujourd'hui qu'elle n'existait auparavant », indique un rapport du tribunal administratif de Bavière d'octobre 1998. Les « actions des forces de l'ordre n'étaient pas dirigées contre les Albanais en tant que groupe défini ethniquement, mais contre les opposants militaires et leurs supporters actuels ou supposés (UCK) », confirme celui du 12 janvier 1999 élaboré par le tribunal de Trier. Citons aussi des extraits d'avis rendus par le tribunal administratif supérieur de Münster : « Il n'y a pas de preuve suffisante d'un programme secret ou d'un consensus non-dit du côté serbe pour liquider le peuple albanais, le chasser ou le persécuter de la manière extrême décrite aujourd'hui » (24 février 1999) ; « les Albanais de souche n'ont pas été dans le passé, ni ne sont maintenant, exposés à une persécution de groupe à l'échelle de la région ou du pays dans la République fédérale de Yougoslavie » (11 mars 1999). Cela n'empêchera pourtant pas le gouvernement allemand, allié privilégié des États-Unis au sein de l'OTAN, de justifier sa participation aux raids aériens en dénonçant la « catastrophe humanitaire », le « génocide » et la « purification ethnique », l'exagération étant de mise pour mieux émouvoir le public et justifier l'intervention disproportionnée de l'OTAN et le « retour » de l'Allemagne dans les Balkans...

En fait, on sait aujourd'hui, sans toutefois nier les cas d'exactions et autres atrocités commises par les éléments serbes les plus extrémistes avant et surtout *après* le déclenchement de l'opération Force alliée, que les « milliers » de cadavres albanais « sommairement ensevelis » dans des « camps d'extermination » ou des « charniers » ont été pour la plupart inventés puis communiqués aux grands médias occidentaux par le service « communication » de l'OTAN et certaines agences américaines spécialisées dans les « relations publiques » dans le but de justifier les bombardements de l'OTAN.

LES « CHARNIERS » DU KOSOVO ET LES « CAMPS » EN QUESTION

La responsabilité de l'intervention alliée dans le déclenchement — ou en tout cas l'extrême aggravation — de ladite « catastrophe humanitaire » au Kosovo ayant été reconnue assez rapidement, y compris dans les médias les moins favorables aux Serbes, et l'actuelle « purification ethnique » de la province, vidée en masse de sa population non-albanaise par les guérilleros de l'UCK — aujourd'hui en partie intégrés aux dispositifs de l'ONU — étant un fait indéniable, les stratèges de l'OTAN se sont efforcés, dès la fin des « frappes », de trouver des justifications *a posteriori* aux « dommages collatéraux ». C'est ainsi que l'on découvre périodiquement des « camps de la mort » ou de nouveaux « charniers », la plupart du temps non attestés, d'ailleurs, par des autorités habilitées. Forts de la *prédisposition* des médias et du public à assimiler *ipso facto* les Serbes à des actions *forcément* inhumaines (phénomène du « stéréotype persistant »), et appuyant leurs assertions accablantes en *mentionnant* des photographies *high tech* — sans jamais les montrer au public d'ailleurs — prises par des satellites américains, les « Occidentaux » parviennent à poursuivre l'action de *satanisation* du camp serbe, détournant ainsi l'attention du public des images, bien réelles celles-là, de l'exode de milliers de Serbes du Kosovo. « D'après les rapports, au moins 10 000 Albanais ont été assassinés par les Serbes au cours d'une centaine de massacres », déclarait le 17 juin, sans citer sa source, le Britannique Geoff Hoon, alors fonctionnaire du Foreign Office. Le 11 août, Bernard Kouchner lançait le nouveau chiffre « officiel » de « onze mille corps dans les fosses communes du Kosovo », attribuant cette comptabilisation au Tribunal pénal international pour l'ex-Yougoslavie (TPIY) et annonçant l'examen prochain de 250 à 400 sites, laissant ainsi supposer que le bilan du « Nouvel Holocauste » allait encore s'alourdir. Visiblement fort embarrassé par le terrible sort réservé par l'UCK aux membres de la communauté serbe, massivement expulsés du Kosovo (180 à 200 000 à ce jour), Kouchner escomptait peut-être ainsi excuser indirectement l'impuissance de son administration (MINUK) et de la KFOR à enrayer les persécutions subies par les Serbes kosovars. Le lendemain même, pourtant, le TPIY démentait sèchement les propos du fondateur de Médecins sans frontières, rappelant que le seul chiffre officiel étayé de preuves crédibles, était, à ce jour, de « 340 victimes avérées de massacres », celles-là mêmes figurant dans l'inculpation de Slobodan

Milosevic par le TPIY. Qu'en est-il alors vraiment ? D'abord, le bilan officiel *révisé à la baisse* des victimes de la guerre (entre le 24 mars et le 11 juin 1999) fait état d'environ 2 000 morts albanais au Kosovo (victimes des exactions des sbires serbes *autant* que des frappes de l'OTAN). Qu'il s'agisse de l'estimation d'Amnesty International, de l'OSCE, du TPIY ou de l'ONU, les chiffres se situent autour de 2 000 victimes *shqipétares* des forces serbes, et entre 500 et 1 000 les victimes serbes de l'UCK [32]. On est donc très loin des « 500 000 Albano-Kosovars massacrés par Belgrade » avancés par la presse occidentale (*cf.* TF1, 20 avril 1999) au début de l'agression de l'OTAN contre la Serbie, et même des « 100 000 Albanais victimes d'efforts délibérés et systématiques de nettoyage ethnique et de génocide » annoncé par Clinton le 24 mars 1999, puis par le porte-parole James Rubin pendant toute la campagne. Seule autorité légalement habilitée à se prononcer sur les cas de « crime contre l'humanité », le Tribunal pénal international pour l'ex-Yougoslavie (TPIY) poursuit quant à lui ses recherches et a recensé, à ce jour, au total 2200 exhumations, d'origine et formes de décès non définis. En termes clairs, « pour arrêter le soi-disant génocide, l'OTAN (...) a probablement tué autant de gens qu'il n'y a eu de morts au Kosovo [33] », résume Richard Gwyn. Cela signifie que *l'argument moral* avancé par l'OTAN, c'est-à-dire éviter une « catastrophe humanitaire », apparaît désormais fallacieux, la « catastrophe humanitaire » ayant été, nous le verrons en détail plus bas, largement aggravée par les « frappes », tout comme les répressions serbes contre les Albano-Kosovars et les actuelles représailles albanaises contre les Serbes. Au lieu de calmer la situation, l'intervention de l'OTAN au Kosovo a ouvert la boîte de Pandore balkanique et déclenché un nouveau cycle infernal : *représailles-violences-déstabilisation régionale-irrédentisme-remise en question des frontières*, etc.

Accusant l'OTAN d'avoir « menti sur les objectifs de sa campagne », sur l'ampleur des dommages infligés à la machine militaire serbe, et d'avoir également « menti par exagération en parlant de quarante mille morts au Kosovo et de plusieurs centaines de milliers de disparus », le correspondant du *Times* à Belgrade, Tom Walker, expulsé de son poste pendant les bombardements pour ne pas avoir été assez « anti-serbe », estime qu'au total, « la machine de propagande de l'OTAN a fonctionné autant que celle de Milosevic [34] ». Pour donner un seul exemple du degré de désinformation atteint durant l'intervention alliée, l'OTAN avait suscité l'indignation générale en « révélant » la découverte d'un « charnier » de 700 cadavres albanais exhumés dans les mines de Trepca au Kosovo. Le 11 octobre, le porte-parole du TPIY, citant un rapport d'experts, avouait que le charnier de Trepca n'avait jamais existé et qu'*aucun cadavre* n'y avait jamais été exhumé, les accusations étant fondées sur les seuls témoignages d'Albanais proches de l'UCK cherchant à grossir les faits. Il faut tout de même rappeler le contexte des « découvertes » de charniers : des masses de reporters occidentaux explorent de fond en comble le Kosovo dans l'unique intention de « découvrir » de nouveaux « charniers » attribuables aux Serbes, des chaînes de télévision et des agences spécialisées de la CIA, comme la cellule Eagle, ayant fait savoir qu'elles paieraient jusqu'à 200 000 dollars pour des témoignages de massacres et des charniers imputables aux seuls Serbes. Aussi d'autres investigations ont-elles été menées depuis, toujours sous le contrôle du TPIY, par différentes équipes issues des 14 pays (États-Unis, Grande-Bretagne, France, Italie, Allemagne, Espagne, Danemark, Suisse, Norvège, Belgique, Hollande, Canada, Portugal, Irlande : on remarquera l'absence de la Russie ou d'autres États orthodoxes...) afin de recouper les évaluations. Or, que disent ces différentes missions ? Elles démentent *toutes* la campagne de désinformation effectuée par les états-majors occidentaux et de l'OTAN concernant un hypothétique « génocide ». L'équipe de vérification espagnole du TPIY, invitée à effectuer 2 000 autopsies sur plusieurs « charniers », ne découvrira aucun site collectif dans la zone qui lui était impartie et identifiera au total 187 corps, tous enterrés dans des fosses individuelles. Comparant le Kosovo au Rwanda, Juan Lopez Palafox, chef de l'équipe ibérique, déclara au quotidien *El Pais* du 3 octobre 1999 : « en ex-Yougoslavie, les crimes commis, sans aucun doute horribles, s'inscrivaient toutefois dans le cadre d'une guerre et non pas d'un quelconque génocide, ou autres prétendus " charniers ", (...) tandis qu'au Rwanda, nous avions réellement identifié 450 corps de femmes et hommes entassés les uns sur les autres dans le site, les têtes ouvertes ». Les enquêtes menées par les autres équipes attestent que nombre de « charniers » invoqués, censés contenir chacun 10 à 50 cadavres, n'ont jamais existé ailleurs que dans la presse occidentale ou dans les justifications de guerre du porte-parole de l'OTAN. Souvent, les journalistes, enquêteurs du TPIY ou de l'OTAN, se fondent sur les témoignages — forcément subjectifs — de réfugiés *shqipétares* pour étayer l'existence de « fosses mortuaires ». Citons quelques exemples : des villageois albano-kosovars attestent que les Serbes ont massacré 106 Albanais à Pusto Selo à la fin du mois de mars, puis une centaine à Djacovica, des « images satellites » de l'OTAN ayant même « photographié » les nombreuses « fosses ». Pourtant, lors des recherches officielles, aucun corps n'en sera exhumé. D'après des réfugiés albano-kosovars, les Serbes auraient assassiné 150 Albanais en mars, à Izbica, 96 à Klina, 82 à Kraljan, etc. Or les enquêteurs n'y retrouveront pas la moindre trace de « camps de la mort ». En juin 1999, un immense « charnier », censé contenir quelque 350 corps à Ljubenic, non loin de Peć — une zone sous contrôle italien particulièrement marquée par les combats — ne renfermait en fin de compte, après exhumation complète, que 7 cadavres. On ne retrouvera également aucun corps à Pusto Selo (106 annoncés), Klina (96) ; Kraljane (82) ; Izbica (130). Or cette dernière erreur est lourde de conséquences, puisque les soi-disant 82 victimes d'Izbica, jamais prouvées, figurent sur l'acte d'accusation dressé par le TPIY, le 22 mai 1999, contre le président Milosevic et quatre autres dirigeants de Belgrade. « J'ai calculé que le chiffre final de morts au Kosovo sera de 2 500 au plus. Ce chiffre inclut beaucoup de morts qui ne peuvent être attribués à quelqu'un en particulier », conclut Emilio Perez Pujol, l'un des médecins encadrant l'équipe de médecins légistes du TPIY. À ce jour, en effet, confirme le rapport des Nations unies de novembre 1999, le chiffre des corps exhumés et expertisés comme ayant été tués ne dépasse pas les 2 000. La KFOR a-t-elle respecté le principe de neutralité, lors des différentes « découvertes » de « charniers » ? Le rapport présenté par Jiri Dientsbier, rapporteur spécial de la Commission de l'ONU pour les droits de l'homme, répond par la négative. « La KFOR a découvert l'existence de plusieurs centres de détention de l'UCK, dont au moins deux — à Gnjilane et à Prizren — contenaient des instruments de torture », écrit Dientsbier. Mieux, les Américains et les Allemands chargés de ces deux secteurs des forces de l'OTAN auraient « omis de poursuivre les membres de l'UCK pour détention et enlèvement », des unités américaines ayant avoué au rapporteur spécial de l'ONU « avoir détenu des personnes ayant manifestement subi des sévices (de la part de l'UCK), mais qui leur avait été livrées (par l'Armée de libération) en tant que criminels de guerre ».

Citons également les travaux effectués durant l'été 1999, à la demande du Tribunal pénal international de La Haye, par une équipe d'experts du FBI. Cette mission était composée de 62 enquêteurs, dont des médecins légistes et des scientifiques, dirigés par quatre spécialistes de l'*Armed Forces Institute of Pathology* (AFIP). D'après le rapport final du FBI présenté par son porte-parole, David Miller, le nombre total des morts recensés dans la zone contrôlée par les Britanniques se situerait autour de 200 à 250 [35]. Aussi les « fosses communes », censées contenir chacune plusieurs dizaines de corps, contenaient-elles en fait chacune 2 ou 3 cadavres au maximum — présupposés albanais sans pouvoir toutefois le certifier en l'absence d'uniformes et de papiers d'identité. En fait, ce que l'OTAN, l'OSCE et l'ONU nomment « charniers » ou « fosses communes » désigne « un endroit où se trouvent plus de trois corps », d'après la définition officielle donnée, en anglais (« *mass grave* »), par le TPIY. Dans ces conditions, distinguer les victimes de massacres de celles des combats ou des bombardements de l'OTAN relève quasiment de la prescience. En fin de compte, la plupart desdites « fosses communes » où l'on a effectivement exhumé des centaines d'Albanais depuis juin 1999 seraient, pour une bonne partie, des « cimetières » improvisés où les combattants de l'UCK enterraient sommairement leurs morts tués au cours d'affrontements les opposant aux forces de l'ordre serbes. « Les gouvernements, mais également les observateurs extérieurs, se sont imprudemment fiés aux seules sources contrôlées par l'UCK, tant pendant qu'après la guerre (...). La très performante structure de relations publiques de l'UCK ainsi que l'effervescence guerrière ont très probablement engendré une perception des choses qui est aujourd'hui sujet au doute le plus légitime », conclut le rapport du FBI précité.

VICTIMES ET RÉFUGIÉS « NON HOMOLOGUÉS »

Autre preuve du « deux poids deux mesures » et de la partialité qui règne dans les instances de l'OTAN et les états-majors politiques occidentaux, on peut s'étonner qu'il ne soit pratiquement jamais fait cas des centaines de milliers de réfugiés serbes victimes eux aussi, comme les Croates, les Bosniaques et les Albanais, de « purifications ethniques » qui ne disent pas leur nom. Au total, pourtant, le chiffre des réfugiés serbes des guerres yougoslaves figure parmi les bilans les plus lourds : environ 700 000 Serbes [36] croupissent actuellement dans des camps de réfugiés ou des habitations de reclassement en Serbie dans l'indifférence quasi unanime de la « communauté internationale » et même des « associations humanitaires ». « Leur sort est extrêmement précaire dans un pays ravagé par la guerre, la crise économique et l'isolement international. La communauté internationale aurait grand tort de les abandonner à leur sort », déclare, inquiet, Sadako Ogata, le haut commissaire des Nations unies pour les réfugiés. Rappelons tout de même qu'avec l'aval des États-Unis, les nationalistes bosno-musulmans et croates pratiquèrent eux aussi l'« épuration » en Croatie et en Bosnie : 200 à 250 000 Serbes expulsés en quelques heures de Krajina alors qu'ils étaient installés dans cette province depuis trois siècles ; 80 000 autres chassés de Slavonie orientale, devenue entre-temps croate ; 220 000 expulsés de Bosnie par les Croates et les Musulmans ; 50 000 expulsés des faubourgs de Sarajevo octroyés aux Musulmans après les bombardements de l'OTAN contre les troupes serbo-bosniaques en mars 1996 et suite aux accords de Dayton, puis 150 000 autres Serbes « épurés » des districts de Bosnie sous contrôle musulman, enfin, environ 200 000 Serbes chassés du Kosovo par les forces séparatistes de l'UCK depuis l'arrêt des bombardements et le départ des forces serbo-yougoslaves du Kosovo. Soit au total près d'un million de victimes [37] serbes « non homologuées », chiffre ne comprenant pas le bilan des disparus et des morts. Grand reporter à *Paris-Match*, Jacques-Marie Bourget explique pourquoi les victimes serbes n'ont jamais été « homologuées » par les médias occidentaux, au contraire des autres parties. D'après lui, une sorte *d'impératif stratégique* du *moment médiatique*, dont l'origine est largement politique, pousserait les agences de communication à réclamer des témoignages, reportages et images allant dans un certain sens, conforme à une « attente » du public, déjà influencé et « préparé » par les phénomènes de *stéréotypes persistants* et de *guerre des représentations*. Les acheteurs « utilisent un " calque ", un logiciel, pour traiter les événements d'un même type : nous voulons des images d'Albanais massacrés par des Serbes, des photos identiques à celles de la Bosnie [38] », explique Jacques-Marie Bourget. Aussi s'agissait-il, pour les agences, durant les guerres yougoslaves, « en vertu d'un refus d'acheter par refus de voir », de « refuser des images capables de donner mauvaise conscience aux peuples de l'OTAN : elles démontrent que la chirurgie des " frappes " tue des épiciers, des ouvriers, des femmes. Des gens ordinaires [39] ». Cette sélectivité *médiatico-stratégique* explique par exemple pourquoi des grands photographes de réputation internationale, comme Tomislav Peternek, « le Cartier-Besson serbe », ne parvinrent pas à vendre une seule des nombreuses photos prises lors de l'exode de près d'un million de réfugiés serbes de Slovénie, de Croatie, de Bosnie et maintenant du Kosovo, « ni aucune image de ces 195 000 Serbes qui ont quitté le Kosovo ces deux dernières années pour fuir la guerre civile qui opposait l'UCK à la police, aux paramilitaires et à l'armée », déplore M. Jacques-Marie Bourget. Confirmant l'existence d'un « deux poids deux mesures », le colonel David Hackworth remarque ainsi que, depuis la victoire de l'OTAN, « il y a eu plus de civils serbes massacrés que d'Albanais d'origine avant le début de la campagne aérienne [40] ».

Une épuration « légitime » et « compréhensible » : celle des Serbes et des non-Albanais du Kosovo

Malgré la présence de 40 000 soldats de la Force de protection du Kosovo de l'OTAN (KFOR), ainsi que de la Mission des Nations unies au Kosovo (MINUK), il semble que les scénarios d'exils forcés et de persécutions à l'encontre des populations serbes, comme ceux de Krajina, de Bosnie ou de Slavonie orientale, soient en train de se reproduire au Kosovo, là aussi dans l'indifférence de la « communauté internationale » et de la KFOR.

Deux rapports officiels particulièrement bien documentés alertent la communauté internationale sur le sort dramatique des minorités non albanaises du Kosovo. Le premier, émanant de l'OSCE, présenté au public le 6 décembre 1999 par l'ambassadeur Dean Everts, chef de l'OSCE au Kosovo, montre que les atrocités commises par les Serbes au Kosovo ont bel et bien commencé avec la campagne aérienne de l'OTAN et que les attaques physiques et persécutions systématiques dont sont victimes les Serbes et les non-Albanais en général depuis juin 1999 « s'inscrivent dans une logique systématique et semblent être organisées », écrivent les auteurs du rapport, incriminant plus loin directement l'ex-UCK, non désarmée, responsable de l'« intolérance, inconnue auparavant, qui a émergé au sein de la communauté albanaise [41] ». Le second rapport étudie « la situation sur les droits de l'homme » dans l'ex-Yougoslavie. Son auteur, Jiri Dientsbier, rapporteur spécial de la Commission des droits de l'homme de l'ONU et dernier ministre des Affaires étrangères de la Tchécoslovaquie, dresse un bilan accablant des premiers mois de protectorat occidental au Kosovo, considérant que l'actuelle persécution dont sont victimes les non-Albanais doit être considérée comme un réel échec de l'ONU et de l'OTAN. « La communauté internationale ne respecte pas les obligations qu'elle a contractées avec la résolution 1244 conformément aux objectifs affichés durant les bombardements de la Yougoslavie (...) J'étais dès le début opposé aux bombardements qui ne pouvaient que favoriser les dictateurs de tout poil (...) une épuration remplace l'autre (...) tout ce qui se passe ici va durablement discréditer l'ONU », conclut Dientsbier.

Lors du recensement de 1991, le Kosovo comptait encore 250 000 Serbes sur une population totale de deux millions d'habitants. Aujourd'hui, la KFOR en dénombre à peine plus de 80 000, sans compter les autres minorités non serbes. Parmi eux, près de 40 000 résidents dans l'*opstina* de Leposavic, entre Mitrovica et la Serbie, au nord de la province, les autres restant retranchés dans quelques zones « mono-ethniques », mini-enclaves fortifiées placées sous la protection, jour et nuit, de la KFOR, sous peine d'être assiégées par les nationalistes albanais. En fait, comme le montre le rapport OSCE-HCR, la chasse aux non-Albanais n'a jamais cessé et elle obéit bien à une *stratégie coordonnée d'épuration* générale. Dans la zone de Gnjilane (secteur américain), les leaders albanais « excitent constamment la population contre les Serbes résiduels et provoquent des manifestations », précise le rapport. À la mi-octobre 1999, à Vrbovac et Grncar, non loin de Gnjilane, les Albano-Kosovars « ont miné les champs dans lesquels des Serbes travaillaient ». Aussi, souligne Jiri Dientsbier, « dans la plupart des meurtres, les victimes ont été sélectionnées systématiquement sur la base d'informations obtenues sur leur caractère ou leurs antécédents : professeurs d'Université, membres de professions médicales, personnes ayant remplacé des travailleurs albanais renvoyés en 1991-1992, conjoints âgés d'anciens responsables politiques de second plan ou d'hommes d'affaires ». De manière générale, les éléments slaves sont *indésirables* et menacés physiquement. C'est ainsi qu'un fonctionnaire de l'ONU d'origine bulgare fut criblé de balles à la mi-octobre 1999, au plus fort du « nettoyage ethnique » à rebours, pour avoir répondu en serbo-croate à un Albanais s'adressant à lui [42], l'ONU ayant d'ailleurs recommandé à tous « ses employés d'origine slave de s'abstenir de fréquenter les lieux publics de la ville » par « mesure de sécurité ». Aussi la destruction des symboles religieux serbes se poursuit-elle, les soldats de la KFOR demeurant pratiquement impuissants face aux exactions des anciens sbires de l'UCK. Construite près de Peć, siège de l'ancien Patriarcat serbe, l'église de la Sainte-Trinité de Petric a ainsi été détruite à l'explosif en juillet 1999. De la cathédrale de la Sainte-Trinité de Djakovica, il ne reste qu'un tas de pierres. Quant à l'église des Saints-Apôtres-Pierre-et-Paul de Suva Reka, elle a été rasée. C'est ainsi que depuis le retrait de l'armée de Milosevic et l'entrée des troupes de la KFOR, la destruction d'une centaine de lieux sacrés orthodoxes du Kosovo, la « Jérusalem serbe », a déjà été recensé. D'après de nombreux analystes, les éléments ultra-nationalistes albanais, proches de l'UCK, comptent, malgré les démentis, faire disparaître progressivement *toute trace* de présence historique serbe afin d'édifier un Kosovo culturellement et ethniquement « pur » où la présence serbe n'aurait jamais été qu'une courte parenthèse, une occupation étrangère. « En s'attaquant aux monastères et aux églises orthodoxes », écrit dans le *Figaro magazine* du 16 octobre 1999 Jean-Louis Turenne, « les Albanais ne se trompent pas de cible. Ils visent l'âme du peuple serbe (...). Qu'on le veuille ou non, le Kosovo est, pour les Serbes, l'épicentre de leur religion, de leur culture, de leur mémoire ». Rappelons que la province compte encore 1 400 édifices religieux orthodoxes, dont les deux tiers datent du Moyen Âge.

Bilan de l'épuration consécutive aux bombardements de la Serbie par l'OTAN et au retrait des troupes serbes : près de 200 000 Kosovars, majoritairement serbes, mais également goranes, croates, bosniaques, tziganes, turcs, juifs, et même musulmans dissidents ou albanais « modérés », ont déjà dû fuir les persécutions et la violence politique de l'ex-UCK au Kosovo. Regroupés dans des logements de fortune à Belgrade et des camps en Serbie, ils ont été également abandonnés par le pouvoir, pour qui la reconnaissance de leur présence reviendrait à avouer sa défaite totale. En fait, les Serbo-Kosovars habitent principalement les quartiers de plusieurs localités : Orahovac (sud), Gjilane (est), Mitrovica (nord), en fait principalement dans les villages de la zone française près de la frontière avec la Serbie. Dans la capitale du Kosovo, Pristina, où vivait avant la guerre une importante communauté serbe (40 000 il y a vingt ans et encore 20 000 à la veille de l'opération Force alliée), on compte aujourd'hui au grand maximum 500 Serbes, principalement employés dans les organisations internationales. Selon la KFOR, durant les premiers mois qui suivirent la reddition de Milosevic, il se produisait en moyenne deux à trois crimes par jour contre les Serbes vivant encore à Pristina, jusqu'à ce que la majorité finisse par fuir vers la Serbie ou le nord du Kosovo. Durant les trois premiers mois de protectorat international [43], la KFOR a déploré près de 348 meurtres de Serbes et de Tziganes, souvent de vieilles dames restées seules et sans défense, 116 kidnappings, 1 070 pillages, 1 106 incendies criminels contre des Serbes, des Tziganes, des Musulmans slaves ou des Albanais modérés et quantités d'autres brimades. « En ce moment au Kosovo, il faut un soldat pour que chaque vieille femme serbe puisse sortir de chez elle pour acheter du pain [44] », reconnaît Bernard Kouchner. « La peur s'est nettement accrue, les non-Albanais vivent dans un climat général de violence et d'impunité, de discrimination, de harassement permanent et d'intimidation », déplorent les rédacteurs du rapport OSCE-UNHCR sur la situation au Kosovo. Moyennant quoi, la sécurité des Serbes apparaît impossible à garantir, et le « Kosovo multi-ethnique » que l'on projetait de créer et au nom duquel l'OTAN a bombardé la Yougoslavie pendant 78 jours s'avère être, rétrospectivement, une véritable supercherie. Le général Michaël Jackson, ancien chef de la KFOR, déclarait de son côté, lors du terrible massacre de 14 paysans serbes assassinés dans leurs champs le 23 juillet 1999 près de Gracko par des guérilleros de l'UCK : « j'espère que cette horrible affaire sera la dernière (...) on ne peut pas être partout tout le temps, la KFOR ne peut pas mobiliser un soldat pour chaque Serbe ».

Depuis que les forces de Belgrade ont évacué le Kosovo en juin 1999, la ville de Mitrovica est coupée en deux par une « ligne de front » matérialisée par la rivière Ibar : au nord, vivent près de 60 000 Serbes, 3 ou 4 000 Tziganes et plusieurs centaines d'Albanais, en grande partie évacués suite aux violents heurts interethniques survenus en février 2 000 [45] ; au sud commence le Kosovo « ethniquement pur », où vivent plus d'un million de *Shqipétares*, presque tous Albanais, à l'exception de rares enclaves serbes (Lipjan, Gniljiane, Orahovac). Zone urbaine de contact entre les deux communautés, Mitrovica est régulièrement le théâtre d'explosions de violence, opposant les insurgés albanais aux Serbes de Mitrovica et aux forces françaises de la KFOR, d'ailleurs accusées d'être trop « pro-Serbes » par les Anglo-Saxons et l'ex-UCK. En fait, Mitrovica demeure le seul endroit du Kosovo où les troupes de la KFOR s'efforcent d'assurer la sécurité physique des Serbes et un semblant de multi-ethnisme, sans quoi la ville aurait été épurée depuis longtemps de ses non-Albanais.

Première grande démonstration de force de la part des nationalistes albano-kosovars, décidés à chasser jusqu'au dernier Serbe du Kosovo, cinquante mille Albanais galvanisés par des slogans antiserbes et couverts de drapeaux rouges frappés d'aigles noirs, symbole de l'indépendance, ont « marché », le 21 février 2 000, sur Kosovska Mitrovica, dans le but de « libérer » la partie septentrionale de la ville habitée par des Serbes. Après avoir saccagé des barrages de la KFOR, les insurgés *shqipétares*, ont finalement été repoussés par les soldats de la KFOR. « Les Albanais multiplient les provocations en espérant nous pousser à réagir violemment et nous discréditer auprès de la communauté internationale », explique Olivier Ivanovic, leader des Serbes de Kosovska Mitrovica. D'après les responsables militaires français et italiens de la KFOR, notamment le commandant en chef de la zone française, la stratégie adoptée par les nationalistes albano-kosovars s'apparente à une « stratégie d'attentats » et de « pré-guérilla urbaine [46] », dirigée non seulement contre les minorités serbes mais également contre les troupes françaises de la KFOR, les armes régulièrement confisquées auprès des éléments albanais, l'identification de *snipers* et les violences dont sont victimes partout les non-Albanais confirmant ce constat [47].

En fait, l'objectif principal du camp albanais, officieusement toujours conduit par l'UCK, consiste autant à *provoquer* qu'à *terroriser* les minorités serbes locales et à les pousser à quitter définitivement le nord du Kosovo. Comme les états-majors allemand et anglo-saxons de l'OTAN, l'ex-UCK craint que la zone à forte densité de peuplement serbe du nord de la province ne devienne progressivement un bastion plus ou moins homogène et sécurisé susceptible de rejoindre la mère-patrie serbe à la faveur d'une partition *de facto*. Partition que la communauté internationale a accordée aux Albanais du Kosovo au nom de la défense de la liberté et des droits de l'homme mais qui est refusée aux Serbes kosovars pourtant tout aussi menacés par la majorité démographique albanaise que l'étaient les *Shqipétares* par les forces serbes.

Ainsi, à Peć, toutes les maisons de Serbes ont été incendiées, souvent « en présence des autorités », d'après les victimes. À Orahovac (ville dans laquelle les troupes russes ont été mises sous blocus), la complicité de la KFOR (allemande ou anglo-américaine) est fortement supposée. Les familles serbes y ont toutes été expulsées de leurs maisons. 140 de leurs demeures ont été pillées et incendiées, tandis que 165 appartements étaient également vidés de leurs habitants serbes. À Slatina, les Tziganes ont été victimes du même scénario, dans l'indifférence surprenante des forces britanniques de l'OTAN pourtant postées à quelques mètres des lieux. Même chose à Djakovica, où de nombreux vieillards décapités étaient ensevelis plusieurs jours après l'entrée des troupes de la KFOR. Tous les témoignages concordent donc : les pillages massifs des biens serbes et les meurtres commis par les éléments albanophones ont débuté avec l'entrée de la KFOR au Kosovo, « comme si celle-là était assimilée par l'UCK à une escorte lui laissant le champ libre et la protégeant d'éventuelles représailles serbes », constate un observateur kosovar. « Partout, la règle est la même » explique un reporter du *Point,* « la minorité serbe (entre 40 et 80 000 âmes suivant les sources), ne peut se maintenir que protégée par les 40 000 hommes du contingent international [48] ».

De retour d'une mission humanitaire effectuée dans le cadre du Comité pour la protection et les droits de l'homme auprès des camps de réfugiés du nord du Kosovo, en zone contrôlée par les forces françaises de la KFOR, Philippe-Xavier Pauly déplore le fait que ces milliers de réfugiés non albanais du Kosovo, notamment les Serbes et les Roms des camps de Hrvast et de Leposavic, « s'entassent dans des conditions de dénuement total et, bien sûr, sans que jusqu'à présent aucune aide extérieure quelconque ne leur parvienne (à l'exception de celle de la Croix-Rouge yougoslave acheminée par le comité pour la protection et les droits de l'homme) [49] ». À Leposavic, par exemple, 800 Tziganes dont 200 enfants ont eu, pendant l'hiver 1999-2000, pour seul chauffage un feu de bois. À Hrvast, les réfugiés serbes ne disposent que d'un seul point d'eau, n'ont pas de chauffage, et de nombreuses mères portent le deuil de leurs fils, assassinés sur le chemin de l'exode par des guérilleros albanais. Pire encore est le sort des 150 Serbes de l'enclave de Grace, cherchant à survivre et à passer l'hiver dans les ruines de leurs maisons, incendiées et saccagées par les pillards albanais et dépourvues de leurs toits, portes et fenêtres, par les rebelles *shqipétares* épris de vengeance. Mais les organisations humanitaires et même l'ONU semblent rester indifférentes face au sort de réfugiés et victimes serbes, une trop grande publicité faite à ceux-là risquant de renforcer la perte de crédibilité de l'OTAN et de la MINUK.

Commentant les assassinats réguliers de Serbes, les propos de Bernard Kouchner, interrogé le 19 août par l'envoyée spéciale du *Monde* Sophie Shéhab, peuvent surprendre par leur naïveté apparente et leur résignation : « Je n'accuse absolument pas les responsables de l'UCK. Ils viennent de comprendre — certains ont compris depuis longtemps — qu'ils avaient tout intérêt à ce que ces actes cessent. Hashim Thaci, Agim Ceku [chef militaire de l'UCK] et les autres ont compris. Le général Ceku vient d'ailleurs, à notre demande, de publier un communiqué condamnant les actes de vengeance et le banditisme. » Justifiant quasi explicitement la « purification ethnique à l'envers » des Albanais à l'encontre des Serbes, Kouchner poursuit : « Vous connaissez ce mot terrible en albanais pour la vendetta : *hakmarrje*. On ne change pas la culture d'un peuple en quinze jours ni en un mois. » Le 18 novembre 1999, le haut commissaire aux Nations unies tentera une nouvelle fois de relativiser la responsabilité de l'UCK déclarant au *Monde* qu'il « comprenait », le comportement, certes condamnable, de « certaines membres de la communauté albanaise », notamment des « jeunes Albanais en colère », à cause de « la proximité des massacres et la découverte, presque chaque semaine, de fosses communes, et surtout le nombre de personnes disparues ». Aussi les Serbo-Kosovars réclament-ils depuis le début une protection des Russes, estimant que ces derniers, si la KFOR leur avait donné un secteur à part entière, auraient été en mesure de déjouer les plans d'épuration de l'UCK. Car aujourd'hui, nombre d'analystes se demandent sérieusement si les états-majors occidentaux n'ont pas *délibérément* laissé faire l'épuration ethnique en ne traitant qu'avec le camp ultra-nationaliste de l'UCK, Washington s'étant par ailleurs engagée à faire, à terme, du Kosovo un État indépendant, quoique sous étroit contrôle américano-occidental.

En fait, la volonté de l'UCK de faire du Kosovo un pays « ethniquement pur », au nom d'un nationalisme « grand albanais » peut difficilement être excusée par une « compréhensible » volonté de « revanche » des éléments albanais contre les anciens sbires de Milosevic, comme tente de l'expliquer Kouchner car, *primo*, les Serbes restés sur place sont *tous* des paysans innocents et des personnes âgées habituées à vivre avec leurs voisins albanophones, les bourreaux serbes n'étant pas inconscients au point de demeurer sur place, et, *secundo,* surtout, la purification du Kosovo vise *toutes* les minorités non albanaises, qu'il s'agisse de Tziganes, certes accusés d'être des « collaborateurs des bourreaux serbes » — les Roms ayant été tous expulsés de Pristina et de nombreuses villes du Kosovo, où on les empêche d'avoir accès aux marchés, aux transports publics et aux soins, leurs enfants étant privés d'école... — mais également des Gorans, Slaves islamisés, des Croates, des Monténégrins et même des Kosovars d'ascendance turque, aucunement suspects d'être anti-albanais ou « collaborateurs » du régime de Milosevic. Forte de quelque 60 000 membres, la minorité turque est à son tour victime de persécutions, brimades et menaces. Depuis juin 1999, elle est la cible de pressions croissantes visant à nier son identité ethnique et linguistique. L'ultimatum lancé par les proches de l'UCK est d'ailleurs dépourvu de toute ambiguïté : les Turco-Kosovars ont le choix entre l'*albanisation* totale ou l'*expulsion*... Cela malgré le fait qu'Ankara, qui participa aux « frappes » de l'OTAN contre la Yougoslavie, accueillit près de 18 000 réfugiés du Kosovo dont la majorité a, depuis, regagné la province. Preuve, aussi, de la volonté politique de l'ex-UCK de faire du Kosovo une nation ethniquement pure, fondée sur une idéologie nationaliste et autoritaire, en dépit des professions de foi démocratiques et pacifiques de Thaci, l'UCK s'en prend maintenant aux Albanais modérés et compte faire taire les rares intellectuels et journalistes albanais qui dénoncent les assassinats de Serbes ou de Tziganes. C'est ainsi que l'Organisation de défense des journalistes Reporters sans frontières (RSF) a vivement dénoncé les menaces ouvertement proférées par une agence de presse contrôlée par l'UCK, *Kosova Press*, à l'encontre des journalistes albano-kosovars indépendants. Veton Surroï et Baton Haxhiu, respectivement directeur et rédacteur en chef du quotidien kosovar albanophone *Koha Ditore*, sont accusés par *Kosova Press* (donc par voie publique) d'être des « espions à la solde du régime de Milosevic » et de « puer le Slave ». Mieux, l'agence contrôlée par l'UCK envoie régulièrement des menaces de mort à peine voilées aux responsables de *Koha Ditore*. Dans un article relaté par RSF et reproduit dans le journal *Marianne* du 1er-7 novembre 1999, *Kosova Press* avertit « des personnes comme Veton Surroï et Baton Haxhiu n'ont pas leur place dans un Kosovo libre et les auteurs ne seraient pas surpris qu'ils deviennent les victimes d'actes — tout à fait compréhensibles — de vengeance (...). Ces deux mafieux ne doivent pas rester impunis pour leurs actions criminelles ». Quels sont donc les actes criminels de Surroï, qui fut pourtant membre de la délégation albanaise lors des pourparlers du Kosovo à Rambouillet ? D'avoir signé, dans *Koha Ditore*, un article intitulé « Fascisme au Kosovo », où il dénonçait les violences intolérables contre les Serbes innocents : « les crimes atroces commis par les Serbes et le besoin de revanche des Albanais ne sont plus des excuses », écrivait-il le 18 août dans son quotidien. Membre du Conseil de transition de la province en tant que « personnalité indépendante », Surroï a commis l'erreur de rompre la « loi du silence » de l'UCK en dénonçant la « mise en place d'un système fasciste de violence organisée, le même que celui auquel les Albanais se sont opposés pendant dix ans sous Milosevic et selon lequel " chaque Serbe doit être puni pour ce qui s'est passé au Kosovo ". »

Confirmant les inquiétudes des démocrates albanais et faisant voler en éclats les projets optimistes de Kouchner, qui cherche toujours à minimiser la gravité de la situation, Beggi Bellul, politologue kosovar, ex-chef de l'UCK et proche conseiller de Hashim Thaci, résume ainsi le problème : « Kouchner croit ou feint de croire que les élections libres vont instaurer la démocratie au Kosovo. Mais nous n'avons ni tradition, ni institutions, ni climat démocratique. Il nous faudra des décennies pour y parvenir. (...) Il y a deux réalités, celle de la MINUK et de la KFOR, qui doivent appliquer la résolution 1244, et celle des Albanais qui veulent l'indépendance. Ces deux réalités peuvent se rencontrer mais elles ne coïncident absolument pas », rapporte la reporter Elizabeth Lévy dans un numéro spécial de la revue *Immédiatement*. Pour Sergio Vieira de Mello, représentant intérimaire de l'ONU à Pristina, opposé à la tentative de mainmise politique de l'UCK au Kosovo, l'établissement d'une classe politique et administrative albano-kosovare non contrôlée par l'UCK et bien formée sera l'un des défis les plus difficiles à relever pour l'ONU. Ibrahim Rugova, l'un des leaders les plus modérés du nationalisme albanais, engage difficilement sa réapparition, et l'UCK, qui occupe le terrain, demeure le principal obstacle au redéploiement de son mouvement, lequel n'a pas, contrairement à l'UCK, la mafia comme principal soutien ni les États-Unis, qui l'ont abandonné dès 1997.

L'Armée de libération du Kosovo : ultra-nationalisme, terrorisme, islamisme et mafia

Paradoxalement, avant d'être aidée, équipée, financée par les États islamistes, les services secrets américains et l'OTAN, afin d'en faire une force de combat contre le régime « communiste » de Slobodan Milosevic, l'*Ushtria Clirimtare e Kosove* (UCK), ou Armée de libération du Kosovo, tire ses origines dans le très « stalino-lénino-maoïste » Parti albanais du travail du dernier président ultra-communiste d'Albanie : Enver Hoxha. Le chef de l'UCK, Adem Demaci, n'a d'ailleurs jamais cessé d'utiliser le fameux salut maoïste au point serré. Mais, pragmatiques, les Américains ont vite compris que l'UCK, considérée jusqu'en 1998 comme une dangereuse organisation terroriste par le département d'État, était surtout une puissante force « militaro-mafieuse » et idéologique ayant comme principal objectif de réaliser la « Grande Albanie », dont la première étape devait être l'indépendance du Kosovo. Elle allait donc pouvoir utilement remplir un *rôle déstabilisateur* au sein de l'ex-Yougoslavie. Washington, qui dès 1992 avait envisagé, de l'aveu même de George Bush, de frapper la Yougoslavie, seul État de la région réfractaire à l'OTAN, escomptait instrumentaliser cette organisation terroriste pour démembrer et anéantir l'un des derniers régimes communistes du monde, comme elle avait instrumentalisé, dix ans auparavant, contre l'ennemi russo-communiste, les fanatiques moudjahidines afghans, liés, tout comme l'UCK, aux réseaux mafieux de la drogue.

En fait, la préhistoire de l'UCK commence en 1980, après la mort de Tito (4 mai 1980), lorsque des milliers d'étudiants de Pristina descendent dans les rues pour exiger un statut de république à part entière pour le Kosovo. Sévèrement réprimés par le pouvoir yougoslave, les rescapés du mouvement insurrectionnel prennent le chemin de l'exil, « rejoignant les cellules marxistes-léninistes qui, à l'étranger, entretiennent des relations avec les mafias kosovars d'Europe occidentale [50] ». C'est ainsi qu'est fondé en Turquie, en février 1982, par des partisans de la dictature communiste d'Enver Hoxha, le Mouvement pour la République albanaise de Yougoslavie. Une année plus tard, les partisans d'une guerre en Serbie quittent le LRSHJ et fondent le Mouvement national pour la libération du Kosovo (LKCK). Après avoir assassiné trois Yougoslaves à Bruxelles entre août 1981 et mars 1982, ces activistes de la première heure commettent neuf attentats à la bombe à Pristina, d'octobre 1982 à mars 1984. En réaction, les forces de l'ordre yougoslaves procèdent à l'arrestation, entre 1982 et 1989, de milliers de Kosovars albanais sympathisants de la LKCK. Pierres angulaires et soutiens extérieurs du mouvement terroriste, les frères Gërvalla et Kadri Zeka, représentants de la *mafia kosovare* de Bienne (Suisse), sont assassinés par les services spéciaux yougoslaves, ce qui révélera les liens entre nationalistes *shqipétares* et mafia albanaise. De son côté, le LRSHJ se transforme en Mouvement pour la République populaire du Kosovo (LRPK), accentuant ainsi son orientation indépendantiste, pro-enveriste et antiserbe. Parallèlement à l'émergence de la très médiatique Ligue démocratique du Kosovo (LDK) d'Ibrahim Rugova, qui proclame une « République du Kosovo » reconnue par l'Albanie, le LRPK devient, en 1993, le Mouvement populaire du Kosovo (LPK), dont se réclame l'UCK, particulièrement au sein des éléments mafieux des diasporas albano-kosovares de Suisse, d'Allemagne et de Belgique.

Apparue pour la première fois en tant qu'UCK en 1992, la mystérieuse Armée de libération du Kosovo s'édifie progressivement avec pour ossature les militants du LPK et une double direction à Pristina et en Suisse. Contrairement à une idée reçue, qui correspond aux « représentations » de guerre inculquées par les services « communication » de l'OTAN pour justifier l'intervention aérienne, ce ne sont pas les Serbes mais bien l'UCK qui déclencha en premier les hostilités contre la Yougoslavie en tuant des civils serbes. Le 11 février 1996, l'UCK pose des bombes contre cinq camps de réfugiés serbes de Krajina : bilan, plus d'une vingtaine de morts et plusieurs centaines de blessés. Au cours du mois d'avril de la même année, huit policiers serbes en civil sont assassinés à Decani et à Peć. En 1996, année de son apparition, l'UCK entame une vaste campagne de recrutement au sein des « clans » *shqipétares*, le Kosovo, tout comme le nord de l'Albanie, étant une société traditionnelle « clanique », fonctionnant sur le système des « chefferies », comparables aux « familles » mafieuses du sud de l'Italie. Grâce aux concours des « chefs de clan », l'UCK se renforce au sein de la société albano-kosovare, des unités d'actions rapides étant mises sur pied un peu partout au Kosovo. Entre 1996 et 1997, l'UCK commettra une quinzaine d'attentats au Kosovo ainsi qu'un en Macédoine, privilégiant tout d'abord l'assassinat des « traîtres », c'est-à-dire des Albanais fidèles au pouvoir yougoslave, en particulier ceux qui collaborent avec la police ou qui travaillent dans les centres d'écoutes des services serbes.

Au départ entraînée par des officiers albanophones déserteurs de l'armée yougoslave (JNA), qui avaient rejoint en 1992 les armées indépendantistes slovènes, croates et bosniaques, l'UCK ouvre, dès 1996-1997, des camps d'entraînement dans le massif de la Mirdita et dans la région de la Drenica (Srbica ; Broje ; Prekaz ; Llausha), au nord de l'Albanie. C'est d'ailleurs un ancien général de l'armée croate, Agim Ceku, originaire du sud-ouest du Kosovo — second berceau de l'UCK — ex-officier yougoslave diplômé de l'académie militaire de Belgrade, qui deviendra en 1998 le « chef d'état-major » de l'UCK. L'homme avait notamment dirigé, en 1993, l'offensive victorieuse croate sur Medak et deux ans plus tard, il fut l'un des stratèges-clés de l'opération éclair par laquelle l'armée croate avait vaincu puis « purifié » les Serbes de Krajina, avec l'aide des Américains. Aujourd'hui, il est le chef du Corps de protection du Kosovo (TMK). Aussi l'UCK disposait-elle dès sa création, en 1997, d'instructeurs musulmans formés au *jihad* antiserbe, ainsi que du soutien des nouveaux services secrets albanais (SHIK), puis du président albanais Sali Berisha, originaire du nord de l'Albanie, et lié aux clans du Kosovo. Dès sa démission, au printemps 1997, le président Berisha soutint ouvertement les terroristes de l'UCK, offrant son fief de Tropoja (nord de l'Albanie), à quelques kilomètres du Kosovo, aux combattants de l'armée clandestine. La mafia du nord de l'Albanie, de Bajram Curri et de Kukës, servit de relais aux séparatistes armés. Parallèlement, l'UCK installe des bases et des caches d'armes dans la partie ouest de la Macédoine, qui abrite l'essentiel de la minorité albanaise : Gostivar, Debar, Velesta, Pogradec.

C'est donc entre 1996 et 1997 que l'UCK entre dans l'histoire. L'explosion de l'Albanie au cours des mois de mars-avril 1997, suite au scandale des pyramides financières, est le moment décisif de l'expansion de l'UCK. En effet, profitant des violentes insurrections populaires secouant le pays, au cours desquelles les émeutiers albanais pilleront dans les armureries de l'armée près d'un million d'armes, l'UCK, rachètera à très bas prix une bonne partie des stocks d'armes volées. Ces armes permettront à l'armée terroriste de déclencher les premières offensives d'envergure au printemps 1998. Mais l'argent étant le nerf de la guerre, et l'UCK étant structurellement liée à la mafia albanaise depuis ses origines, ce sont les fonds issus du trafic de drogue, de la contrebande, du racket, du trafic d'immigrants et même de la prostitution, qui permettront à l'UCK, en plus de l'aide progressive des services secrets iraniens, américains, allemands, turcs et albanais, de passer du stade de simple groupe para-mafieux terroriste à celui d'armée de libération nationale relativement bien équipée et organisée. L'UCK instaure alors un régime de semi-terreur au Kosovo et dans le nord de l'Albanie, en bonne intelligence avec les chefferies mafieuses traditionnelles, y établissant de nombreux centres d'entraînements comme celui de la région de Kukës près de la frontière avec le Kosovo-Métohija, où plus de 300 volontaires, hommes ou femmes, s'entraînent au maniement des armes et aux techniques de guérilla.

Conformément aux engagements pris lors des négociations de Rambouillet et tels que le prévoyait la résolution 1244 des Nations unies et les accords de cessez-le-feu, l'UCK acceptera officiellement, le 20 septembre 1999, de rendre les armes. En réalité — on joue encore une fois sur les mots — ce qui était prévu par la résolution de l'ONU et qui semble être plus ou moins réalisé aujourd'hui, ne consiste pas en un « désarmement » de l'UCK, mais en une « démilitarisation », laquelle n'oblige à remettre que les armes lourdes, ce qui exclut les fusils-mitrailleurs et autres armes légères que l'ex-UCK a conservé en toute légalité, sans parler de stocks clandestins. À première vue, donc, tout le monde joue le jeu, et les uniformes frappés de l'aigle à deux têtes sur fond rouge de l'UCK ont laissé la place à ceux du Corps de protection du Kosovo (KPC), ou TMK *(Trupat e Mbrojtjes së Kosoves)*. Mais il ne faut pas se voiler la face. Ce qui peut apparaître comme une reculade de l'UCK, qui exigeait initialement la création d'une armée nationale et n'a obtenu qu'une force civile de 3 000 hommes (et 2 000 réservistes) destinée officiellement à « lutter contre les catastrophes naturelles et aider à la reconstruction », est plus un repli tactique qu'un échec. L'Armée de libération du Kosovo, rappellent ses chefs à certains publics, n'a ni disparu ni renoncé à son objectif politique premier : l'indépendance du Kosovo avec « recours aux armes si nécessaire », précise Hashim Thaci. De même que le « Serpent », ainsi qu'on l'appelle dans la région, avait semblé faire des concessions lors de la conférence de Rambouillet, de même a-t-il une nouvelle fois joué le jeu, poursuivant sa politique *d'internationalisation*, victorieuse jusqu'à maintenant, et la stratégie d'attente et du double discours. D'un côté Hashim Thaci envoie des communiqués « condamnant les actes de terrorisme commis contre les minorités non albanaises », de l'autre, le chef de l'ex-UCK lance des appels à « chasser l'occupant serbe » beaucoup mieux suivis que les condamnations de pure forme. Venus dans la Drenica rendre hommage aux premiers combattants de l'Armée de libération, Hashim

Thaci et Agim Ceku firent des déclarations dépourvues d'ambiguïté le 20 septembre, au moment même où ils étaient censés rendre les armes et dissoudre l'UCK : « Puisque la Drenica a offert une armée au Kosovo, c'est dans la Drenica que commencera la reconstruction du Kosovo », déclara Thaci. « L'UCK n'a pas déposé les armes ! Elles ont été mises en dépôt jusqu'au départ de l'OTAN. Nous sommes sur la voie de réaliser les dernières volontés de ceux qui sont morts ! Nous allons donner l'indépendance au Kosovo [51] ! » Aussi l'UCK conserve-t-elle de nombreuses ramifications et caches d'armes en Albanie, spécialement dans le Nord, près de la frontière, tout en maintenant ses précieux liens avec les mafias albanaises, dont elle partage le destin depuis les origines.

Depuis juin 1999, des « assistants techniques » et des « conseillers » politiques américains et allemands travaillent de concert pour transformer l'Armée de libération du Kosovo en parti de gouvernement — l'UCK a été rebaptisée « Parti du progrès démocratique » (PPDK) — et même, à terme, en armée officielle. Grâce au soutien, discret mais bien réel, de l'Allemagne et des États-Unis, et à l'impuissance de la MINUK, et tout en conservant de très bonnes relations avec les forces d'occupation occidentales, l'UCK a imposé dans tout le Kosovo sa propre administration, ses propres maires, son gouvernement provisoire — « non reconnu », précise pour la forme Bernard Kouchner, mais interlocuteur respecté. Cette structure politico-administrative et para-mafieuse parallèle prélève les taxes pour la reconstruction, répartit affectations immobilières et prébendes, et est plus efficace et présente que la MINUK elle-même. Dans son rapport précité sur « la situation des droits de l'homme au Kosovo », le rapporteur spécial de la Commission des droits de l'homme des Nations unies, Jiri Dientsbier, déplore que la MINUK a échoué à supplanter les structures parallèles de l'UCK qui, « dès juillet 1999, ont assujetti la population locale de lourds impôts ». Pourtant, le texte de la résolution 1244 du 10 juin 1999 de l'ONU prévoyait clairement la mise en place d'une « administration intérimaire, dans le cadre de laquelle la population du Kosovo pourra jouir d'une autonomie substantielle au sein de la République fédérale de Yougoslavie, et qui assurera une administration transitoire », l'administration onusienne devant mettre en place et superviser l'installation « d'institutions d'auto-administration démocratique provisoires nécessaires pour que tous les habitants du Kosovo puissent vivre en paix ». Noyautées par les éléments anglo-saxons et allemands, la MINUK et surtout la KFOR (exceptées les zones franco-italiennes) ne cachent plus leur parti pris antiserbe et pro-UCK, les documents étant toujours traduits en albanais, pratiquement jamais en serbo-croate, et le principe de neutralité étant systématiquement bafoué. « La MINUK ne devrait nommer à des postes de l'administration intérimaire que des personnes ayant fait la preuve de leur conviction démocratique », rappelle Dientsbier. Mais force est de constater que seules les orientations de l'ex-UCK ont été considérées. L'ex-Armée de libération du Kosovo s'implante désormais partout. Elle bénéficie de la connaissance des particularismes locaux, de la « légitimité nationaliste » et guerrière, et des liens étroits tissés avec les chefferies, condition *sine qua non* de toute autorité au Kosovo. Enfin, si la résolution 1244 de l'ONU fixe comme objectif l'octroi d'une « autonomie substantielle », c'est bien à l'indépendance que tout le monde songe, si bien que le maintien du Kosovo dans la Serbie est désormais pure fiction diplomatique. La meilleure preuve de l'indépendance de fait de la province se manifeste à travers la multiplication de délégations étrangères à Pristina qui ne se différencient d'une ambassade que par le nom : « bureau de liaison ». Plus grands défenseurs de l'idée indépendantiste, les États-Unis ont monopolisé une rue entière pour leur délégation. Fin mai 1999, avant même la fin des bombardements, Jonathan Eyal, directeur de recherches stratégiques du Royal United Services Institute, avertissait déjà, dans les colonnes du *Monde* : « Rambouillet est mort, une partie du Kosovo (au moins) sera indépendante (...). Nous allons maintenant vers une indépendance du Kosovo. On ne l'acceptera peut-être pas tout de suite, mais ce n'est qu'une question de temps ». Plus explicite encore, Karl Bildt, l'envoyé spécial des Nations unies pour les Balkans, confirme : « Le Kosovo ne fera plus jamais partie de la composition de la Serbie ; ce concept (celui de l'appartenance du Kosovo à la Serbie — NDLR) appartient désormais au passé [52] ».

Mais à peine a-t-elle été créée que la Force de protection du Kosovo (TMK), dirigée par les mêmes cadres politiques et militaires que l'ex-UCK, voit son image fortement ternie par différents scandales, affaires, et surtout par le lourd héritage d'une UCK qui était encore classée par le département d'État comme « organisation terroriste » en 1998. En confirmant Agim Ceku, 39 ans, ex-général de l'armée croate devenu le chef de l'UCK durant l'été 99, comme chef du Corps de protection du Kosovo, les Nations unies et le général Sir Mike Jackson, ex-commandant en chef de l'OTAN pour la province, ont dès les origines imprimé une marque criminelle et sulfureuse au TMK. En effet, objet d'une enquête menée par le Tribunal pénal international de La Haye pour l'ex-Yougoslavie relative aux atrocités commises dans la Krajina entre 1993 et 1995, le « général Ceku », comme le nomme très respectueusement Bernard Kouchner, est l'homme qui mena à bien l'opération de purification ethnique pour le compte de l'armée croate en Krajina, déclenchant l'exode d'au moins 200 000 Serbes d'une province où ils étaient installés depuis plusieurs siècles, et la mort de plusieurs milliers de civils innocents.

Que ce soit à travers le TMK ou les différentes structures politiques, administratives et para-mafieuses, l'UCK est plus présente que jamais au Kosovo. Aussi est-il fort probable que l'épuration ethnique massive dont les non-Albanais sont actuellement victimes soit directement liée à la volonté de l'ex-UCK et des mafias albanaises de mettre la main sur le parc immobilier du Kosovo, comme ont pu le révéler les différents scandales immobiliers qui ont défrayé la chronique des premiers mois suivant le départ des troupes de Milosevic de la province. Là aussi, tout se passe dans la plus totale impunité et dans la quasi-indifférence ou impuissance, voire avec la complicité tacite de la MINUK. Objets de convoitises poussant souvent jusqu'à l'assassinat, les biens immobiliers sont l'un des principaux enjeux de pouvoir entre Albanais et Serbes au Kosovo, le contrôle de l'habitat étant capital dans la stratégie de l'UCK, dont l'un des objectifs est d'édifier progressivement un Kosovo indépendant et « ethniquement pur ».

C'est ainsi qu'à Pristina comme ailleurs, lorsque les jeunes « commandants » de l'UCK ne « réquisitionnent » pas les appartements et maisons des Serbes kosovars ayant fui les persécutions et brimades, au nom de l'UCK, les résidences des Serbes, et parfois même de réfugiés kosovars, sont l'objet d'une véritable « guerre de l'immobilier » entre différents clans albanais. En fait, on s'est vite aperçu que les appartements soi-disant destinés à des « familles albanaises » étaient aussitôt loués à des membres d'organisations internationales ou de la presse, capables de payer jusqu'à dix ou trente fois plus cher que les autochtones démunis. Aussi le fait, pour les 500 Serbes restés à Pristina, d'échapper à unc cxpulsion ou à une mort violente passe-t-il par des transactions immobilières relevant du racket pur et simple, les menaces de mort décidant la grande majorité à abandonner leurs habitations à des prix dérisoires. D'ordinaire, les propriétaires reçoivent l'argent en présence d'officiers de l'ONU qui leur délivrent un « acte de vente », preuve de l'impuissance de la MINUK à faire régner la justice, voire de sa complicité indirecte dans l'homogénéisation ethnique du Kosovo et la mainmise des mafias sur le parc immobilier. Mais une fois décidés à partir avec une somme rarement supérieure à 50 000 deutschmarks, les exilés serbes savent qu'ils ont une chance sur deux ou trois d'arriver sain et sauf et avec leur argent en Serbie... Encore plus accablant, la MINUK et la KFOR ne sont même pas en mesure d'assurer la sécurité physique des Serbes résignés à quitter le Kosovo après avoir bradé leurs biens... En réalité, l'un des grands vainqueurs de la guerre est bel et bien la mafia albanaise, formidablement redynamisée depuis la décision de l'UCK, entre 1996 et 1997, de passer à l'offensive générale, les groupes mafieux *shqipétares* contribuant à l'effort de guerre de l'UCK et à l'achat d'armes en intensifiant le trafic international de drogue et autres commerces lucratifs.

Maisons pillées, personnes âgées expulsées, voitures volées, rackets, meurtres, kidnappings, viols, trafics : les troupes de la KFOR au Kosovo sont confrontées au crime, organisé ou sauvage, perpétré par des Kosovars proches de l'ex-UCK ou de la mafia albanaise. Le secteur central, contrôlé par les Britanniques, bat le record de la criminalité (environ 60 % de crimes de la province) avec 127 meurtres,

378 incendies criminels et 500 cas de pillages enregistrés chaque mois, d'après la KFOR. « Il y a dans la ville des groupes d'individus qui profitent de la situation pour avoir une emprise sur l'activité économique », déplore le lieutenant-colonel britannique Robin Hodges. « Des bandes très professionnelles, équipées de matériel d'écoute, se déplacent en même temps que les patrouilles pour opérer », ajoute le lieutenant Blair Hall. Chef suprême des forces alliées en Europe, le général américain Westley Clark reconnaît lui-même que de nombreux crimes et troubles survenus au Kosovo-Métohija depuis la mi-juin « sont sans aucun doute liés au crime organisé [en particulier dans le sud-est, zone contrôlée par les troupes américaines et russes] [53] ». La mafia albanaise n'est pas absente du secteur allemand : « Nous savons qu'elle est présente », affirme Michael Franzke, lieutenant de la police militaire allemande de la KFOR, mentionnant le trafic de voitures volées et la contrebande de biens électroménagers ou de télévision et hi-fi. Certes, on pourrait penser qu'il est assez facile d'arrêter des voleurs de voiture, par exemple. « Mais comment arrêter un conducteur d'une voiture volée quand il nous répond que ses papiers ont été confisqués par les Serbes ? », questionne Franzke. On le voit, la mafia albanaise et les différentes bandes plus ou moins organisées sont les grands bénéficiaires de l'actuelle situation de semi-chaos qui est l'autre face du « protectorat international », l'inefficacité de la MINUK, les divisions internes de la KFOR, l'afflux de capitaux et d'aide internationale occidentaux, tout cela formant un terrain propice aux activités mafieuses en lien avec l'Albanie chaotique frontalière. En somme, la mafia au service de la « Grande Albanie »...

Le « Triangle d'or des Balkans » : un sanctuaire criminel aux mains de la mafia albanaise

« Une mafia ne prospère que si elle contrôle une diaspora taillable et corvéable et, surtout, un sanctuaire inviolable [54] », explique Xavier Raufer, spécialiste des questions de sécurité. Depuis le déclenchement de l'opération Force alliée, qui a entraîné l'exode de centaines de milliers de réfugiés à travers les Balkans et l'Europe de l'Ouest, ainsi que grâce au trafic d'immigrants albanais venant rejoindre les déjà nombreuses diasporas d'Italie, de Suisse, de Belgique et d'Europe du Nord, les conditions énoncées par M. Raufer semblent être réunies. Au début du mois de mai 1999, Sadako Ogata, haut commissaire de l'ONU pour les réfugiés, dénonçait les groupes armés coupables d'avoir transformé le nord de l'Albanie, la Macédoine et le Kosovo en une véritable « zone grise », une jungle où règne la loi du plus fort, l'État albanais étant totalement absent dans cette région où journalistes, associations humanitaires et réfugiés sont des proies soumises à la violence des bandes armées : le long de la frontière avec le Kosovo, entre Bajram Curri, Kukës et Tropoje (nord de l'Albanie), au cœur du « Far West albanais », l'aide internationale est systématiquement pillée puis revendue aux réfugiés ; les journalistes et les personnels humanitaires sont rackettés, voire dépouillés, les policiers locaux étant la plupart du temps complices des malfrats. Au large des îles grecques, les gangs albanais ont même « rétabli » la piraterie maritime, faisant à nouveau de cette mer une « mer interdite », comme au temps des pirateries barbaresques nord-africaines et turques. Bientôt, si les nationalistes albanais — dont l'ex-UCK — parvenaient à édifier une « Grande Albanie », ce sanctuaire s'étendra également à une partie du Monténégro, de la Macédoine et de la Grèce. Un « centre européen de narco-trafic » situé à une journée d'autoroute de Paris et une heure d'avion de Rome, un véritable « Triangle d'or balkanique » de la drogue, comparable aux « zones grises » de l'Afghanistan ou du fameux Triangle d'or asiatique.

En fait, la mafia albanaise sévit dans six principaux secteurs d'activités : *l'acheminement d'immigrants* vers l'Union européenne ; *la contrebande*, qui a connu un essor considérable grâce à l'embargo contre la Yougoslavie depuis près de huit ans (principalement le trafic de cigarettes) ; *la prostitution* (les mineures sont enlevées dans les camps de réfugiés kosovars par leurs propres compatriotes, en Albanie ou bien récupérées de force une fois acheminées clandestinement en Europe de l'Ouest), *le trafic d'armes* (stocks pillés durant l'insurrection de Tirana en 1997, approvisionnement en Allemagne de l'Est ou encore auprès des mafias russes et italiennes) ; *la drogue* (principalement l'héroïne, dont l'acheminement passe par la « route des Balkans », à partir de la Turquie) ; *le racket* (principalement au détriment des réfugiés kosovars, des diasporas albanaises de l'Ouest, et des non-Albanais du Kosovo).

Concernant le *trafic d'immigrés*, les flux incessants d'immigrants clandestins albanais traversant le canal d'Otrante pour rejoindre les côtes italiennes et l'Europe de l'Ouest ont considérablement renforcé les structures internationales de la criminalité albanaise, en même temps que les réseaux politiques extérieurs des terroristes de l'UCK. Située sur la mer Adriatique, la ville portuaire de Vlorë est devenue le centre de ce trafic juteux et de la plupart des activités mafieuses en Albanie. Ici, les anciens pêcheurs transportent aussi bien de la drogue que des immigrés clandestins originaires de pays du monde entier : Albanais, Turcs, Kurdes, Nord-Africains, Pakistanais, Indiens, Sri Lankais et même Chinois affluent, *via* Athènes ou Istanbul, dans les rues de Vlorë. Pour le tarif de 400 dollars (2 400 francs) par immigré, les « scafistes », ex-pêcheurs trafiquants nommés ainsi en raison de l'utilisation de « scafi », canots pneumatiques de 12 mètres de long (propulsés par deux moteurs de 150 chevaux chacun) parfaitement maniables, débarquent *à leurs risques et périls* les clandestins sur les rives italiennes en moins de deux heures. Malgré les efforts déployés par la police italienne et Europol, le trafic de clandestins est pratiquement impossible à enrayer, la police et la classe politique albanaises, gangrenées par la corruption généralisée, n'étant pas en mesure de collaborer sérieusement avec les *carabinieri*. Ancien chef de la police de Vlorë, Sokol Kociu déplore le grand mal de l'Albanie et l'impunité dont bénéficient les « scafistes » : « 70 % des policiers de Vlorë sont complices des " scafistes " [55], confie-t-il. (...). Le plus grave, c'est la corruption des responsables politiques. Les deux députés de Vlorë, respectivement président du Parlement et conseiller militaire du président de la République, sont notoirement liés aux scafistes. » Une fois arrivés en territoire européen, un autre trafic s'instaure : celui des « vignettes Schengen ». De quoi s'agit-il ? En vertu des fameux « accords Schengen », qui abolissent les frontières intérieures de l'Union européenne et de l'Espace économique européen, il suffit à un immigré de coller sur des passeports (vrais ou faux) la « vignette Schengen » pour avoir le droit de circuler librement dans toute l'Union européenne. « Chaque vignette est revendue l'équivalent de 20 000 F dans les camps de réfugiés de Macédoine et d'Albanie [56]. » C'est à la lumière de cette réalité que les policiers suisses et Europol ont élucidé les cambriolages, ces derniers mois, de plusieurs consulats européens (Autriche, Espagne, Italie, Pays-Bas, Portugal) à Genève par des groupes mafieux albano-suisses.

La contrebande est également très lucrative pour les mafias albanaises et les indépendantistes albano-kosovars. Selon l'Observatoire géopolitique des drogues, « depuis le début des conflits en ex-Yougoslavie, les mafias albanaises tirent une grande partie de leurs ressources en aidant la Serbie à contourner l'embargo, notamment sur les armes ». L'information peut surprendre, mais elle est bien réelle, les différentes mafias de la région ayant, en dépit des inimitiés nationales et religieuses, toujours collaboré entre elles comme cela s'était également produit en ex-Union soviétique. Vlorë et Durrës sont les principales plaques tournantes des opérations de contrebande entre la Turquie, la Grèce, l'Albanie, le Kosovo, la Serbie et les autres pays de la région. En 1991, lorsque la communauté internationale imposa les premières sanctions économiques et embargos en ex-Yougoslavie, armes [57] et carburant commencèrent à transiter par Vlorë en direction de la Fédération yougoslave. Ainsi, lorsqu'il était à la tête d'un « gouvernement » parallèle, le « président » Ibrahim Rugova fermait les yeux sur les trafics de main-d'œuvre, de drogue et de carburants vers la Fédération yougoslave. Aujourd'hui, l'ex-UCK fait de même afin de continuer à contrôler ce marché juteux. En fait, l'Albanie est bien la plaque tournante de tous les trafics balkaniques. Chaque région a sa spécialité : dans le sud prospère le trafic de cigarettes vers l'Union européenne (*via* l'Italie) et la traite des Blanches ; la côte adriatique organise les départs de clandestins vers l'UE et réceptionne les drogues d'Orient destinées à l'Europe ; et le nord prospère grâce au contournement des embargos contre la Yougoslavie, en écoulant pétrole, armes et biens de consommation courante. L'Albanie est également l'un des principaux centres internationaux pour le blanchiment d'argent.

Outre l'argent issu du trafic d'immigrés et de la contrebande, une part non négligeable des rentrées d'argent des mafias albanaises et de l'UCK provenait, avant et pendant la guerre du Kosovo, *d'opérations d'escroqueries* montées par des réseaux para-mafieux en Europe de l'Ouest. C'est ainsi qu'en décembre 1997, la police parisienne démantela, lors d'un coup de filet dans le Sentier, une cellule de l'UCK spécialisée dans les fausses factures et la cavalerie, en étroite relation avec des Albanais d'Allemagne et d'Italie. Mais la mafia *shqipétare* est également très présente dans le trafic de voitures de luxe volées ainsi que dans le cambriolage à grande échelle. L'Espagne est à cet égard la chasse gardée des gangs albanais versés dans ces activités. C'est ainsi qu'une vaste opération des polices allemande et espagnole, « Balcanès II », lancée à Barcelone, Madrid et Berlin, permit, en 1998, d'arrêter soixante et onze personnes, en majorité originaires du Kosovo. Le réseau avait commis plus d'un millier de cambriolages de résidences privées et d'entreprises en moins d'un an et demi. Il revendait, en outre, en plus de la drogue, les voitures de luxe volées vers les pays de l'Est et falsifiait des cartes de crédit.

Pour ce qui est du *racket* et de *l'exploitation des diasporas* albanaises, les mafieux et les indépendantistes *shqipétares* ont parfaitement su « mobiliser » leurs compatriotes albanais et les différentes organisations « humanitaires ». Le 4 mai 1999, lors d'une conférence internationale sur le crime organisé tenue à Édimbourg, Raymond Kendall, secrétaire d'Interpol et John Abbott, patron du service de renseignement britannique sur la criminalité organisée (NCIS), attiraient l'attention des pouvoirs publics sur le fait que les réfugiés kosovars sont systématiquement exploités par la mafia albanaise et que l'exploitation de la diaspora, sommée de payer un « impôt révolutionnaire » au prétexte d'aider l'UCK, allait permettre une expansion sans précédent de la pègre albano-kosovare en Europe. Jusqu'au milieu de l'année 1998, les mafias albanaises du Kosovo, de Macédoine, du nord de l'Albanie et d'Europe occidentale soutenaient activement Ibrahim Rugova. Les membres de la diaspora versaient 3 % de leurs salaires mensuels à la Fondation pour le Kosovo de Rugova. À partir de 1998, les mafias sentent le vent tourner et se rallient à l'UCK, dont nombre de leurs membres sont déjà proches. Les « 3 % » prélevés sur la diaspora seront depuis lors versés au profit de l'Armée de libération du Kosovo. Dès 1997, l'UCK avait confié la collecte de fonds à l'association *Vendlindja Therret* (VT, « La Patrie t'appelle »), qui centralisait les dons du monde entier sur un compte de l'Alternativ Bank, à Olten, en Suisse. Lorsque celui-là sera gelé par les autorités helvétiques, l'argent sera acheminé en coupures dans des valises. Pendant la guerre, les 200 000 Kosovars de Suisse ne se contenteront pas de verser la « taxe » de 3 %, mais donneront jusqu'à 4 000 francs français par mois à « La Patrie t'appelle ». Mais outre la diaspora traditionnelle, l'UCK et les mafias kosovares exploiteront intensivement les centaines de milliers de réfugiés dont la vulnérabilité en font des proies faciles. Parmi ceux-là, les jeunes femmes *shqipétares* sont les cibles privilégiées des clans mafieux albanais, dont les activités de proxénétisme en Europe occidentale connaissent depuis quelques années un véritable *boom,* du fait de l'origine européenne et des tarifs exceptionnellement bas des prostituées albanaises.

Pour ce qui est de *la prostitution*, donc, il ne fait aucun doute que l'exode de centaines de milliers de réfugiés du Kosovo a constitué une occasion sans précédent, pour les proxénètes albanais, de s'approprier sans difficultés et à moindre risque pléthore de « marchandises » féminines. Aussi nombre de témoignages de journalistes et de travailleurs humanitaires affirment-ils que la mafia albanaise, avec la bénédiction de l'UCK, a utilisé, pendant toute la durée de la guerre et jusqu'à l'heure actuelle, les camps de réfugiés comme de véritables réservoirs de main-d'œuvre. « Souvent violées pour les couper de leurs familles, les filles commencent leurs classes en Italie, avec de faux papiers, avant d'atterrir sur les trottoirs de Belgique ou des Pays-Bas [58]. » Comme pour la drogue et les autres trafics, les futures péripatéticiennes s'embarquent pour l'Europe de l'Ouest (Italie, Suisse, Belgique, France, Allemagne, Scandinavie, Hollande, principalement) ou centrale (Hongrie, Tchéquie, Slovaquie) depuis le port de Vlorë. « Les *scafistes* arrivent la nuit », confie une sœur de Caritas qui travaille depuis mai 1999 au « 2K », l'un des camps de réfugiés kosovars financé par la municipalité. « Parfois le matin, nous constatons qu'une ou deux jeunes filles ont disparu. La famille ne veut jamais rien dire, mais je suis certaine que les filles ne sont pas toutes consentantes [59]. » C'est ainsi que depuis 1996, date de l'apparition de l'UCK, le nombre de prostituées albanaises augmente chaque jour, de Milan à Turin, Rome ou Paris, en passant par Athènes, Amsterdam, Lyon ou Bruxelles. À titre d'exemple, une opération coup de filet menée avec succès durant l'automne 1998 dans les quartiers chauds de Bruxelles permit l'arrestation d'une vingtaine de prostituées albanaises, dont quatorze mineures. Plus récemment, c'est le préfet et le procureur de la République de la région lyonnaise qui étaient saisis du dossier de la prostitution albano-kosovare, les femmes de joie lyonnaises se plaignant de la « concurrence déloyale » des filles de l'Est et de la progression, chaque jour plus visible, de la mafia albanaise dans les rues de la seconde ville de France [60]...

Concernant le *trafic international de drogue*, l'Albanie et le Kosovo jouent désormais en Europe un rôle au moins équivalent, dans leurs domaines respectifs, à celui du Triangle d'or asiatique, de l'Afghanistan, ou même de la Colombie. En matière de drogue douce, l'Albanie aurait d'ores et déjà dépassé la Bekaa libanaise ou le Maroc, et serait en train de devenir un très gros producteur de marijuana. Ainsi, certains villages de la zone du « Rio de Vlorë » sont protégés *manu militari* par des trafiquants, comme la plaine de la Bekaa.

Là aussi, les « scafistes » ont le monopole du passage de l'herbe vers l'Italie. Concernant la cocaïne, les mafieux albanais n'ont certes pas détrôné les cartels mexicains et colombiens, avec qui ils sont en étroite relation, mais ils en exportent des quantités de plus en plus importantes vers l'Europe de l'Ouest, après avoir fait acheminer la *coke* colombienne par avion à Tirana, *via* un aéroport allemand. Mais c'est dans le domaine du marché de l'héroïne que les clans albano-kosovars ont acquis une position réellement dominante. Depuis le début des années 90, en effet, le système criminel en vigueur en Italie et en Europe de l'Ouest a considérablement évolué. Les Turcs ont conservé le monopole du marché en gros de l'*héro*, mais ont cédé aux Albanais, principalement kosovars, le *contrôle* et l'*acheminement* vers l'Ouest. Désormais, et en étroite coopération avec les diasporas turques et albanaises des Balkans, l'héroïne arrive de Turquie en Bulgarie, puis de Bulgarie et de Macédoine en direction des ports albanais de Durrës et Vlorë, pour être finalement embarquée vers l'Europe centrale et occidentale et même les États-Unis par les malfrats albanais. Cette nouvelle configuration (voir carte n° 7, annexe I, « Le Triangle d'or des Balkans, la mafia albanaise ») nécessite des centres de stockage, situés essentiellement en Hongrie, en République tchèque et en Bulgarie, principales plaques tournantes de la mafia albanaise à l'Est. D'après un rapport d'Interpol de novembre 1997, « les Albanais du Kosovo détiennent la plus grande part du marché de l'héroïne en Suisse, en Autriche, en Allemagne, en Hongrie, en Tchéquie, en Norvège, en Suède, en Pologne et en Belgique », et ils représentent à eux seuls près de 15 % des arrestations d'Interpol pour le trafic de drogue. N'hésitant pas à chasser par les armes leurs rivaux turcs ou libanais, les boss albano-kosovars de la drogue ont acquis un quasi-monopole en Allemagne, en Autriche, en Belgique, en Hongrie, en Pologne, en République tchèque et en Suisse. « Alors que ces dernières [les mafias turque et libanaise] ne passaient en moyenne que 2 kilos de drogue dure, les trafiquants kosovars transportent des cargaisons de 20 kilos, ce qui leur permet de casser les prix », constate l'Office central des stupéfiants à Berne. En novembre 1998, la police de Lausanne saisissait 44 kilos d'héroïne pure et arrêtait 73 malfrats, en majorité des demandeurs d'asile originaires du nord de l'Albanie et du Kosovo. Aussi des réseaux mafieux albanais inculpés dans le commerce de stupéfiants sont-ils régulièrement démantelés et surveillés partout en Europe et même aux États-Unis. En mai 1999, la police française démantelait deux gangs albanais, l'un en Côte-d'Or et dans la Haute-Marne, avec à sa tête des Turcs et des Albanais du Kosovo, arrêtés avec 4 kilos d'héroïne pure et 500 grammes de cocaïne, l'autre dans le Languedoc-Roussillon, commandé par un *caïd shqipétare* arrêté quelque temps plus tard à Istanbul avec plus de 200 kilos d'héroïne pure. À la tête des deux réseaux des Albanais du Kosovo tous plus ou moins liés à l'UCK. À la mi-juillet, les forces spéciales saisissaient en République tchèque 35 kilos d'héroïne lors du démantèlement du réseau d'un autre Kosovar albanais basé à Pilsen. C'est ainsi qu'en avril 1999, les brigades antimafia de Bulgarie signalaient une véritable explosion du trafic d'héroïne depuis le début de la guerre. Fin mars 1998, une vaste opération de police à Neuchâtel permettait l'arrestation de 72 délinquants albanais du Kosovo, âgés de 15 à 35 ans, tous demandeurs d'asile, installés dans des appartements mis à leur disposition par l'État mais qu'ils avaient transformés en un véritable centre de stockage de drogue dure. En mai de la même année, l'un des plus importants parrains de la pègre albano-kosovare, Musa Rifat Selmani, arrivé en Suisse en 1980 avec le titre de réfugié politique, était condamné à vingt ans de prison à Lausanne, après avoir été accusé d'être à l'origine d'un trafic de plus de 300 kilos d'héroïne. D'ordinaire, les saisies sont de l'ordre de 1 à 20 kilos d'héroïne. Aussi les policiers des stups et les experts d'Interpol sont-ils impressionnés par les quantités phénoménales de drogue saisies auprès des réseaux albanais. Pour eux, commente Xavier Raufer, c'est bien « la preuve que la mafia albano-kosovare joue désormais un rôle central dans le narco-trafic européen et que la guerre du Kosovo a bel et bien déclenché un cataclysme criminel énorme dont les Balkans souffrent déjà et dont l'Europe, occidentale comme orientale, ressent maintenant les premiers effets ».

Comme le révèle le rapport d'Interpol précité, la Suisse, qui accueille environ 200 000 réfugiés albanais (deuxième communauté immigrée du pays), est l'une des principales plaques tournantes du trafic de drogue (voir carte n° 7, annexe I) et d'armes vers l'Allemagne, l'Autriche, la Hongrie et la République tchèque, où la police soupçonne les nombreux vendeurs et fabriquants albanais de bijoux en or de procéder au blanchiment de l'argent du trafic. Le 10 décembre 1998, le quotidien londonien *The Independent* révélait que les mafieux albanais contrôlent 70 % du marché suisse de l'héroïne. Ce sont d'ailleurs près de 2 000 Albanais du Kosovo qui croupissent actuellement dans les geôles helvétiques pour trafic de stupéfiants... La Scandinavie n'est pas non plus en reste, cette région d'Europe étant devenue une zone de refuge pour les criminels albanais autant que pour les terroristes islamistes. Ces derniers mois, plusieurs trafics de drogue dirigés par de jeunes Kosovars ont été démantelés. Contrôlant l'essentiel du marché de l'héroïne scandinave, on peut citer le « parrain » *shqipétare* Princ Dobroshi, arrêté et condamné à quatorze ans de prison en 1994 en Norvège pour trafic de drogue, les considérables rentrées d'argent servant à financer l'achat d'armes à destination du Kosovo-Métohija. En janvier 1997, il parvient à s'évader de sa prison avec la complicité d'un gardien et s'échappe vers la Croatie avant de s'installer en République tchèque, point de passage obligé de 90 % de l'héroïne introduite en Scandinavie. Arrêté le 23 février 1999 par la police tchèque, Dobroshi avouera, ainsi que le révèle un rapport du BIS (service de sécurité tchèque) publié le 12 mars dans les journaux praguois, que « le trafic servait à financer des achats d'armes... livrés à l'Armée de libération du Kosovo ». De fait, d'après un rapport de 24 pages des services de renseignement de l'OTAN révélé par le *Washington Times* du 5 juin 1999, les liens entre la mafia albano-kosovare, l'UCK et l'actuel *boom* de l'héroïne en Occident ne fait plus aucun doute. D'après ce rapport, « de nombreux membres de l'UCK sont plus ou moins impliqués dans le marché juteux de l'héroïne. La route des Balkans générerait plusieurs dizaines de millions de dollars par an ». Confirmant ces faits, une étude des services spéciaux suédois et allemands [61] sur les liens entre l'UCK et la mafia albano-kosovare tenu secret en raison du soutien de l'Occident à l'UCK, ainsi qu'une enquête du MI6 (services spéciaux britanniques) rendue publique par le *Daily Telegraph*, laissent penser que l'UCK serait plus « une couverture d'une bande criminelle » qu'une armée de « libération » à proprement parler...

En Italie, la police antimafia a elle aussi établi à plusieurs reprises que le trafic d'héroïne a bien servi à financer la « guerre de libération » de l'UCK. C'est ainsi que, lors de l'arrestation, à Sesto San Giovanni, en banlieue milanaise, en septembre 1998, de deux Kosovars albanais détenteurs de six kilos d'héroïne très pure, le rapport du magistrat milanais mentionnait que les « trafiquants vendaient de l'héroïne pour acquérir des armes destinées aux combattants kosovars », rapporte Xavier Raufer. En février 1999, une autre opération « coup de poing » permettait le démantèlement d'un réseau de trente-six personnes opérant depuis Durrës, en Albanie. Aussi la presse romaine relatait-elle, en avril de la même année, les propos du chef mafieux albano-kosovar Uka Hadjar, expliquant au juge qu'il était « un trafiquant de drogue pour des raisons patriotiques ». Enfin, au cours du mois de mars 1998, un gigantesque *raid* anti-drogue (baptisé opération « Africa ») préparé pendant plus de deux ans par le Groupe d'intervention spéciale des carabiniers italiens (ROS : *Reparto Operativo Speciale*), permettait l'arrestation d'une vingtaine de mafieux albano-kosovars ainsi que d'une centaine de délinquants italiens, nord-africains, turcs et égyptiens travaillant avec ou pour la mafia albanaise. 120 kilos d'héroïne pure seront ainsi saisis pour une valeur de cent milliards de lires.

Ce premier grand coup de filet révéla au grand jour l'alliance entre les malfrats albanais proches de l'UCK et des familles mafieuses de la *Cosa Nostra* palermitaine (Ugone et Zacco) ainsi que de la terrible *N'rangheta* calabraise (clans Lerino', Scuteri, Gioffré et Abbate, Morabito, etc.). Comme l'expliquait le procureur de la cellule antimafia de Milan, Francesca Marcelli, « les Albanais ont pris la place des Turcs dans le transport de la drogue (...), ils sont féroces et sans pitié, mais habiles, beaucoup parlent 5 ou 6 langues, ils observent les règles rigides de l'Organisation interne. Ce sont des Kosovars qui s'occupent du dépôt de drogue à Budapest, Bratislava et Sofia, où sont stockés, par milliers de kilos, les marchandises en provenance de la Turquie. L'actuel marché de l'héroïne sur la place de Milan est contrôlé par des parrains kosovars, respectivement Agim Gashi, Dedinca Ismet et le groupe de Peshképia Ritvan ». Premier grand mafieux albanais établi à Milan, dès 1992, Agim Gashi, surnommé le « Rambo » du Kosovo, arrêté lors de l'opération « Africa », est originaire de Pristina. Après avoir gravi tous les échelons de la délinquance organisée, Gashi est devenu le plus grand « parrain » albanais d'Europe, scellant des alliances avec les plus puissants clans de la *N'rangheta* calabraise, principalement les familles Morabito et Domenico Libri. Mais Gashi a été personnellement impliqué dans la lutte armée menée par l'UCK. Lié, à Milan, *via* la mafia égyptienne d'Italie, aux islamo-terroristes d'Oussama Ben Laden et aux fondamentalistes égyptiens du *Gamaà Islamiyya*, dont de nombreux membres se sont portés volontaires en Bosnie et au Kosovo, Agim Gashi constitue en quelque sorte le point d'intersection entre les milieux terroristes, islamistes et mafieux. Toujours à la faveur de l'opération « Africa », les carabiniers du ROS de Milan interceptèrent une conversation entre Gashi et son correspondant du Kosovo, Houmolli, alors que les deux caïds parlaient d'un important arrivage de drogue à destination d'Italie. La conversation est rapportée par le quotidien italien *Corriere dell Sera* du 10 août 1998 ainsi que dans la revue américaine de stratégie *Defense and Foreign Affairs* de mai 1999 :

— Gashi : Je sais que vous êtes en plein ramadan, mais on va avoir une urgence...

— Houmolli : Frère, ne t'en fais pas, on essaiera de te satisfaire malgré le ramadan.

— Gashi : Tu comprends que...

— Houmolli : C'est dans notre intérêt de submerger ces bâtards de chrétiens avec de la drogue. On les aura, on les mettra à la mer. Parce qu'Allah est grand...

— Gashi : Il faut submerger les infidèles occidentaux avec la drogue...

Dans les milieux spécialisés, il ne fait aujourd'hui plus aucun doute que l'Armée de libération du Kosovo a été principalement financée par le trafic international de drogue. Il fallut en fait attendre mars 1999 pour obtenir la première estimation chiffrée des récoltes de fonds de l'UCK. D'après différents services de renseignements occidentaux, sur un budget d'au moins 900 millions de deutschmarks (500 millions d'euros) de l'UCK, plus de la moitié serait issue des bénéfices réalisés par les trafiquants de drogue albano-kosovars. Mais d'autres observateurs vont encore plus loin : non seulement l'UCK aurait utilisé les milieux mafieux, mais il n'est pas irrationnel d'inverser la proposition : la mafia albanaise internationale aurait utilisé l'UCK (et ses innombrables façades civiles) comme paravent honorable permettant de fidéliser plus aisément la diaspora et de procurer à la pègre albanaise une base arrière, un sanctuaire et des connexions politiques internationales. Des récoltes de fonds organisées en Allemagne par le Mouvement populaire du Kosovo, à l'origine de l'UCK, auraient ainsi servi à recycler de l'argent sale. Dévoilée par des experts de la DEA, une autre façade de l'UCK, le Front national du Kosovo, aurait quant à lui été directement en charge du trafic d'héroïne à destination de l'Europe de l'Ouest et des États-Unis. D'après des agents allemands de la lutte antidrogue, la valeur des stupéfiants importés chaque année en Europe occidentale serait équivalente à au moins 2 milliards de dollars (près de deux milliards d'euros), l'UCK étant considérée comme l'élément central de ces trafics. « Un des buts non déclarés de l'UCK est la transformation du Kosovo en plaque tournante du trafic de stupéfiant et le contrôle des routes de la drogue, en particulier de l'axe Istanbul-Pristina-Sarajevo [62] », conclut Georges Berghezan, chercheur au Groupe de recherches et d'information sur la paix et la sécurité (GRIP).

Réunis à Athènes au courant du mois de mai 1999, les ministres de l'Intérieur roumain, hongrois, albanais, ainsi que des hauts fonctionnaires de police allemands, autrichiens, croates, grecs, russes et ukrainiens, ont dressé un bilan assez alarmiste des conséquences directes de la guerre du Kosovo sur l'expansion de la criminalité en Europe : déplorant une explosion de la consommation de drogues dures dans la région ainsi qu'une soudaine intensification du trafic d'armes, les intervenants déplorent la création, aux confins de l'Albanie et de la Macédoine, d'un véritable « sanctuaire criminel » aux mains de la mafia albanaise et de son bras politique armé, l'UCK. Mais outre les plaques tournantes d'Europe centrale, d'ex-Yougoslavie et de Grèce, c'est la plupart des pays industrialisés d'Europe de l'Ouest qui sont aujourd'hui menacés par la prolifération des réseaux mafieux albano-kosovars.

NOTES

1. François Thual, *Les Conflits identitaires*, Ellipses, 1995, p. 21-22.
2. Pierre Béhar, *Vestiges d'empires*, p. 121.
3. François Thual, *ibid.*
4. Slobodan Despot, *Journal Franz Weber, op. cit.*
5. In *Le Monde*, *op. cit.*
6. Morolijub Jevtic, *op. cit.*
7. Un Albanais du Kosovo sur trois ou quatre est originaire d'Albanie ou descendant d'immigrés albanais récents.
8. Gregory Copley, Rapport de *Strategic Studies*, *op. cit.* ; « Lettre d'un voyageur au président de la République », Régis Debray, *Le Monde*, 13 mai 1999 ; *La Guerre du Kosovo-Rapport du GRIP*, juin 1999.
9. Roberto Marozzo della Rocca, *Limes (*revue italienne de géopolitique), supplément au numéro de janvier 1999.

10. Dusan Batakovic, « Kosovo-Métohija in the 20th century, nationalism and communism, the Balance of Intolerance », *Euro-balkans*, printemps-été 1998.

11. Rollie Keith, « La faillite de la diplomatie », *The Democrat* (magazine canadien), mai 1999.

12. Bernard Adam, *La Guerre du Kosovo, éclairages et commentaires*, GRIP, 1999, p. 147.

13. Cité in *Balkans infos*, n° 33, mai 1999.

14. Walker, *op. cit.*, *Balkans infos*, *op. cit.*

15. Paul-Marie de la Gorce, « Histoire secrète des négociations de Rambouillet », *Le Monde diplomatique*, juin 1999.

16. Dix principes composaient cette première mouture : 1. nécessité de faire cesser rapidement la violence et de respecter un cessez-le-feu ; 2. solution pacifique de la crise par un dialogue entre les parties adverses ; 3. transition de trois ans en attendant de mettre au point une solution définitive ; 4. interdiction de tout changement unilatéral du statut provisoire de la province ; 5. intégrité territoriale de la Yougoslavie et des États voisins ; 6. respect des droits de toutes les communautés (langues, religion, enseignement) ; 7. élections libres et sous le contrôle de l'organisation de l'OSCE ; 8. pas de poursuites judiciaires pour les actions commises durant le conflit du Kosovo, sauf pour les crimes de guerre ou contre l'humanité ; 9. amnistie et libération de tous les prisonniers politiques ; 10. participation internationale et coopération des deux parties en présence pour la mise en œuvre du règlement futur de la crise.

17. Les articles 6a et 6b de l'appendice au projet de règlement pour le Kosovo (plan secret de Rambouillet) stipulent que « l'OTAN doit être à l'abri de toute procédure légale, qu'elle soit civile, administrative ou pénale » et que « les personnels de l'OTAN, en toute circonstance et de manière permanente, doivent bénéficier d'une immunité vis-à-vis de la juridiction des parties contractantes, pour tous les délits civils, administratifs, pénaux ou disciplinaires qui pourraient être commis par eux en République fédérale de Yougoslavie ». L'article 8 de la même annexe (appendice B) stipule que « les personnels de l'OTAN doivent bénéficier, avec leurs véhicules, leurs navires, leurs avions et leurs équipements, d'un droit d'accès permanent et d'un droit de passage libre et sans restriction à travers la République, y compris son espace aérien et ses eaux territoriales », textes reproduits dans *Le Monde*, 2-3 mai 1999. Les articles 9 et 10 exemptent l'OTAN de tout paiement ou indemnité en exigeant que les autorités de la RFY facilitent l'occupation militaire de leur territoire.

18. Olivier Corten, « Tous les moyens diplomatiques avaient-ils réellement été épuisés ? L'échec du plan de Rambouillet », *La Guerre du Kosovo. Éclairages et commentaires*, Groupe de recherche et d'information sur la paix en Europe (GRIP), éd. Complexe, Bruxelles, 1999, p. 33.

19. *Id., ibid.*, p. 37.

20. Éric Laurent, *op. cit.*, p. 102.

21. Cité *in* Éric Laurent, *Guerre du Kosovo, le dossier secret*, Plon, 1999, p. 100-101.

22. Éric Laurent, *ibid.*

23. Olivier Corten, *ibid.*

24. Renaud Girard, « Zone d'ombre autour d'un massacre », des images tournées pendant l'attaque du village de Raçak contredisent la version des Albanais et de l'OSCE, *Le Figaro*, 20 janvier 1999.

25. Les paramilitaires faisaient effectivement fuir en masse les habitants de certaines zones-clés (en cas de partition) du nord du Kosovo et de villages contrôlés par l'UCK, mais les réfugiés pouvaient parfois s'installer dans des villages proches ou même à Belgrade, où 50 000 *Shqipétares* furent accueillis pendant la crise du Kosovo entre mai 1998 et juin 1999, 100 000 Albano-Kosovars vivant déjà, sans avoir jamais été menacés, à Belgrade. N'oublions pas non plus que la délégation serbo-yougoslave à Rambouillet était composée de plusieurs Kosovars albanophones.

26. P.-M. Gallois, « Superpuissances et bellicisme, Irak, Balkans, deux désastres », in *Quelle Europe après le Kosovo ?* sous la direction d'Ana Pouvreau, Ellipses, mai 2000, p. 6.

27. « The New Rome and the Religious Wars », *Defense and Foreign Affairs/ Strategic Studies*, mars 1999.

28. En réalité, quelques milliers d'Albanais seulement quitteront le Kosovo avant le 24 avril, les 200 000 réfugiés recensés étant essentiellement des « réfugiés de l'intérieur » fuyant les villages attaqués par les forces serbes cherchant à y déloger les guérilleros de l'UCK. Lors d'un colloque sur le Kosovo organisé par la Fondation pour la recherche stratégique au Collège militaire, André Glucksmann, présenté à l'occasion comme un « polémologue », avancera, sans s'appuyer sur aucune source sérieuse, après avoir d'ailleurs confondu Monténégro et République serbe de Bosnie, le chiffre — trois fois plus élevé que celui, « officiel » — de 600 000 *Shqipétares* « déportés » par les Serbes avant le 24 mars 1999.

29. Le Haut Commissariat aux réfugiés de l'ONU (HCR) estimait qu'en quinze mois, 170 000 Albanais avaient fui leurs villages. Du 24 mars au 18 avril, le HCR évaluait le nombre de réfugiés à 564 000, soit trois fois plus qu'au début des « frappes » aériennes. À la mi-mai, le chiffre dépassait les 700 000.

30. Rollie Keith, *op. cit.*

31. Entretien avec Paul Watson, à Pristina, *Marianne*, 17 mai 1999.

32. D'après les auteurs du rapport de l'OSCE du 5 décembre 1999, le chiffre des victimes serbes et tziganes des Albanais s'élèverait au moins à 750, pour la seule période allant de novembre 1999 à juin 1999, ce chiffre excluant donc les centaines de non-Albanais tués par l'UCK après la fin des bombardements aériens.

33. *The Toronto Star*, 3 novembre 1999.

34. *Le Monde*, mardi 13 juillet 1999.

35. *Global Intelligence Update*, « Where Are Kosovo's Killing Fields », 0220 GMT, 991017, cfr. www.stratfor.com/crisis/kosovo/genocide.htm, 20 octobre 1999.

36. D'après le Haut Commissariat des Nations unies pour les réfugiés (UNHCR), le nombre de réfugiés recensés en Serbie après avoir été chassés de Slovénie, de Croatie, de Bosnie-Herzégovine et du Kosovo, s'élèverait à 700 000, chiffre qui fait de la Serbie le « plus important camp de réfugiés du monde ». Les sources de Belgrade, probablement exagérées, font état d'un million au moins, en comptant Tziganes et autres non-Albanais du Kosovo.

37. Les présents chiffres ne sont pas les versions les plus élevées mais sont le résultat d'une moyenne approximative effectuée à partir des différentes estimations annoncées par différentes sources gouvernementales, institutionnelles et associatives : ministères yougoslave, grec et allemand des Affaires étrangères, OSCE, TPIY, FBI, Human Right Watch, Médecins sans frontières, GRIP, rapport de l'ONU de novembre 1999 sur la situation au Kosovo, etc.

38. Jacques-Marie Bourget, « La mort du regard », « Croyances en guerre », *Les Cahiers de médiologie*, n° 8, p. 99. Voir également le dernier ouvrage de Régis Debray consacré à la manipulation médiatique, *L'Emprise*, Gallimard, 2000.

39. *Id., ibid.*

40. Cité par Thomas Fleming, *Chronicles,* novembre 1999.

41. Rapport de l'OSCE, *Kosovo, choses vues et témoignages*, 6 décembre 1999.

42. Anna Husarska, *International Herald Tribune*, 12 novembre 1999.

43. Pour la période allant du 15 juin 1999 au 1er mars 2000, plus de 400 Serbes ont été assassinés au Kosovo, à raison de 30 à 40 meurtres par semaine, informe la KFOR. Quelques cas : — 1er août 1999 : attentat contre une église orthodoxe ; — 23 juillet, près de Gracko : 14 paysans serbes assassinés dans leurs champs par des guérilleros de l'UCK (les 14 corps ont été retrouvés par une patrouille de Gurkhas britanniques) ; 26 février : un autobus de civils serbes affrété par le HCR et escorté par la KFOR est attaqué au lance-roquettes, près de Mitrovica. Bilan : deux morts et trois blessés.

44. *Le Monde*, 18 novembre 1999.

45. En février 2000, de violents affrontements ont opposé les *Shqipétares* aux forces françaises de la KFOR. Bilan : deux Albanais tués par les soldats de la KFOR, deux soldats français blessés par des *snipers* albano-kosovars, sept *Shqipétares* tués par les miliciens serbes de Mitrovica, une dizaine de Serbes tués et blessés lors d'attaques

contre des cafés, etc. Depuis, les habitants de Mitrovica vivent en état de siège permanent.

46. *Libération*, 16 février 2000.

47. Lance-roquettes RPG-7, grenades défensives, les plus meurtrières, munitions, etc. Dans un *check-point* du sud de Mitrovica, les soldats français ont saisi, le 16 février dernier, dans une ambulance, une vingtaine de RPG-7, 183 lance-grenades et des milliers de cartouches.

48. *Le Point*, 5 novembre 1999.

49. Philippe-Xavier Pauly, *Balkans infos*, n° 39, décembre 1999.

50. Christophe Chiclet, *Le Monde diplomatique*, *op. cit.*

51. Cité par Remy Ourdan, *Le Monde*, 26-27 septembre 1999.

52. Interviews accordées au *Figaro*, 29 octobre 1999, et au journal de Zagreb *Jutarnji List* du 31 octobre 1999.

53. *Marianne*, 1er-7 novembre 1999.

54. Xavier Raufer, « Drogue : le Triangle d'or du Kosovo », *Le Figaro magazine*, 7 août 1999.

55. *Le Point*, 16 juillet 1999.

56. *Charlie hebdo*, 2 juillet 1999.

57. Concernant le trafic d'armes, celui-là est partagé par deux des trois grandes familles de la mafia albanaise d'Albanie : les héritiers d'Enver Hoxha, dont le chef est Gramoz Ruci, ancien ministre de l'Intérieur du gouvernement Fatos Nano ; les anciens de la *Sigurimi* (ex-services secrets albanais) ; et les clans dits « Nordistes » (du nord de l'Albanie), dont le patron actuel, Agron Musaraj, fut ministre de l'Intérieur du président Sali Berisha, dont le fief est l'une des bases arrière de l'UCK depuis 1997.

58. Frédéric Pons et Stéphanie Quéré, « Il n'y a pas que Milosevic. L'OTAN devait aussi désarmer l'UCK, bras armé de réseaux mafieux », in *Valeurs actuelles*, 26 juin 1999.

59. *Le Point*, juillet 1999.

60. « Prostitution : guerre des Balkans à Lyon », *L'Express*, 27 janvier 2000.

61. Rapport préparé par la SAEPO suédoise et le BND allemand pour les ministres de l'Intérieur de l'Union européenne, février 1999. Consulter également à ce propos le dossier spécial de *L'Espresso* du 28 janvier 1999 : « La Nuova mafia albanese, Sacra Corona Kosovara ».

62. *La Repubblica*, 1er avril 1999, *in* Georges Berghezan, *op. cit.*

CHAPITRE VIII

Les véritables raisons de l'intervention américano-occidentale au Kosovo

OTAN : « Organisation imposée à l'Alliance atlantique et qui n'est que la subordination militaire et politique de l'Europe occidentale aux États-Unis d'Amérique. »

Charles de Gaulle.

NON-STRATÉGIE AFFICHÉE ET « BUTS DE GUERRE » CONFUS DE L'OTAN : L'APPARENTE NAÏVETÉ AMÉRICAINE

Rétrospectivement, la stratégie de l'OTAN apparaît étonnamment *incohérente*, voire vide, le principal « but de guerre » officiel de l'OTAN (« éviter la catastrophe humanitaire ») n'ayant non seulement pas été atteint mais ayant abouti au contraire au résultat strictement opposé à celui escompté. Mieux, les résultats disproportionnés et effets catastrophiques directs des « frappes aériennes » : intensification des répressions serbes, exode albanais, « dommages collatéraux » civils et humains, semblaient ne pas avoir été prévus par les cadres de l'Alliance. Certains ont relevé la « naïveté » des dirigeants politiques et stratèges occidentaux annonçant imprudemment, dès le déclenchement de l'opération Force alliée, leur ferme intention de n'utiliser que les armes aériennes, excluant d'emblée toute action terrestre. Or, non seulement la divulgation de ce qu'une armée s'oblige à faire ou à ne pas faire constitue un manquement grave aux règles élémentaires de la stratégie militaire, mais, remarque le général Salvan, « c'était donner à Milosevic le feu vert pour procéder à un de ces nettoyages ethniques dont ses sbires ont l'habitude [1] ». Responsable international de l'ONG Droit-Solidarité, Nuri Albala pose le problème de la manière suivante : « soit le but affiché — sauver les populations civiles — n'a jamais été le véritable objectif de cette guerre ; soit ceux qui en ont pris l'initiative sont d'une incompétence, d'une imprévoyance et d'une ignorance qui les disqualifient pour diriger et commander [2] ». Pour abonder dans le sens de la première hypothèse, on remarquera que les « buts de guerre » en question étaient non seulement *incohérents*, mais qu'ils ont *évolué* tout au long des opérations, aussi absurde que cela puisse paraître. En fait, ces « buts de guerre » n'ont, volontairement, jamais été clarifiés, ce qui permettait — aux Américains de conserver toute la *marge de manœuvre* nécessaire pour remplir *leurs* buts officieux, en pleine cohérence, eux, avec leurs *objectifs stratégiques généraux* en Eurasie, décrits précédemment. « Une stratégie optimale est fonction du degré de cohérence entre but politique de guerre et objectifs stratégiques dans la guerre [3] », explique François Géré, directeur scientifique de la Fondation pour la recherche stratégique (FRS). Or, que peut-on objectivement constater aujourd'hui, questionne-t-il. Les « buts de guerre » n'ont pas fait l'objet d'une *définition claire et unanime.* On en avait énoncé au départ au moins trois ou quatre :

— protéger les populations albanaises du Kosovo (*dixit* Blair, Chirac, Clinton, Schröder) ;

— éviter une déstabilisation générale des Balkans (*dixit* Chirac) ;

— contraindre Slobodan Milosevic à accepter les « accords » de Rambouillet, « sorte de capitulation qui équivalait à un suicide politique », commente François Géré ;

— exiger le retrait total des troupes serbo-yougoslaves du Kosovo.

Aussi, une fois enclenchée la guerre et les représailles serbes — soi-disant imprévues — contre les populations albanophones, furent progressivement formulés de nouveaux « buts de guerre », bien plus radicaux et laissant un peu plus transparaître les contours de la véritable stratégie américaine pour les Balkans. François Géré les énumère comme suit :

— interdire, dans l'avenir, toute exaction menée par un dictateur contre une minorité sur le territoire de l'Europe (Blair) ;

— justifier l'existence de l'Alliance atlantique elle-même, « but de guerre » réel, au départ occulté, mais que Bill Clinton pensa pouvoir se permettre de révéler haut et fort dans son discours pour le 50e anniversaire de l'OTAN ;

— détruire le potentiel militaire de la Yougoslavie, objectif en masquant un autre, bien plus large et stratégique : *détruire le potentiel militaro-industriel et économique* de la Yougoslavie. Ainsi seulement s'expliquent les étonnantes « frappes » sur le Monténégro, « État pourtant très favorable à l'Alliance », constate avec étonnement M. Géré.

Aussi, l'argument selon lequel l'apparente non-stratégie de l'OTAN serait le fruit de la « passivité des Européens » et surtout de la « naïveté » des Américains, « grands enfants », intervenant en fin de compte dans les Balkans pour « détourner l'attention des électeurs américains » du scandale politico-sexuel Clinton-Lewinski et pour les « divertir » (opinion en France, du général stratège Claude Le Borgne) paraît insuffisant. Pour d'autres spécialistes de stratégie au contraire, notamment le général Éric de la Maisonneuve, ancien responsable de la Fondation pour les études de défense et actuel président de la Société de stratégie, « la non-stratégie de l'OTAN masque parfaitement la stratégie très élaborée des États-Unis (...), les actions conduites par les États-Unis dans les Balkans depuis 1994 répondent à une véritable stratégie. Finalement, les Albanais du Kosovo sont utilisés par les deux camps et la stratégie de Milosevic à leur égard est récupérée pour la non-stratégie de l'OTAN [4] ». Comme pour la guerre en Irak, on constate en effet une étroite *interdépendance* entre les deux parties « ennemies » diabolisées l'une par l'autre, mais « solidaires » : la *stratégie antiserbe* de Washington renforce le pouvoir autoritaire et chancelant de Milosevic, cependant que la pérennité — essentielle pour les États-Unis — de celui-ci, « épouvantail utile » permet à Washington de masquer sa volonté d'anéantir la nation serbe *dans son ensemble*, comme on détruit l'Irak depuis plus de dix ans au nom de la lutte contre l'« ennemi-épouvantail » Saddam Hussein. Derrière la lutte « morale » contre l'« incarnation du mal », le « dictateur nazifié », en fait l'« ennemi-utile », se cache la cynique *stratégie globale*, d'essence *géoéconomique*, de la superpuissance américaine, déterminée à prendre, par tous les moyens, le contrôle des *Rimlands* de l'Eurasie, des routes du pétrole et des réserves d'hydrocarbures du Caucase et du Moyen-Orient, l'extension de l'OTAN en Méditerranée, dans les PECO, dans les Balkans, dans le Caucase et en Asie centrale ayant vocation à sécuriser la nouvelle « route de la soie ».

Cela nous amène à examiner les deux niveaux [5] de *buts de guerre* des États-Unis et de l'OTAN ayant présidé au déclenchement de l'opération Force alliée : d'une part, les « buts de guerre immédiats » ou « objectifs tactiques » des états-majors américains et de l'OTAN pendant le conflit ; d'autre part, les « objectifs stratégiques » à plus long terme ou « buts de guerre stratégiques » à l'œuvre en Europe centrale et orientale, eux-mêmes partie intégrante d'une stratégie américaine *globale* décrite précédemment.

Les « buts de guerre » immédiats de l'opération Force alliée

Grosso modo, les *buts de guerre immédiats* de l'OTAN et surtout de Washington, lors de l'opération Force alliée [6], étaient les suivants :

1. déclenchement de l'exode des Albanais du Kosovo et exacerbation de la « catastrophe humanitaire »,
2. démembrement-destruction de l'ex-Yougoslavie et déclenchement d'un soulèvement populaire contre le régime de Belgrade,
3. justification de l'extension de l'OTAN dans les Balkans et en Eurasie et relance de l'industrie de défense américaine.

1. Déclenchement de l'exode des Albano-Kosovars et de la « catastrophe humanitaire ».

Lorsque l'on entend dire que les « alliés » ne pouvaient pas prévoir que les « frappes » allaient, sinon provoquer, du moins largement aggraver la « catastrophe humanitaire » tant redoutée, nous avons affaire, ce qui est somme toute l'un des rôles des stratèges, à une *propagande de guerre*, une *contrevérité* assenée pour justifier, voire excuser *a posteriori* les raids dévastateurs de l'OTAN. Directeur de recherches stratégiques au Royal United Services Institute, Jonathan Eyal, sceptique depuis le début du conflit quant aux véritables buts de guerre de l'OTAN et surtout de Washington, déclarait au *Monde* : « On savait parfaitement, dans les milieux militaires de toutes les capitales concernées que, paradoxalement, la catastrophe humanitaire serait bien plus grave, dès lors que les bombardements commenceraient. La justification humanitaire de l'opération n'est rien d'autre que cela, une justification juridico-politique visant à conserver un caractère légal — au nom des lois humanitaires internationales — à une opération démunie d'un clair mandat du Conseil de sécurité des Nations unies. » De son côté, l'ancien conseiller de la Maison-Blanche et stratège américain Edward Luttwark constate que l'OTAN n'a rien entrepris pour protéger les populations civiles du Kosovo alors qu'elle en aurait parfaitement eu les moyens, l'Organisation ayant *délibérément* renoncé à utiliser des avions comme les A-10 américains ou les Harrier anglais et les AMX italiens et/ou des hélicoptères armés, lesquels auraient pu détruire beaucoup plus facilement, et avec davantage de précision, la distance de 5 000 mètres n'étant pas imposée, les véhicules armés que les Serbes avaient déployés. Certains analystes vont encore plus loin, et expliquent que l'intervention alliée aurait eu pour but direct, non pas d'éviter la « catastrophe humanitaire » et de secourir les Albano-Kosovars victimes de « génocide », mais de *provoquer,* ou en tout cas d'intensifier sciemment l'*exode massif* des Albanais du Kosovo, afin de diffuser les rancœurs collectives, accentuer les souffrances albanaises et attiser les velléités bellicistes des ultra-nationalistes des deux camps. Aussi l'escalade de la violence et la « catastrophe humanitaire » étaient-elles censées justifier l'hégémonie « salvatrice » de l'OTAN. L'exportation escomptée de l'irrédentisme terroriste de l'UCK — « grâce » à l'exode — dans toutes les contrées de la région abritant des minorités albano-musulmanes démographiquement et culturellement dynamiques, était destinée à *déstabiliser* durablement la Macédoine, le Monténégro et le Sandjak, slavo-musulman mais pro-albanais comme la Bosnie. Donc embraser, à terme, toute la région grâce au levier déstabilisateur et ô combien explosif de la « Grande Albanie ». C'est ainsi que quelque 600 000 Albano-Kosovars, voire un million de Kosovars, d'après les sources maximalistes, fuirent la province et furent expulsées conformément aux objectifs officieux poursuivis par les stratèges américains, ces derniers jouant la « Grande Albanie » contre la « Grande Serbie » et exacerbant les haines entre les deux parties dans une stratégie classique de *divide et impera*... Les responsables et hauts militaires anglo-saxons reconnaissent eux-mêmes que « les frappes aériennes de l'OTAN contre la Serbie ont encouragé le nettoyage ethnique dans les Balkans plutôt qu'elles ne l'ont freiné », comme l'affirme Lord Carrington, ancien secrétaire général de l'Alliance de 1984 à 1988. En bombardant la Serbie, l'« OTAN a, en fait, précipité l'exode des Albanais du Kosovo vers la Macédoine et le Monténégro, nous n'avons fait qu'empirer les choses (...). Le retrait des observateurs de l'ONU et de l'OSCE a donné aux Serbes le signal qu'ils allaient être bombardés. Étant donné que ce sont des gens sans pitié, ils en ont profité pour se débarrasser des Albanais », conclut l'ex-patron de l'OTAN et ancien ministre des Affaires étrangères britannique.

Analysant la question de la « catastrophe humanitaire » au Kosovo, le général de la Maisonneuve remarque quant à lui : « Milosevic (...) par la brutalité de ses actions, notamment à l'égard des populations civiles kosovares, fait apparaître tout aussi cynique la non-stratégie otanienne ; car, que cela plaise ou non, le “ nettoyage ethnique ” est dû en bonne partie aux bombardements aériens (...). Non seulement l'épuration ethnique n'a pu être empêchée, mais elle a été accélérée et amplifiée par l'intervention de l'OTAN [7]. » Confirmant ce constat, Xavier Bougarel, chercheur au CNRS et spécialiste des Balkans, remarque, dans *Le Monde diplomatique* du mois de septembre 1999, que « loin de prévenir une catastrophe humanitaire, en effet, (...) l'intervention de l'OTAN a provoqué l'explosion de violence qu'elle était censée prévenir (...), elle l'a au contraire précipitée, laissant derrière elle un Kosovo dévasté, une économie serbe désarticulée, et des populations durablement choquées ». On peut donc bien parler ici d'« accusation-miroir » de l'OTAN et constater une véritable manipulation de l'opinion et des médias de la part des stratèges anglo-américains, qui sont parvenus à faire endosser à l'ennemi l'entière responsabilité de drames humains qu'ils contribuèrent grandement à provoquer ou à augmenter, notamment depuis les accords de Dayton — qui avaient occulté la question du Kosovo, déjà en ébullition — et surtout depuis Rambouillet. « J'attribue directement ou indirectement le désastre humanitaire aux bombardements aériens de l'OTAN et à la campagne antiterroriste qui en a résulté [8] », écrit le contrôleur de l'OSCE Rollie Keith. « Il était commode de croire ou de faire croire qu'on ne bombardait la Yougoslavie que pour sauver les Kosovars du nettoyage ethnique, surenchérit Gabriel Robin, ambassadeur de France. Les bombes n'ont ni arrêté ni sérieusement freiné les exactions du Kosovo (...). Cette justification n'était du reste qu'un alibi inventé après coup [9]. » « Je dirais même que si l'on avait voulu provoquer une catastrophe humanitaire et une déstabilisation rapide de la région, on ne pouvait pas appliquer une meilleure stratégie que celle de l'OTAN », confirme le général Francis Briquemont, ancien commandant en chef des Casques bleus en Bosnie, lors d'une interview à RTBF-La Première le 26 avril 1999. Meilleure preuve de la volonté de provoquer une « catastrophe humanitaire » justifiant *a posteriori* les « frappes », rappelons tout de même que les avions de l'OTAN, et surtout ceux directement sous commandement américain postés en Méditerranée et ne rendant de compte qu'à Washington, bombardèrent à plusieurs reprises d'importants convois de réfugiés albano-kosovars qui commençaient à regagner en masse leurs foyers, après un bref exil. Or, pour Washington comme pour l'UCK, il fallait absolument empêcher ce mouvement, qui risquait d'enrayer l'exil massif des *Shqipétares* dont l'augmentation journalière et la médiatisation intensive étaient la principale source de légitimation des bombardements. Dans l'enquête de *Defense and Foreign Affairs Strategic Studies* précitée, Gregory Copley et Yossef Bodansky n'hésitent pas à affirmer que ce type de « dommages collatéraux » ne furent aucunement le fruit du hasard, car « le fait que les Kosovars cessent de fuir les bombes aurait constitué un véritable désastre pour la politique américaine [10] ». Auteur de plusieurs traités sur la *désinformation*, l'écrivain Vladimir Volkoff émet quant à lui l'hypothèse selon laquelle, en vertu de la question classique « à qui profite le crime », « l'exode des Albanais a été délibérément déclenché par l'OTAN, soit pour noyer la Macédoine sous le nombre des réfugiés et favoriser par-là la création d'une Grande Albanie, soit dans un dessein plus subtil et plus cynique : si l'on était préparé à accueillir les réfugiés albanais, ils auraient moins souffert, ils auraient donc excité moins de compassion, et l'opinion publique aurait été moins favorable à l'agression de l'OTAN contre les populations serbes [11]... », thèse taxée de « pro-serbisme » pendant les bombardements, mais que l'évolution récente des événements du Kosovo-Métohija : mainmise de l'UCK sur la province, indépendance de fait du Kosovo, encouragement donné au projet de Grande Albanie, incapacité totale de l'ONU et de la KFOR (ou complicité tacite ?) à enrayer la purification ethnique antiserbe, désoccultation des mensonges concernant les milliers de « fosses communes », semblent conforter *a posteriori* chaque jour un peu plus.

2. Démembrement-destruction économico-sociale de l'ex-Yougoslavie et déclenchement d'un soulèvement populaire contre Milosevic.

Effrayés à l'idée que la Yougoslavie n'intègre un jour une Fédération ou une alliance panslave sous l'égide de Moscou, le récent traité d'union entre la Russie et la Biélorussie ayant un moment envisagé d'y inclure la Yougoslavie, les stratèges américains et allemands de l'OTAN avaient décidé, au moins un an avant le déclenchement de l'opération Force alliée, de *démembrer* puis de *détruire*, une fois pour toutes la Yougoslavie, toujours récalcitrante, bien que déjà mutilée de la Slovénie, de la Croatie, de la Bosnie et de la Macédoine. Entamée depuis le début des années 90 avec l'indépendance de ces provinces — et maintenant du Kosovo — la dynamique désintégratrice devrait vraisemblablement se poursuivre dans les prochains mois ou années en Voïvodine, où vit une importante minorité hongroise tentée d'imiter les Kosovars et de rejoindre la mère patrie ; au Sandjak, à majorité musulmane, tenté par une fusion avec la Bosnie musulmane, province d'autant plus stratégique que sa sécession séparerait la vieille Serbie du Monténégro (voir cartes n°s 6 et 10) ; et au Monténégro, que Washington voudrait transformer en un « Monte-Carlo balkanique », et dont le président, courtisé par les États-Unis, est déjà plus que tenté par la sécession. Grande comme un département français (13 812 km^2), peuplée d'à peine 650 000 habitants, la république autonome du Monténégro pourrait difficilement devenir un État indépendant viable. Mais les États-Unis entretiennent des rapports étroits avec le président Djukanovic, partisan d'un Monténégro multiethnique et ouvert à l'Occident. Surtout, le Monténégro constitue le principal accès à la mer de la Serbie. Aussi, faudra-t-il s'attendre à une résistance extrêmement âpre de Belgrade quant à une éventuelle sécession du Monténégro, revendiquée presque ouvertement par Djukanovic, et surtout par Miodrag Zivkovic, leader du Parti libéral monténégrin, en échange d'aides économiques et d'avantages. Signes avant-coureurs d'un « scénario à la bosniaque » ou « à la kosovare », le Monténégro ne reconnaît plus, depuis juin 1998, ni le gouvernement ni l'Assemblée fédérale yougoslave, estimant que la nomination par Belgrade, en juin 1998, au poste de Premier ministre fédéral, du chef de l'opposition monténégrine, Momir Bulatovic, battu par Djukanovic, est inconstitutionnelle. Aussi, la police monténégrine s'est transformée en « armée nationale », prête à résister aux troupes fédérales, et la monnaie serbo-yougoslave, le dinar, a été officiellement remplacée (1er novembre 1999) par le deutschmark, devenue depuis plusieurs années d'ailleurs la monnaie officieuse de toute l'ex-Yougoslavie. Précisons que le conseiller économique du président monténégrin, l'économiste américain Steve Hanke, a été spécialement recommandé au président Milo Djukanovic par le département d'État, sa mission étant de convaincre ce dernier, ainsi que les décideurs monténégrins en général, que la petite république a tout intérêt à quitter la Fédération yougoslave et intégrer l'OTAN puis l'Union européenne, *si* elle veut retrouver la prospérité et échapper aux sanctions internationales.

Mais la spirale de la désintégration menace à terme deux autres contrées : la Macédoine, où l'irrédentisme albano-musulman a été fortement exacerbé avec la guerre du Kosovo ainsi que le renforcement des antagonismes entre Macédoniens orthodoxes — souvent pro-serbes — et communautés albanaises ; et, surtout, la Bosnie, dont les composantes croate et serbe risquent de revendiquer le rattachement aux mères patries respectives et la séparation d'avec le régime musulman d'Izetbegovic, s'appuyant sur le précédent du Kosovo. Les accords de Dayton qui avaient mis fin à la guerre de Bosnie à l'automne 1995 postulaient, on s'en souvient, le principe de l'« inviolabilité des frontières » des républiques de l'ancienne Yougoslavie. Or, l'indépendance annoncée et quasiment effective du Kosovo remet fondamentalement en cause ce principe : comment, en droit, accorder l'indépendance aux Albanais du Kosovo, et refuser aux Serbes de Bosnie ou même de Mitrovica le rattachement à la mère patrie serbe ? « Si le Kosovo obtient l'indépendance, c'est à mon avis la voie ouverte à la partition de la Bosnie, car nul ne pourra l'empêcher [12] », avertissait en pleine conférence de Rambouillet Jiri Dientsbier, rapporteur spécial de l'ONU pour l'ex-Yougoslavie.

Démembrées, la Yougoslavie et la Serbie devaient ensuite être *détruites*. « La Serbie, comme Carthage, doit être détruite, telle est la méthode américaine, et l'ignoble Milosevic en est le meilleur exécutant », écrit le général de la Maisonneuve. Bien évidemment, le plan américain de *démembrement* puis de *destruction de la Yougoslavie* ne fut pas révélé aux « alliés non sûrs » (France, Italie, Espagne, etc.), les Américains « ne s'encombrant pas d'une stratégie déclarée qui ferait pousser des cris d'orfraies à certains États européens [13] », mais il apparaîtrait dans des documents « fermés » de l'OTAN faisant allusion à une opération secrète nommée *Roots* (Racines). Cette opération, conçue et mise à exécution par la CIA, aurait principalement visé à spolier la Yougoslavie de ses territoires du Kosovo, l'un de ses principaux fournisseurs en matières premières, et du Sandjak (à rattacher à la Bosnie musulmane), puis, dans une seconde phase, de la Voïvodine *(Raska)* et surtout du Monténégro, seule sortie de la Yougoslavie sur l'Adriatique. En fait, le démembrement est vital car, avec la perte des provinces anciennement yougoslaves ou serbes à forte minorité non serbe, il permet de *réduire* la Serbie à ses frontières historiques minimales, le projet de « Grande Serbie » étant, pour les Américains, bien plus inquiétant que celui, pourtant tout aussi explosif, de « Grande Albanie ». De fait, dès 1991, le secrétaire d'État américain d'alors, James Baker, avait déclaré que la Serbie devrait être réduite « à la dimension qu'elle avait avant le traité de Kumanovo ». Une fois amputée de ses principaux accès sur la mer et rendue impuissante, la Fédération yougoslave peut alors être *détruite économiquement*, jusqu'à ce qu'une opposition opportuniste — mais satisfaisant le souhait des populations de voir se lever l'embargo et d'avoir accès à l'aide internationale — finisse par faire tomber Milosevic et ouvrir le pays aux intérêts américains en échange d'une réinsertion dans la « communauté internationale ». Certains observateurs restent toutefois sceptiques vis-à-vis de cette éventuelle stratégie américaine, y voyant une interprétation « complotiste » ou « paranoïaque », déformation professionnelle de certains experts du renseignement et des questions stratégiques. Pourtant, il ne fait aujourd'hui plus de doute que l'un des « buts de guerre » directs des « frappes aériennes » consistaient à *détruire le potentiel économique et industriel* de l'ex-Yougoslavie, non seulement pour faire plier le régime dictatorial de Milosevic en dressant contre lui les populations exaspérées et épuisées par huit années d'embargo et de guerre, mais surtout pour atteindre l'un des principaux objectifs de Washington dans les Balkans : s'emparer stratégiquement et économiquement de l'ex-Yougoslavie (ou des micro-États qui en sortiront) après l'avoir *démembrée*, *détruite*, puis *reconstruite* — après une période d'occupation non déterminée — sur le modèle d'une société capitaliste ouverte aux investissements américains. Pareille stratégie n'est ni absurde, ni économiquement irrationnelle, ni même nouvelle, puisqu'elle fut mise en œuvre, au sortir de la Seconde Guerre mondiale, par les Américains au Japon et dans toute l'Europe avec le plan Marshall. « Les Américains ne faisant aucune confiance aux Européens pour rétablir la sécurité dans cette région sur laquelle ces derniers ont des vues divergentes (...), confirme Éric de la Maisonneuve, y appliquent le remède de cheval qu'ils avaient naguère imposé à l'Allemagne, la destruction, puis l'occupation, puis la reconstruction sur leur propre modèle d'une société libérale démocratique. C'est ce qu'ils ont pratiqué partout où ils se sont engagés et qui leur permet aujourd'hui de régner sur le monde [14]. » Concernant les dégâts causés par les « frappes », certains prétendront qu'ils s'agissaient là d'« erreurs de tirs » ou de « dommages collatéraux ». Mais une telle explication n'est pas recevable, l'état-major de l'OTAN avouant lui-même, au cours des deux premiers mois de bombardements, l'évolution des « buts de guerre » et du choix des cibles, de plus en plus *civiles*. En fait, dès le déclenchement de l'opération Force alliée, les planificateurs de l'OTAN étaient contraints de décrire systématiquement la liste des cibles militaires et civiles visées ainsi que les « dommages collatéraux » prévisibles dans des documents soumis à l'approbation de Clinton, Blair et Chirac. « À l'intérieur de l'Alliance, (...) les choix importants étaient décidés par les leaders des trois pays : États-Unis, Grande-Bretagne, et France », explique Dana Priest dans un dossier de l'*International Herald Tribune* des 21-23 septembre 1999. « Et un seul des trois, la France, jouait régulièrement les sceptiques (...). À la réunion de l'OTAN, le 21 avril, ils se sont mis d'accord pour focaliser la puissance de l'OTAN non seulement sur les possessions personnelles et les affaires de Milosevic et de ses séides, mais aussi sur des cibles qui affectaient des masses de civils en ravageant, en plus des émissions de TV, les transports, l'eau et l'électricité. » Pour exemple, Priest rapporte qu'avant que les avions américains envoient leurs missiles sur l'immeuble de 23 étages du quartier général du Parti socialiste à Belgrade, à la fin avril, un document interne mentionnait, à côté d'une photo très précise de l'immeuble, les précisions suivantes : « dommages collatéraux. Niveau 3. Estimation élevée de victimes. 50 à 100 employés du gouvernement. Estimation de dommages civils involontaires : 250 appartements touchés par le souffle des explosions ». Le rapport spécial de la mission des États-Unis remis le 9 juin 1999 au secrétaire général de l'ONU, Kofi Annan, confirme clairement la *dimension économique civile* de la guerre livrée par l'OTAN au peuple serbe dans son entier plus encore qu'à son armée, somme toute relativement épargnée : « dans toute la République fédérale de Yougoslavie, les frappes aériennes ont fait de nombreux morts et blessés parmi les civils. Et les destructions massives infligées aux infrastructures et aux moyens de production ont eu un effet dévastateur sur l'industrie, l'emploi, l'environnement ». Correspondant du *Times* à Belgrade, le reporter Tom Walker explique que les bombardements de l'Alliance ont directement et indirectement causé la mort d'au moins dix mille Albanais et « délibérément visé les cibles civiles pour mettre les Serbes à genoux [15] ». Président délégué du Mouvement des citoyens (MDC), Georges Sarre note ainsi avec pertinence que « faute de porter significativement atteinte au potentiel militaire de l'armée fédérale, l'OTAN a ainsi choisi délibérément de sacrifier les populations civiles à la doctrine américaine du " zéro mort " consacrée par la guerre du Golfe et qui ne s'applique, bien sûr, qu'aux soldats de l'Alliance [16] ».

Mais là aussi, mieux que les analyses, les faits parlent d'eux-mêmes. Près de 50 % des objectifs visés — en toute connaissance de cause — par les frappes de l'OTAN sur la Yougoslavie étaient des objectifs *économiques, industriels et civils*. Quelques mois après l'arrêt des « frappes [17] », le bilan sommaire des destructions *civiles* était *grosso modo* le suivant, l'OTAN affirmant avoir anéanti en Serbie :

— 70 % des ponts (une cinquantaine) sur le Danube (dont 580 km traversent le nord de la Serbie et desservent les centres industriels), ce qui a paralysé la navigation (surtout à cause de la destruction des ponts de Novi Sad) ;

— 100 % des capacités de raffinage de la Serbie ;

— 50 % des réserves de carburant (exceptées, bien sûr, les réserves stratégiques de l'armée) ;

— trente-cinq usines, notamment le complexe chimique et pétrochimique de Pancevo ;

— 60 % du potentiel économique ;

— la quasi-intégralité des réseaux de télécommunication et de transports terrestres vitaux ;

— 389 bâtiments scolaires détruits ou fortement endommagés au Kosovo ;

— 242 écoles touchées par les raids de l'OTAN en Serbie centrale, a annoncé le Fonds des Nations unies pour l'enfance (UNICEF) : 45 % du total des écoles du territoire.

Pour ce qui est du bilan économique général, la Commission économique des Nations unies pour l'Europe affiche des chiffres tout aussi alarmants :

— entre 40 et 150 milliards de dollars de dégâts globaux (entre

250 et 900 milliards de francs) — suivants les différentes évaluations — dont au moins 29 milliards de dégâts civils et industriels ;

— 100 000 chômeurs supplémentaires (au total, entre 40 % et 45 % de la population au chômage), sachant que l'équivalent du RMI yougoslave s'élève à 90 francs par mois ;

— chute de plus de 30 % du produit intérieur brut (PIB), équivalent à 13 milliards de dollars actuellement ;

— division par deux du revenu par habitant (1 500 dollars par an en moyenne) ;

— augmentation de 40 % de la dette de l'État, ce qui la ramène à 140 % du PIB (contre 100 % en 1998), si l'on tient compte de la dette extérieure cumulée, des comptes en devises gelés depuis 1991 et des arriérés de paiements ;

— véritable désastre écologique [18].

Un an à peine après les bombardements, l'économie de la Serbie est au bord de l'asphyxie. Elle a été ramenée plus de trente ans en arrière, et les scénarios les plus optimistes montrent qu'il faudra au moins quinze ans pour qu'elle rattrape le retard acquis, si toutefois les sanctions économiques sont un jour levées. Les dommages qui lui ont récemment été infligés sont supérieurs à ceux qu'elle avait subis pendant la Seconde Guerre mondiale. Mais la destruction économique de la Serbie est le résultat, comme celle de l'Irak, de *plus de dix années d'embargos* et sanctions internationales diverses, autre preuve de l'existence d'une *stratégie occidentale* à long ou moyen terme dans la région. Rappelons tout de même qu'en 1991 l'éclatement de l'ex-Yougoslavie lui avait fait perdre d'importantes économies d'échelle dans l'industrie et nombre de marchés extérieurs. Suivirent ensuite quatre années de conflit et d'embargos imposés par les Nations unies de 1992 à 1995, au motif de la participation de Belgrade à la guerre en Bosnie-Herzégovine. Arrivèrent les fameux accords de Dayton, en novembre 1995, qu'accompagna un « mur extérieur de sanctions » (gel des avoirs fédéraux et serbes, interdiction de tout nouvel investissement et embargo visant les vols de l'aviation civile yougoslave) imposé par les États-Unis — suivis, comme de coutume, par l'Union européenne — embargo dont la levée est conditionnée, d'abord, par le règlement d'un certain nombre de préalables politiques, ensuite, par celui de la succession, c'est-à-dire le partage des avoirs et des dettes de l'ex-Yougoslavie, quasiment insoluble. Pourtant, en 1995, avec la conclusion des accords de Dayton, toutes les sanctions contre Belgrade, décidées en mai 1992 pour une durée théoriquement limitée, devaient être levées. De même, l'embargo contre la Yougoslavie aurait normalement dû prendre fin avec la capitulation de Milosevic en juin 1999 et le retrait total des troupes serbo-yougoslaves du Kosovo, Belgrade ayant fini par respecter les conditions exigées par les Occidentaux dans les accords de cessez-le-feu. Mais l'embargo sera maintenu grâce à un nouveau motif : l'inculpation du président Milosevic, par le Tribunal international de La Haye pour l'ex-

Yougoslavie, pour « crimes contre l'humanité ». Économiste monténégrin indépendant, Milan Kovacevic explique au journal *Le Monde* du 22 juillet 1999 que « le gouvernement n'a pour l'instant d'autres ressources que de faire tourner la planche à billets ». Même le marché sauvage de Novi Beograd, situé dans la banlieue de la capitale, dont les succès, durant ces dernières années d'embargo, témoignait de l'appauvrissement du pays, est aujourd'hui en pleine décrépitude. Dès 2001-2002, craignent les experts de l'OCDE, le pays manquera cruellement de liquidités, s'il ne compte que sur ses ressources propres. Or faute de pouvoir importer les marchandises essentielles, on risque d'assister à un effondrement de la production, un chômage massif et une généralisation de la pénurie. Rapporteur spécial de l'ONU pour les droits de l'homme et auteur d'un rapport sur la situation en ex-Yougoslavie, Jiri Dientsbier affirme que la politique internationale d'isolement de la Serbie produit les effets exactement opposés à ceux qui étaient escomptés, un peu comme ce qui s'est passé en Irak avec Saddam Hussein, puisqu'elle n'a fait que renforcer le pouvoir de Milosevic. « C'est une chose terrible que de poursuivre ce blocus, déplore-t-il, car tous les embargos ne font qu'aider les régimes en place, et ils tuent l'opposition. »

Malgré ce bilan catastrophique, les pays de l'Union européenne continuent de conditionner la levée de l'embargo sur la Yougoslavie et l'aide économique extérieure à la chute du régime de Milosevic. « L'aide ne devrait pas être complètement liée à la chute de Milosevic qui a déjà fait beaucoup souffrir son peuple », a pourtant estimé le chef de la diplomatie italienne, Lamberto Dini, soutenu principalement par ses homologues néerlandais et grec. Mais les défenseurs des « droits de l'homme », décidés il y a peu à appuyer la stratégie de l'OTAN pour éviter une « catastrophe humanitaire », demeurent globalement insensibles au sort de millions de Serbes, qu'il s'agisse du million de réfugiés, presque totalement ignorés par l'aide humanitaire internationale, ou du peuple serbe dans son ensemble, privé d'eau potable, de chauffage, de soins médicaux, d'électricité parfois, et pratiquement de tous les biens de consommation courante existants. Sans parler des *dégâts induits* pour l'économie de toute la région, particulièrement de la Macédoine et de la Bulgarie, qui a le plus sévèrement subi les contre-coups de la destruction de la Serbie.

D'après un dossier d'évaluation transmis par la Direction des affaires stratégiques (DAS), le coût économique *induit* pour l'ensemble des économies de la région (perte de revenu, déséquilibre macro-économique, perte dans les flux commerciaux,...) peut être évalué entre 1,1 et 1,7 milliard de dollars pour la seule année 1999. Les effets macro-économiques sont cependant très variables selon les États. Les effets les plus négatifs sont supportés par les États qui sont déjà les plus fragiles et les plus en retard de développement (Albanie, Macédoine, Bosnie). Pour l'année 1999, l'Albanie a subi ainsi une perte de croissance de l'ordre de 8 % et la Bosnie entre 5 et 8 %.

Quant à la Macédoine, elle a été la plus directement touchée par ce conflit puisque 70 % de son commerce transitent par la Fédération yougoslave et les voies fluviales de la région. Aussi l'un des dégâts transversaux les plus dramatiques de l'opération Force alliée est-il sans aucun doute la mise hors d'état des 600 kilomètres de la partie serbe du Danube, route commerciale stratégique entre l'est et l'ouest du continent européen permettant, jusqu'à la veille des bombardements, de faire transporter plus de 40 millions de tonnes de marchandises. Le bombardement de dizaines de ponts, qui nécessitent, pour être remis en état, plus de 600 millions de francs, ainsi que la contamination du fleuve, constituent une catastrophe économico-écologique pour tous les pays de la région. En Autriche et en Hongrie, plusieurs sociétés de *fret* ont d'ores et déjà dû procéder à des licenciements. En Roumanie, qui avait exporté, en 1998, pour 1,7 milliard de francs de marchandises grâce au fleuve, ainsi qu'en Bulgarie — dont 65 % des exportations passaient par le Danube — il s'agit véritablement d'un désastre socio-économique. Concernant le coût de la reconstruction du Kosovo, les experts estiment qu'il s'élèverait entre 20 et 30 milliards d'euros (120-180 milliards de francs), sur un minimum de trois ans, c'est-à-dire autant que le coût de la guerre elle-même. Si l'on ajoute à ce chiffre la facture estimée de la reconstruction de la Serbie dans son ensemble (entre 50 — calcul « occidental » — et 180 milliards de dollars — estimation serbe), on avoisine les 80 ou les 200 milliards de dollars, soit entre trois et dix fois le coût de la guerre... Bien entendu, les Américains, pourtant à l'origine de l'option guerrière et de la solution « éradicatrice », ont déclaré d'emblée qu'ils ne financeraient pas la reconstruction du Kosovo-Métohija, les Européens devant payer la facture (entre 120 et 180 milliards de francs), comme cela s'était déjà produit en Bosnie, et quand bien même leurs entreprises sont parmi les premières à tirer les marrons du feu !

Lors de la guerre du Golfe, déjà, Washington n'avait payé que 10 % des 120 milliards de dollars qu'avait coûtés la campagne aérienne, les Japonais et les Européens ayant payé les 90 % restant, avec, ce qui paraît plus normal, les États du Golfe. La stratégie américaine inaugurée depuis le début des années 90 est donc encore plus élaborée et rentable qu'à l'époque du plan Marshall : désormais, Washington facture à ses alliés les opérations militaires d'intérêt national américain ainsi que la reconstruction des zones soumises à ses campagnes aériennes, tout en en tirant les principaux bénéfices économiques, politiques et stratégiques... Ce sont donc les Européens, avec la Task Force, créée en juillet 1999, puis maintenant l'Agence européenne pour la reconstruction, qui sont chargés de la mise en œuvre de la phase initiale de la reconstruction du Kosovo.

Plus de civils albano-kosovars et serbes tués que de militaires goslaves : la *stratégie anticivile.*

Pour ce qui est du bilan des pertes humaines, survenues entre le 24 avril et le 11 juin 1999, on estime à plus de 2 000 le nombre de civils tués du fait des bombardements alliés (« dommages collatéraux ») et des représailles serbes, et à 6 ou 7 000 le nombre de blessés. Si l'on pense que moins de mille soldats serbes ont été tués par les frappes de l'OTAN, et que l'armée yougoslave est restée intacte à 75 %, les populations civiles ont bien plus souffert que les militaires, et *ce sont elles* que les bombardements de l'OTAN visèrent prioritairement.

Officiellement, l'un des objectifs de cette *stratégie anticivile* visait à infliger des dommages en priorité aux infrastructures civiles et à faire souffrir au maximum la population pour l'acculer à se soulever contre Milosevic. Ainsi, des tracts étaient largués par les avions de l'OTAN apportant le message suivant : « Pas de fuel, pas d'électricité, pas de commerce, pas de liberté, pas d'avenir = Milosevic. » Il s'agissait alors de *démoraliser* et de *désolidariser* le peuple serbe de ses dirigeants, rendus uniques responsables des terribles épreuves subies, donc finalement *injustes* et *illégitimes*, bien qu'élus démocratiquement. C'était en fait mal connaître le peuple serbe, habitué à faire front face à des coalitions adverses, un peuple qui donna du fil à retordre tant à Hitler qu'à Staline et qui a tenu 78 jours contre 19 nations coalisées parmi les plus puissantes du monde, constate le général Salvan. L'explication de cette « stratégie anticivile » de l'OTAN a donc d'autres raisons, pas forcément exclusives d'ailleurs. Le but des états-majors occidentaux était en fait de *mettre à genoux* tout un peuple, de saccager une économie, de détruire des infrastructures autant que de *retourner les masses*. Publiée dans le numéro du 14 juin 1999 de l'hebdomadaire espagnol *Articulo 20*, l'interview du capitaine Adolfo Luis Martin de La Hoz (l'un des pilotes espagnols de l'OTAN) laisse peu de doutes sur le fait que les alliés, sur ordre des décideurs américains, visèrent *sciemment* des cibles civiles qui entraînèrent la mort de milliers d'innocents albanais et serbes, et que le choix des cibles, même s'il était soumis « pour avis » aux deux « alliés » d'honneur (Grande-Bretagne, France), était à l'initiative des *seuls* Américains, dont les pavillons et avions *hors OTAN* larguèrent, faut-il le préciser, 50 % des bombes lancées sur la Serbie. Mieux, on sait aujourd'hui qu'à de maintes reprises, les avions de l'OTAN et des Américains bombardaient deux ou trois fois les mêmes objectifs civils en l'espace de 6 ou 10 minutes : l'opération avait pour but de faire le maximum de blessés, une fois les secours arrivés sur place, ainsi qu'on put le constater par exemple lors du bombardement de plusieurs cliniques, hôpitaux (les militaires commettront des « erreurs » de tirs de plus de 500 mètres !) ou encore du ministère de l'Intérieur yougoslave. Formel, de La Hoz assure que « les avions de combat ont attaqué sciemment des cibles civiles » et que des « ordres avaient été donnés par le commandement américain pour que des bombes antipersonnel soient jetées sur les agglomérations de Pristina et de Nis ». L'officier espagnol, l'un des meilleurs experts dans le pilotage du F-18, certifie que « toutes les missions, toutes sans exception (...) ont été conçues, programmées et ordonnées par les seules autorités américaines ».

3. Justification de l'extension de l'OTAN dans les Balkans et en Eurasie, et relance de l'industrie de défense américaine.

Concernant l'OTAN, les objectifs à court et moyen termes visés par les stratèges américains durant la guerre contre la Serbie étaient, premièrement, sur le plan diplomatico-militaire, de faire admettre *a posteriori* (*cf.* « nouveau concept stratégique » adopté en avril 1999) le principe de *l'extension des missions* de l'organisation, hors des pays membres, sans que l'alliance ne soit attaquée ou agressée et en l'absence de toute européanisation des chaînes de commandement militaire. En clair, la guerre du Kosovo consacre le droit pour l'OTAN de s'auto-saisir en l'absence de tout mandat de l'ONU et même en violation flagrante du traité de l'Atlantique Nord, qui subordonne toute action armée à une attaque préalable de l'un des États membres. Deuxièmement, l'opération Force alliée a permis de justifier le principe d'extension des bases américaines en Europe centrale et orientale (Roumanie, Slovaquie, Hongrie), puis de ses structures connexes *(Partership For Peace)* au Kosovo, en Macédoine, etc., sans parler des bases implantées depuis plusieurs années déjà en Bosnie et en Croatie (voir cartes n°s 6 et 8). Les Balkans sont donc désormais le point d'ancrage axial de l'OTAN en Europe et en Méditerranée orientale, la situation géographique de ces zones offrant la possibilité d'intervenir efficacement, en complément des forces turques de l'OTAN, au Proche et au Moyen-Orient, dans le Caucase et en Asie centrale, et bien sûr en Europe, centrale et orientale, l'alliance étant consacrée comme *principale structure de défense européenne.*

Aspect souvent occulté par les différents observateurs, les enseignements techniques et stratégiques immédiats de l'intervention alliée contre la Serbie servirent à justifier la récente décision de l'OTAN visant à moderniser et standardiser, sur le modèle américain, ses armements dans tous les pays de l'alliance, le but étant en définitive, conformément à la stratégie globale des États-Unis et à l'augmentation du budget militaire américain, d'« interdire toute émancipation de l'Europe au sein de l'OTAN en opposant à la construction d'un pôle industriel européen de défense long et coûteux le raccourci de la standardisation transatlantique des moyens militaires [19] », explique Jean-Michel Gaillard, spécialiste des questions internationales. Enfin, non seulement la guerre du Kosovo fut l'occasion de justifier le vote de nouvelles dépenses budgétaires à la Chambre des représentants américaine, mais elle permit au lobby militaro-industriel des États-Unis d'expérimenter les nouvelles armes américaines et de réaliser à leur profit une gigantesque opération de publicité en direct, occasion inespérée de relancer les industries d'armement anglo-saxonnes... La subite hausse des actions de ces entreprises cotées en bourse, juste après l'intervention de l'OTAN en Yougoslavie, en étant le meilleur indicateur...

OBJECTIFS GÉOPOLITIQUES ET STRATÉGIQUES AMÉRICAINS DANS LES BALKANS ET EN EUROPE

Concernant les *objectifs stratégiques* à moyen et long terme, que visait l'intervention alliée au Kosovo, mais qui dépassent les seuls théâtres kosovar ou yougoslave, nous pouvons en distinguer cinq principaux :

— *créer* de facto *une Grande Albanie* dans le but de *déstabiliser les Balkans ;*

— *mettre en place un protectorat international de l'OTAN dans les Balkans et en Albanie*, permettant aux États-Unis de *fragmenter et ceinturer le monde russo-orthodoxe ;*

— *instaurer entre l'Europe occidentale et le monde slavo-orthodoxe une « cassure civilisationnelle » durable* (historique, psychologique, spirituelle, politico-économique et géostratégique) ;

— *faciliter la création d'enclaves et abcès de fixation islamiques dans les Balkans* dans le double but de *déstabiliser l'Europe*, en accentuant la cassure orthodoxie/Occident, et de *redorer le blason des États-Unis auprès du monde islamique* ;

— *compromettre la construction de l'Union européenne et faire de celle-là une « tête de pont de l'hégémonie américaine » en Eurasie.*

1. Création de facto *d'une Grande Albanie afin de déstabiliser les Balkans.*

Plusieurs mois après la reddition de Milosevic, on constate que les principaux objectifs de l'UCK à court et moyen termes ont été menés à bien au Kosovo, dont l'indépendance est reconnue *de facto :* la « purification ethnique » de la province est pratiquement achevée, le deutschmark a remplacé la monnaie yougoslave, les autorités serbes n'ont plus aucun contrôle sur leur province, contrairement à ce que prévoient les différents accords, « aussi la voie est-elle ouverte, note Georges Sarre, à la constitution, à terme, d'une " Grande Albanie ", dont la création déstabiliserait les pays balkaniques riverains, notamment la Macédoine, à la cohésion interne fragile, et par conséquent la Grèce ». En effet, le mouvement séparatiste albanais est un irrédentisme qui ambitionne non seulement de détacher le Kosovo de la Serbie pour le rattacher à l'Albanie, mais aussi de détacher la partie ouest de la Macédoine, le nord-ouest de la Grèce et l'est du Monténégro, pour les unir à l'Albanie proprement dite. De fait, c'est la Macédoine qui est d'ores et déjà le plus menacée de l'intérieur par l'irrédentisme albanais. En 1997, donc bien avant la guerre du Kosovo, les Forces armées de la république du Kosovo (FARK) — milice pro-Rugova rivale de l'UCK — s'entraînaient déjà, avec des officiers turcs, dans le massif de la Sar Planina, à la frontière macédono-kosovare, sous la neutralité bienveillante des États-Unis. « Washington a décidé d'utiliser la république de Macédoine comme base arrière de son opération de pacification au Kosovo (...) Skopje est devenue une des pièces du dispositif de l'Organisation du traité de l'Atlantique Nord [20] », rapporte Christophe Chiclet. En contraignant Belgrade à reconnaître *de facto* l'indépendance du Kosovo-Métohija, l'opération Force alliée a créé un précédent qui risque de produire un « effet boule de neige » ou « domino » au sein des communautés albanaises de toute la région, et qui constitue un formidable encouragement pour les nationalistes irrédentistes de l'UCK, principaux bénéficiaires régionaux, avec la Turquie et l'Allemagne, de la guerre de l'OTAN contre la Serbie.

Dernière illustration de l'encouragement américain à l'édification d'une Grande Albanie, les États-Unis ont systématiquement pris la défense, depuis juin 1999, des terroristes albanais de l'UCK décidés à faire du Kosovo et du sud de la Serbie frontalière un « grand Kosovo » « ethniquement pur ». En effet, non seulement l'ambassadeur américain Richard Holbrooke avait accusé Belgrade d'être à l'origine des heurts inter-ethniques survenus au début de l'année 2000 à Mitrovica, lorsque 50 000 Albanais avaient « marché » sur Kosovska Mitrovica pour « purifier » les quartiers nord de la ville de ses derniers éléments serbes, qui doivent leur présence aux soldats français de la KFOR, mais les Américains persistent à laisser agir l'ex-UCK en toute liberté en Serbie méridionale, notamment dans la région de Presevo (voir carte n° 10), où vivent quelque 70 000 Albanais, et où une Armée de libération du Kosovo oriental, branche locale de l'ex-UCK, multiplie les attentats contre les fonctionnaires et policiers serbes afin de déclencher des représailles de Belgrade et de provoquer une nouvelle internationalisation de la crise défavorable aux Serbes. De fait, selon le lieutenant américain Scott Olsen, un officier de renseignement de la KFOR interrogé par l'AFP (28 février), le but du groupe terroriste, également appelé UGPM pour Presevo-Medvedja-Bujanovac, trois villes de la vallée de Presevo, est de « créer une sorte de grand Kosovo qui engloberait cette zone de la Serbie du Sud », sa tactique consistant, tout comme l'UCK avant le déclenchement de Force alliée, à mener des « opérations de harcèlement » depuis l'est du Kosovo, secteur sous commandement américain. De fait, fort du soutien américain en cas de réaction violente de Belgrade, qui a renforcé ses troupes dans le sud de la Serbie, le porte-parole militaire américain de l'OTAN a déclaré que les forces de la KFOR pourraient envisager d'intervenir en Serbie en cas « d'atrocités » commises au-delà de la zone démilitarisée des cinq kilomètres, alors que chacun sait que l'ex-UCK met tout en œuvre pour acculer les Serbes à réagir violemment à ses provocations, ceci afin de déclencher de nouvelles hostilités, « stratégie de la provocation » attestée par Jean-François Terral, lui-même ambassadeur de France à Skopje [21].

2. Créer un protectorat international de l'OTAN, en Europe centrale, dans les Balkans et en Albanie.

Incarné, sous couvert de la Force de protection de l'OTAN (KFOR), par le condominium germano-américain dans les Balkans (auquel se joint plus discrètement mais sûrement la Turquie), et légitimé, à la face de la « communauté internationale », par l'administration de tutelle de l'ONU au Kosovo (MINUK), le « protectorat occidental » de l'OTAN doit permettre aux États-Unis, non seulement de *ceinturer* le monde russo-orthodoxe par le sud turco-islamique et de couper l'accès de la Méditerranée à Moscou, mais également de *contrôler le carrefour stratégique* que constitue cette région à l'intersection de trois aires géostratégiques nœudales : Méditerranée, Eurasie turco-islamique, monde slavo-orthodoxe. De fait, William Zimmermann, dernier ambassadeur des États-Unis à Belgrade, reconnaît lui-même que l'« ensemble de la région va être militarisée par l'OTAN pour vingt ou trente ans », le renforcement de la présence de l'OTAN étant présenté comme la seule garantie de stabilité régionale, les États voisins qui abritent des minorités albanaises (Macédoine, Albanie, Monténégro et Grèce) étant tous menacés par le projet de « Grande Albanie » et l'irrédentisme albanais.

3. Instaurer entre l'Europe occidentale et le monde slavo-orthodoxe un « nouveau rideau de fer ».

La stratégie américaine *oblique* à l'œuvre durant la guerre du Kosovo consiste à créer une « cassure civilisationnelle » durable (historique, psychologique, spirituelle, politico-économique et géostratégique, etc.) entre les « deux Europe », destinée à convaincre les États de l'Union européenne qu'ils sont plus proches de l'allié américain « atlantique » que des voisins continentaux slavo-orthodoxes. Pour Didier Motchane, les motivations américaines lors de la guerre du Kosovo étaient finalement au nombre de trois : « substituer l'OTAN à l'ONU », pour asseoir l'hégémonie américaine en Europe ; « défendre les intérêts pétroliers américains » ; et, enfin, pour atteindre les deux premiers objectifs, « couper la Russie du reste de la communauté internationale, s'il le faut par un fleuve de sang [22] ». Vladimir Volkoff confirme que « le problème est bien celui de l'Europe et de ses deux poumons, pour citer Jean Paul II, d'autant plus que si une Europe se fait jamais, il y a de forte chance pour que ce ne soit ni de l'Atlantique au Niémen, ce qui serait insuffisant, ni de l'Atlantique à l'Oural, ce qui est absurde, mais de l'Atlantique au Pacifique, ce qui est inscrit dans les données géographiques et mécontenterait sûrement beaucoup l'Oncle Sam [23] ». Comme nous l'avons déjà vu, l'instauration d'un nouveau « rideau de fer et de sang » dressant, l'une contre l'autre, l'Europe slavo-orthodoxe ex-communiste et l'Europe catholico-réformée démo-libérale, correspond à une fracture encore plus large, une « nouvelle guerre froide » civilisationnelle et géostratégique, opposant, d'une part, l'« hyper-Occident » américanisé et hégémonique, exigeant l'ouverture de toutes les régions du monde à ses marchés et produits, d'autre part, le « reste du monde », émergeant et/ou récalcitrant (Chine, Russie, Inde, Europe indépendante ?, coalitions « anti-hégémoniques », etc.). De ce point de vue, l'offensive « alliée » contre la Serbie a valeur d'avertissement à une Russie taxée d'être « néo-impériale » par Brzezinski et à une Chine, voire à une Inde, de plus en plus ouvertement réfractaires au *monde unipolaire* de l'après-guerre froide qu'impliquent le *leadership* américain et le Nouvel Ordre mondial.

4. Faciliter la création d'enclaves, entités et abcès de fixation islamiques dans les Balkans.

Le but est ici double : *primo,* déstabiliser l'Europe au moyen des *pierres d'achoppement* islamiques, l'apparition d'abcès de fixation islamo-séparatistes et pro-turcs du type Bosnie ou Kosovo en plein cœur du Vieux Continent étant un véritable « coin enfoncé entre l'Europe occidentale et l'Europe orthodoxe post-byzantine [24] ». Il s'agit là, pour Washington, de *justifier l'extension* « protectrice » de l'OTAN et d'entraver la construction d'une Europe de la défense ; *secundo*, équilibrer et se faire « pardonner », par les États arabes pétro-islamiques, le soutien américain à Israël, de plus en plus « compromettant » pour Washington qui cherche à améliorer ses relations avec un milliard de Musulmans toujours plus anti-occidentaux, mais consommateurs potentiels et surtout détenteurs de 75 % des réserves mondiales de pétrole...

5. Compromettre la construction de l'Union européenne et faire de celle-ci une structure euro-atlantique libre-échangiste, la « tête de pont de l'hégémonie américaine » en Eurasie.

Plus précisément, il s'agit de faire admettre aux Européens qu'ils sont *incapables* de mener seuls une politique étrangère et de défense commune, indépendante de Washington, que l'OTAN, donc les États-Unis, demeure le fondement essentiel de toute défense européenne, l'UE n'étant que la « tête de pont européenne » occidentale d'un « bloc euro-atlantique » plus large dominé par Washington. La nomination, durant la guerre contre la Serbie, du secrétaire général de l'OTAN, Javier Solana, au poste de responsable de la Politique étrangère et de sécurité commune (PESC), la confirmation de la subordination de la politique de défense européenne lors du sommet d'Helsinki, et la reconnaissance de la candidature d'Ankara pour l'entrée dans l'Union européenne, sur insistance américaine, témoignent bien d'un renforcement considérable de l'emprise américaine et d'une « atlantisation » croissante de l'Europe depuis l'opération Force alliée. Aussi, sous l'effet de l'américanisation de l'Europe de l'Ouest et de l'hégémonie étatsunienne en Occident, les critères d'« européanité » et d'« occidentalité » ne sont plus *civilisationnels* (culturels, historico-religieux) ou géographiques, mais de plus en plus exclusivement issus des impératifs stratégiques de Washington et de l'OTAN, ce qui explique pourquoi l'Albanie, la Turquie, ennemie séculaire de l'Europe, l'Azerbaïdjan, et même les peuples musulmans turcophones d'Asie centrale, sont considérés comme étant plus « occidentaux » et plus « européens » que la Russie ou la Yougoslavie orthodoxes, réfractaires à l'extension de l'OTAN en Europe de l'Est.

NOTES

1. Général Jean Salvan, « Quelques réflexions sur la crise du Kosovo », Tribune libre, *Revue du Centre d'études de défense* (CED), juillet 1999.
2. *Le Monde diplomatique*, Manière de voir, « Limites du droit d'ingérence », 45, mai-juin 1999.
3. *Libération*, 27 avril 1999.
4. Général Éric de la Maisonneuve, « Erreurs ou échecs stratégiques ? », *Société de stratégie*, *Actuel n° 1*, avril 1999.
5. D'après nous — mais cette classification peut être contestée — les *buts de guerre* sont : « le résultat précis, évaluable, permettant de concrétiser le succès d'une stratégie générale (définie par les politiques) qui a justifié le déclenchement d'une guerre ». Les *buts de guerre* ne sont autres que la *stratégie globale* — ou *générale* — (en l'occurrence américaine) *ramenée au théâtre de guerre* et à l'aire géopolitique à laquelle ce théâtre appartient.
6. Officiellement, l'opération Force alliée avait été conçue en trois phases : 1. détruire les capacités de défense anti-aérienne de l'armée yougoslave ; 2. neutraliser l'armement lourd ; 3. affaiblir l'ensemble de la défense yougoslave en attaquant les unités de l'armée et les groupes paramilitaires. En réalité, la phase 3, entamée dès les premières semaines, sera très vite réorientée vers la destruction des « centres nerveux » du pays : infrastructures civiles, industrielles, économiques, technologiques, énergétiques.
7. « Erreurs ou échecs stratégiques ? », *Société de stratégie*, *Actuel*, n°s 1 et 2, avril, juillet 1999.
8. Rollie Keith, *ibid.*
9. « Balkans, une guerre d'Empire », *Le Figaro*, 20 mai 1999.
10. « The New Rome and the New Religious War », *Defense and Foreign Affairs Strategic Studies*, *op. cit.*, p. 25.
11. Vladimir Volkoff, *op. cit.*, p. 119.
12. *Libération*, 13-14 février 1999.
13. Général (CR) Éric de la Maisonneuve, *op. cit.*
14. Éric de la Maisonneuve, *ibid.*
15. *Le Monde*, 13 juillet 1999.
16. Georges Sarre, « Les sacrifiés de la guerre du Kosovo », *Politis*, n° 571, 21 octobre 1999.
17. D'après les déclarations d'un porte-parole du ministère de la Défense des États-

Unis, les aviations des coalisés effectuèrent 34 000 « sorties » et elles auraient largué sur la Yougoslavie (et dans l'Adriatique, lors d'opérations manquées à cause des conditions atmosphériques) quelque 30 000 tonnes de projectiles, dont 37 000 obus de 30 mm tirés par leurs chasseurs-bombardiers contre les objectifs militaires serbes. Ces aviations étaient réparties sur 47 bases aériennes, non seulement en Europe de l'Ouest et du centre, mais également outre-Atlantique.

18. Voir : « La guerre dans les Balkans, l'Apocalypse annoncée », Journal Franz Weber (Fondation écologique suisse), n° 48, avril-mai 1999 ; *Cf. La Guerre du Kosovo*, GRIP, *op. cit.*

19. Jean-Michel Gaillard, « Les États-Unis sont-ils les maîtres du monde ? », *Les Collections de l'histoire*, février 2000.

20. Christophe Chiclet, « La Macédoine en danger, crise au Kosovo et question albanaise », *Le Monde diplomatique*, janvier 1999.

21. AFP, 28 février 2000.

22. Intervention de Didier Motchane, « Balkans : après l'émotionnel, la politique ! », Colloque organisé par la Fondation Marc-Bloch, 29 mai 1999, Assemblée nationale, Paris.

23. Volkoff, *ibid.*

24. Général (CR) François Clerc, entretien du 28 février 2000.

CHAPITRE IX

Vers une « nouvelle guerre froide » ?

« Se vogliamo che tutto rimanga com'é, bisogna che tutto cambi [1]. »

Tommaso di Lampedusa, *dixit* Tancredi.

« La guerre du Kosovo aura marqué un tournant décisif, dans le monde de l'après-guerre froide, vers une nouvelle ère de tensions et d'affrontements entre deux grandes coalitions internationales, une nouvelle guerre froide en somme. La transition entre une ère et l'autre n'aura même pas duré dix ans. »

Gilbert Achcar [2].

D'après Zbigniew Brzezinski, dont on connaît les choix politico-stratégiques et l'influence sur les milieux diplomatiques et politiques américains, et dont on ne peut déplorer la constante franchise, il fallait « mener une guerre totale contre Milosevic », non pas parce que le « boucher des Balkans » enferme son peuple dans l'isolement international, le malheur ou est responsable de la « catastrophe humanitaire », mais parce que l'« enjeu dépasse infiniment, désormais, le simple sort du Kosovo (...). Il n'est pas excessif d'affirmer que l'échec de l'OTAN signifierait, à la fois la fin de la crédibilité de l'Alliance atlantique et l'amoindrissement du *leadership* mondial américain. Les conséquences en seraient dévastatrices pour la stabilité planétaire [3] ». Aussi les buts de guerre de l'opération Force alliée au Kosovo répondaient-ils à des *objectifs stratégiques* bien plus larges, la politique américaine dans les Balkans et en Europe étant l'un des maillons essentiels de la stratégie globale de l'« hyperpuissance », visant à la poursuite de l'hégémonie planétaire. Comme nous l'avons déjà vu, Washington, qui souhaite demeurer une « puissance européenne » (Richard Holbrooke), s'oppose résolument à toute structure de défense européenne autonome. Pour cette seule raison, commente un analyste américain, l'OTAN aurait de toute façon été maintenue, ne serait-ce que parce qu'elle « bloque le développement d'un système stratégique européen rival de celui des États-Unis [4] ».

« Cette intervention a été présentée comme (...) le véritable " acte de naissance " de l'Europe fédérale, note Georges Sarre. Pourtant, comment ne pas voir que les États-Unis sont les vrais bénéficiaires de cette guerre ? Ils auront fait croire à l'impuissance des pays européens à régler eux-mêmes leurs affaires, alors que les Européens seuls auraient trouvé une solution négociée. Les États-Unis sortent donc de cette intervention confortés dans leur sentiment d'être à bon droit une puissance européenne (...). Ils ont enfin contribué à refaire des Balkans une zone d'instabilité, justifiant par ce biais (...) l'extension des pouvoirs de l'OTAN, ainsi que des espaces européens soumis à la juridiction des États-Unis [5]. »

Le « nouveau concept stratégique » de l'OTAN : permettre à Washington d'intervenir *partout* et *n'importe quand* sans mandat de l'ONU

Depuis la Déclaration de Rome sur la paix et la coopération adoptée lors du sommet du Conseil de l'Atlantique Nord de novembre 1991, qui donna naissance à un nouveau « concept stratégique » de l'OTAN prenant acte des mutations de l'après-guerre froide, les Américains ont tout fait pour redonner une nouvelle raison d'être à l'organisation, en principe devenue inutile avec la disparition de la menace communiste contre laquelle elle était tournée, craignant de perdre leur principal instrument de *projection de puissance* en Eurasie et en Méditerranée. Rétrospectivement, on s'aperçoit que le but de l'*establishment* militaro-stratégique étatsunien était de transformer progressivement l'Alliance en une organisation politico-militaire de « sécurité globale » pouvant décider seule d'opérations militaires, si nécessaire en l'absence même de mandat des Nations unies et de l'accord du Conseil de sécurité. « Alors que nous œuvrons pour la paix, nous devons également faire face aux menaces contre la sécurité de la nation, notamment celles, croissantes, que font peser les groupes terroristes et les nations hors la loi. Nous défendrons notre sécurité chaque fois qu'elle est menacée, comme nous l'avons fait cet été lorsque nous avons frappé le réseau de terreur d'Oussama Ben Laden », expliquait le président Bill Clinton dans son « discours sur l'état de l'Union » prononcé le 19 janvier 1999.

Dans la droite ligne du « concept stratégique » de 1991, le « nouveau concept stratégique » de l'Alliance [6], officiellement adopté les 23 et 24 avril 1999 à Washington par les États membres, à l'occasion du cinquantième anniversaire de l'OTAN, a cette fois-là consacré, à l'occasion de la guerre du Kosovo, au nom du « droit du plus fort », le vœux des Américains visant à affranchir l'action de l'OTAN de la tutelle légale et décisionnelle de l'ONU et de voir reconnu à l'organisation un droit d'*auto-saisine.* Dans le chiffre 48, le « nouveau concept stratégique » stipule que « le maintien de la sécurité et de la stabilité de la région euro-atlantique revêt une importance primordiale. Un objectif important de l'Alliance et de ses forces consiste à écarter les risques en faisant face rapidement aux crises potentielles (...). En cas de crise mettant en danger la stabilité euro-atlantique (...) les forces militaires alliées pourraient être appelées à conduire des opérations de réponse aux crises ». En termes plus crus, cela signifie que, désormais, l'OTAN est officiellement habilitée à intervenir militairement dès lors qu'elle considère que la stabilité est menacée en Europe, contre des pays souverains, y compris si les États « pouvant nuire à la sécurité des membres de l'Alliance », comme la Yougoslavie, n'ont agressé aucun État souverain, membre ou non de l'OTAN, élément qui conditionnait pourtant, jusqu'alors, d'après les textes fondateurs même de l'organisation atlantique, toute intervention [7]. Or, cette dérive de l'organisation est à mettre en parallèle avec une autre dérive, toute aussi inquiétante pour la paix : la rapidité avec laquelle les États-Unis optent pour des solutions militaires et substituent la pratique des « frappes aériennes » aux mécanismes diplomatiques. Avant l'opération Force alliée, les Américains avaient déjà bombardé le Soudan et l'Afghanistan en août 1998, suite aux attentats contre les ambassades américaines en Afrique ; la Bosnie, en 1995, et surtout l'Irak, entre 1990 et 1999, à partir de la guerre du Golfe et de manière récurrente jusqu'à aujourd'hui. Il faut tout de même rappeler que, pendant la crise du Kosovo, les aviations américaine et britannique continuaient, cette fois-là dans l'indifférence générale, à bombarder des positions irakiennes. Comment en est-on arrivé là. En fait, les choses ont progressivement évolué depuis la chute de l'Union soviétique. Une première étape fut franchie vers l'extension de l'aire géographique de l'OTAN avec la création du Conseil de coopération Nord-Atlantique (COCONA), rebaptisé Partenariat euro-atlantique (CPEA), dont l'objectif officiel était d'assurer la sécurité sur tout le continent européen. Sa composition sera rapidement étendue à trente-huit membres, dont la plupart des pays d'Europe centrale et orientale, à l'exclusion de l'ex-Yougoslavie, qui venait de renouer avec le grand frère russe. Les textes fondateurs du Conseil de coopération Nord-Atlantique lui permettaient de traiter de la Bosnie-Herzégovine, du Kosovo, des autres crises pouvant se produire dans l'ancienne Yougoslavie, des conflits du Caucase, de la Moldavie et même de la guerre civile au Tadjikistan, comme le reconnaissait la déclaration finale de sa réunion du 18 décembre 1992, tenue à Bruxelles au siège de l'OTAN. Pour réduire l'opposition, prévisible, de Moscou, Boris Eltsine ayant vivement protesté contre l'extension de l'OTAN en Eurasie, Washington fit un geste d'apaisement en mettant sur pied l'Acte fondateur Russie-OTAN du 27 mai 1997, à Paris, qui instaurait un conseil conjoint permanent entre la Russie et l'OTAN, Moscou étant théoriquement autorisée à prendre part aux délibérations des membres de l'Alliance. Mais tout cela n'était qu'un « faux semblant », commente Paul-Marie de la Gorce, la Russie n'ayant en réalité ni moyen ni compétence pour s'opposer aux décisions des pays membres de l'Organisation. D'ailleurs, on le constatera avec les crises de Bosnie et du Kosovo, Moscou ne sera *jamais* écoutée ni même réellement consultée par ses « partenaires occidentaux ». L'étape suivante sera l'élargissement pur et simple de l'OTAN dans toute l'Europe de l'Est, et même, à terme, comme l'envisagent les stratèges américains, dans tout le continent eurasiatique. À cet égard, l'intégration de la Pologne, de la République tchèque et de la Hongrie créera un précédent. Elle incitera les pays baltes, pourtant peuplés en grande partie de Russes (Estonie, Lettonie), et même l'Ukraine, à frapper à la porte de l'OTAN (charte OTAN-Ukraine de 1997), alors que la chose équivalait, pour la Russie voisine, à un véritable *casus belli*. Parallèlement au forum régional, au Dialogue méditerranéen, initié en 1995, se seront bientôt des pays balkaniques, comme la Macédoine, et même d'Asie centrale et du Caucase, comme l'Azerbaïdjan, qui se rapprocheront de l'OTAN, à travers une autre structure intermédiaire *ad hoc*, le Partenariat pour la paix.

L'adoption du « nouveau concept stratégique » en avril 1999, à la faveur de la guerre contre la Serbie et en vertu d'une sorte de « droit positif du fait accompli », marque un véritable tournant dans l'histoire des relations internationales mais formalise une réalité déjà existante depuis 1991 : l'organisation atlantique est « en passe de devenir un instrument permanent d'intervention dans les crises et les conflits, trouvant ainsi une justification nouvelle de son existence et de sa pérennité [8] », remarque Paul-Marie de la Gorce. Pour la première fois depuis 1945, la seule légalité internationale reconnue et admise par les États, les Nations unies, est mise à l'écart sans même être remplacée par une structure équivalente, mais au profit d'un Nouvel Ordre mondial américain unilatéral. Lourd de conséquences, ce bouleversement de l'ordre planétaire instaure implicitement une nouvelle forme de droit : « le droit du plus fort », pour reprendre l'expression consacrée par Ignacio Ramonet. Certains disent plutôt *la loi du plus fort*, les États-Unis d'Amérique étant, et de loin, *les plus forts* dans les cinq domaines essentiels de la puissance : politique, économie, forces armées, moyens d'information et de communication, haute technologie. Commentant l'opération Force alliée, Vladimir Volkoff estime qu'avec la consécration du nouveau principe « d'ingérence », une véritable *rupture* s'est opérée dans l'histoire de la diplomatie, le principe de *souveraineté* des nations étant désormais caduc, du moins pour les nations qui n'ont pas la puissance nécessaire pour dissuader les États-Unis et les coalitions « occidentales » d'intervenir dans leurs affaires internes au nom du « devoir d'ingérence ». « Le 24 mars 1999, le postulat de la souveraineté a été cassé d'un coup sec (...) et un autre postulat a été forgé : celui de l'ingérence. [Il] repose (...) sur l'idée manifestement fausse que la plus grande force et le meilleur bien se trouvent nécessairement dans le même camp. L'ingérence (...) sacre, d'un sacre injuste et impie — le droit du plus fort en faisant croire que c'est un véritable droit (...). À partir du 24 mars 1999, tout est permis au plus fort si seulement il prend la précaution de dire qu'il est aussi le meilleur. Toutes les techniques de la désinformation sont à sa disposition pour en persuader le monde, (...) cette manipulation rend dérisoire la démocratie même au nom de laquelle cette ingérence se pratique [9]. »

Jusqu'à une période récente, les États-Unis agissaient à travers des organisations internationales qu'ils contrôlaient plus ou moins bien (ONU, FMI, BIRD, etc.). « La priorité est à présent donnée à l'exercice solitaire du pouvoir et aux actions unilatérales », explique l'Américain Michael T. Klare, professeur au Hampshire College du Massachusetts. « Il y a peu, les deux tendances de la politique étrangère américaine, oscillant entre multilatéralisme et unilatéralisme, s'équilibraient. Prenant acte des réticences françaises, chinoises et russes quant à de nouveaux raids en Irak, Washington bombarda à nouveau et sans mandat de l'ONU des objectifs stratégiques irakiens. Depuis, toute ambiguïté a disparu : tant Clinton que Madeleine Albright, James Rubin affirment haut et fort que les États-Unis interviendront désormais unilatéralement où ils voudront et comme bon leur semblera, avec ou sans l'accord des “ alliés ” et des organisations internationales [10]. »

Mais le fait que les États-Unis ne soient pas satisfaits du fonctionnement de l'ONU depuis 1995 et ne dissimulent plus leur unilatéralisme, ne signifie pas pour autant qu'ils aient renoncé aux « coalitions occidentales », toujours fort précieuses, et destinées à *diluer* les motivations stratégiques et les responsabilités américaines à l'intérieur de systèmes *formellement* multilatéraux, supposés représenter la « communauté internationale ». D'après le général Jean Salvan l'utilisation de « coalitions occidentales » pour mener à bien des *opérations unilatérales* demeure une constante de la politique américaine depuis plusieurs années et participe de ce qu'il nomme la « stratégie du fureteur », par laquelle le chasseur « lâche le furet, puis se saisit de la proie capturée par le furet [11] ». En avril 1996, Robbin Laird, ancien conseiller de Brzezinski avait d'ailleurs précisé le rôle des « furets », essentiellement représentés par les « alliés » européens de l'OTAN : « les États-Unis doivent concevoir et mettre en œuvre une stratégie multi-régionale et constituer des réseaux d'alliance en travaillant étroitement avec leurs alliés ». Aussi Laird dresse-t-il la liste des différents partenaires privilégiés ou « furets » régionaux des États-Unis : Grande-Bretagne, dans l'Atlantique et le nord de l'Europe ; l'Allemagne en Europe centrale ; la France en Afrique francophone ; Israël et la Turquie au Proche-Orient ; le Japon et la Corée en Extrême-Orient.

Ainsi le nouveau concept stratégique de l'OTAN consiste-t-il, pour la Maison-Blanche, sous couvert de « coalition internationale », à utiliser les forces armées américaines et de l'OTAN *partout* où cela sera nécessaire pour défendre les intérêts militaires, économico-industriels et stratégiques des États-Unis. « En tant que seule nation capable de mener des opérations intégrées [polyvalentes] à grande échelle sur des théâtres très éloignés de ses frontières, les États-Unis occupent une position unique. Cette capacité permet aux États-Unis de maîtriser les crises étrangères et d'y répondre même lorsqu'ils n'ont pas de présence permanente dans la région et n'y disposent que d'une infrastructure limitée (...). Les États-Unis doivent donc pouvoir surmonter, partout où ils veulent intervenir, toute forme de résistance, car il n'est pas toujours possible de compter sur des alliés locaux pour protéger les intérêts américains à l'étranger [12] », reconnaissent les officiels du Pentagone. Conçue et dirigée par Washington, en fonction des *seuls* priorités et intérêts géopolitiques américains, sous couvert de ceux, plus « présentables », de l'« Occident », l'OTAN se saisit désormais elle-même, démontre qu'elle peut agir *où elle veut*, *quand elle veut* et presque partout où elle le décide, contre *quiconque osera* défier l'hégémonie américaine camouflée derrière la représentation « Occident », renvoyant, quant à elle, à celle, encore plus onirique de mondialisme ou « citoyenneté du monde ».

Isolationnisme et interventionnisme : le faux débat

Depuis les origines, la diplomatie américaine oscille entre deux grandes tendances apparemment contradictoires mais en réalité complémentaires : d'un côté, le pragmatisme parfois le plus cynique (« *efficiency for us first* »), de l'autre, l'idéalisme le plus moralisateur et le plus angélique. Dans son ouvrage *Diplomatie*, Henry Kissinger confirme : « aucune nation n'a montré plus de pragmatisme dans la conduite ordinaire de sa diplomatie ni plus d'idéologie dans la poursuite de ses convictions morales historiques. (...). La pensée américaine a oscillé entre l'isolationnisme et l'engagement [13] ». Mais, contrairement à une idée reçue dans les milieux américanophiles européens, l'existence de deux « écoles de pensée » ne signifie pas que la *politique interventionniste* menée au nom d'un Nouvel Ordre mondial depuis le début des années 90 soit le seul fait des « wilsoniens » idéalistes, présupposés démocrates, tandis que les républicains conservateurs, présumés « isolationnistes », désapprouveraient la politique extérieure impériale de l'administration Clinton. Certes, aux États-Unis, les partisans de l'intervention tous azimuts de Washington au nom de principes « moraux » s'inscrivent principalement dans la descendance du président Wilson, qui estimait que la SDN avait vocation à être la transposition sur la scène internationale de la constitution des États-Unis, seuls capables d'amener l'humanité vers une « paix perpétuelle » qu'il appelait de ses vœux. Mais ne perdons pas de vue que le Nouvel Ordre mondial (« hégémonie planétaire bienveillante des États-Unis ») — et la « diplomatie des bombardements et des embargos » qui le caractérise — fut proclamé sous l'administration du républicain George Bush, en Irak, au nom de la démocratie, des droits de l'homme et de la Bible, et que les politiques hégémoniques, indifféremment menées par l'ex-pacifiste démocrate Clinton et le conservateur Bush, depuis plus de dix ans, reposent sur les *mêmes postulats* interventionnistes et messianiques inhérents à la « destinée manifeste des États-Unis ». Avant eux, et sans remonter jusqu'à Wilson, il en allait de même : John Foster Dulles, président d'une société protestante presbytérienne, ne se vantait-il pas d'être l'homme politique qui connaissait le mieux la Bible, expliquant au Congrès les fondements moraux et messianiques de sa doctrine de *containment* contre l'Empire du mal ? Cette politique de lutte contre le mal sera poursuivie par le démocrate pasteur Jimmy Carter, à la fin de son mandat, puis surtout par l'ancien acteur ultra-républicain Ronald Reagan. Comme nous l'avons montré dans un ouvrage précédent [14] consacré au soutien donné par Washington aux mouvements islamistes, la très pragmatique stratégie de la « ceinture verte » consistant à armer les pires fanatiques islamistes afghans contre les Soviétiques sera inaugurée sous Carter, notamment à l'initiative de William Casey et Zbigniew Brzezinski, puis entièrement réappropriée par l'administration Reagan. Du point de vue de la politique étrangère la plus officieuse, principalement sur le théâtre eurasien, la continuité est à maints égards parfaite entre démocrates et républicains, ce qui est, somme toute, logique.

En réalité, l'opposition interventionnisme/isolationnisme n'est plus vraiment d'actualité. Aujourd'hui, certes, les isolationnistes font toujours entendre leur voix, autour de l'opposition ultra-conservatrice du Parti de la réforme fondé par le milliardaire Ross Perot, et dont la figure charismatique, Pat Buchanan, est l'un des hommes politiques américains les plus ouvertement opposés à l'interventionnisme. Il est par ailleurs indéniable qu'un réel débat demeure aux États-Unis sur ce point, et que nombre d'intellectuels, politiques ou autres observateurs, qu'il s'agisse de congressistes républicains ou de représentants d'un certaine « gauche anti-impérialiste », expriment régulièrement, dans la presse — le *Wall Street Journal* a dénoncé la « guerre illégale » au Kosovo — leur ferme opposition aux interventions armées américaines dans le monde, comme on a pu le constater durant l'opération Force alliée plus encore que pendant la guerre du Golfe. Mais pour des raisons stratégiques essentielles, économiques et géopolitiques, qui transcendent les clivages politiques traditionnels, les États-Unis sont en quelque sorte *condamnés* à poursuivre une politique hégémonique et interventionniste. Pour l'heure, le « courant isolationniste » n'a aucune chance d'arriver au pouvoir et demeure globalement exclu des instances décisionnelles suprêmes : clubs d'influence (*Council of Foreign Relations*, commission Trilatérale, etc.), groupes de pressions militaro-industriels, milieux financiers et énergétiques, qui déterminent la politique étrangère américaine à la lumière de l'impératif stratégique de la *globalisation*, entendue comme champ d'action extensif de la puissance américaine. « Il n'y a pas d'isolationnistes en Amérique », confirme l'historien américain H.W. Brands. « Si les Américains sont d'accord sur quelque chose, c'est sur le devoir que leur pays a d'améliorer l'humanité. Là où les avis divergent, c'est sur la manière d'assumer cette responsabilité ». Aussi « le nouveau débat oppose-t-il », explique Denise Artaud, spécialiste des États-Unis (CNRS), « ceux qui veulent intervenir partout et sans toujours peser les retombées stratégiques : Bill Clinton, Madeleine Albright, Sandy Berger, Zbigniew Brzezinski, etc., à ceux qui estiment qu'il faut intervenir seulement là où des intérêts majeurs des États-Unis sont menacés [15] », et où Washington a vraiment les moyens d'intervenir, après épuisement des solutions diplomatiques, opinion brillamment défendue, entre autres, par Henry Kissinger, Samuel Huntington, pour qui l'interventionnisme est « très dangereux, à terme », pour les États-Unis et l'Occident, ou encore le célèbre stratégiste Edward Luttwak, qui préconise plutôt un « interventionnisme minimal » des États-Unis.

Contrairement à une idée reçue, le Congrès, même conservateur, n'est pas toujours opposé aux interventions extérieures, surtout, ainsi qu'on l'a constaté lors de la guerre du Kosovo, lorsqu'elles permettent de justifier l'augmentation des crédits militaires. Le Sénat américain est même parfois encore plus interventionniste que la Maison-Blanche. Jusqu'à la guerre du Golfe, certes, il demeurait assez hostile à toute intervention à l'étranger, craignant un « nouveau Vietnam ». Mais les dernières réticences isolationnistes furent levées à l'occasion de l'opération Tempête du désert, un accord tacite ayant finalement été trouvé entre George Bush et le Congrès pour l'envoi des troupes. Mieux, à partir de 1992, c'est le Congrès qui poussera la Maison-Blanche à intervenir en ex-Yougoslavie, le rôle de certains sénateurs comme Bob Dole ayant été considérable. En 1995, c'est également le Congrès qui votera une loi demandant au président de suspendre l'embargo sur les armes à destination de la Bosnie et qui exigera une intervention américaine contre les Serbes. Enfin, concernant la crise du Kosovo, le 17 décembre 1997, lors du vote de la loi n° 539, le Congrès légiférait déjà sur la question, la loi stipulant que le « peuple du Kosovo a le droit d'avoir un développement propre », de « se doter de sa propre assemblée » et « d'élire ses représentants légitimes ». La majorité républicaine de droite « ne refuse pas le principe de l'intervention tous azimuts à l'étranger (...), confirme Phyllis Bennis, lorsque, à la mi-octobre 1999, le Sénat rejette le traité sur l'interdiction globale des essais nucléaires (CTBT), [il] confirme la volonté d'intervention unilatérale des États-Unis et leur refus de tout multilatéralisme [16]. »

« Les deux approches, isolationniste et missionnaire, si contradictoires en surface, reposent sur une même conviction », explique sans détour Henry Kissinger. « Les États-Unis possèdent le meilleur système de gouvernement du monde, et le reste de l'humanité peut parvenir à la paix et à la prospérité en renonçant à la diplomatie traditionnelle et en vénérant, comme l'Amérique, le droit international et la démocratie (...). Le *leadership* mondial est une donnée inhérente à la puissance et aux valeurs de l'Amérique [17]. » On sait toutefois combien les généreux idéaux cachent souvent, outre-Atlantique, les desseins les plus hégémoniques. Aussi le célèbre diplomate américain dévoile-t-il l'hypocrisie sous-jacente à l'autre faux débat opposant « idéalistes » et « pragmatiques » : « Les Américains n'ont jamais aimé reconnaître ouvertement qu'ils poursuivaient des intérêts égoïstes. (...). Au cours des guerres mondiales comme dans les conflits locaux, leurs dirigeants ont toujours affirmé qu'ils se battraient pour défendre non pas des intérêts, mais des principes [18]. » Parmi ces principes, la défense des droits de l'homme, la démocratie, la liberté sont continuellement invoquées par le département d'État. Le « dernier-né », qui a été éprouvé avec succès lors de la guerre du Kosovo, est le principe « d'ingérence humanitaire » ou « droit d'ingérence ».

LE « DROIT D'INGÉRENCE », FACTEUR DE GUERRE

Vraisemblablement, les interventions de type « humanitaire », traditionnellement appelées « missions de Petersberg », comme celle du Kosovo, risquent dans un avenir proche de devenir monnaie courante et d'être de plus en plus utilisées pour légitimer des *guerres punitives* (Serbie) ou *néo-coloniales* (Irak) qui ne disent pas leur nom mais qui portent la marque de l'hégémonie coercitive américaine. L'augmentation et la légitimation croissantes de ce type d'interventions résultent directement de la nouvelle « stratégie globale » des États-Unis visant à faire évoluer l'OTAN d'un pacte de défense collective contre la menace soviéto-communiste vers un *organe offensif*, auto-saisissable assurant la « sécurité globale » des États-Unis lorsque leurs intérêts, masqués derrière ceux de l'« Occident », sont « menacés » : approvisionnements énergétiques, circulation maritime, terreur contre les populations civiles, repositionnement géostratégique, etc.

Les principes fondateurs du droit international, donc de la Charte atlantique, de la Charte des Nations unies comme des différents tribunaux internationaux demeurant la souveraineté des nations, jusqu'à aujourd'hui sujets-clés du droit international, la sacro-sainte souveraineté nationale est devenue un réel obstacle à l'évolution interventionniste de l'OTAN et à la nouvelle stratégie américaine globale. « Devant cette longue décadence géostratégique de l'histoire contemporaine qui menace grandement la paix par son instabilité même, la volonté récente d'outrepasser la souveraineté des nations par ce fameux devoir d'ingérence humanitaire ajoute encore au chaos, à la menace de déstabilisation géopolitique du monde [19] », commente le philosophe-stratège Paul Virilio. Car les conséquences prévisibles d'une évolution néo-impériale et *antisouverainiste* de la politique étrangère des États-Unis, qui encouragent en Russie, en Asie centrale, en Chine, en Irak, en ex-Yougoslavie et ailleurs, les sécessions territoriales, risque tout bonnement de se manifester par une « déstabilisation en chaîne » du monde, annoncée par l'extraordinaire prolifération étatique (micro-États) constatée depuis le début des années 90. Car le virus des rébellions, des séparatismes et autres revendications d'« autodétermination », chères à Washington depuis le président Woodrow Wilson (« déclaration Wilson » de 1915 sur le « droit à l'autodétermination des peuples »), possède sa *dynamique belligène* propre. À terme, cette dynamique *antisouverainiste* du « droit d'ingérence » risque de se retourner contre les États-Unis eux-mêmes et leurs alliés, notamment Israël et la Turquie, danger qu'a clairement mis en évidence le général Ariel Sharon pendant la guerre du Kosovo. « La première guerre de l'OTAN en Europe orientale augure mal de la capacité des États-Unis d'assurer durablement la paix à l'ère de la prolifération mondiale des dangers, écrit Paul Virilio, (...) à défaut de pouvoir supprimer la bombe, on se décide donc à supprimer l'État-nation (...) désormais chargé de tous les vices souverainistes, de tous les crimes nationalistes [20] », sauf le nationalisme américain, bien sûr, plus que jamais renforcé par ce même *internationalisme de combat*, cache-sexe du « national-hégémonisme » planétaire des États-Unis, vainqueurs de la guerre des représentations et seuls véritables bénéficiaires du processus de *globalisation*.

À défaut d'avoir apporté la paix dans les Balkans, où elle a plutôt contribué à raviver les plaies et les haines intercommunautaires, l'intervention punitive de l'OTAN au Kosovo rallume, par effet d'entraînement en chaîne, la guerre dans le Caucase et dans maints points du monde. En effet, des combats ont violemment opposé Azéris et Arméniens trois semaines seulement après la fin des raids sur la Serbie, les ministres conseillers du président azéri Aliev réclamant, à leur tour, une intervention de l'OTAN... contre l'Arménie, intervention qui leur paraît découler de celle du Kosovo, l'« Occident » étant désormais supposé être *automatiquement* du côté des Musulmans aux prises avec les Slavo-orthodoxes ex-communistes. C'est en effet exactement au moment de la reddition de Belgrade devant l'OTAN et donc de l'aboutissement victorieux de la stratégie d'internationalisation de l'UCK, durant l'été 1999, que les rebelles tchétchènes investissent le territoire du Daghestan et y proclament l'« indépendance » d'une république islamique au nom du « droit des peuples à disposer d'eux-mêmes ». Persuadés que l'« Occident », à défaut d'agir militairement contre Moscou, les défendrait au moins sur le plan diplomatique, et commandités de l'extérieur pour les raisons pétrostratégiques que nous avons développées plus haut, les indépendantistes tchétchènes avaient à dessein intensifié, depuis 1996, leurs actes quotidiens de guérilla terroriste (enlèvements, assassinats de policiers et civils slaves, attentats, etc.) et multipliant les provocations : bombe en gare de Vladkavkaz faisant 53 morts, raids meurtriers et embuscades de patrouille tout au long des trois dernières années de paix relative, sabotage de pipelines au Daghestan, fermeture du territoire tchétchène au pétrole de l'oléoduc passant par Grozny, attentats à Moscou, etc. Violant unilatéralement l'accord de cessez-le-feu conclu en 1996 entre Moscou et Grozny — un peu comme l'UCK avait violé les accords Milosevic-Holbrooke les mois précédent l'opération Force alliée pour pousser Belgrade dans ses retranchements les plus extrêmes —, les rebelles islamistes tchétchènes adopteront la stratégie victorieuse de l'UCK : *provocation-répression-internationalisation*, au mépris du sacrifice de milliers de vies humaines, les leaders islamistes sachant pertinemment que leur « stratégie du pire » provoquerait inéluctablement de terribles répressions de la part de Moscou qui ne pouvait pas se permettre de perdre un territoire russe stratégique traversé par la « route du pétrole ». C'est également pendant, puis à l'issue de la crise du Kosovo que furent perpétrés, dans l'indifférence quasi totale de la communauté internationale, les terribles massacres à l'encontre des minorités chrétiennes du Timor-Oriental, en Indonésie. « Ce n'est pas parce que nous avons bombardé Belgrade que nous allons bombarder Dili », expliquait Sandy Berger, chef du Conseil national de sécurité américain, peu après les effroyables massacres de Dili. « Le Timor-Oriental n'est pas le Kosovo », renchérira James Rubin, le porte-parole du département d'État [21]. Pourtant, au lendemain de la guerre du Kosovo, le président Clinton avait déclaré que l'opération Force alliée allait servir d'exemple : « Que vous viviez en Afrique, en Europe centrale ou n'importe où ailleurs, si quelqu'un veut commettre des crimes de masse contre une population civile innocente, il doit savoir que, dans la mesure de nos possibilités, nous l'en empêcherons [22]. » Le moins que l'on puisse dire, c'est que l'actualité au Timor-Oriental et dans le Caucase n'a pas confirmé les bonnes intentions du président américain.

Dès lors, une question capitale se pose : comment les « Occidentaux » pourront-ils désormais être crédibles et se permettre, après avoir détruit l'ex-Yougoslavie, provoqué la mort d'un million de civils en Irak après onze années de raids et d'embargos et laissé agir impunément Turcs, Indonésiens, Soudannais et tant d'autres dictatures militaires ou fondamentalistes, de dénoncer les répressions perpétrées par Moscou, Pékin ou tout autre État significatif à l'encontre de ses minorités ? Le *précédent de la guerre du Kosovo* constitue en fin de compte un double encouragement lancé aux différents protagonistes bellicistes de par le monde : d'une part, les indépendantistes de tous les pays risquent de se lancer dans des « stratégies du pire » type UCK, avec plus ou moins de succès, Washington n'étant aucunement prêt à dépenser des milliards pour épauler tous les séparatistes de la planète ; d'autre part, conscients du risque de voir leur souveraineté menacée par la vague indépendantiste et l'extension du « droit d'ingérence », les États puissants du monde entier, convaincus que les États-Unis ne feront rien pour les arrêter, risquent, comme c'est le cas de la Russie, d'en profiter pour « régler » eux aussi « leurs problèmes » avec la manière forte (Moscou s'étant d'ailleurs inspiré, avec un succès relatif, de la doctrine américaine du « zéro mort » et de l'offensive aérienne de l'OTAN au Kosovo). Dès lors, force est de constater que, loin d'instaurer un « monde meilleur », un Nouvel Ordre mondial « pacifique », « plus juste » au profit des minorités persécutées du monde entier et débouchant sur la mise au pas des États autoritaires, c'est une sorte de « droit régional du plus fort » (chaque État pivot régional usant de la force comme bon lui semble dans son aire propre) qui s'est substitué *de facto* au traditionnel et imparfait *ordre international* symbolisé par les Nations unies. En réalité, qu'il s'agisse d'États pivots pro-américains autoritaires comme la Turquie, l'Arabie Saoudite, le Koweït, le Pakistan (officieusement) ou l'Indonésie, ou de puissances « anti-hégémoniques » réfractaires aux « valeurs occidentales », comme la Russie, l'Inde ou la Chine, ces différents protagonistes de poids se sont doublement sentis encouragés dans leurs velléités et *stratégies unilatérales* par le précédent de la crise du Kosovo. Ils ont compris le message : seuls les États non dotés d'armes stratégiques, relativement faibles, comme l'Irak ou la Serbie, et/ou portant préjudice aux intérêts économiques américains, ont vocation à être *sanctionnés* par les raids de l'OTAN. Les uns (Turquie, Indonésie, États du Golfe, etc.) ne sont même pas sujets aux critiques. Les autres (Chine, Russie, etc.) se voient reprochés, de manière purement formelle, leurs actes. Raison de plus pour en découdre le plus vite possible et sans témoins...

Le « syndrome du Kosovo »

Prenant prétexte de la violation des principes du droit international par les Américains et de la substitution *de facto* — illégale — de l'OTAN à l'ONU, les puissances qui ne craignent pas, pour l'heure, les représailles de l'« Occident » se considèrent plus que jamais fondées à conduire, dans leurs zones d'influences respectives, toutes sortes d'interventions punitives comparables à l'opération Force alliée. Indépendamment du caractère discutable de l'intervention de l'OTAN en elle-même, il est fort probable que *le précédent* de la guerre du Kosovo aura des conséquences déstabilisatrices pour la paix mondiale pendant encore très longtemps, risquant ainsi de déclencher une dynamique « désagrégatrice », une déstabilisation en chaîne de maints États hétérogènes et fragiles dans le monde dont l'unité est menacée par les revendications séparatistes. De fait, lorsque les Occidentaux tenteront de ramener à la raison Moscou, lors des bombardements de Grozny durant l'automne et l'hiver 1999, la première réaction des Russes sera de rétorquer : « ceux-là mêmes qui ont détruit la Serbie pendant 78 jours de bombardements sont mal placés pour nous donner des leçons de morale... »

« Parmi les facteurs qui contribuent à la déstabilisation des États multinationaux », commente Sergio Romano, ancien ambassadeur d'Italie à Moscou, « le plus important est l'insistance avec laquelle les États-Unis et l'Europe ont brandi le drapeau des droits de l'homme. L'Occident oublie que les droits de l'homme, dans le contexte des sociétés multinationales d'Europe centre-orientale, signifient en réalité les droits des communautés ethno-nationales. Il croit défendre les droits individuels et il envoie un signal que les minorités et leurs leaders perçoivent comme un encouragement objectif à leurs requêtes d'autonomie et d'indépendance. Il croit défendre la démocratie et il souffle involontairement le vent du nationalisme. Il croit défendre ses valeurs fondamentales, il met au contraire en péril son intérêt principal : la stabilité [23]. » Aussi l'expression « droits de l'homme » ne revêt-elle pas la même signification en France, où elle est liée à la défense de l'individu, qu'en Tchétchénie, en Bosnie ou au Kosovo, où elle signifie clairement l'*indépendance*. Enfin, à Moscou, à Pékin, à Belgrade comme à New Delhi, les concepts du type « droits de l'homme » ou « devoir d'ingérence », instrumentalisés par les mouvements séparatistes du Caucase, du Xinjiang, du Kosovo ou du Cachemire, sont synonymes de *désintégration* et *d'agression occidentale*. Il est donc à la fois compréhensible et prévisible, explique Sergio Romano, que certaines minorités sécessionnistes, souvent aussi violentes, nationalistes et peu démocratiques, — soit dit en passant — que les gouvernements qui les répriment, cherchent à *dramatiser* leur situation, suscitant même à dessein, si nécessaire, les réactions de violence du « régime oppressif », afin de renforcer le discrédit de ce dernier. Nous avons déjà amplement démontré comment les leaders bosniaques et albanais ont parfois sciemment provoqué des massacres ou réactions militaro-policières sanglantes de la part des autorités serbes, au mépris de leurs propres populations, aux seules fins de renforcer leur image de « victime innocente » (les « bons ») et de mieux être en mesure de réclamer des interventions occidentales, au nom de la défense des « droits de l'homme » et du « droit d'ingérence humanitaire ». « L'État central réagit suscitant les sentiments nationalistes de sa propre opinion publique ; la minorité oppressée répond à son tour avec un nationalisme tout aussi radical. Il suffit alors d'une étincelle pour mettre le feu aux poudres. Paradoxalement, la campagne en faveur des droits de l'homme engendre le nationalisme et fait de la stabilité internationale une perspective encore plus dépassée [24] », conclut Romano. Il ne s'agit pas là d'un phénomène universel, bien sûr — ce qui reviendrait à mettre au même niveau victimes et bourreaux —, nombre de minorités dans le monde étant victimes de terribles persécutions de la part de régimes totalitaires ou autoritaires.

Mais il incombe au géopolitologue la délicate tâche de distinguer, dans la mesure du possible, le faux du vrai, ou plutôt les *faits bruts* de leurs *représentations*, forcément *subjectives*. Or, quels sont les principaux moyens d'observation dont dispose le citoyen lambda ? Les médias. Nous avons déjà montré que ceux-là, loin d'être la pièce maîtresse d'un hypothétique *complot*, sont indéniablement, comme les êtres humains qui les pilotent, *subjectifs*, donc *manipulables*. Il appartient en conséquence également au géopolitologue de savoir *pourquoi* on couvre médiatiquement *tel événement plutôt que tel autre*. Au risque d'écrire en disciple de Lapalisse, rappelons tout de même que le « droit d'ingérence humanitaire » n'est réellement invoqué et que l'Occident ne déclenche des interventions militaires de l'OTAN qu'au profit des minorités bénéficiant d'un net soutien politique occidental, soutien relayé et justifié lui-même par une intense *couverture médiatique préalable*, dont bénéficieront les heureux élus albanais au détriment des minorités animistes ou chrétiennes du Soudan, d'Indonésie ou d'Inde, des minorités serbes du Kosovo, des Libanais envahis par la Syrie, des centaines de milliers de Russes chassés du Kazakhstan et du Caucase, etc .

En fait, le nouveau principe éthico-politique « d'ingérence militaro-humanitaire » au profit des minorités (séparatistes) « persécutées » n'est pas appliqué de manière universelle et équitable dans les différentes régions du monde, et c'est là son principal talon d'Achille. Certes, le fait de ne pas être intervenu en Chine ou en Russie s'explique par le poids militaire et stratégique de ces deux puissances, sans communes mesures avec l'Irak de 18 millions d'habitants, la petite Serbie de 10 millions d'âmes ou la minuscule République serbe de Bosnie. Mais les « Occidentaux » n'ont pas même amorcé l'esquisse d'une action préventive ou punitive comparable à celle du Kosovo en Afrique : Rwanda, Burundi, Sierra Leone ou Congo, où sont régulièrement perpétrés des massacres bien plus sanglants et massifs. *Idem* en Turquie, où près de 20 000 Kurdes ont été tués au cours des dernières décennies dans des opérations de nettoyage par les forces armées d'Ankara, lesquelles seront malgré tout intégrées, comble de l'ironie de l'ingérence à géométrie variable, aux forces de l'OTAN venues empêcher les Serbes de poursuivre leur politique éradicatrice au Kosovo... En d'autres termes, « les démocraties interviennent seulement lorsque la protection des droits humains coïncide avec des intérêts politiques particuliers », lance Sergio Romano. À cet égard, l'Irak, sur lequel Américains et Britanniques ont continué à larguer des bombes tout au long de l'année 1999 sans aucun mandat de l'ONU, après plus de dix années d'embargos et de raids, est, avec la Serbie, la plus éclatante manifestation de cette coïncidence entre intérêts stratégiques, « droit du plus fort » et « droits d'ingérence humanitaire ».

Conformément à la stratégie américaine d'hégémonie totale que nous avons analysée précédemment, stratégie visant à empêcher tout rival, concurrent ou ennemi potentiel de contester la suprématie « globale » des États-Unis, les différentes interventions menées depuis une dizaine d'années dans les Balkans ont le triple avantage de permettre aux États-Unis d'affaiblir structurellement le concurrent-allié qu'est l'Union européenne tout en poursuivant l'objectif de « refoulement » de la Russie et en avertissant la Chine — ou tout autre *récalcitrant* potentiel — que les États-Unis entendent conserver le « *leadership* mondial ». Aussi le fait de s'affranchir unilatéralement de l'ONU permet-il à l'OTAN et aux États-Unis de contourner tout risque de veto russe ou chinois, voire français ou britannique au Conseil de sécurité des Nations unies, au cas où les « alliés » auraient quelque volonté d'autonomisation et si jamais une alliance « anti-hégémonique » telle que crainte par Brzezinski venait à revendiquer un ordre « multipolaire ». Car la guerre du Kosovo consacre, à maints égards, la victoire du principe d'*unipolarité* sur celui de *multipolarité*. C'est dans ce contexte de nouvelle donne internationale que s'inscrivent d'autres décisions géostratégiques des États-Unis, notamment ce que les médias ont nommé, à tort, la « nouvelle guerre des étoiles ». Comme nous le constatons, la « stratégie des moyens », notamment les orientations en matière de nouvelles armes ou de nouvelles technologies, est en accord optimal avec la « stratégie globale » des États-Unis, décrite tout au long de cet essai.

La maîtrise de l'espace circumterrestre : suprématie globale et relance de la course aux armements

Conformément à la nouvelle stratégie nationale de sécurité américaine, le Sénat, à majorité républicaine, a adopté, durant l'hiver 1999, un nouveau programme antimissiles visant à assurer la sécurité d'une partie du territoire américain et de certains pays alliés en zone asiatique. S'il est confirmé par la Maison-Blanche, ce programme est destiné à être divisé en deux volets principaux : premièrement le National Missile Defence (NMD), destiné à défendre le territoire américain et susceptible d'abattre [25] les missiles balistiques lancés par un pays ennemi avant qu'il ne pénètre dans les hautes couches atmosphériques ; deuxièmement le Threater Missile Defense (TMD), programme similaire conçu pour être utilisé sur des théâtres extérieurs, principalement en Asie. Le Pentagone a donc prévu de dépenser plus de 65 milliards de francs (10 milliards d'euros) sur ce projet entre 2000 et 2005.

Pour certains observateurs, il s'agirait d'abord d'un moyen de justifier l'octroi à l'industrie américaine de crédits importants pour assurer sa suprématie. D'après le leader républicain au Sénat, Trent Lott, en revanche, le nouveau programme antimissiles serait l'une des priorités stratégiques, les États-Unis étant à l'heure actuelle dans l'incapacité, selon lui, de se prémunir contre des attaques simultanées

« d'États voyous » *(rogue States)* : Corée du Nord, Iran, Pakistan, Inde, Irak, Libye, etc., ayant la capacité d'aligner des missiles dont la portée actuelle varie de 1 500 à 8 000 km, mais dont les performances seront améliorées dans les années à venir. Moins ambitieux que le projet de « guerre des étoiles » lancé par Ronald Reagan, dont l'objectif était de détruire les missiles adverses repérés dans les couches hautes de l'atmosphère à partir de plates-formes spatiales, le projet NDM serait cette fois basé à terre et s'appuierait sur la détection d'engins adverses par le réseau américain de satellites d'observation, d'où l'importance de la maîtrise des technologies satellitaires, point sur lequel nous reviendrons. « Jusqu'à présent, l'espace était considéré comme le théâtre d'enjeux militaires qui concernaient la communication, la reconnaissance et la surveillance », écrit le général Randy Weidenheimer, de l'US Air Force. « Aujourd'hui, nous devons pouvoir utiliser nos satellites comme de véritables armes. »

Mais le nouveau programme antimissiles américain outrepasse la traditionnelle volonté politique internationale de ne pas utiliser l'espace circumterrestre. Il risque en fait de relancer purement et simplement la *course aux armements nucléaires*, puisqu'il revient, comme l'a rappelé Moscou, qui le conteste vivement, à dénoncer le traité russo-américain de limitation des systèmes antimissiles ABM *(anti-balistic missiles)* de 1972, ainsi que d'autres accords de réduction des armements stratégiques. C'est d'ailleurs dans ce même contexte d'unilatéralité et de relance de la course aux armements stratégiques que le Sénat a rejeté, le 13 octobre 1999, le traité d'interdiction totale des expériences nucléaires (CTBT), malgré les exhortations du président Clinton. « Les États-Unis relancent une course aux missiles antimissiles qui menace l'ensemble des accords de désarmement signés depuis plusieurs décennies », affirme Phyllis Bennis, chercheuse à l'Institute for Policy Studies des États-Unis [26].

Officiellement, le programme TMD envisage de déployer en Asie, probablement au Japon et même à Taiwan, un système de défense antimissiles destiné à prévenir une agression en provenance d'États voyous *(rogue States)*, comme la Corée du Nord. Mais derrière cet axe stratégique théoriquement tourné contre cette dernière, Pékin ne voit rien d'autre qu'un dispositif occidental destiné, à partir des *Rimlands* asiatiques et des îles, à encercler et *contenir* la Chine, comme l'OTAN et la Partenariat pour la paix encerclent et *refoulent* la Russie. Ayant réitéré sa détermination à réintégrer Taiwan dans le giron chinois, Pékin considère le déploiement de systèmes antimissiles dans l'île nationaliste comme un véritable *casus belli* de la part des États-Unis. En outre, les méfiances chinoises ne peuvent être que renforcées après l'épisode du bombardement, pendant l'opération Force alliée, de l'ambassade de Chine en Yougoslavie par les avions américains, compris, à Pékin et à Moscou, comme un avertissement lancé aux géants eurasiatiques. Rappelons brièvement les faits : le 8 mai 1999, au moment fort des bombardements de l'OTAN contre la

Serbie, 3 missiles américains bombardèrent l'ambassade de Chine à Belgrade, tuant trois journalistes chinois et faisant une vingtaine de blessés. Les services de communication de l'OTAN et Washington exprimèrent leurs « excuses », expliquant dans un premier temps qu'une manœuvre des Serbes aurait « éclairé » malencontreusement le bâtiment au moment du « passage » d'un B2 américain. Au bout d'à peine trois jours, les services de sécurité extérieurs français (DGSE) firent savoir que cette explication n'était pas crédible. Aussi apprendra-t-on par la suite que l'« erreur » de frappe aurait résulté de l'emploi de « mauvaises cartes » américaines situant toujours l'ambassade de Chine à son ancienne adresse. Mais on sait que plusieurs diplomates américains avaient déjà été invités à l'ambassade et, donc, que les stratèges étatsuniens connaissaient parfaitement la « nouvelle » adresse. Aussi, le fait que l'ambassade chinoise ait été bombardée par un B2 stratégique américain relevant *directement* du Pentagone et non de l'OTAN invite à se poser de sérieuses questions. Car durant la guerre du Kosovo, près de la moitié des bombardements les plus stratégiques furent effectués à partir de bâtiments américains ne rendant *aucun compte* à l'OTAN. Toujours est-il que Pékin n'acceptera pas les explications américaines et interprétera le bombardement de son ambassade comme un avertissement. Mettant cet événement en parallèle avec le projet de déploiement, par les États-Unis, de systèmes antimissiles en Asie, la Chine décidera alors de redoubler ses efforts dans le domaine de l'armement stratégique, notamment dans le cadre d'une coopération avec la Russie. De leur côté, les Russes ont depuis lors relancé leurs recherches en matière de technologies antimissiles, tandis que la Chine entend investir quelque 10 milliards de dollars pour moderniser ses armements nucléaires et être en mesure d'aligner, d'ici 2010, une bonne centaine de fusées à grande portée susceptibles d'échapper à toute agression atomique. Déjà, remarque P.-M. Gallois, le missile DF. 31 qui vient d'être expérimenté aurait une portée de 8 000 km. Or, ni l'Inde ni le Pakistan ne resteront indifférents à l'armement de la Chine...

Aussi le programme américain NDM ne peut-il qu'encourager l'ensemble des puissances atomiques « anti-hégémoniques » — tant l'axe « confucéo-islamique », redouté par Huntington, que l'axe Pékin-Moscou-Téhéran, ainsi que l'Inde, *via* la Russie — à coopérer plus étroitement ensemble et à augmenter le nombre de leurs charges atomiques et leur capacité de projection à moyenne puis longue portée. Comme l'explique Pierre-Marie Gallois, le projet américain de défense spatiale revient à « inciter ces pays aux panoplies limitées, mais suffisantes pour être intimidantes, à augmenter le nombre de leurs armes afin qu'en cas de besoin une quantité encore substantielle d'entre elles atteigne ses objectifs, les représailles demeurant redoutables (...). Voici donc encouragée la prolifération " verticale " et aussi, indirectement, " horizontale ", puisqu'il faudra de nouveaux essais pour augmenter les inventaires nationaux modestes, et rendre ainsi licite la reprise des expérimentations [27] ». N'oublions pas que la Corée du Nord possède un missile Taepodong I, qui, développé, pourrait intervenir à grande distance, que l'Iran semble s'être engagée sur la même voie, tant pour les « explosifs » que pour les « vecteurs » ; et que l'Inde et le Pakistan, à la suite de la Chine, ont mis en évidence leurs capacités atomiques respectives.

La menace pour la paix mondiale que constitue cette nouvelle course aux armements sur fond de nouvelle guerre froide Est-Ouest/Nord-Sud risque d'être lourde de conséquence pour la stabilité et la paix dans le monde au cours des années à venir. Certes, les États-Unis affirment que leur écrasante supériorité technologique et militaire dissuadera toute autre puissance à faire usage de ses forces stratégiques contre l'« Occident », du moins contre les États-Unis, surtout ces derniers sont un jour dotés d'un « parapluie atomique spatial », ce qui est encore loin d'être le cas. Mais c'est oublier que les risques de *clashes* atomiques entre puissances moyennes sont quant à eux décuplés, la « stratégie du fort au faible », voire celle du « fou au fort » n'épargnant, de surcroît, aucunement l'Europe et les États-Unis d'attaques nucléaires par « saturation », le système de défense antimissiles étant encore loin d'être fiable à 100 %.

Mais la relance de la course aux « armements de suprématie » (aérospatiale et atomique) masque en fait la véritable guerre, la « course à l'épuisement économique » des nations. De même que pendant la guerre froide les États-Unis avaient acculé l'URSS à engager des dépenses militaires improductives liées à la guerre des étoiles (IDS), qui ruinèrent Moscou et contribuèrent à mettre à genoux l'« Empire du mal », de même cette *stratégie géoéconomique* de la course aux technologies stratégiques a pour but ultime de *détruire la puissance économique* de l'ennemi, réel ou virtuel, comme de l'« allié compétiteur », « d'épuiser une à une les économies concurrentes du grand marché de Wall Street [28] », explique Paul Virilio, les frontières séparant ces différentes notions *(concurrent, ennemi, adversaire, allié, ami)* étant devenues floues, voire totalement perméables, dans un contexte de guerre économique.

À terme, les États-Unis entendent atteindre le but que les stratèges anglo-saxons ont toujours poursuivis : soumettre *définitivement* les puissances continentales, neutraliser le *Heartland* eurasiatique, à partir des *Rimlands* périphériques — donnant accès à la domination du monde — afin d'atteindre *l'hégémonie mondiale totale*, la maîtrise du *Heartland*. Rappelons le mot du stratège John Collins à propos de la suprématie spatiale : paraphrasant Mackinder, qui avait déclaré que « celui qui commande l'Europe de l'Est commande l'Eurasie et celui qui gouverne l'Eurasie commande l'île mondiale », Collins explique que « celui qui gouverne l'espace circumterrestre commande la Terre ; celui qui possède la Lune commande l'espace circumterrestre ; celui qui commande L4 et L5 commande le système Terre-Lune » (L4 et L5 sont les points de l'espace où l'attraction gravitationnelle de la Lune et de la Terre est en parfaite équivalence). Dans la revue américaine *Foreign Affairs* de mai-juin 1994, un article de Ethan B. Kapstein aurait pu pourtant attirer l'attention de plusieurs de nos dirigeants : « Pour la première fois dans l'histoire moderne, un pays est sur le point de monopoliser le commerce international d'armement. L'augmentation des coûts et la diminution des budgets de défense exercent une pression sur les producteurs d'armement inefficaces, et la plupart s'effondrent sous cette pression... Au début du XXIe siècle, les États-Unis seront le seul producteur des armements les plus avancés, au fur et à mesure que les autres pays découvriront que les coûts associés au financement de nouveaux programmes sont trop lourds à supporter... ce monopole sera bénéfique pour les États-Unis, mais aussi pour la communauté mondiale. Le passé montre que les États qui dépendent des armes américaines sont moins enclins que d'autres à entrer en guerre avec leurs voisins... Ironiquement, un monopole américain sera bon pour l'économie mondiale. Une fois les inefficaces industries de défense sorties de leur coûteuse misère, les gouvernements pourront consacrer leurs maigres ressources à des objectifs plus productifs. » En fait, le budget militaire américain pour l'année 2000 en matière de défense, adopté par le Congrès en octobre 1999, illustre parfaitement la volonté américaine d'acquérir une suprématie globale incontestée et de *distancer définitivement*, sur le plan technologique, ennemis, rivaux et même alliés. Avec 267,8 milliards de dollars, en effet, le nouveau budget de défense américain est non seulement le seul budget militaire occidental en hausse (+ 7 % par rapport à 1999), mais également celui qui accorde la plus grande priorité à la modernisation des équipements. Immanquablement, s'il aboutit, le nouveau programme antimissiles NTD finira par épuiser économiquement, non seulement, les ennemis déclarés ou non déclarés des États-Unis (Chine, Russie, Inde, Corée du Nord), mais, par la même occasion, les *alliés* européens des États-Unis eux-mêmes. Aussi la suprématie technologique et militaire *totale* des États-Unis est-elle, à terme, la clé de la soumission des autres puissances du monde à l'Empire étatsunien.

REGAIN ANTI-OCCIDENTAL, RAPPROCHEMENT RUSSO-CHINOIS ET « NOUVELLE GUERRE FROIDE » : PRINCIPALES CONSÉQUENCES DES GUERRES DU KOSOVO ET DE TCHÉTCHÉNIE

Dans son ouvrage *La Nouvelle Guerre froide* [29], Gilbert Achcar part d'un fait incontestable : le budget militaire des États-Unis, qui s'accroît de manière exponentielle, est sur le point d'atteindre les sommets connus dans les années 80 et équivaut aujourd'hui au total de ceux consentis par la Chine, la Russie, l'Angleterre et l'Allemagne additionnés. Or, pour l'auteur, l'effort de guerre américain n'est pas dirigé contre la menace d'« États voyous », mais, de manière à peine voilée, contre l'ensemble stratégique eurasien Russie-Chine. Achcar rappelle que les États-Unis, depuis la fin de la guerre froide, n'ont jamais cessé de poursuivre un objectif majeur : empêcher la résurgence d'une puissance comparable à ce que fut l'ex-Union soviétique, ou tout autre ensemble eurasien susceptible de contester la suprématie unipolaire étatsunienne. Dans cette perspective, le nouveau concept stratégique de l'OTAN, l'augmentation spectaculaire du budget de la défense américain, et surtout les différentes interventions militaires américano-occidentales menées — sans l'accord des membres non occidentaux du Conseil de sécurité — depuis la chute de l'Union soviétique (Irak, Bosnie, Kosovo, etc.), ont été perçues, à Moscou, Pékin ou à New Delhi, comme de véritables « déclarations de guerre froide » plus encore que comme des avertissements.

« L'apaisement Est-Ouest est remis en question par l'agression américaine au Kosovo, explique Pierre-Marie Gallois, ainsi s'élargit la fissure entre le monde occidental américanisé et des gouvernements de nations groupant bientôt une population de près de 3 milliards d'hommes, au niveau de vie nettement moins élevé. Il se pourrait que la crise du Kosovo et la manière dont elle a été traitée soient le signe avant-coureur d'un futur grand schisme [30]. » Paradoxalement, les États-Unis, qui prétendent vouloir inciter la Chine (admise récemment au sein de l'OMC) et la Russie à rejoindre le concert des nations industrialisées et qui craignent par-dessus tout la constitution d'alliances « anti-hégémoniques », semblent avoir tout fait pour favoriser un rapprochement entre les deux plus grandes puissances nucléaires eurasiatiques, la Chine et la Russie. « La diplomatie du bombardement que pratique Mme Albright a abouti à la démarche que le département d'État redoutait le plus : un rapprochement spectaculaire entre Moscou et Pékin », constate le général Gallois. En effet, quelques mois à peine après l'opération Force alliée, le 9 décembre 1999, Boris Eltsine se rendait à Pékin mettre un terme à un vieux différend frontalier et y proclamer que la Russie — comme la Chine — était « jusqu'à preuve du contraire une puissance nucléaire » et que les « Occidentaux », refusant le concours de ces deux États, devaient toutefois « se garder d'intervenir dans leurs affaires intérieures » : le Caucase pour la Russie, les droits de l'homme, Taiwan, les îles Spratleys, en ce qui concerne la Chine. Mais il apparaît fort utile de reproduire ici le discours d'Eltsine retransmis sur les télévisions nationales chinoise et russe, tant il est révélateur de la relance d'une sorte de nouvelle guerre froide :

« Hier, Clinton s'est permis d'exercer une pression sur la Russie. Il a cru pendant une minute, une seconde (silence prolongé), qu'il pouvait exercer cette pression. Il a oublié que la Russie dispose d'un arsenal nucléaire complet. (...) lorsqu'il s'est montré en désaccord avec ce que je faisais au Kosovo, il n'a pas oublié que les États-Unis sont une grande puissance. (...). Le monde doit être multipolaire (...) nous ne pouvons pas admettre que les États-Unis dictent leur volonté au monde. Ce n'est pas Bill Clinton qui va, seul, dicter sa conduite au monde. C'est également Jiang Zemin et Eltsine », déclarait l'ancien président russe dans un élan anti-impérialiste peu après avoir rencontré son homologue chinois Jiang Zemin. « Je veux dire à Clinton qu'il n'oublie pas dans quel monde il vit. Il n'est pas possible qu'il dicte au monde entier comment il faut vivre, travailler, se reposer et ainsi de suite. C'est également Jiang Zemin et moi-même qui allons dire au monde comment se comporter, et non lui tout seul. » Eltsine poursuivra ses déclarations en réaffirmant vivement la vocation de Moscou et de Pékin à œuvrer pour un *monde multipolaire*, condamnant une nouvelle fois vivement le projet américain de relance des armements antimissiles. Peu après la démission de Boris Eltsine, en janvier 2000, l'une des premières décisions stratégiques du président Vladimir Poutine sera de réviser la doctrine russe d'utilisation de l'arme nucléaire, Moscou se réservant désormais le droit d'y recourir non plus seulement en cas d'agression majeure contre l'« existence même de la Fédération de Russie », mais dans un conflit où tous les autres moyens auraient échoué. Parallèlement, Poutine décidera l'augmentation de près de 50 % du budget militaire russe...

D'après Anatoli Ziouganov, chef du Parti communiste russe et auteur de différents traités de géopolitique, il existerait un « véritable complot géopolitique mondial contre l'ex-URSS » et « la principale menace pour la sécurité de la Russie » émanerait de la « progression de la machine militaire de l'Alliance atlantique vers les frontières occidentales de notre pays [31] ». Loin de considérer la signature, à Paris, le 27 mai 1997, du traité fondateur OTAN-Russie comme un signe d'apaisement entre les deux anciens blocs, Ziouganov affirme que le traité de Paris « consacrait juridiquement la victoire de l'Occident à l'issue de la guerre froide ». Aussi « le simple bon sens nous suggère de renforcer nos liens avec la Chine, l'Inde, l'Iran et certains pays arabes [32] », poursuit l'auteur, après avoir rappelé que « les appels de Mackinder à renverser la " domination russe " sur le noyau de l'Eurasie » ont été repris par des « russophobes comme Brzezinski ou Kissinger [33] ». Dans son *Journal d'un écrivain*, déjà, Dostoïevski écrivait : « la Russie n'est pas seulement européenne, mais aussi asiate. Mieux, il y a peut-être plus d'espérances pour nous en Asie qu'en Europe. Mieux, de nos destinées futures, l'Asie est peut-être notre principale ouverture [34] ». On peut d'ailleurs rapprocher ces déclarations de celles du Premier ministre indien Vajpayee qui, tout en condamnant fermement les frappes de l'OTAN, avait annoncé, aussitôt après le déclenchement de l'opération Force alliée, que son pays « réfléchissait sérieusement à la possibilité de constituer un axe triangulaire avec la Russie et la Chine pour faire monter la pression internationale contre les attaques aériennes sur la Yougoslavie [35] ».

Contrairement à son attitude relativement effacée durant la guerre du Golfe, le gouvernement chinois demanda à l'OTAN, dès le début de l'opération Force alliée en ex-Yougoslavie, « d'arrêter immédiatement ses ingérences militaires [36] ». De son côté, le gouvernement indien, déclara, le deuxième jour des frappes, le 25 mars, que, « même si elles étaient prises dans le contexte d'initiatives régionales, de telles actions unilatérales conduites sans l'autorisation en bonne et due forme du Conseil de sécurité de l'ONU sapent gravement l'autorité du système des Nations unies dans son ensemble [37] ». Le *Times of India* explicitait peu après la position officielle de New Delhi en écrivant que « le message au reste du monde est parfaitement clair. Les États-Unis et leur docile instrument l'OTAN peuvent aujourd'hui intervenir militairement contre n'importe quelle autre nation qui n'a pas de missiles de longue portée ni de capacités nucléaires [38] », l'Inde procédant à un tir de missile balistique à moyenne portée une semaine plus tard... D'autres capitales exprimèrent leur désaccord ou indignation : Nelson Mandela qualifiera d'« irresponsable » la décision occidentale de contourner le Conseil de sécurité, accusant l'OTAN de faire « précisément ce que fait Milosevic en assassinant des civils et en détruisant l'infrastructure et les ponts de Yougoslavie [39] ». Fort des leçons de la guerre du Kosovo, le géopolitologue Alexandre Douguine, président du comité géopolitique de la Douma, prône le retour à une « politique eurasienne », la Russie ne pouvant réaffirmer son autorité, selon lui, qu'en « s'appuyant sur l'Est et en s'opposant à l'Occident libéral et antislave-orthodoxe », origine de tous les maux de la Russie post-soviétique. Pour Douguine, les meilleurs alliés potentiels de Moscou sont le fondamentalisme iranien, le panarabisme de gauche, type Saddam Hussein, et la Chine. Mais les Russes parlent de plus en plus d'un partenariat stratégique avec l'Inde, allié idéal face à l'axe stratégique américano-pakistano-wahhabite hérité de la guerre froide. Aussi les condamnations de l'impérialisme américain par New Delhi, Pékin et Moscou, lors de l'intervention de l'OTAN contre la Serbie, ont fait dire au ministre des Affaires étrangères Ivanov que la Russie pourrait devenir « le leader de toutes les forces vives et saines du monde », c'est-à-dire l'« alliance anti-hégémonique » tant redoutée par les stratèges américains.

Depuis les crises du Kosovo et de Tchétchénie, les sentiments anti-occidentaux des Russes se sont considérablement accentués : début avril 1999, 49 % des Russes reconnaissaient « avoir une vision négative de l'Occident », comme le révèle *Le Point* du 17 avril 1999. Ainsi, le sentiment selon lequel il existe un « complot géopolitique de l'Occident contre la Russie », représentation profondément ancrée chez de nombreuses élites et intellectuels russes, y compris d'anciens dissidents anticommunistes comme Soljenitsyne ou Zinoviev, ne cesse de croître. Écoutons plutôt Alexandre Zinoviev, déclarant aux Serbes, durant la guerre du Kosovo : « Nous avons sauvé l'humanité de la menace la plus terrible : le fascisme. À présent nous sommes attaqués par un nouvel ennemi commun, l'impérialisme américain, qui cherche à dominer le monde. Les mêmes intentions l'animent contre nous, les Russes, et vous, les Serbes : nous briser par le démembrement de notre pays et le morcellement du peuple, le but final étant de nous exterminer. (...) Nous les Russes, nous avons déjà capitulé devant cet ennemi.(...) Alors que vous, vous résistez. Vous luttez pour votre indépendance. (...) Vous luttez aussi pour nous les Russes qui avons lâchement abandonné le champ de bataille de l'histoire. Vous luttez pour l'humanité entière que menace l'impérialisme agressif des États-Unis [40]. » D'après Zinoviev, l'humanité serait en fait entrée, sous l'influence de l'hégémonie américaine, dans l'« ère post-démocratique », la planète étant devenue « mono-étatique » ou « monopolaire », les États-Unis exerçant une hégémonie globale, pour l'heure, incontestée. « Si bien que la démocratie est désormais superflue pour les dirigeants du monde occidental. Bien plus, elle a commencé à les gêner dans leur conquête du pouvoir mondial. » Aussi l'ancien dissident russe n'hésite-t-il pas à affirmer que l'Occident, sorti victorieux de la guerre froide, se dirige « vers un totalitarisme d'un genre particulier (...), belliqueux qui s'avance sous le déguisement de l'humanisme, de la démocratie, de la lutte pour les droits de l'homme, de la justice [41] ».

Or, cet anti-occidentalisme russe, de droite comme de gauche, a également trouvé un terrain favorable avec l'éclatement de la « seconde guerre russo-tchétchène », en août 1999, nombre de Russes étant persuadés que les rebelles tchétchènes n'étaient que des pions au service des intérêts « islamo-occidentaux ».

Réunis au sommet d'Helsinki en novembre 1999, les dirigeants occidentaux condamnèrent fermement la Russie, lors des premiers bombardements aériens sur la Tchétchénie, appelant Moscou à lever l'ultimatum lancé à la population civile de Grozny, et qualifiant la persistance de la Russie à poursuivre son offensive contre les Tchétchènes de « défi porté à l'Occident ». De son côté, Bruxelles menaçait de « suspendre » certaines clauses de l'accord de partenariat et de coopération qui lie l'Union européenne à la Russie, les quinze ministres des Affaires étrangères de l'UE condamnant fermement l'« usage disproportionné de la force » par Moscou. « Les forces russes ont défié l'Occident hier en Tchétchénie en prenant le contrôle de la ville symbole de Bamout et continuent leurs bombardements sur Grozny, malgré les appels à la négociation avant l'ouverture du sommet de l'OSCE », titrait *Le Monde* du 15 novembre 1999, rapportant les déclarations officielles de Bruxelles. Mieux, l'OSCE et le Conseil de l'Europe furent sur le point d'exclure la Russie de leurs instances, accusant Moscou de « bafouer les valeurs de l'Occident ». De son côté, le ministre français de la Défense, Alain Richard, rappela que l'Europe avait un rôle de persuasion politique et de mise en garde à jouer, conseillant au pouvoir russe : « méfiez-vous de l'isolement et de la marginalisation et d'apparaître de plus en plus comme une puissance inconciliable avec nos valeurs [42] », le ministre français semblant redouter l'élargissement du fossé idéologique et civilisationnel séparant à nouveau l'« Occident » de la Russie depuis la guerre du Kosovo. Or, si l'on se place non pas du *point de vue moral*, indépendamment du terrible drame humain qu'ont effectivement provoqué les bombardements russes, mais du point de vue de l'*analyse géopolitique* des « représentations », l'expression « la Russie défie l'Occident » est révélatrice du parti pris antirusse que sous-tend de plus en plus la notion galvaudée d'« Occident ». Car si c'était seulement un sentiment de compassion qui animait les « Occidentaux », ceux-là déploreraient les « drames » ou les « catastrophes humaines », les « manquements aux droits de l'homme » en tant que tels et partout. La mention d'un « défi russe envers l'Occident » révèle les orientations stratégiques antislavo-orthodoxes (néo-*containment*) qui poussent les « Occidentaux » à reprocher aux Russes leur attitude en Tchétchénie alors que les massacres de populations kurdes depuis des années par Ankara et la persistance de la Turquie à refuser de reconnaître le génocide arménien n'ont jamais été qualifiés de « défi à l'Occident »... On le voit, la *géopolitique des représentations* ne consiste pas à occulter les drames humains ou à blanchir ou incriminer tel ou tel camp plutôt que tel autre, mais à *désocculter* les motifs géostratégiques officieux qui poussent les États à se saisir de certains dossiers plutôt que d'autres.

En Tchétchénie, comme au Kosovo, ce sont une fois de plus la stratégie pro-islamiste américaine et l'impérieuse nécessité de priver les Russes de la route des hydrocarbures qui expliquent en grande partie la sur-médiatisation des événements et le fait que l'« Occident » prenne la défense des insurgés indépendantistes, pourtant issus des courants islamistes radicaux les plus anti-occidentaux (talibans, réseaux Ben Laden, wahhabites, etc.). « Je pense que les Russes sont en train de faire en Tchétchénie ce que Milosevic a essayé de faire au Kosovo », commentera le général Wesley Clark dès les premières « frappes aériennes » de Moscou sur Grozny. « De tels propos sont absolument inacceptables », rétorquera le ministre des Affaires étrangères russe à l'ancien commandant suprême de l'OTAN, indiquant « qu'il ferait mieux de s'abstenir de faire des sermons », s'étonnant « que ce soit Wesley Clark, l'un des principaux coupables de l'agression de l'OTAN contre la Yougoslavie qui fasse des déclarations antirusses [43] ». De son côté, Madeleine Albright, qui avait pourtant été l'une des plus actives partisanes des interventions occidentales en Irak et en Serbie, se permettra quant à elle d'avertir le président Vladimir Poutine, peu après la démission de Boris Eltsine : « Un malheur est infligé à dose massive à la population civile tchétchène, à la fois militairement et par l'apparition de tant de réfugiés (...). La Russie paie le prix sur le plan international et se trouve de plus en plus isolée [44]. » Mais certains commentaires américains mettront en lumière les véritables raisons de la crise russo-tchétchène, à certains égards comparable à la crise du Kosovo, à la différence près que les

Américains ne pourront pas se permettre, cette fois-là, d'intervenir militairement. Écoutons une fois de plus Zbigniew Brzezinski : « un franc succès militaire (des Russes) stimulera un peu plus les aspirations néo-impériales à Moscou, tout en accroissant le retour aux pires éléments parmi les dirigeants de la Russie (...). Une victoire militaire russe en Tchétchénie risque de donner aux partisans de la ligne dure à Moscou le désir de tenir sous contrôle ou d'éliminer Chevarnadze, soumettant du même coup la Géorgie.(...). La politique américaine pour le Caucase du Sud et l'Asie centrale s'en trouvera contrariée. Une Géorgie assujettie, c'est pour la Russie l'accès direct à l'Arménie — déjà fief de Moscou — ce qui couperait l'Azerbaïdjan — ainsi que l'Asie centrale — de l'Occident ; mais c'est aussi le contrôle politique du pipeline Bakou-Soupsa (...) Moscou doit être informée sans détours que sa politique est incompatible avec les intérêts communs de l'Amérique et de l'Europe. Il faut mettre un frein à l'aide financière [45] ». On constate qu'au-delà des légitimes indignations occidentales face aux morts de civils innocents, l'une des raisons de l'extrême médiatisation de l'affaire tchétchène, au moment où Washington affirmait qu'il « n'était pas question d'intervenir au Timor-Oriental », vient du fait qu'un redéploiement de Moscou dans le Caucase et en Asie centrale risquerait de « contredire » les intérêts des États-Unis, lesquels ont, soit dit en passant, largement contribué à l'exacerbation de la crise tchétchène, puisque les principaux protagonistes de la rébellion islamiste qui poussa Moscou à déclencher des opérations de représailles sont d'anciens moudjahidines formés en Afghanistan par les services secrets saoudiens, pakistanais et américains contre les Soviétiques. Aussi n'est-il pas si étonnant que Brzezinski poursuive ainsi son analyse : « le gouvernement américain, pour commencer, ne devrait pas donner dans la politique du “ tous unis contre Ben Laden ” qui fait penser au boniment russe précédent — “ Eltsine est, comme Lincoln, le sauveur de l'Union ”. Le terrorisme n'est pas la question géopolitique essentielle ni le problème moral à invoquer [46] ». Mais d'autres officiels américains sont allés encore plus loin que Zbigniew Brzezinski, certains laissant entendre que les terroristes tchétchènes devaient carrément être soutenus *dès lors* qu'ils servent les intérêts des États-Unis : « Il faut intégrer les terroristes dans la stratégie américaine », explique le major Raymond C. Finch dans les colonnes de la très officielle *Military Review*. « Les Tchétchènes ont gagné leur indépendance et leur liberté grâce à la courageuse direction de Chamil Bessaïev. L'armée (américaine) semble vouloir maintenir la distinction entre opérations militaires et opérations criminelles. Mais elle doit développer une doctrine capable de relever une plus grande variété de canailles et de défis. Bessaïev a employé de sales méthodes à l'encontre des lois établies de la guerre. Mais à la lumière de l'indépendance de la Tchétchénie, ses actions sont courageuses et estimables [47]. » On retrouve ici le cynisme et la brutalité typiques de certains milieux de pouvoir américains prêts à tout pour arriver à leurs fins, en l'occurrence *endiguer* la Russie, au moyen du terrorisme islamiste et au détriment de la sécurité européenne et même de l'Occident à long terme dans son ensemble s'il le faut. Fort de ces encouragements américains, et ayant pris note de la curieuse propension de Washington à secourir les minorités musulmanes un peu partout en Eurasie, le président tchétchène Maskhadov réclamera, peu après la guerre du Kosovo, l'intervention de l'OTAN « sur la base des normes du Nouvel Ordre mondial qu'il a instauré [48] ». En fait, d'après certains services de renseignements et observateurs occidentaux, la CIA aurait soutenu les insurgés islamistes tchétchènes dès le début du conflit russo-tchétchène, entre 1993 et 1994, les vétérans islamistes d'Afghanistan, comme Al-Khattab, chargés d'encadrer les rebelles islamistes caucasiens aux prises avec Moscou, ayant eux-mêmes été formés et soutenus par la CIA pendant la guerre d'Afghanistan. Comme nous l'avons montré précédemment, les rebelles tchétchènes ont joué un rôle essentiel dans la stratégie turco-américano-saoudienne consistant à empêcher *à tout prix* le pétrole de la Caspienne de passer par la Russie. Or, on sait que les fondamentalistes tchétchènes ont été principalement approvisionnés en armes par la Turquie, *via* l'Azerbaïdjan, qu'ils ont reçu des financements de Riyad, surtout, et qu'ils sont issus d'un courant islamiste jadis mis sur pied par la CIA et les services saoudiens et pakistanais, le tout formant un faisceau d'indices pour le moins troublant, surtout lorsqu'on se pose la question géopolitique-clé : à qui profite le crime ? Autre manifestation *oblique* de l'intérêt des États-Unis pour les islamistes tchétchènes depuis plusieurs années : pendant la première guerre de Tchétchénie, la très puissante *Radio Liberty*, qui émet 24h/24 des programmes internationaux à haute teneur idéologique supervisés par les services secrets américains, s'était systématiquement solidarisée avec les insurgés islamistes tchétchènes en lutte contre le pouvoir central russe. Aussi, sur un ton rappelant celui de la guerre froide, Igor Sergueiëv, le ministre russe de la Défense, accuse les États-Unis d'avoir « intérêt au pourrissement du conflit dans le Nord-Caucase » pour « renforcer son emprise sur la région », en soutenant la rébellion islamiste de Chamil Bessaïev. « Toute tentative d'ingérence dans les affaires intérieures russes sera rejetée de la façon la plus déterminée », déclarera sèchement à la presse occidentale le ministre des Affaires étrangères, Igor Ivanov. Aussi l'ancien président Boris Eltsine donnera-t-il le ton lors du sommet d'Istanbul, avertissant les Occidentaux que « la Russie réglerait comme elle l'entendrait ses problèmes intérieurs » et qu'elle n'avait « pas de leçons à recevoir » de la part de ceux qui venaient de bombarder la Yougoslavie sans même tenir compte de la position russe. Quant au ministre des Affaires étrangères, Alexandre Avdeïev, il n'hésitera pas à alerter : « la Russie et les États-Unis pourraient se retrouver au bord d'un nouveau conflit militaire si l'Amérique persiste à vouloir violer le traité ABM » destiné à limiter la prolifération des missiles antibalistiques. Comme on le constate, les différents événements apparemment dissociés : guerre du Kosovo, crise tchétchène, « néo-*containment* », nouveau concept stratégique de l'OTAN, relance de la course aux armements nucléaires et nouvelle guerre froide, sont autant d'événements et processus étroitement liés entre eux et fruits de la stratégie nationale de sécurité des États-Unis analysée tout au long du présent ouvrage. Reste maintenant à penser l'« après-guerre du Kosovo » et à répondre aux questions posées dans les chapitres précédents :

— la cassure entre les « deux Europe » réveillée par la guerre du Kosovo et la stratégie eurasienne des États-Unis est-elle inéluctable ? Correspond-elle à un profond et irrémédiable *choc de civilisations* entre l'Europe occidentale et le monde slavo-orthodoxe ?

— l'édification d'une Grande Europe continentale, puissante et indépendante, réunissant ses « deux poumons », ainsi que la mise sur pied d'une politique de défense et de sécurité réellement autonomes sont-elles encore possibles ? Quelle Europe convient-il de construire ?

— enfin, les trois grandes composantes de la civilisation occidentalo-européenne, l'Europe catholico-réformée, le monde « post-byzantin », et les excroissances américaines et australiennes de substrat anglo-saxons et ibérique, ont-elles intérêt à demeurer adversaires, voire ennemies, ou au contraire à s'unir, afin de faire face ensemble aux défis externes et internes du XXIe siècle qui commence : totalitarisme islamiste, montée inéluctable du Sud vers le Nord, globalisation, déclin démographique et moral, déliquescence sociale, etc.

NOTES

1. « Si nous voulons que tout reste pareil, il faut que tout change », *Le Guépard*, Tommaso di Lampedusa.
2. Gilbert Achcar, *La Nouvelle Guerre froide, le monde après le Kosovo*, PUF, novembre 1999, p. 103.
3. « Guerre totale contre Milosevic », *Le Monde*, 17 avril 1999.
4. William Pfaff, « What Good Is NATO if America Intends to Go It Alone ? », *International Herald Tribune*, 20 mai 1999.
5. Georges Sarre, *Politis*, 21 octobre 1999.
6. Le « concept stratégique de l'Alliance », auquel les mass-médias ont ajouté le qualificatif de « nouveau », a été approuvé par les chefs d'État et de gouvernement participant à la réunion du Conseil de l'Atlantique Nord tenue à Washington les 23 et 24 avril 1999. Il est disponible sur Internet : *http :// www.nato.int/*.
7. La charte de l'OTAN se déclare elle-même comme une organisation défensive n'ayant recours à la force que si l'un de ses membres est attaqué.
8. P.-M. de la Gorce, « L'OTAN, cadre de l'hégémonie américaine », *Le Monde diplomatique*, Manière de voir, mai-juin 1999.
9. Vladimir Volkoff, « D'un monde à un autre, la rupture », action pour une Confédération paneuropéenne, colloque sur les Balkans, Sénat, 1er décembre 1999.
10. In *Le Monde diplomatique, op. cit.*

11. Général Jean Salvan, « Quelques réflexions sur la crise du Kosovo », *in* Ana Pouvreau, *Quelle Europe après le Kosovo ?*, ouvrage collectif, Ellipses, 2000.
12. *Rapport annuel du département américain de la Défense pour l'année fiscale 1999*, p. 17.
13. Henry Kissinger, *Diplomatie*, Fayard, 1996, p. 9-10.
14. Alexandre del Valle, *Islamisme-États-Unis, une alliance contre l'Europe*, 1999, L'Âge d'Homme.
15. Entretiens avec l'auteur, janvier-avril 2000.
16. « L'Empire contre l'ONU », « Les États-Unis sapent le droit international », *Le Monde diplomatique*, décembre 1999.
17. Kissinger, *ibid.*, p. 10, 763.
18. *Id., ibid.*, p. 739.
19. Virilio, *op. cit.*, p. 65.
20. *Id., ibid.*, p. 65.
21. *Le Monde*, 14 septembre 1999. Notons que l'Indonésie a fait massacrer plus de 250 000 Timorais depuis les années 70. Mais, grande puissance régionale (200 millions d'habitants), islamique de surcroît, elle demeure l'un des principaux alliés des États-Unis qui lui fournissent toujours soutien et armements, le cas de l'Indonésie étant comparable, *ceteris paribus*, à celui de la Turquie.
22. *Le Monde*, *idem*. 14 sept., 1999.
23. Sergio Romano, « Ipocrisia del nostro umanitarismo », *Limes*, Rome, janvier-février 2000.
24. *Id., ibid.*
25. Le missile américain utilisé pour les essais du nouveau programme est l'Exo Atmospheric Kill Vehicle (EKV).
26. Phyllis Bennis, *op. cit.*
27. P.-M. Gallois, « La course aux armements », *La Nef*, décembre 1999.
28. *Op. cit.*, p. 51.
29. *La Nouvelle Guerre froide, le monde après le Kosovo*, PUF, Paris, 1999, 112 p.
30. Général Pierre-Marie Gallois, « Superpuissance et bellicisme, Irak, Balkans, deux désastres », in *Quelle Europe après le Kosovo ?*, ouvrage collectif, Ellipses, 2000.
31. A. Ziouganov, *op. cit.*, p. 134-135.
32. Ziouganov, *op. cit.*, p. 78.
33. Ziouganov, p. 43. « Reprenant la thèse selon laquelle la Russie aspirera toujours à s'emparer des régions côtières pour avoir accès aux mers chaudes, ils voient dans notre pays la menace principale à la prospérité d'un Occident commerçant dont la puissance repose sur la domination des côtes *(Rimland)* », poursuit Ziouganov.
34. Dostoïevski, *Œuvres complètes* en 30 volumes, Leningrad, 1984, t. 27, p. 33.
35. *Times of India*, 1er avril 1999.
36. *Xinhua*, Pékin, 6 mai 1999.
37. Déclaration du ministère des Affaires étrangères à Delhi du 25 mars 1999.
38. *In* Françoise Chipaux, « L'Inde hostile aux frappes de l'OTAN », *Le Monde*, 3 avril 1999.
39. *Business Day*, Johannesburg, 4 avril 1999.
40. *Rujizevne Novine*, 5 avril 1999.
41. *Le Monde*, 24-25 mai 1999.
42. Alain Richard, *Le Figaro*, 14 décembre 1999.
43. *Le Figaro*, 14 décembre 1999.
44. *Le Monde*, 2 février 2000.
45. « Génocide russe en Tchétchénie », Zbigniew Brzezinski, *Le Monde*, 18 novembre 1999.
46. Brzezinski, *op. cit.*
47. Raymond C. Finch, (Foreign Military Studies Office), « Chechen Fighter Shamil Basayev », *Military Review*, juin 1997.
48. *Le Figaro*, 18 novembre 1999.

TROISIÈME PARTIE

LA RIPOSTE

« Djiad et McWorld agissent avec une égale intensité en sens contraire (...) Mais Djiad et McWorld ont un point commun : ils sont, tous deux, en guerre contre l'État nation souverain (...) Ni Djiad ni McWorld n'aspirent à enforcer les vertus civiques. Celles-ci sont au contraire minées par leurs pratiques dénationalisantes (...) car Djiad se révolte contre McWorld mais en est également complice (...) En fait, ces deux dynamiques, apparemment opposées, semblent œuvrer secrètement au même but, et le bénéficiaire ne sera pas la démocratie. »

Benjamin R. Baber, *Djiad versus McWorld, Mondialisation et intégrisme contre la démocratie.*

CHAPITRE X

Quel « Occident » et quelle Europe ?

Occident chrétien, « Occident » moderne, Europe occidentale et Europe : des notions apparemment voisines mais trop souvent confondues

Qu'entend-on par « occident » ? Littéralement, *occident* vient du latin *occidens*, qui désigne le côté de l'horizon où le soleil se couche, le « couchant ». Avec une majuscule, *Occident* désigne, chez les peuples de civilisation européenne, la région du monde composant la partie ouest du Vieux Continent. Mais il s'agit là d'une pure convention *européo-centrée*, les Américains, situés à plus de 5 000 km de l'Europe de l'Ouest, revendiquant eux aussi leur pleine appartenance à l'« Occident » *(the West)*, et même son *leadership*, surtout depuis la Seconde Guerre mondiale. Quant à eux, les Arabes emploient le terme de « Couchant » *(Maghreb)* par opposition au Levant *(Machreq)*, pour désigner la partie *occidentale* du continuum géopolitique du monde arabo-islamique, le « Maroc » étant la simple traduction de *Maghreb*. Comme l'explique Yves Lacoste, les notions géographiques du type « Occident », « Orient », etc., sont en définitive de simples « représentations » — inévitablement subjectives — des espaces terrestres examinés et convoités par les hommes. Aussi la notion même d'Occident est-elle parfaitement évolutive, chaque contrée pouvant en fin de compte s'auto-déclarer « occidentale » par rapport à un « Orient », tout dépendant du lieu géographique et du point de vue *représentatif* d'où l'on se place. Enfin, quand bien même on se borne à étudier les *représentations* par lesquelles les peuples de civilisation européenne définissent le concept d'Occident, ce terme revêt des significations géographiques, philosophiques, historiques et civilisationnelles non seulement *inhérentes* à une histoire spécifique, la civilisation ouest-européenne, mais également *évolutives*, la variété des représentations du concept Occident étant le reflet de l'existence de branches distinctes, voire antagonistes, de la civilisation européo-occidentale, au départ issue d'une même matrice mais progressivement divisée en trois grandes aires : Europe occidentale, Europe post-byzantine, Amériques, elles-mêmes sujettes à des divergences internes, héritées de l'histoire comme des conceptions socio-politiques.

L'expression « Occident », dans son acception historique et géographique *européo-centrée*, désigne au départ l'Europe de l'Ouest et plus précisément la civilisation latino-celto-germano-chrétienne apparue entre l'an 370 et l'an 850 après Jésus-Christ, sur les ruines de l'Empire romain d'Occident. Ces trois éléments centraux, à l'origine du système politico-spirituel que constituera la « chrétienté », n'effaceront d'ailleurs pas deux autres grandes composantes antérieures : d'une part, le substrat ethno-culturel celtique, ou du moins *Laténo-hallstattien* [1], commun à la quasi-totalité des peuples dits européens (Dumézil), d'autre part, l'héritage fondateur et ineffaçable de la Grèce antique, dont la mythologie sera à l'origine même du terme d'Europe (*Europa*, enlevée par Zeus à Tyr), dont la philosophie servira aux Pères de l'Église pour encadrer la théologie chrétienne, et dont l'histoire de la guerre contre les Perses relatée par Hérodote stigmatisera pour la première fois la distinction, voire l'opposition, entre le monde européen de souche indo-européenne (Grecs, Macédoniens, Illyriens, Scythes) et le monde asiatique, essentiellement non européen (Phéniciens, Anatoliens, Mésopotamiens, Égyptiens) à l'exception des maîtres perses. On ajoutera néanmoins à ces composantes l'élément sémitique, qui est à l'origine de la révélation judéo-chrétienne et qui a pu contribuer dans certains pays, au travers de l'élément arabo-islamique, à certaines formes architecturales, scientifiques et artistiques. En fait, la longue période d'incubation de l'Occident, qui s'étend du Vᵉ au XIIIᵉ siècle, s'effectue sur fond d'invasions barbares, de scission entre les Empires romains d'Orient et d'Occident et de germanisation de la civilisation romaine. Dès le Vᵉ siècle de notre ère, en effet, Byzance déplore l'« évolution barbare » de l'Empire d'Occident, notamment à partir de la mort de Théodose et surtout du sac de Rome en 410 par les Ostrogoths. En 476, avec l'éviction de Romulus Augustule par Odoacre, l'Empire romain d'Occident est condamné, de sorte que, de part et d'autre de l'Empire, ce sont deux cultures cousines, mais distinctes — d'un côté, le futur Empire byzantin, qui se proclame « défenseur de la civilisation », et de l'autre les restes de l'Empire d'Occident — qui finissent même par s'opposer.

La notion d'Occident apparaîtra véritablement sous Charlemagne, et surtout sous Louis le Pieux, son fils, les empereurs germaniques successifs, des Carolingiens jusqu'au dernier monarque de l'Empire austro-hongrois, en passant par Otton Iᵉʳ, se réclamant de l'empire de Rome. Aussi, la germanisation de l'Europe occidentale, parallèle à la slavisation de l'Europe orientale, accentuera progressivement le décalage culturel, politique, ethno-linguistique et psychologique entre

Rome et Byzance, soit entre l'« Occident » latino-germano-barbare et l'« Orient » hellénique, héritier direct de la Grèce antique. Certes, Charlemagne avait failli épouser la fille de l'empereur byzantin, Anne, fille d'Irène, et la civilisation occidentale n'était, à cette époque, pas aussi dissociée de l'aire européenne byzantine qu'on le croit. Le Grand Schisme n'allait d'ailleurs être réellement consommé qu'en 1054. Les contacts entre les « deux Europe » étaient nombreux : théologiques, diplomatiques, culturels et politiques. Tandis qu'en Orient le latin restera pendant plusieurs siècles une langue officielle, le grec sera encore longtemps parlé à Rome dans les milieux lettrés. Des deux côtés, éléments grecs et latins s'entremêlaient. Jusqu'au IIIe siècle, le grec resta la langue officielle de Rome. La république romaine, au sommet de sa gloire, avait d'ailleurs été profondément hellénisée. Au temps de César lui-même, la langue d'Homère était encore la *lingua franca*. Ce n'est en fait qu'à partir de Trajan que le grec se raréfie à Rome.

Toujours est-il que Charlemagne demeure le créateur *ex ante* de l'Occident entendu comme « Europe occidentale », alliage original entre le substrat celto-romain et l'apport judéo-chrétien, que la geste barbare et germanique achèvera « d'occidentaliser », c'est-à-dire de différencier de la future Europe orthodoxe, « orientale ». On le voit, dès les origines, le concept d'Occident se définit essentiellement par opposition à un Orient, les deux notions antagonistes étant tout aussi évolutives l'une que l'autre. Les Francs imprimeront donc leur marque à l'Occident, ainsi que l'ont démontré les historiens français Georges Duby et Jean Favier. Aujourd'hui encore, les héritiers des Byzantins, de la Syrie à Constantinople, gardent l'image des « barbares francs », les *franj* analysés par l'historien franco-libanais Amin Maalouf [2], venus saccager, piller et dévaster tout ce qu'ils trouvaient sur le chemin des croisades, moment capital de la chrétienté germanique et papale, à laquelle le concept d'« Occident » sera d'ailleurs associé à jamais. Aussi n'est-ce pas un hasard si le traité de Rome reprendra, *grosso modo*, en 1957, les frontières de l'Europe de Charlemagne, le noyau fondateur de l'Union européenne étant le couple franco-allemand, le Benelux et l'Italie. Europe, dont le principal talon d'Achille, qui est d'ailleurs d'être étroitement fondé sur des bases civilisationnelles occidentales, exclusives de l'aire slavo-orthodoxe et post-byzantine.

Au XVe siècle, la Réforme, qui gagnera d'ailleurs bien plus le monde germanique et anglo-saxon que l'aire latino-méditerranéenne, élargira encore un peu plus la *cassure* culturelle, théologique et politique qui séparait déjà, depuis le XIe siècle, les deux chrétientés, occidentale et orientale (Grand Schisme). Car du point de vue orthodoxe, les Protestants, à la différence des Catholiques, ne furent jamais réellement considérés comme des Chrétiens à part entière. En outre, la division *politique* de l'Europe entre, d'une part, les nations orthodoxes est-européennes sous hégémonie turque ou russe, et, de l'autre, les nations occidentales protestantes ou catholiques sous l'influence du Vatican, de la France, de la Grande-Bretagne, ou des différents Empires « romains-germaniques », ajoutera un nouveau niveau de fracture, de sorte que le fossé séparant l'Occident européen de l'Europe post-byzantine se creusera encore un peu plus. Les Orthodoxes estimeront que l'Occident allait finir par être progressivement imprégné des valeurs « révolutionnaires », marchandes, du protestantisme et de sa mutation séculière moderne : l'idéologie révolutionnaire et républicaine, laquelle atteindra d'ailleurs la Russie, comme le déplorent les traditionalistes orthodoxes, à travers sa version la plus radicale, le communisme soviétique, héritier, *via* Babeuf et la Commune, de Robespierre et de Marat. Les grandes découvertes, notamment de l'Amérique, puis la Renaissance, l'*Encyclopédie* et les révolutions régicides britannique (1688) et française (1789-1793), à l'origine de la modernité et de la « civilisation occidentale » moderne, achèveront de séparer les « deux Europe » : d'un côté, l'aire slavo-orthodoxe post-byzantine, figée par les jougs tatar et ottoman puis soviéto-communiste, et, de l'autre, l'Europe de l'Ouest, découvrant les échanges marchands planétaires, l'individu, l'universalisme.

Pour le philosophe personnaliste Emmanuel Mounier, c'est la place accordée à la *personne humaine*, apport majeur du christianisme, grâce au dogme de l'Incarnation, qui caractériserait le plus la *civilisation occidentale*. À l'époque moderne, la notion d'*individu*, voisine, mais plus impersonnelle et sécularisée, a pris le relais de la *personne*, ce qui donna naissance — à la faveur des progrès matériels, du consumérisme et de la défense croissante des libertés et droits particuliers — à l'*individualisme occidental*, dans ces aspects les plus louables (respect de la liberté individuelle, liberté de conscience, sauvegardes de droits inaliénables, etc.), comme dans ces dérives sociologiquement « pathologiques » (Zinoviev) : individualisme, anarchie, perte des repères et de l'esprit civique, déclin de la conscience collective et des valeurs familiales, etc. Après le statut unique de *la personne* humaine, l'autre grande caractéristique de la civilisation européenne est incontestablement *l'universalisme*. Cette prétention à l'universalité était déjà annoncée tant dans la pensée philosophique des auteurs grecs ou latins hellénisés que dans la *praxis* impériale hellénistique (Philippe, Alexandre) et romaine. Par le biais de l'Empire romain tardif, déjà en phase d'unification (adoption de dieux orientaux, immigration massive), et qui accordait la citoyenneté romaine aux non-Européens (décret de Caracalla), l'impérialisme gréco-romain rencontrera l'universalisme judéo-chrétien. Ainsi les deux Empires romains, comme plus tard le Saint Empire romain germanique, en passant par les monarchies « très chrétiennes » ou « très catholiques » française ou espagnole, fonderont-ils leur prétention universelle sur le dogme chrétien autant que sur le patrimoine historique antique.

En dépit du fait que l'universalisme occidental ait renoncé à la conquête chrétienne du monde, il ne réapparaîtra pas moins, de manière tout aussi dynamique et présomptueuse, dans sa forme *mutante* laïcisée et économique, représentée tout d'abord par le marxisme et aujourd'hui par l'idéologie du « Village mondial », dont l'humanitarisme, le progressisme social, le discours sur la libération de l'individu, la consommation de masse et la mise hors-la-loi des particularismes nationaux, tiennent lieu de *credo*. Héritier, comme le marxisme, de maintes caractéristiques psychologiques et structurelles du christianisme (inversé), cette nouvelle « religion séculière » est tout aussi prosélyte que ses sœurs aînées catholique ou protestante. En Amérique, le prosélytisme arrogant d'un Francis Fukuyama décrétant *La Fin de l'histoire*, titre même de son ouvrage, et la victoire définitive du modèle libéral, l'utilisation de la Bible, hier par Foster Dulles contre l'Empire du mal, au début des années 90 par George Bush pour justifier des raids de l'OTAN contre l'Irak, ou encore les certitudes du stratège Zbigniew Brzezinski ou de la secrétaire d'État Madeleine Albright selon lesquelles le modèle démocratique américain doit *impérativement* triompher partout pour préserver la « paix mondiale », peuvent paraître caricaturales, voire ridicules. Mais les Européens, laissant volontiers le dernier mot au *leadership* américain, n'en sont pas moins convaincus que la démocratie « à l'occidentale » est l'horizon indépassable de la *Politica Justa* et de la liberté. Aussi le démocratisme manichéen, hypocritement moraliste et arrogant du président Wilson et de ses héritiers actuels : Madeleine Albright, Zbigniew Brzezinski ou Bill Clinton, a-t-il supplanté, en tant que référence politique et philosophique, la tradition démocratique européenne fondée sur la coutume et le réformisme, de Tocqueville — déjà conscient des dangers de la *démocratie totalitaire* américaine — à Raymond Aron, en passant par Jean Jaurès, envers qui ceux qui l'évoquent aujourd'hui sont à peu près aussi fidèles que ceux qui se réclament du général De Gaulle...

Dans les temps modernes, cette aspiration universaliste de l'Occident, loin de s'estomper avec la perte d'influence des Églises chrétiennes et la régression des références culturelles et philosophiques à l'Antiquité, s'est progressivement renforcée, voire exacerbée, notamment avec la colonisation, le messianisme internationaliste marxiste, et leur avatar du XXe siècle, l'idéologie des droits de l'homme, encouragée par la « globalisation » des sciences et des technologies, et que certains nomment la « nouvelle conscience planétaire », la « citoyenneté du monde ». L'aboutissement le plus récent de ces projets est l'apparition, ces dernières années, d'une sorte de « gouvernement mondial » et d'une ébauche de « juridiction planétaire », incarnée par les différents « tribunaux internationaux » comme celui de La Haye, chargé de juger les criminels de guerre en ex-Yougoslavie, son jumeau d'Aroucha, au Rwanda, ou encore l'International Crime Court (Cour criminelle internationale, ICC), créée à Rome en juin 1998, avec une portée véritablement internationale. « L'Occident contemporain, explique Alexandre Zinoviev, n'est pas un simple conglomérat d'États : États-Unis, Angleterre, Allemagne, France et autres communautés occidentales similaires du point de vue social. Il s'agit d'un stade d'organisation plus complexe et supérieur. C'est une entité jeune du point de vue historique, qui n'a commencé à se former qu'au lendemain de la Seconde Guerre mondiale, et qui est encore en cours de formation [3]. » Pour l'auteur de *Nous et l'Occident*, le concept moderne d'« Occident » est aujourd'hui inséparable de celui de *mondialisme*, c'est-à-dire du « phénomène social d'unification des États et peuples du monde occidental en une seule entité. L'initiative historique dans le cadre de ce processus a été reprise par les États-Unis [4] ». Aussi la guerre froide livrée par les États-Unis au monde russo-soviétique a-t-elle puissamment favorisé l'intégration des États occidentaux autour de la puissance américaine et l'américanisation globale du Vieux Continent. L'intégration du monde occidental en une entité géopolitique ou impériale unique, que Zinoviev nomme la « suprasociété occidentale » ou « occidentisme », a conduit à la formation « d'une multitude d'organisations, institutions et entreprises à caractère universellement occidental, c'est-à-dire supranational. Des millions de personnes sont d'ores et déjà impliquées dans leurs activités ». Ces institutions fédératrices « internationales », instruments de domination indirects des États-Unis, sous couvert de « communauté atlantique », « communauté internationale », ou « euro-atlantique », sont qualifiées par Alexandre Zinoviev de « superstructures » : ONU, OTAN, OCDE, FMI, BIRD, OMC, AMI, OMS, etc.

La construction européenne s'étant réalisée à partir des fondements de la civilisation européenne occidentale et dans le contexte de guerre froide entre l'Est et l'Ouest, pour beaucoup, « Occident » et « Europe » sont aujourd'hui deux notions interdépendantes, voire identiques. D'après l'Américain Samuel Huntington, les valeurs de l'Occident moderne sont fondées sur le christianisme, le pluralisme, l'individualisme et l'autorité de la loi, autant de valeurs « ayant permis à l'Occident d'inventer la modernité, de connaître une expansion mondiale et de s'imposer comme modèle aux autres sociétés (...). L'Europe est " la source ", l'unique source des notions de liberté individuelle, de démocratie politique, d'autorité de la loi, de droits de l'homme et de liberté culturelle [5] ». Mais l'auteur laisse transparaître les présupposés stratégiques qui sous-tendent les représentations qu'il donne de l'« Occident ». D'après lui, les valeurs qui fondent la *civilisation occidentale*, communes aux États-Unis et à l'Europe, sont finalement inscrites dans les principes politiques et philosophiques fondateurs de la Charte atlantique et défendus par l'OTAN : « la croyance commune dans le rôle de la loi et de la démocratie parlementaire ; le capitalisme libéral et la liberté des échanges ; et l'héritage culturel européen commun, celui de la Grèce et de Rome, de la Renaissance, en y incluant l'adhésion aux valeurs, aux croyances et à la civilisation de notre propre siècle [6] ». Pour Huntington comme pour l'essentiel des intellectuels et responsables américains, l'OTAN est « la première des institutions occidentales », et ne peuvent pas être reconnus comme Occidentaux ceux qui refusent l'extension de l'OTAN en Europe, condamnent ses interventions armées, et rejettent, comme c'est le cas des communistes ou autres interventionnistes et « autogestionnaires », les valeurs suprêmes du libre-échangisme et du capitalisme marchand. On comprend mieux dans ce contexte « représentatif », pourquoi les défenseurs de l'« Atlantisme » reconnaissent la Turquie ou le Japon, nations non européennes et non occidentales — au sens originel du terme — comme « occidentales », et non les Serbes, défenseurs de la souveraineté de la Yougoslavie socialiste, ou les Russes, nostalgiques de l'Union soviétique ou tout simplement réfractaires au libéralisme occidental ou au *leadership* américain. Ainsi seulement s'explique la forte propension des stratèges anglo-saxons à utiliser le terme « occidental » dans un sens plus stratégique et économique que « civilisationnel » ou historique, Huntington et Schlesinger plaçant les facteurs identitaires européens bien après les aspects économiques et idéologiques.

Certes, les nations de l'Europe de l'Ouest sont sœurs des nations européennes slavo-orthodoxes — la Russie devant autant à Athènes, aux Romains ou aux Germains (à travers ses ancêtres fondateurs vikings) et bien sûr à l'héritage spirituel judéo-chrétien, que l'Europe occidentale. Incontestablement, le monde « post-byzantin » et l'Europe occidentale appartiennent à la même *civilisation européenne*, bien que certains historiens, exclusivement anglo-saxons ou germaniques, d'ailleurs de Spengler à Huntington, en passant par Caroll Quigley, ont essayé de prouver le contraire, imprégnés d'une vision exclusivement *occidentale* et nordiciste, de la civilisation européenne. De son côté, par réaction à la *protestantisation* philosophique et psychologique et à l'*anglo-saxonisation* de l'Europe occidentale autant que pour des raisons propres dues aux évolutions historico-politiques, le monde slavo-orthodoxe ne se considère pas comme membre à part entière de l'« Occident », notion qui non seulement est, pour eux, à l'origine du Grand Schisme, mais qui est essentiellement tournée contre le monde russe depuis l'avènement du communisme soviétique et la guerre froide, laquelle permit la prise de contrôle, par les États-Unis d'Amérique, du « monde occidental ».

Concept en principe nettement différencié de celui d'« Occident », notamment depuis le IXe siècle, l'*Europe*, lorsqu'on ne lui ajoute pas de qualificatifs d'*occidentale* ou d'*orientale*, continue néanmoins de constituer pour nous une *réalité géopolitique et culturelle composite* mais relativement cohérente, géographiquement et historiquement limitée, *continentale,* abritant des nations fort diverses mais unies par des traits historiques, linguistiques, spirituels, idéologiques, artistiques et ethniques communs, voire par certaines valeurs fondamentales communes. La *civilisation européenne*, au sens large, a effectivement essaimé aux quatre coins du monde et formé une entité dominante aux États-Unis, mais l'existence de son rameau américain ne signifie aucunement que l'Europe, en tant qu'entité géopolitique continentale, a cessé d'avoir des intérêts, une destinée et des valeurs qui lui sont propres. Si elle renonce à sa spécificité, elle accepte son auto-anéantissement progressif.

« L'Occident », « leurre civilisationnel » pièce maîtresse de la « guerre des représentations »

Dans différents dictionnaires, l'une des définitions données de l'Occident est l'« ensemble des États du pacte de l'Atlantique Nord », à l'origine de l'OTAN. Depuis la Seconde Guerre mondiale et par opposition au bloc de l'Est, « Occident » est quasiment devenu synonyme de *communauté transatlantique*, ensemble d'États membres de l'OTAN ou, par extension, ensemble d'États industrialisés plus ou moins alliés des États-Unis et adeptes de l'économie de marché et de la démocratie libérale. Pendant la guerre froide, l'Occident était également appelé « monde libre », par opposition au « bloc de l'Est » situé de l'autre côté du rideau de Fer. D'un côté le bien, la liberté et la richesse, de l'autre l'oppression, la pénurie, l'« Empire du mal » de Dulles et Reagan. Notion connexe, le « monde libre », par opposition au « monde soviéto-communiste », métaphore éminemment idéologique et non « civilisationnelle », contribuera à forger la *représentation* contemporaine d'« Occident ». Dans cette acception, la Turquie, État situé à plus de 90 % en dehors des limites conventionnellement reconnues de l'Europe civilisation, les pays musulmans du Caucase et d'Asie centrale étroitement liés aux États-Unis et à la Turquie et associés à l'OTAN, comme l'Azerbaïdjan, l'Ouzbékistan, le Turkménistan ou le Kirghizistan, ont vocation, à la suite du Japon, à intégrer le système occidental, cependant que des nations chrétiennes et de substrat ethno-culturel ou linguistique « indo-européen » (Dumézil), comme la Russie, la Biélorussie, la Serbie ou l'Arménie, sont ouvertement et/ou *de facto* exclues de l'« Occident ».

Aussi, lorsque les armées serbes ou russes entreprennent des opérations de répression antiterroristes violentes à l'encontre des éléments séparatistes bosno-musulmans, albano-kosovars ou tchétchènes, elles sont accusées de « défier l'Occident », les rebelles islamistes et terroristes tchétchènes ou albanais ainsi que leurs populations de substrat turco-islamique étant considérés, par opposition, plus « occidentaux » que les soldats slaves orthodoxes. Dans ce schéma de représentations, la notion d'« Occident » n'a plus rien à voir avec ce qu'elle désigna au cours des siècles et jusqu'à une période récente. Et l'on peut valablement dire que la période commençant avec le partage de Yalta jusqu'à la guerre du Kosovo correspondit en définitive à une « seconde incubation » idéologique du concept de civilisation occidentale, assimilable à une véritable métamorphose. « Occident » a fini par désigner à la fois la « suprasociété » planétaire capitaliste définie par Zinoviev ou Soljenitsyne, *cache-sexe* de l'hégémonie américaine, et une *conception philosophique libérale* et individualiste du monde, dépeinte par Huntington ou Francis Fukuyama, antithèse absolue du totalitarisme russo-soviétique ou du *holisme* asiatique. Il apparaît donc en fin de compte logique que l'expression *Occident* désigne aujourd'hui comme ennemis irréductibles, non pas l'« adversaire civilisationnel » traditionnel de l'Europe, à savoir l'Islam (plus particulièrement l'Orient turco-arabe), mais les entités plus ou moins réfractaires au modèle libéral-capitaliste de la société anglo-saxonne et surtout à l'hégémonisme américain qui le sous-tend : Russie ex ou néo-communiste ; Yougoslavie socialiste ; Chine et Corée du Nord communiste ; Cuba « anti-impérialiste » et crypto-communiste, Irak baassiste, etc. D'une notion géographique et civilisationnelle intimement liée à l'histoire de l'Europe et de la chrétienté, la représentation « Occident » a évolué vers une conception *idéologique* et *économiciste* du monde désignant une « supra-société » néo-impériale et capitaliste, dominée par l'ancienne colonie nord-américaine de l'Europe. D'où la « grande rupture » observée par Vladimir Volkoff ou Zinoviev, d'où encore la « paix froide » annoncée par Huntington. Dans un langage plus parlant, Pierre-Marie Gallois affirme que l'on assiste à une nouvelle guerre froide, un nouveau conflit Est-Ouest, élargi cette fois, à l'ensemble du monde. C'est dans ce contexte qu'il convient de replacer, selon nous, la récente guerre du Kosovo, laquelle a abouti à réactiver le *choc de civilisations* entre l'Europe occidentale et l'aire post-byzantine, dans le but stratégique général d'empêcher l'édification à terme d'une Europe forte et indépendante et dans le cadre d'une nouvelle « guerre froide globale » entre, d'une part, les États-Unis et leur glacis occidental et, de l'autre, le reste du monde potentiellement concurrent et/ou récalcitrant.

En se proclamant membres et solidaires de l'« Occident », qu'ils savent pourtant sous l'emprise globale des États-Unis, lesquels ont, en quelque sorte, monopolisé voire usurpé l'appellation « Occident », qui n'a plus rien à voir avec son acception européenne originelle, les Européens perdent d'une certaine manière leur identité propre et surtout *le sens de leurs intérêts vitaux*. D'après la définition que donne le stratège français Murawiec de la subversion et de la « guerre informationnelle » : « faire perdre le nord, désorienter », les Européens perdent progressivement le sens de leur propre auto-identification, ils « perdent le nord » et ne parviennent plus à *se représenter* eux-mêmes en fonction de leur identité et intérêts propres, l'hégémonisme américain « bienveillant » revêtant en apparence l'habit représentatif plus ou moins européen d' « Occident ». « Le missile prenant le nom même de la cible », ironise Arnaud-Aaron Upinsky.

Comme l'enseignent depuis toujours stratèges et politologues, la définition qu'une nation ou une civilisation a d'elle-même, ainsi que de ses « ennemis » et « amis » (Julien Freund), conditionne l'élaboration de sa pensée stratégique et même de sa politique de défense. Aussi, force est-il de constater que depuis la fin de la Seconde Guerre mondiale, l'« Occident » désigne plus un empire maritime planétaire de culture et d'expression anglo-saxonnes — supposé croître sans fin et sans limites de frontières culturelles, au gré de l'américanisation-standardisation des nations — que la civilisation d'Europe elle-même. Même si elles revêtent le statut honorifique de mère patrie culturelle et géographique de cet « Occident » métamorphosé, les nations du Vieux Continent sont d'ores et déjà reléguées à un statut de vassales des États-Unis, comme l'exprime sans ambages Zbigniew Brzezinski. Elles sont « sorties de l'histoire » et ont été *vaincues* par elles-mêmes lors de la *bataille des représentations* aux termes de laquelle leur nom, leur identité et, par conséquent, leur système immunitaire, ont été *neutralisés*. Mieux, elles servent aujourd'hui de force d'appoint, de glacis extérieur et de « tête de pont géostratégique » aux États-Unis en Eurasie. Aussi l'écrivain russe Alexandre Zinoviev constate-t-il que « pour instaurer l'ordre mondial répondant à leurs vœux, les États-Unis doivent mobiliser les forces du monde occidental tout entier, car ils ne peuvent y parvenir tout seuls [7] ». Mais les chefs d'État européens, lorsqu'ils ont conscience que les Américains se réclamant du « monde occidental » et de la « communauté internationale » dans le seul but de *diluer* leurs motivations hégémoniques et leurs responsabilités propres, n'en tirent pas les conclusions qui s'imposent. Plutôt que de se rendre compte que les intérêts vitaux bien compris des Européens sont distincts — pas forcément opposés — de ceux des Américains, ils sont piégés sur le terrain de la *légitimité* et des *représentations*. Ils ne peuvent plus, en quelque sorte, faire marche arrière.

L'Union européenne, en effet, ainsi que le voulut son père fondateur, Jean Monnet, ne fut pas conçue, au départ — et encore moins aujourd'hui — comme une « Europe puissance », un projet géopolitique d'indépendance de l'Europe continentale, mais comme l'un des deux maillons du « monde libre », ou euro-atlantique. C'est dire que, dès les origines, la Communauté européenne n'était destinée qu'à devenir une zone de libre-échange, reconstruite et rendue prospère grâce au plan Marshall aux fins de servir de simple champ de consommation et d'écoulement de produits américains. Dans la conception de Roosevelt, Yalta était un *partage du monde* au sein duquel l'Europe de l'Ouest, que les États-Unis voulaient vite voir devenir les « États-Unis d'Europe », était conçue en tant que *glacis* et *avant-poste* des États-Unis sur le continent européen face au bloc de l'Est. Aussi « les États-Unis d'Europe ne sont-ils que les États-Unis *en* Europe », écrit Arnaud-Aaron Upinsky [8]. On le voit bien, le piège sémantique de la représentation « Occident » s'est refermé sur l'Europe elle-même devenue un vassal de plus en plus docile des États-Unis. C'est pourquoi les « souverainistes » européens — de gauche comme de droite — défenseurs des frontières et souverainetés traditionnelles et souvent adeptes d'une grande « Europe des nations » ou « des patries », sont disqualifiés dès lors qu'ils critiquent l'Europe « occidentiste » (Zinoviev) et « atlantiste » de Bruxelles. Ils sont inconsciemment accusés de trahir les « valeurs occidentales », coupables « d'anti-américanisme primaire » et « ingrats » envers « ceux qui libérèrent l'Europe par deux fois » de la menace pangermanique. De là à être accusé de regretter la défaite des forces de l'Axe et donc à être réduit *ad Hitlerum*, le chemin à parcourir est très court. Or, nous avons montré précédemment que ce type de *terrorisme intellectuel* visant à anéantir le système de défense de l'autre en le *culpabilisant* par le processus de l'amalgame (de la rumeur, du stéréotype, etc.) est le principal outil de la guerre des représentations qui est livrée à l'Europe par ses « alliés-adversaires » économiques et stratégiques. Quand Bernard Kouchner affirmait, lors d'une brève visite le 6 juillet 1999 à Lyon, que : « l'Europe est née à Pristina (...) celle des droits de l'homme, de la fraternité, celle que nous aimons », les *représentations* à l'origine de ces propos sont tout sauf européennes, au sens stratégique et civilisationnel du terme. L'Europe, ainsi entendue, est une Europe « occidentiste », c'est-à-dire essentiellement universaliste et américanisée, une Europe *volontairement* spoliée de ses sources culturelles et historiques. En fait, pour Kouchner comme pour la plupart des hommes politiques européens, plus souvent intéressés par l'audimat et l'actualité de CNN que par les études géostratégiques ou la défense de l'intérêt national, l'« Europe de Pristina » comme l'Europe de Bruxelles participent du même projet *atlantiste* indiscutable et indiscuté, puisque *occidental* et conforme au *leadership* américain. D'une certaine manière, ils sont logiques avec eux-mêmes lorsqu'ils admettent que la seule structure de défense légitime de cette Europe doit demeurer l'OTAN. L'ambassadeur américain Richard Holbrooke, chaud partisan de l'intervention au Kosovo, ne se plaît-il pas à répéter que « les États-Unis sont une puissance européenne » et que l'« OTAN est la seule structure de défense européenne », bien que celle-là ne défende que les seuls intérêts américains ?... Rien d'étonnant, donc, à ce que le premier « Monsieur PESC », le responsable de la Politique étrangère et de sécurité commune de l'Union européenne prévu par les traités de Maastricht et d'Amsterdam, ne soit autre que Javier Solana, ex-secrétaire général de l'OTAN et fervent partisan de la guerre américaine contre la Yougoslavie.

Terme probablement pertinent à une certaine époque, lorsque Occident se confondait encore avec Europe, avant la colonisation des Amériques, le concept d'Occident est désormais un véritable *piège conceptuel* et sémantique, un « leurre civilisationnel ». Il revient à couper l'Europe continentale en deux et à exclure du champ européen l'espace slavo-orthodoxe post-byzantin, considéré comme étranger, « oriental ».

Monde slavo-orthodoxe — Europe occidentale, deux civilisations irréconciliables ?

Samuel Huntington, à la suite de Spengler, imprégnés tout deux d'une vision germano-anglo-saxonne de la civilisation occidentale, explique que l'Orthodoxie est une civilisation *distincte*, voire antagoniste de l'« Occident ». Pour lui, les événements survenus en Bosnie et en ex-Yougoslavie sont parfaitement explicables d'après le paradigme du choc des civilisations : Musulmans contre Chrétiens, Catholiques contre Orthodoxes, les Musulmans bosniaques ou les Turcs étant pour lui plus proches, du point de vue civilisationnel, des Croates, des Hongrois ou des Germains catholiques que ces derniers de leurs frères orthodoxes. Pour alimenter cette thèse, l'auteur explique que la « ligne-frontière civilisationnelle » séparant les « deux Europe », la catholico-protestante de l'orthodoxe, passe, depuis le Grand Schisme, par l'Ukraine (divisée entre Catholiques séparatistes et Orthodoxes pro-russes) et l'ex-Yougoslavie (Bosnie), où Catholiques et Orthodoxes s'identifient respectivement à l'Occident romano-germanique et à l'aire post-byzantine. Des deux côtés de cette frontière, deux alphabets différents, deux conceptions différentes du christianisme, deux représentations de soi et du monde, en dépit de l'appartenance à un même ensemble ethno-linguistique slave.

Si elle est en partie réelle, cette fracture est toutefois plus de nature *infra-civilisationnelle*, c'est-à-dire opposant deux histoires et deux cultures appartenant à la *même civilisation*, qu'*inter-civilisationnelle*. Pour Huntington et pour les historiens anglo-saxons en général, la fracture catholicité/protestantisme est quant à elle pratiquement occultée, de sorte que l'on parle de civilisation « occidentale catholico-protestante » face à une Orthodoxie *étrange* et *étrangère*. Or, l'un des buts du présent essai est de démontrer qu'il s'agit là d'une « représentation » partiale, *stratégiquement orientée*, dont les fondements historiques sont largement discutables. En effet, les deux grandes scissions civilisationnelles avancées par Huntington : le schisme religieux entre l'Orthodoxie et le Catholicisme et les différences culturelles entre l'Occident et l'Orthodoxie, appartiennent largement à un *système de représentation* inhérent au monde germano-anglo-saxon, visant à légitimer l'hégémonie anglo-saxonne, depuis la fin du XVIIIe siècle, à travers la promotion d'une supposée unité de civilisation catholico-protestante et *via* une exacerbation de l'antagonisme « civilisationnel » entre Catholiques et Orthodoxes. La plus grande preuve de l'origine politique et stratégique de cette *guerre de représentation*, menée par les thalassocraties anglo-saxonnes depuis deux siècles pour renforcer artificiellement le choc occidentalo-orthodoxe, fut sans aucun doute la lutte impitoyable menée par Londres aux côtés des Turcs contre la Russie orthodoxe et son obstination à empêcher Saint-Pétersbourg et Moscou d'accéder aux détroits turcs et à la Méditerranée, l'épisode de la guerre de Crimée n'étant qu'un maillon parmi tant d'autres au sein de cette stratégie. Quant à nous, nous soutenons que les nations européennes appartiennent à une même civilisation, dont l'espace géographique est une Grande Europe « continentale » (voir carte n° 1) « eurosibérienne » (Faye).

C'est en fait dans un contexte de rivalités géopolitiques entre l'Empire romain d'Orient et le nouvel « Empire d'Occident », puis dans le cadre de l'accession au pouvoir temporel de la Papauté, que surviendront les deux grandes crises qui provoqueront la rupture définitive entre les deux Églises (schisme Orthodoxie/Catholicisme) et les deux mondes, l'« occidental » et l'« oriental ». Contrairement à ce qui est affirmé ici ou là, les contentieux théologiques opposant les deux Églises sont incomparablement moins importants que ceux opposant Rome aux Églises protestantes. En fait, la foi et la théologie des « Orientaux » (Orthodoxes) sont bien plus proches de celles des « Latins » (Catholiques) que des conceptions « réformées », lesquelles remettent radicalement en cause non seulement Marie, en tant que « Mère de Dieu » *(téotokos)*, mais aussi, ce qui touche à l'essentiel, la signification même du *Corps et du Sang du Christ* pendant la communion *(transsubstantiation)*, sans parler des doctrines de prédestination, du *sola fide* et du *sola scriptura* des Protestants. Schématiquement, les deux grandes pierres d'achoppement divisant les deux Églises concernent : premièrement la question de la *primauté du pape*, deuxièmement, ladite « querelle du *Filioque* [9] ». Essayons donc d'y voir un peu plus clair.

Concernant la rivalité entre le patriarche de Constantinople et le pape romain, qui se prétendaient tout deux héritiers de Pierre, chacun sait qu'il s'agit là d'un détail, du point de vue de la foi et de la théologie, les Credos des deux Églises étant issus des mêmes conciles de Nicée et de Constantinople [10]. Aussi est-il bon de rappeler que, lors du concile de Constantinople, en 381, les évêques de Rome, Constantinople, Antioche et Alexandrie trônaient sur un *pied d'égalité*, ce qui était alors accepté par tous. L'évêque de Rome, devenu pape bien plus tard [11], n'avait ni plus ni moins qu'une *primauté d'honneur*. Même au moment du schisme de 1054, les Orthodoxes ne contestaient pas cette primauté. Ils ne cessèrent en revanche jamais de dénoncer le *pouvoir politique* exorbitant que s'arrogèrent les papes au fil des siècles, les États pontificaux ayant été en fin de compte créés par Pépin le Bref et consacrés par Charlemagne, qui remettra symboliquement les clés de Rome au Souverain Pontife.

Preuve du rôle *politique* capital joué par le Germain Charlemagne dans l'exacerbation du conflit politico-théologique entre Latins et Orientaux, le terme de pape lui-même ne devint officiel qu'à la fin du IXe siècle, au moment du couronnement de l'Empereur franc par Léon III, le successeur de ce dernier ayant été le premier à porter le titre de pape. Enfin, aux débuts du christianisme, les évêques étaient en grande majorité des « Orientaux » — que l'on qualifierait aujourd'hui d'Orthodoxes — et ce furent donc très longtemps des conclaves majoritairement composés de gréco-orientaux qui élurent les papes. Il faudra finalement attendre le règne de Charlemagne — qui créera des diocèses un peu partout en Europe et rééquilibrera ainsi la composition des conclaves en faveur des « Occidentaux », pour que soient élus les premiers papes « occidentaux » par les évêques « suffrageants ». Cette révolution, éminemment *politique*, sera l'une des principales sources profondes du futur Grand Schisme. C'est donc dans ce contexte et à la suite de la rupture des fiançailles entre Anne, fille de l'Empereur byzantin, et Charlemagne — d'ailleurs considéré, par les Byzantins, comme un « faux Empereur » et un « barbare » germain semi-hérétique — que surviendra la « querelle du *Filioque* ». En faisant introduire dans le Credo, jusqu'alors unanimement reconnu par Latins et Orientaux, l'additif du *Filioque*, précisant que l'Esprit Saint procède non seulement du Père mais « du Père et du Fils », Charlemagne escomptait provoquer religieusement une rupture *politique* déjà consommée entre deux Empires rivaux, lesquels revendiquaient un même héritage « romain ».

Toujours est-il que, sommairement, Orthodoxes et Catholiques reconnaissent la validité de la *succession apostolique* de leurs évêques et prêtres respectifs, désignent le pape comme le plus grand ou l'un des plus grands évêques, héritier de Pierre, celui de Rome, les Orthodoxes ne refusant que la suprématie absolue du pape sur les autres évêques et patriarches ; pratiquent le monachisme, la confession auprès des prêtres, et accordent une importance capitale, à la différence des protestants, au rôle de la *Tradition*, notamment *patristique* (enseignements des Pères de l'Église). Précisons qu'un fidèle orthodoxe peut communier dans une église catholique et *vice versa*, ce qu'aucune des deux Églises n'accorde aux Protestants, tandis que, depuis le concile Vatican II, papes et patriarches se reconnaissent mutuellement après avoir levé les excommunications qui les frappaient réciproquement depuis le Schisme. Ce sont plutôt des traditions historiques qui différencient, plus qu'elles ne divisent d'ailleurs, Orthodoxes et Catholiques.

En fait, les Orthodoxes se veulent les véritables héritiers des premières Églises chrétiennes du Proche-Orient, de Grèce et d'Asie mineure. Ils rappellent que saint Pierre prêcha aux Philippiens, aux Colossiens et aux Galates, et que les communautés chrétiennes primitives du monde byzantin : Asie mineure, Antioche, Alexandrie, précédèrent celles-là mêmes de Jérusalem. Mieux, les premières communautés chrétiennes de Gaule, de Rome, d'Espagne, et même de Trèves, en Allemagne, étaient d'expression grecque, tout comme celles de Marseille (Massilia) ou de Nice (Nikkae). Du point de vue chrétien, Lyon est également de filiation grecque, les premières communautés chrétiennes de la capitale du Rhône étant originaires de Smyrne, et les 150 premiers martyrs lyonnais portant des noms grecs.

On le voit, les différences sont, dans le fond, moins nombreuses et bien moins profondes que les points communs. Quant à la Russie orthodoxe, à laquelle nous avons tant fait allusion au cours de cet essai, elle considère Moscou, depuis la chute de Constantinople en 1453 durant laquelle le dernier empereur byzantin Constantin XI Paléologue fut tué, comme la « Troisième Rome », la fille du dernier empereur d'Orient ayant d'ailleurs épousé le grand-duc de Russie. Depuis, les tsars russes se disent les « fils » des empereurs byzantins, Moscou se considérant l'héritière directe de Constantinople et la protectrice des Orthodoxes face aux Musulmans.

Qu'en est-il maintenant du « fossé culturel et historique » entre les « deux civilisations » décrit par Huntington ou Pierre Béhar, à la suite de Spengler ? Il est, tout comme le « fossé théologique », à relativiser. Rappelons tout de même que jusqu'au XIe siècle, la quasi-totalité de l'Italie du Sud est byzantine, et que certains des plus beaux chefs-d'œuvre de l'art chrétien d'Italie et des Balkans sont le résultat d'une synthèse entre les traditions romaine et byzantine. Ravenne l'italienne est une des merveilles architecturales du style byzantin. La basilique Saint-Vitale rappelle très nettement celle de Sainte-Sophie de Constantinople, et la mosaïque de Ravenne représente l'impératrice byzantine Théodora avec ses servantes. En réalité, une grande partie de la Méditerranée européenne, théoriquement comprise dans la catégorie d'« Occident », doit autant, voire parfois plus, à la culture gréco-byzantine qu'à celle « occidentale » au sens romano-germano-anglo-saxon du terme. En Corse, en Sardaigne, en Espagne, en Sicile, à Naples (*Nea Polis*, ou « nouvelle ville » en grec) et en Italie du Sud en général, les liturgies byzantines transparaissent encore dans les rites religieux locaux. À propos de la Sicile, on parle même d'art religieux et d'architecture « normando-byzantine », les envahisseurs normands catholiques ayant fait survivre dans leurs réalisations la culture gréco-byzantine qu'ils avaient trouvée au pays des Cyclopes. Mieux, de nos jours encore, les évêques de plusieurs grandes villes d'Italie du Sud ont toujours le double rite, latin et byzantin, tandis que les autochtones de nombreux villages de Sicile, de Sardaigne ou de Corse demeurent, jusqu'à aujourd'hui, des fidèles de l'Église orthodoxe.

Concernant l'Église chrétienne orthodoxe russe elle-même, on sait que ce sont deux envoyés du pape, Cyrille et Méthode, originaires de Grèce, qui iront, un siècle avant le Grand Schisme, convertir les Russes (Méthode était grec et Cyrille bulgare). Le Souverain Pontife aurait alors très bien pu envoyer en Russie deux missionnaires latins. Comme on le sait, le pape avait approuvé l'alphabet conçu par Méthode et Cyrille (alphabet cyrillique), qui deviendra celui des Russes orthodoxes, des Bulgares, des Biélorusses et des Serbo-macédoniens, etc. Or, si le pape avait choisi des missionnaires latins, alphabet russe serait aujourd'hui latin. Enfin, le problème de l'uniatisme, s'il est pour certains une pomme de discorde, pour des raisons essentiellement pastorales (autorité et répartition des lieux de culte), n'en demeure pas moins la plus grande manifestation d'unité spirituelle et cultuelle, les Catholiques uniates ukrainiens ayant *exactement* la même liturgie, la même messe, les mêmes rites que les Orthodoxes ! La seule différence, de taille, certes, étant la reconnaissance de l'autorité du pape et la mention de son nom par les uniates pendant l'office [12]. Seule l'allégeance, somme toute très politique et non théologique, au Saint-Siège, divise les deux Églises. On le voit, le « fossé civilisationnel » séparant l'Orthodoxie du monde « occidental » *catholico-réformé*, n'est pas aussi important qu'on le dit, en tout cas pas plus profond qu'entre Catholiques et Protestants. Il n'est pas le résultat d'un *choc de civilisations* irrémédiable entre deux mondes ennemis, mais plutôt la conséquence d'une scission survenue à l'intérieur d'une même civilisation gréco-romaine originelle. Les différences existent, certes. Les plaies historiques ont même été réactivées durant la guerre du Kosovo, comme l'ont déploré d'ailleurs le pape Jean Paul II et le patriarche orthodoxe roumain Teoctist dans une déclaration commune signée le 8 mai 1999 [13].

Les différentes pierres d'achoppement historiques et politico-théologiques du passé évoquées précédemment peuvent paraître largement dépassées, voire dépourvues d'intérêts pour notre étude. Pourtant, la guerre « occidentale » contre la Serbie a bien montré qu'en dépit de décennies d'idéologie communiste athée et de la baisse généralisée de la pratique religieuse, la religion, en tant que *réalité identitaire,* culturelle et historique *fondatrice*, n'a pas cessé de *faire sens* et d'imprégner profondément les consciences collectives. À n'en point douter, l'édification d'une Europe unie et forte, indépendante de l'Empire thalassocratique américain, passe par une « réconciliation civilisationnelle » entre les « deux poumons de l'Europe », l'occidental et le post-byzantin.

NOTES

1. Hallstatt et La Tène sont deux sites archéologiques respectivement de l'âge du Bronze et de l'âge du Fer en Europe, qui témoignent de l'existence d'une *civilisation européenne originale* distincte des civilisations riveraines de la Méditerranée. Les Celtes, qui ont influencé aussi bien les Germains que les Slaves et les peuples italiques, en sont probablement les héritiers directs, au moins dans les formes artistiques, les contes et les légendes, bref ce qui fait une culture, au sens ethnologique du mot.
2. *Les Croisades vues par les Arabes*, Jean-Claude Lattès, 1983.
3. Alexandre Zinoviev, *op. cit.*, p. 14.
4. Zinoviev, *op. cit.*, p. 73 et p. 75 pour la citation qui suit.
5. Huntington, *op. cit.,* p. 344-345.
6. *Idem,* p. 340-341.
7. Alexandre Zinoviev, *La Grande Rupture, Sociologie d'un monde bouleversé*, L'Âge d'Homme, p. 78.
8. Consulter le remarquable ouvrage d'Arnaud-Aaron Upinsky, *Le Syndrome de*

l'ortolan, François-Xavier de Guibert, 1997, développant notamment le concept de « guerre des représentations » faite par les États-Unis à l'Europe, guerre dans laquelle les États-Unis s'approprient la notion d'Europe et dirigent de l'extérieur le processus d'unification européenne, de sorte que « le missile prend le nom de sa cible » pour mieux la tromper et se « camoufler », p. 74.

9. En latin ecclésial, *Filioque* signifie « et le Fils ». Pour les Catholiques, l'« Esprit Saint procède du Père et du Fils » *(de Spiritu sanctu patri Filioque procedit)*, tandis que d'après les Orthodoxes, l'« Esprit Saint procède du Père par le Fils » *(per Filium)*, ce qui signifie que pour les Orientaux, l'Esprit ne procède *que* du Père, donc du Père *par* le Fils et non du Père *et* du Fils. Reprenant une vieille conception théologique apparue en Espagne au VIe siècle pour combattre l'hétérodoxie arianiste, Charlemagne, heureux de faire la leçon à l'Empereur et au patriarche byzantins, savait qu'en généralisant le détail du *Filioque* et en le faisant inclure progressivement dans le Credo de Nicée-Constantinople, les théologiens occidentaux provoqueraient la colère des Byzantins, pour qui le *Filioque* n'était ni plus ni moins qu'une hérésie contestant que Dieu le Père est « la source ».

10. Le Credo, contenant l'ensemble des articles fondamentaux de la foi chrétienne, commun aux Catholiques et aux Orthodoxes, est issu de deux conciles œcuméniques : Nicée (325) et Constantinople (381), d'où l'expression des Catholiques « Credo de Nicée-Constantinople ».

11. Pape vient d'ailleurs du terme grec *pappas*, « père », de même que catholique vient du mot grec *catolicos*, « universel », couramment utilisé au sein des Églises orthodoxes.

12. Les « uniates » catholiques (on les appelle les « melkites » ou les « Grecs catholiques » au Proche-Orient) désignent les anciens orthodoxes « ralliés » à Rome au cours des siècles passés. Ils s'opposent violemment aux Orthodoxes, notamment dans le monde slave, particulièrement en Ukraine et en Russie, où l'Église orthodoxe refuse de les reconnaître comme église distincte, essaie de les faire revenir dans le giron orthodoxe et les prive de maints lieux de culte « confisqués » pendant la période soviétique, ce qui motive les uniates à accuser les dignitaires orthodoxes de compromission avec l'ancien pouvoir communiste.

13. « Au nom de Dieu, le Père de tous les hommes, nous demandons instamment aux partis engagés dans ce conflit [au Kosovo] de déposer définitivement les armes », ont déclaré ensemble les deux dignitaires chrétiens.

CHAPITRE XI

Pour une « Grande Europe » des nations, du Portugal à Behring

« Le problème central pour l'Amérique est de bâtir une Europe (...) qui élargisse le système international de coopération démocratique dont dépend l'exercice de l'hégémonie globale de l'Amérique [1]. »

Zbigniew Brzezinski.

L'Union européenne demeure pour l'heure une entité hybride, « molle » (Gallois), difficile à distinguer du projet atlantique et abusée par l'utopie mondialiste, usurpatrice de la notion d'« Occident », derrière laquelle se profile en fin de compte l'hégémonisme américain. Or, la subordination de l'Europe aux États-Unis est *inacceptable* pour plusieurs raisons : premièrement, elle ne se justifie pas contre un *danger extérieur commun*, la menace « soviétique » ayant disparu et la Chine communiste ne projetant pas plus que la Russie de conquérir l'Occident. Certes, une nouvelle *menace globale* se profile, celle du totalitarisme islamiste, à la conquête de l'Afrique puis de l'Occident européen, principales « zones molles » limitrophes du continuum musulman, mais ce sont justement les États-Unis qui, nous l'avons vu, ont favorisé — et continuent de favoriser en certains lieux — l'extension des bases mondiales de l'islamisme au détriment des intérêts européens. Deuxièmement, la subordination européenne est *inacceptable* car l'Europe possède d'ores et déjà *tous* les atouts pour égaler, voire dépasser un jour, la puissance américaine, si tant est qu'elle en ait seulement *la volonté* : sa population avoisine les 380 millions d'habitants (720 millions en englobant l'ensemble des peuples du continent européen), contre 260 pour les États-Unis ; le PNB cumulé de l'Europe des Quinze — 7 800 milliards de dollars en 1999 — égale celui de l'Amérique (7 783 milliards de dollars) et le dépasse déjà largement si l'on considère l'Europe occidentale dans son ensemble (UE+AELE : Norvège, Suisse, etc.) ou si l'on tient compte de l'admission imminente des pays d'Europe centrale et orientale (PECO), de Chypre, Malte, etc. ; enfin, le niveau de vie des deux ensembles est largement comparable, le PNB *per capita* moyen oscillant entre 25 et 30 000 dollars des deux côtés de l'Atlantique. Quant aux progrès technologiques, à la recherche scientifique et médicale, aux performances commerciales et industrielles, au niveau intellectuel et culturel moyen, et même à la qualité de la vie (systèmes sociaux, art de vivre, traditions artistiques et culinaires, loisirs, etc.), l'Europe n'a rien à envier aux Américains. Bien au contraire. En dehors de quelques domaines comme les hautes technologies de défense ou la maîtrise de l'espace, où elle a renoncé à détenir la première place mais où elle pourrait aisément rattraper le retard, l'Europe est globalement *au moins* aussi puissante et avancée que les États-Unis et constitue la *première puissance économique* du monde.

Rien ne justifie donc l'inféodation actuelle de l'Union européenne à l'Amérique, pas même l'appartenance à un système d'alliance commun, l'hégémonie des États-Unis et de l'OTAN étant plus la conséquence de la « volonté d'impuissance » européenne (Pascal Boniface) que sa cause. Aussi les États-Unis ne peuvent pas, à terme, empêcher l'Europe, géant économique stratégiquement affaibli par ses récurrentes divisions, de devenir un *géant politique*, une « puissance globale » capable de traiter d'égal à égal avec eux. En fait, les Européens sont devenus leurs pires ennemis. Traumatisés par les guerres et les totalitarismes modernes, national-socialiste et soviéto-communiste, conçus en Europe et dont ils se sentent *collectivement coupables*, ils peinent à se *réconcilier avec eux-mêmes*, donc à croire en la *légitimité* même de leur survie. Récupérée par un certain courant de pensée nihiliste, présent tant dans l'art contemporain, la pensée sartrienne, la geste néo-soixante-huitarde, qu'à travers le terrorisme intellectuel du « politiquement correct », la *mauvaise conscience* européenne a fini par produire les effets contraires à ceux escomptés : non pas lutter contre les germes de la guerre et de la haine et édifier une Europe *pacifique*, mais distiller progressivement, dans les consciences européennes, l'équivalent inversé de la haine de l'autre : la *haine de soi*, le venin psychologique de l'*autodestruction*, lequel a fini par résigner les Européens à *accepter leur déclin*, vécu comme une sorte de rédemption collective expiatoire. Loin d'être un facteur de paix, la *haine de soi*, la « culture de la mort », pour paraphraser un certain Karol Wojtyla, n'est en fin de compte que le réceptacle de la *haine des autres*. Au lieu de supprimer les germes du totalitarisme, les Européens, affaiblis et anémiés, ont voulu en quelque sorte *expier* leurs fautes passées (croisades, colonisation, nationalismes, totalitarismes, etc.) en *tendant la joue gauche* aux totalitarismes et périls extérieurs : islamisme anti-occidental, hégémonisme américain, colonisation de peuplement extra-européenne, etc. Il est inutile de chercher ailleurs les sources de cette stupéfiante *perte de volonté* des Européens si bien mise en évidence par Soljenitsyne, « impuissance volontaire » qui n'a d'égal que la « volonté de puissance » des vigoureux cousins d'Amérique, pourtant issus d'une même civilisation judéo-chrétienne et héritiers d'une même modernité, mais qui ne se sentent aucunement responsables, quant à eux, et à juste titre, des périls collectifs mentionnés précédemment, les Américains ayant eu le rôle de « sauveurs ». L'essentiel de la légitimité dont se prévalent les États-Unis provient d'ailleurs du fait qu'ils sont venus secourir les Européens par deux fois, au cours du siècle dernier. Mais si l'Europe fut effectivement « sauvée » par la puissance américaine, le sens de la gratitude — que les nations d'Europe manifestent depuis cinquante ans en s'américanisant toujours plus et en s'offrant comme premier marché pour les États-Unis et comme tête de pont géostratégique de Washington en Eurasie — ne leur commande *aucunement* d'accepter d'être *indéfiniment asservies* et de perdre leurs personnalités propres. L'Europe peut continuer à être un allié, certes, mais *rien* ne justifie qu'elle demeure un vassal, pour reprendre l'expression même de Zbigniew Brzezinski.

Tirant les leçons de la guerre du Kosovo et des conséquences périlleuses de l'extension de l'OTAN en Europe centrale et orientale : cassure entre les « deux Europe », slavo-orthodoxe et occidentale ; acceptation de la candidature de la Turquie, pilier du flanc sud de l'Alliance, etc., les Européens doivent désormais proclamer « leur doctrine Monroe » : l'« Europe aux Européens », ce qui revient tout au plus à répondre, cent vingt-cinq ans plus tard, aux Américains qui, par la bouche du président Monroe, avaient sommé les États d'Europe de ne pas se mêler des affaires « intérieures » du continent américain. Mais encore faudrait-il, pour cela, que les Européens n'appellent pas l'Oncle Sam au secours dès que survient le moindre événement régional en Bosnie, en Albanie ou au Kosovo.

Telle que nous la préconisons, la construction européenne devrait renouer avec sa raison d'être première, c'est-à-dire poursuivre un *projet politique continental paneuropéen*, ainsi que l'avait envisagé — bien avant Jean Monnet et Robert Schuman — Coudenhove-Kalergi [2] (1894-1972), véritable père de l'idée européenne moderne. De même que l'Amérique contemporaine s'est construite en se pensant — du point de vue géostratégique — comme le *cœur directeur* du continent américain, ce qui lui permit de s'affirmer comme puissance mondiale et d'affranchir les Amériques de la tutelle post-coloniale européenne, de même l'Europe ne pourra s'affirmer véritablement comme puissance en tant que telle que lorsqu'elle se pensera comme *continentale* et qu'elle revendiquera *haut et fort* son indépendance et sa *souveraineté géopolitique*, conditions *sine qua non* de son *retour dans l'histoire* et de la maîtrise de sa destinée, sommant les États-Unis, s'il le faut, de ne pas s'immiscer dans ses affaires « intérieures ».

NÉCESSAIRE DÉFINITION DU PROJET GÉOPOLITIQUE ET DES LIMITES DE LA « GRANDE EUROPE »

Face à la dérive actuelle de la construction européenne, résolument *atlantique*, donc *de facto* méfiante vis-à-vis de la Russie et du monde post-byzantin en général, comme en ont témoigné les différentes positions diplomatiques et stratégiques des Européens en Irak et dans les Balkans depuis le début des années 90, un autre choix est possible : celui d'une « Grande Europe » ayant vocation à réunir, à moyen terme, dans une même Union, l'ensemble des États de *civilisation européenne* se trouvant sur le vaste territoire du Vieux Continent, y compris la Russie, mais en aucune façon — sauf à se renier et à perdre toute cohérence — la Turquie, laquelle, géographiquement et culturellement, n'appartient et n'a *jamais appartenu* à l'Europe, dont les frontières *géocivilisationnelles* ont été tracées par Hérodote.

Les frontières de l'Europe — donc ses limites — sont définies non seulement par les paramètres géographiques, déterminants mais insuffisants, la Turquie ayant une — infime — partie de son territoire en Europe, mais également par les critères religieux, culturels, ethno-linguistiques, et, surtout, à l'aune des *valeurs fondamentales*, des références philosophiques et des comportements sociaux. Elles sont naturellement tracées par l'histoire et la géopolitique : sur l'Atlantique et le Pacifique face à l'hégémonisme américain ; sur le fleuve Amour face à la Chine ; et le long du *Limes* islamo-européen en Méditerranée, dans le Caucase et en Asie centrale, face à l'aire turco-islamique, que les géostratèges nomment la « zone des tempêtes » en raison de sa forte sismicité géopolitique. Dans un article retentissant paru dans *Le Monde* du 24 octobre 1997, le géographe Yves Lacoste avait dessiné les contours de ce qu'il appelait déjà la « Grande Europe » (voir carte n° 1), vaste ensemble géopolitique virtuel s'étendant, de la Bretagne et du Portugal à l'ouest jusqu'au Kamtchatka (Behring) à l'est, sur un territoire de plus de 22 000 000 km².

Utopique, la Grande Europe, disent certains ? Soit. Mais utopiques aussi pouvaient paraître, avant leur réalisation finale, les projets de création des États-Unis d'Amérique, de l'État d'Israël moderne, dont l'artisan, Ben Gourion, fut longtemps considéré comme un illuminé. Foncièrement utopistes également, furent au départ les artisans de la Grande Chine des Han, de l'Empire romain, à l'origine circonscrit à une cité, comme ceux de tous les États, de tous les empires, de toutes les réalisations géopolitiques de l'histoire, aucune nation ni aucune entité politique n'étant jamais apparue *ex nihilo*. Utopique aussi paraîtra notre proposition d'intégrer progressivement la Russie et le monde slavo-orthodoxe au sein d'un grand ensemble paneuropéen continental, les « réalistes » rappelant qu'une Grande Europe ne peut pas faire cohabiter ensemble les Russes et les peuples anciennement colonisés par l'Empire russo-soviétique. Mais alors pourquoi ceux-là mêmes qui affirment qu'il est « irréaliste » de faire entrer la

Russie dans l'Europe considèrent-ils comme *tout à fait légitime*, cohérent et *naturel* (Jacques Chirac) d'admettre la Turquie, ancien ennemi séculaire de l'Europe, au sein de l'Union ? La Russie serait-elle plus « menaçante », moins « occidentale » et moins « démocratique » que la Turquie nationaliste édifiée sur les cendres du génocide d'un million et demi d'Arméniens, l'expulsion de deux millions de Grecs et la persécution des Chrétiens, des Alévis et des Kurdes ? La question mériterait au moins d'être posée. On le voit, tout est en fait une question de *postulats* et de subjectivité géopolitique, de *représentations contradictoires*. À terme, l'Europe n'a pourtant *rien* à gagner à préférer la Turquie à la Russie, à se couper du monde orthodoxe et à n'intégrer en son sein que les candidats agréés par Washington et les états-majors de l'OTAN. Si elle veut être en mesure de relever les défis du XXIe siècle, l'Europe aura, certes, tout intérêt à entretenir de bons rapports avec Ankara — déjà membre du Conseil de l'Europe et de l'OSCE, forums de concertation non négligeables, ainsi que de l'Union douanière européenne — mais elle devra impérativement et *avant toute chose* rassembler les membres de la civilisation européenne, dépositaires d'un patrimoine culturel commun, animés par un même « vouloir-vivre ensemble », et menacés, qu'on le veuille ou non, par les mêmes périls et adversités.

Héritière de l'organisation juridique et politique des Romains, de la philosophie et de la science des Grecs, du patrimoine ethno-linguistique « indo-européen » communs aux Celtes, aux Latins, aux Germains comme aux Slaves, et unifiée par l'apport judéo-chrétien, lui-même à l'origine de la pensée séculière moderne et de la place primordiale de l'individu, l'Europe est *d'abord* une « grande histoire partagée », une destinée commune, une éthique exigeante pour les besoins matériels et moraux de la personne humaine. Elle est « la civilisation de la personne », comme l'a dit Henri de la Bastide, une prodigieuse civilisation intégrant la création, la recherche, le développement avec des exigences morales et spirituelles élevées. Qu'on le veuille ou non, les Européens ont en commun des traits caractéristiques essentiels : de la Bretagne à la Sibérie, du Portugal à Behring, les mœurs familiales, les croyances, les références philosophiques et culturelles (les Russes se reconnaissent autant dans Victor Hugo et Alexandre Dumas que les Français ou les Italiens dans Dostoïevski ou Tolstoï ou encore tout Européen dans Platon, Léonard de Vinci, Dante Alighieri, etc.), les valeurs morales, tout comme les problèmes sociaux des Européens (affaissement des morales traditionnelles, dénatalité, individualisme, etc.), sont profondément similaires. L'Europe est une « grande famille » pour le meilleur et pour le pire, dont les différents rameaux ont certes pris des directions propres, mais qui, telles les cités grecques face aux Perses, ont *plus que jamais* intérêt — étant donné les circonstances (globalisation, logique géoéconomique des « blocs », heurts civilisationnels, menaces en provenance du Sud islamique, etc.) — à se rassembler au sein de ce que Gorbatchev avait nommé la « Maison commune européenne ».

Utopique peut paraître le *projet confédéral paneuropéen*, mais *pragmatique* sera sa réalisation. En effet, il conviendra selon nous de *procéder par étapes*, à la manière de nombreuses nations qui furent construites au fil des siècles autour d'un petit noyau central, comme la France capétienne. De la même façon que l'Union économique et monétaire s'est articulée en trois étapes, méthodiquement orchestrées par l'Institut monétaire européen, puis la Banque centrale européenne de concert avec chacune des Banques centrales nationales, il nous semble possible de mettre en œuvre ce projet de Grande Europe en trois ou quatre étapes successives et au prix de la création de certaines institutions supplémentaires spécialisées.

Ainsi, la première tâche sera de *réformer l'Union* dans un sens *confédéral paneuropéen* et de la doter d'un *projet stratégique et géopolitique clair*. La mise sur pied de nouvelles institutions commencera par les organismes de politique étrangère, de défense et de sécurité, ainsi que par un nouveau Pacte confédéral paneuropéen (PCP) donnant force de loi à *l'autonomisation effective* de l'ensemble des États membres de l'Europe des « Vingt-sept » (si l'on se place dans la perspective de l'intégration des prochaines vagues des nouveaux États arrivants) vis-à-vis des États-Unis. Une fois la politique étrangère et de sécurité de l'Europe clairement redéfinie et l'édification d'une défense européenne organisée, l'étape suivante consistera à mettre sur pied un *concert des nations européennes* et à œuvrer à la réconciliation des mondes occidental et orthodoxe, notamment grâce à l'instauration d'un Conseil de sécurité européen (CSE) réunissant les cinq ou six grandes puissances du continent, dont la Russie. Enfin, l'ultime phase de réalisation consistera à intégrer cette fois-là dans l'Union à proprement parler, tout en maintenant des sous-ensembles régionaux plus ou moins autonomes, les États — majoritairement orthodoxes — de la « seconde » et de la « troisième vague » : Roumanie, Bulgarie, Russie, Arménie, Géorgie, Ukraine, Biélorussie, États de l'ex-Yougoslavie, le Conseil de sécurité européen ayant vocation, en tant que structure intermédiaire préalable à l'intégration des États européens orthodoxes, à fusionner, à terme, avec l'UEO (ou tout autre institution similaire), bras armé de l'Union européenne.

Ce nouveau départ pour l'Europe reposerait sur trois axes essentiels que nous allons successivement développer :

— *institutionnel :* transformer l'actuelle Union européenne en *Confédération politique paneuropéenne* fondée sur une architecture à « trois niveaux », dotée de structures plus légères et plus démocratiques ;

— *économique : protéger le marché européen* en rééquilibrant le libre-échangisme intra-européen par la *préférence européenne extérieure* qui a prévalu jusque dans les années 80 ;

— *géostratégique et diplomatique :* mettre sur pied une réelle politique étrangère et de défense commune indépendante, ainsi qu'une politique européenne de l'armement, appuyées par des structures de défense suivantes : UED (ou *Union européenne de défense*), *Base industrielle de défense commune* (BIDC) et *Conseil de sécurité européen* (CSE).

1. Réforme institutionnelle de l'UE

D'après le général (CR) François Clerc, la « Grande Europe » devrait être conçue sur une « architecture à trois niveaux » :

— premier niveau : *l'entité supranationale* ou *confédérale*, avec sa présidence, ses deux Chambres et son Conseil. Le niveau confédéral aurait compétence, en vertu du principe de *subsidiarité*, « essentiellement pour la politique étrangère de sécurité et de défense commune, ainsi que pour la politique économique et monétaire [3] », soit les attributions régaliennes pouvant difficilement être traitées à des niveaux inférieurs ;

— deuxième niveau : les « Eurorégions », c'est-à-dire non pas les petites régions et leurs cortèges de séparatismes actuellement encouragés par Bruxelles afin de faire progressivement disparaître les États nationaux souverains, mais des *ensembles plurinationaux* situés dans des aires de proximité, « version nouvelle des " petites ententes " que nous avons déjà connues », précise le général Clerc. Ces « Eurorégions » seraient des lieux où les États souverains frontaliers, qui ont souvent constitué entre eux dans le passé des communautés culturelles et économiques et qui ont des intérêts communs, pourraient régler ensemble leurs problèmes de voisinage (sécurité régionale, minorités, etc.). Pour ne pas multiplier inutilement les instances administratives, François Clerc propose que les différents chefs de gouvernement ou ministres de ces « Eurorégions » se rencontrent périodiquement dans le cadre de Comités de régions, « à l'instar de ce qui se passe pour les sommets franco-allemands » ;

— troisième niveau : les États nations, qui conserveraient bien évidemment leur souveraineté et garderaient toutes les prérogatives pour « régler à leur façon et selon leurs us et coutumes les affaires domestiques ». Bien entendu, les États nations seraient seuls compétents en matière de décentralisation administrative régionale et provinciale, Bruxelles n'ayant pas, comme c'est le cas à l'heure actuelle, à s'occuper de dossiers regardant les États souverains dans le cadre des troisième ou deuxième niveaux de l'architecture européenne.

La Grande Europe alternative au projet bruxellois serait tout d'abord *plus démocratique*. Elle aurait pour organe décisionnel central le « Conseil européen » des chefs d'État ou de gouvernement, décidant à *l'unanimité* — du moins dans une première phase de construction confédérale — en matière économique et politique. L'institution du Parlement européen serait bien entendu conservée mais réhabilitée et rénovée, au profit d'un *bicamérisme*, seul susceptible de rétablir une véritable démocratie au niveau européen, jusqu'alors lacunaire : *l'Assemblée confédérale*, élue au suffrage universel dans le cadre, pour les grands pays, de circonscriptions régionales ou internationales, représenterait les *citoyens*, tandis que *le Sénat*, constitué des représentants des différents Parlements nationaux, maintiendrait le contrôle des nations constituées sur le pouvoir législatif. Ces deux assemblées pourraient alors être investies d'un véritable *pouvoir de proposition législative*, sans que les assemblées nationales n'aient à craindre de se trouver dépossédées du leur. Parallèlement, serait instaurée une réelle *Présidence européenne*, élue non pas pour six mois, comme à l'heure actuelle, ce qui est un non-sens politique, mais pour trois ou quatre années, par le *Conseil européen*. Enfin, il conviendrait de limiter au strict minimum le système des *règlements* et de généraliser celui des *directives,* qui permettent mieux les adaptations des règles communes aux spécificités nationales. Aussi l'initiative des directives reviendrait-elle au Conseil des ministres et non pas à l'actuelle Commission de Bruxelles, dépourvue de légitimité démocratique, qui serait transformée en un simple *Secrétariat politique et économique* préparant les décisions du Conseil européen.

2. Relever le défi de la globalisation et de la guerre économique

Face à un contexte impitoyable de globalisation des échanges, de guerre économique euro-américaine et de concurrence en provenance des nouveaux pays industrialisés d'Asie — Chine comprise — l'Union européenne doit rompre avec son credo économico-idéologique hybride, accumulant les lourdeurs des mesures plus ou moins dirigistes et les défauts du libre-échangisme et du monétarisme doctrinaires. Elle doit, ainsi que le suggèrent Christian Harbulot et le général Pichot-Duclos, se doter d'une *économie de combat*, comme les États-Unis ou le Japon et, par conséquent, *dénoncer au plus vite* le parti pris pro-américain des institutions du type OMC ou AMI, agissant le plus souvent comme de simples *cache-sexe* de l'impérialisme économique américain. Comme l'a illustré l'« affaire De Haviland » au début des années 90, Bruxelles est parfois allée jusqu'à sacrifier les intérêts économiques de l'Union — en application du principe de « libre concurrence » — au profit de puissances économiques rivales, en l'occurrence anglo-saxonnes, alors que ses partenaires extérieurs ne respectent pas la réciproque. *L'économie de combat européenne* impliquerait par conséquent l'instauration d'un *code de bonne conduite*, exigeant des membres de l'Union qu'ils respectent la règle de la *solidarité économique européenne*, le Royaume-Uni ainsi que la plupart des pays nordiques préférant trop souvent les produits américains de haute technologie (aéronautique et militaire, principalement) à leurs équivalents européens et livrant la quasi-totalité de leur marché audiovisuel aux firmes américaines. Le *code de bonne conduite* serait donc également appliqué aux domaines cinématographique et culturel, la situation actuelle d'inféodation de l'Europe en la matière étant le résultat d'une véritable guerre économique et culturelle euro-américaine aux termes de laquelle Washington et Hollywood entendent acquérir une situation de monopole *définitive*, lourde de conséquences pour l'indépendance et l'identité mêmes des États européens. Enfin, les actes de *déloyauté* flagrante de certains États membres envers leurs partenaires de l'Union, le cas de la Grande-Bretagne, notamment avec l'« affaire Échelon », étant le plus manifeste, devraient donner suite à de véritables sanctions, pouvant aller, en cas de persistance, jusqu'à des procédures d'exclusion momentanée ou définitive de l'Union.

Le traité fondateur de la *Confédération paneuropéenne* conserverait l'actuel Marché commun ou unique, en en faisant essentiellement une *Union douanière*, à l'intérieur de laquelle la liberté des échanges et l'harmonisation fiscale seraient assurées mais *protégées* contre les attaques économiques extérieures (concurrence déloyale, *dumping* social, situations de monopoles ou d'oligopoles, etc.). Technologiquement et industriellement avancée, dotée de tout l'éventail des ressources agricoles, énergétiques (grâce à la valorisation des ressources naturelles de la Sibérie, en particulier), minérales, etc. nécessaires à la *puissance globale* et à l'autonomie, la Grande Europe pourrait se permettre, comme les États-Unis, d'instaurer une forme de *semi-protectionnisme continental*, tout en acceptant les règles du libre-échange mondial et de la division internationale du travail lorsque cela est *dans son intérêt* et économiquement rationnel. Car le libéralisme économique, s'il possède des vertus incontestables, comme le prouve l'extraordinaire réussite économique américaine, n'a jamais été qu'un outil, un *moyen*, modulable en fonction de paramètres variés, et *non pas une fin en soi*. Les nouveaux pays industrialisés d'Asie, ainsi que le Japon et les États-Unis, en savent quelque chose, pour qui le libre-échangisme est plus une arme destinée à faire baisser les gardes des concurrents qu'un principe supérieur à respecter chez soi.

Aussi conviendrait-il de rétablir une *préférence européenne*, initialement envisagée par le traité de Rome, en maintenant autour du Marché commun une *protection douanière*, la nécessité d'amortir les perturbations que le commerce international cause aux équilibres économiques tout en réduisant la pression à la baisse qu'il exerce sur les salaires de la main-d'œuvre non qualifiée étant vitale pour l'Europe. Loin de contredire la liberté des échanges internationaux, une *protection extérieure* plus scrupuleuse — nullement synonyme d'autarcie — permettrait de mieux *libéraliser l'intérieur* et de se prémunir contre les offensives économico-commerciales en provenance des États-Unis et des nouveaux pays industrialisés d'Asie. Il ne s'agirait là en fait que d'un rééquilibrage par rapport aux États-Unis, lesquels n'ont jamais aligné la clause de la nation la plus favorisée sur les relations commerciales établies entre chacun de ses 52 États. En outre, le marché de 6 à 700 millions d'habitants à forte capacité de consommation et de production que forme potentiellement la Grande Europe n'aura aucunement à craindre les mesures de *retaliations* des États-Unis où les risques de *déséconomies d'échelle* induites par la rupture de certaines chaînes d'approvisionnement commercial avec les autres zones économiques du monde, d'autant plus que l'Europe pourrait rapidement retourner à son profit l'hégémonie culturelle et commerciale des États-Unis. Ainsi le Tarif extérieur commun (TEC) devrait toutefois être assez uniforme pour ne pas donner trop de prise aux pressions des groupes d'intérêt, donc de l'ordre de 10 % à 15 %, de sorte que les consommateurs pourraient continuer de bénéficier des bienfaits indéniables de la division internationale du travail. Le TEC devrait être principalement renforcé dans les secteurs de *l'agriculture*, pour protéger les agriculteurs européens contre le déferlement de la production américaine ; de *la culture*, afin que l'Europe puisse acquérir elle aussi une « force de frappe culturelle », des *industries pharmaceutiques*, nouveau théâtre privilégié de la guerre économique euro-américaine et, bien sûr, des industries européennes de *défense et de hautes technologies stratégiques (high tech)* en général, pour des raisons de sécurité nationale et d'intérêt supérieur évidentes.

Enfin, la protection du marché intérieur européen créerait les conditions d'un regain de crédibilité — voire d'une force future — de l'euro, lequel souffre, pour l'heure, d'une faiblesse congénitale : son marché intérieur est à la fois non intégré économiquement, du fait de la diversité des économies, et trop ouvert extérieurement, du fait de l'abaissement radical du TEC. Dans l'état actuel des choses, l'Union économique monétaire européenne (UEM), décidée par le traité de Maastricht, est le meilleur cheval de Troie des intérêts économiques américains : forts de leur projet d'Union économique et monétaire, les négociateurs européens de l'Uruguay Round ont complètement abandonné le marché commun et le TEC, et ont transformé l'Europe en *simple zone de libre-échange* excessivement ouverte à tous les vents extérieurs. Dans la mesure où elle est dépourvue de marché économique domestique naturel, l'UEM ne constitue pas en elle-même une véritable zone monétaire. La Banque centrale européenne (BCE) et le Système européen des banques centrales (SEBC) sont tout au plus des institutions monétaires offrant un certain nombre de services financiers *minima* (lutte contre l'inflation, surveillance du risque systémique, etc.) non articulés autour d'une « volonté de puissance » et du soutien à l'« économie de combat ». En fait, l'euro offre aux entreprises financières américaines un interlocuteur financier unique, leur permettant de s'établir sans entrave dans tous les pays européens, dès lors qu'ils sont déjà agréés dans un seul, et de prendre progressivement le contrôle des acteurs-clés du financement du continent. Il soumet inversement les entreprises européennes à une concurrence drastique, forcées d'adopter les standards de gestion américains, préalables à leur absorption. L'euro introduit donc en Europe à la fois une unification par le haut et une destruction du tissu économique par le bas. Pour que l'euro soit fort, il faut par conséquent qu'il puisse au préalable s'exprimer dans une véritable *union commerciale européenne* cohérente et étanche, qui le rende crédible aux yeux des acteurs financiers internationaux, ainsi que l'a parfaitement démontré — jusqu'à ce qu'il soit pressenti *nobélisable* (1999) — l'économiste libéral Robert Mundell.

3. Mettre sur pied une réelle politique de défense européenne

Comme nous l'avons vu, la politique européenne de défense et de sécurité serait, avec la politique étrangère commune, le principal domaine de compétence et d'activité du pouvoir confédéral central. D'après nous, quatre objectifs présideraient à la construction d'une identité européenne de défense et de sécurité réellement indépendante des États-Unis et de l'OTAN :

— premièrement : la définition d'une véritable *Stratégie de défense européenne*, comparable à la stratégie nationale de sécurité américaine, évaluant les risques et menaces pour la sécurité européenne et élaborant des réponses adéquates permettant d'y faire face et d'assurer la stabilité et la puissance de l'Europe ;

— ensuite, la création d'un *Conseil de sécurité européen*, concert des nations du continent européen destiné à réunir autour d'un même forum stratégique paneuropéen les États d'Europe occidentale, centrale et orientale (Russie incluse), donc à réconcilier les trois pôles stratégiques européens — actuellement divisés à cause de la pierre d'achoppement atlantique — autour de l'axe fondamental de toute défense européenne, à savoir Paris-Berlin-Moscou ;

— l'institution d'un *quatrième pilier* de la construction européenne bénéficiaire des acquis de l'UEO et capable de conduire une véritable défense européenne,

— la mise sur pied d'une véritable *politique commune de l'armement* passant par la restructuration et le regroupement des industries nationales de défense.

Pour une Stratégie de défense européenne (SDE).

Comme nous l'avons vu tout au long de cet essai, les raisons profondes de l'incapacité de l'Europe à mettre sur pied une politique européenne de défense cohérente et à résoudre les moindres conflits se déroulant sur son propre sol proviennent essentiellement du fait que, depuis le traité de Rome, les Européens ont *délibérément* renoncé à aborder les délicats problèmes géostratégiques, pourtant essentiels, cédant sans contreparties aux États-Unis — avec le prétexte de la guerre froide — la responsabilité de la défense de l'Europe, au profit d'une vision exclusivement *économiciste* et libre-échangiste de la construction européenne. Or, l'Alliance atlantique étant depuis les origines tournée contre la Russie, et les troubles survenant en Europe de l'Est ne pouvant pas trouver d'issue pacifique viable sans tenir compte des positions russes, l'Europe des Quinze, et bientôt des Dix-huit ou même des Vingt-sept, en ne retenant comme nouveaux candidats que des pays *présélectionnés* par les Américains pour leur méfiance envers Moscou et leur bienveillance à l'égard de l'OTAN, s'enferme elle-même dans le cercle vicieux de la « nouvelle guerre froide », c'est-à-dire la *coupure en deux du continent*, facteur d'instabilité, et frein à toute politique de défense et de sécurité paneuropéenne autonome. Qu'on le veuille ou non, là est la clé — *stratégique* et *géocivilisationnelle* — du problème, et il appartient aux Européens de l'Ouest d'expliquer aux nouveaux admis : Hongrie, Pologne, Tchéquie, bientôt Slovénie, pays Baltes, peut-être un jour Ukraine, etc., que l'Union européenne *n'a pas vocation* à devenir un « club atlantiste » exclusivement tourné contre le monde russo-orthodoxe. Si elle veut préserver la paix et assurer sa sécurité, l'Europe ne peut pas ne pas se penser comme *continentale,* toute évolution ultérieure anti-occidentale de la Russie étant, à terme, fortement préjudiciable à sa sécurité.

Face aux nouveaux enjeux du XXIe siècle, l'Europe doit être consciente que l'intégration de la Russie en son sein est *bénéfique* pour les deux parties : insertion progressive de la Russie dans le monde euro-occidental plutôt que confrontation avec celui-là ; mise en valeur des formidables ressources énergétiques et minérales de l'espace russe, susceptible, à terme, de donner à l'Europe son *indépendance énergétique totale* vis-à-vis des États pétro-islamiques, de plus en plus incertains et anti-occidentaux ; coopération en matière de transfert de haute technologie dans les domaines militaire, spatial, aéronautique et médical, où les Russes demeurent encore performants, nombre de cerveaux russes étant contraints de fuir vers les États-Unis faute de soutien européen ; enfin, nécessaire mise en commun des puissances stratégiques russe et ouest-européenne face à une même *menace* anti-occidentale représentée par le *totalitarisme islamique* menaçant d'embraser le monde arabo-islamique, menace en pleine effervescence déjà observable tout le long du *limes* géo-civilisationnel séparant l'Europe du monde musulman : de la Méditerranée occidentale à l'Asie centrale, en passant par les Balkans et le Caucase. « Au XXIe siècle, c'est la défense d'une Europe allant de Brest à Vladivostok qu'il nous faudra prendre en compte. Or cette " grande Europe " est menacée, sur sa frontière méridionale, par l'instabilité et les conflits qui persistent dans ce que certains ont appelé la " zone des tempêtes du siècle prochain [4] " », explique Bernard de

Bressy. De quoi s'agit-il au juste ? Pour les stratèges, la « zone des tempêtes » désigne l'« immense arc de crises endogènes incessantes » allant de la Bosnie à l'ouest jusqu'à la muraille de Chine à l'est : Balkans, Caucase (Tchétchénie, Abkhazie, Azerbaïdjan, etc.), Kurdistan (turc ou iranien), Afghanistan, Tadjikistan, jusqu'au Turkestan chinois. « Tous les dangers du nouveau désordre mondial sont là, autour d'un seul pays, la Turquie... la sécurité de ce pays est un cauchemar à 360° [5] », notait Thomas Friedmann en 1995, la « zone des tempêtes » correspondant effectivement à la sphère d'influence géopolitique de la Turquie, *fidèle* alliée de l'Occident tout au long de la guerre froide et pilier sud de l'OTAN, mais aussi adversaire traditionnel de la Russie.

Sans toutefois tomber dans le travers de l'antiturquisme et encourager un redoutable choc de civilisations, que l'Europe a toutes les chances de conjurer si elle poursuit une politique à la fois de fermeté (dans les Balkans, au Kurdistan, en mer Égée et à Chypre) et d'ouverture (au sein de l'OTAN, de l'OSCE et du Conseil de l'Europe), il va sans dire que l'intérêt de l'Europe est plutôt de s'allier avec la Russie qu'avec une Turquie ambivalente, irrédentiste, et en proie à l'intégrisme islamique. « La Russie sortira un jour de l'ornière, annonce Bernard de Bressy. Dans le domaine de la défense, cette grande puissance au territoire immense pourra être, comme au début du siècle, notre alliée majeure si nous parvenons à prendre en compte, avec elle, les menaces potentielles qui pèsent à ses frontières méridionales [6]. »

À l'aune de ces réalités incontournables, la pensée géostratégique paneuropéenne devra selon nous être orientée autour de trois axes principaux :

— *accroissement de la puissance stratégique et militaire de l'Europe* permis par son élargissement, par la mise sur pied d'une défense européenne autonome, et par l'association étroite de tous les États du continent — donc de la Russie ;

— *restauration d'un ordre multipolaire*, c'est-à-dire non pas s'opposer stérilement aux États-Unis mais être capables — notamment grâce à l'édification d'une Europe indépendante associant la Russie — de *traiter d'égal à égal avec Washington* et de tempérer ses entreprises néo-impériales belligènes dans le monde, menaces graves de conséquences pour la stabilité et la paix mondiales ;

— enfin, *faire front face aux menaces extérieures communes*, principalement le *monde islamique radicalisé* ou en voie de radicalisation et sa « zone des tempêtes », ce qui implique certes une collaboration avec les États musulmans, notamment ceux d'Afrique noire, du Maghreb et de la Turquie, mais aussi, parallèlement, une ambitieuse et plus efficace politique de développement Nord-Sud ; l'arrêt de l'immigration islamo-africaine de masse actuellement encouragée par Bruxelles ; et le *rejet définitif* de la candidature turque pour l'entrée dans l'Union européenne.

Pour un « Conseil de sécurité européen ».

Deux obstacles apparemment fondamentaux sont régulièrement avancés pour invalider les propositions visant à édifier une politique de défense paneuropéenne ; premièrement celle de la « force de frappe nucléaire », « 15, 28 ou même 50 doigts ne pouvant pas appuyer ensemble sur un même bouton ». Deuxièmement, l'épineuse question de l'intégration de la Russie, principale puissance nucléaire européenne. Concernant le nucléaire, qui a considérablement perdu de son importance stratégique ces dernières années, il s'agit, d'après le général Clerc [7], d'un faux problème, rien n'empêchant les puissances atomiques européennes de se concerter au sein d'un *Groupe de planification nucléaire* comparable à ce qui existe au sein de l'OTAN, sans que le « propriétaire » de la puissance atomique, éminemment nationale, ne perde sa souveraineté stratégique et le contrôle de l'atome.

Pour ce qui est de la pleine intégration de la Russie au sein d'une Confédération paneuropéenne, — cet objectif — souhaitable et même vital, à terme — demeure pour le moment, hélas, difficilement réalisable, la Russie n'ayant de son côté jamais posé sa candidature à l'entrée dans l'Union, jugée trop « atlantiste ». Aussi la coopération transeuropéenne avec Moscou pourrait-elle passer, dans un premier temps, parallèlement à la construction européenne, par l'intégration de la Russie au sein d'une structure « neutre », totalement indépendante de l'OTAN, un *Conseil de sécurité européen* (CSE), calqué sur le modèle du Conseil de sécurité de l'ONU. Le CSE serait constitué des principales puissances économiques, politiques et/ou nucléaires de l'Europe : France, Allemagne, Russie, Italie, Grande-Bretagne, Espagne, Pologne, en fait simple extension de l'axe Paris-Berlin-Moscou proposé par le général Henri Paris. Comme l'explique Jacques Myard [8], député des Yvelines, et spécialiste des questions de défense, le Conseil de sécurité européen permettrait aux États d'Europe de gérer leurs crises en commun afin de dégager des solutions pacifiques. Il instaurerait un « concert européen », lequel fit gravement défaut, les Européens s'en sont aperçus à leurs dépens, durant la guerre du Kosovo, car il aurait très probablement permis de trouver une issue pacifique à la crise, la Russie ayant réussi, comme nous l'avons expliqué, à arracher aux Serbes des concessions majeures susceptibles de remplir l'essentiel des conditions exigées par le document de Rambouillet. Mais faute de *concert européen* et de dialogue transcontinental, les États-Unis, refusant de céder sur la principale pierre d'achoppement stratégique — à savoir la présence de troupes de l'OTAN dans toute l'ex-Yougoslavie et non pas de troupes multinationales de l'ONU dans la seule province du Kosovo — imposeront une issue *belliciste* aux conséquences déstabilisatrices et préjudiciable à la paix du continent européen, encore un peu plus divisé entre « Occident » et « Orient ».

L'Union européenne de défense (UED) : « quatrième pilier européen ».

Ancien chef d'état-major et principal concepteur du Corps européen *(Eurocorps)*, François Clerc mentionne certaines des conditions stratégiques nécessaires à la constitution d'une Europe de la défense crédible et indépendante :

— *affranchir l'Europe du contrôle de l'OTAN*, Washington conservant la *mainmise totale* sur l'Alliance et sur son commandement européen : en effet, seuls à ne pas perdre leur casquette nationale au sein de l'OTAN, les officiers supérieurs américains ne dépendent, en premier et en dernier ressort, non pas de l'état-major de l'Organisation atlantique mais de Washington, et les postes de responsabilité de l'OTAN continuent à être monopolisés par les Anglo-Saxons ;

— *élargir le plus vite possible l'Union européenne* et donc l'UEO — ou l'entité de défense et de sécurité qui pourrait lui succéder — à *tous* les pays d'Europe centrale et orientale dont la Russie, seule une Europe continentale unifiée étant susceptible de constituer un pôle d'équilibre face aux États-Unis ;

— *mettre sur pied une défense européenne intégrée* disposant d'un état-major et d'une structure de planification qui coifferait, sous la responsabilité de l'UEO, différents « corps régionaux » multinationaux constitués de pays frontaliers ou/et situés dans des zones d'intérêts géopolitiques communs, par exemple *Eurocorps*, corps germano-danois-polonais, futur corps russo-biélorusso-ukrainien, etc., en vertu du concept réaliste de l'« Europe des petites ententes » ;

— enfin, étoffer l'UEO et en faire une sorte d'« OTAN européenne », c'est-à-dire mettre sur pied des corps armés européens qui, sans forcément briser le lien transatlantique, seraient des « forces séparables et non nécessairement séparées » *(Volker Ruhe)* de l'OTAN, donc agissant *souverainement* en Europe en fonction de leurs intérêts propres et non des intérêts hégémoniques américains.

En termes clairs, l'Europe doit *impérativement* et se doter d'un système d'alliance propre pleinement indépendant de l'OTAN tout en étant susceptible, si cela est nécessaire et *lorsque cela est dans l'intérêt de l'Europe*, de mener des opérations communes avec l'OTAN. Pour notre part, nous avons appelé ce pilier européen de Défense, actuellement l'UEO, l'« Union européenne de défense » (UED), l'Union de l'Europe occidentale ayant l'inconvénient d'exclure *de facto* les pays d'Europe centrale et orientale et la Russie du fait qu'elle se proclame *occidentale* et qu'elle se rattache explicitement à l'OTAN.

Certains soulignent en partie à juste titre que l'Europe de la défense a récemment connu de sérieuses avancées, et que la création de nouvelles structures est inutile, l'Union s'étant vue reconnaître, ces dernières années, une Identité européenne de sécurité et de défense (IESD) et une Politique étrangère et de sécurité commune (PESC), notamment depuis les traités de Maastricht, qui évoquait la possibilité d'engager des « actions communes » ; d'Amsterdam (juin 1997) — qui prévoyait (art. 17) que l'UE pourrait « élaborer et mettre en œuvre les décisions et les actions de l'Union qui ont des implications dans le domaine de la défense [9] » — ; ainsi que lors du sommet européen de Cologne de juin 1999, les Quinze prévoyant de doter l'Europe d'un *comité politico-militaire*, d'un *état-major*, d'une *cellule de renseignements* ainsi que d'un *organe de planification stratégique*. Plus encourageants encore, la convergence de deux ententes bilatérales récentes (franco-britannique de Saint-Malo et franco-allemande de Toulouse) puis le sommet d'Helsinki des 10-11 décembre 1999, qui envisage la constitution d'une Force de réaction rapide de 60 000 hommes — opérationnelle d'ici 2003 —, d'instances politico-militaires de décision et de planification dont un état-major, ainsi qu'un Comité politique et de sécurité (COPS), réuni pour la première fois le 7 mars 2000, semblent constituer « un processus irréversible [10] », commente Alain Joxe. Mais c'est oublier qu'en dépit des progrès d'intentions, Paris, Bonn et Londres réitèrent régulièrement leur détermination que l'IEDS ne fasse pas double emploi, tant pour des raisons de principe que de budget, avec l'Organisation atlantique, plus que jamais considérée comme « le fondement de la défense collective » des alliés européens. Aussi, en désignant, lors du sommet de Cologne, donc en pleine guerre du Kosovo, Javier Solana — alors secrétaire général de l'OTAN — comme chargé de la Politique étrangère et de sécurité commune de l'Union (« Monsieur PESC »), les Quinze chefs d'État et de gouvernement ont donné les preuves aux États-Unis que ladite Identité de défense et de sécurité européenne demeure plus que jamais indexée à l'OTAN donc contrôlable par Washington.

En fait, le bilan provisoire de la Politique étrangère et de sécurité commune est globalement décevant. Les Quinze n'ayant pas trouvé d'accord pour l'adaptation des mécanismes décisionnels de défense annoncés, l'Europe est aujourd'hui aussi impuissante qu'elle l'était auparavant. Faute de volonté politique et d'armature institutionnelle communes, la PESC n'a pas permis à l'Union européenne de s'affirmer sur la scène internationale, qu'il s'agisse du Proche-Orient et de l'Irak, où les Européens n'ont pas même eu leur mot à dire, ou encore de la Bosnie ou du Kosovo, où ils ont dû se résoudre à laisser les Américains prendre en main, de la manière forte, le dossier épineux des Balkans.

Malgré la persistance des Européens à accepter, sans sourciller, l'hégémonie des États-Unis et de l'OTAN en Europe, on peut tout de même souligner certains progrès réalisés ces dernières années concernant la mise sur pied de corps d'intervention européens, d'ailleurs fruits de la collaboration bilatérale et multilatérale de certains États européens et non d'une initiative communautaire. Depuis les années

90, l'Europe dispose de forces propres non soumises au commandement intégré de l'OTAN, de formats différents mais susceptibles d'agir, à terme, au sein d'une entité de défense européenne indépendante de l'Alliance atlantique. La plus importante de ces forces européennes multinationales, « responsables devant l'UEO », est, bien sûr, l'Eurocorps, créé en 1992 grâce à une volonté politique bilatérale franco-allemande, et dont l'état-major est actuellement basé à Strasbourg. *Corps de 50 000 hommes, à base de détachements français, allemand, belge, espagnol, luxembourgeois et britannique, le Corps européen est appelé à devenir une « grande unité à vocation européenne ». Constitué en Force d'action rapide européenne, depuis le 5 mars 2000, l'état-major de l'Eurocorps s'est substitué à celui des forces multinationales de l'OTAN au Kosovo (KFOR), ce qui est une première en matière de défense européenne. Mais assurés de continuer à contrôler les bases de l'OTAN et du Partenariat pour la paix dans la région ainsi que, plus indirectement, la politique de défense européenne elle-même, explicitement subordonnée à l'OTAN, les États-Unis ont fini par se rallier à la solution de l'Eurocorps. Il s'agit en fait pour eux ni plus ni moins de faire supporter aux Européens le coût de l'après-guerre et de la reconstruction et, loin de la supprimer, de rendre moins onéreuse l'hégémonie militaro-stratégique de l'OTAN en Europe. Précisons tout de même qu'en complément de la KFOR, une Force de réserve stratégique de l'OTAN composée de 2000 soldats est venue renforcer, dans le cadre d'un exercice intitulé « Réponse dynamique 2000 », les forces de la KFOR, Washington gardant ainsi la contrôle de la situation dans les Balkans.*

Aux côtés de l'*Eurocorps*, l'Europe de la défense dispose de nombreux autres outils susceptibles d'être améliorés mais constituant d'ores et déjà un embryon de défense européenne articulée autour *d'ententes régionales multinationales* : une *division « centrale »*, composée d'unités belge, britannique, néerlandaise ; une *force amphibie* anglo-néerlandaise ; une *force d'action rapide* à dominante terrestre (Eurofor), dont l'état-major est basé à Florence, ainsi qu'une *force aéronavale européenne* (Euromar), toutes deux constituées — pour le théâtre sud-européen — des quatre puissances « méditerranéennes » : France, Espagne, Italie et Portugal ; un corps germano-danois-polonais basé à Stettine, en Pologne ; enfin, une *force amphibie conjointe*, créée par l'Italie et l'Espagne, sur le point d'être mise à disposition de l'UEO ou de la structure de défense européenne qui lui succédera. Ce corps, ainsi que la *force terrestre multinationale* (FTM) créée par l'Italie, la Hongrie et la Slovénie, devraient compléter les forces multinationales européennes déjà existantes et les fameux Groupements de forces interarmées multinationales (GFIM). Par ailleurs, l'UEO a créé, en 1992, une *cellule de planification* puis, en 1993, un *centre satellitaire* à Torrejon en Espagne, ayant pour fonction d'exploiter des images issues de satellites d'observation. En fait, comme l'explique le général Clerc, l'UEO a grandement besoin d'être étoffée, et d'être dotée de réelles structures de commandement, de planification et de renseignement *up to date*.

Les États européens réunis alignant plus de soldats que les États-Unis eux-mêmes, une *armée confédérale européenne* pourrait parfaitement s'édifier autour des différents corps européens pré-mentionnés mais susceptibles d'être élargis à tous les États membres de la Confédération, en respectant toutefois le principe des « ententes régionales », chaque État contribuant au budget de défense commun en fonction de son poids économique et des détachements d'unités octroyés rapidement. Enfin, *l'armée confédérale européenne* serait commandée par un « véritable état-major multinational » de forces mises à la disposition de la Confédération par les États membres souverains et ne dépendant plus du seul bon vouloir de l'OTAN. Seule manque aujourd'hui une *volonté politique* pour organiser ces forces et décider des conditions de leur emploi, volonté qui ne peut être attestée que par les décisions budgétaires et la mise sur pied d'une véritable politique de défense et de sécurité européenne, d'après nous susceptible d'être incarnée par l'Union européenne de défense (UED), système de défense paneuropéen intégré, à mi-chemin entre la CED et l'UEO mais — à la différence de ces structures — indépendant de l'OTAN et élaboré à partir d'une stratégie de défense européenne propre.

L'Union européenne de défense consisterait en une sorte d'OTAN *sans les États-Unis*. Elle pourrait être dirigée par un *Conseil intergouvernemental* et un *directoire* composé des cinq ou six principales puissances européennes : France, Allemagne, Italie, Espagne, Grande-Bretagne, si toutefois celle-là était disposée à prendre ses distances avec l'Alliance atlantique, et pourquoi pas, un jour, si elle intègre l'Europe, la Russie. Les décisions seraient bien entendu prises, du moins dans une première phase, à *l'unanimité*, le principe de la *majorité qualifié* présentant d'un côté l'avantage d'empêcher les micro-États ou États neutres de freiner un processus hautement stratégique mais impliquant de l'autre un degré d'intégration difficilement envisageable à court et moyen termes. Un *état-major permanent* serait mis sur pied sous le contrôle de l'UED — ou de l'actuelle UEO — qui serait également chargée de définir une *politique européenne de l'armement,* susceptible de permettre aux Européens de se passer des fournisseurs américains. Aux termes d'un nouveau *Pacte de sécurité européenne*, les États membres de la Confédération paneuropéenne proclameraient qu'« une attaque militaire contre tout membre de la Confédération sera considérée comme une attaque dirigée contre tous les autres », comme cela est actuellement prévu dans le traité de Washington. Enfin, les « actions communes » de l'UED ne pourraient être arrêtées que par le Conseil des ministres de la Confédération, sur la base d'orientations générales du Conseil européen.

Pour une Base industrielle de défense commune (BIDC).

Ajoutés à ceux des futurs membres de l'Union européenne et, pourquoi pas, d'États membres de l'AELE, comme la Suisse ou la Norvège, les budgets militaires additionnés des États membres de l'Union européenne, actuellement équivalents à 60 % de ce que dépensent les Américains, devraient permettre de financer une authentique industrie de défense européenne. Mais les États de l'Union sont loin d'obtenir, dans l'état actuel des choses, 60 % des capacités militaires des Américains. Ne serait-ce que parce que l'Union européenne n'est pas un interlocuteur intégré et uni comme le sont les États-Unis d'Amérique, où les grandes firmes industrielles aéronautiques et de défense forment des conglomérats et des concentrations, tandis que les industries européennes demeurent fragmentées, ce qui engendre des pertes considérables de rentabilité globale et de productivité vis-à-vis des concurrents américains. L'émergence d'une Union européenne de défense implique donc impérativement une *européanisation* et une *intégration* optimale de la *Base industrielle et technologique de défense* (BITD), ce qui permettrait de mettre un terme aux inutiles et multiples duplications et rivalités intra-européennes. Aussi est-il vital pour l'Europe de favoriser *le plus possible* les *synergies* entre les différentes industries européennes de l'armement, afin de pouvoir enclencher des économies d'échelle et de favoriser la recherche et la compétitivité de ses industries. La mise sur pied d'une véritable industrie de défense européenne est d'autant plus urgente que les Européens, s'ils veulent être stratégiquement indépendants, doivent *au plus vite* moderniser et revoir l'ensemble de leurs logistiques, infrastructures et systèmes d'armements, leurs lacunes qualitatives et quantitatives vis-à-vis des États-Unis étant déjà accablantes. Dans ce domaine, l'OCCAR, Organisme de coopération européen pour l'armement, créé en 1998 à Helsinki, ayant pour ambition de gérer de façon intégrée des programmes conjoints de plus d'une dizaine de pays depuis les missiles jusqu'aux systèmes de télécommunications spatiales, en passant par les hélicoptères, pourrait constituer le point de départ de la politique et de la base industrielle de défense communes. Réunissant pour le moment la France, l'Allemagne, le Royaume-Uni et l'Italie, l'OCCAR serait ouvert aux autres partenaires européens.

Certes, parallèlement à la nécessaire optimisation du ratio dépenses/performances et à l'unification des industries de défense européennes, il conviendra bien sûr de faire en sorte que les budgets militaires européens se rapprochent progressivement de ceux des Américains. « Il paraît que la guerre du Kosovo avait fait prendre conscience aux Européens de la nécessité de mettre enfin en œuvre la mythique Politique étrangère et de sécurité commune, les prochains budgets militaires diront la nécessité de ces déclarations solennelles [11] », lance sans ambages Pierre Béhar, résumant en quelques mots le cœur du problème, car depuis toujours, on le sait, l'argent est le « nerf de la guerre » et la capacité à faire la guerre demeure l'une des principales garanties de la paix.

À cet égard, le conflit du Kosovo fut riche d'enseignements, les pays européens ayant apporté la démonstration *in vivo*, pendant l'opération Force alliée, qu'ils étaient incapables d'assurer des opérations militaires d'envergure sur leur propre sol sans l'appui logistique et la technologie américains, faute de préparation et de budgets militaires conséquents : les États-Unis ont en effet fourni les 4/5 du matériel ; 80 % des missions aériennes et des pilotes étaient américains ; 70 % des avions alignés l'étaient aussi ; Washington contrôlait 100 % des infrastructures permettant le déploiement des troupes ; 90 % des missiles et bombes largués sur les villes et usines yougoslaves étaient américains ; 100 % des hélicoptères envoyés sur le théâtre d'opérations appartenaient à l'US Army ou à l'US Navy, etc. Mieux, les systèmes de guidage du Global Positionning System étaient et sont toujours *exclusivement* américains, les Européens étant dépourvus de cette technologie pourtant indispensable à la guerre moderne. 19 missiles à longue portée sur 20 étaient américains, un F 16 n'en valant pas un autre : seuls ceux qui appartiennent à l'US Air Force disposent en effet d'une avionique et d'une électronique capables d'opérer en tout temps. De tous les pays européens, la France est la seule qui a commencé à développer, quoique timidement, une technologie de satellite espion. Enfin, ni l'Allemagne ni aucun autre pays européen de l'Alliance ne disposent d'instruments capables de rassembler des informations et de les mettre immédiatement en contact avec le terrain des opérations. L'Europe ne dispose, hélas, d'*aucun* système d'information global *via* satellite. Elle manque en outre gravement d'avions gros transporteurs et d'une marine comparable à celle des États-Unis. Or, nous avons montré précédemment que s'ils ne rattrapent pas leurs retards, notamment en matière de haute technologie satellitaire et informatique, les États européens, comme le reste du monde d'ailleurs, risquent d'être *définitivement* distancés, les lois de l'économie moderne et du progrès technologique étant impitoyables.

On a beaucoup parlé ces derniers mois de la fusion des groupes aéronautiques français Aérospatiale-Matra et allemand DASA, filiale aérospatiale et aéronautique de Daimler-Chrysler, intervenue le 14 octobre 1999, nommée « EADS » (European Aeronautic Defense and Space Company), permis par l'axe franco-allemand dans le but de préparer les bases d'une industrie de défense européenne. L'EADS marque certes un tournant majeur dans le processus de restructuration et de consolidation des industries de défense européennes. Bientôt, le nouveau consortium pourrait même être rejoint par Dassault-Aviation et l'espagnol CASA. Pour beaucoup, l'EADS pourrait acquérir une position dominante dans l'aéronautique européenne et ravir à British Aerospace sa troisième place au niveau mondial, derrière deux Américains. En fait, les Allemands de Dasa et les Français d'Aérospatiale travaillent ensemble depuis plusieurs années déjà pour la plus grosse partie de leur chiffre d'affaires, qu'il s'agisse d'Airbus, d'Ariane, des hélicoptères comme des missiles et des avions militaires. N'oublions pas toutefois que le partenaire allemand d'Aérospatiale, Daimler-Chrysler, a obtenu 30 % des parts du consortium, contre 15 % pour l'État français et 11,25 % pour Lagardère (actionnaire d'Aérospatiale-Matra). Or, Daimler-Chrysler, qui est déjà une entreprise « transatlantique », en tant qu'actionnaire principal, pourrait très bien un jour céder tout ou partie de ses titres à des actionnaires, et pourquoi pas aux fameux et imposants fonds de pensions américains. Aussi constate-t-on une fois de plus la nécessité de voir apparaître une Base industrielle de défense commune directement supervisée par les instances européennes confédérales et susceptible de faire appliquer un « code de bonne conduite » européen garantissant l'impossibilité, pour des capitaux non européens, de prendre plus de 15 ou 20 % des parts de certaines industries stratégiques.

Enfin, l'un des rôles de la Base industrielle de défense commune (BIDC) consisterait à promouvoir la recherche en matière d'industries de défense. Est-il acceptable en effet que les crédits militaires de recherche de l'ensemble des alliés européens équivalent à peine *au quart* des crédits américains, alors que les budgets européens de défense représentent plus de 60 % du budget américain ? Aussi l'écart technologique entre Européens et Américains se creuse-t-il toujours un peu plus, les États-Unis ayant fait progresser la part de la recherche et du développement dans leur budget d'équipement de 30 % en 1991 à 40 % en 1998, pendant que les États de l'Union européenne faisaient stagner leurs budgets militaires, la part accordée à la recherche et au développement diminuant considérablement (37 % pour la France, qui professionnalise son armée), du fait de l'augmentation, à budget constant, des frais de fonctionnement. « Le fond du problème européen, comme je le répète depuis près de vingt ans, c'est que les véritables décisions stratégiques, ce sont dans les budgets militaires qu'elles sont inscrites : inutile de parler d'indépendance aussi longtemps que les Européens se satisferont de budgets militaires d'États sous protectorat [12] », conclut sans ambages le général Salvan.

NOTES

1. Brzezinski, *ibid.*, p. 103.
2. L'auteur développe sa pensée géopolitique et politique dans son ouvrage-clé : *Paneuropa*, publié en 1923.
3. Général (CR) François Clerc, « Réflexions européennes, Kosovo, les leçons d'un conflit », *Pont* (« Magazine de l'actualité franco-allemande pour l'Europe »), janvier 2000.

4. Bernard de Bressy, « Défense européenne et la Russie ? », revue de *Défense nationale*, janvier 1999.

5. Thomas Friedmann, *International Herald Tribune*, 18 mai 1995.

6. *Id., ibid.*

7. Entretien de l'auteur avec le général Clerc, 28 février 2000.

8. « Pour un Conseil de sécurité européen ! », Jacques Myard, *La Une,* novembre 1999.

9. Intégrant les missions dites « de Petersberg », l'article 17 du traité d'Amsterdam, relatif à la PESC, reprend mot pour mot les missions que l'UEO s'était elle-même assignées lors de sa rencontre ministérielle de Petersberg en 1992 : missions humanitaires et d'évacuation, missions de maintien de la paix et missions des forces de combat pour la gestion des crises, y compris les missions de rétablissement de la paix.

10. Alain Joxe, « Europe de la défense, Europe démocratique », *Le Débat stratégique*, novembre 1999.

11. Pierre Béhar, *op. cit.,* p. 165.

12. Jean Salvan, « Quelques réflexions sur la crise du Kosovo », *Revue du CED* (Centre d'études de défense), juillet 1999.

CONCLUSION

« Union sacrée » contre le péril islamiste et résistance au « soft »-totalitarisme de McWorld

Si l'Europe, en tant que civilisation plurimillénaire et *entité géopolitique en devenir*, n'existe pas pour nombre d'Européens, qui se reconnaissent plutôt dans le concept aujourd'hui américanisé d'« Occident », voire dans une « citoyenneté du monde » — quand ils ne choisissent pas au contraire le repli ultra-nationaliste, d'ailleurs en réaction au sentiment de perte d'identité qu'engendre le village global — elle existe *réellement* du point de vue du monde musulman en général et des mouvances islamistes en particulier, lesquelles rêvent de la conquérir et voient en elle l'ennemie séculaire, l'héritière de l'Antiquité « païenne », des croisades et de la colonisation, une terre qui repoussa à maintes reprises les assauts des cavaliers d'Allah (Poitiers, *reconquista*, Lépante, etc.). Pour les islamistes, l'Europe est la civilisation « impie » par excellence, celle qui ose imposer ses conceptions du monde à la civilisation « supérieure » *(Ismat al-Oumma)* de l'Islam, la « meilleure communauté suscitée parmi les hommes » (Coran, III, 110). Paradoxalement, ceux qui croient le plus fermement en l'unité et en l'existence non seulement de l'Europe mais également d'une « civilisation occidentale » unissant les trois grandes composantes que sont les Amériques, l'Europe de l'Ouest et le monde slavo-orthodoxe, sont les Musulmans et les peuples du tiers monde en général. Aussi est-ce souvent face à une altérité ou même à une inimitié que les membres d'une même civilisation prennent conscience de leur appartenance commune : Grecs face aux Perses ; Orientaux face aux Occidentaux, Musulmans face aux impies, aux croisés et aux colonisateurs européens, etc. Dans les représentations collectives forgées au sein des consciences islamiques, l'Europe et l'Amérique apparaissent en fait comme deux mamelles complémentaires et interdépendantes d'une même *occidentalité*, la première étant globalement sous l'influence idéologique, économique et culturelle de la seconde, depuis le début du XXe siècle et surtout la Seconde Guerre mondiale, et les deux entités participant ensemble, notamment dans le Golfe, à des expéditions punitives « néo-coloniales » sous couvert de droit international.

Certes, Moscou s'est tenu à l'écart de ces aventures « occidentales », ce qui fait dire à certains que la Russie aurait les moyens de conduire une diplomatie propre, à la fois radicalement dissociée des positions atlantiques et bénéficiant des vents favorables soufflant vers le monde arabo-islamique. Mais c'est oublier les guerres d'Afghanistan et de Tchétchénie — présentées dans le monde islamique comme des « guerres d'agression » de l'aire orthodoxe ex-communiste contre l'Islam ; la vocation traditionnelle de la Russie à être la « troisième Rome » et la protectrice des chrétientés orientales ; et le fait que l'URSS fut l'un des tout premiers pays à reconnaître l'État d'Israël, chose que nationalistes arabes et islamistes sont loin d'avoir oublié.

Non sans raison, les islamistes rappellent que les Russes — indifféremment chrétiens ou communistes — s'abreuvent, depuis Pierre le Grand et surtout Marx et Lénine, aux *mêmes sources* idéologico-religieuses et philosophiques « impies » que les libéraux anglo-saxons ou les sociaux-démocrates européens : esprit des Lumières, matérialisme, sécularisme, relativisme moral et religieux, séparation des sphères spirituelle et temporelle, libéralisation des mœurs familiales et sexuelles, etc. Pour eux, les pays d'Europe centrale et orientale, comme la Russie post-communiste et les autres nations orthodoxes, appartiennent à la *civilisation occidentale*, entendue ici comme la civilisation des « infidèles » européens, indifféremment croyants ou sans religion. Aussi l'idéologie communiste athée, que les Musulmans des républiques d'ex-URSS n'ont jamais réellement acceptée et qu'ils ont farouchement combattue en Afghanistan, au Tadjikistan ou en Tchétchénie, est-elle considérée comme un « poison idéologique » éminemment « occidental », Marx et Engels étant effectivement des « Occidentaux » et les premiers leaders communistes russes étant eux aussi issus, du point de vue idéologique, des milieux politiques et philosophiques dits « occidentalistes » — socialisants, révolutionnaires ou anarchisants — qui se répandirent en Russie entre la fin du XIXe et le début du XXe siècle.

C'est donc en réalité la civilisation européenne *dans son essence,* dans sa globalité et sa diversité, que les forces mondiales de l'islamisme désignent — en vertu du principe coranique d'unité des nations infidèles *Kufru millatûn wahida* (« la mécréance est une seule nation ») — comme l'*ennemie* intrinsèque, l'adversité *existentielle* : qu'il s'agisse indifféremment des « deux poumons » de l'Europe, de ses tendances communiste ou anticommuniste, du monde judéo-chrétien traditionnel ou de l'Occident sécularisé et individualiste, de l'influence de la franc-maçonnerie ou du Vatican, des Européens « anti » ou « pro-américains », des tiers-mondistes — même islamophiles ou « antisionistes » — comme des nostalgiques de la colonisation ou des croisades. En tant que civilisation « impie » et ennemie, l'Europe rentre dans la catégorie du *dar al-Harb*, la « zone de la guerre », seuls deux traitements pouvant lui être réservés, d'après la doctrine de l'Islam classique, toutes écoles juridiques confondues : *la paix*, si l'on embrasse l'islam ; la guerre — le *jihad* — si l'Europe et l'Occident continuent de rejeter la foi islamique et/ou empêchent les prédicateurs de venir prêcher sur leur sol.

Dans leur ensemble, les nations non musulmanes du monde entier sont donc *menacées* par le *totalitarisme islamiste* renaissant et revanchard, l'Europe étant de surcroît, parmi les trois ou quatre grandes puissances non américaines : Chine, Inde, Russie et Union européenne, la plus convoitée et *la plus vulnérable*, face à ce nouveau type de péril collectif théocratique.

Pour toutes ces raisons, les « deux Europe », la post-byzantine et l'occidentale, ont plus intérêt à se reconnaître mutuellement comme sœurs et à s'unir, face à un même voisinage islamique menaçant, qu'à entretenir leur antagonisme séculaire, hélas réactivé, comme jamais, depuis les guerres du Kosovo et de Tchétchénie. Le péril islamiste étant *la* menace fondamentale pour la civilisation européenne et judéo-chrétienne, les Européens du siècle qui débute ne pourront pas longtemps — sans risquer de *disparaître* en tant que civilisation — continuer à entretenir les divisions « intra-civilisationnelles » dont les véritables bénéficiaires à long terme ne seront en fin de compte même pas les États-Unis d'Amérique, menacés *tôt ou tard*, eux aussi, mais les mouvements islamistes du monde entier et les États totalitaires et fondamentalistes qui les instrumentalisent.

Aussi, ceux qui espèrent qu'une *rupture stratégique radicale* avec les États-Unis, que pourrait impliquer l'édification d'une Grande Europe unifiée et indépendante, suffirait à réhabiliter les sociétés européennes ex-colonisatrices auprès des mouvances de l'islamisme mondial et des États musulmans anciennement colonisés, font un pari aussi peu rationnel que risqué car, ainsi que nous l'avons montré, c'est principalement dans la *division* entre Occidentaux et la *faiblesse* des Européens que résident les principaux atouts des forces transnationales de l'islamisme radical. Sans le précieux concours de la stratégie pro-islamiste et anti-orthodoxe des États-Unis et l'appel d'air que constituent l'« impuissance volontaire » et la division de l'Europe, les islamistes — qui disposent, faut-il le rappeler, d'une bien plus grande liberté d'expression à Washington, Londres, Genève ou Bruxelles qu'à Tunis, Damas, Alger ou Bagdad — ne seraient très probablement aujourd'hui qu'une force minoritaire et marginale face aux courants modernisateurs de l'Islam qui avaient encore le vent en poupe jusque dans les années 70.

Certes, les Européens doivent *tout faire* pour *s'émanciper* de la tutelle des États-Unis, se démarquer des périlleuses positions et entreprises américaines néo-coloniales en Irak, dans les Balkans, ou ailleurs, lesquelles ont pour principal effet d'accentuer non seulement l'anti-occidentalisme du monde islamique — de plus en plus gagné par les thèses fondamentalistes — mais également en provenance de l'aire orthodoxe post-byzantine, provoquant par là même un *double choc civilisationnel*, d'une part, entre Slavo-Européens et Occidentaux, et, d'autre part, entre Occidentaux et Musulmans. Qu'on le veuille ou non, ni les « deux poumons » de l'Europe ni les Américains n'ont intérêt, à terme, à entretenir indéfiniment leurs divisions et différends *intra-civilisationnels*, dont les seuls bénéficiaires seront, à n'en pas douter, les forces vives et radicalisées de l'Islam mondial, qui rêvent d'en découdre une fois pour toutes avec les anciens colonisateurs européens et avec l'« arrogance » américano-occidentale.

Alors que faire ? D'après nous, les Européens doivent poursuivre un *double objectif* apparemment contradictoire mais en réalité complémentaire : d'abord, édifier une Europe géopolitique *crédible*, *indépendante* et *puissante*, donc susceptible de faire entendre sa voix auprès de l'allié américain, et de *contraindre* Washington à tenir compte de ses intérêts propres ; ensuite, encourager *toutes* les initiatives visant à rapprocher, si toutefois cela est encore possible, les positions géopolitiques des Européens et des Américains, non pas sur les bases périlleuses de l'atlantisme, bien sûr, mais dans le cadre de la constitution d'un « front civilisationnel » euro-occidental susceptible de faire corps face au péril islamiste. Pour le moment illusoire, une telle proposition rencontre toutefois d'ores et déjà des échos favorables au sein de la société civile américaine, heureusement moins monolithique que ses classes dirigeantes actuelles, les voix — y compris les plus « autorisées » — dénonçant violemment la stratégie pro-islamiste et anti-européenne des administrations Bush et Clinton depuis le début des années 90 étant de plus en plus nombreuses.

Conscient du danger fondamental que constitue le totalitarisme islamiste anti-occidental, dont les nouveaux États phares disposeront, dans un avenir proche, de toute la panoplie des armes stratégiques, Samuel Huntington propose des solutions — allant dans un sens proche de celui que nous proposons — sur lesquelles il n'est pas inutile de se pencher, même si certaines masquent mal les desseins hégémoniques « atlantistes » de Washington. Pour « préserver la civilisation occidentale », le professeur de Harvard propose qu'Américains et Européens unissent finalement leurs efforts plutôt que de se diviser pour :

— « freiner le développement de la puissance militaire, conventionnelle et non conventionnelle, des États de l'Islam et des pays de culture chinoise », ce qui implique de ne plus vendre d'armes de haute technologie aux États islamiques et de subordonner toute coopération avec la Chine à une rupture de la connexion stratégique sino-pakistanaise et sino-iranienne ;

— « considérer la Russie comme un " État phare " du monde orthodoxe et comme une puissance régionale essentielle, ayant des intérêts légitimes dans la sécurité de ses frontières du sud », ce qui signifie que l'Occident aurait plutôt intérêt à associer étroitement la Russie au monde occidental [1], comme le préconise le président russe Vladimir Poutine lui-même, au grand étonnement de tous, et à *collaborer étroitement* avec elle dans l'éradication du fondamentalisme islamiste en Europe — ce qui n'empêche pas de veiller parallèlement au respect des droits de l'homme — au lieu de l'exclure *de facto* de la « communauté internationale » et de prendre fait et cause pour tous les séparatismes islamistes anti-orthodoxes des Balkans, du Caucase et d'Asie centrale ;

— « maintenir la supériorité technologique et militaire de l'Occident sur les autres civilisations », donc limiter les collaborations scientifiques, en matière de technologie militaire, aux seuls États européens et occidentaux, la Russie devant plutôt être intégrée à ce processus qu'écartée, afin d'éviter un rapprochement russo-chinois tourné contre l'Occident ;

— enfin, « admettre que toute intervention de l'Occident dans les affaires des autres civilisations est probablement la plus dangereuse cause d'instabilité et de conflit généralisé dans un monde aux civilisations multiples ». En effet, si l'Occident et la future Grande Europe devront être intraitables vis-à-vis de phénomènes comme l'implantation du fondamentalisme islamique sur leur sol ou l'immigration de masse incontrôlée extra-européenne, ils devront parallèlement et en contrepartie cesser, afin de conserver les meilleures relations avec les sociétés non européennes, toute ingérence dans les affaires intérieures des États et toute entreprise « néo-coloniale » du type guerre du Golfe ou opération Force alliée, celles-là ayant pour conséquences principales le renforcement de la haine anti-occidentale dans le monde et l'accentuation du conflit latent Nord/Sud. On pourrait aussi ajouter à cette dernière proposition la mise en œuvre d'une *grande politique de développement du tiers-monde* fondée sur l'incitation à la maîtrise de la natalité, principal levier de paupérisation et de radicalisme, l'allégement, voire parfois l'annulation des dettes des pays les moins avancés ; le renforcement des coopérations universitaires, et l'introduction, dans les pays concernés, des techniques agricoles modernes.

Il s'agirait là de rompre avec deux travers majeurs de la diplomatie occidentale : *l'arrogance néo-coloniale*, source de radicalisations anti-occidentales et de chocs de civilisations, et la *division intra-civilisationnelle* entre Européens et « Occidentaux », qu'on le veuille ou non condamnés à s'unir et promis à une destinée commune, ne serait-ce que face au péril fondamental, idéologique, géostratégique et démographique, représenté par le fondamentalisme islamiste, ambitionnant de lancer l'ensemble du tiers-monde musulman à l'assaut des « infidèles ».

Ces différentes mesures apparaissent essentielles et pourraient être les bases d'une nouvelle *diplomatie euro-américaine* plus équilibrée et cohérente et surtout plus en accord avec les *intérêts géostratégiques* et *civilisationnels* à long terme des États d'Europe dans le monde de l'après-guerre froide. Il ne s'agit bien entendu nullement de tomber dans le piège de l'« intégration » ou de la « communauté atlantique », tendu de manière récurrente par les stratèges américains, à commencer par Huntington lui-même qui, en accord total avec Zbigniew Brzezinski sur ce point, affirme qu'il serait dans l'intérêt des États-Unis et des pays européens de « mener à bien l'intégration politique, économique et militaire et de coordonner leurs politiques afin d'empêcher les États d'autres civilisations d'exploiter leurs différends [2] ». Sur ce terrain, il est difficile de suivre Samuel Huntington, la prise de conscience *d'intérêts civilisationnels communs* n'impliquant pas nécessairement, comme le démontre l'évolution de l'Alliance atlantique, de plus en plus préjudiciable aux intérêts des Européens, une *intégration politico-institutionnelle*. Il s'agirait plutôt, selon nous, une fois l'unité et l'indépendance de la Grande Europe continentale assurées — et donc l'*Europe de la défense* édifiée — d'*acculer* les États-Unis à conduire une politique moins impériale et moins égoïste, de les *contraindre*, par le seul fait qu'apparaisse en Eurasie un contrepoids géopolitique incontournable à leur hégémonie, à tenir compte des intérêts européens continentaux, position que le spectacle d'une Europe faible et divisée ne les invite aucunement, ni même ne les incite, à adopter dans l'état actuel des choses.

Cette proposition, — pour l'heure utopique certes — visant à rétablir un « front civilisationnel » occidentalo-européen plus ou moins uni face aux périls en provenance du Sud, paraîtra à la fois absurde, paradoxale et en contradiction avec l'essentiel des démonstrations précédentes, en raison de la nature même de la politique étrangère américaine, à bien des égards, et nous persistons à le dire, *en guerre contre l'Europe*. Pourtant, nombreux sont les intellectuels et observateurs américains — de tous bords politiques — qui s'élèvent contre l'irresponsabilité, l'« arrogance » et les conséquences funestes de la politique étrangère de leur pays. Dans une livraison de la revue américaine *Foreign Affairs*, Samuel Huntington explique que Washington « joue avec le feu » en intervenant partout dans le monde de manière aussi violente qu'unilatérale. D'après lui, et conformément à sa théorie du « paradigme civilisationnel, « les États-Unis sont devenus le super-État voyou » et font désormais figure de « principale menace extérieure contre les sociétés » qui tolèrent de moins en moins leur « hégémonie arrogante ». Aussi craint-il à juste titre que des coalitions d'États récalcitrants — révoltés et même fanatisés contre l'Occident — ne finissent par se constituer dans l'avenir pour « contrebalancer la puissance arrogante de l'Occident [3] ». On constate d'ailleurs que les différentes interventions militaires des États-Unis dans le Golfe et dans les Balkans sont loin de faire l'unanimité au sein des milieux intellectuels américains. Dans un article paru dans le *Los Angeles Times* et dans le *Washington Post* des 21 et 22 septembre

1997, relatif aux accords de Dayton, qui imposaient le concept irréaliste de « Bosnie multi-ethnique » et écartait de l'ordre du jour le sort du — déjà très secoué — Kosovo, l'ancien secrétaire d'État Henry Kissinger avertissait sévèrement les dirigeants américains et alertait l'opinion sur l'inconséquence de la politique balkanique des États-Unis : « Un État multi-ethnique en Bosnie a peu de chance d'émerger, si ce n'est au terme d'une nouvelle série de combats et seulement si l'une des parties remporte une victoire totale. La puissance militaire de l'OTAN doit-elle servir à obtenir ce genre de résultats ? L'Amérique doit éviter de se laisser entraîner dans une crise dont elle ne pourra maîtriser les implications (...) nous ne pouvons pas justifier une action militaire. »

Mais les attaques les plus violentes vis-à-vis de la politique extérieure des États-Unis viennent de deux autres grands courants de pensée, apparemment irréductiblement opposés, mais en réalité exprimant une même désapprobation vis-à-vis de la politique extérieure américaine. Nous avons déjà cité à plusieurs reprises le célèbre linguiste américain Noam Chomsky qui, en tant qu'homme de « gauche », ne cesse de dénoncer la nature « impérialiste », meurtrière, « fascisante » et même « criminelle » de la stratégie globale poursuivie par les différentes administrations américaines depuis le début de la guerre froide. Commentant l'intervention occidentalo-américaine au Kosovo, Chomsky n'hésite pas à écrire que « les États-Unis ont choisi une voie qui, comme ils l'ont explicitement reconnu, accroît les atrocités et la violence. Une voie qui porte un coup de plus à un système international qui, au moins, offre aux faibles une protection limitée face à des États prédateurs [4] ».

Moins connue est la voix contestataire et impitoyable envers elle-même d'*une autre Amérique*, aux antipodes de celle défendue par Chomsky, l'Amérique traditionnelle et puritaine des « WASP » — méconnue du public européen mais qui escompte se faire entendre — la paysanne et l'isolationniste, certes actuellement en partie tenue à l'écart des sphères du pouvoir suprême, mais plus vivante que jamais et susceptible, un jour, à la faveur d'un bouleversement politique extérieur ou intérieur, d'orienter la « destinée manifeste » des États-Unis dans un sens plus prudent qu'isolationniste à proprement parler, c'est-à-dire réfractaire aux entreprises « néo-impériales », surtout lorsque celles-là contribuent à fédérer, fanatiser, radicaliser les peuples du monde entier contre l'« arrogance » américaine. Écoutons plutôt Pat Buchanan qui, indépendamment du jugement que l'on puisse porter sur ses orientations politiques ultra-conservatrices, parle au nom de l'« autre Amérique », « Le jour approche où l'hégémonie globale de l'Amérique va être contestée et où nos leaders vont découvrir qu'ils n'ont pas les ressources nécessaires pour honorer les traites de guerre qu'ils ont signées avec tant de légèreté, et où le peuple américain, alerté sur ce que sont exactement les engagements qui ont été pris en son nom par les hommes d'État, va se prononcer contre le paiement du prix d'un empire. Le jour d'un règlement de compte approche. Mon espoir, c'est que le prix en sang, en argent et en humiliation que l'Amérique sera forcée de payer un jour pour l'*hybris*, l'arrogance et la folie montrées par nos élites dans la direction actuelle de notre politique extérieure, ne conduira pas, grâce à Dieu, à la défaite et à l'abaissement de cette république — sort de toutes les autres grandes nations ou empires qui ont su prendre ce chemin [5]. »

Enfin, l'idéologie cosmopolite du village global, bien qu'elle serve de processus légitimant et de « cache-sexe » à l'hégémonisme étatsunien, n'en est pas moins, elle aussi, violemment critiquée par nombre d'intellectuels et de décideurs américains, conscients que si la culture commerciale planétaire afro-américaine de masse permet de renforcer le pouvoir de séduction du modèle américain au sein des jeunesses du monde entier, comme hypnotisées par l'hédonisme et l'individualisme jouissif que véhiculent la culture du *pursuit of happiness* et de l'*american dream*, elle n'en constitue pas moins une *source de dilution* et de *déliquescence sociale*, à terme préjudiciable à la cohésion de la société américaine et donc à la puissance des États-Unis. Pour Benjamin R. Barber, par exemple, l'un des chefs de file de la pensée sociologique américaine, la diffusion et la pénétration de la culture de masse cosmopolite américanomorphe à travers le monde, permise par de formidables moyens financiers et le dynamisme de véritables empires industriels de l'audiovisuel et de la communication, possède une *logique infernale autodestructrice et chaotique* propre. Pour Barber, l'uniformisation des peuples par le « rythme endiablé » des musiques, des ordinateurs (Microsoft, IBM, Macintosh, etc.), des modes vestimentaires et de la restauration (Mc Donald's) — le tout formant un « vaste parc à thème mondial uniforme » baptisé « McWorld », processus permis par les échanges commerciaux, les technologies de l'information et de la communication et par « un style de vie fondé sur l'amusement » — engendre, en réaction, un phénomène contraire d'exacerbation des particularismes identitaires et des intégrismes de toutes sortes, souvent exprimés de manière violente. Benjamin Barber nomme ce processus réactif « *djihad* », l'auteur donnant ici au terme *djihad* une signification élargie incluant tout autant la guerre des fanatiques d'Allah, lancés à la conquête du monde et rêvant de détruire McWorld, que les phénomènes — universellement constatés — comme le séparatisme, le régionalisme, les sectes ou plus généralement le « retour » aux identités originelles supposées salutaires, face au péril uniformisant du cosmopolitisme de McWorld, producteur de frustrations identitaires et de malaises existentiels. « La vérité paradoxale est que les tendances tant de Djihad que de McWorld se développent en même temps et qu'on peut les voir toutes deux à l'œuvre au même endroit et au même moment, écrit le sociologue américain, car Djihad se révolte contre McWorld mais en est également la complice (...). Djihad et McWorld ont un point commun : ils sont, tous deux, en guerre contre l'État nation souverain et minent ses institutions démocratiques [6]. » Particulièrement critique à l'égard de son pays, Barber reconnaît que l'« hégémonie douce de la *pop culture* américaine n'est pas anecdotique (...). La culture mondiale s'exprime en anglais, en américain. D'autres diront que la *pop culture* mondiale n'est pas réellement américaine, (...) qu'elle est internationale. Mais dire international n'est qu'une autre façon de dire mondial américain et donc, en fin de compte, monoculturel [7] ». Or, lorsque Benjamin Barber fustige cette *pop culture* véhiculant le culte hédoniste, anarchisant et nihiliste, de l'instant, de *l'argent*, du *sexe* (de plus en plus « virtuel » d'ailleurs) et du *divertissement*, c'est parce qu'il est convaincu que les sociétés occidentales, dans leur ensemble, à commencer par les États-Unis, *ne survivront pas*, socialement et psychologiquement, au raz de marée abrutissant de McWorld. « Ni Djihad ni McWorld n'aspirent à renforcer les vertus civiques. Celles-ci sont au contraire minées par leurs pratiques dénationalisantes (...). Qui va donc défendre l'intérêt public, nos biens communs, dans ce monde darwinien de sociétés prédatrices ». L'auteur explique que le « premier impératif opérationnel » de McWorld est de créer des « valeurs culturelles nécessaires à la consommation matérielle ». Ainsi la sous-culture planétaire américaine « catalyse la consommation, subliminalement, elle offre des flashes de liberté et de mépris de l'autorité. (...) la *pop culture* américaine et l'esthétique de MTV remplaceront les cultures locales, et la politique mondiale dictée par les marchés se substituera aux politiques culturelles nationales [8] ».

Partant, quant à lui, d'un point de vue ouvertement « anti-occidental », le sociologue russe Zinoviev déplore qu'à la place des cultures nationales démocratiques, « ravalées à un niveau misérable (...) s'installe la culture, ou plutôt la pseudoculture de l'occidentisme (...). La masse populaire se voit offrir un succédané de démocratie sous forme de débauche, de laxisme des autorités, de distractions aisément accessibles, d'abandon à soi-même, bref un système de valeurs qui libère l'individu de tout effort personnel et de toute contrainte morale [9] ». Ainsi Zinoviev dresse-t-il un bilan global de l'évolution de l'Occident qui, à bien des égards, converge avec les conclusions alarmistes de Benjamin Barber ou de Samuel Huntington, preuve qu'Européens « post-byzantins » et Américains « occidentaux » peuvent très bien, au nom d'une volonté commune d'*enrayer le déclin des sociétés de civilisation européenne*, dénoncer les mêmes fléaux internes communs aux sociétés « post-modernes ». D'après l'ancien dissident russe, pour assurer leur suprématie économique et culturelle, base de leur hégémonie totale, les États-Unis, et plus spécialement les structures dirigeantes du « système McWorld », qui dépasse désormais les frontières des seuls États-Unis, sont condamnés, ne serait-ce que pour écouler le surplus de production de leurs firmes internationales toujours à la recherche de nouveaux marchés, à se comporter comme une sorte *d'agent destructeur* des identités nationales, dernières barrières à l'expansion du capitalisme industriel occidental. « Ce qui est propagé en réalité, c'est le culte du sexe, de la violence et de l'argent (...). Le cinéma, la littérature, la philosophie, tous les moyens d'influence et de diffusion de la culture au sens large vont dans le même sens (...). Le développement des mass media permet des manipulations auxquelles ni Hitler ni Staline ne pouvaient rêver (...).. Le citoyen occidental en est bien plus abruti que ne l'était le Soviétique moyen par la propagande communiste. Ce totalitarisme démocratique est la dernière phase de l'évolution de la société occidentale (...). Voilà pourquoi les Américains s'acharnent, depuis des décennies, à baisser le niveau culturel et intellectuel du monde : ils veulent le ramener au leur pour pouvoir exercer ce diktat [10]. »

Dans son ouvrage *Le Grand Échiquier*, Zbigniew Brzezinski, qui se plaît souvent à comparer l'Empire américain à Rome, rappelle que l'une des causes majeures de l'effondrement de l'Empire romain, fut — outre la cassure Orient/Occident — « la décadence culturelle, l'hédonisme culturel, qui (...) a sapé la volonté de grandeur de l'élite politique [11] ». Ainsi l'ancien conseiller de Jimmy Carter explique-t-il que le déclin des empires est pratiquement toujours dû à des causes *internes,* citant parmi les principales, le « manque de ressort social, la décadence, l'hédonisme (...) provoquant l'effondrement des structures du pays ». Tout en se félicitant du fait que la culture de masse américaine — « même dans ses aspects les moins sophistiqués (...) et quoi que l'on pense de ses qualités esthétiques — exerce, sur la jeunesse en particulier, une séduction irrésistible », Brzezinski reconnaît lui-même que « la domination américaine sur les communications et les spectacles populaires (...) véhicule un hédonisme superficiel et des styles de vie stéréotypés [12] ». Mais esquivant ainsi le principal talon d'Achille de sa théorie de la *supériorité* du modèle américain, Zbigniew Brzezinski évite de faire le parallèle entre la décadence morale de Rome et celle des sociétés occidentales contemporaines, elles aussi abreuvées, de manière probablement plus généralisée que Rome encore, au consumérisme passif, à l'hédonisme, et incontestablement menacées, dans leur cohésion et leur pérennité mêmes, par les graves *pathologies sociales* que constituent la dénatalité massive, la perte des valeurs morales et familiales, l'effondrement des références religieuses ou même des valeurs civiques laïques de substitution (Durkheim), bref, la montée générale du nihilisme et d'une mentalité antisociale diffuse, que Gilles Lipovetsky a parfaitement analysé dans son ouvrage *L'Ère du vide.*

Plus cohérent que Brzezinski sur ce point, l'autre « faucon » de la pensée géostratégique américaine moderne, Samuel Huntington, énumère sans se voiler la face les maux sociologiques qui menacent, selon lui, non seulement les faibles États d'Europe, mais également la société américaine elle-même, en quelque sorte prise à son propre *piège*, emportée par la dynamique chaotique et la spirale auto-destructrice de McWorld. En effet, les jeunes Américains passant en moyenne deux ou trois fois plus de temps devant leurs écrans télévisés ou *video games* que leurs camarades européens, l'abrutissement général croissant des masses étatsuniennes, résultat direct de la *pop culture* et du *soft power* télématique, atteint des proportions de plus en plus inquiétantes. Or, il serait illusoirement optimiste et irresponsable, de la part des responsables politiques, d'affirmer que les phénomènes de régression intellectuelle, de montée de l'illettrisme et de baisse générale du niveau scolaire, constatés encore plus aux États-Unis qu'en Europe, n'auront pas, dans un avenir proche, de graves conséquences sociales et politiques. À terme, c'est la société américaine elle-même, jadis puritaine, qui risque de sombrer dans le chaos social [13], si l'hégémonisme immatériel envoûtant de McWorld, distillé par une gigantesque industrie télématique à la puissance effrayante, continue à s'étendre et à s'affranchir des règles et barrières sociales de toutes sortes, pourtant propres à la pérennité de toute société humaine. Pour Samuel Huntington, « le déclin moral, le suicide culturel et la désunion politique constituent pour l'Occident, des problèmes plus lourds de sens que les questions économiques et démographiques ». Parmi les plus évidentes manifestations du déclin moral, l'auteur cite :

— le *développement des comportements antisociaux* (crime, drogue, violence) ;

— *le déclin de la famille*, lui-même lié au déclin moral, se traduisant par l'augmentation du taux de divorces, des naissances « illégitimes », des familles monoparentales, etc. ;

— le déclin du « capital social », c'est-à-dire la participation plus faible à des associations (caritatives, d'entraides, etc.) ;

— la faiblesse générale de l'éthique et la priorité accordée à la « complaisance » ;

— le « suicide culturel », c'est-à-dire la désaffection pour le savoir et l'activité intellectuelle, qui se manifeste par la baisse du niveau scolaire et qui est principalement provoquée par la substitution de la télévision et de l'industrie du divertissement de masse aux livres et à la culture ;

— enfin, concernant l'Europe surtout, Huntington ajoute le *facteur risque* de l'immigration de masse incontrôlée, la culture occidentale étant de plus en plus contestée, selon lui, par « certains groupes, remise en cause qui est le fait d'immigrés issus d'autres civilisations, qui refusent l'assimilation et persistent à défendre et à propager les valeurs, les coutumes et la culture de leurs sociétés d'origine, phénomènes particulièrement visible chez les Musulmans d'Europe [14] ».

« L'Occident peut-il se renouveler ou verra-t-il se poursuivre ce pourrissement interne accélérant son déclin et/ou sa subordination à d'autres civilisations plus dynamiques économiquement et démographiquement ? », questionne, non sans inquiétude, le professeur de Harvard. Telle est probablement la *question centrale* que devraient se poser les responsables occidentaux. Mais deux obstacles *endogènes* fondamentaux empêchent de rompre le cercle infernal du déclin culturel et sociologique des sociétés occidentales : premièrement, le formidable *pouvoir d'attraction* et de séduction que procure la culture hédoniste McWorld à l'empire étatsunien auprès des masses culturellement américanisées, ainsi que les considérables gains déclenchés par l'industrie culturelle américaine ; deuxièmement, la passivité des responsables politiques américains, eux-mêmes tributaires du « pouvoir culturel » et médiatique, et surtout européens, plongés quant à eux dans le confort de la vassalité stratégique euro-atlantique et prisonniers des politiques électorales démagogiques les dissuadant de partir en croisade contre une domination culturelle qu'ils savent agréable aux « jeunes » et impossible à combattre politiquement sans risques électoraux.

Même lorsqu'ils sont conscients de la menace d'autodestruction que le nihilisme de McWorld fait courir, à terme, à leur société, les Américains sont en quelque sorte prisonniers d'un système, certes, désagrégateur, mais qui constitue, comme le retranscrit parfaitement la notion de « force de frappe culturelle », l'une des principales sources de puissance de leur empire planétaire. Rappelons tout de même que l'industrie culturelle américaine rapporte *18 milliards de dollars par an* aux États-Unis et représente le *deuxième poste à l'export.*

Dans ce contexte, la quasi-inexistence d'une Europe de la culture, qui passerait bien évidemment par un véritable Pôle industriel européen de l'audiovisuel et de la communication, tel qu'il existe de fait aux États-Unis, est aussi *inadmissible* que l'absence d'une défense authentiquement européenne. Si l'Europe est actuellement submergée par les industries « culturelles » d'Hollywood, c'est *d'abord* parce que les élites et responsables politiques européens, abusés par le modèle américain et satisfaits d'un certain confort que leur procure l'inféodation « atlantique », n'ont *jamais rien entrepris* pour tenter de contrebalancer la domination américaine. Il en va finalement de la « force de frappe immatérielle » de McWorld comme de la domination militaro-stratégique inégalée de l'« hyperpuissance » : les Européens sont-ils habilités à se plaindre de l'omnipuissance étatsunienne, certes autant insupportable qu'inacceptable, alors qu'ils persistent à céder aux Américains — sans contreparties et sans même y être contraints — la pleine responsabilité de leur *politique de défense* et la conception puis la direction de leur *politique culturelle ?* Une fois de plus, on le voit, les Européens *sont les premiers responsables* de leurs faiblesses et de leur inféodation, en l'occurrence à « l'Islamérique ».

De même que les causes de la décadence des nations ou des empires sont essentiellement *internes*, comme le rappelle justement Brzezinski, de même les voies de la *renaissance* et de la *puissance* se trouvent inévitablement *à l'intérieur des sociétés européennes.* En termes clairs, s'ils veulent survivre et ne pas connaître le terrible sort décrit par Alexandre Zinoviev ou Samuel Huntington, *la disparition pure et simple en tant que civilisation*, les Européens doivent *tout* faire pour *mettre fin à leurs divisions*, « Union sacrée », *retrouver confiance* en eux-mêmes, et renouer avec une *volonté de puissance*, au sens le plus neutre du terme, c'est-à-dire recouvrer une *volonté* tout court.

NOTES

1. La récente déclaration du président Vladimir Poutine (05/03/2000) n'excluant pas, à terme, une intégration de la Russie dans le « pilier européen » de l'OTAN, annonce une première ouverture russe à l'« Occident ».
2. Huntington, *op. cit.,* p. 345.
3. Samuel Huntington, « The Lonely Superpower », New York, *Foreign Affairs*, mars-avril 1999.
4. Noam Chomsky, « Les États-Unis contre le droit », Manière de voir, *Le Monde diplomatique*, n° 45, mai-juin 1999.
5. Patrick J. Buchanan, *A Republic Not an Empire, Regnery*, Washington DC, 1999, 437 p.
6. Benjamin R. Barber, *Djihad versus McWorld, mondialisation et intégrisme contre démocratie*, Desclée de Brouwer, 1995, p. 22-25.
7. *Id., ibid.*, p. 72-73.
8. *Id., ibid.*
9. Barber, *op. cit.*, p. 101-109.
10. « Dernier entretien en terre d'Occident », A. Zinoviev, *La Grande Rupture*, p. 92-107.
11. Brzezinski, *op. cit.,* p. 36.
12. Brzezinski, *op. cit.*, p. 51.
13. Voir Éric de la Maisonneuve, *La violence qui vient*, Arléa, Paris, 1997.
14. Huntington, *op. cit.*, p. 337.

Annexe I
Cartes

Les grands blocs géoéconomiques du XXIe siècle et sous-ensembles du « Bloc euro-occidental »

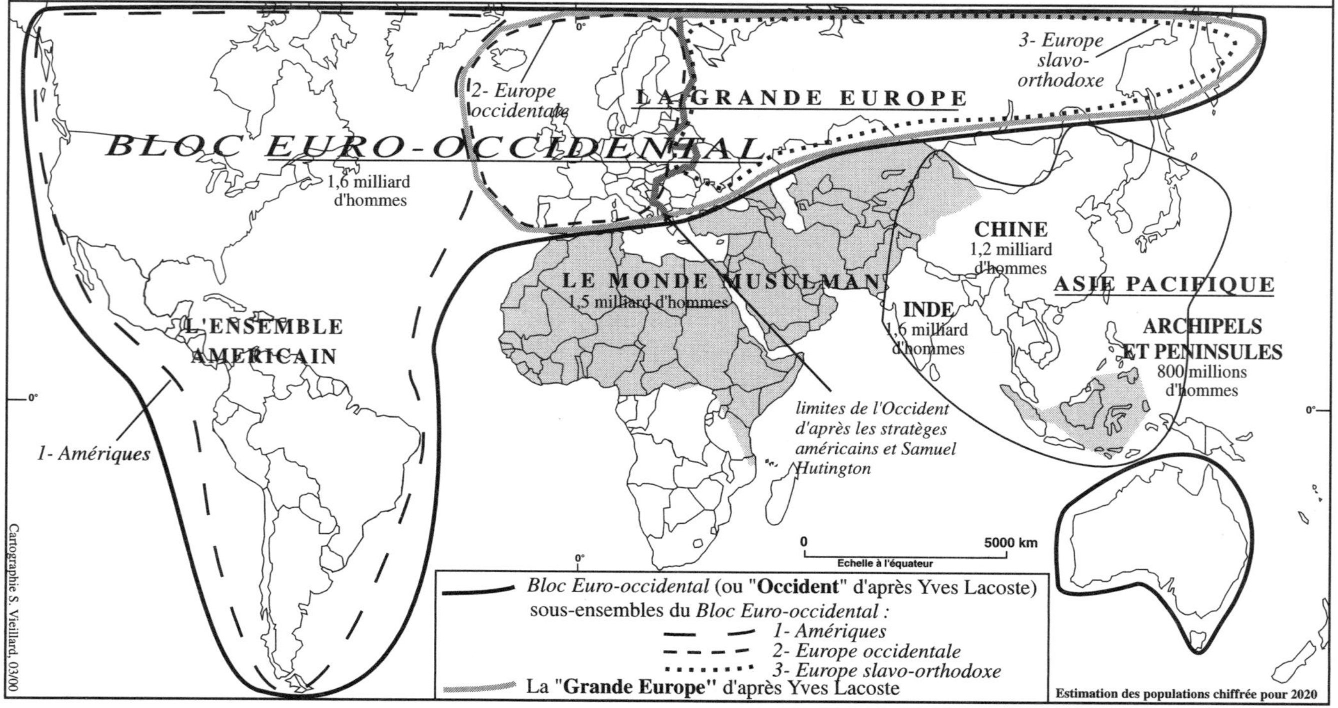

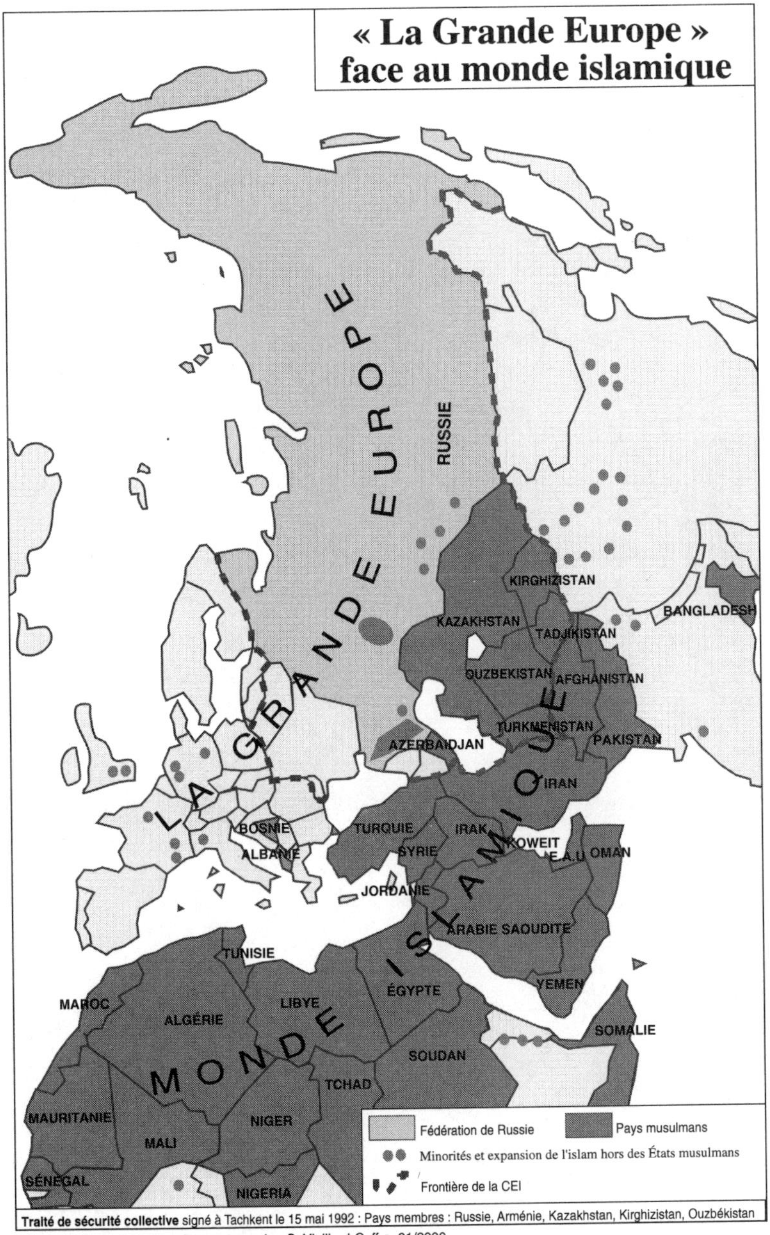

« La Grande Europe » face au monde islamique

Traité de sécurité collective signé à Tachkent le 15 mai 1992 : Pays membres : Russie, Arménie, Kazakhstan, Kirghizistan, Ouzbékistan

Source propre à l'auteur et à la cartographe, S. Vieillard-Coffre, 01/2000

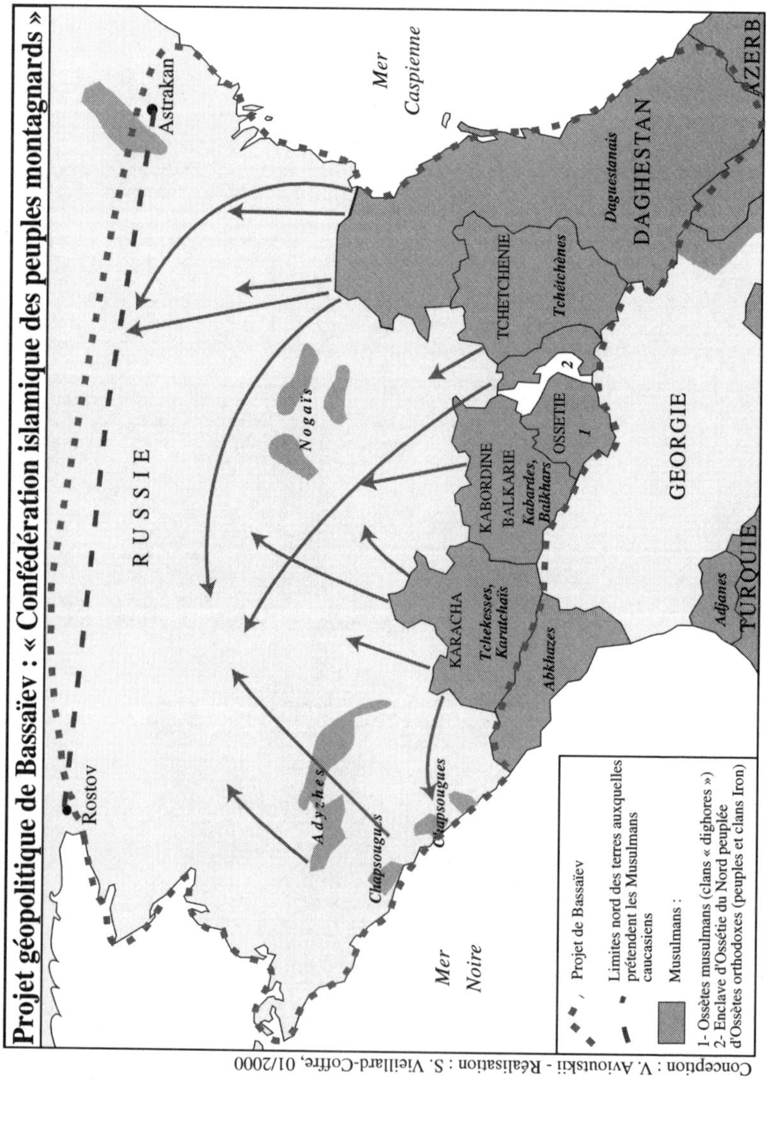

Conception : V. Avioutskii - Réalisation : S. Vieillard-Coffre, 01/2000

Présence musulmane en Russie, dans le Caucase et en Asie centrale

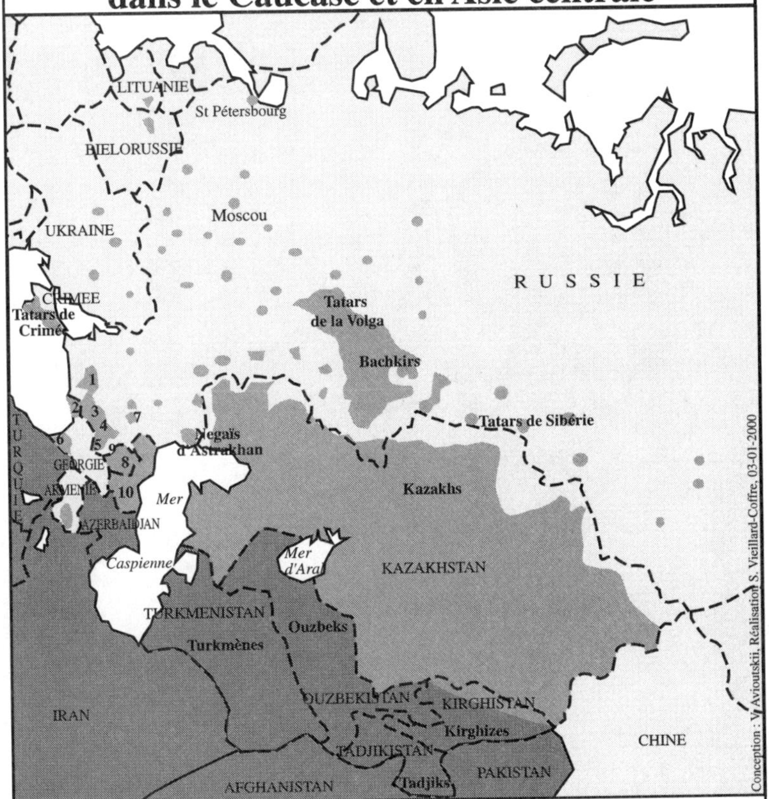

Plus de 75 % de Musulmans dans la population

Plus de 50 % de Musulmans dans la population

zones d'habitation continue

enclaves, fortes minorités citadines (tatars, tchétchènes)

1- Adyghes
2- Abkhazie
3- Karatchaï- Tcherkessie
4- Kabardes, Balkares
5- Ossètes musulmans
6- Adjarie
7- Nogaïs de Stavrepol
8- Tchétchénie
9- Ingouchie
10- Daghestan

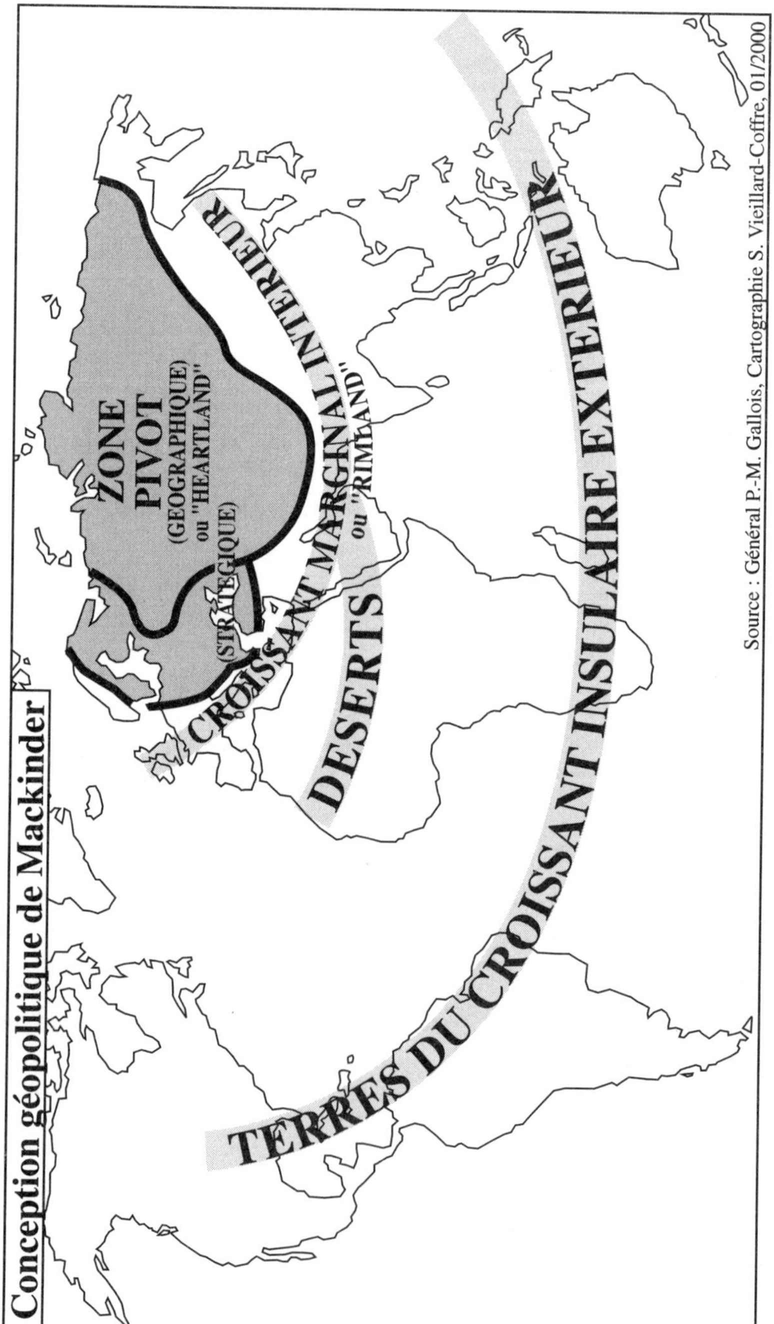

Conception géopolitique de Mackinder

Source : Général P.-M. Gallois, Cartographie S. Vieillard-Coffre, 01/2000

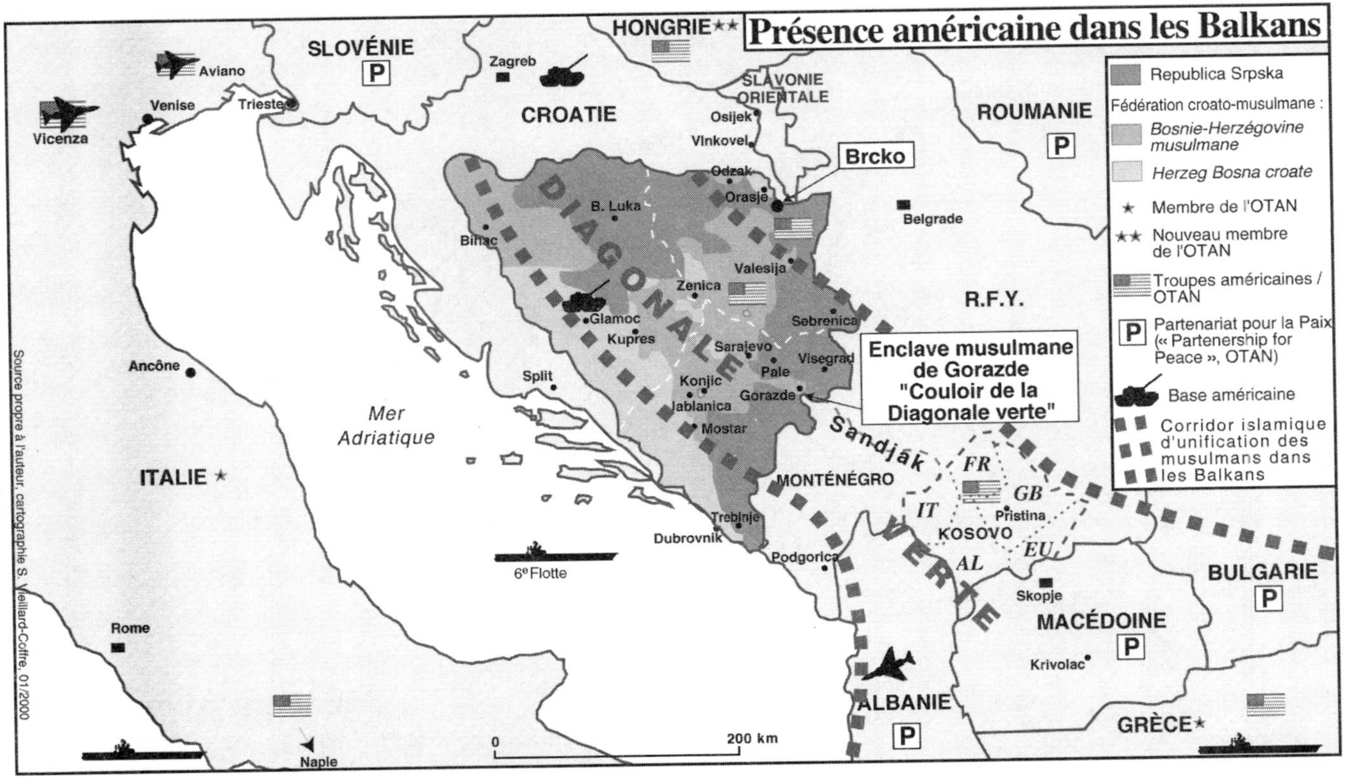
Présence américaine dans les Balkans
Republica Srpska
Fédération croato-musulmane :
Bosnie-Herzégovine musulmane
Herzeg Bosna croate
Membre de l'OTAN
Nouveau membre de l'OTAN
Troupes américaines / OTAN
Partenariat pour la Paix (« Partenership for Peace », OTAN)
Base américaine
Corridor islamique d'unification des musulmans dans les Balkans
SLOVÉNIE
HONGRIE★★
CROATIE
ROUMANIE
SLAVONIE ORIENTALE
R.F.Y.
MONTÉNÉGRO
KOSOVO
ALBANIE
MACÉDOINE
BULGARIE
GRÈCE★
ITALIE★
Aviano
Vicenza
Venise
Trieste
Zagreb
Osijek
Vinkovei
Brcko
Odzak
Orasje
Belgrade
B. Luka
Bihac
Valesija
Zenica
Glamoc
Kupres
Sebrenica
Sarajevo
Pale
Visegrad
Konjic
Jablanica
Gorazde
Mostar
Split
Trebinje
Dubrovnik
Podgorica
Pristina
Skopje
Krivolac
Ancône
Rome
Naple
Mer Adriatique
6e Flotte
DIAGONALE
VERTE
Sandjak
FR
GB
IT
EU
AL
Enclave musulmane de Gorazde "Couloir de la Diagonale verte"
0
200 km
Source propre à l'auteur, cartographie S. Vieillard-Coffre, 01/2000

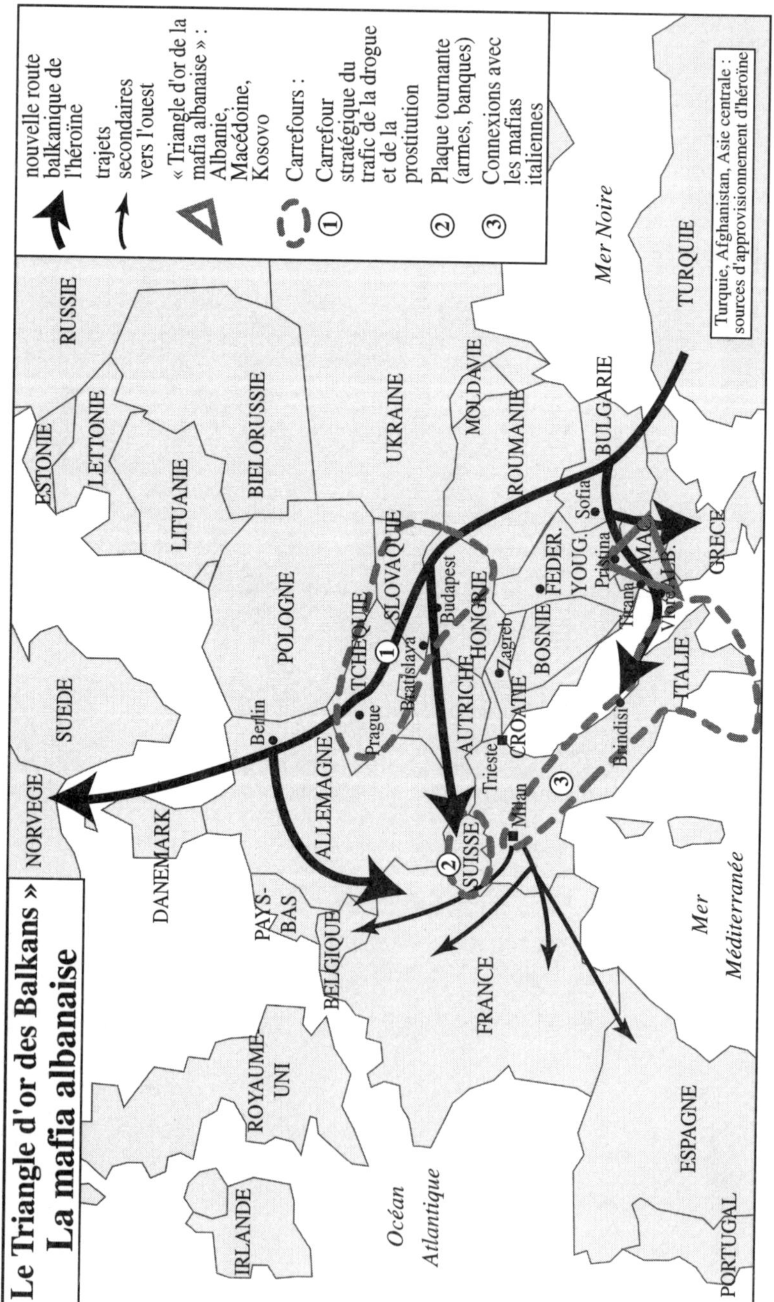
« Le Triangle d'or des Balkans »
La mafia albanaise
nouvelle route balkanique de l'héroïne
trajets secondaires vers l'ouest
« Triangle d'or de la mafia albanaise » : Albanie, Macédoine, Kosovo
Carrefours :
① Carrefour stratégique du trafic de la drogue et de la prostitution
② Plaque tournante (armes, banques)
③ Connexions avec les mafias italiennes
Turquie, Afghanistan, Asie centrale : sources d'approvisionnement d'héroïne
RUSSIE
ESTONIE
LETTONIE
LITUANIE
BIELORUSSIE
UKRAINE
MOLDAVIE
ROUMANIE
BULGARIE
TURQUIE
Mer Noire
SUEDE
NORVEGE
DANEMARK
POLOGNE
TCHEQUIE
SLOVAQUIE
HONGRIE
AUTRICHE
ALLEMAGNE
PAYS-BAS
BELGIQUE
SUISSE
FRANCE
CROATIE
BOSNIE
FEDER. YOUG.
MAC.
ALB.
GRECE
ITALIE
ESPAGNE
PORTUGAL
ROYAUME-UNI
IRLANDE
Océan Atlantique
Mer Méditerranée
Berlin
Prague
Bratislava
Budapest
Zagreb
Trieste
Milan
Brindisi
Sofia
Pristina
Tirana
Vlora
Sources propres à l'auteur, conception : Del Valle, cartographie : S. Vieillard, 01/00

Balkans, carrefour stratégique pour Washington

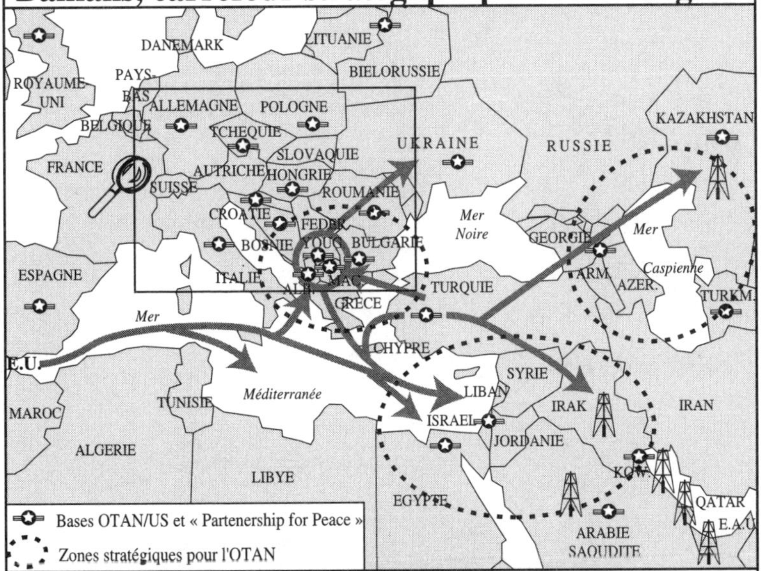

Un fleuve stratégique : le Danube

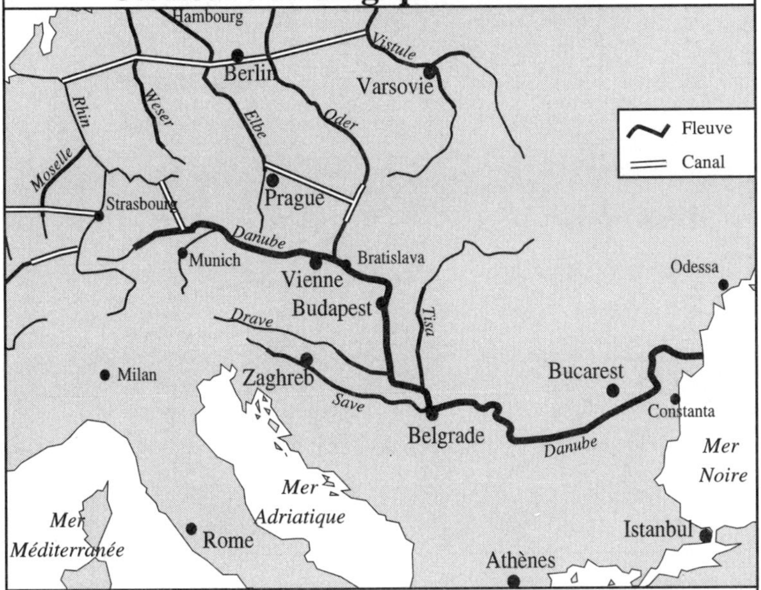

Le Danube est considéré comme la colonne vertébrale de la Mittleuropa.

Conception : A. del Valle, P.-M. Gallois, Réalisation : S. Vieillard, janvier 2000

Projet de Grande Albanie
N
HONGRIE
Vovoïdine
ROUMANIE
CROATIE
BOSNIE-
HERZEGOVINE
SERBIE
FEDERATION
YOUGOSLAVE
BULGARIE
Gorazde
Sandjak
Mitrovica
MONTENEGRO
KOSOVO
Presevo
MACEDOINE -
ARYM
Mer
Adriatique
ALBANIE
ITALIE
Epire
GRECE
Sources propres à l'auteur, cartographie : S. Vieillard-Coffre, 30/12/99
Territoire de la "Grande Albanie"
Zones de tension

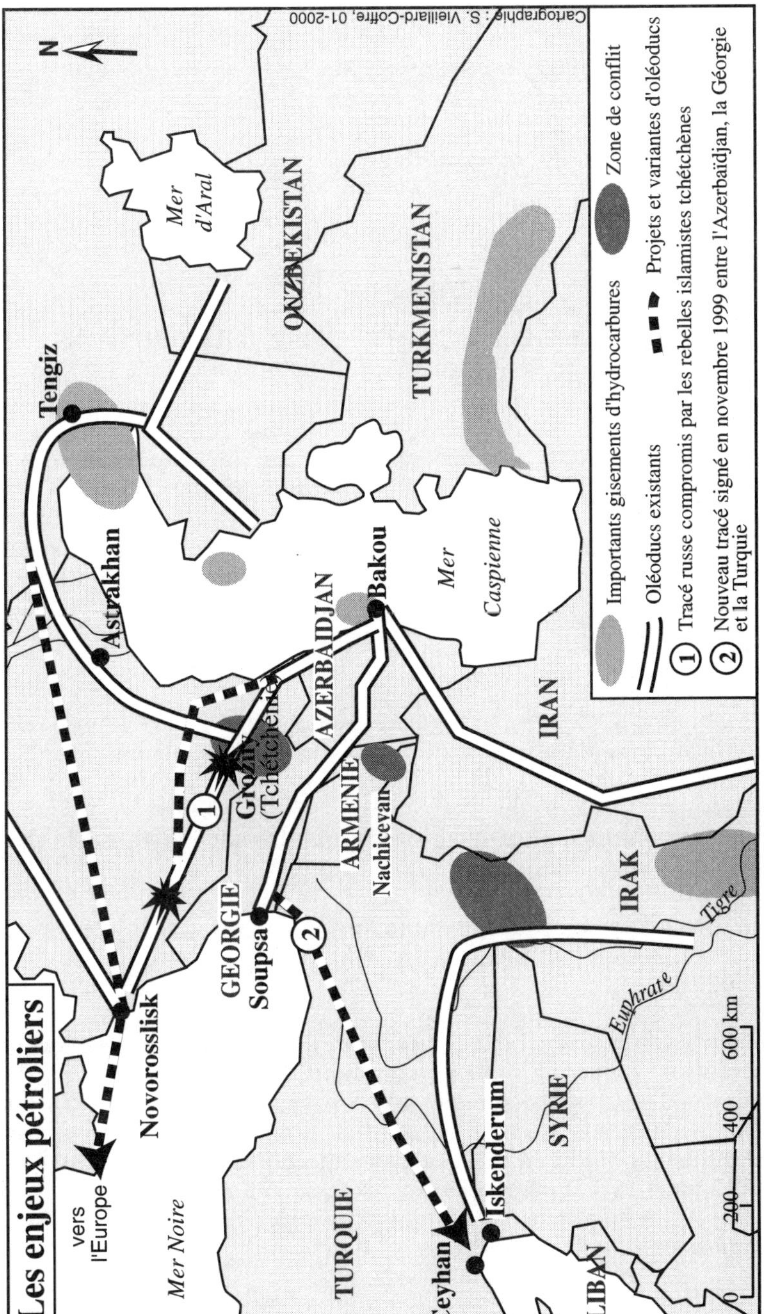
Les enjeux pétroliers
N
Tengiz
Astrakhan
Mer d'Aral
OUZBEKISTAN
TURKMENISTAN
Bakou
Mer Caspienne
AZERBAIDJAN
Grozny (Tchétchénie)
ARMENIE
Nachicevan
IRAN
IRAK
Tigre
Euphrate
SYRIE
LIBAN
GEORGIE
Soupsa
Novorosslisk
vers l'Europe
Mer Noire
TURQUIE
Ceyhan
Iskenderum
0 200 400 600 km
Cartographie : S. Vieillard-Coffre, 01-2000
Importants gisements d'hydrocarbures
Zone de conflit
Oléoducs existants
Projets et variantes d'oléoducs
1 Tracé russe compromis par les rebelles islamistes tchétchènes
2 Nouveau tracé signé en novembre 1999 entre l'Azerbaïdjan, la Géorgie et la Turquie

Annexe II : Extrait de l'accord de Rambouillet

24. Supplementary arrangements with any of the Parties may be concluded to facilitate any details connected with the Operation.

25. The provisions of this Appendix shall remain in force until completion of the Operation or as the Parties and NATO otherwise agree.

Chapter 8

Amendment, Comprehensive Assessment, and Final Clauses
Article I : Amendment and Comprehensive Assessment

1. Amendments to this Agreement shall be adopted by agreement of all the Parties, except as otherwise provided by Article X of Chapter 1.

2. Each Party may propose amendments at any time and will consider and consult with the other Parties with regard to proposed amendments.

3. *Three years after the entry into force of this Agreement*, an international meeting shall be convened to determine a mechanism for a final settlement for Kosovo, on the basis of the *will of the people*, opinions of relevant authorities, each Party's efforts regarding the implementation of this Agreement, and the Helsinki Final Act, and to undertake a comprehensive assessment of the implementation of this Agreement and to consider proposals by any Party for additional measures.

Glossaire

Adates : système de lois traditionnelles locales nord-caucasiennes.

Big Stick (« politique du gros bâton ») : expression lancée par le président Theodore Roosevelt citant un proverbe africain, en 1903 : « Parlez bas et portez un gros bâton, vous irez loin. » La formule sert depuis à décrire la politique de Washington en Amérique latine, chasse gardée des États-Unis puis, depuis la chute de l'Union soviétique, dans le Golfe (Irak), en Afrique (Libye, Soudan, Somalie) et en ex-Yougoslavie (Bosnie, Serbie-Kosovo).

Boeviks : terme russe donné aux paramilitaires tchétchènes qui mènent la guerre contre les Russes.

Charià : litt. en arabe, « voie » tracée par la loi divine. Loi canonique de l'islam tirée du Coran et des *Hadiths*. Dans certains États musulmans, comme le Soudan ou l'Arabie Saoudite, la *charià* est la norme de droit exclusive.

Chiites : litt. « scission, section, parti ». Partisans d'Ali et de ses descendants, les chiites récusent la légitimité de tous les khalifes instaurés après l'assassinat d'Ali (661).

CIA (*Central Intelligence Agency* : agence centrale de renseignement) : créée en 1947 au début de la guerre froide, elle est officiellement chargée de recueillir des renseignements à l'extérieur du territoire américain.

Containment (« endiguement ») : terme lancé par l'ancien ambassadeur américain à Moscou, George Kennan, qui, en juillet 1947, affirmait que l'impératif premier de la diplomatie américaine à l'égard de l'URSS devait « être l'endiguement long, patient, mais ferme et vigilant des tendances expansionnistes russes ». Le *containment* est la base de la « doctrine Truman » visant à « empêcher toute nouvelle extension de la zone d'influence soviéto-russe » en aidant les pays susceptibles de basculer dans le communisme.

Dar al-Harb : litt. « demeure ou zone de la guerre ». Espace géographique, juridique et politico-spirituel avec lequel les musulmans habitant le *territoire de l'islam* ne peuvent entretenir que des rapports de guerre du fait que le *dar al-Harb* refuse d'embrasser l'islam.

Dar al-Islam : litt. « demeure de l'islam ». Territoire à l'intérieur duquel la souveraineté et le pouvoir politique sont directement exercés par des Musulmans. Dans le *dar al-Islam*, les minorités religieuses non païennes peuvent être tolérées moyennant une soumission totale au pouvoir temporel islamique et le paiement du tribut.

Devchirmé : mot turc désignant la levée d'enfants chrétiens (surtout dans les Balkans) destinés au corps des janissaires et aux services administratifs ottomans. Les enfants étaient enlevés brutalement à leurs mères entre l'âge de 8 et 14 ans. Après un conditionnement intense, ils devenaient musulmans et pouvaient même être employés par la suite dans les missions de répression de leurs frères chrétiens des Balkans.

Dhimmi : terme forgé à partir de l'expression arabe « *Ahl al-dhimma* » qui signifie littéralement les « gens du pacte ». Les *Dhimmis* sont en fait les Juifs et les Chrétiens (parfois d'autres confessions bien que les monothéistes soient théoriquement reconnus) vivant en terre d'islam (*dar al-Islam*) et qui acceptent de se soumettre aux lois islamiques. En échange de cette soumission, ainsi que moyennant le paiement d'un impôt spécial, le tribut *(jiziyya)*, le *tributaire* judéo-chrétien ou sabéen se voit reconnaître le droit de pratiquer son culte. Mais il n'est pas considéré comme un citoyen : il ne peut en aucun cas commander un « vrai croyant » ; il ne peut porter les armes ; il doit enfin accepter la supériorité du musulman ainsi que son prosélytisme sans avoir quant à lui le droit de manifester sa foi non musulmane.

Ghazawat : expression issue du terme arabe *ghazwa*, utilisée dans le nord du Caucase. Chez les Tchétchènes, en particulier, depuis la guerre sainte antirusse menée par l'imam Chamil au XIXe siècle, *ghazawat* désigne la « *guerre sainte* contre les mécréants » ou encore la « proclamation de la guerre » et, par extension, la défense de l'identité et de la liberté face aux « envahisseurs infidèles », essentiellement russes.

Ghazi : du terme arabe « *ghazwa* » *ghazya*, d'où est issu le terme français *razzia*. Combattants de la foi, organisés en ordre militaire dans l'Empire ottoman.

Gorani : pluriel de « *goran* », signifiant « montagnard » en serbo-croate (*gora* = montagne). Les *gorani* sont les populations slaves islamisées vivant dans la région montagneuse du sud du Kosovo (par opposition aux Serbes-orthodoxes qui occupaient surtout les plaines). Aux côtés des Kosovars slaves (Croates, Serbes, Monténégrins), les *gorani* constituaient un écueil à l'albanisation du Kosovo aujourd'hui effective.

Grozny : (ancien) centre administratif de la République autonome de Tchétchénie-Ingouchie (1934-1992) puis de la Tchétchénie (jusqu'à janvier 2000), transféré à Goudermes. Terme russe signifiant *redoutable* ou terrible ; nom qui fut donné au tsar Ivan IV *le Terrible* (Ivan Grozny) en l'hommage duquel cette ville fut fondée.

Hadith : litt. « dits ». Faits, gestes, propos (dits) et mêmes silences, de Mahomet, consignés sous forme de récits dont l'ensemble constitue une « coutume » ou une « tradition » *(sunna)*. Le *hadith* a surtout une fonction pédagogique. Il constitue l'exemple de la « perfection » que le musulman doit s'efforcer d'atteindre.

Hanbalite : disciple de l'imam Ahmad ibn Hanbal (780-855). Le hanbalisme forme la quatrième école juridique sunnite, qui constitue aujourd'hui la doctrine officielle des wahhabites (Arabie Saoudite). Au sens large, les hanbalites sont ceux qui, dans leur opposition au *mutazilisme* (école philosophico-juridique modérée et doctrine officielle des Abbassides, persécutée par les Musulmans orthodoxes, notamment les hanbalites. Elle disparaîtra à partir du XIIIe siècle) se sont réclamés de Hanbal. Selon leur doctrine, les déclarations du Coran ou de la tradition doivent être reçues comme telles, sans interprétations, ni allégoriques ni spéculatives (ce qui les conduit à rejeter les droits de la raison).

Janissaires : du terme turc « *yéni tchéri* » (« nouvelle troupe »). Infanterie d'élite de l'Empire ottoman — essentiellement composée de *dhimmis* convertis de force à l'Islam en bas-âge — recrutée (jusqu'au XVIe siècle) par le système du *devchirmé* (voir *supra*).

Jihad : effort, combat personnel en vue du perfectionnement moral et religieux (*jihad* majeur). Il peut conduire au « combat sur la voie de Dieu » (« *fi sabil'illah* »), guerre religieuse légale contre les apostats, les dissidents, les infidèles et les païens refusant de se convertir à la « vraie foi » (*jihad* mineur).

Kosovo (ou *Kosovo Polje*) : litt. le « Champ des merles » (pays du), en serbo-croate, est le nom de la bataille qui opposa, le 28 juin 1389, les Serbes aux envahisseurs turcs-ottomans. Les forces serbes, trois fois moins nombreuses, perdirent vaillamment. Ce combat marqua la mémoire collective nationale du peuple serbe qui se présente toujours comme la nation martyre, dernier rempart post-byzantin et européen face à l'ennemi turco-musulman. Le prince serbe Lazare et le sultan turc Mourad trouveront tout deux la mort au cours de cette bataille sanglante.

Lobby (Litt. : couloir) : groupe de pression. Terme d'origine anglaise remontant au XVIIe siècle : des intermédiaires se postaient dans les couloirs (*lobbies*) de la Chambre des communes et pressaient les membres du Parlement de leur accorder des faveurs. L'expression sera popularisée aux États-Unis au début du XIXe siècle. Depuis, la loi reconnaît l'existence des lobbies, lesquels doivent se déclarer auprès du Congrès s'ils exercent leur activité à l'intérieur des États-Unis ; auprès du département de la Justice s'ils défendent les intérêts étrangers. Aux États-Unis, la confrontation des idées et des intérêts se déroule plus à travers les lobbies que dans les partis politiques.

Moghols : dynastie musulmane, originaire d'Asie centrale, qui régna sur les Indes de 1526 à 1858.

Monghols : tribus nomades d'Asie centrale et de Sibérie méridionale qui, fédérées par Gengis Khan, conquirent d'innombrables territoires asiatiques et mêmes européens.

(Doctrine) Monroe : édictée en 1823 par le président James Monroe, la « doctrine Monroe » affirme le droit des États-Unis à intervenir dans les pays du continent américain contre le « colonialisme » européen — c'est le principe de l'« Amérique aux Américains ».

Oumma (ou « Communauté-matrie ») : terme arabe dérivé de « *Oum* » (la « mère ») désignant, par extension, la communauté politico-religieuse, culturelle et juridique des croyants musulmans du monde entier, habitant aussi bien le *dar al-Islam* que le *dar al-Harb*. La « *Oumma al-islamiyya* » (« communauté islamique ») est universelle et intemporelle. Elle ne connaît *aucune limite de temps ou d'espace*. Là où se trouvent les « croyants » — y compris dans un État majoritairement non musulman, dès lors que les Musulmans n'ont pas abjuré — la *Oumma* est présente en tant que communauté religieuse distincte et surtout en tant que *nation* et *État* (*Islam Din wa Dounya* : « l'islam est religion et société »). La *Oumma* constitue donc une extra-territorialité politico-juridique et civilisationnelle de fait lorsqu'elle se développe dans un État « infidèle » dont elle conteste la légitimité du « pouvoir impie » en place.

Puritanisme : expression forgée à partir du terme *puritain*, désignant les membres de l'Église protestante congrégationniste, fondée sur la pratique d'un christianisme « pur ». Persécutés en Angleterre, nombre de *puritains* émigrèrent au XVIIe, en Amérique où ils fondèrent la colonie du Massachusetts. L'éthique exigeante du protestantisme puritain est en grande partie à l'origine de l'esprit d'entreprise (*cf.* Max Weber, *L'Éthique protestante et l'esprit du capitalisme*), du désir de réussite économique et sociale ainsi que de l'austérité morale, ou plutôt de la tendance moralisatrice qui caractérise la mentalité des WASP (White anglo-saxons protestants) et des Américains en général.

Reconquista : terme espagnol désignant la reconquête menée en Espagne par les autochtones chrétiens contre les occupants musulmans berbéro-arabes.

Shqipéria (« Albanie ») : littéralement « [pays] du rocher ». Nom issu du terme albanais *Shqipé* qui signifie, étymologiquement, « rocher », l'Albanie étant un pays particulièrement pourvu en rochers. D'après une acception moins littérale, *Shqiperia* (ou *Sqhipetaria*) signifierait le « pays des aigles », acception retenue par les Albanais et devenue officielle à Tirana.

Shqipétare (ou *Shkipetari*) *:* terme forgé à partir de *Shqipéria* désignant les populations albanophones, tant d'Albanie que de la diaspora albanaise en général.

Sunna : litt. « tradition », en arabe. Coutume du Prophète, constituée par les *Hadiths* (dits et gestes), définie par la littérature de la tradition et référence majeure des commentateurs du Coran. Le mot sunnite vient de *sunna*.

Sunnite : branche « orthodoxe » majoritaire de l'islam (90 %). Système politico-religieux (théocratie) s'opposant au chiisme pour des raisons théologico-juridiques (conceptions différentes du droit et du monothéisme) et politico-historiques (succession de Mahomet). Les sunnites se subdivisent en quatre écoles juridiques : *malikite*, *hanbalite*, *hanafite*, *chafiite*, dont les doctrines et interprétations des textes sacrés demeurent inchangées depuis le XIe siècle.

Wahhabisme : mouvement politico-religieux puritain et ultra-orthodoxe d'origine hanbalite né au XVIIIe siècle en Arabie. C'est la doctrine officielle de l'actuel royaume d'Arabie Saoudite.

Je tiens à exprimer tout particulièrement ma reconnaissance envers mes amis Marcel-Éric Terret et Claude Rainaudi, qui m'ont fait part de leurs conseils et suggestions pertinentes, respectivement pour les questions économiques et financières et en matière de guerre psychologique et de l'information, sans oublier bien sûr le général Pierre-Marie Gallois — véritable maître en géopolitique et en stratégie, à partir des travaux et des encouragements duquel j'ai effectué l'essentiel de mes recherches depuis plusieurs années — et enfin le grand reporter au *Monde* Jean-Pierre Péroncel-Hugoz, dont les analyses du monde arabo-islamique, qu'il côtoie depuis trente ans, sont à l'origine de mon intérêt pour ces questions. Je remercie par ailleurs les personnalités politiques ou observateurs français et étrangers (notamment le géopolitologue François Thual, l'ambassadeur Sergio Romano en Italie, l'islamologue anglo-pakistanais Ibn Warraq, le directeur de *Balkans infos*, Louis Dalmas, ou encore le politologue yougoslave Mirolijub Jevtic), et surtout les généraux Jean Salvan, François Clerc et Éric de la Maisonneuve, qui m'ont apporté leurs précieux éclairages et encouragements — et même leurs objections — ainsi que les autres officiers et diplomates en activité, par conséquent tenus de garder l'anonymat.

Table des matières

TROISIÈME PARTIE
LA RIPOSTE

Cet ouvrage composé
en Times Ten c. 10 a été
réalisé par Graphic Hainaut
à Condé-sur-L'Escaut (Nord)
et achevé d'imprimer en Août 2000
sur Les presses de L'Imprimerie Campin
à Tournai (Belgique)
Dépôt légal = Mai 2000
N° d'Édition : 0017

ISBN 2-84545-018-4